掌尚文化

Culture is Future

尚文化·掌天下

北京工业大学生态文明研究院资助出版

潘家华 等 著

中国碳中和的

目标内涵与
转型路径

经济管理出版社
ECONOMY & MANAGEMENT PUBLISHING HOUSE

图书在版编目（CIP）数据

中国碳中和的目标内涵与转型路径/潘家华等著 . —北京：经济管理出版社，2022. 11
ISBN 978-7-5096-8841-0

Ⅰ.①中…　Ⅱ.①潘…　Ⅲ.①中国经济—低碳经济—经济发展—研究　Ⅳ.①F124. 5

中国版本图书馆 CIP 数据核字（2022）第 241111 号

组稿编辑：宋　娜
责任编辑：宋　娜
责任印制：黄章平
责任校对：张晓燕

出版发行：经济管理出版社
　　　　　（北京市海淀区北蜂窝 8 号中雅大厦 A 座 11 层　100038）
网　　　址：www. E-mp. com. cn
电　　　话：（010）51915602
印　　　刷：唐山昊达印刷有限公司
经　　　销：新华书店
开　　　本：787mm×1092mm/16
印　　　张：33. 25
字　　　数：578 千字
版　　　次：2023 年 3 月第 1 版　　2023 年 3 月第 1 次印刷
书　　　号：ISBN 978-7-5096-8841-0
定　　　价：198. 00 元

前　言

　　1992 年通过的《联合国气候变化框架公约》所规定的目标只有模糊的定性要求，没有明确的量化设定，共识是"减缓气候变化"。1997 年的《京都议定书》规定，附件 I 国家即完成工业化的国家以 1990 年的排放为基准，采用责任分摊的方式，明确了 1990—2010 年间整体降低 5.2% 的减排目标，欧盟成员国减排幅度最高，为 8%，一些发达国家例如澳大利亚可以增加排放，但是幅度不超过 8%。真正有意义的目标聚焦，是 2007 年政府间气候变化专门委员会（IPCC）第四次评估报告，得出结论并提出全球温升幅度相对于工业化前不超过 2℃ 的目标，同年在联合国巴厘岛气候会议上将其提上谈判日程并初步形成共识。15 年来，全球应对气候变化的进程，目标不断聚焦，从定航标转向换航道。从发达国家纠结减排、全球寻求低碳发展的《京都议定书》第一承诺期截止的 2012 年，到 2022 年世界各国总体锁定 2050 年前后碳中和目标，我们发展和应对的航向没变，从定航标到聚焦目标，航道发生了根本性变化，全球正在从能效低碳航道加速切换到零碳能源航道。

　　在应对气候变化的国际进程中，2009 年各国尝试目标聚焦，但是没有考虑切换航道。尽管聚焦 2℃ 温升目标的《哥本哈根协议》"流产"，但这一关键遗产得以留存并进一步发展。从 2012 年后"京都"气候目标的谈判至今，这 10 年正是基于这个遗产起步发展的。历史地看，《哥本哈根协议》属于定目标换航标，但是没有换航道。因为在《哥本哈根协议》以前，应对气候变化是没有明确目标的，没有碳中和，连减排的目标都没有，而《哥本哈根协议》定了 2℃ 温升的目标。这是《哥本哈根协议》最伟大的贡献——历史上第一次把 2℃ 温升指标以国际协议的方式定下来，尽管最后没有被通过、被执行，《哥本哈根协议》定下的目标应该说是标志性的，把目标聚焦了，但是还没有变航道，只是换了一下航标。换航标的标志性变化表现在以下三个方面：

第一，从《京都议定书》自上而下的责任分摊，就是定总指标，然后发达国家缔约方相互之间谈判交易你减多少、我减多少的责任分摊模式；到《哥本哈根协议》，不是自上而下分摊减排任务，而是转变成自下而上所有缔约方各自承诺做多少、怎么做。

第二，缔约方地位的"归一化"。1992年通过的《联合国气候变化框架公约》，采用"二元"分立，分发达国家和发展中国家，即"附件Ⅰ"缔约方和非"附件Ⅰ"缔约方，南北权利义务分异；1997年达成的《京都议定书》，则考虑苏联解体后的实际，将一些东欧和苏联解体后独立的国家从附件Ⅰ缔约方名单中单独归类为"经济转轨国家"，形成三分构架，即发达国家、转轨国家和发展中国家，区别对待；2009年《哥本哈根协议》则不再区分发达国家和发展中国家，而是合二为一，所有国家、所有缔约方在一张表上承诺，这是一个非常大的突破。

第三，换航标体现在减排方式的变化上，2009年以前强调减缓气候变化，2009年之后则变成温室气体减排。但应该看到，这只是变换航标，还没有换航道。

2015年通过《巴黎协定》，不仅是简单地继承了《哥本哈根协议》的遗产，而是拓展、更新与深化，启动了新的航程，这便是应对气候变化的新阶段，把目标再聚焦，展现了新航道。再聚焦就是全球平均温升幅度控制在工业革命前水平的2℃以内，努力争取实现1.5℃，而且明确提出了碳中和即净零排放，要实现人为的排放和人为的温室气体的移除达到平衡，同时还规定了时间点是在21世纪的后半叶，2050年以后，一般理解是2070年前后。

2018年联合国政府间气候变化专门委员会（IPCC）发布《IPCC全球升温1.5℃特别报告》，使这个目标进一步聚焦，就是1.5℃，以及要在2050年实现碳中和，发达国家也基本上把目标定在2050年或者之前。可以说，《巴黎协定》是再聚焦、再明确目标，同时不再是换航标，而是转航道了——从原来以提高效率为主，所谓的卡亚（Kaya）恒等式，就是调结构（经济结构、产业结构、能源结构等），直接转向到碳中和，以零碳能源为主导的新航道。

这意味着我们应对气候变化转型发展的方向没变、目标没变，而且更聚焦、更清晰了，但是航道转到了零碳能源生产和终端消费，也就是换到一个跟化石能源没有关系的新航道了。需要指出的是，现在我们还处于切换的过程中，不可能也不应该期望一步切换到位，因而必然面临一些困惑或者困境。困惑在于以化石能源为主体的能源结构不可能一下子摆脱，同时新的航道要有相应的基础设施，要破各种暗礁，清理航道。因此，新的航道不是一蹴而就的，需要一个过程。

化石能源因为占比高、分量重，所以话语权也比较重，相对来讲影响力比较大，化石能源还被视为我们行稳致远的"压舱石"。显然，化石能源在短期内可以"行稳"，但不可能"致远"。为了短期的利益、部门的利益，而在驶向碳中和的巨轮上不断投入"压舱石"，不仅导致负重难以轻装而步履维艰，更有可能因"压舱石"过于"尖锐"而击穿巨轮或过于沉重而压垮巨轮！切换航道，需要化石能源保驾护航，目的还是要彻底抛弃"压舱石"。

需要强调的是，我们的航向、方向是明确的，目标是精准的，现在需要提速和加速。不管是俄乌冲突还是2022年夏天的拉闸限电，其实恰恰说明我们加快切换航道举措的必要性。2022年夏季，西南川渝高温干旱导致用电负荷过重，社会一般的理解是"压舱石"不到位。实际上，如果我们换航道，情况就可能得到根本改观：高温少雨，表明太阳辐射能极其强烈。太阳光伏组件对太阳辐射能的转换效率已经从2010年初的18%提升到2020年的26%，而且还在不断提升中。屋顶10平方米一个千瓦装机，乡村一家一户的屋顶、城市多层建筑的屋顶和可利用空间（如停车场）乃至墙面，可以生产多少零碳电力？简单的匡算足以表明：太阳辐射能的26%绝对可以生产出零碳的电力制冷而使我们开启空调，不必要与工业竞争电力供给。正是因为传统的化石能源不可控，有着点状分布、地缘垄断的特点，加大了能源安全的风险，而可再生能源带来的是生产方式和生产关系的改变，无论是光伏发电还是电动汽车的发展，都在改变传统能源的消费和供给方式。我们唯有加速变换航道，才可以赢得未来。

2015年，中国在《巴黎协定》达成之际提出的国家自主贡献目标是，碳强度即单位国内生产总值碳排放量不断下降、排放总量的态势在2030年左右达到峰值。2020年9月，中国向国际社会宣示2030年前实现碳达峰、2060年前实现碳中和。中共中央、国务院在2021年10月发布的关于做好碳达峰碳中和工作的意见中，明确提出2060年非化石能源在一次能源消费中的占比要达到80%以上。不言而喻，中国的碳中和之路也是从能效低碳切换到零碳能源轨道的。因此，中国碳中和的目标内涵，原则上需要能效提升、碳汇碳捕集与封存等人为移除和零碳可再生能源取代高碳化石能源"三管齐下"，但依赖化石能源的节能减排路径只能低碳而不可能零碳；人工移除的技术潜力与化石能源燃烧排放存在量级差异，表明工业文明的终端清除路径只能起到辅助功能而不可能担当碳中和大任；零碳可再生能源全面取代化石能源服务的路径，则是实实在在的零碳，最后残存的些许非二氧化碳温室气体的排放，则可以通过人为移除的方式加以中和，从而实现《巴黎协定》确定的净零碳的目标。

实际上，本书缘起于对化石能源尤其是碳排放因子最高的煤炭总量控制的研究与讨论。"十三五"期间，通过提质增效、节能减污降碳而去煤炭产能，控制了煤炭消费总量，减碳在相当程度上还是从属于节能降污的协同效应。2019年底，中国社会科学院生态文明研究智库和中国能源网合作，邀请能源、电力、环保、生态、经济以及战略领域的专家，就我国能源、电力发展在《巴黎协定》目标下的一些关键问题，以沙龙的形式探讨、交流、分享，历时一年，2020年底结束。2021年，在专家发言基础上整理汇集成册。在中国明确碳中和目标后，部分专家就碳中和的目标内涵和转型路径问题开展了大量的、较为系统的研究。目前，社会上对于我国碳中和的认知还存在一定的模糊性，存在一些偏误。为正确理解碳中和的目标内涵和转型路径选择，基于我们的研究成果和部分沙龙专家的真知灼见，也作为我们承担的国家自然科学基金碳中和研究专项的阶段性工作，在北京工业大学生态文明研究院和经济管理出版社的支持下，成就本专著。

本书分7篇共38章，由我构架和统稿全书，包括我本人在内共有32位作者参与写作贡献。在此，首先要感谢中国社科院生态文明研究智库和中国能源网，感谢杨富强、冯丽雯、张莹等在沙龙举办期间的高效组织和汇集文稿的努力；感谢参与撰写的各位作者在沙龙交流、形成文稿、修正规范等方面不辞辛劳的付出；尤其要感谢李萌、张莹、吴迪、陈汝佳、张苊德、潘琪等在本书编撰修改中与出版社、撰稿贡献者之间细致负责的沟通和劳动；感谢经济管理出版社编辑们认真专业的辛劳付出。

碳中和是一项长期而艰巨的任务，中间可能有反复，路径不可能平坦。我们的研究、分析和观点难免有错误。因此，本书文责自负，不仅是我负责撰写的篇章，也包括全书中的一切不妥之处。本书不尽完美，敬请专家学者、企业经营管理者、政府决策实践者，以及非政府机构、学生等读者批评指正。

潘家华

中国社科院学部委员

国家气候变化专家委员会副主任

2022年10月

目　录

VII ／ 市场机制与金融服务

I

碳中和目标内涵

1

"碳达峰和碳中和"的科学基础及政策行动

巢清尘*

2020 年 9 月中国宣布二氧化碳排放力争于 2030 年前达到峰值,争取在 2060 年前实现碳中和愿景后,全球应对气候变化的热情被重新点燃,中国在国际上成为绿色低碳实践的创新者、引领者,国内各地各行业积极响应,吹响了全国行动的号角。这一愿景是基于统筹国际国内两个大局的战略考量,基于科学论证的国家战略需求提出的。实现这一目标,对于我国经济高质量发展、建设美丽中国、构建人类命运共同体都有非常现实和重要的意义。

一、"碳达峰和碳中和"的由来和科学内涵

根据世界气象组织发布的《2021 年全球气候状况报告》,2021 年全球温室气体浓度、海平面上升、海洋热量和海洋酸化四项关键气候变化指标创下新纪录。全球平均温度较工业化前水平高出约 1.1℃,2015—2021 年是有记录以来最热的 7 年。根据世界经济论坛发布的《2022 年全球风险报告》,环境和社会风险是未来 10 年全球最严重的风险,其中气候行动失败、极端天气和生物多样性损失是未来 5~10 年最主要的长期风险,自然资源危机和人为环境破坏紧随其后。除环境风险外,社会风险也将在短期内对世界产生严重威胁,如生存危机、社会鸿沟、传染性疾病和心理健康状况恶化等。自新冠疫情暴发以来,以上社会和环境风险也是恶化最严重的风险。与 2021 年报告相比,虽然大多数专家认为未来 3

---

* 巢清尘,国家气候中心。本章内容主要源自于《环境与可持续发展》2021 年第 2 期发表的《"碳达峰和碳中和"的科学内涵及我国的政策措施》。

年全球经济复苏形势还存在不确定性，但经济风险的等级已大大降低，技术风险和地缘政治风险的等级也均有不同程度的下降，气候风险已成为国际社会关注的首要问题。2021—2022 年陆续发布的联合国政府间气候变化专门委员会（IPCC）第六次评估报告指出，人类活动已造成气候系统发生了前所未有的变化。1970 年以来的 50 年是过去 2000 年以来最暖的 50 年，1901—2018 年全球平均海平面上升了 0.20 米，上升速度比过去 3000 年中任何一个世纪都快。变暖发生在整个气候系统，是过去几个世纪甚至几千年来前所未有的。气候变化已经对自然和人类系统造成了广泛的不利影响，全球大约有 33 亿~36 亿人生活在气候变化高脆弱环境中，除了自然气候变化外，越来越多的损失都与人类活动引起的极端事件相关。

为应对气候变化，国际上自 1992 年达成《联合国气候变化框架公约》到 1997 年的《京都议定书》，再到 2015 年的《巴黎协定》，提出了控制全球温升与工业化革命前相比不超过 2℃，力争 1.5℃ 的目标，各国根据自身国情提出了国家自主贡献目标。"碳达峰"是指全球、国家、城市、企业等某个主体的碳排放在由升转降达到最高点的过程。"碳中和"即净零排放，狭义指二氧化碳排放，广义指所有温室气体的净零排放，将全球温升稳定在一个给定的水平上，意味着全球"净"温室气体排放需要大致下降到零，即进入大气的温室气体排放和吸收的汇之间达到平衡，碳去除技术既包括自然碳循环的去除，如林业碳汇，也包括人为方式，如碳捕获利用和封存（CCS）技术等。

在计算温室气体净零排放时，需要采用一些指标对非二氧化碳温室气体进行换算。采用不同年限的全球增温潜势（GWP）和全球温变潜势（GTP）会显著影响温室气体净排放的核算结果。全球增温潜势是指瞬时脉冲排放某种化合物，在一定时间范围内产生的辐射强迫的积分与同一时间范围内瞬时脉冲排放同质量 CO_2 产生的辐射强迫积分的比值。全球温变潜势为某种化合物在未来某个时间点造成的全球平均地表温度的变化与参照气体 CO_2 所造成相应变化的比值。GWP 和 GTP 的定义有本质上的不同，两者的数值也有很大差异。气候敏感度和海洋热容量会显著影响 GTP。较 GWP 而言，GTP 的不确定性范围更大一些。与 GWP 类似，GTP 也受背景大气的影响，包括间接影响和反馈。现有研究表明，GWP 可能高估甲烷等短寿命温室气体的气候影响，这一高估在"碳中和"目标下会成为一个突出问题。

2018 年 IPCC 发布了《全球 1.5℃ 增暖》报告，是气候变化报告中首次系统提及"碳中和""净零排放""气候中和",但是"近零排放"则在更早时间就被提出了。2009 年哥本哈根气候大会上在讨论《哥本哈根协议》时,提出在 21 世纪末要控制温升与工业革命前相比不超过 2℃的目标。之后,IPCC 在 2014 年发布的第 5 次评估报告中提到,如果要在 21 世纪末实现温控 2℃目标的话,需要 2050 年全球温室气体排放量比 2010 年减少 40%~70%,在 21 世纪末温室气体的排放水平要接近或者是低于零,即"近零排放"。2010 年《坎昆协议》确认了《哥本哈根协议》中"将全球平均气温升幅控制在比工业化前水平低 2℃以内"的提法,又提出了"并认识到有必要考虑在最佳科学知识的基础上,加强长期全球目标……使全球平均温度上升不超过 1.5℃"。从 2013 年开始到 2015 年巴黎气候变化大会结束的两年时间里,联合国气候变化框架公约秘书处组织开展了多轮专家对话,发布的报告提出"在一些地区和脆弱生态系统中,当温度上升 1.5℃以上,也存在很高的风险"。报告还重申了温控目标只是作为"防线"或"缓冲区",而非作为"护栏",并不能确保《联合国气候变化框架公约》中提及的安全性,这种新的理解支持将全球变暖限制在低于 2℃作为可能选择的排放路径,并且强调"尽管关于 1.5℃的升温上限的科学还不够有力,但应该努力将这道防线尽可能地压低"。这些结论后来被纳入了《巴黎协定》草案。2015 年通过的《巴黎协定》提出了温控 2℃和力争实现 1.5℃的目标。2018 年 IPCC 发布了《全球 1.5℃增暖》报告,报告指出,控制温升不超过 1.5℃,需要二氧化碳排放在 2050 年左右达到净零排放。为了将全球变暖控制在 2℃以下,需要在 2070 年左右达到净零二氧化碳排放。"碳中和"意味着气候系统的变化在长期内将保持近乎恒定。

二、实现"碳达峰和碳中和"目标与我国社会经济转型

(一)世界主要国家提出"碳中和"情况

截至 2022 年 1 月,全球有 136 个国家和集团承诺实现与"中和"有关的目标。其中,苏里南、不丹 2 个国家已经实现了碳中和目标,覆盖了全球 88%的排放、90%的 GDP(PPP)和 85%的人口。一些国家以立法、政策等形式确立了碳中和目标,包括欧盟成员国、英国等欧洲国家,日本、韩国、新加坡等亚洲国家,哥斯达黎加、智利等发展中国家,以及斐济、马绍尔群岛等气候脆弱性国

家。欧美等发达国家纷纷制订了碳中和目标和近中远期行动方案，并将其作为推动可持续发展和经济绿色低碳转型的重要抓手。欧盟于 2019 年提出在 2050 年实现碳中和目标并发布《欧洲绿色新政》，2020 年 3 月欧盟委员会发布《欧洲气候法》提案，从法律层面确保欧盟到 2050 年成为首个"气候中和"的经济体。瑞典和英国等均立法或法案承诺在 2050 年或之前实现碳中和目标。芬兰、奥地利和德国在官方文件中分别提出了 2035 年、2040 年、2050 年实现碳中和目标。美国众议院于 2020 年公布了《解决气候危机：国会为建立清洁能源经济和一个健康、有弹性、公正的美国而制定的行动计划》以帮助美国实现 2050 年净零排放，报告对于气候目标的实现手段、技术储备等做出了详细规划。2021 年 2 月 19 日美国重新加入《巴黎协定》，拜登政府承诺拟通过立法在 2050 年前实现全美国经济范围内的碳中和。印度提出在 2070 年前实现近零排放，俄罗斯提出 2060 年前实现碳中和目标。

目前提出碳中和目标的欧美发达国家均已实现碳达峰，其中以德国、匈牙利、法国、英国为代表的国家均在 20 世纪 80 年代左右实现碳达峰，以美国、加拿大、西班牙、意大利等为代表的国家在 2007 年左右均已实现碳达峰。

（二）与发达国家相比，我国实现碳达峰和碳中和目标需要付出更多努力

从排放总量看，我国碳排放总量约为美国的 2 倍多、欧盟的 3 倍多，实现碳中和所需的碳排放减量远高于其他经济体；从发展阶段看，欧美各国已实现经济发展与碳排放脱钩，而我国尚处于经济上升期、排放达峰期，需兼顾能源低碳转型和经济结构转型，统筹考虑控制碳排放和发展社会经济的矛盾；从碳排放发展趋势看，发达国家碳排放在 20 世纪 80 年代至 2007 年左右先后达峰，这些国家距离 2050 年实现碳中和至少有 40 多年到 70 年左右的窗口期，而我国从 2030 年前碳达峰到 2060 年前实现碳中和的时间仅为 30 年左右，显著短于欧美国家。我国为实现碳中和目标所要付出的努力和程度要远远大于欧美国家。

应该说碳中和目标倒逼达峰水平和排放路径，对我国低碳/脱碳科技创新提出了新要求。如果延续当前政策、投资方向和碳减排目标，基于现有低碳/脱碳技术无法实现碳中和目标。基于本研究组的国家重点研发项目研究结果，如果考虑所有温室气体，按照我国当前政策、标准和投资以及现有国家自主贡献减排目标不变，尽管我国仍然可以依靠现有低碳/脱碳技术在 2030 年左右实现碳达峰，但 2060 年能源活动排放量将高达 70 亿~80 亿吨，非二氧化碳温室气体和工业过程的排放将高达 45 亿吨左右，无法实现 2060 年碳中和目标。碳中和目标实现要求 2030 年前达峰的峰值不超 130 亿吨,电力和工业部门必须率先达峰。确保 2060 年碳中和目标实现,应在 2030 年前实现能源活动二氧化碳达峰且峰值水平控制在 105 亿吨以内,并且电力部门和工业部门应在 2025 年左右率先达峰;非二氧化碳温室气体和工业过程排放应在 2025 年左右达峰,考虑碳汇后的峰值水平控制在 25 亿吨以内。碳中和排放路径的不确定性主要在 2025—2035 年,其间碳强度的大幅下降亟须低碳/脱碳技术支撑。研究表明,2035 年前所做的减排努力越多,后期的减排压力相对越小,转型所需的时间就越短。2060 年碳中和排放路径的不确定性主要在 2025—2035 年能源活动碳排放的发展轨迹。根据多个模型组测算,2035 年能源活动碳排放需要控制在 70 亿~90 亿吨。若"十四五"期间碳强度下降 18%,则"十五五"期间和"十六五"期间的碳强度下降幅度需高达约 25%~35%。碳中和目标要求中国在 2035 年后实现深度减排,需要提前做好低碳/脱碳新技术储备。研究显示,要实现碳中和目标,2050 年电力部门应实现负排放,建筑部门和交通部门均实现近零排放。2060 年,能源活动排放量要控制在 5 亿吨以内,仅为 2005 年排放水平的 8%,在现有路径基础上减排 93%,非二氧化碳温室气体和工业过程排放要控制在 10 亿吨左右,为 2005 年排放水平的 60% 左右,在现有路径基础上减排 78%,通过碳汇和碳移除等地球工程技术实现负排放 15 亿吨左右。

三、即使实现"碳达峰和碳中和"目标,仍需加强气候韧性社会建设

2019 年 11 月,来自世界各地的 11000 余名科学家共同宣布地球正面临"气候紧急状态"。2020 年 12 月,联合国秘书长古特雷斯呼吁全球所有领导人"宣布进入气候紧急状态,直到本国实现碳中和为止"。2021 年 2 月,联合国安理会就气候变化与和平和安全问题举行了高级别辩论,联合国秘书长明确指出,气候破坏是危机的放大器和倍增器,气候变化加剧了动荡和冲突的风险。在 2022 年 3 月针对 IPCC 发布第六次评估报告,再次呼吁全球减缓气候变化和适应的行动刻不容缓,任何延迟都将关上机会之窗,让人们的未来变得不再宜居,不再具有可持续性。

近年来与气候有关的自然灾害变得越来越严重和频繁,飓风、干旱、野火等

灾害平均一周发生一次。有些地区的温度上升已经超过 1.5℃，甚至超过 2℃。气候变暖对全球自然生态系统和人类经济社会系统都产生了广泛影响。尽管 1.5℃和 2℃仅相差 0.5℃，但就水资源短缺的风险，2℃的风险比 1.5℃的风险要翻一番，河流洪水风险会上升 70%，对于暴露在干旱地区的人口，会多 6000 万人。未来气候系统变化造成的影响和风险比预计的来得更为剧烈。加强气候风险管理，要特别防范"灰犀牛"和"黑天鹅"两种风险事件的发生。所谓"灰犀牛"，指大概率、高风险事件，该类事件一般是问题很大、早有预兆，但是没有得到足够重视，从而导致严重后果的问题或事件。所谓"黑天鹅"，则是小概率、高风险事件，主要指没有预料到的突发事件或问题。气候变化导致极端天气事件趋强趋多，对自然系统、社会经济系统产生显著不利影响已经是大概率要发生的，这些属于"灰犀牛"事件，如果社会经济发展路径不做较大变革，一定是向高风险发展的。另外，气候系统一旦突破某些阈值或临界点，则会发生快速变化，例如，大西洋经向翻转环流（AMOC）显著减缓或崩溃、冰盖崩塌、北极多年冻土融化以及相关的碳释放、海底甲烷水合物释放、季风和厄尔尼诺南方涛动的天气形势变化以及热带森林枯死。这些属于"黑天鹅"事件，随着温度的上升，出现"黑天鹅"事件的概率也在增加。降低全球气候风险，就是要减少"灰犀牛"和"黑天鹅"事件发生的可能性。日益频繁和严重的气候风险威胁着人类系统的稳定性，还将以"风险级联"方式通过复杂经济和社会系统传递，给可持续发展带来重大挑战。

适应是指通过加强自然生态系统和经济社会系统的风险识别与管理，采取调整措施，充分利用有利因素、防范不利因素，以减轻气候变化产生的不利影响和潜在风险。减缓是指通过能源、工业等经济系统和自然生态系统较长时间的调整，减少温室气体排放，增加碳汇，以稳定和降低大气温室气体浓度，减缓气候变化速率。尽管长期地、根本地解决应对气候变化的问题要靠减缓，但适应仍然必不可少，并且是解决眼前问题的措施。首先，气候变化的很多影响已经发生了，对这些已经发生的影响，如果不通过适应手段来加以调整改变的话，就没有办法将负面影响降到最低。比如，现在由于气候因素中的光、热、水等因子都发生了变化，对农业种植布局调整带来了改变，也需要选配更耐热抗旱的作物品种。虽然我国的粮食产量连年增长，但一定程度上得益于种植调整、品种选择等技术进步的作用，这意味着需要有更多的成本投入。这些都是通过适应措施，克服了气候变化带来的不利影响。所以说对于气候变化导致的已经发生的影响，适应措施是非常有用的。其次，减缓措施真正发生效果需要一段时间才能体现出来，因为所有的温室气体是有寿命的，它可以存在几十年、几百年甚至更长时间。即使我们今天采取减缓措施，并且达到了近零排放，但是其在过去或者现在排放的温室气体的气候效应也还会影响几十年、几百年甚至更长时间，特别是对于一些缓变系统，如海洋、冰川等，如气候变化会导致海平面在几百年到上千年中持续上升。所以，对于已经发生的和即将发生的影响与风险，必须靠适应措施来减少不利影响。

四、做好碳达峰和碳中和工作的政策措施

（一）增强"十四五"时期的行动力

2020 年中央经济工作会议提出了八项重点任务，其中一项就是做好碳达峰和碳中和工作。2021 年中央经济工作会议再次强调要正确认识和把握碳达峰、碳中和，实现碳达峰、碳中和是推动高质量发展的内在要求，要坚定不移地推进，但不能毕其功于一役，应创造条件尽早实现能耗"双控"向碳排放总量和强度"双控"转变。2021 年 10 月，中共中央和国务院联合发布了《关于完整准确全面贯彻新发展理念做好碳达峰碳中和工作的意见》，也就是"1+N"政策体系中的"1"，这是指导我国实现碳达峰碳中和最重要的顶层设计和最高政策。同月，国务院《关于印发 2030 年前碳达峰行动方案的通知》，是碳达峰阶段的总体部署，更加聚焦 2030 年前目标，其指标和任务更加细化。两份文件时间表清晰，特别是围绕碳达峰碳中和，明确了 2025 年、2030 年和 2060 年三个阶段的目标。首次提出了 2060 年非化石能源消费比重达到 80% 以上，由此三个阶段的清洁能源占比都确定了。在任务行动上，非常具体地确定了碳达峰的十大行动和 30 多项具体任务，包括推进的力度，明确了政府与市场的"双轮驱动"，碳市场和金融的地位。在区域地方层面，明确了不同战略经济区的行动主线，包括重要经济区"京津冀、长三角、粤港澳大湾区"，战略试验区"长江经济带、黄河流域和国家生态文明试验区"，以及中西部地区和东北地区，特别明确了在城市和工业园区开展试点，突出了以点带面的破局作用。在行业层面，对高排放的电力、钢铁等行业产业有明确布局。对于低碳、零碳、负碳关键核心技术给予了强调，特别提及要将技术研发纳入高校、科研单位和企业，并作为考核项目。从这

些政策可以看到，实现双碳目标是一项系统性工作，强调了气候变化的主流化，要纳入经济社会发展全局，坚持"系统"性。要抓住"能源、交通、建筑"三个高排放行业的"牛鼻子"。特别明确了减碳是关键，增汇抵消是补充。

千里之行，始于足下。因此，"十四五"期间要强化国家自主贡献力度，构建以碳排放总量为核心的低碳发展指标体系及相应制度。在指标设定上，建立分区域、短期和长期结合的混合政策目标并逐步转向碳总量控制目标；在具体实施上，结合国家总体减排目标和重点企业、行业的实际排放水平；在政策手段上，综合使用行政考核手段和经济调控手段。对于碳生产力较高的省份和地区实施碳排放的增量总量控制，对于碳生产力较低的地区实施碳排放的减量总量控制。分时期逐步实施碳总量控制和管理，在未来的两个五年规划内，实施非等量递减的排放总量控制策略，在"十四五"期间的总量控制目标大于同等水平（GDP）下的"十五五"期间的总量控制目标。此外，五年规划内每年设置依次递减的总量控制方案。大力发展新动能产业，给予重点新动能产业政策刺激，如医药制品业、专用设备制造业、运输设备制造业等，深度挖掘这些行业的高能碳生产力特征，促进经济新动能与碳排放脱钩，实现中长期的深度减排计划。做好碳排放目标和污染物目标的系统规划，中长期的碳排放目标和污染物排放目标更有利于促进协同产生的经济效益，因此做好中长期的污染物排放目标更有利于促进中长期碳排放目标的实现。

对于碳排放总量控制制度的具体实施，可考虑"自上而下"分解国家碳总量控制目标，通过优化能源结构和对高耗能产业进行有针对性的去产能、去库存与结构优化，实现 GDP 的碳排放强度下降，这是碳达峰的关键。在高质量发展背景下，绿色低碳发展是衡量发展成效的重要标尺，碳排放总量控制制度是促进发展的有效手段。紧跟国际国内形势，关注未来气候治理新变化，调整碳排放控制方式。综合考虑经济发展、节能减排政策和技术水平以及其他相关因素，从国家层面确定碳排放总量控制目标，并将这一目标"自上而下"分解，落实到行业目标。根据经济情况，分区域和行业实施"碳排放增量总量控制"和"碳排放减量总量控制"。对落后地区和发达地区、落后产业和战略新兴产业区别对待，坚持控制增量、削减存量的方针，建立面向区域和产业的总量控制体系。

另外，根据行业碳排放存在的差异，"自下而上"确定碳排放需求。低碳情景下，中国电力和热力供应部门、建筑部门和交通部门的碳排放分别在 2021 年、2025 年和 2034 年达到峰值。根据区域碳排放特征不一，确定碳排放限额。经济发达地区的碳排放增长已经不明显；重化工业特征突出的地区，排放总量仍可能继续增长。碳总量控制制度的倒逼作用会激发效率变革，促进绿色低碳转型，实现高质量发展。对重点区域、行业和企业进行数据摸底，掌握实际排放水平，合理划定覆盖范围和边界，再进一步确定碳排放控制总量。注重提升企业技术水平，不仅能降低污染和能耗，也能增强企业供给有效性和市场竞争力，有利于经济绿色低碳转型。鼓励绿色技术创新，为低碳产业发展提供新动能；加强行业竞争，实现高效生产要素对低效生产要素的替代，全面提高经济系统的投入产出效率，实现经济高质量发展。

加强碳排放总量控制制度的政策手段，充分考虑碳排放总量控制目标考核和现有污染减排考核体系相结合。采取行政考核措施，依托已有的碳排放强度、大气污染物总量控制考核体系，加强排放基础数据统计监测、报告和核查制度。加强公平的执法监管，严格执行各类节能减排法律法规和标准。统筹相关法律法规的制修订，碳总量等相关约束性指标制度的制定与实施，产业产品等低碳标准体系、管理体制与治理机制的协调完善。充分考虑碳排放总量控制目标与全国碳市场配额总量的有机结合。将碳排放总量指标纳入国家五年规划，可以为碳市场有效发挥作用提供法律基础。应当在全国碳排放总量约束下分配发电行业碳配额，在此基础上加入可再生电源，促进电力结构低碳化发展，并以相关碳价政策作为配合。加强支撑政策，保障财政资金在应对气候变化领域的稳定增长，创新和促进气候投融资发展。强化地方气候变化能力建设。加强定期评估，根据结果对碳总量指标进行适当调整。

（二）加快制订科技创新支撑碳中和目标实现的行动方案

启动制定碳中和目标下的科技创新规划和实施方案。统筹考虑短期经济复苏、中期结构调整、长期低碳转型，布局低碳/脱碳技术，提升未来绿色产业竞争力。面向2060年碳中和目标，将碳约束指标纳入"十四五"科技创新发展规划进行部署；围绕重点领域，启动《中长期应对气候变化领域科技专项规划》并开展相应配套研究，为碳中和目标提供必要技术支撑。

加快建设高比例非化石电力生产体系，支持全面提高各行业电气化率。高比例非化石电力生产及利用体系是保证碳中和目标的重要途径。加速可再生能源发电技术推广并保证其发电成本2030年前尽快实现经济有效，加快核能模块化、小型化、差异化的新型技术研发与应用，加强储能和智能电网等技术研发力度和示范规模，并保证其最晚在2040年实现大规模配套应用，最终实现非化石电力占总发电量比例提高到 2060 年的 90% 以上。在此基础上，全面提高各行业的电气化率，实现 2060 年工业电气化率 50% 以上、城镇全面电气化、农村以电力与生物质为主、铁路基本全面电气化、电动车占乘用车比例提高到 90% 以上。

走以氢能、生物燃料等作为燃料或原料的革命性工艺路线，并提前储备负排放技术。对于难以电气化的领域要突破固有思路，采用革命性工艺。工业部门研发氢气炼钢、生物基塑料等革命性工艺，2060 年氢能使用率实现 15% 左右；交通部门研发以生物燃料和氢气为原料的航空航海交通技术，使其不晚于 2050 年得到规模化应用。同时，为抵消工业过程等难以减排的温室气体排放，需要提前储备多种负排放技术。积极发展碳捕集利用与封存（CCUS）技术，构建 CCUS 与能源/工业深度耦合的路线图，保证煤电 CCUS 和工业 CCUS 技术在 2035 年前后能够推广应用，生物质发电耦合 CCUS 不晚于 2045 年得到规模化应用；加快直接空气捕获（DAC）技术、太阳辐射管理和海洋脱碳工程等地球工程技术研发与可行性研究。

加强推动技术研发与创新的保障体系建设。一是制定重点低碳技术和革命性技术研发路线图和投资计划，调动行业和市场力量，大规模部署推广低碳/脱碳技术研发和示范，打造全新的创新驱动体系；二是瞄准前瞻性、颠覆性技术，设立国家重点实验室，重点突破革命性核心技术，拓展未来新的经济增长点；三是依托国家可持续发展议程创新示范区设立碳中和示范区，开展低碳/脱碳技术大规模集成示范，"以点带面"推动各省份整体低碳转型；四是积极拓展国际合作，重视"一带一路""南南合作"平台以及中欧气候合作，深化各国低碳/脱碳技术转移与交流。

（三）在充分评估我国气候风险基础上，加强适应气候变化工作

2022 年 6 月，生态环境部等 17 个部委联合发布《国家适应气候变化战略2035》，在深入评估气候变化影响风险和适应气候变化工作及挑战、机遇的基础上，提出了新阶段我国适应气候变化工作的指导思想、基本原则和主要目标，进一步明确了我国适应气候变化工作重点领域、区域格局和保障措施。这份适应战略总结了我国在强化重点领域和地区适应气候变化行动，基本形成了全国适应气候变化政策体系方面的好经验、好做法，进一步明确了在气候变暖新常态、社会经济新变局下，积极抵御气候风险、构建人类命运共同体对开展适应行动的紧迫性和重要性，尤其是在支撑高质量发展和美丽中国目标实现上，适应气候变化工作面临的短板。这就需要更加精准地识别重点领域和敏感区域气候变化风险，以及由此带来影响的广域性和深远性，构建更加完善的适应气候变化治理体系和格局。

因此，未来加强适应战略的实施是落实"碳达峰和碳中和"愿景的互补性工作。此次战略以更为基础性的视角强化了气候变化监测预警和风险管理的前置重要性。强化极端天气气候事件预警是保障生命安全、生产发展、生活富裕、生态良好的战略要求，是保障防灾减灾第一道防线作用的战略重点。构建无缝隙全覆盖、智能数字的精准预报预测新业态是这项任务的方向。未来要进一步加强极端天气气候的综合实况及监测，建立从局地天气到全球气候的多尺度、多种类监测评估业务，完善临近、短时、短中期到中长期的无缝隙精准化天气和气候预报预测业务，发展多领域融合的影响预报与风险预警业务。做好精准预报的核心技术是以数值模式发展和应用为内核，以自主可控的数值天气预报和气候预测模式为基础，加强对灾害性天气气候精细特征规律的认识，要探索人工智能气象应用算法。

在进一步识别风险的基础上，各级政府、行业需要聚焦本地区、本行业的适应短板，进一步提高各领域适应能力。将适应气候变化与国土空间规划相结合，并按照全面覆盖、重点突出的原则，将适应气候变化工作与经济社会发展的各项规划相结合，开展有针对性的"软"和"硬"适应能力建设，切实提高全国八大区域和五个重大战略区域适应气候变化任务，提升应对气候变化不利影响和风险的能力。

参考文献

［1］ WMO. State of the Global Climate 2022［M］. Geneva：WMO，2022.

［2］ World Economic Forum. The Global Risks Report 2022［R/OL］.（2022-01-11）［2022-04-05］. https：//www. weforum. org/reports/global-risks-report-2022.

［3］ IPCC WGI. Summary for Policymakers，Climate Change 2021：The Physical Science Basis. Contribution of Working Group I to the Sixth Assessment Report of the Intergovernmental Panel on Climate Change. Cambridge University Press，2021［R/OL］.［2021-06-22］. https：//www. ipcc. ch/report/ar6/wg1/.

［4］ IPCC WGII. Summary for Policymakers，Climate Change 2022：Impact，the adaptation and Vulnerability. Contribution of Working Group II to the Sixth Assessment

Report of the Intergovernmental Panel on Climate Change. Cambridge University Press，2022［R/OL］．［2021-05-11］．https：//www. ipcc. ch/report/ar6/wg2/.

［5］IPCC. Summary for Policymakers，Global Warming of 1.5℃. An IPCC Special Report on the Impacts of Global Warming of 1.5℃ above Pre-industrial Levels and Related Global Greenhouse Gas Emission Pathways，in the Context of Strengthening the Global Response to the Threat of Climate Change，Sustainable Development，and Efforts to Eradicate Poverty. World Meteorological Organization［R/OL］．［2021-04-22］．https：//www. ipcc. ch/sr15/.

［6］Lemoine D. Abrupt Changes：To What Extent Are Tipping Points A Concern in Coping with Global Change? ［J］．PAGES News，2012，20（01）：42.

［7］巢清尘．全球合作应对气候变化的新征程［J］．科学通报，2016，61（11）：1143-1145.

［8］巢清尘，张永香，高翔，等．巴黎协定——全球气候治理的新起点［J］．气候变化研究进展，2016，12（01）：61-67.

［9］王长科，罗新正，张华．全球增温潜势和全球温变潜势对主要国家温室气体排放贡献估算的差异［J］．气候变化研究进展，2013，9（01）：49-54.

2

碳中和概念再辨析

陈 迎[*]

2020 年 9 月 22 日，习近平主席在第 75 届联合国大会一般性辩论上向国际社会郑重宣告，"中国将提升国家自主贡献力度，采取更加有力的政策和措施，二氧化碳排放力争在 2030 年前达到峰值，努力争取 2060 年前实现碳中和"。2020年被称为"全球碳中和元年"，各国政府纷纷提出碳中和目标。截至 2021 年底，国际上已有 136 个国家或国家集团提出或考虑提出碳中和目标。2021 年 11 月，在英国格拉斯哥召开的第 26 届《联合国气候变化框架公约》缔约方大会（COP26）上完成了《巴黎协定》实施细则的谈判，为加速推动面向碳中和的国际进程凝聚了政治共识，掀开了全新篇章。

习近平主席提出碳达峰、碳中和目标后，中央迅速做出了重大战略部署，各部门、各领域纷纷出台重要文件，积极构建碳达峰、碳中和的"1+N"政策体系，初步形成了全社会齐动员的良好局面。2021 年 3 月，中央财经委员会第九次会议强调，实现碳达峰、碳中和是一场广泛而深刻的经济社会系统性变革，要把碳达峰、碳中和纳入生态文明建设整体布局。2021 年 12 月，中央经济工作会议结合新形势再次强调要正确认识和把握碳达峰、碳中和，指出"实现碳达峰碳中和是推动高质量发展的内在要求，要坚定不移推进，但不可能毕其功于一役"。可见，落实"双碳"目标依然是未来的一项全局性、长期性工作，机遇与挑战并存。然而，在实践中，各国对碳中和目标的具体表述不同，不同术语之间容易混淆，使得很多人对碳中和概念和内涵的认识并不清晰，对碳中和关键要素及其相互关系的理解存在分歧，甚至产生了一些认识误区。这样既不利于中国推进"双碳"工作，也不利于中国深度参与全球气候治理乃至发挥引领作用。鉴于此，本章试图追溯碳中和概

---

* 陈迎，中国社会科学院生态文明研究所。本章内容主要源自于《中国人口·资源与环境》2022 年第 4 期发表的《碳中和概念再辨析》。

念的缘起和发展演变过程，梳理和比较各国碳中和目标的不同表述，通过对碳中和概念及其关键要素的辨析，更加科学、精准地理解碳中和的内涵和意义。

一、碳中和概念溯源

碳中和（Carbon neutral，Carbon neutrality）概念的出现和传播经历了一个长期的过程。碳中和最初是一个生态学意义的概念，经过逐步演变和传播，上升为全球或国家目标，并日益深入人心。

（一）第一阶段：碳中性作为生物碳循环概念早已有之

碳循环包括地球化学循环和生物循环。地球化学循环非常缓慢，而生物循环则比较活跃。绿色植物从空气中获得二氧化碳，经过光合作用转化为葡萄糖，再综合成为植物体的碳水化合物，经过食物链的传递，成为动物体的碳化合物。植物和动物的呼吸作用把摄入体内的一部分碳水化合物转化为二氧化碳释放入大气，另一部分则构成生物的机体或在机体内储存。动植物死后，残体中的含碳部分，通过微生物的分解作用也成为二氧化碳最终排入大气。所以，动植物所含的碳在这个循环过程中是中性的。早在 1917 年就有文献介绍有机化学和碳循环的知识。人类使用化石能源将影响碳中性的自然碳循环，例如 1912 年 7 月 17 日，新西兰北部奥克兰地区的一份报纸在第 7 版刊登的短文《煤炭消费影响气候》中非常有预见性地指出，"全球的锅炉现在每年烧掉 20 亿吨煤炭。当煤炭燃烧的时候，与氧气作用，每年向大气中增加 70 亿吨二氧化碳。这种趋势将使得空气成为地球的一个厚厚的毯子并且提高其温度。这个效应在若干世纪后将非常显著"。很多科学家不断探索人类活动特别是化石燃料燃烧对碳循环的影响。当然，百年之前的人们难以预见后来迅猛发展的工业革命会带来如此大量的碳排放和现如今异常严峻的气候变化问题。

（二）第二阶段：碳中和理念萌芽，企业为个人和家庭客户提供碳抵消服务

为了应对气候变化，国际社会于 1992 年达成了《联合国气候变化框架公约》（UNFCCC），该公约于 1994 年生效，1995 年召开第一届气候公约缔约方大会（COP1）。1997 年，第三届气候公约缔约方大会（COP3）达成了《京都议定书》，在为发达国家和转轨经济国家制定定量减排目标的同时，引入排放交易（ET）、联合履约（JI）和清洁发展机制（CDM）三个基于市场的灵活机制，碳

交易和碳抵消的概念正式出现，也为企业创造了新的商机。1997 年，多个碳相关咨询服务公司在英国应运而生，为有环保需求的企业和家庭核算碳足迹，并通过代客种树提供碳抵消服务。例如，1997 年在英国伦敦成立的未来森林公司（Future Forests Ltd.）最早注册了"碳中和"商标（后改名碳中和公司，Carbon Neutral Co.），代种一棵树要价 10 英镑（当时 1 英镑 ≈ 13.748 元人民币），还在海外投资风能、太阳能或水电站等清洁发展机制（CDM）项目，为客户提供碳抵消服务。同期成立的咨询服务公司还包括英国的 Best Foot Forward、Climate Care、Natural Capital Partners 等。大型环球在线旅游公司 Travelocity 和 Expedia 都推出"碳中和"配套服务，顾客只要多付几美元，就能抵消自己旅行时带来的二氧化碳排放。

通过这些公司提供的服务，许多公司和名人将"碳中和"作为富有魅力的品牌和时尚。例如，美国电影演员迪卡普里奥 2003 年通过购买墨西哥植树的碳抵消信用，自称是美国第一个碳中和公民。2005 年，好莱坞影片《辛瑞》成为第一部碳中和影片。2006 年，美国前副总统戈尔参与制作的环保纪录片《难以忽视的真相》也计入了碳中和成本，该片获得第 79 届奥斯卡最佳纪录片奖，唤起了民众对全球变暖问题的关注。2007 年，政府间气候变化专门委员会（Intergovernmental Panel on Climalte Change，IPCC）和戈尔因在确立和大力推广与"由人类活动带来的气候变化"相关的知识以及扭转全球气候变暖方面做出的巨大努力，分享了诺贝尔和平奖。

随着碳中和理念被西方广泛接受并宣传，甚至成为生活方式的新时尚，以碳抵消为主要实现手段的"碳中和"理念也受到环保组织的质疑。因为名人或者富人捐钱后并未改变高碳的生活方式，他们花钱种下的树并不能马上吸收其排放的二氧化碳。在国内媒体报道 IPCC 和戈尔分享诺贝尔和平奖，英国农场介绍使用风能和太阳能散养鸡生产世界第一种"绿色"超市蛋，沃尔沃在华盛顿特区展示二氧化碳中性卡车的研究成果的同时，西方的碳中和理念也引起了国内民众的关注，普通人也开始憧憬美好"碳中性"时代的到来。

（三）第三阶段：借助大型赛事，碳中和理念在国内进一步传播

促进"碳中和"概念的传播，大型赛事发挥了重要作用。例如，联合国环境规划署发布环境评估报告，2006 年都灵冬奥会产生超过 10 万吨二氧化碳当量的排放，其中近 70% 的排放已被抵消，抵消措施包括在意大利投资节能和可再生能源项目、在肯尼亚植树造林等。2006 年德国足球世界杯组委会的报告显示，该项赛事共产生约 9.2 万吨二氧化碳的排放,通过在印度和南非支持清洁能源项目等措施抵消了约 10 万吨,成为首个实现碳中和的世界杯足球赛事。

2008 年,北京主办第 29 届奥运会,提出了"绿色奥运、科技奥运、人文奥运"三大理念。当时正值中国"十一五"规划时期(2006—2010 年),国家首次提出单位 GDP 能耗降低 20% 的量化节能目标。中国作为发展中国家,虽然在气候公约下并没有义务承担定量减排任务,但依然积极提出了北京 2008 年奥运会的碳中和目标,以主办绿色奥运会为契机引入碳中和理念,不仅提升了奥运的节能减排效率,还为国内减排项目引入了资金,塑造了良好的国际形象,提升了公众保护环境的意识。2007 年,世界自然基金会(WWF)推动一项名为"夺金路,碳中和"的全球活动,呼吁更多的奥运会运动员参与奥运会碳中和之旅,购买碳信用以抵消他们在参赛途中乘飞机所产生的碳排放量,投资符合"黄金标准"的减排项目,为北京绿色奥运做出贡献。经相关研究机构估算,北京 2008 年奥运会产生的碳排放约为 118 万吨当量,减排措施包括清洁能源交通工具的使用、太阳能光伏等可再生能源、治理关闭污染企业及城市园林绿化等,其中减排潜力最大的是实行两个月的机动车单双号限行,减少碳排放 85 万吨,一些学者得出了"2008 年北京奥运会有望实现碳排放基本平衡"的结论,并很有预见性地提出"让奥运会后的北京乃至整个中国尽快实现'碳平衡'"的美好愿景。北京奥运碳中和的承诺和实践极大地促进了碳中和理念在中国的传播。

2022 年,北京冬奥会同样承诺了碳中和目标。作为中国承诺"双碳"目标后首个世界级体育盛会,主办方秉持"绿色、共享、开放、廉洁"的冬奥理念,通过建设低碳场馆、全面使用低碳能源、构建低碳交通体系等措施,并积极拓展碳抵消渠道,确保全面实现碳中和目标。

经过上述三个发展阶段,碳中和从一个学术概念,借助媒体、影视和大型赛事活动进入公众视野,代表了绿色环保的新时尚,也成为公司创新的盈利模式,在全球范围得到广泛的传播和认可,但还远没有上升到全球或国家层面。

二、碳中和成为全球应对气候变化目标

(一)《联合国气候变化框架公约》提出稳定浓度目标

应对气候变化的全球长期目标一直是国际气候谈判中的核心议题之一。1992

年 6 月，在里约联合国环境与发展大会上主要国家签署了《联合国气候变化框架公约》。该公约的第 2 条规定了应对气候变化的最终目标，"将大气中温室气体的浓度稳定在防止气候系统受到危险的人为干扰水平上。这一水平应当在足以使生态系统能够自然地适应气候变化、确保粮食生产免受威胁并使经济发展能够可持续地进行的时间范围内实现"[①]，但如何确定危险浓度水平，一直是国际气候谈判的一大难题。1997 年通过的《京都议定书》规定附件 I 国家（发达国家和转轨经济国家）2008—2012 年二氧化碳等 6 种温室气体的排放量在 1990 年基础上整体减少 5.2%，并且还划定了各国具体目标。这是中短期的绝对减排或控排目标[②]，但全球长期目标仍不明确。

（二）《坎昆协议》明确 2℃温控目标

1996 年 6 月，欧盟委员会卢森堡会议首次提出，控制全球温升不超过 2℃，并将其作为应对气候变化的长期目标。2006 年，由英国政府主导，斯特恩勋爵带领团队发布的《斯特恩报告》论证了 2℃的经济学含义。2009 年 7 月，在欧盟的力推下，G8 集团峰会就 2℃目标达成政治共识。2009 年，哥本哈根气候谈判未达成具有法律地位的法律文件，直到 2010 年通过的《坎昆协议》才以法律形式规定"控制全球平均温升相比工业革命之前低于 2℃；基于最佳可得的科学知识，包括全球平均温升 1.5℃相关的知识，加强全球长期目标"[③]，完成了全球减排长期目标由浓度目标向温升目标的转变。

（三）《巴黎协定》提出碳中和目标

2015 年 12 月，巴黎气候大会达成《巴黎协定》，确立了全球长期目标，即相比工业革命之前控制全球温升不超过 2℃，努力实现温升不超过 1.5℃[④]，并在第 4.1 条提出"在本世纪下半叶实现温室气体人为排放源与吸收汇之间的平衡"，这是气候大会法律文件中首次出现类似碳中和的"温室气体平衡"概念，标志着全球目标在进一步强化温控目标的同时向碳中和目标转变。

随后，政府间气候变化专门委员会（IPCC）应公约秘书处邀请就 1.5℃目标进行评估。2018 年 10 月 IPCC 发布的《全球温升 1.5℃特别报告》指出，要实现 1.5℃温控目标，全球二氧化碳必须在 2050 年左右实现净零排放。要实现 2℃温控目标，则需要在 2070 年左右实现净零排放。同时，还要深度减排非二氧化碳

---

① 《联合国气候变化框架公约》第 2 条，1992 年。

② 《京都议定书》，1997 年。

③ 《坎昆协议》，2010 年。

④ 《巴黎协定》第 2.1（a），2015 年。

温室气体。根据报告术语表，这里的净零二氧化碳排放等同于碳中和。

2021年11月，联合国气候变化格拉斯哥大会达成《格拉斯哥气候协议》，重申《巴黎协定》目标，并力推1.5℃控温目标，同时引用IPCC《全球温升1.5℃特别报告》的结论，"控制全球温升1.5℃，需要快速、深入和持续地减少温室气体排放，包括到2030年相比2010年水平全球二氧化碳减排45%，在21世纪中叶达到净零排放，同时深度减排其他温室气体"①，正式将净零二氧化碳排放（即碳中和）目标写入国际法律文件。

全球应对气候变化目标的演化情况如图1所示。

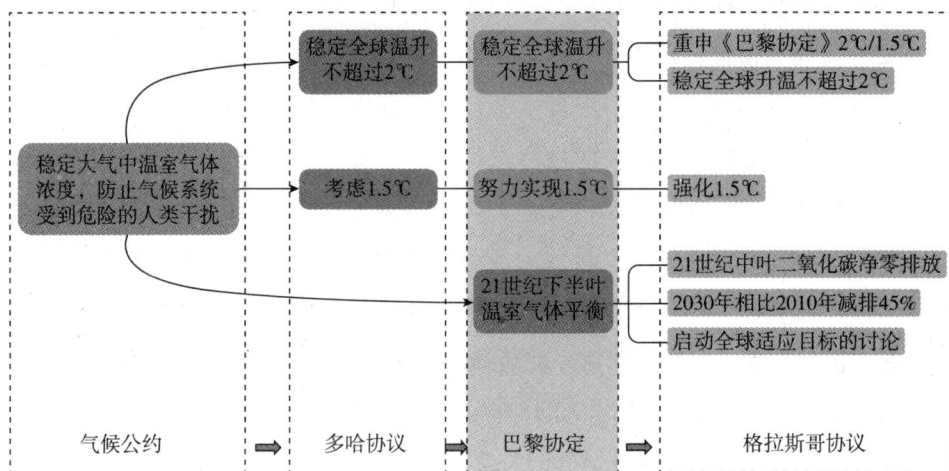

图1　全球应对气候变化目标的演化

三、不同碳中和目标的内涵和差异

由于各国提出的碳中和目标的用词和具体表述并不一致，国际上多个类似概念共存混用，易造成概念混淆，因此有必要对现有碳中和概念进行梳理和比较。需要说明的是，或许暗合中国文化"中和"的哲学思想②，国内更多使用"碳中和"概念，而国际上更多使用"净零"（net zero）概念。中文语境下的"碳中和"概念，其实还有广义和狭义之分。狭义理解，碳中和仅指二氧化碳中和，广

---

① 《格拉斯哥协议》减缓部分第17条，2021年。
② "中和"取自《中庸》一书，属儒学的重要范畴。致中和，乃天地安位，万物成长。中和，务本、乐本、固本，即谓中庸。社会中和，天下太平。

义理解则是二氧化碳中和、温室气体中和、气候中和、净零二氧化碳排放及净零温室气体排放等相关概念的统称。在国际语境下，碳中和往往是狭义理解，"净零"是涵盖各类目标的广义概念。本章采用中文表述习惯，一般叙述使用广义概念，概念辨析时会用到狭义概念。

（一）各国对碳中和目标的表述

2020年以来，根据气候公约秘书处的要求，各国在更新国家自主贡献（NDC）目标的同时纷纷提出碳中和目标。根据Zerotracker网站的统计，截至2022年1月，全球已有136个国家或国家集团提出碳中和目标，覆盖了全球88%的排放、90%的GDP（PPP）和85%的人口。由此可见，全球已形成碳中和共识，并积极付诸行动。利用Zerotracker的数据库详细分析得到，在136个提出碳中和目标的国家或国家集团中，具体提法不尽相同（见表1）。大部分国家（112个）使用"净零"，占比82%，1个国家使用"零碳"，13个国家使用"碳中和"，仅占10%，10个国家或国家集团使用"气候中和"或"温室气体中和"，约占7%。此外，还有10个国家承诺了相对基准线（BAU）减排目标，24个国家承诺绝对减排目标，2个国家承诺单位GDP的强度减排目标，15个国家使用了个性化的其他形式目标，例如墨西哥提出到2050年经济脱碳化，赞比亚提出减少人均温室气体排放，古巴要求各部门通过执行国家计划减少温室气体排放，等等。还有11个国家暂时还未明确减排目标。

表1　各国或国家集团长期目标的相关表述

长期目标	国家或国家集团	数量（个）
净零	阿富汗，安哥拉，亚美尼亚，安提瓜和巴布达，比利时，贝宁，布基纳法索，孟加拉国，巴哈马，伯利兹，中非共和国，加拿大，瑞士，哥伦比亚，科摩罗，佛得角，哥斯达黎加，塞浦路斯，丹麦，多米尼加共和国，厄立特里亚，埃塞俄比亚，斐济，法国，密克罗尼西亚，英国，几内亚，冈比亚，几内亚比绍，希腊，格林纳达，圭亚那，克罗地亚，海地，匈牙利，爱尔兰，牙买加，日本，柬埔寨，基里巴斯，韩国，老挝，黎巴嫩，利比里亚，莱索托，立陶宛，卢森堡，拉脱维亚，摩纳哥，马达加斯加，马尔代夫，马绍尔群岛，马里，缅甸，莫桑比克，毛里塔尼亚，毛里求斯，马拉维，纳米比亚，尼日尔，尼加拉瓜，尼泊尔，瑙鲁，新西兰，巴基斯坦，秘鲁，帕劳，巴布亚新几内亚，卢旺达，塞内加尔，所罗门群岛，塞拉利昂，圣多美和普林西比，苏里南，斯洛伐克，瑞典，塞舌尔，乍得，多哥，东帝汶，汤加，特立尼达和多巴哥，图瓦卢，乌干达，乌拉圭，美国，圣文森特和格林纳丁斯，瓦努阿图，萨摩亚，也门，南非，赞比亚，阿联酋，澳大利亚，布隆迪，保加利亚，巴林，印度尼西亚，印度，以色列，哈萨克斯坦，尼日利亚，巴拿马，沙特阿拉伯，苏丹，索马里，泰国，土耳其，坦桑尼亚，越南，新加坡，纽埃	112

续表

长期目标	国家或国家集团	数量（个）
零碳	厄瓜多尔	1
碳中和	中国，阿根廷，巴巴多斯，不丹，智利，冰岛，葡萄牙，安道尔，巴西，斯里兰卡，马来西亚，俄罗斯，乌克兰	13
气候中和/温室气体中和	奥地利，德国，西班牙，爱沙尼亚，意大利，芬兰，马耳他，斯洛文尼亚，欧盟，南苏丹	10（包括欧盟）
小计		136
相对基线减排	刚果（金），吉布提，圣卢西亚，喀麦隆，阿尔及利亚，约旦，肯尼亚，菲律宾，朝鲜，巴拉圭	10
绝对减排	捷克，多米尼加，圣基茨和尼维斯，挪威，阿尔巴尼亚，阿塞拜疆，波黑，白俄罗斯，文莱，格鲁吉亚，危地马拉，列支敦士登，摩尔多瓦，摩洛哥，马其顿，黑山，蒙古，荷兰，卡塔尔，罗马尼亚，圣马力诺，塞尔维亚，塔吉克斯坦，委内瑞拉	24
强度减排	乌兹别克斯坦，突尼斯	2
其他	刚果（布），加蓬，墨西哥，津巴布韦，百慕大群岛，科特迪瓦，古巴，埃及，加纳，伊朗，伊拉克，吉尔吉斯斯坦，巴勒斯坦，斯威士兰，土库曼斯坦	15
暂时未明确减排目标	玻利维亚，博茨瓦纳，开曼群岛，赤道几内亚，洪都拉斯，科威特，利比亚，萨尔瓦多，阿曼，波兰，叙利亚	11
合计		198

资料来源：http：//zerotracker.net/，登录时间 2022 年 1 月 25 日。

世界主要大国或国家集团，如中国、美国、欧盟和印度分别采用了不同的表述方式（见表 2）。中国使用"碳中和"，尚未明确定义相关细节。美国使用全经济体的"净零温室气体排放"。欧盟使用"气候中和"，并等同于温室气体净零排放。印度使用"净零排放"，具体含义有待明确。

表 2　世界主要国家或国家集团中期和长期目标

国家	2030 年中期目标	长期目标		
		时间	目标表述	状态
中国	2030 年前碳达峰，单位国内生产总值二氧化碳排放将比 2005 年下降 65%以上，非化石能源占一次能源消费比重将达到 25%左右，森林蓄积量将比 2005 年增加 60 亿立方米，风电、太阳能发电总装机容量将达到 12 亿千瓦以上	2060 年前	碳中和	政策文件

国家	2030 年中期目标	长期目标		
		时间	目标表述	状态
美国	净温室气体排放相比 2005 年水平减排 50%~52%	不晚于 2050 年	净零温室气体排放	政策文件
欧盟	净温室气体排放相比 1990 年至少减排 55%	到 2050 年	气候中和	完成立法
印度	相比 2005 年水平，单位 GDP 排放强度下降 33%~35%；非化石能源发电累计装机占比 40%，为有条件目标，取决于技术转让和包括绿色气候基金在内的低成本国际资金	到 2070 年	净零排放	领导人讲话

资料来源：笔者根据中国、美国、欧盟提交公约秘书处的长期低碳发展战略，印度总理莫迪在格拉斯哥气候大会期间的讲话整理。

实际上，即使相同的表述方式，各国具体目标和参数的设定也不统一。例如，在承诺"净零"目标的国家中，美国明确包括了各种温室气体，南非目前只包括二氧化碳排放，也提及需要通过多种措施减排温室气体。更多国家，如印度，未明确说明覆盖气体的种类，英国明确声明海外领地不适合用英国目标。在承诺"碳中和"目标的国家中，阿根廷明确只包括二氧化碳排放，乌克兰则包括各种温室气体，俄罗斯等国家未明确说明覆盖气体的种类。还有一些国家曾经对碳中和概念产生明显的误解，如哥斯达黎加 2015 年 9 月提交的国家自主贡献（INDC）承诺 2021 年实现碳中和，总的净排放相比 2005 年持平。埃塞俄比亚 2015 年 6 月提出的 INDC 目标是在 2025 年前实现碳中和，2030 年净温室气体排放不超过 1.45 亿吨二氧化碳当量。

国际上有专家已经意识到，净零概念混乱对全球及各国的政策行动可能带来不利影响。例如，Fankhauser 等 2021 年发表在《自然气候变化》上的文章呼吁正确认识净零排放概念，要有清晰的边界，确保净零作为气候行动框架的稳健性，倡导减排先行，全面减排，谨慎使用碳移除，有效监管碳抵消，促进公正转型，保持社会生态可持续性，以及寻求新的经济机遇。

（二）IPCC 报告对碳中和的相关表述

1988 年，世界气象组织（WMO）和联合国环境规划署（UNEP）联合成立政府间气候变化专门委员会（IPCC）。该委员会自 1990 年起推出的系列评估报告，为国际气候谈判和各级政府制定与气候变化相关的政策提供了科学依据。IPCC 作为气候变化领域的"科学共同体"，其评估报告均经过严格的程序，得到各国政府的认可，对于碳中和概念术语的相关表述具有较高的权威性。

2018 年 10 月由 IPCC 发布的《全球温升 1.5℃特别报告》指出，"净零二氧化碳排放，是指一段时间内全球人为二氧化碳排放量与人为二氧化碳移除量相平衡，与碳中和等同"，这里碳中和或净零二氧化碳是指全球层面。"净零排放"在净零二氧化碳排放之外还包括了非二氧化碳温室气体排放，不同气体需要通过全球增温潜势、全球温变潜势或其他气候因子折算。《全球温升 1.5℃特别报告》中还出现了"气候中和"，在考虑人类活动排放的全部温室气体之外，还从气候效应的角度，考虑人类活动带来的其他生物地球物理影响，如改变地表反照率和局地气候等。此后，2019 年 IPCC 陆续推出的《气候变化中的海洋和冰冻圈特别报告》（SROCC）和《气候变化与土地特别报告》（SRCCL）中也使用了同样的术语。

2021 年 8 月，IPCC 发布第六次评估报告（AR6）第一工作组（WG I）报告，给出了碳中和更加细化的定义："碳中和是指一定时期内特定实施主体（国家、组织、地区、商品或活动等）人为二氧化碳排放量与人为二氧化碳移除量之间达到平衡。"同时，报告还给出了三点补充说明。

（1）碳中和经常需要包括间接排放（范围 3）进行全生命周期评价，但也可以只考虑特定主体能直接控制的排放和移除（范围 1 和范围 2）。

（2）碳中和与净零二氧化碳排放基本重叠，在全球层面完全等同，但在国家、地区等其他层面，碳中和比净零排放包含范围更广。

（3）在一些情况下需要依赖于使用边界之外的额度进行碳抵消。

为了包含非二氧化碳温室气体，IPCC AR6 WG I 报告使用了温室气体中和及净零温室气体排放的概念，分别对应碳中和及净零二氧化碳排放，并进一步明确，根据《巴黎协定》实施细则（Decision 18/CMA.1 附件第 37 段），缔约方同意采用 IPCC AR5 及后续报告的 GWP100 进行不同温室气体之间的折算。但该报告未继续使用气候中和的概念。

表 3 概括和比较了 IPCC 系列报告中碳中和及其相关概念的要点，其中所有概念都共同强调了"一段时间内人为排放量与人为移除量之间的平衡"，但不同概念在应用边界、气体种类、是否包含边界外的排放和移除、是否使用碳抵消以及其他人类活动的气候影响等方面具有一定差异。

表 3　IPCC 系列报告对碳中和相关概念的表述

项目	边界	气体种类	边界外的排放和移除	碳抵消	其他人类活动的气候影响	IPCC 报告来源和发布时间	共性
碳中和	全球	CO_2	无	无	无	SR15, 2018	一段时间内人为排放量与人为移除量之间的平衡
	全球和其他	CO_2	有	有	无	AR6 WGⅠ, 2021	
净零二氧化碳排放	全球	CO_2	无	无	无	SR15, 2018	
						SROCC, 2019	
	全球和其他	CO_2	无	无	无	AR6 WGⅠ, 2021	
气候中和	全球	GHG	无	无	有	SR15, 2018	
温室气体中和	全球和其他	GHG	有	有	无	AR6 WGⅠ, 2021	
净零排放	全球	GHG	无	无	无	SRCCL, 2019	
净零温室气体排放	全球和其他	GHG	无	无	无	AR6 WGⅠ, 2021	

资料来源：笔者根据 IPCC 报告整理。

　　碳汇、碳移除、碳吸收是与碳中和密切相关又被经常混用的重要概念。《联合国气候变化框架公约》第 1.8 条定义碳汇是从大气中移除温室气体、气溶胶或温室气体前体[①]的任何过程、活动或机制。IPCC 在沿用《联合国气候变化框架公约》碳汇定义的同时，更多采用碳移除（CDR）的概念，即从大气中移除二氧化碳并长期储存在地质、陆地或海洋库里或产品中的人为活动。它包括现有或潜在的人为增强生物或地球化学的汇或直接空气碳捕集与封存，但不包括那些不是直接由人类活动带来的自然的二氧化碳吸收。碳吸收的定义更广泛，吸收是指物质或能量从系统的一个部分转移到另一个部分，碳吸收就是地球系统中的碳由大气进入陆地、海洋。相比而言，三者含义存在一定差异，碳移除强调了人为、增量、长期储存等关键词，与碳中和概念最为契合。

四、碳中和目标的要素及概念辨析

　　自 2020 年 9 月 22 日习近平主席提出中国碳达峰、碳中和目标以来，碳中和受到全社会的高度关注，已成为政府文件、学术文章、媒体报道的高频词，日渐

---

　　① 前体指反应或过程的预前阶段中所存在的或所形成的一种物质，后来会转变为另一物质或体系，《联合国气候变化框架公约》中温室气体前体包括 CO、NO_x、SO_2、VOC。

深入人心。但是，人们在大量普遍使用碳中和的同时，对中国的碳中和目标仍有不少模糊认识，甚至还产生了误区。以下围绕碳中和目标的关键要素，针对典型的模糊认识进行分析和澄清。

（一）碳中和对象：人为而非自然

无论《巴黎协定》还是 IPCC 系列报告，各国碳中和目标，无论使用"净零"，还是碳中和、气候中和等不同表述，各类定义都共同强调了"一段时间内人为排放量与人为移除量之间的平衡"，无论是排放还是移除，都强调了是人为，而非自然，这是碳中和概念的一个关键要素。一些研究报告将陆地生态系统和海洋的自然系统碳吸收用于平衡人为碳排放，是对碳中和概念的误解。

根据 2021 年 11 月全球碳项目（GCP）发布的全球碳预算最新评估结果，2011—2020 年，人类活动每年排放约 389 亿吨二氧化碳，其中全球化石能源燃烧占 89%，土地利用变化排放大约占 11%，只有 48% 约 186 亿吨二氧化碳留存在大气中，陆地生态系统吸收大约 112 亿吨二氧化碳，约占 29%，海洋吸收 102 亿吨二氧化碳，约占 26%，源和汇之间不平衡的碳预算大约 -10 亿吨，约占总排放的3%。一些人就此提出疑问，既然陆地和海洋自然生态系统吸收了大约一半的碳排放，那么是不是全球二氧化碳减排一半就可以实现碳中和目标了呢？其实不然。

首先，人为排放量与人为移除量之间的平衡在范围上是对等的。如果没有人为活动，自然碳循环本身是碳中和的。人类活动增加的人为排放源也必须通过人为活动从大气中吸收。如果要包含自然生态系统的吸收，那么也必须包含自然生态系统的排放，否则在范围上不对等。

其次，碳中和的本意是人类的活动不再加剧对自然生态系统的不利影响。根据 IPCC AR6 第一工作组的评估结论，目前人类活动已经使自然生态系统不堪重负。例如，占地球表面积 71% 的海洋已经吸收了近 60 年温室气体排放增加导致多余热量的 90% 以上，北极海冰消融、冰川退缩、海洋酸化、珊瑚礁死亡等日趋严重。如果用自然碳吸收去平衡人为碳排放，意味着人类社会容忍进一步加剧这些不利影响，这在逻辑上与碳中和的初衷是相悖的。

最后，尽管目前陆地和海洋自然生态系统的确吸收了一部分人为碳排放，但其吸收能力在逐步下降，且不稳定。以海洋为例，其充当着气候系统的稳定器，当全球趋近碳中和的时候，海洋不仅逐步丧失了继续吸收碳的能力，而且在海气交换中，已经吸收的碳还会部分回到大气中。森林一旦发生火灾，已经存储的碳又会变成二氧化碳迅速大量释放到大气中。因此,假设未来自然生态系统总是可以吸收人为碳排放的一半,这显然是不成立的。

(二) 实施主体:针对多元主体确定核算边界

碳中和目标可以在全球、区域、国家、城市、企业等不同层面应用。除了全球层面,针对其他任何主体的碳中和目标,都需要有一个清晰的边界。中国提出碳中和目标,既是对国际社会的庄严承诺,在实施中也必然涉及国内不同部门、领域,不同省市、地区,以及企业等不同主体的碳中和。明确实施主体的核算边界后,碳排放可以划分为三个层次:范围 1 是边界内主体使用化石能源的直接排放,范围 2 是边界内主体直接控制的外购电力、蒸汽、热力、制冷等产生的间接碳排放,范围 3 是指边界内主体上下游产生的其他间接排放,例如上游购入的原材料、货物和服务,下游提供的产品、货物和服务,以及排放的废弃物等。根据实施主体承诺的碳排放范围,碳中和目标也分为不同层次。

1. 企业层面

在企业层面,第一层次,至少需要平衡当年自身运营的范围 1 和范围 2 的碳排放。第二层次,一些企业将碳中和的范围拓展到范围 3 上下游产业链的部分排放,如苹果公司承诺在 2030 年之前实现供应链和产品 100% 的碳中和。第三层次,有的企业,如谷歌,宣布不仅平衡了自身运营的碳排放,还平衡了谷歌及其母公司全部历史碳足迹。微软也宣布将在 2030 年实现碳中和,2050 年偿还所有碳足迹。除此之外,还有企业,如阿里巴巴,提出"范围 3+"的概念,承诺利用企业平台,通过提供技术和商业创新,通过设立规则和生态协同,影响平台参与者的行为和决策,为中国落实"双碳"目标做出更大贡献。实际上,这部分减排已经超越了企业主体的边界,是企业通过自身的产品或服务帮助边界外其他主体实现的。而企业因自身开展碳移除活动的选择有限,也常常通过投资或购买从核算边界之外的其他主体碳移除活动获得碳信用,这被称为碳抵消。

2. 地区和城市层面

在地区或城市层面也是如此,限于不同地区的社会经济发展水平和自然禀赋,碳中和需要"全国一盘棋",要求每个地区或城市都要实现自身边界内的碳中和是不现实的。一些可再生能源资源丰富的地区把电输送到其他地区,帮助边界外的其他地区实现碳减排。一些减排成本相对较高的城市积极减排的同时也迫切需要通过市场机制从边界外其他地区获得碳信用作为碳抵消。目前,中国碳市场刚刚起步,强制碳市场仅覆盖电力部门,企业履约可用国家核证自愿减排量

（CCER）作为碳抵消的比例仅 5%。北京市正在承建全国温室气体自愿减排管理和交易中心，未来不仅可以服务国家碳达峰、碳中和目标，还能够逐步探索与国际碳交易机制的接轨与合作。

3. 国家层面

在国家层面，碳抵消也被称为海外减排，同样基于市场的灵活机制。目前，全球碳市场尚未建立，区域碳市场之间缺乏链接。各国提出碳中和目标，对于是否使用海外减排机制是比较谨慎的。例如，欧盟承诺不利用海外减排的碳抵消额度完成减排目标。美国在其长期低碳发展战略中提到，目前不考虑利用国际减排机制，但不排除在实现净零排放目标的最后阶段，在必要的情况下使用碳抵消机制。中国尚未对碳抵消机制做出明确规定，但不应排除这一机制对实现碳中和目标的可能贡献。

（三）气体种类：二氧化碳或碳当量

习近平主席在联合国大会上宣布碳达峰、碳中和目标时强调，"二氧化碳排放力争于 2030 年前达到峰值，努力争取 2060 年前实现碳中和"，碳达峰指代二氧化碳是基本明确的，但碳中和覆盖气体种类并不明确。国际社会对中国碳中和目标的普遍理解是碳中和仅包括二氧化碳，与欧盟气候中和、美国净零排放目标在覆盖气候种类上存在差异。中国从碳中和走向所有温室气体的中和，还需要10~20 年时间。2021 年 7 月，中国气候变化事务特使解振华曾对媒体表示，中国碳中和目标包括全经济领域温室气体的排放，不只包括二氧化碳，还包括甲烷、氢氟碳化物等非二氧化碳温室气体。然而到目前为止，中国尚未以官方文件形式对此进行具体说明。

尽管如此，中国高度重视非二氧化碳温室气体管控的立场是明确的。2021年 4 月，习近平主席在中法德领导人峰会上提出，中国决定接受《〈蒙特利尔议定书〉基加利修正案》，把非二氧化碳温室气体纳入管控范围，目前该修正案已经正式生效。在 2021 年 10 月提交的《中国本世纪中叶长期温室气体低排放发展战略》中，加强非二氧化碳温室气体管控成为十大战略重点和政策导向之一。格拉斯哥会议期间发布的《中美关于在 21 世纪 20 年代强化气候行动的格拉斯哥联合宣言》第 8 条专门将甲烷控排作为双方重要合作领域之一。中国将制订一份全面、有力度的甲烷国家行动计划，以控制和减少甲烷排放。

甲烷是人类活动排放的仅次于二氧化碳的全球第二大温室气体，它虽然寿命较短，但增温效应较强。如果不考虑气候系统的反馈，在百年尺度上的增暖效应

（GWP）是二氧化碳的 28 倍，而二十年尺度内短期 GWP 高达 84 倍。根据美国国家海洋和大气管理局（NOAA）数据，2021 年 9 月平均甲烷浓度达到 1900ppb，创下近 40 年来的最高纪录。减排甲烷对全球实现《巴黎协定》目标意义重大，最终全球必然走向覆盖全经济领域和所有温室气体的中和。在 COP26 期间，由欧美主导并启动了"全球甲烷承诺"，提出了到 2030 年将全球人为甲烷排放在 2020 年基础上至少减排 30% 的目标，105 个国家参与其中，占全球经济体的 70%，甲烷排放量占全球人为甲烷排放量的一半。根据中国官方公布的温室气体排放清单，2014 年中国甲烷排放总量为 5529.2 万吨，占中国温室气体排放总量的 10.4%，主要来自能源、农业和废弃物排放或处理等部门。中国暂未加入该倡议，但其长期影响力不容小觑。

未来，中国需要以官方文件形式明确碳中和目标的更多细节。如果将甲烷等非二氧化碳温室气体根据 GWP 折算为碳当量，纳入碳中和目标，则意味着"自我加压"要在 2060 年基础上至少提前 5～10 年实现二氧化碳的碳中和，并加大部署 CCUS 的规模。如果明确碳中和仅指二氧化碳中和，并在碳中和目标之外承诺积极管控甲烷等非二氧化碳温室气体的政策和行动，同样可以展现中国积极应对气候变化的大国担当。

（四）主要实现路径：碳减排与碳移除

碳中和是人为碳排放量与人为碳移除量之间的平衡，实现碳中和目标除前文已经提及的使用边界外取得碳信用进行碳抵消之外，更重要的是聚焦边界内的政策行动。一方面应积极推进碳减排，另一方面需大力增加碳移除（或者说碳吸收）。碳减排是指减少人类活动向大气中排放二氧化碳，碳移除则是通过人为活动从大气中移除二氧化碳。根据不同作用机理可分为三类：①基于自然的碳移除，如通过植树造林、生态修复等增加自然生态系统碳汇；②基于技术的碳移除，如直接空气碳捕集与封存（DACCS）；③混合型技术，如生物质能结合碳捕集与封存（BECCS）。在现实中，碳减排和碳移除之间的界限也经常被混淆。

1. 区分碳减排和碳移除

图 2 左侧是网络上常用的碳中和示意图，存在两个明显的错误。一是没有强调"人为"的特征，这个问题在前文已经分析过，这里不再赘述。二是将风车放在吸收一侧，混淆了碳减排和碳移除的概念。因为风车代表的可再生能源利用替代传统化石能源是碳减排措施，不是碳吸收。图 2 右侧显示，通过风能、太阳能开发和智能电网组成的新型电力系统逐渐替代传统的化石能源，实现大幅度减

排，剩余少量的排放再通过右侧增加森林碳汇和人工技术手段去吸收，以达到人为碳排放量与人为碳移除量之间的平衡。这种机制更符合碳中和概念的内涵。

图 2　碳中和概念示意图

2. 碳移除中的负排放技术

通过人工技术手段的碳移除也被称为负排放技术。那么，以生物质能源替代化石能源是负排放技术吗？不是。CCS/CCUS 是负排放技术吗？不准确。严格来说，生物质能源是碳中性的，生物质能源替代煤炭只是减排技术。CCS 如果与化石能源利用结合，也属于减排技术。《格拉斯哥气候协议》中提到，要逐步减少（Phasedown）没有减排措施（Unabated）的煤电，这里的"减排措施"就是指 CCS/CCUS。只有 DACCS 或 BECCS 才是负排放技术。当然，负排放技术在实际应用中能否真正实现负排放的效果，取决于很多因素，例如 BECCS 技术，还取决于在生物质能源的收集、储存、运输、利用以及碳捕集、利用和封存等环节新增碳排放的情况，以及大规模生物质能源生产占用土地、水资源等带来粮食安全等社会经济的影响。

3. 碳移除中的生态系统碳汇

关于生态系统碳汇也存在很多认识误区。根据 IPCC 碳中和定义，能用于平衡人为碳排放的碳汇必须满足三个条件：①人为活动，不包括自然碳吸收；②能长期储存，短期就分解释放的不行；③增量，存量再大也不是碳汇。例如，有人认为自然吸收和人为活动的碳汇是无法区分的。根据 IPCC 温室气体清单指南，有人为采取直接活动或者人为措施间接干预的土地都属于有管理的土地。如造林、毁林、采伐等是人为直接活动，而建保护区、护林防火等属于间接干预。如果没有上述活动就是无管理的土地，如荒漠。在有管理活动的土地上发生的人为直接或间接的碳汇就是人为碳汇，在无管理土地上的碳汇为零。虽然区分土地是否被管理未必精确，但概念不至于混淆。

再如，有人认为广袤的草原和绿油油的庄稼是很大的碳汇。实际上，牧草和庄稼都不能长期储存，因此不是碳汇。只有人为增加农田和草原土壤的含碳量才是碳汇。中国农业部门既有排放源，也有吸收汇，综合来看是净的排放源，温室气体排放主要来自化肥施用、稻田甲烷、畜牧养殖和废弃物处理等。根据国家温室气体排放清单，2014 年中国温室气体净排放总量为 111.86 亿吨二氧化碳当量。其中，农业为 8.3 亿吨，占 7.4%。农业排放非二氧化碳温室气体占比高达 48%。

又如，一些地方官员认为本地森林覆盖率高，碳汇就多，实现碳中和就比较容易，其实是混淆了碳汇增量和固碳存量。现有森林覆盖率高只是存量，不是增量。未来继续增加碳汇的潜力可能受限。还有很多地方和机构急于开发碳汇项目，认为可以出售赚大钱，这也是误解。实际上，只有人为活动带来的符合方法学要求（基线、额外性、计算方法等）的增量碳汇才能进行交易。当然，自然生态系统中固碳的存量虽然不能交易，但也具有重要价值。如果不加以保护，一旦破坏就会使其中固定的二氧化碳排放到大气中，成为碳排放源，更增加了实现碳中和目标的难度。

最后，海洋蓝碳作为一个新兴领域近年来受到广泛关注。海洋虽大，但符合人为、增量、能长期储存特征的碳汇并不多。目前，IPCC 认可的仅红树林、海草床、盐沼三种，中国科学家提出的"渔业碳汇""海洋微生物碳泵"等新理念仍在探索中，能否形成固碳增汇的共识仍然存疑。针对这些新理念，开展基础科学研究是必要的，但在缺乏方法学的情况下贸然开发碳汇项目并进行交易，不仅不能通过认证用于履约，还可能引起沿海地区盲目跟风，误导碳中和工作的重点。

综上所述，基于对各国碳中和目标的梳理和比较，参考 IPCC 系列报告对碳中和及相关概念的表述，本章认为碳中和目标的定义应把握四个方面的要素：碳中和是指一段时间内人为排放量与人为移除量之间达到平衡；碳中和目标的实施主体可以是全球，也可以是国家、区域、城市、企业、个人、商品等，需要明确核算边界；碳中和目标覆盖气体种类，可以仅指二氧化碳，也可以覆盖所有温室气体，需要明确界定；碳中和目标的实现途径包括碳减排和碳移除，还可以使用边界外从其他主体获得的碳信用进行碳抵消。其中，生态系统碳汇是碳移除的重要途径，只有具备人为、长期储存和增量三方面的特性才能用于碳中和。

五、结论

当前，碳中和已成为全球共识，世界经济加速绿色低碳转型乃大势所趋。碳中和既是中国高质量发展的战略选择，也对全球碳中和进程起到举足轻重的作用，这使得中国日益受到国际社会的高度关注。明确碳中和及相关概念，既是中国落实"双碳"目标工作的基础，也是加强国际合作，深度参与和引领碳中和目标下全球气候治理的迫切需求。通过对国际文献的系统梳理，并结合大量的国内实践和分析，本章得到如下结论：

第一，1997年以后，碳中和进入全球气候治理视野。碳中和概念起源于生物学研究，1997年《京都议定书》提出碳交易和碳抵消概念，通过企业、个人行动以及奥运会等国际重大活动的碳中和行动推动了碳中和概念的广泛传播。2015年12月通过的《巴黎协定》首次出现类似碳中和的"温室气体平衡"的概念。IPCC于2018年10月发布的《全球温升1.5℃特别报告》首次完整定义了碳中和，2021年起陆续发布的第六次评估报告对碳中和的概念展开了进一步的讨论。

第二，碳中和目标有广义和狭义之分。在中文语境下，狭义的碳中和仅指二氧化碳中和，广义的碳中和则是二氧化碳中和、温室气体中和、气候中和、净零二氧化碳排放、净零温室气体排放等相关概念的统称。相比而言，在国际语境下，"净零"概念使用更广，在全球136个提出碳中和目标的国家或国家集团中，112个使用"净零"，仅13个国家使用"碳中和"。

第三，碳中和目标的概念定义需要把握四个方面的要素。即人为排放量与人为移除量之间的平衡，界定全球、国家、区域、城市、企业、个人等多元实施主体及其碳核算边界，明确覆盖气体种类是二氧化碳还是所有温室气体，以及区分实现碳中和的路径，包括碳减排、碳移除、碳抵消，尤其要全面把握生态系统碳汇的"人为、长期储存和增量"特征。

第四，辨析碳中和概念，是落实"双碳"目标、推动国际合作的基础。气候公约谈判形成的法律文件、IPCC指南和报告使用的术语，作为国际通行的概念和规范，得到各国政府的尊重和认可，是科研工作的重要基础，也是国际谈判、履约、对话的认知基础。一些新的认知和概念界定可以根据不同时期的经济社会发展特征开展探索性、创新性的讨论，但碳中和概念中最基本的认知基础如"人为排放量与人为移除量之间的平衡"、碳汇的"人为、长期储存和增量"特征等还需要与国际通行的理解保持一致。进一步明确碳中和目标的关键要素，不仅有利于国内落实"双碳"目标，也有利于促进面向碳中和的国际合作。

参考文献

[1] 中华人民共和国中央人民政府. 习近平在第七十五届联合国大会一般性辩论上发表重要讲话 [EB/OL]. (2020-09-22) [2021-12-25]. http://www.gov.cn/xinwen/2020-09/22/content_5546168.htm.

[2] Blucher J C. The Cycle of Carbon [J]. School Science and Mathematics, 1917, 17 (02): 121-126.

[3] Coal Consumption Affecting Climate [N]. The Braidwood Dispatch and Mining Journal, 1912-07-17 (07).

[4] 沃特. 忧天: 全球变暖探索史 [M]. 李虎, 译. 北京: 清华大学出版社, 2011.

[5] 马世俊. 美国前副总统戈尔获诺贝尔和平奖 [N]. 郑州日报, 2007-10-13 (03).

[6] 钟河. 遏制全球变暖 你"碳中和"了吗 [EB/OL]. 河南日报, 2007-03-08.

[7] 许明. 英国出现世界第一种"绿色"超市蛋 [J]. 中国家禽, 2007 (17): 58.

[8] 沃尔沃集团. 沃尔沃在华盛顿特区展示二氧化碳中性卡车的研究成果 [J]. 运输经理世界, 2008 (04): 11.

[9] 李耀军. "碳中和"——走红西方的一种环保新理念 [J]. 化学教学, 2008 (08): 78-79.

[10] 熊靓. 美好的"碳中性"时代到来 [J]. 中国科技财富, 2008 (06): 60-63.

[11] 中外对话. "碳中和"的奥运会 [EB/OL]. (2008-09-17) [2021-12-25]. https://chinadialogue.net/zh/2/38935/.

[12] WWF. 呼吁奥运会运动员夺金路上抵碳排 [EB/OL]. (2007-10-29) [2021-12-25]. https://www.wwfchina.org/news-detail?id=566&type=3.

［13］李虎军．北京奥运会开始估算"碳减排"成效［EB/OL］．（2008-04-26）［2021-12-25］．https：//www. ccchina. org. cn/Detail. aspx？newsId=9488.

［14］曾少军，岑宁申．"碳中和"与北京绿色奥运［J］．北京社会科学，2008（02）：4-8.

［15］董鑫．北京冬奥会如何实现碳中和：北京冬奥组委解读［EB/OL］．（2022-01-13）［2022-02-01］．https：//baijiahao. baidu. com/s？id=1721804623751364142&wfr=spider&for=pc.

［16］陈迎，潘家华．对斯特恩新报告的要点评述和解读［J］．气候变化研究进展，2008（05）：266-271.

［17］IPCC. Global Warming of 1. 5℃［R/OL］．（2018-10-18）［2021-11-07］．https：//www. ipcc. ch/sr15/.

［18］UNFCCC. China's Mid-century Long-term Low-greenhouse Gas Emission Development Strategy［R/OL］．（2021-10-28）［2021-12-25］．https：//unfccc. int/sites/default/files/resource/China%25E2%2580%2599s%2520Mid-Century%2520Long-Term%2520Low%2520Greenhouse%2520Gas%2520Emission%2520Development%2520Strategy. pdf.

［19］The Long-term Strategy of the United States：Pathways to Net-zero Greenhouse Gas Emissions by 2050［EB/OL］．［2021-12-25］．https：//www. whitehouse. gov/wp-content/uploads/2021/10/US-Long-Term-Strategy. pdf.

［20］European Commission. 2050 Long-term Strategy［EB/OL］．［2021-12-25］．https：//ec. europa. eu/clima/eu-action/climate-strategies-targets/2050-long-term-strategy_en.

［21］Gowda D. India is Targeting Net-zero Emissions by 2070［EB/OL］．（2021-11-02）［2021-12-25］．https：//in. mashable. com/science/25635/india-is-targeting-net-zero-emissions-by-2070.

［22］South Africa's Low Emission Development Strategy 2050［EB/OL］．［2021-12-25］．https：//unfccc. int/sites/default/files/resource/South%20Africa%27s%20Low%20Emission%20Development%20Strategy. pdf.

［23］Kwarteng K. Carbon Emissions：British Overseas Territories［EB/OL］．（2019-09-26）［2021-12-25］．https：//questions-statements. parliament. uk/written-questions/detail/2019-09-26/291443.

［24］Nationally Determined Contributions Registry. Segunda Contribución Deter-minada a Nivel Nacional de la Repúb-lica Argentina［EB/OL］.［2021-12-25］. https：//www4. unfccc. int/sites/ndcstaging/PublishedDocuments/Argentina% 20Second/Argentina_ Segunda%20Contribuci%C3%B3n%20Nacional. pdf.

［25］Government of Costa Rica Ministry of Environment and Energy. Costa Rica's Intended Nationally Determined Contribution［EB/OL］.［2021-12-25］. https：// www4. unfccc. int/sites/submissions/INDC/Published% 20Documents/Costa% 20Rica/ 1/INDC%20Costa%20 Rica%20Version%202%200%20final%20ENG. pdf.

［26］Federal Democratic Republic of Ethiopia. Intended Nationally Determined Contribution（INDC）of the Federal Democratic Republic of Ethiopia［EB/OL］. ［2021 - 12 - 25］.https：//www4. unfccc. int/sites/submissions/INDC/Published% 20Documents/Ethiopia/1/INDC-Ethiopia-100615. pdf.

［27］Fankhauser S, Smith S M, Allen M, et al. The Meaning of Net Zero and How to Get It Right［J］. Nature Climate Change, 2022, 12（01）：15-21.

［28］UNFCCC. Glossary of Climate Change Acronyms and Terms［EB/OL］. ［2021-12-25］. https：//unfccc. int/process-and-meetings/the-convention/glossary- of-climate-change-acronyms-and-terms#s.

［29］Global Carbon Budget. Carbon Budget 2021：An Annual Update of the Global Carbon Budget and Trends［R/OL］.（2021-11-04）［2021-12-25］. http：// www. globalcarbonproject. org/carbonbudget.

［30］IPCC. Climate Change 2021：The Physical Science Basis［R/OL］. （2021-08-06）［2021-11-07］. https：//www. ipcc. ch/report/sixth-assessment- report-working-group-i/.

［31］经济学家圈. 碳中和的逻辑：20 位国内外一线专家深度解读碳中和 ［M］. 北京：中国经济出版社, 2022.

［32］阿里巴巴. 2021 阿里巴巴碳中和行动报告［R/OL］.（2021-12-17） ［2021-12-22］. https：//data. alibabagroup. com/ecms-files/1452422558/2353ce92- 2397-4d2c-a564-8e9da328b8d6. pdf.

［33］Climate Home News. 5 Burning Questions about China's Carbon Neutrality Pledge［EB/OL］.（2020-09-23）［2021-11-07］. https：//www. climatechang enews. com/2020/09/23/5-burning-questions-chinas-carbon-neutrality-pledge/.

［34］国家应对气候变化战略研究和国际合作中心．解振华详解制定 1+N 政策体系作为实现双碳目标的时间表、路线图［EB/OL］．（2021-07-27）［2021-11-07］．http：//www. ncsc. org. cn/xwdt/gnxw/202107/t20210727_851433. shtml.

［35］央视网．习近平同法国德国领导人举行视频峰会［EB/OL］．（2021-04-16）［2021-11-07］．http：//www. gov. cn/xinwen/2021-04/16/content_5600155. htm.

［36］UNFCCC. 中国本世纪中叶长期温室气体低排放发展战略［R/OL］．［2021-12-25］．https：//unfccc. int/sites/default/files/resource/China%E2%80%99s%20Mid-Century%20Long-Term%20Low%20Greenhouse%20Gas%20Emission%20Development%20Strategy. pdf.

［37］生态环境部．中美关于在 21 世纪 20 年代强化气候行动的格拉斯哥联合宣言［EB/OL］．（2021-11-11）［2021-12-25］．https：//www. mee. gov. cn/xxgk/hjyw/202111/t20211111_959900. shtml.

［38］Vaughan A. Record Levels of Greenhouse Gas Methane are a 'Fire Alarm Moment'［EB/OL］．（2022-01-07）［2022-02-01］．https：//www. newscientist. com/article/2303743-record-levels-of-greenhouse- gas-methane-are-a-fire-alarm-moment/#ixzz7LoS0yZC5.

［39］中华人民共和国生态环境部．中华人民共和国气候变化第二次两年更新报告［R/OL］．（2018-12-12）［2021-12-10］．http：//big5. mee. gov. cn/gate/big5/www. mee. gov. cn/ywgz/ydqhbh/wsqtkz/201907/P020190701765971866571. pdf.

［40］UNFCCC. Glasgow Climate Pact，Decisions 1/CP. 26［EB/OL］．［2021-12-25］．https：//unfccc. int/sites/default/files/resource/cop26_ auv_ 2f_ cover_decision. pdf.

［41］沈维萍，陈迎．气候行动之负排放技术：经济评估问题与中国应对建议［J］．中国科技论坛，2020（11）：153-161，170.

［42］IPCC. 2019 Refinement to the 2006 IPCC Guidelines for National Greenhouse Gas Inventories［EB/OL］．［2021-12-25］．https：//www. ipcc. ch/report/2019-refinement-to-the-2006-ipcc-guidelines-for-national-greenhouse-gas-inventories/.

［43］丽水市生态环境局．林业碳汇交易的主要误区和关键问题分析［EB/OL］．（2021-09-08）［2021-11-17］．http：//hb. lishui. gov. cn/art/2021/9/8/

art_ 1229554955_ 58925082. html.

［44］蒋亦凡. 中国的"蓝碳"方案如何与众不同？［EB/OL］. （2021-10-06）［2021-12-25］. https：//m. thepaper. cn/baijiahao_ 14788436.

［45］吴侃侃. 福建连江完成全国首宗海洋渔业碳汇交易［EB/OL］. （2022-01-11）［2022-02-01］. https：//finance. eastmoney. com/a/20220111224 3315849. html.

3

碳中和要义的分析与思考

潘家华　孙天弘[*]

2020年9月，中国向国际社会明确宣示，在2030年前实现碳达峰、2060年前实现碳中和。对于碳中和作为国际应对气候变化的减缓目标，如果在政策和研究层面对其许多基本问题存在不准确的认知，很有可能抓不住重点，不利于稳步推进碳中和进程。一段时间以来，各界涌现出各种观点和思路，许多从站位和高度上十分权威，具有较大影响力，但是其中有些对于碳中和的实际要义的把控并不准确到位，需要引起重视，以防偏离正常轨道。

这些问题，有些是基础概念性的，有些则是战略层面的。碳中和应该减什么碳？化石能源能够退出吗？碳中和对我们的经济影响有多大？既然能够碳移除，如果温室气体排放依旧，采用人为措施进行移除，是否也可以实现碳中和？加大化石能源投资力度，能够保障能源安全吗？碳中和需要巨额资金投入，钱从何而来？碳中和的步子应该走得快一些还是慢一些？

需要分析和思考的问题有许多。本章选取与碳中和相关的几个基本问题进行讨论，以期为更好地推进碳中和进程提供一些理性依据。解析这些基本问题，在于厘清概念、明确路径、解析误读、认识风险、把控节奏，从而实现全社会的碳中和转型。这些问题之间，有着认知和行动上的递进、深化和升华的解析与导向的逻辑关联。

一、需要中和的，是什么碳？

首先，必须明确我们需要中和的是什么碳。不然，空泛和偏颇地讨论碳，难

---

[*]　潘家华、孙天弘，北京工业大学生态文明研究院。本章内容主要源自于《中国地质大学学报（社会科学版）》2022年第5期发表的《关于碳中和的几个基本问题的分析与思考》。

038

以找准着力点。在国际社会应对气候变化的进程中，聚焦于需要中和的是什么碳这一问题，经历了一个较长的过程。1992 年达成的《联合国气候变化框架公约》并没有具体界定温室气体，目标也是较为笼统地"将大气中温室气体的浓度稳定在防止气候系统受到危险的人为干扰的水平上"[①]。在五年后达成的《京都议定书》中，才明确界定了六种温室气体[②]。国内学界部分学者对温室气体的界定，并没有完全按照国际气候协定的规定，还纳入了臭氧（O_3）和自然的水蒸气等。从来源和特征，以及碳中和的重点对象或领域来看，人为排放的七种温室气体大概包括三个大的类别：

第一类来源于地质年代形成的化石能源，即煤、石油和天然气开采和燃烧过程中所释放的碳，主要包括二氧化碳和甲烷。第二类是自然生态系统各种生命过程和土壤中的碳循环。绿色植物从大气中通过光合作用吸收固定二氧化碳形成的碳水化合物等干物质通过枯枝落叶、死亡和动物食用而转化、排泄，生命有机体中的碳又回到大气，包括二氧化碳、甲烷（即沼气）和氧化亚氮。第三类为人工合成的温室气体，主要是各种含氟气体，例如冰箱、空调等的制冷剂，消防和日用品中的各种发泡剂。

这三类碳有着不同的自然属性。第一类表征为气候灾性碳。之所以说这类碳具有气候灾性，主要是因为这些碳是额外于气候系统的。也就是说，它们是原本大气中并不存在的，是漫长地质年代形成于地下的富碳矿物，尤其是煤炭、石油、天然气等化石能源，通过现代工业手段开采并燃烧利用而释放到大气中的温室气体。这部分碳提升了大气中二氧化碳的浓度，引发地表增温，造成气候灾变。第二类碳总体上是气候中性的。自然循环的碳，经过毁林、土地退化使得以前固定的碳释放到大气，从而增加大气中二氧化碳的浓度。但是自然碳循环大致是平衡的，某一个时间段、某一个地区，可能有盈或亏，但总体上对气候系统的影响，原则上是中性的。第三类碳是人工合成或制造的各种含氟气体。由于这些温室气体并不是自然的产物，具有额外性，因而也具有气候灾性。

《巴黎协定》规定的碳中和，涵盖所有温室气体。但在实际分析中，则多聚焦于狭义的碳中和，即不涵盖非二氧化碳温室气体，而且聚焦于与化石能源相关

---

① 《联合国气候变化框架公约》（1992 年达成，1994 年生效）第二条。

② 《京都议定书》在附件 A 中列出的温室气体包括：二氧化碳（CO_2）、甲烷（CH_4）、氧化亚氮（N_2O）、氢氟碳化合物（HFCs）、全氟化碳（PFCs）、六氟化硫（SF_6）。2012 年多哈《京都议定书（修正案）》中增加三氟化氮（NF_3）。

的二氧化碳[①]。为什么在政策和行动层面聚焦于化石能源碳呢？主要原因有以下三点：一是生态系统中的有机碳，不仅具有气候中性的特点，也有伦理权益的原因。因生存而毁林，以及历史上的毁林，原始的刀耕火种生产方式，水稻种植，膳食结构中需要高蛋白的肉类消费，是人的基本权益。减碳，可以倡导，但不能强制。二是数据统计误差。与化石能源相关的二氧化碳数据较为精准，而有机碳的数据误差多在50%左右。三是相对于二氧化碳和甲烷，氧化亚氮和含氟温室气体数量较为有限，占比相对较低。关于甲烷等非二氧化碳温室气体，国家碳中和行动方案中的措施和手段是加强管控，没有明确、具体的考核指标。

实现碳中和，化石能源二氧化碳的近零乃至于净零排放，不仅是第一步，而且是一大步，是关键所在，具有可操作性，可精准测度、可核查确认。人为清除的潜力，与化石能源二氧化碳排放量具有数量级的差异，尽管难以平衡化石能源碳，但有可能用以中和或平衡非二氧化碳温室气体。

国际上对于非二氧化碳的统计不仅极为有限，而且没有得到广泛认可和采用，没有作为国际谈判或争取权益的支撑。在与全球化石能源燃烧相关的二氧化碳排放中，中国在全球所占比例超过1/4。2021年，中国能源消费总量为52.4亿吨标准煤。在能源消费中，非化石能源占比只有15.9%，化石能源占比高达84.1%。化石能源燃烧排放的二氧化碳是温室气体排放中的主体。2021年，中国化石能源燃烧排放的二氧化碳超过100亿吨。其中，煤炭占比72.9%、石油占比19.4%、天然气占比7.7%。如果能够去煤减油降气而退出化石能源碳，大约就可以去除总排放中超过80%的碳。[②]

这也是国际社会的碳中和目标聚焦退出化石能源的原因。中国政府向国际社会提出的国家自主贡献目标，导向也是化石能源退出。"十四五"时期、2030年和2060年时间节点的重要目标是：2025年，非化石能源消费比重达到20%左右；2030年，达到25%左右；2060年，达到80%以上[③]。碳中和进程，实际上就是化石能源逐步退出的进程，从当前的80%以上，减到2060年的20%以内。只有这样才有可能实现碳中和。

[①] 我国关于碳中和的目标侧重于二氧化碳，尤其是与化石能源相关的二氧化碳。在中共中央、国务院《关于完整准确全面贯彻新发展理念做好碳达峰碳中和工作的意见》（2021年9月22日）中，没有纳入非二氧化碳温室气体；在关于减缓的科学评估中，也聚焦于与化石能源相关的二氧化碳。

[②] 数据来源：笔者根据国家统计局《国民经济和社会发展统计公报2021》中的能源消费架构，按化石能源的排放系数测算。

[③] 参见：中共中央、国务院《关于完整准确全面贯彻新发展理念做好碳达峰碳中和工作的意见》，2021年9月22日。

因而，碳中和的碳，从理论上或广义上讲，可以涵盖《京都议定书》的7种温室气体，不包括气溶胶、水蒸气、臭氧等国际法律文件没有列入的类别。但在规划、行动中，应该聚焦的，是较为狭义的化石能源开采和燃烧排放的二氧化碳。

二、零碳能源，能够撼动化石能源的"压舱石"地位吗?

碳中和的基本路径，关键是化石能源的有序退出;那么，能源供给能够安全稳定吗?在中国乃至全球的能源消费中，化石能源依旧占据主导地位。1990—2020年30年时间，发达国家减排进展迟缓。对于这些发达国家，还有不到30年的时间实现化石能源的净零排放，德国等部分欧洲国家将碳中和完成时间表提前5年，从2050年提早至2045年。2022年7月，德国联邦议院通过法案，明确2030年德国可再生能源发电在电力消费中的占比将至少提高到80%，为实现这一目标，联邦德国土地面积的2%将被指定用于风力发电。英国则决定将于2024年10月前停止使用燃煤发电。这有可能吗?我国化石能源尤其是煤炭在能源消费和电源结构中占据绝对主导地位，能源电力部门的一些分析认为，在碳中和进程中，煤炭具有"压舱石"地位，不可或缺。2030年，我国新能源将占据装机主体，煤电仍然是系统灵活性和发电量的第一大支撑电源。到2060年，基于系统安全性和经济性的考虑，煤电依然要保持一定的规模。

那么，零碳能源能担大任吗?实际上，经济社会发展所需要的是能源服务，碳并非是必需品，化石能源是额外于气候系统的碳源。因此，可以说，碳和经济社会发展可以没有必然关系。碳中和所需要的是将额外于气候系统的化石能源碳清零。当然，生物有机体的碳水化合物，比如我们吃的粮食、蔬菜水果、肉制品等属于有机的碳水化合物，是我们所需要的。但化石能源提供的能源服务的碳，并不必然需要。如果能够获取没有碳的能源服务，化石能源也就自然退出了。

如何实现化石能源的退出呢?主要有两种途径:一种是提高能效，从而减少化石能源的消费。这个途径是有效的，但效果是有限的，提高能效的方式可以不断走向低碳，但难以实现零碳。

例如，各种照明用灯具，从白炽灯发展到荧光灯，到现在的LED灯，能效不断提升。LED灯的能耗只有白炽灯的1/10，流明度即亮度类同。尽管这样，必须要有电 LED 灯才可以发光。化石能源电力，比如煤电，亚临界技术每度电大约耗煤 450 克，超超临界每度电只要 270 克。单位发电能效提高了 40%。然而煤电效率无论怎么提高，必须要耗煤，只要耗煤就一定释放碳，因而提高能效的方式可以实现低碳，但难以实现零碳[①]。

另一种就是能源生产的颠覆性技术，从化石能源提高能效转向零碳能源的生产。通过这种途径退出化石能源，则碳中和必然实现。例如，风光水、生物质能等零碳能源和化石能源没有直接关系，但是能够提供同质的能源服务，满足能源需求。这样的技术现在已经出现并迅猛发展。2000 年，中国几乎没有太阳光伏发电，装机容量只有 1.9 万千瓦，只占全球总量的 2.4%、美国的 10.8%；直到 2006 年，也不过 8 万千瓦装机。原因在于成本太高。2005 年，中国政府通过补贴支持光伏发展，每度电（千瓦时）补贴 4 元，而当时的煤电只有 0.15 元。经过十多年的发展，2021 年光伏发电成本低至每千瓦时 0.1 元，光伏发电成本降低的速度和幅度超乎想象。风电的成本也在快速下降。2009—2019 年，每度电光伏成本下降几乎 90%，陆上风电下降 70%；而煤电的成本不仅没有降，反而还在不断上升。图 1 展示了各种发电装机成本的变化和比较。所以从这个意义上来讲，零碳能源的竞争力不断凸显。

但是，光伏发电和风能并不稳定连续，能够保证能源的安全稳定供给吗？2021 年，我国风光可再生能源的占比在电力消费中只有 11.7%，占比非常低。根据 IRENA（2021）和 BP（2022）报告中一些国家 2019 年的数据，挪威的零碳可再生能源占比达到 97.1%，其零碳能源主要是水电；丹麦的零碳可再生能源占比为 78.2%，其零碳能源主要是海上风电；德国的零碳可再生能源占比在 2020 年达到了 46%，其零碳能源主要是风能和光伏发电。这些国家没有化石能源作为"压舱石"也能够行稳致远。

[①] 需要说明的是，在碳中和进程中，零碳是一个从相对到绝对的过程。例如，太阳光伏电力生产过程没有碳的排放，是零碳的；而太阳光伏组件的生产，在初期只能使用化石能源，所以生命周期不可能是零碳的。但是，如果太阳光伏组件的生产所使用的电力来自太阳光伏电力，而且回收利用的能源也源自太阳光伏，那么，全生命周期也就是零碳了。纯电动汽车的零碳内涵也是一个从运行到生命周期的过程。初期，纯电动汽车的电力也可能来自煤电而非零碳可再生能源。但是，在理论或实践上，纯电动汽车电池充电具有灵活性，可以实现 100% 零碳可再生能源。这样，其运行就是零碳了。如果纯电动汽车的制造采用零碳可再生能源电力而不是化石能源，其生命周期也就是全零碳了。本章的分析没有加以严格区分，原因在于零碳是一个进程，即从运行到全生命周期。

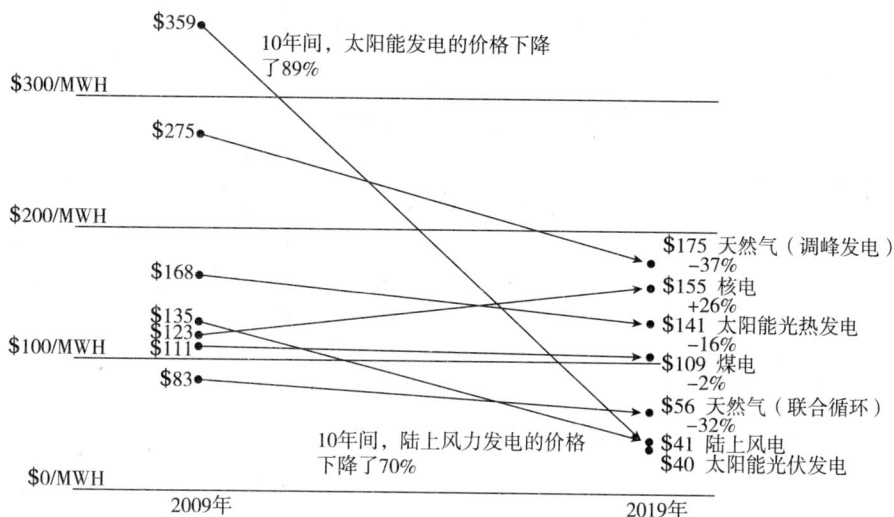

图1 2009—2019年中国各种发电装机成本变化与比较

注：电价以平准化度电成本（LCOE）表示。LCOE记录了生命周期内的成本，包括初始投资、运行维护、燃料的成本。

资料来源：Energy Intellegence，2021。

在零碳能源中，光伏发电成本低、产能强、规模大，具有间歇性。与光伏发电的间歇性不同，光热发电可以将产生的热能暂时存储在高温熔盐中，在没有光的时候发电，与光伏发电形成互补。相对来说，光热发电成本尚高，但随着规模的不断扩大，成本也进入快速下降通道。

我国动力电池已经具有很强的市场竞争力，储能潜力巨大。2008年，我国举办奥林匹克夏季运动会，使用纯电动汽车作为交通工具，但电池的容量和质量都欠佳。经过十几年的发展，我国纯电动汽车的动力电池储能容量大、成本下降快、竞争性强。2021年全球电动车渗透率超过10%，中国占增量的一半以上，生产了全球76%的锂电池，有655亿瓦时产能以及全球70%阴极产能、80%阳极产能和一半以上锂、钴、石墨加工精炼产能。在全球动力电池生产前十位厂商中，中国占据6席，其中宁德时代全球动力电池装车量达到96.7亿瓦时，市场占有率为32.6%，相比2020年提升了8个百分点。

我国风电同样发展迅速。2000年，中国陆上风电装机35.2万千瓦，只占全球的2%，甚至只有印度的1/4；而海上风电装机为零（IRENA，2015）。2021年，全球风电装备生产企业前十名中，中国占六家，其中金风科技排名第二位、远景能源排名第四位。根据GWEC（全球风能理事会）统计报告（见图2），

2021 年全球海上风电总装机 56 吉瓦，新增 21.1 吉瓦。中国占总装机的 47%、新增装机的 80%。预计到 2030 年，全球年新增装机达到 54.9 吉瓦、总装机 370 吉瓦。中国风能专委会公布的数据显示，我国海上风电技术开发潜力超过 3500 吉瓦，理论年发电量可达 8.75 万亿度，超过 2021 年的我国总发电量 8.11 万亿度，潜力巨大。

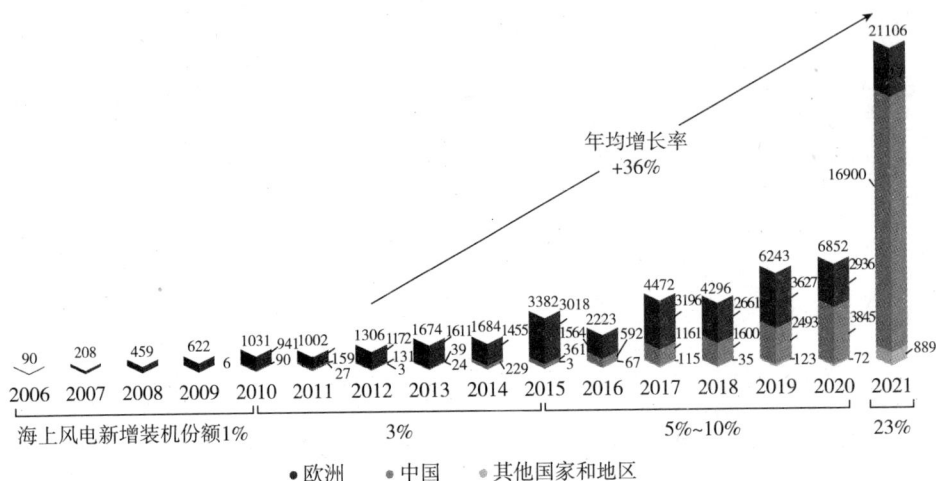

图 2　2006—2021 年海上风电装机情况（单位：兆瓦）

资料来源：GWEC（全球风能理事会），Global Offshore Wind Report（2022）。

我国风电企业在"风电伙伴行动"计划中提出，力争在 2025 年将近海和深远海风电每度电的成本分别降至 0.4 元和 0.5 元。2023 年以后陆上切换到 6~8 兆瓦机组，预计陆上风电的每度电成本可下降至 0.1~0.15 元。2022 年 4 月，上海金山海上风电场一期项目，市场上网竞价为 0.302 元/千瓦时，低于 0.4155 元/千瓦时的上海市煤电基准上网电价。这已经不仅仅是平价上网，而是大跨步跨越到了低价时代。

如果说风和光具有间歇性属性，生物质能则具有灵活性。生物质可以呈气态，如沼气；可以呈液态，如生物质乙醇、生物质甲醇、生物质酒精等；同样，也可以把生物质固化成型，如木炭、生物质碳。当然，也可以直接用生物质发电，与化石能源发电一样，具有可储藏性和灵活性，可以有效替代化石能源。当前多用化石能源制氢，比如天然气、煤炭，但生物质能源如沼气同样可以制氢。2022 年 6 月 1 日，国家发展和改革委员会、国家能源局等部门联合印发《"十四五"可再生能源发展规划》，要求稳步推进生物质能多元化开发，稳步发展生物质发电，积极发展生物质能清洁供暖，加快发展生物天然气，大力发展非粮生物质液体燃料。

因此，间歇性的风能、太阳能与灵活性的水电、生物质能形成多能互补，也可以通过抽水蓄能、化学储能等实现源网荷储的一体化电力系统，保障能源安全。更重要的是，中国地域辽阔，西北地区人口密度低，但风能、太阳辐射能充裕；西南地区有巨量水能，水能资源丰富；沿海地区人口密度高、经济活力强，有广袤的海上空间，其中渤海、黄海、东海都具备发展海上风电的条件。因而，中国可以打造多能区域协同、空间产业重构的新格局。

三、碳中和，是阻力，还是动能?

对于化石能源燃烧排放碳的退出，有一种常见的误解是将其简单类比于常规污染物的控制，认为退出会影响经济发展。化石能源被取代是否会影响经济发展? 碳中和究竟是阻力还是动能?

首先，我们考察化石能源的生产特点。化石能源呈点状分布，其开采利用资本投入大、密集度高，产业链相对较短，化石能源燃烧排放引发全球地表增温；而零碳技术、产品和服务的市场可以做大、做强，而且产业链条环节多，就业带动能力强，常规污染物排放少，市场潜力巨大。

例如太阳光伏设备的生产，产业链包括上游晶体硅原料（硅矿开采、冶金级工业硅、太阳能级多晶硅材料）和硅棒、硅锭、硅片，中游的光伏电池和光伏组件，下游的光伏系统应用产品，以及后续的安装、使用、维护等。产业链条长，相较于高资本密集的化石能源产业，其劳动就业量更多。可再生能源的产业链在带动就业的同时必然拉动需求，促进经济的良性循环，而不是资本的无限积累，资本不会拉动居民消费。

这就是碳中和作为经济发展动能的原理所在。

实现碳中和的过程，是化石能源退出（去煤、减油、降气）的进程，势必会对传统产业造成一定的影响，如燃油汽车行业。那么，汽车一定需要燃油吗?

2022 年 6 月 8 日，欧洲议会在法国斯特拉斯堡表决通过了一项欧盟委员会提案，从 2035 年开始在欧盟境内停止销售新的燃油车，包括混合动力汽车。同时，欧盟委员会提议，2030 年起新车二氧化碳排放量相较于 2021 年的水平减少55%，2035 年起新车二氧化碳排放量减少 100%。2022 年 8 月，海南省印发《海南省碳达峰实施方案》①，提出在 2030 年全面禁止销售燃油汽车，私人用车领域新增和更换新能源汽车占比达 100%。从燃油汽车转变为纯电动汽车，从终端消费需求侧来看，总需求、市场规模不会萎缩，还会增加，但是换了"赛道"。换了"赛道"之后，汽车产能整体转型，市场规模进一步扩大。同时，从充电桩生产、运输、安装到运行维护等，产业链加长，增加了就业。

根据国家《新能源汽车产业发展规划（2021—2035 年）》②，2025 年纯电动乘用车新车平均电耗降至 12 千瓦时/百公里，如果按照 0.1 元 1 度电来计算，相当于 1.5 元就可以行驶 100 公里。国家电网在北京建的充电桩费用标准为 1 度电1.8 元，12 度电就是 21.6 元，远低于燃油成本。同时，与燃油汽车相比，纯电动汽车没有污染和噪声，驾驶感受更好。因此，从燃油汽车到电动汽车的转换，只是换了"赛道"而已。不仅不会造成经济的萎缩，反而会进一步刺激经济规模的扩张，提升消费者福祉。

再看城市建筑供热制冷。在北方地区的传统认知中，集中供热最有效率。实际上，地源热泵 1 度电的投入可以得到 4 度电的热值转换输出。气源热泵，如空调，具有利用电能实现夏天制冷、冬天制热的功能。通过技术革命，可以用电取代煤炭，通过地源热泵和气源热泵提供热源，煤炭、天然气就可以退出供暖市场，也不一定需要集中供暖供热。由于集中供暖多通过热电联产提供，碳中和进程中这种热电必然退出，集中供暖缺失热源，城市建筑供热也必须转换思路。

化石能源使用具有市场惯性，但需要明确其内在问题的严峻性。一是石油安全。表 1 数据表明，中国目前石油的对外依存度超过 75%，具有极高的安全供给风险。二是巨额资金。我国每年要花约 2 万亿元的巨额资金进口石油，进口支付约占我国 GDP 的 2%，流入国外。但是如果这 2 万亿元用来投资可再生能源，可再生能源的资金需求便可以得到有效保障。三是劳动就业。2 万亿元购买石油所制成的产业，高资本密集，就业岗位十分有限，仅在下游有少部分的就业岗位。如果把这些资金投资可再生能源，则可以带动更多的就业，在产业链各个环节提供更多的就业岗位。四是环境污染。纯电动汽车使用零碳电力，没有污染，没有噪声。从而可见，减少石油消费，能够释放多重红利。

---

① 海南省人民政府关于印发《海南省碳达峰实施方案》的通知，琼府〔2022〕27 号。
② 参见国务院办公厅 2020 年 11 月印发的《新能源汽车产业发展规划（2021—2035 年）》。

表1 中国近年来油气进口情况

	2016 年	2017 年	2018 年	2019 年	2020 年
油气进口（10 亿吨油当量）	4.08	4.49	5.83	6.33	6.68
金额（万亿元）	0.84	1.20	1.98	2.07	1.54
石油对外依存度（%）	66.0	69.4	74.0	76.8	77.2
进口支付占比 GDP（%）	1.13	1.44	2.15	2.10	1.51

注：油气进口包括原油、成品油和天然气。2016 年、2017 年进口数据（金额）不包含天然气。石油对外依存度只包括原油进口，不包括成品油和天然气。进口支付占比国内生产总值，均采用当年数据。

资料来源：笔者根据国家统计局数据整理。

综上所述，碳中和不是经济增长的阻力，而是高质量发展的动能源泉。

四、碳移除，有多大空间？

在碳中和的宏观分析中，有研究认为化石能源在能源消费结构中还需要占据一定的比重，燃烧排放的碳，通过常规污染控制的手段进行末端清除，实现碳中和。例如：有研究表明，煤电机组总量到 2060 年保留 2.4 亿~3.6 亿千瓦装机规模，配置碳捕集和封存（CCS）技术作为灵活性调峰电源。电力 CCS 技术不可或缺，需在 2030 年后加快部署，2060 年二氧化碳捕集能力将达 6.6 亿~7.9 亿吨。2022 年，中国工程院发布重大咨询项目《我国碳达峰碳中和战略及路径》，强调能源安全需要化石能源兜底应急，碳中和需要生态吸碳与人工用碳相结合，需要开发碳移除技术。也有专家提出农林碳中和工程，在农田、森林和不宜农林但生长抗逆性强的能源灌草的待开发边际性土地上，其面积分别是 1.35 亿公顷、1.86 亿公顷和 1.44 亿公顷，通过科学的管理与经营，可以大幅度增加碳吸存力度，具有年增汇 37.4 亿吨二氧化碳、年增 12.1 亿吨标准煤生物质能的潜力。因而，农林业是唯一的碳汇产业，农林碳中和工程应列入国家长期计划。国际能源署关于 2050 年净零排放路线图也明确将碳捕集与封存作为重要手段，全球化石能源部门捕集与封存的二氧化碳总量，从 2020 年的 4000 万吨/年，增加到 2050 年的 76 亿吨/年。这还只是年度水平，如果将隔年的数量累积汇总，数额就更大了。

我们可以对碳捕集、利用与埋存（CCUS）寄予厚望吗？实际上不能。原因主要有以下几点：一是高成本，碳捕集和封存技术已经发展了 20 多年，但成本仍旧居高不下；二是零效用，可以说，捕集的碳，直接或间接使用价值很有限或直接为零；三是高风险，碳埋存后，不能确保不会逸出；四是低效率，碳捕集的比例比较低，难以实现100%捕集；五是或者是更具有刚性的，是地球的地质结构没有空间封存二氧化碳，封存的地质空间主要是化石能源尤其是石油开采后的空间。试想，2021年，中国石油产量为1.99亿吨，而化石能源燃烧排放的二氧化碳超过100亿吨。即使成本可行，也难以提供每年超过7亿吨的空间进行碳捕集和埋存。2021年碳捕集规模最高约达到每年100万吨级的水平，与数亿吨差了几个数量级。因此从这个意义上讲，碳捕集、利用与埋存不可或缺，但不能寄予厚望。

关于碳汇，森林、草原、湿地、海洋碳汇均具有吸收、固定从而移出大气中二氧化碳的能力。但碳汇是地球生物循环碳，属性为气候中性碳，光合作用吸收固定的二氧化碳，最终通过自然碳循环又回到大气，形成一种自然平衡，总体上不构成额外性，不是无限的。在一定时间段、一定区域内，可以为碳汇，但与化石能源排放碳存在数量级的差异。我国利用《京都议定书》清洁发展机制在四川、云南等温湿条件较好的地方开展的碳汇开发的项目，按25年测算，每公顷每年碳汇量只有大约10吨二氧化碳。根据国家林业和草原局的数据，全国森林面积22044.62万公顷，森林蓄积175.6亿立方米，全国森林植被总生物量188.02亿吨，总碳储量91.86亿吨。全国森林每年的固碳量为4.34亿吨，相比每年100多亿吨的化石能源碳排放总量可以说是杯水车薪。同时，没有水，植物无法生存，就没有碳汇，也没有生物质能。我国干旱区面积占国土面积的52.5%，其中干旱区30.8%（280万平方公里，降水量200毫米以下）、半干旱区21.7%（213万平方公里，降水量200~500毫米），这些区域很难通过植树造林获取大额碳汇。

因此，碳汇对于碳中和可以发挥辅助作用，而不可能发挥决定性作用。但是，生物质能源的利用可以是固态、气态、液态的，可以替代化石能源作为化工原料。国家关于生物经济的发展规划，不仅支持生物能源稳步发展，也支持生物基材料替代传统化学原料、生物工艺替代传统化学工艺等[①]。利用生物材料聚乳酸等产品具有环保、无毒、抗菌、阻燃、可降解的特性，一些企业已经具有千万吨级生物材料产业的能力。使用秸秆类农林废弃物作为原料加工生物基原料，带动农业经济发展，振兴乡村经济。使用生物塑料、生物纤维，功能替代化学塑料、化学纤维，可以减少白色污染、减少塑料颗粒污染。

---

① 参见国家发展和改革委员会2022年5月10日印发的《"十四五"生物经济发展规划》。

五、碳中和，差钱吗？

与碳中和高成本误解相关的，是资金问题。实现碳中和，无疑需要巨额的资金。中国提出 2060 年前实现碳中和，是要努力实现 1.5℃目标导向下的减排路径，能源基础设施投资需求在 2020—2050 年大约为 150 万亿元。其中，新增投资 124.3 万亿元，存量改造投资 24.5 万亿元，资产搁浅 1.3 万亿元。在新能源发电、先进储能、绿色零碳建筑等领域新增投资需求为 139 万亿元，能源领域的需求大约为 100 万亿元，交通领域为 20 万亿元，其他领域为 10 万亿元。渣打银行的匡算略高一些，在 127 万亿~192 万亿元。一些从事绿色金融的研究估算，投资规模超过 200 万亿元，同时高碳产业还将面临收入下降、成本上升、盈利下降、产生不良资产和搁浅资产的巨大风险。因此按照 40 年来计算，碳中和平均每年的资金需求是 3 万亿~5 万亿元。

化石能源领域的投资数额巨大，回报周期长，多在 30 年乃至 50 年或更长时间。煤炭和石油开采、煤化工和石油炼化项目，即使产能不过剩，有增长空间，这些领域的投资也应该在 2025 年前后，甚至立即中止。化石能源领域的投资闸口关闭后，有巨量的资金规模可以归流零碳能源。我国投向能源工业的固定资产包括煤炭开采、石油天然气开采、石油加工及炼焦、电力热力，以及燃气生产与供应五大领域。根据国家统计年鉴的数据，"十三五"时期每年平均投资 3.2 万亿元。能源工业固定资产投资每年已经超过 3 万亿元，与前述碳中和平均年度资金需求规模大体相当。

以零碳电力的投融资为例。2020 年，我国并网发电新增装机容量 1.91 亿千瓦，其中风电光伏装机接近 1.2 亿千瓦；2021 年，我国风电和光伏发电新增装机规模达到 1.01 亿千瓦，其中风电新增 4757 万千瓦、光伏发电新增 5297 万千瓦[①]。由此看来，从实践看，零碳电力的投融资资金并没有构成绝对阻力。

由此可见，零碳资金具有较大的市场潜力与规模。在碳中和目标导向下，企业和投资商不断收紧最终彻底关闭化石能源领域投融资渠道。煤炭、石油、天然气的开采、运输、炼化，均有着极高的资本密集度。投资经济运行期多在 30 年以上，为了防止高碳锁定规避投资风险，高碳化石能源领域的投资闸口需要尽早

① 参见国家能源局 2022 年 1 月 25 日发布的 2021 年全国电力工业统计数据。

关闭和退出。大量投向化石能源领域的资金将往哪儿去？很可能流入零碳能源领域。所以，满足零碳领域的资金需求大略不会存在大的缺口。

同时，笔者认为财政和研发的投入资金也会流至零碳领域。从研发领域看，不仅有煤炭、石油领域的国家"双一流"专门大学，国家级的各种煤炭、石油、化工研究院也规模庞大，研发经费可观。煤炭、电力、石油、化工领域的国有企业也有自己的研发机构。除一些散布于高校、研究机构的新能源研究，几乎没有国家级的建制规模的风能研究院、太阳光伏研究院一类的研发机构。如果化石能源生产和消费闸口逐步关闭，这些研发机构也必然转型，各种资产、人员和经费，也将部分乃至整体转向可再生能源。如果按照国际上燃油汽车在 2035 年前后退出汽车新车销售市场的时间来看，大量流入燃油、燃气发动机研发的经费转向流入零碳的新能源汽车。国家财政对于化石能源领域的各种补贴也将断供，流向也可能归入零碳技术的研发、试验和推广。

六、投资高碳，有风险吗？

投资高碳可以保障能源的生产安全和经济的正常运行，这样是否有风险呢？实际上，潜在风险非常大。

首先，是气候安全的风险。人类活动排放的大量温室气体使得近百年来全球气候出现了以变暖为特征的系统性变化。国际社会认同、接受《巴黎协定》目标，在 IPCC（2018）的《全球升温 1.5℃特别报告》后，不论是发达国家还是发展中国家，多将气候雄心的目标提升到 1.5℃。于 2021 年发布的第六次评估报告进一步表明，气候风险在不断增大，大气圈、海洋、冰冻圈和生物圈均发生了广泛而迅速的变化，人类活动明显影响了强降水、海洋酸化、冰川退缩、北极海冰消融、北半球春季积雪减少以及海平面上升，并导致热浪、强降水、干旱和台风等极端事件的频发、强发且将继续发生。所以说，应对气候变化，是我们自己要做，不是别人要我们做。

如果我们行动滞后，其他国家碳中和进程如期实施，我们是否面临经济风险呢？答案是肯定的，主要包括以下几点：

一是有序退出的成本。德国联邦政府于 2018 年成立经济增长、结构转型与就业委员会（KWSB，又称"退煤委员会"）。德国能源结构中煤炭占比 17%，到 2020 年，德国的煤炭装机尚余 4000 万千瓦，计划到 2035 年退出煤炭，15 年的时间里，财政补贴需求为 500 亿欧元。中国 2021 年煤炭装机容量达到 12.97 亿千瓦；2022 年 1—4 月的煤电规模为 4400 万千瓦，超过了德国总的煤炭装机容量。如果中国的煤电退出按照德国预算补贴测算，即使保留 1 亿~2 亿千瓦的装机容量，煤电退出的成本也将超过 10 万亿元。

二是沉淀成本的风险。美国煤电平均使用寿命为 43 年，按超超临界机组来看，煤电设施的经济使用寿命可望达 50 年以上。从现在到 2060 年，三四十年的时间，如果现在投资，煤电过早退役，将导致浪费、闲置，造成大量的资本沉淀，形成巨大的金融风险。

三是市场挤出的风险。可再生能源已经具有较强的市场竞争力，无论是光伏发电还是风电，可再生能源电力都具有成本优势，而且成本还在持续下降。多能互补，源网荷储，分布式、局域网、区域协同，对煤电的刚性需求将不断衰减，市场挤出煤电，也将不断提速。

四是与碳中和目标相背离的风险。化石能源的污染，可以治理。例如煤电，可以除尘、脱硫、脱硝，乃至于细微颗粒物 PM2.5，都可以得到有效清除。同样，通过碳捕集、利用和埋存，似乎也可以将碳"清洁利用"。但是，前面的分析表明，CCS 和碳汇的空间比较有限。从这一实际情况看，煤炭可以高效利用，但在二氧化碳问题上，难以清洁利用。根据我国煤炭工业协会的有关数据，现代煤化工，包括煤制油、煤（甲醇）制烯烃、煤制气、煤（合成气）制乙二醇四大主要产业，产能在 2021 年分别达到 931 万吨、1672 万吨、61.25 亿立方米、675 万吨。除了煤制烯烃同比保持齐平，其他产能均再创新高。以陕西榆林能源集团为例[①]，榆林经济技术开发区榆神工业园区建设煤制油（500 万吨/年）联产液化天然气（100 万吨/年）升级示范基地项目，总投资 832 亿。榆能中科产业集群项目总投资 894 亿元，占地约 14500 亩。这样高资本密集的工程，难以实现 100% 的碳的捕集与埋存，也就是说，难以实现净零排放，存在较大的市场风险。

七、投资高碳，能源安全吗？

投资高碳，一个重要的理由是保障能源安全。

---

① 陕西榆林能源集团有限公司，https://www.sxylny.com/default/。

我国化石能源的资源禀赋特点是富煤、缺油、少气。我国石油对外依存度高，超过 70%，主要石油进口来源地为中东和俄罗斯。天然气的对外依存度也达到 40% 左右。2021 年，我国的石油消费已经超过了欧盟，逼近美国。

根据公安部交通管理局的数据，2022 年 3 月，中国机动车保有量为 4.02 亿辆，其中汽车 3.07 亿辆，据此计算中国每千人汽车拥有量约为 220 辆。参照成熟的发达经济体每千人汽车拥有量，美国约为 800 辆，欧洲和日本均约为 550 辆，未来中国的汽车拥有量至少还要翻一倍甚至两倍。有这么多的油来满足我们的需求吗？

可以说，能源安全困境，首要的是石油的不安全。一是海上运输的风险，中国远洋军事投放能力不足导致海上运输安全面临的挑战日益突出。二是金融交易的风险，在西方对俄经济制裁中，欧美首次将 SWIFT 系统纳入对俄金融制裁工具，金融交易安全又成为能源安全新的关注点。

新能源汽车电池中的金属和化石燃料都是点状分布的，但与化石燃料的属性不同，稀有金属使用后可以循环利用。可再生能源中，中国光伏产业在全球占据绝对主导地位。多晶硅、硅片、电池、组件产量分别占全球的 76%、96%、83%、76%。据中国工业和信息化部数据，2021 年，中国多晶硅、硅片、电池、组件产量分别达到 50.5 万吨、227 吉瓦、198 吉瓦、182 吉瓦。

从零碳可再生能源的空间分布来看，太阳辐射尽管有纬度差异，风力也有地区分异，但不存在数量级的差别，具有较大的均质性。相对风光能源分布，水能和生物质能变异较大，沙漠戈壁、雪域高原，几乎寸草不生，但有人的地方，必然有水、有生物质生产。从这一意义上，可再生能源的就地就近较为均衡均值的分布，使能源安全的概念和格局出现根本性变化。

碳中和导向下地缘能源安全格局表明，去碳是国际大势。化石能源储藏的地缘格局与资本垄断将失去战略价值、地缘政治控制意义、经济寻租暴利空间，从而重塑能源安全新格局，这将保障能源安全、经济安全以及消费者的福祉。

八、碳中和进程，走得快一点，还是慢一点？

把控碳中和的进程和节奏，既要避免操之过急，也要防范无所作为，需要按既定目标有序推进。1992 年联合国环境与发展大会上达成的《联合国气候变化框架公约》（UNFCCC），没有明确碳减排的目标。1997 年签订的《京都议定书》，首次为附件Ⅰ国家即发达国家规定了具有法律约束力的定量减（限）排目标，明确在共同但有区别责任的原则下，附件Ⅰ国家在 2010 年相对于 1990 年整体上减排不低于 5%，实际上谈判结果为 5.2%。2015 年达成的《巴黎协定》，明确了全球气候治理的主要目标，把全球平均气温升幅控制相对于工业化前水平不超过 2℃，并努力将气温升幅限制在 1.5℃ 之内，在 21 世纪后半叶实现净零排放，所有国家提交具有法律约束力的国家自主贡献目标，并定期在全球盘查减排进展。2018 年，IPCC 发布《IPCC 全球升温 1.5℃ 特别报告》，强化了 1.5℃ 的科学事实和紧迫性，明确提出需要在 21 世纪中叶实现全球二氧化碳净零排放。

从《联合国气候变化框架公约》到《巴黎协定》，发达国家温室气体减排经历了 30 年。然而表 2 的数据表明，30 年时间的前 25 年，美国、日本、加拿大的温室气体排放不仅没有减少，反而在增加；俄罗斯因为苏联解体导致经济衰退，温室气体排放有所减少；德国及其所在的欧盟作为发达的成熟稳定的经济体，有减排，但比较有限。在 2016—2020 年这 5 年时间中，这些国家的温室气体排放都在减少，而且减排的幅度加大。

表 2　UNFCCC 附件一缔约方主要排放国/地区的温室气体排放数据

单位：百万吨二氧化碳当量

年份 \ 国家/地区	美国	俄罗斯	日本	德国	加拿大	英国	欧盟
1990	6453.5	3162.7	1275.4	1241.919	595	797	5646
2005	7434.8	1966.3	1382	986.709	741	691.2	5231
2016	6537.9	2023.8	1304.91	901.442	715	483.3	4309
2017	6501	2070.3	1291.61	885.729	725	472.1	4323
2018	6687.5	2133	1247.71	850.542	740	463.3	4231
2019	6571.7	2122.6	1212.21	799.734	738	447.4	4057
2020	5081.4	1088.1	1150.1	728.738	672	404.8	3711
年均减排（公吨）1990—2016（25年）	-4.2	45.6	-1.2	13.6	-4.8	12.6	53.5
年均减排（公吨）2016—2020（5年）	111.3	7.1	31.0	34.5	8.6	15.6	119.0

注：截至 2022 年 4 月 15 日，除澳大利亚外，UNFCCC 所列的 44 个附件一缔约方都提交了国家温室气体（GHG）清单报告，汇报了各国/地区 1990—2020 年的逐年温室气体排放数据。本章整理了附件一缔约方中温室气体主要排放国/地区（包括美国、俄罗斯、日本、德国、加拿大、英国、欧盟）的历史排放数据及其影响因素，其中的温室气体排放总量数据不包括土地利用、土地利用变化与林业（LULUCF）[①]。

[①] 全球变化研究信息中心，2022 年 5 月。

从国际应对气候变化聚焦净零碳的进程来看，去化石能源碳并不容易。温室气体减排受发展阶段、发展的物理空间、资源禀赋、产业结构、建筑交通以及消费者偏好等因素的影响，但最重要的是技术路径。在没有颠覆性技术突破的情况下，以渐进性改良型技术进步可以低碳，但难以零碳。《巴黎协定》（2015年）签订后，5年的减排绩效相比此前的25年（1990—2015年），实际进展显著。因此，温室气体的减排不能操之过急。

党的十九大明确提出，到21世纪中叶，要把我国建成富强、民主、文明、和谐、美丽的社会主义现代化强国。那么到2050年，人均收入水平提高后，按照环境库兹涅茨曲线，二氧化碳排放是不是自然就会下降呢？实际上，环境库兹涅茨曲线针对的是常规污染物的减排，并不符合去碳规律。

按照中国的国家自主贡献目标，2060年前实现碳中和，不是2050年，更不是2030年。2015年以来，尤其是2020年中国提振气候雄心目标后，中国的净零碳之路走得很快，光伏发电、风能、纯电动汽车都发展迅猛，速度、规模领先于发达国家（见图3）。

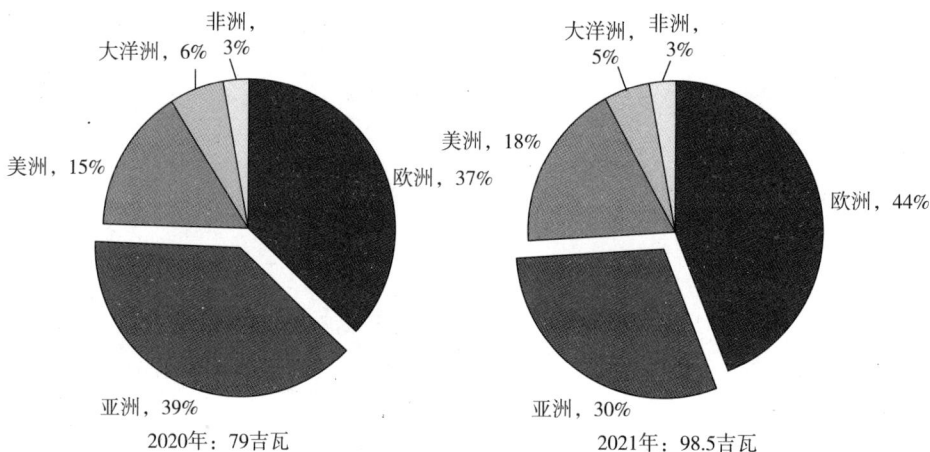

图3　2020年和2021年中国光伏组件出口分布

资料来源：中国光伏行业协会。

迈向碳中和，急不得，但也慢不得，我们的步子可以走得稳一点，行稳才能致远。防范风险、避免误区，逐步迈向碳中和。

九、碳中和，只是能源革命吗？

碳中和，不仅仅是一场能源革命，更是一种生产关系的革命性突破，经济社会发展范式的根本转型。

首先看分布式光伏。在空间资源方面，利用屋顶，不额外占用土地，实现了土地空间的增值；在所有权方面，由户主所有，使得所有权分散化，生产资料所有权不易垄断，人与人之间的关系扁平化，破解了大资本的垄断；在收益分配方面，家庭分布式光伏可以自己安装、自己发电、自己用，实现了生产与消费的一体融合，减少了交易成本，同时增进了消费者福祉。

以广州一家汽车工厂的太阳光伏屋顶的分布式项目①为例，项目总投资为4700万元，建成后年发电量可以达到700万度电。按照工业用电1元一度电来计算，6~7年时间就可以回收成本，而光伏发电经济使用期长达25年。

根据国家发展和改革委员会、国家能源局和财政部的有关光伏补贴逐步退坡的文件，2013年我国分布式光伏补贴0.42元/千瓦时；2017年调低至0.37元/千瓦时；2018年再降至0.32元/千瓦时；2019年户用光伏补贴0.18元/千瓦时；2020年户用分布式光伏补贴大幅降至0.05元/千瓦时；2021年再降至0.03元/千瓦时（见表3）。由此可看出分布式发电发展速度之快、竞争力提升幅度之大。

2016年，我国新增光伏装机并网15万户；2017年增至46万户，装机规模1.7吉瓦；2021年，光伏装机户数达到87.3万户，装机21.6吉瓦，占分布式装机的73.76%、占总装机的39.35%。由此可看出户用光伏装机的爆发式增长，以及分布式光伏在用户侧的市场活力和渗透力。

表3　我国户用光伏装机情况（2019—2021年）

		2019年	2020年	2021年
补贴标准（元/千瓦）		0.18	0.05	0.03
户用装机（吉瓦）	预定	3.50	6.00	16.50
	实际	5.31	10.32	21.60
分布式（吉瓦）		12.20	15.52	29.28

① 参见：央视财经频道《经济信息联播》栏目，2022年6月14日。

	2019 年	2020 年	2021 年
总装机（吉瓦）	30.11	48.20	54.85
户用占分布式（%）	43.51	65.22	73.76
户用占总装机（%）	17.63	21.00	39.35

资料来源：国际能源网。

通过分布式发电，每户可以形成自己的微循环，形成自给自足的零碳经济单元，实现生产关系的革命性突破和生产方式的根本性变革。尽管分布式光伏在电力系统中的占比不会很高，但是分布式光伏的广泛应用和普及，从生产关系的视角看，具有发展范式转型的革命性意义。

不仅如此，对于土地资源，经济学都是从土地生产力的视角评估土地的价值。由于土地有肥瘦之分，生产力低的土地就被认为是边际土地，例如荒漠、山脊、水面。但在碳中和时代，这些土地不再是没用的土地。太阳辐射不论土地肥沃程度，具有均质性，通过光伏发电，可以将这些土地充分利用，而且太阳辐射能利用可以减少地表蒸发，提高土壤湿度，改善生态。在水面上进行光伏发电，可以实现水光一体，不影响鱼类生长。因此，边际土地不仅不是没有用的土地，而且具有多重的收益溢出效应。

十、结论与讨论

通过上述对碳中和几个基本问题的分析和讨论，我们可以发现：碳中和需要聚焦，不必也不应该泛泛而论，可以多方贡献，但关键和重点必须是化石能源燃烧所排放的二氧化碳；从国际经验和发展潜力看，零碳可再生能源的竞争力不断凸显，呈现市场挤出化石能源的态势，化石能源的"压舱石"地位，短期是存在的，也是必要的，但其属性意味着不可能驶向可持续的未来，而且颠覆性的零碳能源生产和消费革命正在压缩和替代化石能源的市场空间；碳中和不仅不是经济增长阻力，而是高质量发展的源动能；由于占比不高的非二氧化碳温室气体排放需要中和，少许化石能源作为应急备用，因而碳移除技术不可或缺，但是空间有限，与当前化石能源燃烧排放的二氧化碳相比具有数量级的差异，需要发展，不必寄予厚望；能源领域的各种资金源流巨大，零碳能源生产和终端消费市场竞争力强，因而碳中和在整体上不仅不差钱，而且还有多重红利的释放；投资高碳具有多重风险，包括高碳锁定延滞碳中和目标实现的风险、化石能源产品缺乏市场竞争力而被市场挤出造成巨额资产闲置浪费的风险、加剧和放大能源安全的风险等；碳中和目标年是 2060 年，无须也不能一蹴而就，而是一个进程，不必操之过急，但需要综合谋划有序推进，不能等、不宜缓，抓住并放大机遇，贡献并引领全球碳中和进程。客观上碳中和必然导致高度垄断的化石能源的市场退出，代之以遍布、就近、便捷的零碳无污染的可再生能源，对于能源生产和消费产业的生产关系和生产方式，产生根本性的变革，催生发展范式的整体转型。

参考文献

［1］江夏，汪华林．碳中和技术概论［M］．北京：高等教育出版社，2022：4.

［2］潘家华．中国碳中和的时间进程与战略路径［J］．财经智库，2021，6（04）：42-66+141.

［3］Minx J C，Lamb W F，Andrew R M，et al. A Comprehensive Dataset for Global，Regional and National Greenhouse Gas Emissions by Sector 1970—2019［J］. Deutsche Nationalbibliothek，2021.

［4］Grant M，Pitt H，Larsen K. Preliminary 2020 Greenhouse Gas Emissions Estimates for China［EB/OL］.（2021-03-04）［2021-05-04］. https：//rhg. com/research/preliminary-2020-greenhouse-gas-emissions-estimates-for-china/.

［5］IEA. CO_2 Emissions from Fossil Fuel Combustion［R］. 2021.

［6］国家统计局．2021 年国民经济和社会发展统计公报［EB/OL］.（2022-02-28）［2022-06-11］. http：//www. gov. cn/xinwen/2022-02/28/content_5676015. htm.

［7］徐立凡．德国撤销 2035 碳中和目标？讹传背后不寻常不简单［N］．新京报，2022-07-12.

［8］风能专委会 CWEA．英国宣布 2024 年 10 月 1 日起停止燃煤发电，并敦促全球共同努力！［EB/OL］.［2021-07-12］. https：//www. in-en. com/article/html/energy-2305853. shtml.

［9］谢和平，任世华，谢亚辰，等．碳中和目标下煤炭行业发展机遇［J］．煤炭学报，2021，46（07）：15.

［10］IRENA. Renewable Energy Capacity Statistics［R］. 2015：27.

［11］中德能源与能效合作伙伴. 德国能源转型时事简报［R］. 2021（07）.

［12］IEA. Global Supply Chains of EV Batteries［R］. 2022：5.

［13］国际能源网. 发电量从5667亿度到6万亿度！中国风电凭什么？［EB/OL］.（2022-05-11）［2022-06-21］. https：//www. in-en. com/article/html/energy-2315631. shtml.

［14］潘家华. 碳中和：需要颠覆性技术创新和发展范式转型［J］. 三峡大学学报（人文社会科学版），2022，44（01）：7.

［15］李宏策. 欧洲2035年起禁售燃油车［N］. 科技日报，2022-06-10.

［16］REN21. Renewables 2022 Global Status Report［R］. 2022：115.

［17］江亿. 发展热泵技术是实现零碳能源的关键途径［J］. 中国电力企业管理，2021（34）：12-15.

［18］魏一鸣，余碧莹，唐葆君，等. 中国碳达峰碳中和路径优化方法［J］. 北京理工大学学报（社会科学版），2022，24（04）：10.

［19］魏一鸣，余碧莹，唐葆君，等. 中国碳达峰碳中和时间表与路线图研究［J］. 北京理工大学学报（社会科学版），2022，24（04）：13-26.

［20］中国工程院.《我国碳达峰碳中和战略及路径》报告发布［EB/OL］.（2022-03-31）［2022-06-28］. https：//politics. gmw. cn/2022-03/31/content_35627473. htm.

［21］石元春. 农林碳中和工程［J］. 科技导报，2022，40（07）：8.

［22］IEA. Net Zero by 2050：A Roadmap for the Global Energy Sector［R］. 2021.

［23］蔡博峰，李琦，林千果，等. 中国二氧化碳捕集、利用与封存（CCUS）报告（2019）［R］. 北京：生态环境部环境规划院气候变化与环境政策研究中心，2020.

［24］吕植. 中国森林碳汇实践与低碳发展［M］. 北京：北京大学出版社，2014：295.

［25］国家林业和草原局. 中国森林资源报告（2014-2018）［R］. 北京：中国林业出版社，2019：451.

［26］中国工程科技论坛. 我国干旱半干旱地区农业现状与发展前景［M］.

北京：高等教育出版社，2013：13-24.

[27] 安再祥. 安徽蚌埠：全力打造千亿级生物基新材料产业［N］. 中国工业报，2020-04-22.

[28] 中国长期低碳发展战略与转型路径研究课题组，清华大学气候变化与可持续发展研究院. 读懂碳中和中国 2020-2050 年低碳发展行动路线图［M］. 北京：中信出版社，2021：376-377，582.

[29] 潘家华. 零碳金融助力碳中和［J］. 北大金融评论，2021：39-43.

[30] IPCC. Special Report on Global Warming of 1. 5 oC［R］. 2018.

[31] IPCC. Climate Change 2021：The Physical Science Basis［R］. 2021.

[32] 中德能源与能效合作伙伴. 德国能源转型时事简报［R］. 2021（09）.

[33] 朱妍. 煤炭清洁高效利用迈上新台阶［N］. 中国能源报，2022-04-10.

[34] IEA. Global EV Outlook 2022：Securing Supplies For an Electric Future［R］. 2022.

[35] 刘惠，侯丹玮. 北约公布首个减排目标，承诺 2050 年前实现碳中和［EB/OL］.（2022-06-29）［2022-07-11］. https://www. thepaper. cn/newsDetail_forward_18792019.

[36] 潘家华. 碳中和革命的发展范式转型与整体协同［J］. 阅江学刊，2022，14（1）：19-33.

[37] Royal Dutch ShellBP Statistical Review of World Energy 2022［R/OL］.（2022-06-28）［2022-07-21］. https：//www. bp. com. cn/content/dam/bp/country-sites/zh_ cn/china/home/reports/statistical - review - of - world - energy/2021/BP _ Stats_ 2021. pdf.

[38] IRENA. Renewable Power Generation Coasts in 2021［R/OL］.（2022-09-05）［2022-06-21］. https://www. irena. org/publications/2022/Jul/Renewable-Power-Generation-Costs-in-2021.

4

压缩碳排放峰值，加速迈向净零碳

潘家华[*]

应对气候变化，保护全球气候，是为了人类的共同未来。我们同处一个"地球村"，需要全球共同采取积极而有实效的行动；人类的健康和可持续发展，也取决于我们当前的决策。所谓"千里之行，始于足下"，控制全球增温的速度和幅度，我们需要迈开腿、大步走，加速清零碳排放。在美国正式退出《巴黎协定》之际，即美国时任总统拜登宣布重回《巴黎协定》之前，中国向世界庄重宣示实现碳达峰、碳中和目标的时间节点，表现出的是国际责任、大国担当，也是生态环境保护和高质量发展的实现途径和有力抓手。中国明确碳中和目标，提振了世界应对气候变化的雄心，更大力推动了中国减碳进程。

一、提振全球气候治理雄心

2016 年，美国当选总统特朗普在即任之前明确表示要退出具有全球共识、控制温升幅度以实现净零碳的联合国《巴黎协定》。特朗普在任期间，否认气候变化的科学事实，拒绝采取应对气候变化的任何行动，并在 2020 年退出了《巴黎协定》。美国逆行开倒车，欧盟心有余而力不足，印度等多数发展中国家高呼要发展，缔约方提交的国家自主贡献与《巴黎协定》目标不仅差距遥远，而且缺口仍在扩大。2020 年的新冠疫情更是让减缓气候变化的议题冷落在一边。面对全球温升加速、气候风险加剧的困境和国际社会对此避而不谈的无可奈何，亟须提振国际社会应对气候变化的雄心，表现国际担当，阔步迈向净零碳的快车道。

---

[*] 潘家华，中国社会科学院可持续发展研究中心，北京工业大学生态文明研究。本章内容主要源自于《环境经济研究》2020 年第 4 期发表的《压缩碳排放峰值　加速迈向净零碳》。

在 2020 年 9 月 22 日联合国第七十五届大会一般性辩论上，中国国家主席习近平在发言中郑重向国际社会承诺，在 2030 年前实现碳排放达峰、2060 年前实现碳中和，表现出了中国的责任担当。中国人均收入水平不足世界平均水平的 80%，但习近平主席代表中国向国际社会宣布对国际专业机构、联合国部门、其他发展中国家提供各种无偿捐赠，表明中国人民对世界的贡献是尽全力的，相对于一些发达国家，我们的努力更艰辛。习近平主席的这一宣示，犹如为国际社会应对气候变化注入了一支强心剂，提振了国际社会落实《巴黎协定》目标的信心。因此，把国际社会的反应用"积极的"来形容是不够准确的，实际上是"备受鼓舞的"。同时，国际社会也熟知中国仍然处于相对较低的发展阶段，即以煤为主的资源禀赋和能源结构，中国的技术水平和可再生能源的资源条件尚处于中等水平，而且资金也并不充裕。因而国际社会的另一类反应是"质疑"：历经数百年完成工业化的老牌欧洲发达国家，也只能承诺在 2050 年实现净零碳排放，中国怎么可能在 2060 年前实现碳中和、迈向净零碳？

面对国际社会的质疑之声，2020 年 11 月 22 日，习近平主席在二十国集团领导人利雅得峰会"守护地球"主题边会上表示，中国将坚定不移加以落实，中国不是说说而已，更不会像美国那样政策反复，而是言必信、行必果。西方国家和许多发展中国家尽管相信中国会"坚定不移"地实现承诺，但对于中国如何实现承诺的问题仍存疑虑。2020 年 12 月 12 日，在联合国举办的"气候雄心峰会"上，相对于 2015 年提出的国家自主贡献目标，习近平主席提出了提振雄心的新目标，进一步明确了具体措施（见表 1）。

表 1　中国落实《巴黎协定》目标的国家自主贡献目标和气候雄心提振目标

	国家自主贡献目标（2015 年提出）	气候雄心提振目标（2020 年提出）
达峰时间	2030 年前后，力争 2030 年前	2030 年前
碳强度减少（2030 年相对于 2005 年水平）	60%~65%	65% 以上
非化石能源在一次能源消费中的占比	20% 左右	25% 左右
风电、太阳能发电装机容量	没有具体涉及	达到 12 亿千瓦以上
森林蓄积量比 2005 年增加	45 亿立方米左右	60 亿立方米

资料来源：强化应对气候变化行动——中国国家自主贡献〔N〕．人民日报，2015-07-01（22）；习近平．继往开来，开启全球应对气候变化新征程——在气候雄心峰会上的讲话〔J〕．中华人民共和国国务院公报，2020（35）：7.

许多发达国家，甚至一些发展中国家的非化石能源在一次能源消费中的占比都已经高于25%，有的甚至超过50%。但是对于中国这一发展中的、经济体量巨大的国家，能源消费在世界的占比达到25%，能源消费总量比美国还要高出30%[①]，2019年我国一次能源消费总量已经达到48.6亿吨标准煤，在2030年甚至有望达到60亿吨标准煤。三峡水电站装机容量为2250万千瓦，年发电量为1000亿千瓦时，只是相当于3000万吨标准煤。也就是说，未来十年，每年非化石能源的生产规模需要2个三峡水电站去完成，可见难度之大。2019年，中国的风电、太阳能发电装机容量大约为4.5亿千瓦，在全球遥遥领先。按照气候雄心提振目标，未来十年，每年需保有8000万千瓦的风电、太阳能发电装机容量。所以没有任何一个国家或国家集团，能够有这么大的投资、这么大的规模、这么大的雄心。中国目前包括煤炭和其他一切的发电装机容量为20亿千瓦，世界第一大经济体美国的全部发电装机容量大约只有12亿千瓦，可见中国的力度之大。

中国的壮举提振了世界的气候雄心，唤醒了沉睡的美国。欧盟、日本、韩国、新加坡、智利等发达国家和发展中国家及地区，也都相继表明了提振落实《巴黎协定》的雄心，在2050年左右尽快实现净零排放。2020年12月，美国时任总统拜登明确表示要重返《巴黎协定》，并且任命气候变化特使，推进应对气候变化的国际和国内进程。

二、由碳达峰走向碳中和的高质量发展机遇

中国已大举进入经济发展的转型期，经济从高速增长转变为高质量发展，实现这一转变需要转换发展动能，要接受和适应发展速度的减缓。在这种情况下，政府、企业、家庭和劳动者在心态上都会有难以适应的问题。在经济高速增长的时候，一般而言人民群众会有很多就业机会，也有收入增加的预期，实现碳达峰、碳中和的社会态度也会是积极的；一旦经济增长速度相对较低，或者高质量发展，相对来讲增量和收益就不会有以前那么大，会产生就业的压力。社会各阶层在经济高增长状态下的一些预期，包括买房、上学甚至对自己未来的规划，都面临调整的问题。地方财政也会面临很大的困境，经济高速增长的时候，地方财源滚滚，转为高质量发展后，政府的财源会减少，而且还需提供大量资金以激励

---

① 每1个百分点相当于6000万吨标准煤。

经济增长、保障民生。在这样的情况下，应对气候变化作为一项长远的目标确实容易被忽视。2020年9月下旬开始，在两个半月的时间内，国家主席习近平三次在国际场合针对应对气候变化的问题，提出相对极具难度的目标，让全社会认识到了这个问题的重要性。习近平主席的发言代表的是国家，体现出的是一种责任和担当，更是一种奉献。在全球应对气候变化动力匮乏、进展缓慢的情况下，能够明确把中国应对气候变化的目标及国家自主贡献的内容清晰明确地提出来，对全球推进《巴黎协定》目标的落实意义非常重大，对中国的高质量发展影响深远。

第一，明确了应对气候变化的长远目标，未来社会的预期和导向是确定的、不变的。人们对高碳的能源、产业、产品、消费的认知将发生改变，因为它们是没有未来的、要退出历史舞台的。钢铁、建材、房地产、煤炭、煤化工这些领域都是传统的、高碳的，短期见效快。有了明确的应对气候变化目标以后，投资人会知道这些投资是受到碳刚性约束的，投资至少几十年以后才能回本，投资尚未完成，生产就受阻，市场不看好，所以就不会再投到这些短视应急且没有未来的项目。不仅如此，还有企业社会责任、环境责任的问题。在这样的格局下，高碳行业就慢慢地没有市场了。如果还坚持投资高碳行业的话，社会也会持批判的、抵制的态度；投资会有风险，社会责任缺失的投资主体是不可能有未来的。

第二，在明确了上述预期后，高碳能源会被遏制，对零碳能源、低碳技术的投资会加大，因为这是一个长远的战略性投资。推动零碳能源在低碳领域的技术研发、产品的创新和市场的拓展，对科技创新将是一个战略性的推动。例如，社会仍需要钢铁建材的生产和消费，但这些重化工产出必然是高能效的，能源必然是零碳的。另外，交通方面会逐渐淘汰燃油汽车，转向纯电动汽车。

第三，能够全方位稳步推进低碳进程，包括消费者的行为改变。例如，现在社会上对纯电动汽车还存在各种质疑，未来可能会减少指责，往解决问题的方向走。此外，强化了碳中和的愿景，如利用碳汇实现碳中和，这样就可以跟美丽中国、生态文明建设、绿色发展相结合，为推进生态文明建设和绿色发展提供了新动力。

习近平主席的讲话产生了巨大的国际冲击力。第一，国际社会的赞赏在于中国作为一个碳排放大户且人均收入只有发达国家1/4的国家，勇敢地站出来承诺要提前达到碳排放峰值、进行碳中和。这对发达国家来说是倒逼打压，对其他发展中国家来说是示范引领。近年来，也有一些经济体量和人口规模较小的国家做出过类似的承诺，但是相对来讲这些国家的排放量、市场规模、行业转型等对《巴黎协定》目标的实现影响较小。中国坚持以公有制为主体的经济制度和走中国特色的社会主义道路，在意识形态或话语体系中，长期受到西方资本主义国家在地缘政治和主流媒体的挤压和批判，这些国家从温室气体排放等国际和人类道义的视角，指责中国的国际合作和国内发展。中国的碳达峰和碳中和承诺堵住了利用环境责任和化石能源污染诋毁中国发展道路的国际势力的话语通道。当中国不再是高碳的理想国，对中国到"一带一路"国家推动高碳技术输出的担忧就没必要了。我们不会输出高碳的技术，反而会输出低碳的技术。

第二，我们和其他国家的合作将会扩大，共同拓展市场、开发技术，共同走向零碳的未来。在气候变化领域，需要通力合作才能够有更大的市场，才能迈出更快的步伐。中国这样一个煤炭占主导地位、人均 GDP 比世界平均水平低 20% 的中等收入国家要走向零碳，对其他国家的应对气候变化行动也起到了推动作用。

第三，气候变化国际治理进程的势能得到加强。推进国际气候治理的进程，在美国逆行、欧盟乏力的情况下，如果中国的领导人不作出承诺，国际社会推进《巴黎协定》目标落实的动力不足、压力不够，有了中国的承诺就有可能推动国际社会在气候变化治理方面大刀阔斧地向前迈进。

国际社会有质疑的声音也是正常的，但要相信技术进步和中国人的决心与充分挖掘潜力的能力。应对气候变化推动了技术进步和市场的拓展，为经济高质量发展提供了机遇和动力。人们的许多关于低碳高成本的认知都源自风能、太阳能发展初期成本高、可靠性差、难以胜任能源主力的情况。2010 年以来，风能、太阳能发电技术飞速发展，成本大幅下降。2019 年在政府已经停止给予风光电补贴的情况下，各个地方上报到国家能源局的新增风光装机容量有 3000 万千瓦。在人口密集的城市里建设风光电，其用地成本比较高，但在大西北地区的戈壁荒漠，不会与农业、林业和城市工业用地产生竞争，土地成本几乎可以忽略不计，而且整个大西北太阳辐射强度高、时间长，适宜发展风能、太阳电能。和 2010 年相比，太阳光伏实际发电成本降幅达到 90%（IRENA，2020）。当前太阳能发电成本已经低至 0.1 元/度电，远低于煤电上网电价。西北地区无限的风光资源所能提供的巨量零碳能源，与能源需求所在的经济中心，如东南沿海地区，存在空间上的不重叠。但是，中国利用特高压输变电技术成功实现远距离输变电，可以有效地解决零碳能源的空间再配置问题。20 世纪 90 年代以来的西电东输，长江三峡电力的直流输电到上海和广东，距离跨越 1000 公里。在中国的能源互联网计划中，特高压输变电距离已经逾越 3000 公里。全球能源互联网发展合作组织甚至谋划中（中国河北）蒙（蒙古国锡伯敖包）、中（中国）巴（巴基斯坦）特高压跨国远距离输变电工程（全球能源互联网发展合作组织，2020）。这样，就可以把中国的无限风光资源利用起来。2017—2020 年，青海省连续四年实施绿电 7 日、9 日、15 日、100 日全清洁能源供电。2020 年 5 月启动的"绿电三江源"百日系列活动中，青海省将全清洁能源供电的世界纪录再次刷新，100 天里全以水、风、光等清洁能源供电，实现了用电零排放。不仅如此，青海省可再生能源发电成本也在不断降低。早在 2018 年，青海省就成了光伏发电的领跑者和最低电价地区，2020 年再次以 0.2277 元的价格刷新了平价光伏项目的电价纪录。青海省人口超过 600 万，省域面积为 72 万平方公里，与北欧一些国家规模相似。在省市、地区层面已经能做到 100% 可再生能源供电，随后是可再生能源供电进一步扩大的问题。再如我国每年汽车的销量接近 2800 万辆，有超过 3000 万辆的产能，要走向近零碳或者实现碳中和，必须要走发展纯电动汽车之路。

实现碳达峰、碳中和的目标确实不是一蹴而就的，需要付出艰巨的努力，也要付出一定的代价，中间可能会有一些阵痛，如去煤，但是很多地方已经或即将成为煤炭资源枯竭型城市，即使不控制二氧化碳排放，也要经历发展转型的阵痛。正因如此，才要有明确的愿景、坚定的信心、发展相应的技术。迈过这个坎是为了中国的建设，为了实现人类未来的可持续发展目标，就要朝着这个目标去奋斗。

中国实现碳中和的关键之一是减少煤炭的消费。2019 年，煤炭占一次能源消费的比例是 57.7%，在过去十年里每年大约减少 1 个百分点，减煤难度会不断增大。正因为难度非常大，所以需要全球合作，尤其是与周边国家，比如跟蒙古、越南、缅甸等国联手开展可再生能源，包括风、光、生物质能源的发展合作、技术共享，携手共同朝着碳中和的目标去奋斗，一起寻求各种问题的解决方法。

传统高碳的既得利益集团也不会轻易退出历史舞台，相应产业还会强调退出的困难。市场的力量是无穷的，不需要多少行政的力量，如果化石能源发电成本还维持现在的 0.30~0.50 元/度电，这与利用可再生能源发电的价格相比就没有竞争力了，多发则多赔。之所以煤炭现在还有市场，是因为可再生能源的潜力和市场规模还没有得到充分的挖掘和发挥。对于可再生能源的利用，一旦目标导向明确，煤炭等化石能源退出历史舞台只是时间问题。

这些行业的退出会带来各种问题，如就业问题。以煤炭行业为例，现在统计有数以百万计的就业人口，传统煤炭是依靠人工的劳动力密集型行业，但是现在煤炭企业大部分是机械化甚至完全自动化作业，真正在一线挖煤的人已经很少了。即便在劳动力相对密集的地方，也都年龄偏大，年轻人不会再投身煤炭行业。未来大规模的风光发电，都需要大量的工人从事相关设备生产、运输、安装、调试、维护的工作，转岗的空间很大，还有纯电动汽车带动的电池生产等行业。总之，这就是个此消彼长的问题，中国经济体量比较大，抗风险能力比较强，区域差异比较大，协同能力也就比较大。煤炭行业是一个没有未来的夕阳产业，一个有着巨大付出、巨额贡献，同时也带来沉重负担和重大损失的行业，放弃之后是一种解脱、一种新生。

三、生态文明新时代的净零碳转型发展

碳达峰、碳中和目标对生态文明的研究工作意义非常重大。第一，从社会文明形态的演进看，生态文明跟工业文明有很大的区别。工业文明是单一技术引领的集群发展，如第一次工业革命是由蒸汽机技术引领的，第二次工业革命是围绕电的发明和应用，第三次工业革命是由互联网引领的，都是某一个单一技术的突破。到了生态文明时代，不能再寄希望于某个单一技术成为灵丹妙药，因为生态文明应该是多样化、系统性、协同性、平衡性的（潘家华，2015）。能源革命的开始是煤炭占主导地位，后来是石油占主导地位，现在是石油、天然气占主导地位。然而可再生能源具有多样性、扁平性，生物质能、水能、风能、光能中的任何一种都不可能占据主导地位。可再生能源革命和转型是以扁平化为特点的全面开花，必须要有生物质能、水能、风能、光能（光能包括光热、光伏的利用），不像传统的化石能源，只要找到一个矿就可以开发出来很多。这对整个社会文明形态的转型意义重大。第二，对产业链、产品链、价值链、能源链的延伸和融合有重大的推动意义。工业革命以后是单一技术引领，其他被动跟进，而现在可再生能源革命的特征是同步、整体协同演进，这是生态文明区别于工业文明的生产和生活方式。第三，对于消费者、生产者而言，也有一种新的预期和变化。以前是谋求利润最大化，可能诱导损人利己、破坏环境的现象出现；现在是追求幸福

指数最大化，要与自然和谐共生、社会和谐共荣。因此，生产和消费方式会发生根本性的变化，同时会对社会文化的价值认知产生深远的影响。

2020 年肆虐全球的新冠疫情，也是对生态文明建设定力的考验，是加速走向净零碳，还是按照工业文明的思路"饮鸩止渴"？实际上，零碳是一种必然的选择，因为只有走向净零碳，才能够实现对生态环境的保护，实现高质量发展，这也是实现"六稳六保"最为有效的路径和手段。例如，开展污染攻坚战进行污水处理，对污水处理厂和网管的投资需要钢铁、水泥等能源密集型产品，因而可以拉动相关行业的就业。当然这里的能源必须是没有污染而又可以促进就业的零碳能源，如污水处理厂的建设、运营、管理都需要劳动力，水处理好了也会减少很多损失，比如健康损失。我们创造财富是为了更高品质的生活，需要有更高品质产品的供给，蓝天、白云、绿水、青山就是属于更高品质的生态产品。再如可再生能源设备的生产、运输、安装等，提供的能源服务跟煤炭没区别，有大量的就业，又有经济增长，这种增长既没有任何污染，又没有任何破坏，能够满足提升民生福祉的需求，这就是保就业。

关于协同控制，有一种误解，认为通过终端治理，就会减少常规污染物排放和二氧化碳排放。事实上，从源头上减少化石能源燃烧可以减少污染排放和碳排放；终端治理由于会消耗更多的化石能源，固然可以减少常规污染物排放，但会产生更多的二氧化碳排放。根据生态环境部发布的生态环境状况公报（中华人民共和国生态环境部，2020），2019 年，全国 337 个地级及以上城市累计发生严重污染 452 天，重度污染 1666 天，比 2018 年增加 88 天。以 PM2.5、PM10 和 O₃ 为首要污染物的天数分别占重度及以上污染天数的 78.8%、19.8% 和 2.0%。大气污染防治攻坚战的重点和难点在京津冀地区，尽管治理效果明显，但是常规污染物仍然居高不下。因为化石能源尤其是高碳煤炭的超低排放可以将燃煤电厂的常规污染物大幅降低，如脱硫、脱硝。但是，细微颗粒物浓度却减缓困难。例如，北京地区的 SO₂ 浓度比上海低，但是 PM2.5 和 PM10 都高于上海，不仅如此，脱硫、脱硝因消耗更多电力而导致更多的二氧化碳排放（见表 2）。如果直接去煤，不仅减少二氧化碳排放，还必然釜底抽薪，燃煤发电所排放的一切细微颗粒物，也就无源而终了。事实上，在长三角地区大气环境质量优于京津冀地区，固然有气候条件的因素，但更重要的是长三角地区的能源结构中，煤炭占比较低。长三角地区如果不完成去煤减油进程，不仅不可能实现净零碳，达到美丽中国目标所需要的与发达国家大气环境质量标准相当的水平，也几乎是不可能的。

表2 2019年中国部分地区大气环境质量状况

地区	PM2.5	PM10	SO_2
京津冀	57	100	15
北京	42	68	4
长三角	41	65	9
上海	35	45	7

资料来源：中华人民共和国生态环境部.2019中国生态环境状况公报［R/OL］.（2020-06-03）［2020-12-30］.https：//www.mee.gov.cn/hjzl/sthjzk/zghjzkgb/202006/P020200602509464172096.pdf.

　　生态文明时代的净零碳发展，需要经济学理论的重塑和支撑。气候变化经济学是对传统经济学进行革命性的改造：在西方经济学的学理下，把二氧化碳排放作为一个外部性问题。显然这不是一个外部性问题，二氧化碳属于整个经济系统中的一个非期望产出，应该从系统中排除。这需要从各个方面把零碳的能源作为一种商品，高碳的能源必须要在市场中有相应的价格，并得到体现，所以这不是一个简单的外部性问题，而是属于经济社会的发展问题。经过发展有这么一种能力和需求，外部性就自然而然地消失了。这也是个制度性的问题，如果是属于制度的规定和要求的话，这个外部性就不可能存在，所以本质上还是规范经济学问题，是"应该怎么样"的问题。需要在经济发展规划中，把碳作为必须要加以严格限制的一种恶品，在制度规范上就明确其不可以存在。

　　有人把碳排放看作是一种权益，即碳排放权。我们的发展不需要碳，需要的是能源服务。如果明确了发展权是能源服务，就跟碳排放权没关系了，从根本上把西方经济学的所谓碳排放权推翻了。至于碳排放权交易市场，应该看作是一种加速碳消亡的工具。我们经常讲"资本主义是资产阶级的掘墓人"，碳市场就是碳的掘墓人，这是准确无误的，是为了让碳尽快地走向灭亡。从社会选择上来看，零碳产品是公共产品，公共产品应该由社会来提供。不仅如此，零碳产品也是国家主席习近平讲的"最普惠的民生福祉"，它不属于产品需求，而是社会需求的一部分，是属于每个人福祉的一部分，不仅是属于当代人的，还是属于子孙后代的。从这个意义上来讲，零碳产品是属于全社会、全世界、全人类的。作为民生福祉的一部分，是整体社会的选择，基于这一点，一个社会不论是生产还是消费，就都不会选择碳了。此外，传统的理论是把气候变化作为一种风险来看待，把碳排放作为造成这种风险的直接因素。如果我们转换一种思路，从根本上就不需要碳，那也就不存在这样的风险问题，气候风险的提法也并不一定那么严谨。走向零碳是一种社会自觉，而不是为了抵御风险，因为原来是在没有选择的情况下，要去减少碳排放，现在有可再生能源作为选择，没必要去选择高碳的发展道路了。

我们要寻求一种新的发展道路、一种零碳的发展道路，应该要认清有这样一种新的发展道路，并应该成为一种自觉的选择，这样自觉的选择是多赢的、可持续的。因此推进气候变化经济学的学理深化研究，是一项开创性的工作。马克思主义经济学是政治经济学，主要讨论生产关系问题和剩余价值理论。我们现在考虑的不是生产关系问题，而是一种市场理性问题，作为一种理性的选择，对自己负责、对人类负责、对环境负责。这样的理性选择应该是一种共赢，而不是像马克思学说里提到的零和博弈。气候变化经济学分析问题是分散化、扁平化、多样化的，而不是集中的、垄断的。星球经济学讲的是一种在刚性约束下我们应该怎么做；气候变化经济学讲的是一种理性选择、一种新的道路分析问题是分散化、扁平化、多样化的，而不是集中的、垄断的。理念在先，我们要理性地选择一条低碳的道路，然后再研究这条路怎么走。

四、结论与讨论

习近平主席在国际社会关于碳排放达峰和碳中和所做出的承诺，从根本上讲，是利国利民的。减少乃至于终止化石能源消费，不仅可以实现化石能源燃烧产生的二氧化碳的净零排放，更为重要的是消除了大气污染的重要污染源，不存在所谓的二氧化硫、氮氧化合物以及细微颗粒物，污染攻坚也就自然而然地无"坚"可攻了。我们需要的是能源服务，而不是化石能源。不论电力是来自零碳的风力、光伏、水能，还是来自煤炭、天然气，只要有电力能源服务，社会经济的需求就可以得到满足，因而净零碳并不影响社会经济的正常运行和发展。化石能源行业的就业，也将被可再生能源行业的就业所替代，而且更安全、更清洁、更有尊严。

需要说明的是，森林碳汇具有固碳效应，可以在一定时间范围内"中和"一部分碳排放。需要明确的是，森林从大气中吸收二氧化碳，形成干物质；通过燃烧腐烂，将干物质中固定的二氧化碳又释放到大气。因而从生命周期或长时间尺度来看，森林是严格意义上的"碳中性"。所以，对于碳中和的理解，不需要寄希望于植树造林就可以中和化石能源燃烧排放的二氧化碳，更为简单、直接、准确地理解碳中和就是净零碳。绿色植物吸收大气中的二氧化碳，具有应对气候变化的双重功能，即碳中性的生物质能和提升气候韧性以适应气候变化功能。由于风能、太阳能具有间歇性或不稳定性的特点，即使有先进的储能技术，也需要相对稳定、可调的能源。生物质能是可储存的，不论是发电、沼气，还是制作成替代煤球的型碳，都可以高度灵活地加以调节。森林改善生态环境、提升生物多样性和生态系统功能是减少气候变化及其脆弱性最有效的途径。从这一意义上来讲，森林碳汇功能固然重要，但更重要的是生物质能源和生态系统功能。

要实现净零碳，意味着我们的碳达峰，并不是要攀高峰、摸高峰，峰值越高越有利。实际上，峰值越高，净零碳将越困难。这是因为，化石能源利用的投资锁定效应强，例如现在投资建设的煤电厂，至少需要 40 年才能经济理性地退出，再如现在投资燃油汽车生产线，也不是 10 年、20 年就可以收回成本的。这样，峰值不仅高，还会经历一个很长的高峰平台期。如果通过尽快转型来实现削峰发展，就可以缩短峰值平台期，这样不仅可以高效率地保护生态环境、实现高质量发展，同时其零碳的导向，也更加有利于走向净零碳。

参考文献

[1] 潘家华. 中国的生态建设与环境保护 [M]. 北京：中国社会科学出版社，2015：440.

[2] 全球能源互联网发展合作组织. 中国"十四五"电力发展规划研究 [R/OL]. (2020-07-23) [2020-12-30]. https：//m. geidco. org. cn/pcarticle/2553.

[3] 中华人民共和国生态环境部. 2019 中国生态环境状况公报 [R/OL]. (2020-06-03) [2020-12-30]. https：//www. mee. gov. cn/hjzl/sthjzk/zghjzkgb/202006/P020200602509464172096. pdf.

[4] IRENA. Renewable Power Generation Costs in 2019 [R/OL]. (2020-06-09) [2020-12-30]. https：//www. irena. org/publications/2020/Jun/Renewable-Power-Costs-in-2019.

[5] 中国能源网. 2020 年清洁能源发展论坛开幕：青海清洁能源驶向高质量发展新天地 [EB/OL]. (2020-09-30) [2020-12-30]. https：//baijiahao. baidu. com/s? id=1679241905218466279&wfr=spider&for=pc.

[6] 迈克尔·格拉布，让-夏尔·乌尔卡德，卡斯滕·努豪夫. 星球经济学

［M］．大连：东北财经大学出版社，2017：722．

　　［7］习近平．开启全球应对气候变化新征程［EB/OL］．（2020－12－14）
［2020－12－30］．https：//baijiahao．baidu．com/s？id＝1686004431180702139&wfr＝
spider&for＝pc．

　　［8］中国新闻网．"绿电三江源"百日活动再创清洁能源发展世界纪录
［EB/OL］．（2020－08－19）［2020－12－12］．http：//finance．sina．com．cn/roll/
2020－08－19/doc－iivhuipn9524090．shtml．

　　［9］国家统计局．中国统计年鉴2020［M］．北京：中国统计出版
社，2021．

Ⅱ 时间进程与发展范式转型

5

理性认识碳中和进程，有序减退化石能源

潘家华[*]

中国作为工业化城市化进程的后来者，发展任务重，人口数量多，经济体量大，煤炭占比高。2030年前我国可实现碳排放增量趋零并有望转负，虽可能有年际波动，但发展阶段之能源需求与排放规律使然，大体上并无悬念；但绝对量的减排，近期则需谨而慎之；远期，2060年前实现碳中和，紧逼发达国家，引领发展中国家，是国际"大合唱"的重音所在，具有目标刚性。党中央将碳达峰、碳中和纳入生态文明建设总体布局，我国社会各方积极作为。但同时，由于认知差异或利益羁绊，一些利益主体或主动或被动，忽略碳本源而阔论碳中和。显然，中国的碳中和目标是坚定不移的；中国的碳达峰、碳中和指标参数测度可查证可确认，必然贡献并推进《巴黎协定》下的全球碳盘查进程。因而，我们亟须正本清源，理性认识并科学推进碳中和进程，有序减退化石能源。

一、碳中和可以多方发力，但必须聚焦化石能源碳排放

碳中和的认知和行动指向减碳，需要聚焦碳本源。近期我们需要通过"化石能源转型"提升效率而降碳，但从长远看必然要退减化石能源消费。按照《京都议定书》规定[①]，温室气体包括二氧化碳、甲烷、氧化亚氮、氢氟碳化物、全氟碳化、六氟化硫和三氟化氮。也有相当一部分甲烷和氧化亚氮源自化石能源开采和燃烧的排放。含氟温室气体，主要是各种制冷剂、发泡剂，增温潜力极高。

---

[*] 潘家华，中国社会科学院可持续发展研究中心，北京工业大学生态文明研究院。本章内容主要源自于《理论动态》2022年第4期发表的《理性认识碳中和进程，有序减退化石能源》。

[①] 1997年《京都议定书》附件A清单包括六种。第七种三氟化氮为2012年多哈《京都议定书（修正案）》增加。

但由于量不大，按二氧化碳当量计，含氟温室气体大约占年度温室气体排放总量的2%左右。源于化石能源的二氧化碳、甲烷和氮氧化合物是年度温室气体排放的主体。因而，总体上看，非二氧化碳温室气体也需要减排，但在近期这些并非重点和关键所在。由于化石能源埋在地底下，挖出来燃烧，制成各种产品再燃烧，造成了额外的碳排放，是引发地表增温的气候灾性碳。因而，非二氧化碳需要控制，碳汇需要发力，但主体必须，也只能是与化石能源相关的温室气体，尤其是化石能源燃烧排放的二氧化碳。正解"碳中和"，要实现2060年碳中和的目标所要采取的行动重点，就是要把额外增加的碳排放移除，国际社会的核查重点也是这部分碳。

通过生物碳汇移除大气中的二氧化碳，碳捕集和地质封存移除终端碳排放，可以中和或减少一定量的二氧化碳，但在量级上，这只是少量的一部分，不可能全部移除或中和化石能源燃烧排放的二氧化碳。绿色植物，既是碳汇，也是碳源。也就是说，绿色植物固定的二氧化碳，并不是永远的碳汇。枯枝落叶、病老死亡、腐化火灾，以及人为焚烧，碳又会回到大气中。在某一个地区、某一个时段，碳吸收量大于碳排放，可以形成碳汇。但碳汇受到温度、降水、地表空间的刚性约束，不可能无限扩张。国际上界定的森林碳汇是气候中性碳，在碳的交易中没有纳入森林碳汇。欧盟碳交易排放体系所纳入的，全部是化石能源碳，不涵盖碳汇。国际谈判中关于森林碳汇的关注度，在于减少毁林。谈判中"REDD"议题，指的是通过控制土地退化和毁林减少排放，而不是植树造林增加二氧化碳。化石能源碳的统计是相对精准的，排放因子是相对科学精确的，数据是最具可信度的。其他的碳，特别是气候中性碳、水稻田排放的甲烷、畜牧业奶牛反刍释放出来的碳、森林碳、土地利用排放的碳，其核算都无法实现像石化能源碳排放那样精准的测算。根据现在的全口径统计数据，化石能源碳的误差率一般在5%以内，气候中性碳中的绿色植物、农业、水稻种植业的碳误差率超过50%。短期内我国造林和森林经营年度碳汇形成量可望达到10亿吨左右，大略占我国化石能源燃烧排放的二氧化碳总量的1/10。碳的捕集与封存技术，最早源于捕集煤炭燃烧排放的高浓度的二氧化碳注入油层驱聚石油，提高石油产量。其他利用方式在短期内商业可行性极具不确定性。这一技术30多年来进展远不如预期，成本高企，规模有限，而且地质封存具有溢出的风险。目前的试验示范量级以10万吨级居多，年度捕集总量，处于百万吨级水平，且封存多未实际展开。我国当前的年度碳排放在百亿吨水平。距碳捕集与封存规模有4个量级差异。发达国家的碳中和工作的着力点和重点在于化石能源清零。联合国秘书长古特雷斯在2021年4月22日世界地球日发表讲话，明确指出煤炭必须要首先退出，而且越早越好。不仅是弃煤，欧洲、美国、日本乃至许多发展中国家，也明确宣示在2035年前后禁止燃油汽车入市，意味着石油退市也在日程上。当然，这并不意味着经济社会运行所必需的少量的化石能源排放，不可以通过碳汇和CCS移除而实现净零排放。

"双碳"含义明确，是要先谈碳达峰，再论碳中和。但是，碳达峰是碳中和的一部分，需要纳入碳中和进程通盘考虑。这也就意味着，不必要也不应该在2030年前抓住机遇"大干快上"，碳排放攀高峰，并非峰值越高，发展空间越大。我国东西部地区差异大，东部发展水平高于西部，也不表明东部应该达峰、减排、早中和，西部发展优先、达峰要靠后。不论是"攀高峰"，还是"区别论"，所忽略的是目标刚性：2060年前碳中和，不分峰值高与低，不分是东还是西。相反，峰值越高，碳锁定越多，碳中和越难。然而峰值低，碳锁定的资产少，包袱轻，碳中和步子就轻松多了。况且，我们已经抵近自然达峰的阶段了。

能源需求端消费行为的改变具有消费引领和倒逼效果，但并不必然是碳中和的重点所在。不可否认，节能、低碳出行等社会公众参与贡献意义重大。我们既要化石能源减退的"西瓜"，也要消费者低碳行为的"芝麻"。但关键还是化石能源清零的颠覆性技术。零碳电力替代燃煤火电，直接零碳；然而超超临界火力发电，只能不断低碳，绝无可能零碳。如果使用零碳电力的纯电动汽车，与高燃油效率的汽车相比是质的飞跃。如果房屋建筑净零碳，碳排放自然无源。夏天的热，自然是被浪费的；冬天的冷，不可能也不必要全部加以利用。不必企求通过改变消费行为实现碳中和。一些环境保护类的非政府组织呼吁社会少吃肉。水稻生产，稻田有甲烷排放；牛、羊等反刍动物，每天排放甲烷。这些都是事实。但是，另外的事实是：生物属性的碳为气候中性碳；肉食是人类生命个体生长发育和生命活动中蛋白质的重要来源。不可能在法律上规定人不可以吃肉。这些似是而非的论点，仁者见仁，智者见智，但绝对没有必要把农业和牧业生产作为碳中和的主攻方向。

碳中和不仅仅是能源的事，经济社会的体制机制转型不可或缺。实际上，如果说能源技术的颠覆性创新是碳中和的必要条件，体制机制的规范和理性，则是碳中和的充分条件。循环经济也不是一句空话，许多因消费偏好或无地存放的碳密度高的耐用消费品，如自行车、钢制家具等，很多都是八成新甚至全新，如果进入二手市场再使用，可以保全碳，实现碳效用；如果作为垃圾回收，即使循环再用，也要损毁既有碳存量，灭失碳效用。

经济发展和收入水平提高，有助于提高技术效率，但这并非是碳中和问题的最终解决方案。实际上"先污染，后治理"的理论在碳中和的实践中是行不通的。环境库兹涅茨曲线所描述的，是环境质量随着经济增长先升后降，呈"倒 U 型"曲线关系。这一假说在二氧化硫、氮氧化合物、粉尘治理等方面已经得到了验证。发达国家是这样，中国也是这样。中国的二氧化硫量在改革开放初期只有 200 万吨，2005—2006 年其峰值期达到了 2300 万~2500 万吨，随后企业安装脱硫设施，二氧化硫量又回到百万吨级以下了，基本上可以自然消纳。但在二氧化碳减排方面很难再次得到验证。发达国家所经历的过程是，人均收入达 1.2 万美元以前，二氧化碳排放确实随着人均收入的增加而增加，在人均收入达到 1.2 万~1.5 万美元之后碳排放达到峰值，然后又有下降的迹象。美国在 2020 年人均收入达到 6 万美元，人均碳排放仍居高不下，高峰值达 22 吨，现在还有 15 吨。欧盟亦如此，峰值人均 15 吨，现在还有 7 吨，而其人均收入已经超过 5 万美元，从 1 万美元到 5 万美元峰值最多减少一半。也就是说，在碳减排问题上，收入与减排量之间并不遵从环境库兹涅茨曲线规律。

二、碳中和是挑战，但更多的是机遇

能源系统的碳中和转型，要求化石能源占比从当前的 80% 以上到 15% 以内甚至更低，挑战是不言而喻的。例如，在电力系统，一些"权威"的声音认为，化石能源清洁利用、煤电是电力系统的"压舱石"。这类认知并不准确，具有误导性，不利于碳中和目标进程。煤电由于其时间和空间的灵活性，在电力系统中，是"靠谱"的优质电。在消纳不具灵活性的风电光伏发电的进程中，在储能规模尚不到位、技术尚不能绝对保障的情况下，煤电是不可或缺的。但这并不意味着这个"压舱石"必须永远在那儿。因为碳中和的刚性，要求各国必须在 2060 年前清除"压舱石"。美国通过可再生能源将在 2035 年实现无碳电力，并没有强调"压舱石"的功用。欧洲一些国家以及东亚的韩国，也都明确了去煤的时间表。例如，英国将在 2024 年彻底去煤，德国将在 2030 年彻底弃煤。值得注意的是，德国是在弃核的前提下弃煤的。德国的可再生能源中电力占比在 2000

年只有 6.3%，2010 年为 17.0%，规划中 2020 年为 35%，但实际上已经达到 46%，其电力系统运行正常。如果这些国家的煤炭彻底清除了，表明没有煤电这个"压舱石"，电力系统照样可以行稳致远。

碳中和需要巨量资金投入，融资困境难以突破。有人估算，实现碳中和，需要投资 120 万亿~170 万亿元人民币。这似乎是天文数字。实际上，钱并不算多，每年 3 万亿~5 万亿元。国家统计局数据表明，2020 年全社会固定资产投资总额为 52.73 万亿元，其中房地产 14.1442 万亿元，能源 3.5 万亿元。事实上，2020 年风光装机 1.2 亿千瓦，并不差钱。我国人口抵达峰值、房地产趋于饱和，数以 10 万亿元计的资金可以释放出来。碳中和的目标刚性，意味着每年数以万亿计的煤炭、石油开采、石油炼化、煤化工的投资，闸口逐步关闭。资本是逐利的，是要有去处的。这么多钱游离出来，还要担心资金过剩的问题。

全国碳交易启动，社会寄厚望于碳市场。碳市场具有积极的市场信号，但没有必要寄予过高的预期。原则上碳期货、碳市场金融衍生品的开发并不一定助力碳中和。碳中和的目标年在全球是 2050 年，在中国是 2060 年。也就是说，全球层面，30 年，碳市场就不复存在了；中国，最多也只有 40 年。30 多年就必然消亡的东西，市场不可能做强、做大。显然，碳中和的含义，直接意味着碳市场没有长远未来。碳交易的学理依据是产权理论，而产权交易市场效率的前提条件是没有或极低的交易成本。碳市场的交易成本，不仅有登记、交易的成本，而且，由于碳是无形产品，需要核算、核查，不可能没有成本。碳排放权的分配，有可能成为权力寻租和腐败的源头。碳排放限额贸易的市场化手段，是美国政府在谈判中提议的，并纳入了 1997 年达成的《京都议定书》，为各缔约方所接受。实际上，美国没有启动，而欧盟在 2005 年启动 EU-ETS，如今已经十多年。从运行情况看，只能说活力并不强劲，效果低于预期。《京都议定书》的清洁发展机制项目，发展中国家参与多，许多金融机构纷纷介入，想象着碳期货、发展各种碳市场衍生品，最终也都无疾而终。

净零碳不是奢侈品，对于低收入群体，可能还是机遇所在。20 年前，零碳的风光电力，成本高、不稳定，不论是富人还是穷人，它都不是理性选择。进入 2020 年，低收入群体可能更偏好零碳，因为零碳更廉价、更便捷、更生财。中国还有 6 亿人均月收入不足千元，他们绝大多数在乡村。虽然太阳能热水器并没有补贴，但是在农村显然比在城里更多更普遍。太阳光伏发电，每度电成本低至 0.10 元。农民用电，多在 0.60 元以上，有的甚至超过 1 元。屋顶太阳光伏电站可以自给自足，既节省了成本，还可以卖电。根据国家新能源汽车产业发展规划，2025年，纯电动汽车每百公里耗电量要低于12千瓦时。农民使用燃油机动车，油价成本必然高。自己发电，成本低廉。而且，农村还有大量的生物质能。乡村振兴，巩固脱贫成果，可再生能源是取之不竭的源泉。

许多分析认为，碳中和将为经济社会带来巨大成本。在20世纪70年代初，光伏发电对人们来说是天方夜谭，太阳辐射能的光电转换效率只有6%。如果那样，显然不可行。现今太阳光伏技术大幅进步，2020年其转换效率已经达到了26%，而且还在进一步提升中。度电成本已经降至1毛钱以内。可再生能源的广泛使用还需要时间，航空燃油目前还没有找到合适的替代能源。随着技术的进步，可再生能源替代石化能源的速度还将加快。工业领域的能源替代也存在挑战，例如钢铁厂需要用焦煤炼钢。欧洲希望能够用氢能来替代焦煤，但氢能成本居高不下。这也是为什么说碳中和并不是绝对清零化石能源碳的原因。碳中和是未来几十年里要解决的问题，要给技术设定一个窗口期，明确了技术的发展方向，就可以努力攻克技术难关。

碳中和转型的机遇，伴随着未来能源结构变化而放大。一是液态和固态的化石能源基本上都会被电力替代，也就是能源形态的变化。将来固态的煤炭和液态的燃油会慢慢退出。目前电的渗透率中原煤发电占50%，固态燃烧占50%。将来以电为主，例如北方的集中供暖，传统的以燃煤燃气为主，集中供热的热电联供多以燃煤为主。如果化石能源基本退出，供热必然需要电力替代，采用地源热泵、气源热泵等技术。二是风、光、水、生物质能及储能完成多能互补和区域协同。从区域发展的角度，能源结构调整也要顾及区域平衡的问题。未来光伏发电需要采用地方对口的方式，比如浙江对口甘肃，浙江经济活跃，对电力的需求大，可以在甘肃的干旱荒漠地区（太阳辐射强度高、时间长）租地建设太阳能光热、光伏发电，给当地支付租金，这样既可以增加当地的就业，也可以降低购买电力的成本。三是能源生产和消费的一体化及融合。自家屋顶光伏发电自己用，为私家车充电，也就是能源生产和消费融合一体化，原来是买电，现在是自给自足了。四是从资本密集到劳动力密集，增加就业机会。化石能源投资，多在数百亿级水平，资本密集度极高，自动化水平高，就业岗位较为有限。如果是可再生能源项目投资，不仅资金需求量级低，反而就业量级高。资本不是用来消费的，不可能拉动多少内需，而就业的工资收益会形成需求刚性，拉动经济增长。

三、化石能源清零，不是立马消灭，而是有序退出

碳中和的时间节点，是 2060 年前，不是 2040 年，也不是 2030 年。因而，化石能源无须立即退出，但是要有序安排。

如果聚焦于气候灾性碳，也就是化石能源相关的碳（包括甲烷和氧化亚氮）排放，退出排顺序依次为：

首先是煤炭。同样热值的能源服务，碳排放因子最高，每吨标准煤热值的煤炭排放 2.6 吨二氧化碳。考虑到其他化石能源相对低碳，煤炭的退出时间顺序排第一。考虑到我国许多超超临界百万千瓦级别的煤电投产时间可能晚至 2025 年，经济运行期（投资回收期）30 年，退出时间最晚需要在 2055 年。煤炭电力的缺口，将全部由零碳的可再生能源和储能补足。2050 年前后，钢铁由于钢材存量大幅提升，废钢短流程电炉将占据主导地位；从铁矿石炼铁而炼钢的长流程冶炼所需的焦炭会被氢能取代，会随着电炉的大量使用而退出。此时，退出的不仅是煤电，也包括煤制气、煤制油、煤制甲醇等煤化工项目。煤炭退出，则与煤炭相关的二氧化碳和甲烷基本清零。

其次是石油。同样热值的能源服务，碳排放因子大约在每吨标准煤热值的原油为 2.1 吨二氧化碳。石油产品多用于机动车动力，部分为化工原料，如塑料、化纤等。鉴于纯电动汽车技术已然成熟，我国规划在 2035 年纯电动汽车将成为汽车市场的主流，多数国家在 2035 年禁止燃油汽车上市，我国大略可望在 2040 年实现禁止燃油新车进入市场。燃油汽车的使用寿命大约为 15 年。这样，除航空用油以外的交通，有望在 2055 年全部为零碳电能所替代。2058 年前后，航空用油可以为氢能、生物柴油或电能等替代，从而实现燃油的大致退出。塑料、化纤一类的石油化工产品，在使用期内不会造成排放，但最终处理仍然会通过燃烧排放二氧化碳。因而，各种化纤、塑料制品需要代之以金属、木材和植物纤维，可望在 2058 年以前逐步取而代之。这样，与石油开采、炼化、燃烧相关的二氧化碳、甲烷（油田伴生气），在 2058 年前后可以大略退出。尽管如此，社会上仍然会残留以石油为原材料的塑料、化学纤维等，需要较长时间彻底消除。

最后是天然气以及页岩气。在化石能源中碳排放因子最低，每吨标准煤热值天然气的排放系数为 1.6 吨二氧化碳，能源品位高，储藏运输方便，其他污染物

含量少。在煤炭石油全面退出后，也就是在 2059 年前后，天然气大体退出。此时的大体退出，含义是仍然有少许用以支撑社会经济的平稳安全运行。

即使是这样，我国化石能源碳的减排进程中，第一，紧约束。不论是煤炭、石油还是天然气，基本上要在 2055 年以后才能大体退出。考虑到大型煤炭、石油开采、炼化的项目的经济运行寿命，大略退出的时间需要到 2059 年，以满足 2060 年前的时间刚性。第二，此处的化石能源退出，煤炭使用的表述是"基本"，应该几乎是 100%，残存低于 1 亿吨左右；石油使用的表述是"大略"，有望达到 90%，可能尚有 1 亿吨左右；天然气是"大体"，可能只有 85% 左右，大略也有 1 亿吨。因而，即使到 2059 年，化石能源排放，可望低至 10 亿吨以内。第三，此处的技术选择，基本是电力替代，少许的生物质能替代，少许的二氧化碳碳捕集与封存技术，没有考虑大规模的直接大气二氧化碳捕集。其原因不仅在于居高不下的成本不具备市场竞争力，更因为这样一种先污染后治理的终端技术，只能消耗更多的资源，带来更大的风险。第四，2059 年尚存化石能源碳排放，需要采用碳捕集与封存和生态系统碳汇来消纳中和。这样，化石能源碳排放可大略清零。第五，工业生产过程排放、含氟温室气体、农业源甲烷氧化亚氮，大略可在亿吨量级每年，生态系统碳汇功能可大略中和这一部分的人为排放。这样，森林吸收、生态系统碳汇维系每年大略中和需求 10 亿吨以内，我国的自然系统生态保护所产生的碳汇能力，可以大略满足需求。从而在 2059 年，也就是在 2060 年前一年，大体实现碳中和。

2020 年，我国能源消费总量 49.8 亿吨标准煤，零碳可再生能源占比 15.2%，大约 7.6 亿吨标准煤。2030 年，一般预测能源消费总量还会增加，可望达到 60 亿吨标准煤。随后，随着能源效率的提高和进入后工业化社会，而且人口数量也会有所下降，参照发达国家的实际情况，最终能源消费需求也可能出现负增长。因而，能源消费会呈下降态势，2060 年，中国的能源消费总量大略 55 亿吨标准煤。化石能源消费占比低于 20%；通过 CCS 和碳汇，最终实现碳中和。

科学准确理性认识碳中和，一方面，不是化石能源燃烧排放一切照旧而企望碳的捕集与封存和森林碳汇就可以实现碳中和；另一方面，碳中和立即终止使用化石能源，即使到 2060 年，也并不是绝对的"一刀切"而彻底清零化石能源。经济社会的正常运行，可能有少许的化石能源的刚性需求，不必绝对要求化石能源的零排放。比较一下德国的碳中和进程，从 1990 年的 12.51 亿吨二氧化碳，经过 60 年，到 2050 年，减至 0.62 亿吨，减排率为 95.0%。尽管从绝对量上中国碳中和的碳排放量比德国高，但中国的减排幅度、力度、难度，均远超德国，这是显而易见的。

参考文献

［1］国家林业和草原局．中国森林资源报告（2014-2018）［M］．北京：中国林业出版社，2019：76．

［2］蔡博峰，李琦，林千果，马劲风，等．中国二氧化碳捕集、利用与封存（CCUS）报告（2019）［R］．生态环境部环境规划院，2020．

［3］中华人民共和国国家统计局．中国统计年鉴（1999-2020）［M］．北京：中国统计出版社，2000-2021．

［4］潘家华．压缩碳排放峰值加速迈向净零碳［J］．环境经济研究，2020，5（04）：1-10．

［5］清华大学气候变化与可持续发展研究院．中国长期低碳发展战略与转型路径研究［J］．中国人口·资源与环境，2020，30（11）：1-25．

［6］中华人民共和国工业和信息化部规划司．新能源汽车产业发展规划 2021-2035［EB/OL］．（2020-11-02）［2021-05-01］．https：//wap. miit. gov. cn/jgsj/ghs/zlygh/art/2022/art_ 158cc63ebe76470cbff2458c4328ea22. html．

［7］REN21. Renewables 2021 Global Status Report［R/OL］．（2021-01-01）［2021-11-05］．https：//www. ren21. net/gsr-2021/．

［8］潘家华．中国碳中和的时间进程与战略路径［J］．财经智库，2021，6（04）：42-66，141．

［9］新华社．中共中央 国务院关于完整准确全面贯彻新发展理念做好碳达峰碳中和工作的意见［EB/OL］．（2021-09-22）［2021-11-05］．http：//www. gov. cn/zhengce/2021/10/24/content_ 5644613. htm．

［10］Agora. Towards a Climate-Neutral Germany，Three Steps for Achieving Climate Neutrality by 2050 and an Intermediate Target of -65% in 2030 as Part of the EU Green Deal［R/OL］．（2020-09-22）［2021-09-11］．https：//www. agora-verkehrswende. de/en/publications/towards-a-climate-neutral-germany-executive-summary/．

6

中国碳中和的时间进程与战略路径

潘家华[*]

全球在应对气候变化的科学认知和国际合作进程中，不断深化和聚焦碳中和。2015 年《巴黎协定》的正式签订，确定了到 21 世纪末相对于工业革命前全球温升不超过 2℃，并努力争取控制在 1.5℃ 的减排目标，这更加迫切要求各缔约方提振雄心，强化减排行动。2018 年，IPCC 发布《IPCC 全球升温 1.5℃ 特别报告》，明确指出实现 1.5℃ 的温控目标需要在 21 世纪中叶实现全球二氧化碳净零排放。为此，全球应致力于尽快实现温室气体排放达峰，力争于 21 世纪中叶实现温室气体净零排放，即使有少许排放，也可以通过人为的工程措施和生态系统吸收而达到全球碳排放归零的动态平衡，以实现经济绿色、高质量发展。

大力推进碳中和的目标进程，对于实现国家的长期可持续发展有重要的现实意义。经济社会发展需要的是能源服务，碳并非是必需品。化石能源是额外于气候系统的碳源，碳中和所需要的就是将额外于气候系统的化石能源碳清零。实现碳中和，依靠改进型的技术创新是不够的，一方面需要颠覆性的硬技术革命，以彻底取代并告别高碳的化石能源生产和消费，这是碳中和的必要条件；另一方面还需要社会性的软技术变革，从而加速并保障碳中和的实现进程。

一、碳中和的基本内涵

1997 年达成的《京都议定书》第一次明确了六种温室气体，包括二氧化碳、

---

* 潘家华，中国社会科学院可持续发展研究中心，北京工业大学生态文明研究院。本章内容主要源自于《财经智库》2021 年第 4 期发表的《中国碳中和的时间进程与战略路径》。

甲烷、氧化亚氮和三种含氟气体，2012年又增加了一种含氟气体。[①] 20世纪90年代后期，自然生态系统碳排放和非二氧化碳温室气体排放受到关注，被纳入评估内容。[②] 排放到大气中的温室气体有三大类主要来源：第一类是煤炭、石油和天然气等化石能源燃烧过程中释放的温室气体，主要包括二氧化碳和甲烷。第二类是生态系统中绿色植物和以绿色植物为食物或能量来源的动物在生命周期中所释放的温室气体，包括二氧化碳、甲烷和氧化亚氮。第三类则是工业生产过程中释放的和人工生产制造的温室气体，主要是各种含氟气体，包括各种制冷剂、发泡剂。在温室气体排放的构成中，二氧化碳占78%左右，甲烷占17%左右，氧化亚氮占3%，含氟气体占2%（见图1）。相对来说，非二氧化碳占比相对较小，而且大略稳定，增速和增幅均较为有限。在工业化城市化进程中，温室气体排放增速和增幅的来源，主要是与化石能源相关的二氧化碳排放（见图2）。

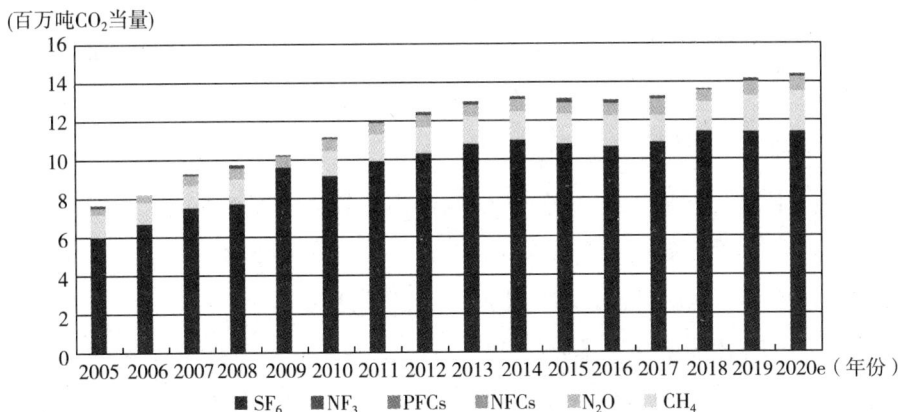

（百万吨CO_2当量）

SF$_6$　NF$_3$　PFCs　NFCs　N$_2$O　CH$_4$

图1　中国温室气体净排放量（2005—2020年）

注：2020年为当时预测数据。

资料来源：Friedlingstein 等（2020）。

[①] 《京都议定书》附件A清单包括：二氧化碳（CO_2）、甲烷（CH_4）、氧化亚氮（N_2O）、氢氟碳化合物（HFCs）、全氟化碳（PFCs）、六氟化硫（SF$_6$）；2012年多哈《京都议定书（修正案）》增加三氟化氮（NF$_3$）。所有温室气体根据各自引发全球增温潜势（Global Warming Potential）转换为二氧化碳当量（CO2e）。

[②] 笔者于1998年应聘到荷兰，作为政府间气候变化专门委员会第三工作组技术支持处（IPCC/WG3/TSU）的高级经济学家，应IPCC要求，组织撰写了《土地利用、土地利用变化与林业》（Land-use, Land-use Change and Forestry），就土地利用、土地利用变化和毁林而导致的生物碳源（生物质、土壤碳）等进行评估；参与了第三次评估报告《减缓卷》（Mitigation）的组织协调工作，该报告对于非二氧化碳的二氧化碳当量明确了大致范围，但在模型分析中，依然侧重与化石能源相关的二氧化碳。

年度二氧化碳排放量和2020年预测
预计2020年全球排放增长-6.7%

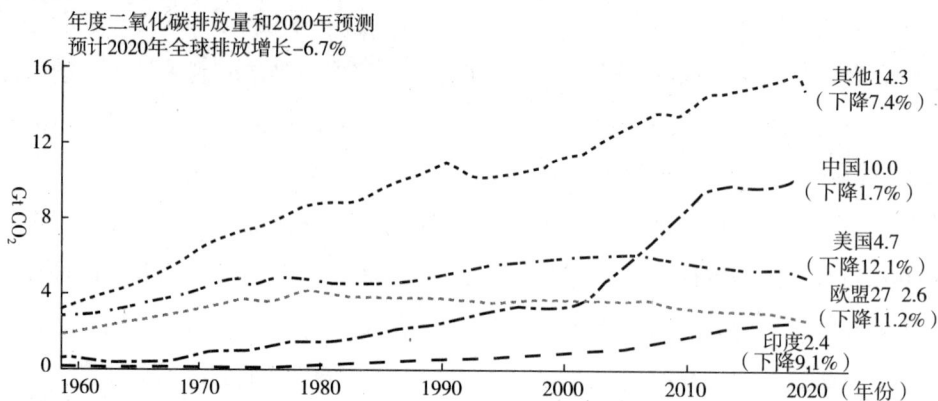

图2　全球主要经济体化石能源燃烧排放的二氧化碳（1960—2020年）

资料来源：Grant 等（2021）。

温室气体的属性大致分为两类：一类是气候中性碳，主要是自然生态系统各种生命过程和土壤中的碳循环；另一类则为气候灾性碳，主要源自与化石能源相关的排放和人工生产制造的温室气体。气候灾性碳的重点在于与化石能源相关的温室气体排放。

所谓碳中和，实际上就是净零碳排放，指的是目标时间节点及之后的流量动态清零。通常承诺的是目标年及其以后的碳排放流量动态清零，而非大气中二氧化碳的存量归零。也就是说，碳的排放源与碳的清除量的动态平衡。需要明确的是，气候中性碳既是碳源（排放），也是碳汇（吸收），而且土地利用变化和林业的碳循环变化，在测度统计上具有比较大的不确定性，通常误差高达50%；气候灾性碳是额外的，统计误差较小，多在5%以内。非二氧化碳气体在温室气体排放中占比不高，且甲烷也有40%源自化石能源的开采、运输和使用。因而，化石能源碳就成为碳中和的首要或第一目标。尽管世界上有各种温室气体的统计和监测数据，但统计最为及时、最为精准的是化石能源燃烧排放的二氧化碳（见图2）。实现碳中和，从措施上可以多管齐下，包括农业、林业、含氟气体，但各国碳中和的抓手和目标指向，原则上仍然是与化石能源相关的碳排放。

联合国秘书长古特雷斯在2021年4月22日世界地球日发表谈话，明确指出煤炭必须要首先退出，而且越早越好。不仅是弃煤，欧洲、美国、日本，乃至许多发展中国家，也明确宣布将在2035年前后禁止燃油汽车入市，意味着石油退市也排上日程。当然，这并不意味着，经济社会运行所必需的少量的化石能源排放不可以通过碳汇和CCS移除而实现净零排放。

二、国际碳中和的背景与进程

世界各国达成实现碳中和的目标共识，经历了一个较为漫长的认知深化和政治共识过程。关于气候变化的科学认知，尽管存在各种争议，但气候变化的观测事实是客观存在的。气候系统的综合观测和多项关键指标都表明，全球变暖趋势在持续。世界气象组织的数据表明，2019 年全球平均温度较工业化前水平高出约 1.1℃，是有完整气象观测记录以来的第二个暖年，2015—2019 年是有完整气象观测记录以来最暖的五个年份。地表升温、冰川融化、雪线退缩、冻土层解冻、海平面上升、生物多样性消失等极端气候事件增多。1961—2019 年，中国年平均地表温度呈显著上升趋势，其中，2019 年中国平均地表温度较常年值偏高 1.4℃，为 1961 年以来的最高值（中国气象局气候变化中心，2020）。全球增温而引发的极端气候事件频次增加，强度增大。当然，化石能源开采、燃烧和炼化对于生态的破坏和大气环境的污染，对人体健康和生态环境有持久有害的影响。此外，在有限的地球空间，化石能源不可能是无限的，300 年工业化进程已经耗尽许多地方的化石能源储量，人类还要在地球上延续百万年、千万年，乃至上亿年，不可再生的化石能源难以支撑人类未来的长远发展。因此，碳中和不仅仅是为了减排，更是为了地球的未来、人类的未来。

但是，由于气候变化是自然和人类干扰双重因子作用的结果，人类从认识温室效应到控制温室气体排放，再到明确碳中和，经历了一个较为漫长的政治博弈过程，从而不断明晰、聚焦净零碳。1992 年达成的《联合国气候变化框架公约》中对温室气体减排并没有相关条款规定，而且对温室气体也没有明确的界定。1997 年达成发达国家总量减限排的《京都议定书》，明确在共同但有区别责任的原则下，发达国家即附件Ⅰ国家在 2010 年相对于 1990 年整体上减排不低于 5%，实际上谈判结果为 5.2%，但由于美国拒绝批准，直到 8 年后的 2005 年才生效并实施。之后由于澳大利亚、加拿大和日本等国相继退出，《京都议定书》并没有得到有效执行。但是，该议定书具有巨大的积极效用：给世界传递了一个信号，即碳排放是要受到限制的；发达国家出资在发展中国家减排而获取减排额度的清洁发展机制项目，拉开了发展中国家低碳发展的序幕。

2007 年，IPCC 第四次评估报告从科学上明确了 2℃温升的阈值。2007 年 12

月在巴厘岛举行的联合国气候变化大会上，欧盟第一次明确2℃温升目标，并得到多数国家的接受和认同。2009年谈判达成但最终没有取得共识的《哥本哈根气候协议》，第一次在国际法律文件上确立2℃温升目标，虽然没有细化具体的零碳指标，但规定附件Ⅰ、非附件Ⅰ缔约方自主承诺。2015年，在中、美等国政治家的强力推动下，联合国气候变化大会达成《巴黎协定》，不仅重申2℃温升目标，而且进一步寻求争取1.5℃温升目标的可能，并将温升目标转换为碳排放控制目标，明确在21世纪中叶实现净零排放；发展中国家排放尽早碳达峰，所有国家提交具有法律约束力的国家自主贡献目标，并定期在全球盘查减排进展。在《联合国气候变化框架公约》缔约方大会的授权下，IPCC于2018年完成《IPCC全球升温1.5℃特别报告》，强化了1.5℃的科学事实和属性。有的国家，如瑞典，早在2017年就通过立法明确在2045年实现碳中和。多数欧盟国家在2019年宣布了在2050年前实现碳中和目标。2020年9月22日，习近平主席在联合国大会一般性辩论发言中向世界宣布中国在2060年前实现碳中和。在特朗普政府退出《巴黎协定》后，2021年4月拜登政府承诺在2035年通过可再生能源发电实现无碳电力，2050年实现碳中和（见表1）。[①]

表1　部分经济体《巴黎协定》下国家自主贡献目标及气候峰会新承诺

	2030年目标《巴黎协定》下的国家自主贡献		碳中和目标[②]
	2015年《巴黎协定》签署时	2020年气候雄心峰会新承诺	
欧盟	2030年在1990年的基础上减排40%，可再生能源在能源使用总量中的比例提高至27%，能源使用效率至少提高27%	欧盟：2030年在1990年的基础上至少减少55%的温室气体排放（其中，丹麦承诺到2030年减排70%）英国：2030年在1990年的水平上至少减少68%	欧盟：2050年（其中，芬兰2035年；奥地利2040年；瑞典2045年）
美国	2025年在2005年的基础上减排26%～28%明确：载重汽车燃油效率标准；垃圾填埋和油气行业的甲烷气体排放标准；减少氢氟碳化物（HFCs）使用和排放标准；在建筑领域明确20多项电器和设备能效标准	2030年温室气体排放量将比2005年减少50%～52%2021年5月24日美国能源部（DOE）宣布到2030年建设30吉瓦海上风电机组	2035年：通过可再生能源实现无碳电力2050年：实现碳中和；海上风电机组达到110吉瓦（11亿千瓦）

[①]　明确承诺2050年实现碳中和的国家还有英国、瑞士、西班牙、韩国、南非、斯洛伐克、葡萄牙、挪威、爱尔兰、匈牙利、法国等，详细资料参见ClimateNews网站。

[②]　根据领导人气候峰会上的承诺、建议和呼吁整理。

	2030 年目标《巴黎协定》下的国家自主贡献		碳中和目标
	2015 年《巴黎协定》签署时	2020 年气候雄心峰会新承诺	
中国	2030 年前后达到峰值并争取尽早达峰，碳强度比 2005 年下降 60%～65%，非化石能源占比 20% 左右，森林蓄积量比 2005 年增加 45 亿立方米左右	2030 年之前达峰，碳强度比 2005 年下降 65% 以上，非化石能源占比 25% 左右，森林蓄积量比 2005 年增加 60 亿立方米，风电、太阳能发电总装机容量将达到 12 亿千瓦以上	2060 年前实现碳中和
印度	2020 年碳强度比 2005 年下降 20%～25% 绿色清洁能源：可再生能源装机容量从 35 吉瓦（2015 年 3 月）增加至 175 吉瓦（到 2022 年），增长 5 倍以上；高知机场成为世界上第一个完全由太阳能供电的机场；全国收费亭收费站采用太阳能供电；全国范围内开展节能减排，2018—2019 年节能 10%	到 2030 年可再生能源装机容量达到 450 吉瓦	莫迪没有宣布新的减排目标

资料来源：澎湃网，https//www.thepaper.cn/newsDetail-forward_ 12349401。

三、中国碳中和的目标刚性与时间进程

碳中和是目标导向的刚性约束进程，一旦承诺碳中和目标，碳排放达峰就成为从属性的安排了（潘家华，2020）。"双碳"含义明确，是要先谈达峰，再论中和。但是，碳达峰是碳中和的一部分，需要纳入碳中和进程通盘考虑。这也就意味着，不必要也不应该在 2030 年前抓住机遇"大干快上"，碳排放攀高峰，并非是峰值越高，发展空间越大。我国东西地区差异大，东部发展水平高于西部，也不表明：东部应该达峰、减排、早中和，西部发展优先、达峰要靠后。不论是"攀高峰"，还是"区别论"，所忽略的是目标刚性：2060 年前实现碳中和，不分峰值高与低，不分是东还是西。相反，峰值越高，碳锁定越多，碳中和越难；而峰值低，碳锁定的资产少，包袱轻，碳中和步子就轻松多了。况且，我国已经抵近自然达峰的阶段了。为了争取所谓的排放空间而投资电、煤化工、燃油汽车生产线，增加排放，虽抬高了峰值，但不符合经济理性。这是因为：碳中和的目标刚性、供应链碳核算、零碳成本进一步下降，这些投资缺乏竞争力、没有市场需

求、提前终止经济运行期，成为企业和社会的负资产。可见，核心和关键是碳中和。这是因为，碳中和的目标刚性和时间规定性，要求在 2060 年前实现净零排放，如果峰值越低，则清零碳排放的阻力就越小，难度相对较轻；如果攀高或推后碳排放峰值，意味着将会有更多、更高的碳锁定，要么资产浪费，要么碳中和时间节点后移（潘家华，2020）。工业革命的成功源于煤炭动力，工业化进程的动力依然是化石能源。煤电、煤化工、石油开采、炼化均属于高度资本密集型的投资，动辄数十亿元，乃至于数百亿元，经济运行期多为 30 年甚至更长（潘家华，2021）。如果现在投资，2025 年投产，35 年则要到 2060 年。如果中间有什么变故或碳中和提速，现在的投资就需要提前退出，以免造成资产浪费。因而，当前化石能源 100 亿吨的碳排放要在 2060 年前大略清零，不可能等到最后一秒钟，这必然是一个渐进的过程，实现化石能源开采、使用的排放逐步归零。

表 2 给出了中国实现《巴黎协定》控制 2℃温升目标和 1.5℃温升目标的减排时间表。显然，化石能源消费产生的二氧化碳排放是绝对主体，非二氧化碳排放，尤其是甲烷，原则上也应该有 40% 左右的排放归入化石能源。因而，在相当程度上讲，化石能源消费的清零过程就是碳中和的时间进程。

表 2　中国碳中和的时间进程　　　　　单位：亿吨

项目	2020 年	2030 年	2050 年	2060 年
能源消费 CO_2 排放	100.3	104.5	14.7	3.5
工业过程 CO_2 排放	13.2	8.8	2.5	0.3
非 CO_2 温室气体排放	24.4	26.5	12.7	2.0
森林碳汇	-7.2	-9.1	-7.8	-4.3
CCS+BECCS	0.0	-0.3	-8.8	-1.5
净排放	130.7	130.4	13.3	0.0

注：CCS（Carbon Capture & Storage）是指碳捕集与埋存；BECCS（Bio-Energy Carbon Capture & Storage）是指生物质能源碳捕集与埋存。

资料来源：2020 年、2030 年、2050 年的数据源自项目综合报告编写组（2020）中 1.5℃情景；2060 年的数据系笔者根据碳中和的国家自主贡献目标分析研判所得。

中国向国际社会承诺的碳中和目标实现时间是 2060 年前。从字面上理解，时间刚性可以解读为最晚必须在 2059 年，一般不会也不可能早于 2051 年。既然是碳中和，也就意味着化石能源排放的温室气体必须大体清零，但不一定是 100%归零。尽管 CCS 的成本高，大规模利用既不可能也没有必要，但为保障能源系统安全，也有可能小规模利用。同样，森林碳汇是气候中性碳，但在经过数百年的系统性森林生态系统破坏后，森林碳汇在未来相当长一段时间内，有可能实现每年一定量的碳吸收。尽管工业过程碳排放和非二氧化碳温室气体的量不大，占比不高，但在最后的碳中和测度和核查中，也有较小数量存在。因而，碳中和的重点和难点，只能是化石能源燃烧排放的二氧化碳。

四、部分国家碳中和的技术路径选择

中国排放总量占全球排放总量的比重超过 1/4，人均排放量也已超过欧盟的人均水平。项目综合报告编写组清华大学气候变化与可持续发展研究院（2020）指出，中国 2020 年的排放在总量上已然超过经济合作与发展组织（OECD）的排放总量。

虽然实现碳中和是我们自己要做的，但是发达国家实现碳中和的经验也有值得我们学习借鉴之处。表 3 展示的是德国研究机构关于德国实现碳中和的时间表和路线图，从中可以看出：第一，德国碳中和时间进程是 1990—2050 年，实际上，德国的排放峰值大约在 1980 年就实现了。因此，德国从碳达峰到碳中和的时间跨度是 70 年。第二，德国的碳中和并非是绝对清零，也有一部分可能是刚性的排放需求，大约 5%左右，需要采用额外的碳移除措施，如碳汇或 CCS。第三，从路径上看，能源替代的部分（能源、交通和工业），应该在 2/3 以上，通过能效提升即减少能源消费需求的部分不足 1/3。第四，能源、工业、建筑和废弃物等领域的减排多出现在早期，而交通领域的减排较为靠后。这也就意味着，在没有颠覆性技术之前，交通领域实现能源替代是存在难度的，但随着纯电动汽车经济性的提升，交通领域的能源替代也就顺理成章了。第五，从减排的时间进程看，前 30 年减排约占 1/3，后 30 年减排占比达到 2/3。这意味着减排不可能高歌猛进、一蹴而就，需要长远谋划，从现实做起。

表 3　德国碳中和时间表与路线图

时间	1990 年	2018 年	2030 年	2050 年	备注
排放总量（亿吨 CO_2）	12.51	8.58	4.38	0.62	
减排率（%）	/	31.42	65.00	95.04	以 1990 年排放量为基数

时间	1990 年	2018 年	2030 年	2050 年	备注
年均减排率（%）	/	1.12	4.08	4.29	各时段的减排量/该时段排放总量
行业累计减排贡献（亿吨 CO_2）					各行业累计减排量/总减排量（%）
时间区段	1990—2018 年	2018—2030 年	2030—2050 年	1990—2050 年	
能源	161	207	95	463	38.91
建筑	93	52	63	208	17.48
工业	89	72	111	272	22.86
废弃物	29	5	3	37	3.11
农业	20	12	14	46	3.87
交通	2	73	89	164	13.78
合计	394	421	375	1190	100

资料来源：笔者根据 Prognos 等（2020）数据测算所得。

德国碳达峰实现得较早，碳中和缓冲期较为充裕。但对于美国来说，其能源消费一直处于高位水平，而且由于生活方式的差异，其人均排放超过欧盟的一半，二氧化碳排放轨迹也表现出较长时间的高位平台期，峰值迟至 2005 年前后才出现，化石能源消费所排放的二氧化碳峰值大约为 59 亿吨，目前已经低于 50 亿吨（BP，2020）。美国需从 2005 年开始（或目前的 50 亿吨），在 45 年时间里减排 59 亿吨（或在 30 年时间里减排 50 亿吨）。从中美碳中和的实现路径来看（见表 4）：第一，美国早已达峰，目前进入绝对量减排阶段，2030 年的目标是比 2005 年的排放水平减少一半，而中国的目标是在 2030 年前实现达峰；第二，如果从现在起步，中国的减排总量超过美国的 1 倍，时间却只滞后 10 年，但中国的经济发展水平、经济结构和城市化水平，远不具备美国的优势，滞后时间远不止 10 年；第三，美国的技术和脱碳进程领先于中国，值得中国借鉴；第四，中国的可再生能源发展水平和规模领先于美国，中国规划在 2030 年风光装机超过 12 亿千瓦，几乎是美国当前发电装机的总和，从这一意义上讲，中国走向碳中和，有难度，但也有优势。

表 4　中美经济社会发展水平与碳中和路径比较

国家	中国	美国
经济体量（万亿美元）	14	21
人口（亿人）	14.1	3.3
人均 GDP（万美元/人）	1.02	6.53

国家	中国	美国
居民消费/GDP（%）	35	68
服务业比重（%）	54	77
城市化率（%）	60	82
碳中和目标	2030 年前达峰；2060 年前碳中和	2030 年 GHG 排放比 2005 年下降 50%~52%；2050 年实现碳中和
能源	2030 年非化石能源占比 25% 左右；2030 年风光装机 12 亿千瓦以上	2035 年通过可再生能源实现无碳电力；2050 年能源系统脱碳
工业	2025 年钢铁行业碳排放达峰；2030 年较峰值减少 30%；水泥行业 2023 年达峰	零碳工业生产过程和产品研发、示范、商业化和广泛运用；工业 CCS 和绿氢运用激励措施
交通	2025 年新能源汽车销售占比达到 20% 左右；2035 年成为主流（大于 2/3）；2025 年纯电动汽车百公里电耗小于 12 千瓦时	2035 年纯电动轻型车新车上市；2040 年纯电动重型车新车上市
建筑	2022 年城市新建绿建比例 70%；实施净零耗建筑节能标准；绿色供暖政策	建筑用能电气化；更新建筑能效标准；2030 年全部新建建筑零碳标准*
农林业及非二氧化碳温室气体排放	2030 年森林蓄积量较 2005 年增加 60 亿立方米；2025 年森林覆盖率为 24.1%；建设无废城市；管控非二氧化碳气体排放	气候智慧农业；再造林；减少森林自然火灾；逐步减少 HFC 使用；减少化石能源相关甲烷排放；减少农业甲烷、氧化亚氮排放

注：＊为拜登 2020 年竞选政策主张。

资料来源：经济社会发展水平数据为 2019 年数据，来自中国国家统计局、世界银行数据库；习近平主席 2020 年 9 月 22 日在联合国大会一般性辩论会上的发言。2020 年 12 月 12 日在气候雄心峰会上的发言；《中华人民共和国国民经济和社会发展第十四个五年规划和 2035 年远景目标纲要》；美国提交给联合国气候变化框架公约秘书处的《美国国家自主贡献》文件。

五、中国碳中和路径的战略选择

前述时间进程和重点聚焦表明，中国要实现碳中和，必须要求化石能源消费清零，而首先要归零的是煤炭。我国的资源禀赋是多煤少油缺气，在我国工业化城市化进程中，煤炭一直占据绝对高的比重。21 世纪初，煤炭在我国能源消费中的占比超过 70%。2010 年之后，随着油气进口规模的扩大和大气污染管控的趋严，2020 年煤炭在一次能源消费中的占比降至 56.8%。即便如此，发达国家在 2030 年前后就能实现去煤，而我国即使是在 2055 年彻底去煤，煤炭占比每年至少也要减少 1.5 个百分点。相比美国和欧盟的化石能源排放源结构（见表 5），中国的化石能源排放超过美国 1 倍，相当于欧盟的 4 倍，但煤炭的排放却相当于美国的 7 倍、欧盟的 12 倍。虽然中国的经济发展水平低于发达国家，但需要归零的化石能源消费总量和高碳的煤炭却高出发达国家 1 倍乃至 10 倍以上。

表 5　2020 年中国、美国和欧盟化石能源排放源结构比较

单位：亿吨 CO_2

项目	中国	美国	欧盟
煤炭	72	9	6
石油	16	20	11
天然气	6	17	8
合计	94	46	25

资料来源：Friedlingstein 等（2020）。

既然碳并非经济社会发展的必需品，那么，彻底去碳，社会福祉水平也应不会受到影响。碳排放之所以伴生于化石能源，是因为我们需要能源服务，如果能源服务能够无碳化、自然地，化石能源碳排放也就消失了。这就需要颠覆性技术，而不仅仅是依靠提高能效。例如以煤炭为燃料的火力发电，从亚临界技术到超超临界技术，每度电的煤耗也从 400 克减少到 270 克。进一步提高效率，必然会进一步低碳，但难以零碳。如果能源服务不需要化石能源的燃烧，自然就没有碳排放了，但这只是其中一个条件。另一个条件是必须具有市场竞争优势。为什么世界各国在 20 世纪所有的努力，只能做到低碳，但到了 2015 年以后，各国才陆续提出碳中和？就是因为当时零碳电力价格太高，难以完全取代化石能源。

表 6 的数据显示，目前风能、太阳能、水能发电装机成本已经低于煤电。2000 年，光伏发电每千瓦的装机成本是煤电（无 CCS）的 4 倍。10 年之后的 2010 年，光伏装机成本有所降低，但仍超过煤电（无 CCS）的 1 倍多。到了 2020 年，光伏装机成本已降至煤电（无 CCS）的 40%。预计到 2050 年，光伏装机成本只有煤电（无 CCS）的 20%；如果煤电通过 CCS 脱碳，光伏成本将不足煤电的 1/10。风力发电和光伏发电具有间歇性特征，需要储能，但水电、生物质电力与煤电一样，具有足够的灵活性，而且抽水蓄能成本低、效果好。天然气

具有成本优势，碳密度也相对较低，但仍然有碳排放，在碳中和时代，不允许大规模使用天然气发电。核电作为迈向碳中和的过渡性能源，可以有一定积极作用。但是由于其风险不在于技术而在于人，包括德国在内的许多国家都明确"去核"，并没有将核电纳入碳中和的主要技术选项。中国目前拥有一定的核电装机，但从长远看，在可再生能源经济性和安全性已经可以满足经济社会能源需求的情况下，也并不适合纳入碳中和的技术选择。

表6　2000—2050年不同技术路径的发电装机成本比较

单位：美元/千瓦

技术路径		2000年	2010年	2020年	2030年	2050年
太阳光伏		7306	5528	1091	823	468
天然气（联合循环）		876	1245	992	974	939
风电	陆上	1500	2364	1594	1401	1083
	海上	/	5492	3356	2758	1862
水电		2116	2911	2553	2547	2534
生物质		2836	5066	3345	3243	3049
煤电	无CCS	1858	2648	2668	2735	2569
	+CCS	3155	4882	5560	5264	4718
核电		3611	5398	6597	6376	5957

注：2000—2020年的数据为各类发电技术装机的投资成本，2030—2050年数据为预测值（以欧美装机数据为基础的均值，不计财务成本，按2020年美元计价）。

资料来源：笔者根据国际能源小数据（ESmall Data）整理。

在颠覆性技术的研发、应用方面，后来者可以居上。2000年前后，中国风力发电和光伏发电的概念在媒体和技术研究中均较为少见。到2010年前后，中国的风、光电力设备的生产、安装和使用才真正起步。之后，中国的风力发电和光伏发电发展突飞猛进，从微不足道到独领风骚，只用了10年多时间。中国电力大数据显示（见图3），2011—2020年，中国的光伏装机从212万千瓦猛增到2.5亿多千瓦，增加了119倍。其间，光伏上网电价补贴从每度电2元到2018年后的平价上网，市场竞争力超过煤电。中国的光伏组件在世界上具有较大的竞争优势，以至于欧美发达国家不惜动用"双反"手段打压中国产品。

（万千瓦）

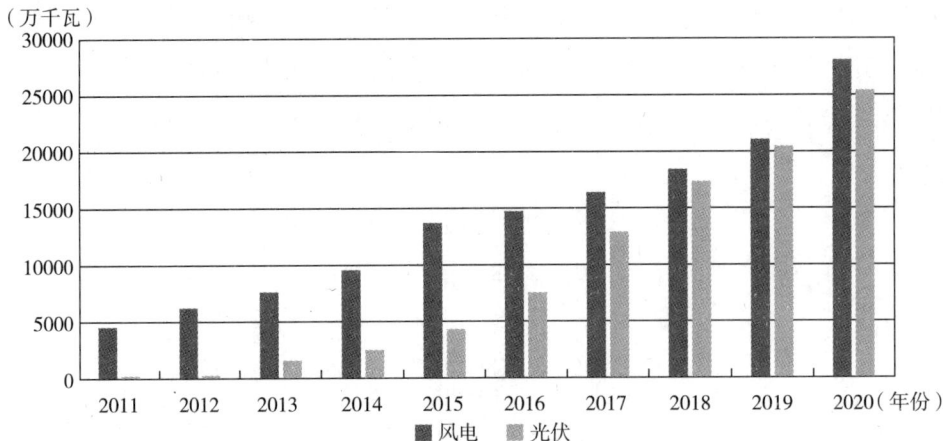

图3 2011—2020 年中国风电、光伏累计装机量

资料来源：中国电力联合会（2021）。

中国向国际社会承诺 2030 年风电和光伏发电装机达到 12 亿千瓦以上，显然超过了国际社会的预期。2020 年，中国的风光电力新增装机超过 1.2 亿千瓦，装机总容量超过 5.3 亿千瓦。按照目前的发展态势，如果将未进入电网的分布式装机纳入，2030 年可望达到 20 亿千瓦。2020 年，中国新增光伏装机占世界总量的 35%（见图4），是美国的 2.5 倍（IRENA，2021a）、印度的 11 倍。

实现碳中和，不仅是电力生产侧的零碳革命，也必须要求能源消费侧的颠覆性技术革命。汽车是石油革命的产物，是石油产品终端消费的主体。碳中和意味着改进型技术的彻底退出，颠覆性技术的全面替代。纯电动汽车或其他形式的新能源汽车全面取代碳基燃料的燃油汽车，是碳中和终端消费或需求侧的不二途径（IRENA，2021b）。如果燃油汽车不能被颠覆，则石油消费和炼化的排放将因为社会的需求刚性不可能清零。汽车燃油效率无论怎么提高，都只能低碳，难以实现零碳。纯电动汽车不需要燃油或燃气，只要电力源自于可再生能源，就可以驱动。从某种程度上说，纯电动汽车也可以是间歇性风力发电、光伏发电的储能设施。在纯电动汽车领域，中国也是后来居上者。一些国家明确了禁止燃油汽车的时间表，中国也在 2020 年 11 月发布《新能源汽车产业发展规划（2021—2035 年）》①，明确到 2025 年，纯电动汽车在新车市场的销售要占到 20% 左右，2035 年成为新车市场的主流。目前，我国纯电动汽车的保有量稳居世界第一位，纯电

---

① 国务院办公厅 2020 年 11 月 2 日发布《新能源汽车产业发展规划（2021—2035 年）》。

动公共汽车占全球比例高达98%左右（见图5），其中深圳市公共交通车辆已全部实现电动化。

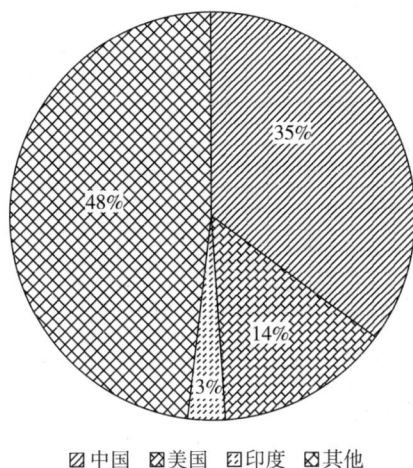

图4 2020年各国新增光伏装机量占世界比重

资料来源：IRENA（2021a）。

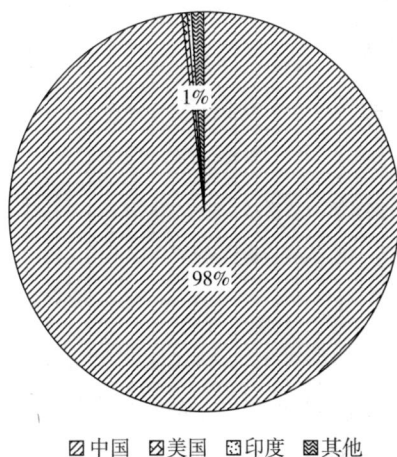

图5 2019年各国纯电动公共汽车存量占比

资料来源：IRENA（2021a）。

传统化石能源密度高，经济性能好，运输储存便捷，可以按需求随时调节。相对来说，风、光乃至于水和生物质能等新能源，在常规技术视角下不具备竞争优势。当前，技术进步已经使新能源具有成本竞争优势，但是其储运和调节柔性程度，仍然具有一定的劣势。正因如此，目前业内对化石能源彻底退出以实现碳中和存在一定的疑虑，认为仍需要大量的化石能源来保障能源安全稳定供给。例如，对于零碳的间歇性能源，在储能技术没有革命性突破的情况下，电网的消纳能力比较有限，难以完全放弃火电。我们要相信技术进步，一些发达国家的经验表明，这一问题已经或正在逐步得到解决。德国规划 2020 年可再生能源在电力消费中的占比达到 35%。相比于 2000 年只有 6.3%、2010 年 17% 的占比来说，这一目标不可谓不高。但实际上，2019 年德国可再生能源占比就已经达到 42%，2020 年进一步提升到 46%。[①] 显然，目前德国的电力系统仍然是稳定的、安全的。相比之下，我国目前并网的风光电力只有 10% 左右（中国电力企业联合会，2021）。

当然，我们还有一个选项，就是终端治理。煤电排放的二氧化碳可以采用 CCS 技术，如同火电机组脱硫、脱硝一样，将煤炭燃烧排放的二氧化碳加以捕集、浓缩，然后找到合适的地质结构，永久埋存于地下。所谓 CCS 技术，最初是石油开采过程中为了提升采油率，将燃煤电厂的二氧化碳加以捕集，注入油田驱油。该技术在 20 世纪 80 年代就已经开始使用，IPCC 于 2005 年专门发布了一个特别报告，评估了这一技术的潜力和可行性，并在随后的第四、第五次评估报告中，将 CCS 作为一个技术选项，但并没有就成本问题深入解析。《巴黎协定》签署后，中国系统梳理了各类 CCS 技术，涉及深部咸水层封存、二氧化碳驱油、二氧化碳驱煤层气等。截至 2019 年，中国共开展了 9 个捕集示范项目、12 个地质利用与封存项目，所有 CCS 项目的累计封存量约为 200 万吨 CO_2。在煤电成本已经不敌可再生发电成本的情况下，煤电加 CCS，增加的成本不仅包括捕集成本，还有运输与封存成本。低浓度捕集成本为 300~900 元/吨 CO_2，罐车运输成本约为 0.9~1.4 元/吨·公里。原油价格在 70 美元/桶的水平，大略可以平衡 CCS 驱油封存成本。所捕集和封存的二氧化碳具有零效用，直接或间接使用价值有限或为零。不仅如此，封存后的二氧化碳还存在逸出风险，必须持续监测。况且，捕集的比例也比较低，难以 100% 捕集。因此，总体上来看，CCS 技术不仅是理念问题，也缺乏市场竞争力（蔡博峰等，2020）。

如前所述，森林碳是气候中性碳，通过造林和森林培育、生态系统保护，可以在相当长一段时间维系一定量的碳汇，中和部分化石能源碳排放。但限于我国水资源短缺、戈壁荒滩和雪域高原不适于植树造林的实际情况，提高森林覆盖率、增加森林碳汇的空间比较有限。根据全国森林普查汇总资料，2018 年，全

---

① 资料来源：德国联邦内阁于 2021 年 2 月 3 日通过的第八个《德国能源转型监测报告》，德国经济和能源部《德国能源转型直击简报》2021 年 3 月 4 日版。

国森林面积为22044.62万公顷,森林蓄积为175.6亿立方米,全国森林植被总生物量为188.02亿吨,总碳储量为91.86亿吨,每年固碳量为4.34亿吨(国家林业和草原局,2019)。没有水,就没有碳汇(山仑,2013),没有生物质能。我国干旱半干旱区面积占国土面积的52.5%,其中干旱区①占30.8%(280万平方公里)、半干旱区占21.7%(213万平方公里),碳汇生产量也不高。2010年前后通过清洁发展机制(CDM)在我国水热条件比较好的西南地区如四川、云南开展的一些森林碳汇项目(吕植等,2014)(见表7),核算时间在20~30年,折算下来每年每公顷碳汇产出量在10吨左右。如此算来,每平方公里的碳汇量每年也只有1000吨二氧化碳。

在此背景下,光伏电力是必然的选项,但由于光伏铺设对土地利用具有极强的排他性,可以是戈壁荒滩,也可以是屋顶空地,但不宜占用农地、林地,以及自然生态良好的山地。净零碳需要"大干快上",但不能"得不偿失"。例如,浙江、贵州的一些作为碳中和典型和经验介绍的个案②,均是将一片山地的森林毁灭后,连片安装光伏发电设施。光伏必须有阳光,森林也要依靠太阳辐射实现光合作用。在森林植被较好的南方山地建设光伏电站,不仅灭失碳汇,而且会造成水土流失,破坏生物多样性。

表7　清洁发展机制(CDM)林业碳汇项目核算期限与碳汇量

项目地点	碳汇方式	面积（公顷）	核算期限（年）	总碳汇（吨 CO_2）	每公顷每年碳汇量（吨 CO_2）
四川西北理县等5县21乡28村	退化土地造林再造林	2251.80	20（2007—2026年）	460063	10.21
四川西南甘洛等5县17乡27村	森林破坏土地造林再造林	4196.80	30（2011—2041年）	1206435	9.58
云南腾冲县3乡6村（林场）	小规模再造林	467.70	30（2007—2036年）	151971	10.83
云南西双版纳景洪等3县8乡16村	竹林造林	3582.34	30（2010—2039年）	634472	5.90

资料来源:吕植等(2014)。

① 降水量200毫米以下的地区为干旱地区;降水量在200~500毫米的地区为半干旱地区。
② 具体参见:"浙江仙居:'农光互补'光伏电站",《中国日报》亚洲新闻网,https://www.asian-ewsphoto.com/articles/relation_detail/20210112/227/463756.html;"南方电网贵州电网公司积极为实现'碳达峰、碳中和'目标贡献力量",新浪网,http://gz.sina.com.cn/hangye/shangxun/2021-04-29/detail-ikmyaawc2489119.shtml?from=wap。

六、体制性的软技术变革不可或缺

颠覆性的技术革命是碳中和的必要条件，但是如果社会发展和运行方式已然高碳，碳中和的实现也是不可能的。通过体制性的软技术变革，可以有效压缩需求，使许多化石能源消费成为不必要，能源需求大幅减少，从而达到事半功倍的效果。

区域空间规划，工业文明的理念是工业化大生产，远距离运输，从而获取规模和聚集效应（潘家华，2019a）。但自然的风光和水是普惠性的，大略均衡。在工业文明理念下，城市无序、无限扩张，能源不够，特高压远距离输送电力；水资源不够，可以从数百公里乃至千公里外远距离调水；水果、蔬菜、粮食也都是通过规模化生产，远距离运输、储存、保鲜。所有这些，均需要能源作为动力来完成。改变理念的认知革命，实现从垄断聚集到扁平均衡，就可以大幅压缩能源总量的刚性需求，事半功倍地推进碳中和。从根本上消除高碳锁定，就近就地，人与自然和谐相处，减少乃至消除高强度、高频次的高耗能需求，从依赖高碳化石能源的规模扩张、空间集聚，转向适应零碳可再生能源的适度规模、空间均衡格局。空间上均衡、均质，与自然和谐的资源配置，减少需求总量，就近获取零碳能源服务。

工业文明的城市空间设计，强调城市功能分区，职住分离、产城割裂。城市空间的扁平化与职住一体、产城融合，可以减少碳存量与运行需求。例如低碳交通，如果职住一体的话，就不需要交通，自然也没有碳需求，就能够实现零碳交通了。

通过体制性的软技术变革，可以有效维护、延伸、放大碳资产的社会效用。一些制度刚性的社会性变革，可以保全社会碳资产。例如小产权房、自然保护地内的建筑（在划定以前就有的）、基础设施建设征占地上建筑等。这些年来，许多地区严格执法，炸毁、拆除大量小产权房、违建房。法律上，这些违法建筑应该清理，但从碳资产视角，这些都是凝聚大量碳的社会资产。我们需要惩戒的是违法的人，需要处罚的是非法获取的利益，而不应该是社会需要的碳资产。因此，宜在制度层面减少或避免社会碳存量资产的损毁，在管理/文化因素层面，也有许多需要变革的地方，比如严格产品质量，提升碳效用。例如，一栋建筑是30年寿命、60年寿命，还是120年寿命，碳足迹没有本质的差异，但碳效用却差了数倍；一台发动机，碳足迹几乎无差异，但碳效用差距却可能很大。

七、政策含义与讨论

碳中和需要政策引导，更需要发展范式的根本转型。

第一，在政策层面，碳定价显然有助于提升零碳能源的市场竞争力，有助于激励低碳消费。以碳排放权为基础的碳市场交易，具有碳价的发现功能。在碳交易的初期，如果交易成本足够低，碳交易有利于日渐减少的碳排放额度的效率配置。但实现碳交易，需要专署登记、专项交易。由于碳的无形特征，企业的核算、核查需要投入，第三方认证核查也需要成本，而且鉴于气候灾性碳的市场恶品（Bads）属性，碳市场难以做大做强，不可能持续，从长远看，没有可预期的未来。在碳中和实现时，碳市场也将消亡。相对来说，碳税交易成本低，可以产生双重红利，提升气候灾性碳能源的供给成本，提升气候中性碳和零碳能源的市场竞争优势，从而加速气候灾性碳的市场退出。

第二，可再生能源要实现协调互补。由于化石能源的集中性和高密度，规模化大生产，经济回报高。可再生能源占用空间大，难以规模化大生产，能源密度相对较低，这就要求协同互补。首先，多能互补，风、光、水、生物质能、储能技术协同互补。其次，也需要区域协同，西南水能、西北风光、东部离岸风电，区域协同互补。城市人口密集，经济活力强，能源需求大，难以在城市区域内实现碳中和，而乡村空间广阔，可再生能源生产潜力大，除了满足自身需要，还可以外送。因此，城乡协同也是必要的。颠覆性能源技术的应用，并不是完全否定能效技术，相反，需要能效技术和能源替代协同互补。即使在21世纪中叶实现碳中和，温升幅度仍将达到1.5℃，自然生态系统和社会经济系统，均需要适应变化了的气候，降低气候风险。因而，碳中和还要与气候适应协同互补。

第三，碳中和正在催生发展范式的革命性转型。碳中和阶段，能源生产与消费实现一体化，零碳经济单元自给自足，而不是传统的供求分离，通过市场实现均衡。传统的规模化大生产（规模效益）与自然容量刚性的矛盾，成就了低碳、零碳的就近、分散空间资源配置，促使从空间聚集（聚集效应）向空间均衡的转型。城市空间的功能分区与功能融合方面正在发生根本性的变化：职住一体、产城融合。市场经济条件下的高贴现率、高折旧率，形成财富周期的加速再生增值（高贴现率）。但这样会加速碳存量资产的贬值，需要实现碳资产存量的持久保值（近零贴现率）。城市形态高碳技术的转向与基于自然和谐共生的解决方案，从排他性、占有性产权转向"不求所有但求所用"的共享型经济，均是发展范式转型的雏形（潘家华，2019b）。

第四，实现碳中和，既要颠覆性的技术革命，也要系统性的社会变革。能源生产和消费的颠覆性技术革命，是碳中和的必要条件；系统性的社会变革，量级水平压缩刚性需求，放大碳资产效用，人与自然和谐共生，是碳中和的充分条件。在强调零碳能源转型的同时，提速社会扁平化进程，是实现人与自然和谐共生的碳中和的必然选择。

参考文献

［1］蔡博峰，李琦，林千果，马劲风，等．中国二氧化碳捕集、利用与封存（CCUS）报告（2019）》［EB/OL］．［2021-08-21］．http：//www.cityghg.com/uploads/soft/200119/1-200119204941.pdf.

［2］国家林业和草原局．中国森林资源报告（2014-2018）［M］．北京：中国林业出版社，2019.

［3］吕植，马剑，张小全，唐才富．中国森林碳汇实践与低碳发展［M］．北京：北京大学出版社，2014.

［4］潘家华．范式转型再构城市体系的几点思考［J］．城市与环境研究，2019a（01）：3-15.

［5］潘家华．生态文明发展范式与经济学理论的生态革命［J］．城市与环境研究，2019b（04）：7-11.

［6］潘家华．压缩碳排放峰值 加速迈向净零碳［J］．环境经济研究，2020，5（04）：1-10.

［7］潘家华．零碳金融助力碳中和［J］．北大金融评论，2021（03）.

［8］中国工程院．我国干旱半干旱地区农业现状与发展前景［M］．北京：高等教育出版社，2013.

［9］山仑．我国半干旱地区农业发展的几个问题［C］．北京：中国工程院，2012.

［10］项目综合报告编写组．《中国长期低碳发展战略与转型路径研究》综合报告［J］．中国人口·资源与环境，2020，30（11）：1-25.

［11］中国电力企业联合会．2020~2021年度全国电力供需形势分析预测

[J]．中国电力企业管理，2021（04）：91-94.

[12] 中国气象局气候变化中心（编著）．中国气候变化蓝皮书（2020）[M]．北京：科学出版社，2020.

[13] BP. Statistical Review of World Energy 2020 [EB/OL]．（2020-07-17）[2021-05-11]．https：//www. bp. com/en/global/ corporate/energy-economics/statistical-review-of-world-energy. html.

[14] Friedlingstein P，O'Sullivan M，Jones M W et al. Global Carbon Budget 2020 [EB/OL]．（2020-12-11）[2021-05-10]．https：//www. earth-system-science-data. net/about/news _ and _ press/2020-12-11 _ global-carbon-budget-2020. html.

[15] Mikhail Grant，Hannah Pitt，and Kate Larsen. Preliminary 2020 GHG Emissions Estimates for China [EB/OL]．（2021-03-04）[2021-06-18]．https：//rhg. com/research/preliminary-2020-greenhouse-gas-emissions-estimates-for-china/.

[16] IPCC. Special Report on Carbon Capture and Storage [EB/OL]．（2005-01-01）[2021-03-21]．https：//www. osti. gov/biblio/20740954.

[17] IPCC. 全球升温 1.5℃ 特别报告决策者概要 [EB/OL]．[2021-03-15]．https：//unfccc. int/topics/science/workstreams/cooperation-with-the-ipcc/ipcc-special-report-on-global-warming-of-15-degc.

[18] IRENA. Renewables 2021 Status Report [R/OL]．[2021-04-11]．https：//www. unep. org/resources/report/renewables-2021-global-status-report.

[19] IRENA. Renwables in Cities·2021 Global Status Report [R/OL]．（2021-03-22）．https：//ren21. net/cities-2021/.

[20] Prognos A G，Öko-Institute V，Wuppertal-Institut fürklima，Vmwect，Energle gGmbH. Towards a Climate-Neutral Germany. Executive Summary conducted for Agora Energiewende，Agora Verkehrswende and Stiftung Klimaneutralität [EB/OL]．（2021-06-11）[2021-10-11]．https：//www. stiftung-klima. de/en/themen/climate-neutrality/.

[21] IPCC. Mitigation of Climate Change. Cambridge University Press. Cambridge [EB/OL]．（2021-11-28）[2021-12-25]．https：//www. ipcc. ch/report/ar6/wg3/.

［22］德国联邦经济和能源部 . 德国能源转型直击简报［EB/OL］. （2021-03-04）［2021-06-22］. https：//www. chinanecc. cn/upload/File/1612837953306. pdf.

［23］新华社 . 浙江宁海越溪乡"农光互补"光伏发电项目经济效益显著［EB/OL］. （2017-02-24）［2021-05-22］. http：//www. gov. cn/xinwen/2017-02/24/content_ 5170522. htm#1.

7

碳中和：需要颠覆性技术创新和发展范式转型

潘家华*

实现碳达峰、碳中和，是中国的一项重大战略决策，也是我国实现可持续发展、高质量发展的内在要求。2020 年习近平主席在第七十五届联合国大会上表示，中国力争于 2030 年前二氧化碳排放达到峰值，努力争取在 2060 年前实现碳中和。2021 年发布的《中共中央 国务院关于完整准确全面贯彻新发展理念做好碳达峰碳中和工作的意见》（以下简称《意见》）为碳达峰、碳中和这项重大工作作出了系统谋划、总体部署。

碳中和与碳减排有关联，但内涵差异巨大，不可等同。所谓碳中和，根据《巴黎协定》的界定，是指在一定时期内人为的温室气体排放与移出达到一种平衡状态，也就是人为活动排放的二氧化碳等温室气体，通过植树造林等方式增加碳汇和通过工程手段捕集并封存二氧化碳等形式抵消二氧化碳排放量，实现二氧化碳的"净零排放"。碳减排，就是减少二氧化碳的排放量。二者既有相通之处，又有较大区别。碳中和是目标，其实现需要颠覆性技术创新和发展范式转型；碳减排是过程，也是手段。

一、碳中和与碳减排

碳中和主要或首先通过碳减排来实现，而减少二氧化碳排放量需要全世界共

---

* 潘家华，中国社会科学院可持续发展研究中心，北京工业大学生态文明研究院。本章内容主要源自于《三峡大学学报（人文社会科学版）》2022 年第 1 期发表的《碳中和：需要颠覆性技术创新和发展范式转型》。

同努力。无论是世界科技和经济领先的发达国家，还是工业化、城市化进程中的发展中国家，都应主要从以下三个方面致力于降低碳排放量。

一是从能源生产侧，发展零碳的可再生能源，取代高碳的化石能源，从根本上减碳。例如德国，根据《德国能源转型监测报告》的数据，德国2000年可再生能源在电力消费中的占比为6.3%，2010年可再生能源占比为17%，2019年可再生能源占比达到42%，2020年可再生能源占比为46%。不仅是发达国家，发展中国家也大力发展零碳可再生能源，一些发展中国家甚至比发达国家做得还好。2020年全球新进光伏装机容量排名前十的国家分布与占比情况如图1所示。

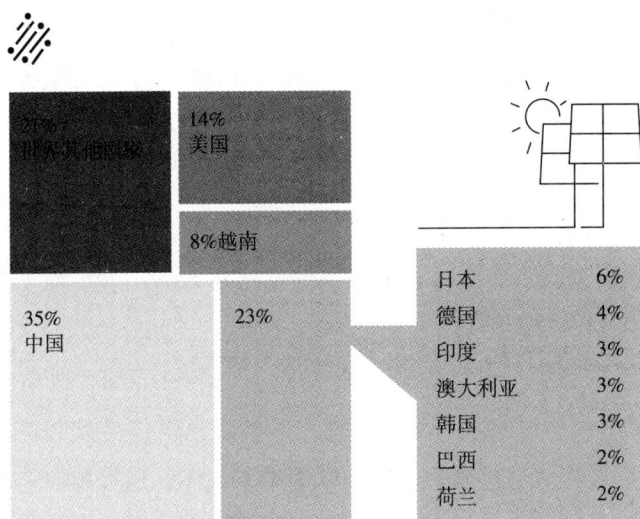

图1　2020年全球新增光伏装机容量排名前十的国家

资料来源：REN21. Renewables 2021：Global Status Report. Renewables Now. Paris［EB/OL］.［2021－12－02］. https://www. ren21. net/gsr-2021/.

由图1可见，2020年中国新增太阳能光伏装机容量排名世界第一，超过全球总量的1/3，是美国的2.5倍。中国高度重视可再生能源建设，截至2019年底，中国风电和太阳能发电累计装机容量为4.1亿千瓦，约占全国发电总装机容量的20%，超过全球装机总量的1/3。中国已成为全球新能源装机规模最大的国家，截至2020年底，水电、风电、光伏发电、生物质发电分别连续16年、11年、6年和3年稳居全球首位，全球再生能源装机容量居世界第一位。

二是终端消费的零碳能源替代化石能源。例如，一些国家和地区已经明确时间表，禁售汽油和柴油车。根据中国汽车技术研究中心统计测算的数据，汽车碳排放量占全社会碳排放量的 7.5% 左右，是我国交通领域碳排放量的主要来源。2020 年中国汽车使用阶段碳排放量约为 7.2 亿吨，约占汽车碳排放量的九成。在中国现有汽车中，传统燃油汽车保有量大，以化石燃料为主要驱动力，其燃烧使用造成汽车使用阶段碳排放量居高不下。《汽车行业碳排放量报告》指出，发达国家汽车行业二氧化碳排放量占总排放量的 25% 左右，由于中国汽车拥有率和使用率相对较低，因而中国汽车行业的二氧化碳排放量占总排放量的 8%~10%。为了减少路面交通领域的碳排放量，世界各国纷纷采取政策减少汽油车和柴油车的销售量，制定禁售时间表。根据国务院办公厅 2020 年 11 月印发的《新能源汽车产业发展规划（2021—2035 年）》（以下简称《规划》），我国计划到 2025 年新能源汽车销量占新车销售的 20% 左右，到 2035 年汽车市场基本以新能源汽车为主。英国将禁售汽油车和柴油车的时间从 2040 年提前到 2035 年，再提前至 2030 年；法国决定 2022 年终止燃煤发电，2040 年不再出售柴油车型和汽油车型；荷兰宣布 2025 年禁止销售燃油车；德国明确 2030 年禁止出售燃油汽车，新车零排放；印度也表明 2030 年禁售燃油车。全球电动公交车库存（Electric Bus Stock）从 2015 年的 112460 辆上升到 2019 年的 514300 辆，短短 5 年时间增加 4 倍，增速十分惊人。其中，中国有 505000 辆，约占全球的 98.2%；欧洲为 4500 辆，北美地区有 2200 辆，印度有 800 辆，世界其他地区 1800 辆。2020 年全球新能源汽车销量超过 320 万辆，中国新能源汽车销量达到 136.7 万辆，占中国新车销量的 5.4%。截至 2020 年底，全球新能源汽车累计销量突破 1000 万辆，中国占比 50% 以上。2021 年上半年全球新能源汽车销量接近 245 万辆，其中中国市场销量达 120.6 万辆。

三是提高能效。节能，减少能源需求也就是降低化石能源消费，从而减少碳排放。例如建筑节能，采用被动式低能耗建筑技术，使用太阳能设备供电，利用地源热泵取暖制冷，实现供暖几乎近零能耗，即使使用化石能源，由于消耗极少，排放也就微乎其微。山东青岛、河北秦皇岛、新疆乌鲁木齐等地都已开始修建被动式建筑，并投入使用，反响良好，不仅节约了大量能源，也提升了居住的舒适度。

二、颠覆性技术革命是实现碳中和的必要条件

单纯依靠节能减排难以实现碳中和，实现碳中和，既要具备必要条件，又要

满足充分条件。这是因为，碳中和的实现需要一定的条件，即必须要将化石能源基本归零。只要化石能源不归零，就不可能实现碳中和。化石能源的归零，必须要有颠覆性的技术。

能源是现代社会的"血液"，是实现经济增长的动力引擎，也是人们生活不可或缺的物质保障。离开能源服务，经济社会体系的正常运行都会受到严重影响。目前中国能源主要有煤炭、天然气、原油、水电和新能源，其中煤炭是我国的主体能源。国家统计局数据显示，中国能源消费结构中，煤炭消费在2020年占我国能源消费的总量比重为56.8%。

因此，拥有颠覆性的技术，进行技术创新和技术革命，是实现碳中和的必要条件。以化石能源电力为例，实现碳中和，需要将额外于气候系统的化石能源碳基本清零，但煤电效率无论怎么提高，还是要耗煤，依靠改进型技术可以实现低碳，却难以达到零碳。唯有彻底颠覆煤电，不再将碳作为经济社会发展的必需品，而利用零碳的可再生能源，做到没有碳就可以提供同质的能源服务，将能源生产从化石能源转向零碳能源，则碳中和可期。

颠覆性的硬技术革命是实现碳中和的必要条件。中国颠覆性电力生产技术发展迅猛，中国大力发展水电、光伏发电和风能发电，不断增强清洁能源的存储、转化与运输能力。现代经济社会发展需要的是能源服务而不是碳，普通消费者需要由电提供的能源服务，至于电究竟是零碳的水电还是燃煤发的热电都无关紧要。只要国家能保障生产、生活所需的能源，碳就不是必需品。无碳的电使用比例越大，有碳的电所占市场份额就越小。

然而我们必须承认，中国目前生产电能还是以传统的化石能源为主，其在我国能源结构中占有强势地位。能源领域的科学研究和技术创新也自然集中在传统的化石能源领域，如能源化工领域的学术权威，中国科学院院士、中国工程院院士基本上都从事化石能源、煤炭开采、石油开采、油化工、煤化工等领域的科学研究，少有研究光伏或者可再生能源的学者成为院士。机构改革前的国家能源权力部门有煤炭工业部和石油工业部，没有可再生能源部。进入21世纪，可再生能源的建设与研究已经被纳入议事日程。《意见》明确指出要"强化基础研究和前沿技术布局"，制订科技支撑碳达峰、碳中和行动方案，编制碳中和技术发展路线图。采用"揭榜挂帅"机制，开展低碳、零碳、负碳和储能新材料、新技术、新装备攻关。加强气候变化成因及影响、生态系统碳汇等基础理论和方法研究。推进高效率太阳能电池、可再生能源制氢、可控核聚变、零碳工业流程再造等低碳前沿技术攻关。培育一批节能降碳和新能源技术产品研发国家重点实验室、国家技术创新中心、重大科技创新平台。建设碳达峰、碳中和人才体系，鼓励高等学校增设碳达峰、碳中和相关学科专业。深入研究支撑风电、太阳能发电大规模友好并网的智能电网技术。加强电化学、压缩空气等新型储能技术攻关、示范和产业化应用。加强氢能生产、储存、应用关键技术研发、示范和规模化应用。

颠覆性技术并不仅仅局限于能源生产领域，人们日常生活消费同样需要颠覆性的技术作为支撑。电力生产领域的石油煤炭可以用清洁能源电取代，但汽车、飞机的动能——石油仅靠提高能效，也不可能实现碳中和。以汽车为例，汽车是石油革命的产物，构成石油产品终端消费的主体，无论怎样进行技术改进提高汽车燃油效率，始终是以燃油为能量来源，只能做到相对低碳，却做不到零碳。只有进行颠覆性革命，采取颠覆性技术，不再使用燃油汽车，而是用纯电动或其他形式的新能源汽车全面取代碳基燃料的燃油汽车，才可能实现零碳。因而在终端消费层面，只有彻底消除对化石能源的依赖，而不仅仅是效率提升，才能在保障和提升生活品质的同时，实现化石能源碳终端消费需求的清零，从而实现碳中和。当前中国的新能源汽车、纯电动汽车技术已经较为成熟，《规划》就指出，到2025年，我国纯电动车的耗电将降至12.0千瓦时/百公里以内。颠覆性的技术打破新能源汽车蓄电后使用时间短的桎梏，电动车每小时跑100公里，比燃油成本更低，新能源汽车势必成为汽车销售的主流。《意见》指出，"中国未来交通领域的低碳与碳中和，有赖于最新技术的攻克与推广"，明确提出"加快城市轨道交通、公交专用道、快速公交系统等大容量公共交通基础设施建设，加强自行车专用道和行人步道等城市慢行系统建设；加快发展新能源和清洁能源车船，推广智能交通，推进铁路电气化改造，推动加氢站建设，促进船舶靠港使用岸电常态化；加快淘汰高耗能高排放老旧车船"。中国已开始在公共交通领域从终端消费中淘汰化石能源，使用清洁能源取而代之。

人们日常生活中对化石能源的需求还体现在供暖领域，而供暖完全可以离开煤炭能源。空调属于气源热泵，利用电能实现夏天制冷、冬天供热的功能；地源热泵则利用地热达到供暖的目的。只要进行技术革命，用电取代煤炭，通过气源热泵或地源热泵的能量供应来源，煤炭就可能完全退出供暖市场。中国这些颠覆性的技术已经出现，并开始推广使用，中国能源发展加快向清洁低碳转型，已在居民采暖、工（农）业生产制造、交通、电力供应与消费、家庭电气化五大重点领域展开实践。2019 年，中国水电、风电、核电等非化石能源消费占能源消费总量的比重达 15.3%，单位国内生产总值耗能比 2015 年下降 13.1%。中国已经成为世界利用新能源和可再生能源第一大国。

三、社会性软技术变革是实现碳中和的充分条件

碳中和的实现，除了必须掌握颠覆性技术，广泛使用零碳能源取代化石能源外，还需要同步进行社会性软技术变革。软技术有广义、狭义之分，前者包括研究、处理和解决使用现代科技成果所带来的经济、社会、心理上的一系列影响的技术；后者仅指设备的操作、使用技术，以及产品的生产与销售过程的组织、管理、经营技术。碳中和所需要的社会性软技术变革是广义软技术，主要包含以下三个方面的内容：

第一，政府制订方针政策时要有碳资产意识，尽量维护、延伸、放大碳资产的社会效用。

消耗大量能源的原材料兴建的铁路、机场、港口等基础设施和房屋建筑是内含大量碳排放的资产，也就是已经锁定于固态的固定资产的碳资产，是全社会的资产，应该充分发挥其碳效用。

第二，注重产品质量，提升碳效用，压缩刚性社会需求。

碳中和是人类对自然气候变化做出的应对策略，不仅是经济问题，也是环境问题，涉及发展方式和生活方式的变化。《意见》明确指出，确保如期实现碳达峰、碳中和，需要"深入贯彻习近平生态文明思想，立足新发展阶段，贯彻新发展理念，构建新发展格局，坚持系统观念，处理好发展和减排、整体和局部、短期和中长期的关系，把碳达峰、碳中和纳入经济社会发展全局，以经济社会发展全面绿色转型为引领，以能源绿色低碳发展为关键，加快形成节约资源和保护环境的产业结构、生产方式、生活方式、空间格局，坚定不移走生态优先、绿色低碳的高质量发展道路"。

城市的碳排放量巨大，城市社会经济文化的整体转型显得格外重要。城市的基础设施建设，如一栋建筑最初建造时使用的碳消耗是固定的，建筑使用寿命因质量而异，可能为 30 年、60 年、120 年，对碳足迹而言没有本质的差异，但碳效用却差了数倍。一栋质量比较好的建筑物可以使用百年，一直发挥其作用，而

质量较差的建筑物只能留存三五十年就要重新修建，意味着该建筑的碳资产全部损毁，重新修建将消耗大量的建筑耗材，产生巨大的碳排放量。同样，相同规格的发动机、各种家用电器和工厂机械设备的发动机，碳足迹几乎无差异，但发动机的维护与保养、使用时长与寿命，最终导致的碳效用差距可能很大。

实现碳中和，一定要考虑碳资产、碳存量与碳消耗。社会资产的使用寿命与碳资产、碳效用密切相关，是实现碳中和的充分条件，因而经济社会都要进行转型，通过社会性软技术变革，严格控制产品质量，不仅可以提升碳效用，还能大幅压缩碳的刚性需求，从而达到事半功倍的效果，加速并保障碳中和的实现进程。

第三，倡导循环经济，践行绿色发展理念。

碳中和的实现，与生态环境密切相关。客观上要求加快发展节能环保产业和循环经济。人们对于"二手"或"旧货"，在机制、政策、文化和心理上，均存在"喜新厌旧"的市场理念，需要加以引导。从碳效用视角而言，"二手"或"旧货"只要能继续为人类使用，就应该充分进行再次开发与利用，建立完善相应的机制、政策，让循环经济高效运转起来，为碳中和发挥更大的效能。现在有许多废弃物，多为机构或个人消费者因无地存放而将其"扫地出门"，这些半新半旧的物品，甚至是新购未开封产品，其质量、性能可满足正常消费需求。在循环经济理念下，建立一套完善的机制，使这些"二手"或"旧货"可直接进入市场交易，或经过产品标准核认后再进入市场，继续释放碳效用，服务社会与民众。

实行循环经济，可以在人、自然资源和科学技术的大系统内，在资源投入、企业生产、产品消费及其废弃的全过程中，把传统的依赖资源消耗的线性增长的经济，转变为依靠生态型资源循环发展的经济，极大降低碳消耗，提高碳效能，从而大大缩减化石能源的燃烧和排放。与此同时，倡导简约适度、绿色低碳的生活方式，反对奢侈浪费和不合理消费，引导形成文明健康的生活风尚，提出"光盘行动"、低碳出行，这些都属于社会性软技术变革的范畴，帮助人们更新发展理念，在日常行为中践行低碳、节俭与绿色理念，势必大大促进碳中和的进程。

四、实现碳中和需要社会认知革命

观念指导实践，实现碳中和，不仅需要颠覆性技术作为必要支撑条件，减少使用化石能源转而用零碳能源；而且需要进行社会软技术变革，通过高质量发展、循环经济、绿色发展来扩展碳资产，提升碳效能。因此，实现碳中和需要社会认知革命，改变理念：城市空间设计要从"功能分区"转变到"功能融合"，引导城市从"城市矿山"向"无废城市"转型，配置资源注重人与自然的和谐，就近获取零碳能源服务。

第一，实现碳中和，城市空间设计理念要从"功能分区"转变到"功能融合"。

城市空间规划设计要注重功能融合。举一个简单的例子，居民日常生活所需的蔬菜依赖农贸市场供给，若城市周边地区就有农业生产基地，就近供给，则不需要高耗能冷藏，也不需要远距离运输。因此，城市越大，其供需补给耗能排碳量越高。以北京为例，人口超过 2200 万，其日常生活所需蔬菜供给依赖远距离配送，其中 80% 的蔬菜都是通过新发地这样一个超级大的农贸市场集散实现供给。北京的生鲜食品供给，需要从数百甚至上千公里以外的山东寿光或全国各个地方长距离冷链保鲜运输，运输、冷藏、批发、分销，从生产到消费的中间环节，冷链条长，不仅成本高，而且必然导致耗油和高碳。城市的规划发展需要就近就地，耗油排碳量必会大大降低。

第二，实现碳中和，也是引导城市从"城市矿山"向"无废城市"转型发展的过程。

所谓"城市矿山"，指的是生产、生活中所形成的垃圾矿山，对其进行挖掘开发利用，是一个再资源化过程，需要消耗能源进行再生产而形成新的碳资产。"无废城市"则是将闲弃物再利用、循环利用，从而没有"废"物的产生，使碳资产延长使用寿命。

中国城市规划深受集权思维的影响，一定要有一个"核"。比如北京的城市规划，一定要有"核"、中心、副中心、次中心、节点，具有鲜明的等级分异特征。城市核心区、中心区往往建设高楼大厦或地标性建筑。然而楼房越高，对碳的消耗越大。例如哈利法塔，又称迪拜大厦或比斯迪拜塔，是目前世界上最高的建筑，高 828 米，楼层总数 162 层，连同地下共有 169 层，造价 15 亿美元。哈利法塔总共使用 33 万立方米混凝土、6.2 万吨强化钢筋、14.2 万平方米玻璃。大厦内设有 56 部升降机，速度最高达 17.4 米/秒[①]，另外还有双层的观光升降机，每次最多可载 42 人。尽管哈利法塔作为世界第一高楼与人工构造物，是科

---

① 数据来源于 360 百科，https://baike.so.com/doc/5353987-5589451.html。

学技术的奇迹，然而从碳使用来看，哈利法塔也是高碳的代表。为了开业庆典，清洁工们仅清洗大楼表面就耗时 3 个月。每天光电梯和整栋建筑的空调、塔灯耗电量就是巨额消耗。因此楼房过高，必然高碳。

城市现代化进程常被误读为广建高楼，随之带来高碳生活，想要倡导低碳生活的难度加大，碳中和缺少自然空间。城市中密集的高层建筑群，具有材料耗用多、维护维修难、运行费用高、火灾风险大、人员密度高、疏散慢、更新难度大、地质灾害影响大等特点。目前最高的救火云梯有 101 米，相当于 35 层楼房，一般消防大队配备的云梯是 55 米，相当于 18 层楼房，因而高层楼房一旦发生火灾，后果不堪设想。例如，2018 年 5 月 1 日凌晨，巴西圣保罗市一座 26 层的大厦发生火灾，高楼 4 层起火，火势迅速向上蔓延。大约一个半小时后，大火吞噬至少 20 层楼，致使建筑倒塌，燃烧着的碎片向邻近建筑和周围街道坠落。如果建筑楼层为 20 层、10 层或 10 层以内，配备电梯数量、电梯耗能都会大幅降低。城市的发展不再以等级分异进行规划，而是按照特色—互补的扁平均衡均质理念进行规划，从社会碳资产的优化利用角度而言更具优势。

第三，实现碳中和，资源配置就近就地，促进人与自然的和谐。

实现碳中和就要消除高碳锁定，就近就地进行资源配置。但城市过大、人口过于集中，实行资源的均衡分配十分艰难。比如我国共有 39 所"985"工程院校，北京就有 8 所，约占全国总数的 1/5，"211"工程院高校北京就有 22 所。北京高校的资源优势十分明显，但城市为之提供各种服务的负担也很沉重，比如北京一些大学校区分属不同行政区划，路程坐车尚需 2~3 小时，师生在两个校区之间奔波，仅交通就是巨大的能源消耗。有的地方一座城市只有一所高校，政府单独划定片区，师生的生活起居都在校内完成，不需要任何交通工具，包括蔬菜供给所耗能源基本可以实现就近补给，人与自然和谐发展，从而减少乃至消除高强度、高频次的高耗能需求，有助于形成适应零碳可再生能源的适度规模、空间均衡格局。

碳中和还有助于催生发展范式的革命性转型，从专权走向共享。因为以前生产者和消费者是对立的，但在碳中和目下，生产环节与消费环节紧密相连。比如居民可以在屋顶上建光伏光电装置供居家使用，使用太阳能热水器等降低煤炭、天然气和电力能源的消耗，使用新能源汽车降低化石能源耗能。民众都可以共享新能源、新技术、高科技产品带来的福利，提高民生福祉。

五、碳捕集与碳汇是碳中和的辅助

实现碳中和需要三管齐下：一是提高能源效率，减少能源总需求；二是利用可再生能源，全面挤出和替代化石能源；三是二氧化碳的人工移出，如森林碳汇和二氧化碳捕集与封存。由于化石能源的路径依赖，尤其是一些相关行业的利益使然，认为化石能源不必退出，把碳中和的希望寄托在碳移除技术上，从而抵消或清除化石能源碳排放。但人工碳移出是否真的能够实现零碳呢？

中国各类二氧化碳的捕集、利用与封存（CCUS）技术种类齐全，包括深部咸水层封存、二氧化碳驱油、二氧化碳驱煤层气等。截至 2019 年，中国共开展了 9 个捕集示范项目、12 个地质利用与封存项目。所有 CCUS 项目的二氧化碳累计封存量约为 200 万吨。目前低浓度捕集二氧化碳成本为 300~900 元/吨，罐车运输成本约为 0.9~1.4 元/吨·公里。原油在 70 美元/桶的水平，基本可以平衡 CCUS 驱油封存成本。目前水电站发一度电需要 3 角钱，太阳能光伏发电低至 7 分钱一度电。利用或固化碳，捕集、存储二氧化碳，消耗的能源远远多于发一度电的费用。显然，二氧化碳捕集与封存作为一种终端治理方式，只能是"抽刀断水水更流"。

碳捕集与埋存具有四个鲜明特征：一是高成本，在近 1/4 个世纪里，成本居高不下；二是零效用，捕集的碳直接或间接使用价值有限或为零；三是高风险，埋存后不能确保不会逸出；四是低效率，捕集的比例比较低，不可能 100% 捕集。

碳汇和生态环境密切结合在一起，比捕集二氧化碳更有优势，更易于操作。森林、草原、湿地、海洋碳汇均具有吸收、固定从而移出大气中的二氧化碳的能力。地球生物循环碳是气候中性碳，总体上不构成额外性。

但碳汇存在几个问题：一是碳汇能力与化石能源碳排放存在量级上的差异。碳汇每年数量在 7 亿吨、8 亿吨左右，而化石能源的二氧化碳的排放量每年超过 110 亿吨，二者存在数量级上的差异。二是碳汇规模很难继续扩大。碳汇只在一定时间段、一定区域内存在，与森林覆盖面积密切相关。因此，碳汇对于碳中和可以发挥辅助作用，但难以发挥决定性作用。碳中和的实现更多依赖前两个技术。

六、结论与讨论

国家制定的碳达峰、碳中和工作，实施可再生能源替代行动，大力发展风能、太阳能、生物质能、海洋能、地热能等，不断提高非化石能源消费比重。拥有颠覆性技术，为新能源取代化石能源奠定坚实基础。只有继续进行颠覆性技术革命，对各种原材料（如钢筋水泥、建筑材料）生产所需能源开展研究，提升生产效能，减低碳排放量，同时注重软技术变革，提升产品质量，延长碳效用，提高碳资产使用寿命，压缩碳需求量，减少碳资产的浪费，从而达到事半功倍的效果。

碳中和催生发展范式的革命性转型，生产与消费、供给与需求呈现一体化趋势。凝聚有大量碳排放的碳资产，对于消费者来说，不在所有，而在所用，因而不必需要排他性占有性产权，而需要发展共享型经济。能源生产与消费的一体化，促使自给自足的零碳经济单元发展壮大；规模化大生产（规模效益）与自然容量刚性的矛盾可以通过人与自然和谐的就近、分散的碳中和发展范式来解决；空间聚集（聚集效应）与空间均衡应该采取均衡导向；城市空间的功能分区与功能融合体现为职住一体、产城融合；财富周期的加速再生增值（高贴现率）需要转为碳中和导向的财富存量的持久保值（低贴现率）；城市形态高碳技术需要转向基于自然的解决方案非碳途径；从排他性占有性产权转向"不求所有但求所用"的共享型经济。碳中和领域的研究需要理论范式的变革创新，不断深化和拓展。

参考文献

［1］UNEP. Renewables 2021 Global Status Report［EB／OL］.（2022-01-28）［2022-05-05］. https：／／ishare. Iask. sina. com. cn／f／LE7hTysWXp. html.

［2］习近平. 在第七十五届联合国大会一般性辩论上的讲话［N］. 新华日报，2020-09-22（02）.

［3］中共中央 国务院关于完整准确全面贯彻新发展理念做好碳达峰碳中和工作的意见［N］. 人民日报，2021-10-25（001）.

［4］德国联邦经济和能源部. 德国能源转型监测报告［N］. 德国能源转型

直击简报，2021-03-04.

　　［5］中国电力企业联合会．中国电力发展报告2020［M］．北京：人民日报出版社，2021.

　　［6］央视网．"数"读中国减碳之路这场"硬仗"怎么打？［EB/OL］．［2021-10-24］．http：//www.163.com/news/article/GN36P35E000189FH.html？clickfrom=w_yw.

　　［7］中国汽车技术研究中心．汽车行业碳排放量报2021［EB/OL］．［2021-12-09］．https：//www.renrendoc.com/paper/222895917.html.

　　［8］汽车观察．汽车碳排放占全社会碳排放7.5%，怎么减？［EB/OL］．［2021-09-30］．https：//k.sina.Com.cn/article_1867016247_6f48683701900xl4w.html.

　　［9］国务院办公厅．新能源汽车产业发展规划（2021—2035年）［N］．新华日报，2020-11-02.

　　［10］中央党史和文献研究院．中国共产党简史［M］．北京：人民出版社，中共党史出版社，2021：412.

　　［11］360百科词条．软技术［EB/OL］．［2022-06-11］．https：//baike.So.com/doc/9443354-9784570.html.

　　［12］蔡博峰，李琦，林千果，等．中国二氧化碳捕集、利用与封存（CCUS）报告（2019）［R］．生态环境部环境规划院，2020.

　　［13］国家林业和草原局．中国森林资源报告（2014—2018）［M］．北京：中国林业出版社，2019：451.

　　［14］中国工程院．我国干旱半干旱地区农业现状与发展前景［M］．北京：高等教育出版社，2013.

8

碳中和革命的发展范式转型与整体协同

潘家华*

实现人为碳排放和清除的平衡即碳中和的目标，该指标明确单一，可测度、可报告、可核实，于2015年首次在《巴黎协定》中得到明确。2018年以后，部分发达国家提出在2050年前后实现碳中和。国家主席习近平于2020年9月向国际社会宣示"中国将在2030年前实现碳达峰、2060年前实现碳中和"这一极具气候雄心的目标。实现碳达峰、碳中和是一场广泛而深刻的经济社会系统性变革，应当把碳达峰、碳中和纳入生态文明建设整体布局。我国的生态文明建设是多目标全方位的，覆盖经济、政治、社会和文化建设的各方面和全过程。在生态文明发展范式转型进程中，碳中和是一场指向非常明确的能源生产和消费革命，具有简单明了的目标刚性，可以推进全社会全方位、系统性变革，是生态文明建设强有力的抓手，是生态文明转型进程的刚性要求。碳中和革命的成功，需要人类文明发展范式的根本转型，修正并逐步摒弃西方工业文明物质财富线性累积的逐利模式，迈向人与自然和谐发展的新范式。

一、转型发展进程中碳中和的目标刚性

对于多数发达国家而言，碳达峰是一个已经完成的自然过程。然而，碳中和显然不可能在可以预见的未来自然实现。对于尚未完成工业化和城市化进程的发展中国家而言，如果能源生产和消费的碳中和革命进程滞后，无论碳达峰还是碳中和，都将面临更为严峻的挑战。尽管科学家早在19世纪就已经系统地阐释了

* 潘家华，中国社会科学院可持续发展研究中心，北京工业大学生态文明研究院。本章内容主要源自于《阅江学刊》2022年第1期发表的《碳中和革命的发展范式转型与整体协同》。

温室效应的科学认知，并在 20 世纪 80 年代警示全球变暖的危机，国际社会在 1990 年将应对气候变化纳入全球政治议程，但并没有明确考虑碳中和的可能或选项。于 1992 年达成的《联合国气候变化框架公约》提出的目标是，"将大气温室气体的浓度稳定在防止气候系统受到危险的人为干扰的水平上。这一水平应当在足以使生态系统能够可持续进行的时间范围内实现"。[①] 联合国政府间气候变化专门委员会（Intergovernmental Panel on Climate Change，IPCC）针对气候变化开展科学评估，采用的措辞是"减缓"。[②] 1997 年《京都议定书》规定，截至 2010 年，附件 I 国家（完成工业化的国家）的二氧化碳排放水平应在 1990 年的基础上整体降低 5.2%；采用的方式是减限排，即有的国家是绝对量的减少，有的国家绝对量可以增加，但增幅受到限制。关于低碳经济的表述，最早出现在 2003 年。2009 年《哥本哈根协议》明确了相对于工业革命前温升幅度不超过 2℃ 的目标，但没有明确规定减排的时间表。2015 年《巴黎协定》第一次明确提出，"在本世纪下半叶实现温室气体源的人为排放与清除之间的平衡"。[③] 2018 年 10 月，IPCC 审议通过了《全球 1.5℃ 增暖特别报告》，强化了将温升幅度控制在 1.5℃ 的目标，根据这个目标，全球需要在 2050 年前后实现净零排放。随后，部分欧盟成员国宣布将在 2050 年或以前实现净零排放。

应对气候变化的态度，不应当是别人要我们做，而是我们自己要做。2009 年，哥本哈根气候大会召开之前，中国提出了碳强度减排，即单位国内生产总值二氧化碳排放量下降的目标，没有明确绝对量的减排目标。[④] 应该说，作为非附件 I 缔约方（发展中国家），中国的努力具有引领性。中国的生态文明建设强有力地推动了全球温室气体减排进程。推进全球生态文明转型，需要以刚性目标为导向。转型发展必须依靠能源生产和消费革命。中国不可能做到也不必强调与发达国家在碳中和进程时间节点上达成同步，但需要明确碳中和目标的时间刚性，它显然是生态文明转型发展所需要的有效抓手。2015 年，中国政府在《巴黎协定》下提交的国家自主贡献目标，并没有包括碳中和目标。

---

① 参见 1992 年达成的《联合国气候变化框架公约》第二条。
② 联合国环境规划署和世界气象组织于 1988 年组建政府间气候变化专门委员会（Intergovernmental Panel on Climate Change，IPCC），分科学基础（Scientific Bases）、适应（Impacts, Adaptation and Vulnerability）和减缓（Mitigation）三个工作组。
③ 参见《巴黎协定》第 4 条第 1 款。相对于《哥本哈根协议》，《巴黎协定》进一步探索控制温升幅度的可能性。第 2 条第 1（a）款规定，应把全球平均气温升高幅度控制在工业化以前水平以上 2℃ 之内，并努力将升高幅度限制在工业化以前水平以上 1.5℃ 之内，同时认识到这将大大减少气候变化的风险和影响。
④ 中国提出，2020 年相对于 2005 年水平，单位 GDP 二氧化碳排放减少 40%~45%。

2020 年 9 月 22 日，国家主席习近平在第 75 届联合国大会一般性辩论上发言，首次向国际社会明确提出，二氧化碳排放力争于 2030 年前达到峰值，努力争取 2060 年前实现碳中和，随后习近平主席多次在重大国际场合重申并提振气候雄心。①

同时，我国已开始着手顶层设计，2020 年 10 月，将碳达峰、碳中和纳入国民经济和社会发展"十四五"规划和 2035 年远景目标。2021 年 10 月，中央出台纲领性、规范性、指导性的《中共中央 国务院关于完整准确全面贯彻新发展理念做好碳达峰碳中和工作的意见》，系统全面地提出了实现碳达峰、碳中和的时间表、路线图以及施工方案。

转型发展与碳中和革命，不仅需要制定明确的目标，还需要制定阶段性、可检测的目标。碳达峰、碳中和不是一朝一夕就能够实现的目标，不可能一蹴而就。尽管会面临一个长期全面的转型进程，但仍然要坚持只争朝夕的精神，由近及远，平稳推进。碳中和的阶段性目标，不仅是转型发展的刚性约束，也是美丽中国建设的测度指标，是高质量发展的动能所在。国民经济和社会发展"十四五"规划是我国迈向碳中和转型发展的第一步，实现碳中和目标的关键在于进一步夯实基础。2025 年，我国单位国内生产总值二氧化碳排放量要比 2020 年下降 18%，非化石能源消费占能源消费总量的比重达到 20% 左右，森林覆盖率达到 24.1%。2020 年，中国根据《巴黎协定》提交的国家自主贡献目标提出，截至时间节点 2030 年，单位国内生产总值二氧化碳排放比 2005 年下降 65% 以上，非化石能源消费占能源消费总量的比重达到 25% 左右，风光发电装机总容量超过 12 亿千瓦。2030 年前实现二氧化碳排放量达到峰值，显然不是说峰值出现在 2030 年，而是要在 2030 年之前就实现稳中有降。当然，从发达国家碳排放达峰的实际情况看，峰值并不是单一的，受到自然条件变化和经济波动的影响，二氧化碳排放也会相应出现多峰凸起的现象，但从趋势上看，应该是波动下降而非波动上升。中国提出的碳中和时间节点是 2060 年，与《巴黎协定》所规定的在 21 世纪后半叶实现人为排放与清除的平衡是一致的，而且还是趋向于提前实现的。已经完成工业化的附件Ⅰ国家俄罗斯提出 2060 年实现碳中和目标，非附件Ⅰ国家印度提出 2070 年实现碳中和。相比之下，中国的碳中和目标更具引领性。还有一些国家虽然明确了碳中和目标，

---

① 国家主席习近平于 2020 年 9 月 22 日在第 75 届联合国大会一般性辩论上发言中提出碳中和目标，国际社会在积极赞赏的同时，也对中国的目标和决心表现出一定的怀疑态度。2020 年 11 月 22 日在二十国集团领导人利雅得峰会"守护地球"主题边会和 2020 年 12 月 12 日的联合国提振气候雄心峰会上，习近平主席都明确表示，中国将坚定不移地落实碳中和目标，并宣布更具雄心的国家自主贡献目标。

但并没有制定具体的能源结构指标，中国的目标应该说是具体的、可测度的、可操作的。到 2060 年，我国非化石能源消费占能源消费总量的比重将达到 80% 以上，碳中和目标将顺利实现。也就是说，尽管届时含碳的化石能源在能源消费结构中并没有完全归零，但少许的与化石能源相关的二氧化碳排放，或被吸收固定入碳汇，或在被捕集后加工利用、地质封存，从而实现二氧化碳的净零排放。

　　温室气体的主体是二氧化碳和甲烷，化石能源燃烧排放的二氧化碳以及煤层气、油田伴生气等与化石能源相关的甲烷排放则是降碳的关键所在。如果对煤炭、石油、天然气三类化石能源单位热值的碳排放强度排序，煤炭居首，石油次之。实现碳达峰、碳中和目标，重中之重显然是控制化石能源消费，尤其要加快煤炭减量步伐。2019 年，世界部分国家和地区的能源结构及其占全球能源消费总量（折合 200.3 亿吨标准煤）的比例如表 1 所示。

表 1　2019 年部分国家和地区能源结构及其占世界能源消费总量的比例　单位：%

国家和地区	石油	天然气	煤炭	核能	水电	可再生能源	合计	占世界能源消费总量的比例
美国	39.1	32.2	12.0	8.0	2.6	6.1	100.0	16.2
欧盟	38.3	24.5	11.2	10.7	4.3	11.0	100.0	11.8
中国	19.7	7.8	57.6	2.2	8.0	4.7	100.0	24.3
德国	35.6	24.3	17.5	5.1	1.4	16.1	100.0	2.3
英国	39.6	36.2	3.3	6.4	0.7	13.8	100.0	1.3
全世界	33.1	24.2	27.0	4.3	6.4	5.0	100.0	100.0

资料来源：Statistical Review of World Energy，https：//www.bp.com/en/global/corporate/energy-economics/statistical-review-of-world-energy.html.

　　经过多年努力与调整，煤炭在中国能源结构中的比重不断下降，2010 年以前长期超过 70%，2018 年后已降至 60% 以内，但仍然居高不下，所占比重超过世界平均水平的 1 倍，几乎是欧美国家的 5 倍，英国的 18 倍。英国计划在 2024 年、德国计划在 2030 年彻底实现去煤化。德国的煤炭消费占比偏高，为 17.5%，但是德国的去煤时间已经从曾经计划的 2042 年提前到 2038 年。2021 年，德国进一步提振雄心，明确去煤时间为 2030 年，平均每年减少 1.8 个百分点。相比之下，即使按照德国去煤的速率，我国去煤也要在 2050 年之后才能实现。显然，我国不可能与英国同步去煤。目前，我国的顶层设计是在 2025 年前严控煤炭消费增长，此后逐步减少，实现由"控"到"减"的转变。我国石油消费总量控制滞后于煤炭，计划在"十五五"时期进入峰值平台期。也就是说，在2026年前后，石油消费总量可能略有波动，但增量趋近于零。天然气是相对低碳的化石能源，在短期目标乃至中期目标中，均未被纳入严控的范围，基本着眼于远期的碳中和刚性。

广义的碳中和，不仅包括针对化石能源燃烧排放的二氧化碳，而且还包括甲烷、氧化亚氮和4种含氟的温室气体。土地利用变化（尤其是毁林）是二氧化碳排放的主要来源之一，从全球水平来看，相关排放量几乎相当于化石能源燃烧排放的1/5，大约占排放总量的10%（见表2）。

表2　1970—2019年全球年均人为温室气体排放量[①]

单位：10亿吨二氧化碳当量

时间	二氧化碳（ffi）	二氧化碳（LULUCF）	甲烷	氧化亚氮	含氟气体	温室气体
2019年	38	6.6	11.0	2.5	1.6	59
2010年代	36	5.7	10.0	2.3	1.4	56
2000年代	29	5.3	9.2	2.1	0.77	47
1990年代	24	5.0	8.5	1.9	0.39	39
1980年代	21	4.7	7.9	1.8	0.26	35
1970年代	18	4.6	7.4	1.6	0.17	32
1970年	16	5.0	6.9	1.5	0.13	29

联合国气候谈判聚焦于毁林和土地退化而产生的人为排放生物质碳存量，而中国的国家自主贡献承诺已经包含了森林碳汇，而且数量会不断增加。到21世纪30年代初，我国将在总体上完成工业化、城市化进程，能源消费总量大约为60亿吨。鉴于发达国家进入后工业化阶段能源消费总量稳中趋降的态势，如图1所示，我国在2060年能源消费总量大体为60亿吨左右，甚至可能更低。考虑到煤炭全部清零、石油只有少许、天然气大致留存当前消费量20%左右的情况，化石能源燃烧排放的二氧化碳大约为15亿吨。如此量级的排放量，各种碳汇可以吸收固定约10亿吨，需要捕集封存约5亿吨。在这种结构下，可以顺利实现碳中和的目标。

---

① 表中数据由欧美13家机构的17位研究人员汇集全球主要数据库编辑整理而成。ffi为化石能源和工业生产过程，LULUCF为土地利用变化和林业。需要说明的是，土地利用变化和林业没有就毁林和退化加以细分，甲烷和氧化亚氮也没有从源头上进一步细分与化石能源相关的排放和农业畜牧业废弃物等具体内容。Minx J C，Lamb W F，Andrew R M，et al. "A comprehensive dataset for global，regional and national greenhouse gas emissions by sector 1970—2019"，Earth Systems Science Data，https：//doi.org/10.5194/essd-2021-228.

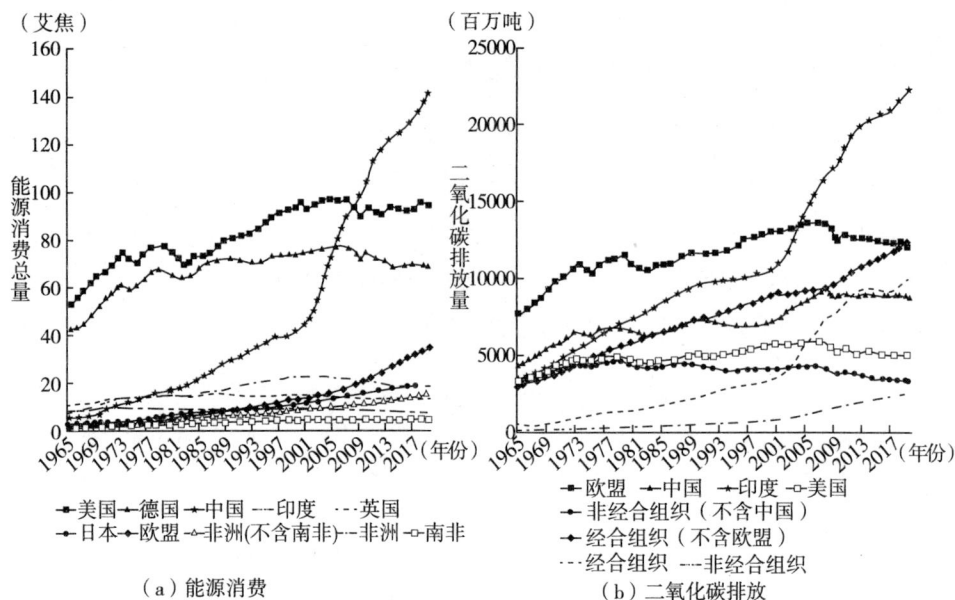

图1　1965—2019年部分经济体能源消费和燃烧化石能源排放二氧化碳的演化进程

资料来源：BP. Statistical Review of World Energy 2020［R/OL］.（2020-06-17）［2021-04-05］. https：//www. bp. com/content/dam/bp/business-sites/en/global/corporate/pdfs/energy-economics/statistical-review/bp-stats-review-2022-full-report. pdf.

二、碳中和革命的阻力和动力

碳中和革命最大的阻力源于能源生产和消费，而最大的动力同样源自能源生产和消费。由表2的数据可知，与化石能源和工业相关的二氧化碳排放占温室气体排放总量的2/3，如果考虑源于化石能源的甲烷排放和氧化亚氮排放，与化石能源相关的温室气体排放在总量中的占比超过3/4。如果进一步考虑土地利用变化和林业、农牧业相关温室气体的气候中性属性，[①] 不纳入优先减排核算，则化石能源和工业生产排放的温室气体占比超过4/5，甚至高于90%。因此，如果控制和大幅削减化石能源生产与消费，从源头上控制碳排放，自然就无限趋近于净零碳的目标。

然而，能源消费是国民经济和社会发展的基本动能。2019年，全球化石能源

---

① 气候中性碳，即吸收、固定和释放的温室气体皆为自然碳循环，总量大约持平。土地利用和农牧业方面的温室气体统计精准度不高，误差高达±70%。此外，土地利用变化和毁林多发生在较为贫穷的发展中国家，目的在于发展粮食生产，因此与贫困和民生高度关联。

在一次能源消费中的占比高达 84.3%，要想大约清零，绝不是轻轻松松就能实现的。工业革命以来，化石能源的生产和消费整体上不断攀升。部分发达经济体的能源消费总量达到峰值后处于高位平台期，呈现下降态势；但是，发展中经济体的能源需求增长仍然较为强劲。1965—2019 年，部分国家和地区的能源消费如图 1（a）所示，部分经济体燃烧化石能源排放二氧化碳的演化进程如图 1（b）所示。

作为尚未完成工业化和城市化的发展中国家，中国能源消费需求和碳排放并没有达到峰值，迈向碳中和的时机似乎并不成熟。从理论上讲，经济社会体系的运行需要能源，无论高碳、低碳抑或零碳。显而易见，能源需求的刚性、对高碳化石能源的依赖以及高退出成本，将成为碳中和革命的最大障碍。可再生能源具有零碳属性，而且发电成本与化石能源电力相比已经具有竞争性。因此，具有同质能源服务属性的零碳可再生能源市场竞争力的不断增加，将成为碳中和革命的内生动力。

然而，风电等可再生能源（包括常规的水电）具有时间上的波动性，在储能量级和成本不匹配的情况下，可再生能源全面替代煤电、天然气发电仍需较长的时间。在 2000 年，除水电外，我国风光发电装机容量尚处于起步阶段，发电量微乎其微。但近年来，除水电外，我国风电、光伏发电的装机容量和发电量，都处于世界绝对领先的地位。作为世界工厂和发展中经济体，我国能源消费总量在 2020 年已达到 49.8 亿吨标准煤，接近世界总量的 1/4。如果按照 2030 年 60 亿吨标准煤的能源消费总量计算，非化石能源占能源消费总量的比例每提高 1 个百分点，就意味着 6000 万吨标准煤的绝对增量。三峡水电站的装机容量为 2250 万千瓦，一年生产的零碳电力只相当于 3000 万吨标准煤。我国地域辽阔，在胡焕庸线西北一侧，很大比例的国土空间或是戈壁荒漠，或是黄土高坡，或是雪域高原，且不说树木，即便是草也难以生长，因此我国规划的森林覆盖率提高速率并不高，每年仅不到 0.2 个百分点。由此可见，无论零碳能源还是碳汇，碳中和指标的选取和量化不能"攀高峰"，必须务实有序。

最有效、最直接的碳中和测度指标，一个是零碳的可再生能源在一次能源消费中的比例。[①] 原因很简单，如果 100% 使用可再生能源，那么森林碳汇与碳捕集、利用和封存就不是碳中和的刚需，而是为碳中和锦上添花。因为这些人为的负碳手段可以减少大气中的存量二氧化碳。另一个是二氧化碳尤其是燃烧化石能源排放二氧化碳的绝对减排量。如果将这些人为排放清零，自然就能实现碳中

---

① 核电作为非化石能源，也具有零碳属性。但是在 IPCC 的科学评估报告和多数发达国家对碳中和的承诺中，大多未强调核电。一些国家（如德国）明确提出，在碳中和进程中，去核优先于去煤。

和。2009 年，《哥本哈根协议》明确要求非附件 I 缔约方即发展中国家也要提出减排承诺。我国提出了非化石能源占比从 2009 年的不到 10%增加到 2020 年 15%的目标，没有明确做出绝对量的减排承诺，而是制定了相对量即单位 GDP 二氧化碳排放量下降的目标。"十三五"时期，中国生态文明建设力度加大，以控煤为主要抓手的能源结构调整成效显著。煤炭消费的绝对量在 2013 年出现一个峰值，此后进入下降通道，到 2018 年有所反弹。尽管如此，在"十三五"时期，煤炭在一次能源消费中所占的比例以每年 1.4 个百分点的速率不断下降。2015—2020 年我国能源消费结构转型进程如表 3 所示。

表 3　2015—2020 年我国能源消费结构转型进程

年份		2015	2016	2017	2018	2019	2020
能源消费结构（%）	非化石能源	12.1	13.3	13.8	14.5	15.3	15.9
	天然气	5.8	6.2	6.9	7.9	8.2	8.4
	石油	18.4	18.6	18.8	18.5	18.9	18.9
	煤炭	63.7	61.9	60.5	59.1	57.6	56.8
能源消费量（亿吨标准煤）		43.0	43.6	44.8	47.0	48.6	49.8

资料来源：根据国家能源局、国家统计局资料整理。

2020 年，我国非化石能源在能源消费总量中的占比已达 15.9%，超过我国在《哥本哈根协议》下的承诺目标（15%）。同年，我国煤电装机占比已经低于50%，发电量占比略高于 60%，非化石能源装机占比已超过 50%，发电量占比超过 1/3。2020 年我国各种能源的发电装机容量、发电量结构与发电利用时间如表 4 所示。

表 4　2020 年我国电力结构

指标	单位	合计	煤电占比	气电占比	水电占比	核电占比	风电占比	光伏占比	其他占比[①]
装机容量	亿千瓦	22.0	49%	5%	15%	2%	13%	12%	4%
发电量	万亿千瓦时	7.62	61%	3%	17%	5%	6%	3%	5%
年发电利用时间	小时	3758	4216	/	3827	7453	2073	1281	/

资料来源：电力规划设计总院发布的《中国能源发展报告 2020》《中国电力发展报告 2020》。

---

① "其他"包括生物质发电（装机容量占 1%、发电量占 2%）、抽水蓄能（装机容量占 1%、发电量占 1%）、其他发电方式（装机容量占 2%、发电量占 2%）。

表 4 的数据说明了化石能源退出和零碳可再生能源全面替代的艰难。煤电年发电利用时间可达 5000 小时，2020 年的实际利用时间约为 4200 小时；而风力发电的年利用时间只有约 2000 小时，光伏发电的利用时间只有煤电的 30%。

发电利用时间只是一方面。另一方面，技术创新与突破使碳中和革命的市场动能越来越强劲。图 2（a）显示，如果以 2000 年为参照，2020 年光伏发电装机成本下降幅度高达 83%，而常规煤电装机成本反而上升，增幅超过 40%。如果加入碳捕集装置，成本比 2000 年高出 76.2%。根据学习曲线预测，到 2050 年，光伏发电装机成本下降 93.6%，而煤电不仅不会下降，反而会升高 38.3%。以各个时间节点的常规煤电装机成本（记为 100）为基准，图 2（b）显示，2000 年，光伏发电装机成本是煤电的 4 倍；2020 年，光伏发电成本已降至煤电的 40%，风电为煤电的 60%；到 2050 年，光伏发电装机成本将降至煤电的 18.2%，风电低至煤电的 40%，即使是海上风电，装机成本也比煤电低 1/4。关于风光电力的间歇性问题，风能、光能可以通过与具有灵活性的水电、生物质能形成多能互补，也可以通过抽水蓄能、各种化学和物理储能、源荷储一体建设等手段，满足刚性需求。从这个意义上讲，可再生能源日益增加的市场竞争力，将成为碳中和最大而且持续增强的动力。

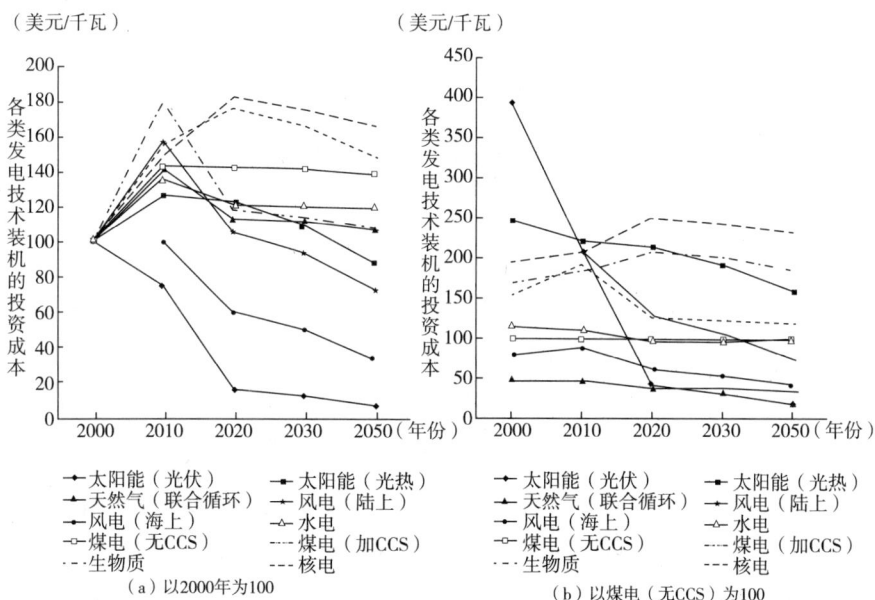

图 2　2000—2050 年我国各种发电方式的装机成本变化与比较

注：以欧美装机数据为基础的均值，不计财务成本，按照 2020 年的美元价格。

资料来源：Energy Intelligence. The Energy Cost Report：Renewable Cost Trends Unstoppable. 2020 ［R/OL］.（2020-04-01）［2021-05-11］. https：//www.irena.org/publications/2021/Jun/Renewable-Power-Generation-Costs-2020-Summary-ZH.

三、碳中和发展范式的生态变革

如果说节能降污是国民经济社会发展必须要解决的紧迫问题，碳达峰、碳中和则是人类共同面临的严峻挑战。联合国政府间气候变化专门委员会于 2021 年 8 月发布的科学评估报告表明，1970—2020 年是过去 2000 年以来最暖的 50 年；1901—2018 年全球平均海平面上升 0.20 米，是过去 3000 年以来上升最快的 100 年；2019 年全球二氧化碳浓度达到 410ppm，为 200 万年以来最高；2010—2020 年全球地表比工业革命前增温 1.09℃，其中 1.07℃ 归因于人类活动。[①]《巴黎协定》所明确的目标是将全球温升幅度控制在相较工业化前的 2℃ 之内，努力实现 1.5℃ 的温控目标。根据最新的权威科学评估测算，要实现 1.5℃ 的温控目标，全球碳排放空间只有 5000 亿吨二氧化碳当量，且只有 50% 的实现概率。2015 年，在各国提交的国家自主贡献目标中，鲜有 2050 年实现碳中和的承诺。2020 年，不仅多数发达国家宣示在 2050 年前后实现碳中和，许多发展中国家也做出了类似的承诺。2021 年 11 月，在格拉斯哥气候变化大会上，美国表示将在 2035 年实现无碳电力，印度总理莫迪宣称将在 2030 年实现 50% 的可再生能源电力。中国的可再生能源发电装机占全球的 1/3，但 2020 年风光电力占我国电力消费总量的比重不到 10%。如果未能实现社会文明形态和发展范式的整体转型，实现碳中和很可能只是一句口号。

实现碳中和这样一场广泛而深刻的经济社会系统性变革，中国面临的挑战将比发达国家更为严峻，任务更为艰巨。中国只能用发达国家约一半的时间，完成从碳达峰到碳中和的转型，但提出"30·60"目标的底气在于，我国将碳达峰、碳中和纳入生态文明建设整体布局，创新碳中和的发展范式。工业文明发展范式下，西方发达国家以规模扩张、刺激需求实现当下收益最大化，忽略自然，透支未来。相比之下，生态文明新发展范式强调发展质量，实现人与自然和谐共生。杜绝大拆大建，减少了拆除和重建的利益，保留了存量资产及其效益。提高建筑节能低碳标准，压缩能耗，必然减少能源生产行业的资金流量和规模，但可以提

---

① 2021 年 8 月，IPCC 发布了第六次评估的第一工作组报告 Climate Change 2021：The Physical Science Basis。第二（适应）和第三（减缓）工作组报告于 2022 年发布。

升生活品质，放大资产的社会总效用。① 建筑物屋顶的光伏、光热利用将能源的生产和消费融为一体，突破了工业文明供给与需求的矛盾。在生态文明建设的整体布局下，碳中和转型不受工业文明发展范式零和博弈格局的掣肘，必然会顺风顺水。

碳中和也是高质量发展的精确测度指标。去煤减油是釜底抽薪式的措施，一旦消除污染源头，大气环境质量无须"攻坚"，蓝天白云自然重现。2019 年，我国进口石油 5.36 亿吨，花费 1.78 万亿元人民币，占国内生产总值的 1.8%；2020 年，我国进口石油 5.71 亿吨，占石油消费总量的 73.6%，花费 1.3 万亿元人民币，占国内生产总值的 1.3%。② 将如此巨额的花费拱手送给石油输出国，不仅不产生就业，而且还有巨大的安全隐患。试想，如果每年将这些资金中的一部分投资于风电、光伏发电和储能等领域，用于各产业链、各行业的生产、设备运输、安装、运行维护等，将产生多少国内就业岗位，形成多么强劲的增长动能。国务院办公厅 2020 年 11 月印发的《新能源汽车产业发展规划（2021—2035 年）》明确要求，到 2025 年，纯电动乘用车新车平均电耗降至 12.0 千瓦时/百公里。我国燃油汽车多为欧美日品牌，少有自主品牌。然而，在纯电动汽车领域，国内品牌异军突起。工业和信息化部的信息表明，我国新能源汽车发展已实现"三个突破"：技术方面，建立了上下游贯通的完整产业体系，突破了电池、电机、电控等关键技术。其中，动力电池技术全球领先，单体能量密度比 2012 年提高了 2.2 倍，成本下降了 85% 左右；产品方面，续航里程大幅提升，很多车型达到 500 公里以上；市场方面，连续六年产销量全球第一。2020 年，我国民用汽车保有量 2.8 亿辆，即使一半为纯电动汽车，其电池储能容量也完全可以灵活消纳巨量的风光电力。这样的碳中和转型之路，显然能够实现稳投资、降成本、促就业、保安全的目标，而且更加环保，是创新引领高质量发展的体现。

当前，我国已经全面建成小康社会，但总体上还处于社会主义初级阶段，仍然是发展中国家。2020 年，我国人均国内生产总值突破 1 万美元，仍然低于世界平均水平，仅为欧美等发达国家的 1/5 左右。第七次全国人口普查表明，按常住人口统计，我国城市化水平为 63.9%，与发达国家 80% 以上的水平相比，尚存在一定差距。城乡差距、贫富差距、区域差距依然存在。我国农村人口或人均月收入低于 1500 元的中低收入人口，数量超过欧盟的总人口，几乎是美国人口规模

---

① 系统性的软技术即产品质量、标准、规制、消费者行为等方面的发展范式讨论与分析。
② 参见国家统计局 2020 年发布的《国民经济和社会发展统计公报》。

的 1 倍。要实现 21 世纪中叶建成社会主义现代化强国的奋斗目标，仍然需要实现能源消费的增长，改善中低收入群体的生活环境，提高民众的生活品质。作为一个发展中的新兴经济体，中国正在努力拼搏的发展目标，是在 2050 年达到中等发达国家水平，这几乎滞后于发达资本主义国家 100 年，而碳中和的目标年，却仅仅滞后于发达国家 10 年。近年来，中国每年燃烧化石能源排放的二氧化碳，已达 100 亿吨，超过了美国和欧盟的总和。将碳中和纳入生态文明的整体转型进程，是构建人类命运共同体、实现人与自然和谐共生的必然途径和有效路径。

根据联合国开发计划署《2020 年人类发展报告：新前沿——人类发展与人类纪》，中国在全球 189 个国家中，发展水平排名第 85 位，距离极高人类发展水平的最后一名尚有 20 名的差距，属于中等偏上水平，略高于世界平均水平。但是从地球压力调整后的人类发展指数（PHDI）来看，中国略低于全球平均水平（见表 5）。这些指数和排名表明，中国实现碳中和，不可能也不应该走发达国家的老路，必须另辟蹊径，即发展范式的创新与变革。

表 5　2019 年人类发展指数

国别	国家排名	人类发展指数（HDI）	地球压力调整后的人类发展指数（PHDI）	人均二氧化碳排放量（吨）
极高人类发展水平国家	1~66	0.898	0.760	10.4
高人类发展水平国家	67~119	0.753	0.688	5.1
中等人类发展水平国家	120~156	0.631	0.615	1.6
低人类发展水平国家	157~189	0.513	0.508	0.3
中国	85	0.761	0.671	7.0
经合组织	/	0.900	0.766	9.5
发展中国家	/	0.689	0.651	3.4
世界	/	0.737	0.683	4.6

所谓发展范式转型，具有自身的生态逻辑和历史必然。生态逻辑的表征，一是和谐，二是有限。万物各得其和以生，各得其养以成。① 和才能共生，养方可生存。生和养，皆是有限的，都存在边界。任何生物个体，无须多余之养，不可

---

① 出自《荀子·天论》。2015 年 11 月，国家主席习近平在巴黎出席联合国气候变化大会开幕式，发表题为《携手构建合作共赢、公平合理的气候变化治理机制》的讲话，援引这一极具生态理性和经济理性的东方古典哲学，凸显碳中和革命这一抓手的学理基础，有力地推动了构建地球生命共同体和人类命运共同体。

能无限生长其体量，不可能无限延续其生命。受功利主义伦理价值观主导的工业文明发展范式，寻求无限增长扩张，渴望财富最大化，借助化石能源所提供的能量，拓展人类的发展空间。在工业革命以来的数百年间，这一拓展看似成功，是可以延续的，但实际上，这种发展模式已经表现出自我否定之态势。20世纪70年代，工业化城市化成功地使得人们误以为人口会无限增加，能源需求会无限增长，人类社会只能走向马尔萨斯平衡。实际上，这些工业文明的线性思维和增长模式，已经或正在被实践所否定。50年前，人们普遍担心"人口爆炸"。2010年以来，许多发达经济体乃至发展中经济体（如中国），全社会普遍担心人口老龄化、少子化、负增长等问题。根据联合国人口统计署预测，如果延续当前的低生育率态势，中国人口可能在21世纪末降低至6亿。即使在人口仍快速增长的印度，也将在21世纪中叶前后达到峰值，之后趋稳趋减。发达国家的能源需求和碳排放，早已达到峰值并自然地进入下降通道。欧洲一些先发的资本主义国家，例如英国、德国，在20世纪70年代初就已经实现碳排放达峰，进入21世纪，能源消费呈现不断下降的态势。能源需求和碳排放并没有遵循无限增长的工业文明思维定式，并非碳中和的刚性约束所致。这个现象从另一个侧面说明，发展中国家即使走发达国家的老路，也必然遵循"和"与"限"的生态规律。

但是，自然转型进程存在巨大风险。基于传统农耕文明的马尔萨斯平衡，是"和"与"限"的结果，而经济和社会的倒退甚至毁灭，显然是文明的灾难。实现碳中和，旨在规避可能的灾难性气候风险，突破工业文明的生产关系和生产方式，延续并改进人与自然的"和"与"限"。在工业文明时代，现代化的"标配"是规模扩张、资本集中，媒体、社会和政府津津乐道各种排名，如世界500强等。而在碳中和时代，这种片面的现代化指标应该逐渐被淘汰。石油、煤炭和天然气的储藏是点状分布的，因而其生产高度集中、高度垄断，并形成超大规模。而碳中和时代的可再生能源，无限"风""光"，无处不在。在工业化大生产体制下，社会寻求的是规模经济，生产和消费边界明确，集中生产，规模经营，批发零售。而在碳中和时代，居民在自家屋顶安装太阳能光伏发电设备，自己生产电力，自己消费（电力），无须规模经济，没有中间环节，生产与消费完美地融合为一体，供求的界限消失了。以德国为例，光伏设备存在多元的产权结构（见表6）。

表6   德国光伏设备的产权结构

产权拥有者	私人	农场主	企业	能源供应商	基金/银行	项目设计人员	其他
占比（%）	32.1	15.9	24.8	6.5	11.6	8.5	0.4

资料来源：德国联邦经济和能源部《德国能源转型直击简报》（2021年11月）以及《德国能源转型时事简报》（英语），2021年第9期（2021年11月26日）。

在德国，大部分光伏设备为私人所有。2020年，德国可再生能源发电设备装机容量为1.31亿千瓦。其中，太阳能光伏发电收益颇丰，特别受普通民众欢迎。德国趋势研究所的一份调研报告显示，2019年德国光伏发电总装机容量为4580万千瓦。德国可再生能源署（AEE）委托开展的调研对光伏设备的产权结构进行了统计分析，结果表明，2019年，32.1%的光伏设备为私人拥有；农场的光伏装机容量占15.9%，私人和农场的光伏设备约占光伏装机总量的一半（48%）。该调研报告还显示，中小型工商企业也特别青睐光伏发电设备，2019年，企业拥有产权的光伏设备占光伏装机容量的24.8%，而能源供应商所拥有的光伏设备仅占光伏装机容量的6%。显然，这样的产权结构有悖于工业文明规模化、资本化、垄断聚集的基本理念，是一种全新的发展范式。

四、碳中和革命的整体协同

碳中和转型，生产侧的革命已然风生水起。在可再生能源的电力替代方面，一些国家已经起步，走在前列。以德国为例，其水电资源并不丰富，但是在2020年，以风光为主的可再生能源电力已占电力消费总量的46%。风电和太阳能电力的产出波动较大，保证供需平衡、维护电网平稳运行的难度加大。不仅如此，电力生产和负荷还存在空间不匹配的问题。德国的用电大户主要集中在南部，而大型风电场则位于北部。德国政府在21世纪初推动能源转型并大力发展可再生能源，陆续关停核电厂和燃煤电厂。由于风电和太阳能电力受制于天气状况而波动较大，许多批评者担心有大面积停电的风险。现实中，人们所担忧的大面积停电情景至今并未发生，2020年，德国电网的系统平均停电时间是联邦网络管理局自2006年开始公布停电时间信息以来最短的，德国电网比以往任何时候都更加安全可靠。

德国的成功经历表明，能源生产侧的革命至少有三点经验可以借鉴。第一，即使缺少具有灵活性的水电，德国的可再生能源依然能够迅速发展起来，表明这条路径具有可复制性，潜力巨大。第二，在电力消费占比高达46%的情况下，电力系统的运行仍然安全可靠，尤其是在储能技术的大规模商用尚未获得突破的情况下，电力系统维持了安全稳定运行。第三，德国已经明确，去煤时间为2030年，距100%的零碳电力尚有很长的路要走，需要探索整体协同化石能源的有序退出，保障电力系统的安全稳定，缩短碳中和的时间进程。当前，中国的风光发电装机容量已占1/4，即使是在拥有水电、抽水蓄能等灵活性可再生能源电力、风光电力消费占比不足10%的情况下，电力部门为了保障电力系统稳定安全已经感受到巨大压力。这说明，中国能源生产侧的整体协同难度高于德国，但是德国的经验仍然值得借鉴。在可再生能源革命的冲击下，一方面需要协同兼顾我国传统煤电和以煤电为主体的电网的利益，另一方面也需要启动并加速化石能源电力行业的自身革命。

能源消费侧革命承接和顺应能源生产侧革命的需要，满足零碳电力替代化石能源消费终端的需求。例如，建筑领域的能源需求大、增长快，是民生的基本保障。2019年，我国建筑碳排放总量约21亿吨，占总排放的21%（其中直接碳排放约占总排放的13%），较2000年的6.68亿吨增长了约3.14倍，年均增长6.96%。不考虑建材排放，我国北方供暖约排放5.5亿吨二氧化碳（排放强度约37千克二氧化碳/平方米），城镇住宅（除北方采暖外）约排放4.4亿吨二氧化碳（排放强度约18千克二氧化碳/平方米），公共建筑（除北方采暖外）约排放6.5亿吨二氧化碳（排放强度约51千克二氧化碳/平方米），农村住宅商品能源约排放5.5亿吨二氧化碳（排放强度约24千克二氧化碳/平方米）。若考虑建筑相关行业（包括建材生产、运输和工艺过程）碳排放，那么建筑碳排放占比已超过35%。需求侧的革命，需要从两个方面发力：提高建筑能效和零碳电力替代。维持和提高生活品质需要舒适的居住环境，如果房屋建筑规划设计执行高标准，能够保证温湿适宜而不用额外能源或仅需少许能源，就可以大规模地压缩能源总需求，所需的零碳电力也就比较容易获得。实际上，建筑领域不仅要求居住环境温湿适宜，还涉及办公设施、配套设施等方面的整体协同。例如，如果普及纯电动汽车，但充电或换电设施不足，那么交通领域的电力替代，显然是不可能落地的。建筑供暖，尤其在北方，可以利用零碳电力通过地源热泵、气源热泵、电热供暖等实现零碳目标。这就要求抛弃并拆除集中供热的热电联供装置和管道系统，涉及部门利益，不仅需要初始资金投入，也需要整体协同。在工业文明发展范式下，核能也可能是建筑供暖的有效技术选项，技术经济上可行。[①] 在碳中和发展范式下，建筑本身是近零能耗甚至零碳排放的，建筑屋顶、墙面的光伏电力可以满足需求，为了供暖而保留高能耗建筑而不将其改造为零碳建筑，实属不必要。国家发展和改革委员会等四部门关于公共领域绿色低碳的行动方案，明确要求充分利用建筑屋顶、立面、车棚顶面等适宜场地空间，安装光电转换效率高的光伏发电设施。鼓励有条件的公共机构建设连接光伏发电、储能设备和充放电设施的微网系统，实现高效消纳利用。推广光伏发电与建筑一体化应用。到 2025年，公共机构新建建筑可安装光伏屋顶面积力争实现光伏覆盖率达到 50%。因地制宜推广利用太阳能、地热能、生物质能等能源和热泵技术，满足建筑采暖和生活热水需求，到 2025 年实现新增热泵供热（制冷）面积 1000 万平方米。同时，要求新增及更新用于机要通信和相对固定路线的执法执勤、通勤等车辆时，原则上配备新能源汽车。加强公共机构新能源汽车充电保障，内部停车场要配建与使用规模相适应、运行需求相匹配的充（换）电设施设备或预留建设安装空间，鼓励内部充（换）电设施设备向社会公众开放。

能源终端需求革命的成败，也取决于技术创新与突破。例如，长流程炼钢需要焦煤，难以用电力替代；在航空运输方面，如果氢能技术商业化进程滞后，那么燃油被电池所替代的时间将出现较大的不确定性。所以，我们所谋划的碳中和革命，不是全然的零碳，而是净零碳：针对少许不可或缺、不可避免的碳排放，可以采用自然的碳汇方式，或通过人为的工程捕集、利用、地质封存方式进行中和。2021 年，国际能源署发布的全球能源行业净零碳路线图表明，仅能源部门，2050 年就需要捕集 76 亿吨二氧化碳。2020—2050 年全球碳捕集、利用与封存的布局规模如表 7 所示。

表 7 2020—2050 年全球碳捕集、利用与封存的布局规模 单位：百万吨

年份		2020	2030	2050
二氧化碳捕集总量		40	1670	7600
化石燃料和工业过程二氧化碳捕集	电力	3	340	860
	工业	3	360	2620
	商用氢能生产	3	455	1355

[①] 山东省海阳市已实现核能供热。2019 年，该市即推行了 70 万平方米的核能供热项目，在前期项目运行稳定的基础上，2021 年 12 月，海阳实现全城区核能供热覆盖，面积达 450 万平方米，成为全国首个"零碳"供暖城市。

续表

年份		2020	2030	2050
化石燃料和工业过程二氧化碳捕集	非生物燃料生产	30	170	410
	合计	39	1325	5245
生物质能二氧化碳捕集	电力	0	90	570
	工业	0	15	180
	生物燃料生产	1	150	625
	合计	1	255	1375
直接大气二氧化碳捕集	移除	0	70	630
	直接捕集	0	90	985

资料来源：IEA, Net Zero by 2050：A Roadmap for the Global Energy Sector.

近年来，我国生态保护成就斐然，森林覆盖率不断提高，森林质量不断改善，吸收固定的碳汇也在不断增加。根据国家林业与草原局全国森林普查数据，全国森林面积 22044.62 万公顷，森林蓄积 175.6 亿立方米，全国森林植被总生物量 188.02 亿吨，总碳储量 91.86 亿吨。全国森林每年固碳 4.34 亿吨。各种测算表明，年度碳汇规模可望达到 10 亿吨二氧化碳。

更需要注意的是，生态文明发展范式下的碳中和革命，是人与自然和谐共生的整体协同，而不是排放依旧、依靠末端治理的协同。我们需要 CCS 和 CCUS 技术，但这绝不是化石能源排放照旧的技术选项：一方面，CCS 或 CCUS 技术缺乏经济竞争力；另一方面，如此巨大的二氧化碳捕集量，需要多少地质空间才能够封存，现有技术能否确保封存的二氧化碳不会逃逸回到大气之中值得关注。利用二氧化碳，理论上似乎是可行的，但每年若捕集数十亿吨的二氧化碳，且不说如此规模的利用成本，全球也没有足够的市场容量空间。根据表 7 的数据，IEA 统计发现，2020 年全球的捕集规模只有 4000 万吨二氧化碳，到 2030 年可达到 16.7 亿吨，2050 年估测约达 76 亿吨。碳捕集规模的扩张需要巨额投资，而且尚未包括运输、封存、监测等投入，届时社会能否有足够的承担意愿和能力值得关注。

生态系统碳汇是基于自然的解决手段，潜力应该得到充分发挥和释放。但是，我们也要看到，碳汇在碳中和革命中的作用是辅助性的、补充性的，不可能起到决定性作用。碳汇吸收和人为排放之间存在数量级的差异，原则上是不可能改变的。第一，粮食安全和水安全的要求决定了生态系统碳汇不能与粮食生产争地争水。第二，生态系统碳汇是气候中性碳，光合作用吸收固定的二氧化碳，最终通过自然碳循环又回到大气中,形成一种自然平衡。2010 年前后,《京都议定书》规定的清洁发展机制项目在我国西南地区开展了一些碳汇工作,但规模都较为有限,核算年限较短,一般为 20~30 年,每年每公顷的碳汇量大约为 10 吨二氧化碳。

在实现碳中和目标的整体协同进程中,森林最主要的功能体现在生物质能方面,碳汇功能相对来说是次要的。传统农耕文明的能源多为生物质能。生物质能可以储存,具有使用灵活性,能源形式多样,可以表现为固态、液态(如生物柴油)、气态(如沼气),还可以提供生物质电力。此外,森林的生物多样性保护、水土保持、净化空气、减少噪声等生态服务功能,也比简单的碳汇功能更有价值。从这个意义上讲,将碳汇纳入碳市场交易,不仅有助于中和人为排放的碳,更有利于促进生态系统整体协同的多重功能。

参考文献

[1] IPCC. Special Report on Global Warming of 1.5℃ [R/OL]. (2018-10-16) [2020-10-10]. https：//unfccc. int/topics/science/workstreams/cooperation-with-the-ipcc/ipcc-special-report-on-global-warming-of-15-degc.

[2] 新华社. 中共中央 国务院关于完整准确全面贯彻新发展理念做好碳达峰碳中和工作的意见 [EB/OL]. (2021-10-24) [2021-11-12]. https：//baijiahao. baidu. com/s？id=1714498312483379145&wfr=spider&for=pc.

[3] 新华网. 国务院办公厅印发《新能源汽车产业发展规划(2021-2035 年)》 [EB/OL]. (2020-11-01) [2021-10-12]. https：//baijiahao. baidu. com/s？id=1682239764162107391&wfr=spider&for=pc.

[4] 国新网. 国新办举行"推进制造强国网络强国建设助力全面建成小康社会"发布会图文实录 [EB/OL]. (2021-09-13) [2021-12-10]. http：//www. Scio. Gov. cn/xwfbh/xwbfbh/wqfbh/44687/46830/wz46832/Document/1712363/1712363. htm.

[5] 联合国开发计划署. 2020 年人类发展报告:新前沿——人类发展与人类纪 [R/OL]. (2020-11-15) [2021-10-10]. http：//www. hdr. Undp. org/sites/default/files/hdr2020_ cn. pdf.

[6] 德国联邦经济和能源部. 德国能源转型时事简报 [EB/OL]. (2021-09-03) [2021-12-10]. https：//www. chinanecc. cn/website/News. shtml？mod_

index＝1028.

　　［7］清华大学建筑节能研究中心．中国建筑节能年度发展研究报告 2020 ［M］．北京：中国建筑工业出版社，2021.

　　［8］本刊综合编辑．一图读懂 深入开展公共机构绿色低碳引领行动促进碳达峰实施方案［J］．中国机关后勤，2021（12）：16-17.

　　［9］国家林业和草原局．中国森林资源报告（2014—2018）［M］．北京：中国林业出版社，2019：276.

　　［10］谢伏瞻，庄国泰，等．应对气候变化报告（2021）：碳达峰碳中和专辑［M］．北京：社会科学文献出版社，2021.

　　［11］潘家华．中国碳中和的时间进程与战略路径［J］．财经智库，2021，6（04）：42-66，141.

　　［12］吕植．中国森林碳汇实践与低碳发展［M］．北京：北京大学出版社，2014：295.

　　［13］潘家华．碳中和：需要颠覆性技术创新和发展范式转型［J］．三峡大学学报（人文社会科学版），2022，44（01）：5-11.

　　［14］张昕怡，张武岳．山东海阳成全国首个"零碳"供暖城市［N］．经济参考报，2021-12-22（008）.

　　［15］朱松丽．碳达峰碳中和目标背景下的二氧化碳排放核算关键问题分析［M］．北京：社会科学文献出版社，2021.

III 电力发展与转型

9

走近虚拟电厂

王冬容[*]

　　2022 年是实施"十四五"规划的关键之年，关于如何考虑煤炭和煤电的发展成为关注的焦点。前十年，我国能源结构调整成效显著：2010—2021 年，煤炭在一次能源消费中占比从 70% 下降到 56%，煤电在发电量中占比从 78% 下降到 31%。"十三五"前四年煤炭消费量实现了零增长。国家能源局发布的《煤电规划建设风险预警》，将 2020—2023 年煤电装机充裕度预警红色省份从 22 个逐年调至 2023 年的 3 个，相反绿色省份 3 个增至 23 个，一方面，2020 年以来多个煤电建设开闸放水的消息见诸报端，更有人主张"十四五"要新建高达 2 亿千瓦煤电项目。另一方面，也有一股强大的呼声，呼吁控制发展煤电的惯性冲动，主张通过充分发展可再生能源和挖掘需求侧资源来满足电力负荷增量，大力发展虚拟电厂，替代煤电调峰，并进一步推动能源革命。

　　那么，究竟什么是虚拟电厂？其资源状况如何？未来发展的空间如何？如何理解虚拟电厂在能源革命和现代能源体系建设中的意义和作用？当前在我国推进虚拟电厂新业态还存在哪些突出问题？如何克服这些问题并有效推进？在这里我们做一个简要的梳理。

一、什么是虚拟电厂？

（一）虚拟电厂的定义及各国发展状况

　　当前我国还没有就虚拟电厂出台国家层面的文件制度和标准，也就还没有一

---

　　[*]　王冬容，国家电投集团中电国际政策研究室。本章内容主要源自机械工业出版社 2020 年 11 月王鹏、王冬容主编的《走近虚拟电厂》。

个统一的定义。实际上，虚拟电厂如同互联网、能源互联网一样，是一个内涵和外延很广且还在不断拓展之中、具有强大生命力的新事物，可以说，它既将带来新兴生产力，也将带来新的生产关系，其定义必然也是在不断拓展之中的。

从现有的研究和实践来看，虚拟电厂可以理解为：将不同空间的可调节（可中断）负荷、储能、微电网、电动汽车、分布式电源等一种或多种分布式能源资源聚合起来，实现自主协调优化控制，参与电力系统运行和电力市场交易的智慧能源系统。它既可作为"正电厂"向系统供电调峰，又可作为"负电厂"加大负荷消纳配合系统填谷；既可快速响应指令配合保障系统稳定并获得经济补偿，也可等同于电厂参与容量、电量、辅助服务等各类电力市场获得经济收益。

虚拟电厂自 21 世纪初在德国、英国、西班牙、法国、丹麦等欧洲国家开始兴起，同期北美推进相同内涵的"电力需求响应"。我国同时采用这两个概念，一般认为虚拟电厂的概念包括需求响应。目前，虚拟电厂的理论和实践在发达国家已成熟，各国各有侧重，其中美国以可控负荷为主，规模已超 3000 万千瓦，占尖峰负荷的 4% 以上；以德国为代表的欧洲国家则以分布式电源为主，德国一家公司整合了 4200 多个分布式发电，总容量达 280 万千瓦，提供了全德二次调频服务 10% 的市场份额；日本以用户侧储能和分布式电源为主，计划到 2030 年超过 2500 万千瓦；澳大利亚以用户侧储能为主，特斯拉公司在南澳建成了号称世界上最大的以电池组为支撑的虚拟电厂。

（二）我国虚拟电厂发展现状

"十三五"时期，我国江苏、上海、河北、广东等地开展了电力需求响应和虚拟电厂的试点。如江苏于 2015 年率先出台了《江苏省电力需求响应实施细则》，2016 年开展了全球单次规模最大的需求响应，削减负荷 352 万千瓦，2019年再次刷新纪录达到 402 万千瓦，削峰能力基本达到最高负荷的 3%~5%。国家电网冀北公司高标准建设需求响应支撑平台，优化创新虚拟电厂运营模式，高质量服务绿色冬奥，并参与了多个虚拟电厂国际标准的制定。随着"双碳"目标和"构建以新能源为基础的新型电力系统"使虚拟电厂的发展进入了快车道，涌现出多种新型市场主体参与电力市场辅助服务，国家和各地方政府相继出台了一系列扶持政策。例如，2021 年 6 月 9 日，浙江省发改委印发《浙江省循环经济发展"十四五"规划》，该规划提出要加快建设多元融合高弹性电网，积极建设虚拟电厂、源网荷储等示范项目，提升电网设施智能化调度运行水平；2022年 5 月 6 日，国家发展和改革委员会、国家能源局近期印发的《关于加快推进电力现货市场建设工作的通知》提出，引导储能、分布式能源、新能源汽车、虚拟电厂、能源综合体等新型市场主体，以及增量配电网、微电网内的市场主体参与现货市场，充分激发和释放用户侧灵活调节能力。

二、虚拟电厂的三类资源

虚拟电厂的发展是以三类资源的发展为前提的。一是可调（可中断）负荷；二是分布式电源；三是储能。这是三类基础资源，在现实中，这三类资源往往会糅合在一起，特别是可调负荷中间越来越多地包含自用型分布式能源和储能，或者再往上发展出微网、局域能源互联网等形态，同样可以作为虚拟电厂下的一个控制单元。

相应地，虚拟电厂按照主体资源的不同，可以分为需求侧资源型、供给侧资源型和混合资源型虚拟电厂三种。需求侧资源型虚拟电厂以可调负荷以及用户侧储能、自用型分布式电源等资源为主；供给侧资源型虚拟电厂以公用型分布式发电、电网侧和发电侧储能等资源为主；混合资源型虚拟电厂由分布式发电、储能和可调负荷等资源共同组成，通过能量管理系统的优化控制，实现能源利用的最大化和供用电整体效益的最大化。

说到虚拟电厂的分类，这里顺便说一下，目前欧盟在虚拟电厂的探索实践中，出现了多种对虚拟电厂的分类方式，主要有两种：一是按照优化的依据分为商业型和技术型；二是按照控制的方式分为集中控制型、部分分散控制型和完全分散控制型。当前，我国还处在资源发动和发掘的起步阶段的情况，这些类型的出现和丰富还需要一个过程，所以暂不作为讨论的重点。

下面我们站在虚拟电厂的角度，对如何理解上述三类资源，以及在我国几个重点的试点地区关于这三类资源的资源量状况做一个简要梳理。

（一）可调（可中断）负荷

可调负荷资源的重点领域主要包括工业、建筑和交通等。其中，工业分连续性工业和非连续性工业；建筑包括公共、商业和居民等，建筑领域中空调负荷最为重要；交通有岸电、公共交通和私家电动车等。可调负荷资源潜力受调节意愿和调节能力的约束，调节意愿主要由激励和价格机制决定，同时也受调节能力影响，调节能力则主要随技术进步而不断提升。对工业负荷而言，其主要的可调节潜力来自非生产性负荷和辅助生产负荷，根据工业行业的不同，其负荷可调潜力均有较大差异。对于商业和公共建筑负荷而言，其可调负荷主要是楼宇的空调、照明、动力负荷，占整个楼宇负荷的25%左右。对于居民负荷而言，其可调负荷主要包括分散式空调、电热水器、电冰箱、充电桩等，占家庭负荷的25%~50%左右，但受分布散、单点容量小影响，聚合难度较大。

可调负荷资源在质和量两个方面都存在较大的差别。在质的方面，可以从调节意愿、调节能力和调节及聚合成本性价比几个维度来评判。总的来说，非连续工业是意愿、能力、可聚合性"三高"的首选优质资源，其次是电动交通和建筑空调。在量的方面，调节、聚合技术的发展和成本的下降，激励力度的增加都有助于资源量的开发。2019年国家电网组织完成了建筑、工业、居民、新兴负荷四大领域22类典型行业负荷特性分析。研究表明，在政策、技术、补贴到位且客户自愿的条件下，可调节负荷潜力巨大，如钢铁、水泥、电解铝、楼宇、居民用电负荷中的可调节比例分别可达20%、24%、22%、30%、50%。经测算，国家电网经营区可调节负荷远期理论潜力可达9000万千瓦；未来3~5年，通过加强技术研发、完善补贴政策和交易机制，力争实现4000万~5000万千瓦。

（二）分布式电源

分布式电源（分布式发电）指的是在用户现场或靠近用电现场配置较小的发电机组，以满足特定用户的需要，或者支持现存配电网的经济运行，或者同时满足这两个方面的要求。这些小的机组包括小型燃机、小型光伏和小型风电、水电、生物质、燃料电池等，或者这些发电的组合。

当前，我国对分布式电源（发电）的界定和统计还处在不够严谨的状态。据初步统计，截至2018年底，我国分布式电源装机容量约为6000万千瓦。其中，分布式光伏约为5000万千瓦；分布式天然气发电约为300万千瓦，分散式风电约为400万千瓦。在这里，一些符合条件的小水电未被纳入，小型背压式热电也因争议大暂未被作为分布式发电。实际上站在虚拟电厂的角度，对分布式发电资源的界定在于调度关系，凡是调度关系不在现有公用系统的，或者可以从公用系统脱离的发电资源，都是可以纳入虚拟发电的资源。从这个意义上来说，实际上所有自备电厂都是虚拟电厂潜在的资源。

目前，我国分布式发电发展较好的是江苏和广东两省。截至2019年底，江苏分布式光伏装机容量为664万千瓦，天然气分布式能源项目已核准46个、装机容量为122万千瓦，但由于气价、电价等相关因素，部分天然气分布式能源项目存在停建、建成停运状况。截至 2019 年底，南方电网经营区域内分布式能源总装机容量约 545 万千瓦。其中，分布式光伏装机容量为 395 万千瓦，分布式风电装机容量为 0.7 万千瓦，天然气分布式能源装机容量为 149 万千瓦，主要分布在广东珠三角地区。

（三）储能

储能是电力能源行业中最具革命性的要素。储能技术经济特性的快速发展，突破了电能不可大规模经济储存的限制，也改变了行业控制优化机制。按照存储形式的区别，储能设备大致可分为四类：一是机械储能，如抽水蓄能、飞轮储能等；二是化学储能，如铅酸电池、钠硫电池等；三是电磁储能，如超级电容、超导储能等；四是相变储能。据中关村储能产业技术联盟不完全统计，2021 年底，全球已投运电力储能项目累计装机规模为 209.4 吉瓦，同比增长 9%，中国已投电力储能项目累计装机规模 46.1 吉瓦，占全球市场总规模的 22%，初步形成电源侧、电网侧、用户侧"三足鼎立"新格局。

目前，储能发展较好的省份包括河北、江苏和广东，这些省份也正好开展了虚拟电厂试点。

河北张家口张北国家风光储输示范工程是世界上最大的多类型化学储能电站，规划建设储能工程为 70 兆瓦。其中，一期规划建设储能为 20 兆瓦，已于 2011 年 12 月 25 日建成投产；二期规划建设储能为 50 兆瓦，2017 年 12 月底建成投产。

江苏峰谷电价差位居全国前列，存在良好的用户侧储能峰谷套利市场空间。截至 2019 年底，江苏已建成 70 座用户侧储能电站，总规模 10.8 万千瓦/75.3 万千瓦时，电池类型主要是铅炭（铅酸）电池和磷酸铁锂电池。于 2018 年 7 月建成的镇江 10.1 万千瓦/20.2 万千瓦时电网侧储能项目，是迄今为止已建成的世界上最大规模的电网侧电化学储能项目。目前，江苏还有近 40 万千瓦/70 万千瓦时电网侧储能项目在建。

广东电网范围内已开展的储能辅助 AGC 调频项目（包括招标、在建和已投运）22 个，占全国同类项目近一半。截至 2019 年底，广东已投运电化学储能约为 12 万千瓦。

三、虚拟电厂发展的三个阶段

虚拟电厂的三类基础资源都在快速发展，所以虚拟电厂自身的发展空间也在快速拓宽。但并不是有了资源，虚拟电厂就自然发展出来了，而是要有一系列必要的体制机制条件作为前提。依据外围条件的不同，我们把虚拟电厂的发展分为三个阶段。第一个阶段我们称之为邀约型阶段。这是在没有电力市场的情况下，由政府部门或调度机构牵头组织，各个聚合商参与，共同完成邀约、响应和激励流程。第二个阶段是市场型阶段。这是在电能量现货市场、辅助服务市场和容量市场建成后，虚拟电厂聚合商以类似于实体电厂的模式，分别参与这些市场获得收益。在第二个阶段，也会同时存在邀约型模式，其邀约发出的主体是系统运行机构。第三个阶段是未来的虚拟电厂，我们称之为跨空间自主调度型虚拟电厂。随着虚拟电厂聚合的资源种类越来越多、数量越来越大、空间越来越广，实际上这时候应该要称之为"虚拟电力系统"了，其中既包含可调负荷、储能和分布式能源等基础资源，也包含由这些基础资源整合而成的微网、局域能源互联网。

（一）第一阶段：邀约型虚拟电厂

在电力市场包括电能量现货市场、辅助服务市场和容量市场到位之前，即可通过政府部门或调度机构（系统运行机构）发出邀约信号，有虚拟电厂（聚合商）组织资源（以可调负荷为主）进行响应。当前，我国各省试点的虚拟电厂以邀约型为主，其中江苏、上海、广东等省市开展得较好。

2015年，江苏在全国率先出台了季节性尖峰电价政策，明确所有尖峰电价增收资金用于需求响应激励，构建了需求响应激励资金池，为江苏地区需求响应快速发展奠定基础；同年，江苏省工业和信息化厅、物价局出台了《江苏省电力需求响应实施细则》，明确了需求响应申报、邀约、响应、评估、兑现等业务流程。根据历年来实践经验和市场主体的意见，省电力公司会同相关主管部门不断优化激励模式和价格机制，按照响应负荷容量、速率、时长明确差异化激励标准。首创"填谷"响应自主竞价机制，实现用电负荷双向调节，资源主体参照标杆价格向下竞价出清，有效地促进了资源优化配置，提升了清洁能源消纳水平。2016年，江苏开展了全球单次规模最大的需求响应，削减负荷352万千瓦。2019年，再次刷新纪录，削峰规模达到402万千瓦。削峰能力基本达到最高负荷的3%~5%。为促进新能源消纳，2018年以来在国庆、春节负荷低谷时段创新开展填谷需求响应，最大规模达257万千瓦，共计促进新能源消纳达3.38亿千瓦时。

江苏需求响应参与覆盖面不断扩大。从2015年主要以工业企业参与需求响应开始，逐步引入楼宇空调负荷、居民家电负荷、储能、充电桩负荷等，不断汇聚各类可中断负荷资源。截至目前，已经累计汇聚 3309 幢楼宇空调负荷，最大可控超过 30 万千瓦，与海尔、美的等家电厂商合作，依托家电厂商云平台对居民空调、热水器等负荷进行实时调控。2020 年，5 户客户侧储能负荷首次参与实时需求响应，与万邦合作，并首次将江苏地区 1 万余台充电桩负荷纳入需求响应资源池。截至目前，江苏地区累计实施响应 18 次，累计响应负荷量达到 2369 万千瓦，实践规模、次数、品种等方面均位居国内前列。

上海于 2015 年在原有上海市用电负荷管理中心基础上，成立了上海市电力需求响应中心，由上海市经济和信息化委员会与上海市电力公司共同管理，为电力需求响应及虚拟电厂试点推广提供了组织保障。2014 年，上海市电力需求响应管理平台正式上线。2014 年 3 月至 2016 年 10 月，上海共启动需求响应试点 3 次，共参与需求响应负荷为 6.22 万千瓦，累计降负荷为 25 万千瓦，补偿金额总计 20.3 万元。其后在 2018 年开展需求响应 3 次，累计参与用户 1050 户次，累计削峰负荷为 36.62 万千瓦，填谷负荷为 105.9 万千瓦。2019 年开展需求响应实践 6 次，累计参与用户达 3024 户次，累计削峰负荷为 23.56 万千瓦，填谷负荷为 66.95 万千瓦。其中，虚拟电厂快速削峰以及模拟交易试点累计参与用户为 270 户次，削峰 21.83 万千瓦时，单次最大削峰 9.9 万千瓦。首次组合中长期响应、快速响应等类型可调节资源，按照目标负荷曲线进行精准响应，实现了调度需求触发、多品种交易组织、在线监控与管理等功能；实现了整个业务流、信息流的贯通。通过对各类可调节响应资源的组合调用，模拟了常规发电机组爬坡率等参数，规范和细化了每个用户的参与方式，使响应特性曲线与常规发电机组近似，方便调度调用。

广东佛山作为需求侧管理试点城市，2015—2016 年开展了需求响应试点工作。截至 2016 年 5 月，佛山电力需求侧管理平台共接入企业 264 家，已成功实施 15 次不同层次的需求响应事件，需求响应能力达 19.8 万千瓦。

（二）第二阶段：市场型虚拟电厂

当前，我国属于市场型虚拟电厂的只有冀北交易中心开展的虚拟电厂试点。

冀北虚拟电厂一期接入蓄热式电采暖、可调节工商业、智慧楼宇、智能家居、用户侧储能等 11 类可调资源，容量约 16 万千瓦，分布在张家口、秦皇岛、廊坊三个地市。初期参与试点运营报装总容量约为 8 万千瓦，主要为蓄热式电采暖、可调节工商业和智慧楼宇。在服务"新基建"方面，率先在张家口试点采用 5G 技术，实现蓄热式电锅炉资源与虚拟电厂平台之间大并发量、低时延的信息快速双向安全传输。目前，冀北虚拟电厂商业运营主要参与华北调峰辅助服务市场，根据系统调峰需求，实时聚合调节接入资源用电负荷，在新能源发电高峰期间增加用电需求（填谷），减少火电厂不经济的深调状态，获得与调峰贡献相匹配的市场化收益。截至 2020 年 3 月底，虚拟电厂累计调节里程为 757.86 万千瓦时，实际最大调节功率达到 3.93 万千瓦，投运以来虚拟电厂总收益约 157.46 万元，日最大收益为 87092.95 元。

（三）第三阶段：跨空间自主调度型虚拟电厂

虚拟电厂发展的高级阶段将能实现跨空间自主调度。当前国际上有两个典型案例：第一个案例是德国 Next Kraftwerke 公司。该公司早在 2009 年就启动了虚拟电厂商业模式，截至 2021 年 6 月，该公司已有 11049 个聚合单元，9016 兆瓦联网装机容量，包括热电联产、生物质能发电、小水电以及风电、光伏，也包括一部分可控负荷。一方面对风电、光伏等可控性差的发电资源安装远程控制装置，通过虚拟电厂平台聚合参与电力市场交易，获取利润分成；另一方面对水电、生物质发电等调节性好的电源，通过平台聚合参与调频市场获取附加收益，目前该公司占全德二次调频市场 10% 的份额。第二个案例是日本正在进行的一个虚拟电厂试验项目，该项目由日本经济贸易产业省资助，关西电力公司、富士电机等 14 家公司联合实施，共同建立一个新的能量管理系统，通过物联网将散布在整个电网的终端用电设备整合起来，以调节可用容量，平衡电力供需，促进可再生能源的有效利用。该项目一旦实施成功，也是一个典型的跨空间自主调度型虚拟电厂。

四、理解虚拟电厂的五个视角

第一个视角，是从需求侧管理到需求响应的角度。这是很自然的进化视角。目前开展需求响应和邀约型虚拟电厂，基本都是在原有需求侧管理的基础上进行，无论是管理部门、人员，还是技术支持系统，遵循的管理制度，都与需求侧管理工作一脉相承。

需求响应和需求侧管理有一定的相关和重叠。一般而言，需求响应包括系统导向和市场导向两种形式：系统导向的需求响应由系统运营者、服务集成者或购电代理商向消费者发出需要削减或转移负荷的信号，通常基于系统可靠性程序，负荷削减或转移的补偿价格由系统运营者或市场确定；市场导向的需求响应则是让消费者直接对市场价格信号作出反应，产生行为的或系统的消费方式改变，价格是由批发市场和零售市场之间互动的市场机制形成。

其中，系统导向的需求响应和需求侧管理具有较大的相关性。一般我们将需求侧管理中影响消费行为的项目称为负荷管理项目，而把影响消费方式的项目称为能源效率项目。负荷管理项目可以看作市场改革之前的需求响应项目，这些项目在市场改革后发展为系统导向的需求响应。在传统电力工业结构下，负荷管理项目可作为电力公司削减峰荷容量投资和推迟网络升级投资的一种工具。这些项目包括直接的负荷控制和调整、高峰期电价、分时电价等。需要指出的是，在市场改革前作为负荷管理工具的高峰期电价和分时电价，虽然在市场改革后仍然是需求侧响应的重要工具，但前后存在着本质的区别：前者是作为垄断电力公司的负荷管理手段，消费者只能被动接受而无选择权；后者则是消费者的一个电价选择，消费者可以自主决定是否参与。

简言之，从需求侧管理到需求响应虽然有相关继承性，但其区别是本质性的，在需求侧管理中，用户是刚性的"无机体"，是管理和控制的对象，而在需求响应中，用户是弹性的"有机体"，是被激励有响应的对象。

第二个视角，是从电力市场建设和电力市场运营稳定的角度。从加州电力危机之后，大家统一了这么一个理念，那就是一定要把用户引入电力市场，这是从市场稳定的角度出发。关于市场是否稳定有一个判据，即市场中最大发电商的均衡市场份额不能够大于其面对的需求侧弹性。所以，要维持电力市场的稳定，途径有两条：一是控制最大发电商的市场份额；二是提高需求侧价格弹性，也就是增加需求侧响应的能力。很明显，将供应侧的集中度减少一半和将需求侧的价格弹性增加1倍，对价格即市场稳定性的影响是一样的，但后者可能更容易做到。

第三个视角，是从综合资源规划的角度。2022年是"十四五"规划之年，现在围绕的核心焦点问题是关于煤电是不是开闸的问题，确实争论得非常激烈。目前全国各地3%~5%的尖峰负荷分布基本都在50小时之内，如果用供应侧去投资的话，尤其是投资大量上化石能源电厂的话，光从投资量来讲，至少需要5000亿元以上的规模去满足，而我们如果用需求侧资源，预计只需1/10~1/7的投资，且主要是智慧能源新基建的投资，起步用最基础的需求响应项目就可以实现。

第四个视角，是从能源互联网的角度。这一轮电改自2015年以来，与改革同时兴起的就是能源互联网新技术和新业态的推进。能源互联网和需求响应、虚拟电厂有高度的重叠。从局域能源互联网角度来看，其实就是需求响应进化的一种形式，需求响应首先更多的是狭义上讲的可调负荷，包括储能电动汽车，更多地把它当作一种符合用户理念的需求响应；接下来分布式能源的纳入，使我们整个需求资源内涵又发生质的提升，更多以微网、局域能源互联网的形式来做需求侧资源；再往下发展就是一种广域能源互联网的形式，形成跨空间的源网荷储的集成和协同。

第五个视角，是从能源革命的角度。我们理解能源革命有两个维度：第一个维度是主力能源品种的更替，就像从化石到非化石，从高碳到低碳，类似于改朝换代，这叫能源革命；第二个维度是整个能源系统的控制和优化方式的一种颠覆式变化，是更为深刻的能源革命。自电力工业诞生 145 年以来，整个电力行业一直是自上而下（Top Down）的控制和优化方式，例如，我们国家五级调度体系，非常坚固的生产关系、准军事化。但是当需求侧资源不断引入之后，接下来我们在能源互联网中提出的，以使用者为中心，将会越来越充分地实现，在那样一个情景之下，控制和优化的方式就是自下而上（Bottom-Up）的一个方式。

所以，在那种情形下，我们将是一种跨空间的、广域的源网荷储的集成商。需求响应刚开始是少量的负荷集成商；往后发展是综合资源集成商，是源网荷储的集成商；再往后发展，整个行业的主力，在我们市场平台上唱主角的将是这些聚合商。因此，我国五级调度体系就会发生根本性的变化。

五、总结

首先，发展虚拟电厂意义重大。一是可以提高电网安全保障水平。当前，我国中东部地区受电比例上升、大规模新能源接入、电力电子装备增加，对电力系统平衡、调节和支撑能力形成巨大压力。将需求侧分散资源聚沙成塔，发展虚拟电厂，与电网进行灵活、精准、智能化互动响应，有助于平抑电网峰谷差，提升电网安全保障水平。二是可以降低用户用能成本。从江苏等地试点来看，参与虚拟电厂后用户用能效率大幅提升，在降低电费的同时，还可以获取需求响应收益。如江苏南京试点项目平均提升用户能效 20%；无锡试点项目提高园区整体综合能源利用率约为 3 个百分点，降低用能成本 2%，年收益约为 300 万元。三是可以促进新能源消纳。近年来，我国新能源装机快速增长，2019 年新增风电、光伏装机容量 5255 万千瓦，占全国新增装机容量的 62.8%，但部分地区、部分时段弃风弃光弃水现象仍比较严重。发展虚拟电厂，将大大提升系统调节能力，降低"三弃"电量。四是可以节约电厂和电网投资。我国电力峰谷差矛盾日益突出，各地年最高负荷 95% 以上峰值负荷累计不足 50 小时。据国家电网测算，若通过建设煤电机组满足其经营区 5% 的峰值负荷需求，电厂及配套电网投资约为 4000 亿元；若建设虚拟电厂，建设、运维和激励的资金规模仅为 400 亿~570 亿元。

其次，当前发展虚拟电厂还存在以下几个突出问题：一是认识不到位。目前，我国虚拟电厂处于起步阶段，其组织、实施和管理基本上还是沿袭需求侧管理的旧模式，没有树立起将需求侧资源和供给侧资源同等对待的理念，没有形成体系化、常态化工作机制，没有下定持续推进的决心。二是管理部门不明确。虚拟电厂属于新业态，目前遵循的是国家发展和改革委员会、工业和信息化部、财政部、住建部、国资委、能源局六部门于 2017 年发布的《电力需求侧管理办法》，但牵头部门不明确，管理职能有交叉，协同发力不足。三是规范标准不统一。国家层面没有文件，潜力巨大的分布式发电无法进入，限制了虚拟电厂的发展空间。虚拟电厂没有国家、行业标准，各类设备及负荷"聚合商"的通信协议不统一，数据交互壁垒高、不顺畅，增加了建设难度和成本。四是激励和市场化机制不到位。目前，仅有八省市出台了支持政策，但激励资金盘子小、来源不稳定，难以支撑虚拟电厂规模化发展。各地电力辅助服务市场和现货市场建设中，除华北地区开展小规模试点外，没有将虚拟电厂作为市场主体纳入。

综上，我们应从以下几个方面来推动虚拟电厂：

一是尽快启动虚拟电厂顶层设计。建议由国务院层面出台《虚拟电厂建设指导意见》，明确虚拟电厂定义、范围；积极培育"聚合商"市场主体；建立虚拟电厂标准体系；明确能源主管部门牵头建设虚拟电厂。

二是加快实施虚拟电厂"新基建"。政府部门统筹规划，充分引入华为、腾讯、阿里等先进信通和互联网平台企业，搭建虚拟电厂基础平台。"聚合商"在基础平台上建设各类运营平台，为广大用能企业提供一揽子智慧能源服务。

三是加快完善激励政策和市场化交易机制。丰富虚拟电厂激励资金，来源可包括尖峰电价中增收资金、超发电量结余资金、现货市场电力平衡资金等。加快完善虚拟电厂与现货市场、辅助服务市场、容量市场的衔接机制。

四是推进虚拟电厂高质量规模化发展。应考虑将发展虚拟电厂纳入各级"十四五"能源规划并进行考核。建议在全国范围内复制推广虚拟电厂的"江苏模式"。"江苏模式"的主要特征有两点：一是政府主导平台建设和运营，提供公平、开放、免费服务；二是社会资本主导虚拟电厂建设和运营，培育了数目众多的市场化"聚合商"，实现了技术快速迭代、成本快速下降。同时支持江苏省结合现货市场和辅助服务市场建设，进一步提升虚拟电厂的发展水平。

参考文献

［1］王鹏，王冬容，等．走近虚拟电厂［M］．北京：机械工业出版社，2020：2-11.

［2］李可舒，王冬容．欧洲虚拟电厂发展对我国的启示［J］．中国电力企业管理，2020（25）：93-95.

［3］刘宝华，王冬容，曾鸣．从需求侧管理到需求侧响应［J］．电力需求侧管理，2005（05）：10-13.

［4］曾鸣，王冬容，陈贞．需求侧响应在电力零售市场中的应用［J］．电力需求侧管理，2009，11（02）：8-11.

［5］曾鸣，王冬容，陈贞．需求侧响应在电力批发市场中的应用［J］．电力需求侧管理，2009，57（01）：13-16.

［6］王鹏，王冬容．电力工业迈入"用户中心时代"［J］．中国电力企业管理，2022（07）：46-47.

［7］王冬容，刘宝华，杨赛，董军．电力需求响应的经济效益分析［J］．电力需求侧管理，2007（01）：8-10.

［8］王冬容．电力需求响应［M］．北京：新华出版社，2018：171.

［9］曾鸣，王冬容，陈贞．需求侧响应的技术支持［J］．电力需求侧管理，2010，12（02）：8-11.

［10］乔奕炜，王冬容．我国虚拟电厂的建设发展与展望［J］．中国电力企业管理，2020（22）：58-61.

［11］刘吉臻，李明扬，房方，等．虚拟发电厂研究综述［J］．中国电机工程学报，2014，34（29）：9.

10

新基建与新型电力系统建设

袁家海*

一、新基建与老基建的区别

2020年初，突如其来的新冠疫情严重地冲击了我国经济，为稳住经济内部循环，恢复经济增长，中央提出坚持在“六稳”基础上“六保”的底线思维。基建投资成为应对疫情冲击、逆周期调控经济的关键着力点。

“老基建”即传统基建，主要是指传统的“铁公基”项目，包括铁路、公路、机场、桥梁、港口、水利设施等。从规模来讲，截至2021年末，全国铁路营业里程达到15万千米，公路总里程达到528.07万千米，拥有370座通用机场和8个世界级大港口。我国传统基建主体架构已经基本完成，高铁和机场等后发展的传统基建项目仍是本轮扩大基建投资的重要发力点，但部分领域和地区甚至出现产能过剩，传统基建项目的边际社会收益正不断收缩。因此，在经济高质量发展阶段，基建投资的结构与前几轮基建发力重点不同，开始转向新型基建。加快发展新基建投资成为政府经济工作的重点。

“新基建”是我国为加快国家规划建设、稳定经济增长和谋求转型升级，明确推出的重大工程和基础设施建设项目。2020年4月20日，国家发展和改革委员会召开新闻发布会，明确了我国新基建的三大领域。对比此前中央电视台播报的新基建范围的论述（见表1）可以看出，本次新基建是以新发展理念为引领，以技术创新为驱动，以信息网络为基础，面向高质量发展的需要，提供数字转

---

* 袁家海，华北电力大学（北京）。本章内容根据作者在中国社会科学院生态文明研究智库主办、中国能源网协办的《中国煤电发展之路辨析》系列沙龙上的发言材料整理而成。

型、智能升级、融合创新等服务的基础设施体系，更明确指出新基建的关注点是高质量和高效率的。可以预见，新一代通信技术及其相关产业发展将孕育新一轮科技革命和产业变革，在这些领域加大新基建投资，与老基建融合升级，将成为我国稳定经济增长和优化经济结构的有效结合点。

表1　新基建范围论述

时间	场合	新基建的范围
2020年3月	中央电视台中文国际	"新基建"七大领域涉及诸多产业链：5G基础设施、特高压、城际高速铁路和城市轨道交通、新能源汽车充电桩、大数据中心、人工智能、工业互联网
2020年4月	国家发改委新闻发布会	一是信息基础设施。主要是指基于新一代信息技术演化生成的基础设施 二是融合基础设施。主要是指深度应用互联网、大数据、人工智能等技术，支撑传统基础设施转型升级，进而形成的融合基础设施，比如智能交通、智慧能源基础设施等 三是创新基础设施。主要是指支撑科学研究、技术开发、产品研制的具有公益属性的基础设施

资料来源：根据中央电视台中文国际、国家发改委新闻发布会公布信息汇总。

　　新基建和传统基建作为新冠疫情后激励经济复苏的方式，仍存在多方面差异。①项目内涵不同。传统基建主要是指传统的"铁公基"项目；新基建主要是指以技术、信息网络构建信息基础设施、创新基础设施和与传统基础设施融合创新升级。②发展动力和增值效率不同。传统基建主要以道路、设备、建筑物等有形设施为主，其发展动力更多来源于钢铁、水泥、建材等行业，属于附加值低的粗放式发展方式；新基建主要是以数字技术为核心来推动发展，具有更高的产品附加值，有助于高端产业发展和加速经济结构转型。③产品形态不同。传统基建的主要产品形态是物质产品；新基建是以数字技术创新为主动力，以物质产品为载体，表现出软硬结合、以软为主的特征，且应用场景更广阔。④企业主体不同。与传统基建相比，民间资本在新基建中有着更强的参与动力，新基建投资主体在拉动资金、激活创新活力、促进消费方面具有更大的潜力。

二、新基建与电力消费之间的关系

　　电力新基建是服务于能源安全、能源经济、能源转型的电力部门基础设施建设项目，旨在服务各行各业未来发展的用电增长需求。电力新基建的"新"也应当符合此次新基建的主旨，突出基建项目的结构调整和经济转型升级功能，加强与创新技术的融合，提高电力行业的创新储备。此次新基建的重点建设领域都需要电力发展的支持，新基建不仅将成为未来用电增长的新动能，还将催生出巨大的用电新业态，激发各部门的电能消费潜力。

"十三五"以来，我国持续推进供给侧改革进程，我国经济逐步向高质量发展转型。在新冠疫情重创全球经济的情况下，我国应扩大内需来对冲经济下行。"新基建"是"新经济"下兼顾短期扩大有效需求和长期供给侧改革的有效办法、有力的抓手、利国利民的国策。启动"新"一轮基建，可以解决当前我国经济面临的总需求不足的主要矛盾。

"新基建"涉及的多个领域都与电力行业息息相关，这无疑会对电力消费产生直接的拉动作用。"新基建"对电力消费的拉动作用可大体拆分为基础设施建设拉动和"新经济"产业拉动两部分。基础设施建设部分包括：5G 基础设施建设、特高压建设、城际高速铁路和城市轨道交通建设、新能源汽车充电桩建设等，这部分对电力消费的拉动以钢铁、水泥等旧动能为主，以高科技新兴制造业为辅。"新经济"产业部分包括：数据中心运行、5G 技术应用和电子信息设备制造等"数字经济"发展中信息通信技术（ICT）的应用，这部分对电力消费的拉动主要来源于交通运输业、信息传输业和高科技新兴制造业等行业。

（一）"新基建"对电力消费拉动作用巨大，但存在滞后性

与传统"铁公基"项目不同，"新基建"自身虽然也需要一些钢铁、水泥等高耗能行业的投入，但此类基建不会大幅拉动即期的高耗能行业电力消费增长，对电力消费的拉动作用主要体现在信息通信技术（ICT）行业发展。由于新基建的长周期性和引领性，形成实际的市场规模尚需时日，因此新基建能够拉动直接电力消费，但即时性不足，会存在一定的滞后性。

"新基建"推动"新经济"发展，引领经济增长。其中，数字经济对经济发展的推动作用进一步拓展。2020 年，全球数字经济规模达到 32.61 万亿美元，占全球 GDP 的比重约为 43.7%（统计范围为 47 个主要国家）。世界各国正加速新兴技术研发，积极抢占技术竞争的制高点，持续释放数字经济红利，不断增强网络安全防护能力。全球接入工业互联网的设备数量从 2015 年的 26 亿件猛增至 2021 年的 100 亿件，到 2025 年将助推相关行业创造超过 82 万亿美元

的经济产值。根据中国信息通信研究院报告，我国数字经济规模仅次于美国，2019 年已达 35.8 万亿元，占 GDP 的比重为 36.2%，数字经济对 GDP 增长的贡献率高达 67.7%，已经成为引领产业发展和传统产业转型升级的重要力量。"数字经济"带来的不仅仅是高 GDP 增长的贡献率，还有高能耗。目前，"数字经济"电力消费已占全球电力总消费比重的 8%，并以每年 9% 的速度增长。随着信息基础设施持续升级、5G 等网络信息技术的快速突破、信息通信技术与传统产业的加速融合、居民消费升级对数字技术和经济需求的持续增加，"数字经济"对经济发展的推动作用仍将进一步拓展，我国包括互联网、大数据、物联网、软件和信息服务、数字创意、电子商务等在内的"数字经济"仍将持续较快发展。到"十四五"末，我国数字经济用电量占比预计将达到全国总用电量的 20%。

信息传输/软件和信息服务业与交通运输、仓储、邮政业作为"数字经济"的代表，其用电量保持高速增长，这主要依托于"数字经济"的蓬勃发展。信息传输/软件和信息服务业迎来发展机遇，2020 年其用电量增速提升至 23.9%（见图 1）；2020 年，交通运输、仓储、邮政业用电量增速受疫情防控影响降为 −0.1%，但"十三五"时期用电增量规模较大，且增长潜力巨大（见图 2）。

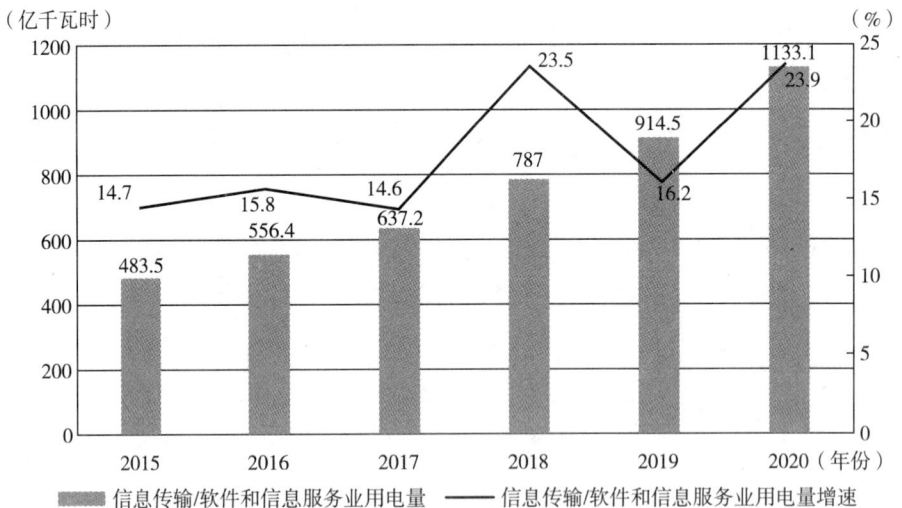

图 1　信息传输/软件和信息服务业用电量及增速

资料来源：根据中国电力企业联合会统计数据整理。

（亿千瓦时）　　　　　　　　　　　　　　　　　　　　　　　　（%）

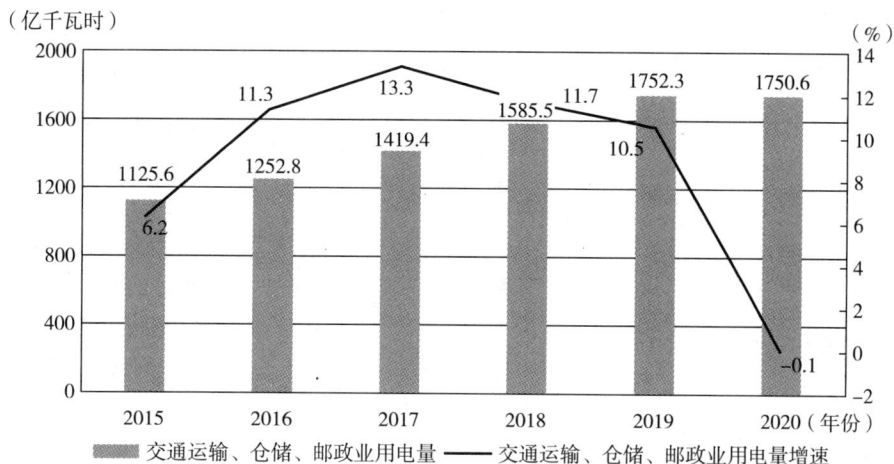

图2　交通运输、仓储、邮政业用电量及增速

资料来源：根据中国电力企业联合会统计数据整理。

　　未来我国"新基建"将逐步落实。从需求侧，新基建有助于扩大有效需求，稳增长和稳就业，服务于消费升级，更好地满足人民美好生活需要。从供给侧，新基建有助于扩大有效供给，释放中国经济增长潜力，为中国创新发展，特别是抢占全球科技创新制高点创造基础条件，随之而来的是对电力行业高能耗的红利。根据实际检测结果，5G单站功耗是4G单站的2.5~3.5倍，AAU（有源天线处理单元）功耗增加是5G功耗增加的主要原因，5G基站数量较4G基站数量也将提升1.5~2倍。目前，单站满载功率近3700瓦，需对现网电源、配套系统进行提前扩容。以中国移动为例，2018年中国移动的年度耗电量是245亿千瓦时，在5G普及后，年均耗电量将达800亿千瓦时。由此可见，新基建对信息传输/软件和信息服务业电力消费起到的是3~4倍的拉动作用，但这依赖于信息通信基础设施建设的落实进度，形成以上规模尚需时日，对电力消费拉动作用将会是长周期性的和引领性的。

　　除了"数字经济"之外，"智能经济"成为推动实体经济转型升级的重要力量。我国人工智能及高端装备制造产业规模接近4万亿元。未来5~10年，随着人工智能在智能家居、智能汽车、智慧农业、智能安防、智慧健康、智能机器人、智能可穿戴设备等领域的应用不断拓展，我国人工智能及高端装备制造产业有望保持年均10%以上的增长，到"十四五"末，产业规模有望突破7万亿~8万亿元，占GDP的比重约为3%，未来用电量也将逐步上升。

　　与此同时，要将信息通信技术（ICT）运用到高科技、高信息集中的电力部门中，最为重要的就是云计算、大数据技术和智能电网，新基建将促进新能源和绿色能源的广泛消纳，进一步提升资源汇聚、数据整合、存储管理、分析挖掘、安全保障、按需服务等能力。云计算、大数据技术和智能电网的运用将提升新能源发电效率、电网电力输送效率、终端用能效率，进而提升整体电力消费效率。

绿色经济有望持续较快发展。为应对全球气候变化，包括新能源、节能环保、新能源汽车等行业的绿色经济迎来空前的发展机会。展望"十四五"，虽然疫情对于新能源的投资和发展有着巨大冲击，但节能环保、新能源等绿色技术的突破和市场环境的逐步完善，使我国绿色经济有望持续较快发展。"十三五"时期，我国稳步推进电能替代工作，新能源汽车占电能替代的比重较大。例如，2017年全国电能替代量为1286亿千瓦时，其中交通运输替代量达到128亿千瓦时，占总量的10%。为达到"双碳"目标，未来电气化比例将继续提升，新能源汽车逐步取代传统燃油汽车。在此背景下，交通运输替代量在总可再生能源替代量中占比将提升至15%左右。

（二）"新基建"引领的是产业结构优化，电力消费拉动作用并不会过大

我国产业结构正在向高端化、服务化方向调整，工业加快产业结构由资源密集型向技术密集型转变，传统高耗能行业的产能和产量趋于饱和，发展趋缓甚至出现萎缩，而高加工度、高科技含量的制造业以及信息技术、物流快递、文化娱乐等现代服务业正快速发展，这使结构效应对用电量增长的削弱作用逐渐显现，将平抑经济增长和短期因素带来的电力需求大幅增长。

我国经济进入了新常态，经济由过去高速增长变为中速增长，GDP增速由过去30年的平均10%下降到如今的6%左右。在经济新常态背景下，消费和服务业取代投资、出口成为拉动经济增长的主要动力，新经济对于经济增长的贡献和重要性日益提高，但传统产业仍然是经济发展的重要支撑。"新旧动能"共同构成新常态背景下支撑经济增长的力量。要推动新技术、新产业、新业态加快成长，培育壮大新动能，加快发展新经济。对于"旧动能"，通过实行产业转型升级和提升发展效率与质量，就可转换为"新动能"。

新动能开始发轫，旧动能尚未完全退出。我国第二产业用电占比在70%以上，其中四大高耗能行业用电占第二产业用电比例达到40%，因此多年来全社会电力需求增速走势很大程度上取决于高耗能行业。"十三五"时期，随着供给侧结构性改革落实，我国处于新旧动能转换时期，以四大高耗能行业为代表的旧动能用电量增速下降，但用电量仍在高位徘徊。以高科技及装备制造业（主要包括通用及专用设备制造业和交通运输、电气、电子设备制造业）为代表的新动能用电量高速攀升，但尚未形成规模（见图3）。

（亿千瓦时）   （%）

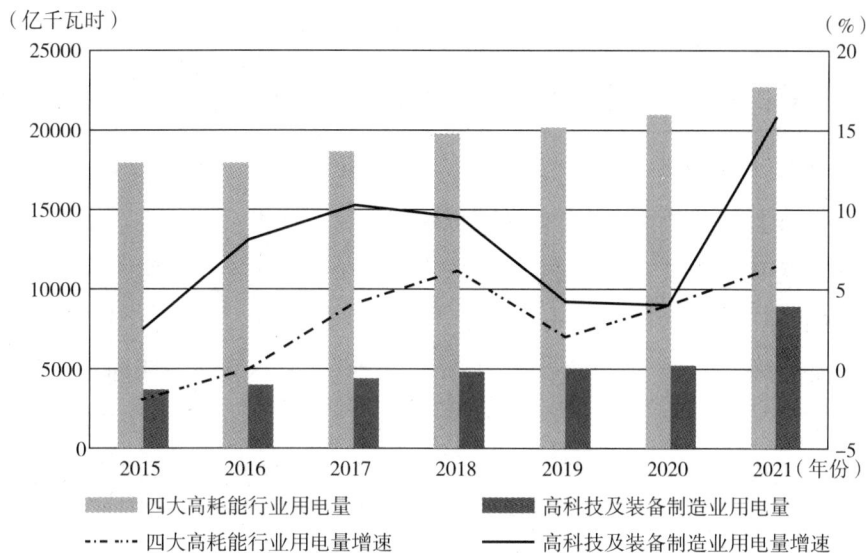

图3 新旧动能用电量及增速对比

资料来源：根据中国电力企业联合会公开数据整理。

在未来，高耗能行业虽已进入峰值期，但受"新基建"建设期拉动影响，加上供给侧改革出清带来的效益改善和电改释放的降本红利，在一定时期内，部分行业还有产量上升的势头，叠加环保治理、重点区域控煤因素，行业用电仍有一定的增长空间。"新基建"加快了新旧动能转换步伐，旧动能电力消费整体呈现平稳或者萎缩态势，新动能电力消费尚未形成足够规模，且一部分依赖于旧动能对基础建设的完成情况。

总结上文"新基建"对电力消费影响的分析可见，"新基建"逐步落实，拉动电力消费以信息通信技术、交通运输、高科技设备制造业为代表的"新经济"为主，以钢铁、水泥等高耗能行业为代表的旧动能为辅。目前，我国处于新旧动能转换时期，"新基建"带来的实际是经济结构的优化，间接降低相关行业的能耗、电耗。相比新动能，旧动能正在逐步退出，所以"新基建"对旧动能有一定拉动作用，但本身处于高位徘徊，在未来甚至会有所萎缩，导致未来旧动能总体电力消费的趋于平稳或者缩减。"新基建"带动"新经济"电力消费的势头强劲，但限制于"新基建"中基础设施建设进度，形成前文所说的应用场景和市场规模尚需时日。

加之，信息通信技术运用到电网运营中，提升用能效率，可间接减少电力消费。"新基建"对电力消费是有拉动作用的，从整体来看，是经济产业结构的优化，拉动作用并不会那么夸张，是一个长期性、导向性的拉动。

三、碳中和下的极高电气化情景是拉高用电需求的长期动力

（一）电能替代快速推广，加速我国终端用能电气化

2020 年 9 月 22 日，国家主席习近平在第七十五届联合国大会一般性辩论上发表重要讲话时提出，中国将采取更加有力的政策和措施，力争二氧化碳排放于 2030 年前达到峰值，努力争取 2060 年前实现碳中和。尽管还未明确实现碳中和的具体路径，但作为全球最大的碳排放和能源消费主体，我国要实现碳中和需要对能源系统进行颠覆性的变革，必须从以化石能源为主转向以可再生能源为主。同时，实现碳中和需要极大提升终端电气化水平。

我国电能占终端能源消费的比重从 2011 年的 22% 提升至 2020 年的 27%（见图 4），自 2014 年实施电能替代的相关政策以来，我国的电能替代量呈现逐年增长的趋势（见图 5），由 2014 年全年的 566 亿千瓦时增长到 2020 年的 2252 亿千瓦时，随着电能替代在各终端用能领域的快速深度推广，终端电气化水平还将进一步提高。

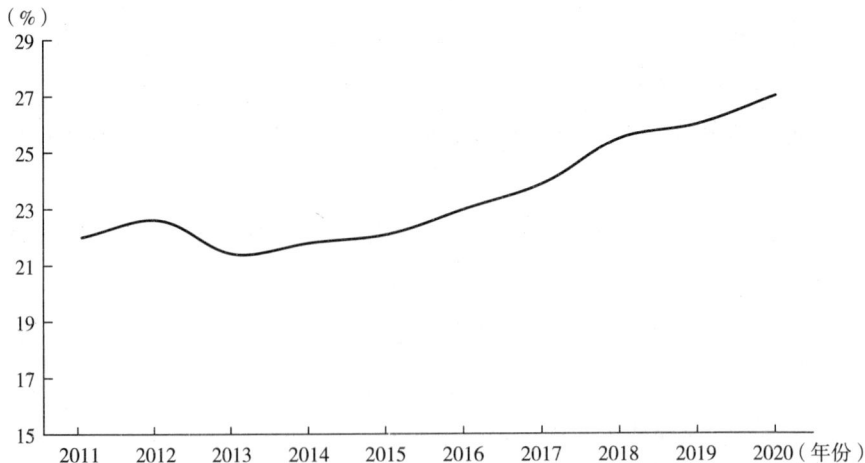

图 4 2011—2020 年我国电能占终端能源消费比重

资料来源：根据国家统计局和中国电力企业联合会公开数据整理。

（亿千瓦时）

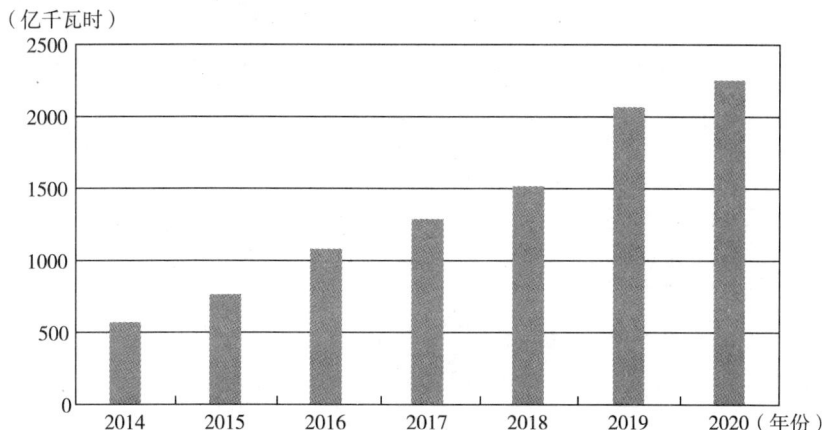

图5　2014—2020年我国电能替代的年替代电量

资料来源：根据国家能源局和相关公开数据整理。

在碳中和目标的引领下，在电源侧，我国电力系统需要加速推进清洁能源电气化，实现对化石能源的增量替代和存量替代；在用户侧，需要广泛深入实施电能替代，实现能源消费高度电气化，针对不同终端用能部门，科学设计电能替代方案，优化电能替代时序，实施电能替代项目和配电网建设。

（二）极高电气比率拉升中长期电力需求展望

在碳中和目标下，极高的终端电气化率会显著拉升中长期电力需求，分部门分析如下：

（1）工业部门实现极高电气化率拉升中长期电力需求展望。

为实现二氧化碳排放于2030年前达到峰值的中期目标，以及在2060年前实现碳中和的远景目标，我国工业部门用能需要加速向清洁能源转型，进一步提高工业部门的电气化水平。目前，我国钢铁行业二氧化碳排放占全国排放总量的15%左右，水泥行业二氧化碳排放占全国排放总量的13%左右，石化和化工行业也是二氧化碳排放的主要来源。针对钢铁行业，电炉钢技术的碳强度远低于高炉生产技术，随着以可再生能源为中心的电力系统的构建和逐步成型，利用电炉钢技术路径可逐步实现钢铁生产的零碳目标。此外，利用电解水制氢，以氢气直接还原铁也能够实现钢铁生产的零碳化，并能够从整体上实现钢铁行业大幅度减排。因此，零碳目标将促进钢铁行业对可再生能源电力需求的进一步提高。对水泥行业而言，一种可行的脱碳路径是利用电气化供热和配合CCS技术。针对化工行业，一种可行途径是利用零碳电力的Power-to-X生产路径。综上，在碳中和目标下，工业部门的深度脱碳将会进一步提升中远期的可再生能源电力需求。

（2）交通部门实现极高电气化率拉升中长期电力需求展望。

为了实现我国交通部门的碳中和，需要将路面运输（公路和铁路服务）全面电气化，同时长途航空和船运改用零碳燃料（氢气、氨等）。①关于地面交通：目前，我国高铁已经实现了全面电气化，普通速度的铁路交通在未来也将逐步实现全面电气化。在未来，纯电动汽车将主导中短距离的交通出行，而氢燃料电池汽车则会在长距离货运卡车和重型卡车中占据主要地位。②关于航空和海运：针对船运航空领域，直接应用电气化实现碳中和的空间较小，因此，航空和海运交通的脱碳则必须主要依靠零碳的新型燃料。对于航空领域，依靠生物航空燃油和合成航空燃油是实现碳中和的主要技术路径。此外，未来需要使用生物燃料和氨对船运领域进行深度脱碳。综上，电能、氢能、航空燃油、生物燃料和氨等综合能源的使用能够进一步加速我国碳中和目标的实现。与此同时，交通部门对电能、氢气和氨的需求将会在未来中长期内进一步拉升对零碳电力需求。

（3）建筑部门实现极高电气化率拉升中长期电力需求展望。

电气化是实现我国建筑部门碳中和目标的关键。目前，制冷、照明和家用电器均已实现了百分之百电气化。未来热泵技术在建筑部门的大规模应用和电力烹饪技术的进步，将进一步提升建筑部门的电气化水平和加速该部门实现碳中和的进程。与此同时，随着数字化、智能化等新一代信息技术在更大范围内应用于建筑部门，以及智能家居、智能家用电器的普及和应用，建筑部门的电气化水平将会得到迅速提升，这势必会在中长期内拉升电力需求。

综上所述，为实现2060年碳中和的目标，亟须加快能源转型的步伐，电能作为清洁、高效的二次能源，在推动能源转型、实现碳中和目标的过程中扮演着关键角色，提升我国各终端用能部门的电气化水平是实现碳中和目标的必然路径。未来中长期内，需要以政策引导和加快技术创新为支撑，在各部门中充分挖掘电能替代潜力，加大电能替代的力度，进一步提高电能在终端用能中的占比。

（三）我国再电气化面临的问题和挑战

电气化作为我国能源行业控碳脱碳的有效途径，是实现能源向清洁低碳、安全高效、灵活可控转型的必然选择。但目前我国再电气化依然面临着诸多问题和挑战，具体分析如下：

第一，可再生能源驱动的再电气化发展情景下，按照当前的可再生能源发展速度无法满足极高电气化情景下新增的电力需求。2016—2021年，我国电力消费年均增长 4185 亿千瓦时，而可再生能源发电量年均增长 1632 亿千瓦时，仅占电力消费年均增长量的 39%。因此，目前我国可再生能源的发展速度尚无法完全满足再电气化带来的新增电力需求。而随着新基建的推进，城镇化进一步发展，以及以数字化、智能化为支撑的新业态和新发展模式出现并逐步成熟，全社会用电范围将会进一步拓展，电力需求将会在中长期内保持刚性增长，尽管增速可能会逐步放缓，但增量规模依然可观。新基建的发展会直接或间接拉动电力消费，并且加速推动我国电气化水平的提升。考虑到我国要实现二氧化碳排放于 2030 年前达到峰值的中期目标和在 2060 年前实现碳中和的远景目标，新基建带来的增量电力和氢能需求必须来源于零碳电力，为满足这种要求，当前应加速推进能源新基建，加快向以新能源为主体的新型电力系统转型（见图 6），加速能源电力系统脱碳进程。

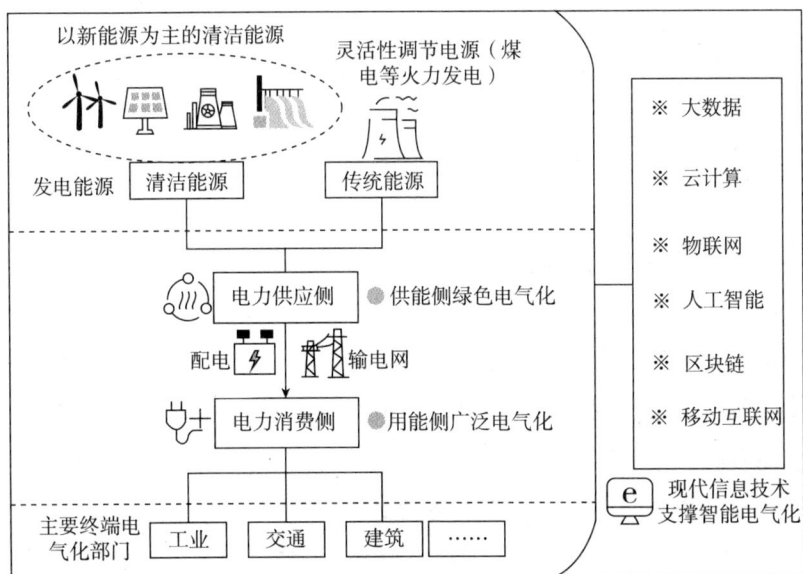

图6 以新能源为主体的新型电力系统

资料来源：笔者自绘。

推动新型电力系统建设需要从以下几方面着手：①制定对清洁能源发电新增装机投资的量化目标；②加大对新型电力系统各个方面的投资力度，支持零碳电气化的配套基础设施投资，例如特高压输电、电动汽车、智能配电网、储能和数字化电网等，以保障新能源比例不断增加的新型电力系统的稳定运行；③加快新能源汽车充电基础设施建设和加快氢燃料电池、热泵及电解水制氢技术的创新发展。

第二，随着新型电力系统的构建，深度电气化对电力系统灵活可控、智能感知、安全可控等提出了更高要求，需要将数字化、智能化等现代信息技术与电力系统深度融合。未来可再生能源不仅要满足电力需求增量，还要满足煤电退出的存量缺口。一方面，风力发电、光伏发电等间歇性电源大规模、高比例并网，对电力系统安全运行、电量消纳提出了挑战，需要加强区域电网互联、提高灵活调节能力，依托特高压输电技术、智能电网技术和电力市场，在全国大范围内优化配置能源资源。另一方面，再电气化促使电动汽车、微电网、分布式能源等交互式能源设施广泛接入，以及综合能源服务等新型需求大量涌现，使电网负荷预测和潮流控制更为复杂，对电力系统智能互动水平也提出了更高要求。因此，需要推动大数据、云计算、物联网、人工智能、区块链、移动互联网等现代信息技术与电力系统深度融合，增强源网荷储之间的智能互动，实现更大规模的新能源消纳，同时满足更加多样化、个性化、交互式的用能需求（见图6）。

第三，我国不同区域间电气化发展水平差异明显，不同地区间的电气化发展尚不平衡。从终端用能电气化水平来看，华东地区2017年电能占终端能源消费的比重达到25.5%，显著高于东北地区的15.6%；从人均生活用电量来看，华东地区2018年人均生活用电量为938千瓦时，超出同年西北地区人均生活用电量的1倍。此外，华东地区与南方地区的发电能源占一次能源消费的比重与电能占终端能源消费的比重这两项电气化指标均优于全国平均水平，西北地区与南方地区的一次能源结构中发电用能占比更高，东南沿海地区的终端用能与居民生活电气化水平显著高于西北地区与东北地区。

为持续提升我国的电气化水平，实现2030年前二氧化碳达峰和2060年前碳中和的目标，重点在于明确形成"以电为中心"和加快新型电力系统的转型共识、健全新时代下的电力市场体系，完善顶层设计和加快总体部署，制订能源转型路线和实施方案，明确工业、交通、建筑等主要终端用能部门再电气化的长期目标和阶段性目标，推动能源、电力领域关键技术的创新发展与应用。

四、推动电力新基建将加速新型电力系统建设

电力新基建主要是加速能源向清洁、低碳、高效、智慧转型，而构建以新能

源为主体的新型电力系统是新基建的重点关注领域：①以光伏、风电为代表的清洁能源，是电力转型发展的"排头兵"，随着新基建在电力行业布局的展开，以光伏、风电为代表的清洁能源产业也将迎来新一轮的发展机遇期；②随着可再生能源的规模化和跃升式发展，以及电力市场化的深入推进，储能的刚性需求属性不断增加，并且随着储能技术日趋完善，电力储能应用将逐步具有竞争优势；③新基建项目部署中既有能源建设项目，也有能源需求项目，这些为综合能源服务发展提供了丰富的业务场景；④随着分布式电源及储能设施接入电网，将促使电网不断向分布式和扁平化方向发展，提升配电网服务水平是未来能源互联发展的必然要求；⑤电力发展需要强大数字电网的支撑；⑥通过灵活性改造、机组延寿等方式优化利用存量煤电，可有效解决电力安全、系统灵活性问题，避免加重投资负担。

在本轮电力新基建发展下，以新能源为主体的新型电力系统转型具有以下特色：①使命化：加大电力基础设施投资部署电力新基建符合我国电力发展趋势，且能够充分刺激各行业（尤其是制造业）在疫后恢复工作，助力经济重启和创造新的就业岗位，使经济逐步回到正常轨道，解决当下民生困境；②清洁化：重点部署风电、光伏等可再生能源，提高可再生能源装机容量占比和发电量占比；③数字化：转变"重发、轻供、不管用"的电力发展理念，大力提升配电网服务水平，向自动化、智能化、灵活化转变；④电气化：在电网系统强化的基础上，分布式电源、电力储能和充电桩接入配电网，扩大综合能源服务市场，加快电气化发展水平；⑤安全化：充分利用存量煤电机组（进行灵活性改造或延寿作为战略备用机组），增加调峰气电，整合需求响应资源，保障电力系统灵活性和尖峰供应。

新型电力系统是形成智慧能源融合基础设施、加速能源行业的智能化变革的系统。新型电力系统深度应用互联网、大数据、人工智能等技术，可以提升负荷预测能力、智能检修维护能力，分析用户用电行为，提升调度管理能力。依托"云大物移智链"等技术，可以进一步加强电源侧、电网侧、负荷侧、储能的多向互动，通过一体化管理模式聚合分布式电源、充电站和储能等负荷侧资源组成虚拟电厂，参与市场交易，可以为系统提供更多绿色调节支撑能力。例如，随着充电桩的大规模应用，电网公司可以将其整合并视为大型能耗用户，通过对大数据技术的利用，还可以通过对电动汽车充电的调度，让充电桩参与不同区域电网的调峰。同时，大数据中心作为耗电大户，其发展不受地域限制。西北、西南等地区可再生能源丰富，可以让数据中心企业参与可再生能源直接投资，以较低成本打通"发—输—用"零碳数据中心100%清洁能源本地供应及消纳，形成"数据中心与可再生能源"深度融合。

在新型电力系统发展下，逐步退出落后煤电机组、优先开发消纳清洁能源提升电力供给质量，配电网和数字电网建设提升电网供给效率，煤电灵活性改造和延寿管理扩大有效供给，充电桩、储能、综合能源服务等实现多能互补，是电力工业发展的必然要求。在"源网荷储"多维度，实现数字技术与能源设备之间的融合发展，以及加速新型电力系统建设，对促进能源转型和经济社会绿色发展具有重要的现实意义，对国家承诺实现2030年前碳达峰和2060年前碳中和具有深远的战略意义。

参考文献

[1] 李克强. 政府工作报告——2021年3月5日在第十三届全国人民代表大会第四次会议上［J］. 中华人民共和国国务院公报，2021（08）：5-17.

[2] 蒋乐平. 我国"新基建"产业赋能效应的理论与实证分析［J］. 建筑经济，2022，43（04）：74-80.

[3] 吴文化，向爱兵. 双擎发力 同步推进"新基建"与"老基建"［J］. 中国经贸导刊，2020（09）：22-24.

[4] 曾鸣，王雨晴. "电力新基建"助推能源行业转型［J］. 电力安全技术，2020，22（12）：72.

[5] 余潇潇，宋福龙，周原冰，梁海峰. "新基建"对中国"十四五"电力需求和电网规划的影响分析［J］. 中国电力，2021，54（07）：11-17.

[6] 赵昕宇. "智能+机器人"促进智能经济融合发展［J］. 高科技与产业化，2021，27（10）：30-32.

[7] 胡士华，黄天鉴，王楷. 数字经济与绿色经济协同发展：时空分异、动态演进与收敛特征［J］. 现代财经（天津财经大学学报），2022，42（09）：3-19.

[8] 张运洲，鲁刚，王芃，翁玉艳，伍声宇，刘俊，张成龙. 能源安全新战略下能源清洁化率和终端电气化率提升路径分析［J］. 中国电力，2020，53（02）：1-8.

[9] 郭偲悦，耿涌. IPCC AR6报告解读：工业部门减排［J］. 气候变化研究进展，2022，18（05）：574-579.

［10］霍宏伟．欧盟交通行业零碳减碳政策措施及对我国启示［J］．全球科技经济瞭望，2022，37（05）：71-76．

［11］杨碧玉，陈仲伟，张晓刚．双碳目标下建筑行业"碳中和"的实现路径［J］．中国经贸导刊，2022（06）：56-57．

11
破解西北地区新能源消纳困境的解决方案

张志强[*]

一、现状及问题

（一）西北地区新能源发展现状

西北地区拥有丰富的风能、太阳能等多种新能源资源，是全国风能、太阳能等资源最丰富的区域之一。据相关统计，有 3 亿千瓦可开发的风能资源蕴藏在西北地区，全国陆地风能资源有 1/3 左右分布在甘肃、新疆、宁夏等地区。陕西、甘肃、青海、宁夏和新疆的风能资源分别占全国的 0.92%、4.5%、10%、0.59% 和13.56%。西北地区太阳能资源也较为丰富，年均总辐射量均在 4200 兆焦/每平方米·每年以上，其中最大的是青海的格尔木（7018.8 兆焦/每平方米·每年）。根据目前国内最新太阳能源资源的区划标准，就太阳总辐射区划而言，青海全省以及其与甘肃、新疆的交界地带太阳能总辐射量最为丰富，属于资源丰富区（42.6%）；新疆西北部、甘肃兰州、宁夏东南部、陕西西部和西北部以及陕甘宁三省份交界处太阳能资源较为丰富，属于资源较丰富区（26.5%）；其他地区太阳能资源较为缺乏。

截至 2019 年 12 月，西北地区新能源装机达 10063.6 万千瓦，其中风电装机 5277 万千瓦、光伏装机 4786.6 万千瓦，新能源装机容量占比为 38%，新能源利用率为 94.04%。图 1 所示为西北地区各省份风电、光伏装机容量及新能源装机占比情况。

---

   * 张志强，中国电力科学研究院。本章内容根据作者在中国社会科学院生态文明研究智库主办、中国能源网协办的《中国煤电发展之路辨析》系列沙龙上的发言材料整理而成。

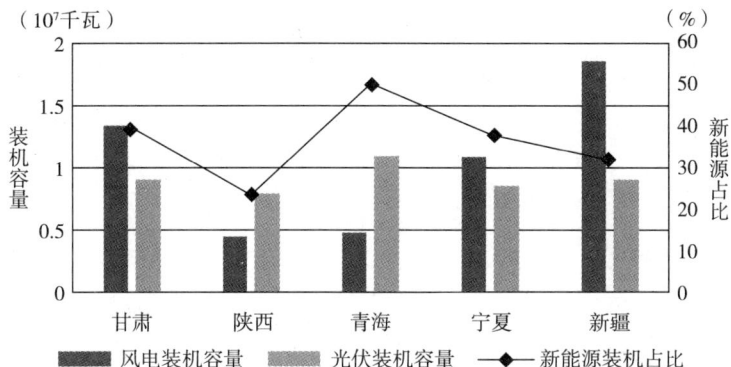

图1 截至2019年底西北地区各省份新能源装机情况

资料来源：全国新能源消纳监测预警中心.2019年全国四季度新增风电装机数据及新能源消纳评估分析〔EB/OL〕.（2020-03-06）〔2021-04-06〕.http：//www.chinapower.com.cn/zx/zxbg/20200306/9873.html.

（二）西北地区特高压输电通道发展现状

西北送端电网以750千伏线路为骨干输电网架，新疆和宁夏部分地区以220千伏线路为供电主体，其他省份主要以330千伏为次等级电压。其中，长约1700公里的西北新疆联网通道两端承载着网内两大特高压直流群，同时联网通道沿线还接入了6000万千瓦新能源，常规电源装机少，电压支撑弱。大直流、大新能源、相对弱交流特性明显，两大特高压直流群故障时对联网通道相关地区冲击较大。

2019年我国20条特高压交直流线路年输送电量为4485亿千瓦时，其中可再生能源电量为2352亿千瓦时，同比提高12.8%，可再生能源电量占全部输送电量的52.4%。国家电网有限公司运营的17条特高压线路输送电量为3715亿千瓦时，其中可再生能源电量为1581亿千瓦时，占输送电量的43%。南方电网公司运营的3条特高压线路输送电量为770亿千瓦时，全部为可再生能源电量（含水电）（见表1）。

表1 2019年特高压线路输送电量情况

序号	线路名称	年输送量（亿千瓦时）	可再生能源（亿千瓦时）	可再生能源占比（%）	占比同比（%）
1	长南荆特高压	49	13	26.2	-19.4
2	榆横至潍坊特高压	191	0	0.0	0.0
3	锡盟送山东	54	0	0.0	0.0
4	皖电东送	295	0	0.0	0.0

序号	线路名称	年输送量 （亿千瓦时）	可再生能源 （亿千瓦时）	可再生能源 占比（%）	占比同比 （%）
5	浙福特高压	92	0	0.0	0.0
6	蒙西-天津南	95	0	0.0	0.0
7	复奉直流	302	302	100.0	3.0
8	锦苏直流	366	366	100.0	4.7
9	天中直流	415	208	50.2	1.5
10	宾金直流	341	340	99.9	0.6
11	灵绍直流	415	109	26.3	3.9
12	祁韶直流	179	56	30.9	−16.0
13	雁淮直流	253	2	0.8	−4.2
14	锡泰直流	119	0	0.2	−0.5
15	昭沂直流	166	60	36.1	22.3
16	鲁固直流	236	93	39.3	7.7
17	吉泉直流	147	33	22.3	20.0
18	楚穗直流	283	283	100.0	0.0
19	普侨直流	217	217	100.0	0.0
20	新东直流	271	271	100.0	0.0
	全国	4485	2352	52.4	0.1

资料来源：1~17 来自国家电网有限公司数据，18~20 来自南方电网公司。

（三）西北地区新能源消纳问题

1. 弃风弃光问题

2019 年西北五省份风电发电量为 958.32 亿千瓦时，占全网总发电量的 11.26%；弃风电量为 91.75 亿千瓦时，弃风率为 8.7%。光伏发电量为 573.89 亿千瓦时，占全网总发电量的 6.74%；弃光电量为 35.44 亿千瓦时，弃光率为 5.8%。

西北能源大送端建设已具备规模化效应，但消纳问题依然是西北地区新能源可持续发展最大最核心的问题，由于受市场消纳限制，西北资源利用率不高，资源优势没有有效转化为经济优势。新能源波动性的存在、调峰市场化机制的缺失使得电网调峰能力不足；高比例的新能源、薄弱的交流网架使得电网控制难度增大，难以满足新能源送出的要求。

国家能源局关于发布《2020 年度风电投资监测预警结果》和《2019 年度光

伏发电市场环境监测评价结果》的通知提出，2020 年风电投资监测预警结果如下：新疆（含兵团）、甘肃、内蒙古西部为橙色区域；山西北部忻州市、朔州市、大同市，河北张家口市和承德市，内蒙古赤峰市按照橙色预警管理；甘肃河东地区按照绿色区域管理；其他省（区、市）和地区为绿色区域。2019 年光伏发电市场环境监测评价结果如下：西藏为红色区域；天津、河北、四川、云南、陕西 II 类资源区，甘肃 I 类资源区，青海、宁夏、新疆为橙色区域；其他地区为绿色区域。橙色区域暂停新增风电项目。

2. 新能源各相关主体利益目标不协调，电力体制改革给新能源企业带来的效益挑战

2019 年 12 月，全国人大关于《可再生能源法》实施情况的检查报告中指出可再生能源规划存在不够衔接、执行不到位等问题，包括地方规划发展目标超过上级总体目标；电网建设滞后于可再生能源发展，可再生能源电力输出受阻问题比较明显等。究其根源是新能源发展与消纳的相关主体（包括地方政府、新能源企业、传统能源企业、电网企业、国家主管部门等）之间的利益目标不一致、不协调。在新能源企业面对补贴政策带来成本效益压力的同时，电力体制改革推进中存在的一些问题更加剧了新能源企业经营压力。随着电力体制改革的推进，电力市场化交易规模不断扩大，可能进一步拉低火电平均上网电价，进而对平价新能源项目带来更大的盈利压力。电力辅助服务补偿分摊机制设计不合理，信息不透明，导致新能源企业非预期成本的增加。

3. 西北各省份在区域层面协调统筹力度不足

全区域调节互济机制没有建立，如甘肃在夏季用电高峰和冬季供暖期间调峰缺口额高达 500 万~700 万千瓦，而同期水电丰富的青海和火电富集的宁夏有富余的电力为甘肃实现调峰，但由于目前省际壁垒还没有有效打通，省间通道的传输能力没有充分利用，负载率整体不高，各省间能源互济能力没有充分发挥。

二、解决方法及方案

（一）西北地区新能源就地消纳

供应侧资源是以电力系统安全稳定运行为目标，通过满足用电需求的发电技术；需求侧资源是通过引导用户主动削减自身负荷，实现电力系统安全稳定运行

目标的技术。在终端用电领域，需求侧资源可分为：电能替代资源、可调整的电力资源以及可节约的电量资源。其中，电能替代资源：电能替代指在终端能源消费环节，使用电能替代散烧煤、燃油的能源消费方式，具体包括电采暖、地能热泵、工业电锅炉（窑炉）、农业电排灌、电动汽车、靠港船舶使用岸电、机场桥载设备、电蓄能调峰等方式。西北地区的电能替代主要集中在工业、建筑、交通等领域。

从长期来看，需要将需求侧资源纳入我国低碳电力系统的规划工作，包含两层含义：一是增加面向业主的需求侧资源的规划投资以降低用户负荷；二是在面向电网企业的低碳电力系统规划投资中要把面向业主需求侧资源的不确定性考虑在内。从短期来看，需要将需求侧资源纳入我国低碳电力系统的运行调度工作。

此外，为了能够动态调整需求侧资源在低碳电力系统规划和运行中的应用情况，还需要构建低碳电力系统中需求侧资源促进可再生能源并网消纳的贡献度综合评价体系，评估需求侧资源对于低碳电力系统建设的促进作用，为规划和运行中改进对需求侧资源利用度提供决策依据，需求侧资源促进大规模间歇可再生能源并网消纳模式示意图如图2所示。

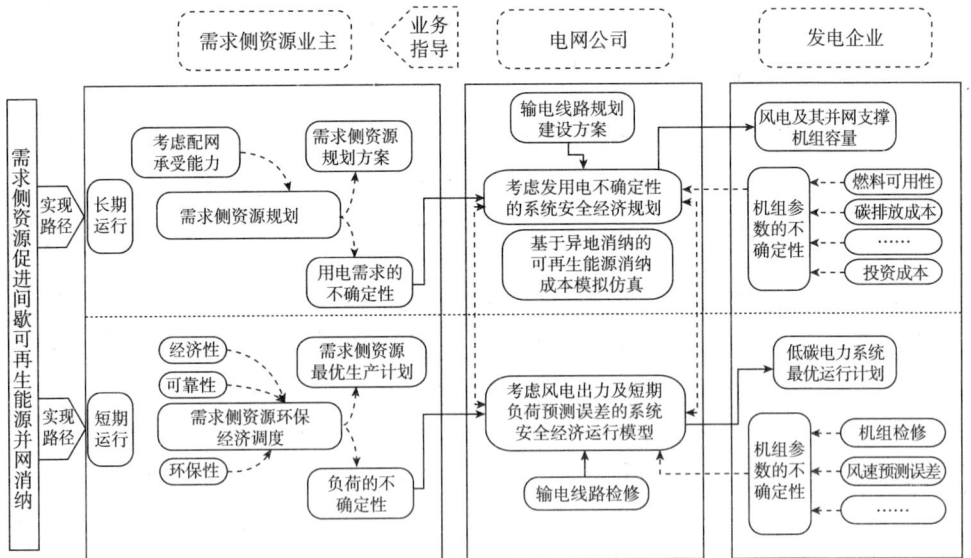

图2　需求侧资源促进大规模间歇可再生能源并网消纳模式

一般情况下，100%的参与率对电网负荷的稳定和峰谷差的减小是最优的，但是考虑到参与率的提高相应会使响应成本提高，最佳参与率没必要或者说不可能达到100%。实际响应参与率会远远低于最佳参与率，也就是说在西北地区实行需求响应的难度较大，西北地区的工业负荷占比达到70%以上，但绝大多数用户为连续性工业，连续性工业的需求响应潜力虽然巨大，但是由于其价格敏感度极低，对于激励型的政策无法产生明显有利于企业盈利的效果。

（二）西北地区新能源外送

新能源出力和负荷日叠加后的等效负荷曲线，对于分析需求侧资源适应新能源并网有一定参考价值，以甘肃地区2010年夏季和冬季典型等效负荷曲线为例（见图3），可以发现风电场的出力与负荷变化趋势相反，峰荷时风电场出力较小，谷荷时风电场出力较大。风电大规模接入使系统负荷特性变差，等效负荷的峰谷差增大，加大了电网调度的难度。

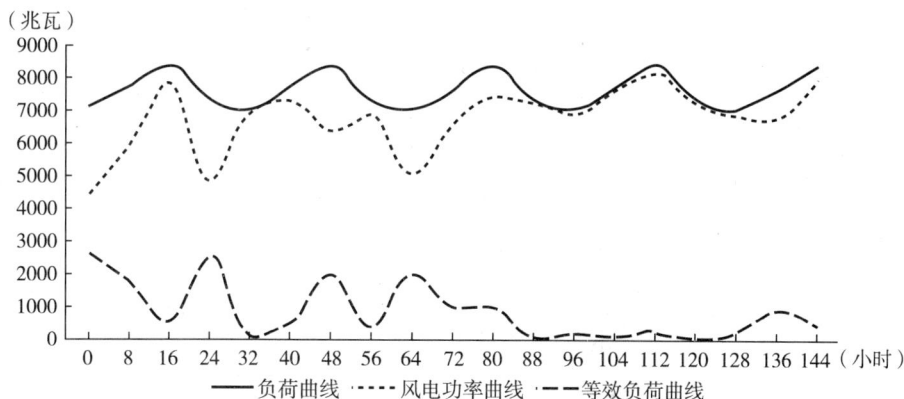

图3　夏季连续6天甘肃电网风电出力与负荷关系曲线

风电出力的随机性、间歇性、不稳定性较强，这是一般新能源发电的缺陷。所以在输送风电等新能源电量的同时，需要输送少量火电，一是为了保证运行的稳定性和可靠性；二是可以提高输电电能质量，便于东部受端电网消纳风电。

新能源出力的高峰、低谷时段指相对水平，可根据一天/一月/一季/一年的不同情况划分为多个层级。特高压直流运行方式也可根据新能源出力情况调整，如图4所示。

特高压直流主送新能源需要解决以下几个方面的问题：第一，在尽可能加大新能源输送规模的前提下，风、光、火等各类电源应合理配比；第二，输电通道的利用小时数应达到一定水平，如 5500 小时以上，提高通道利用率和输电经济性；第三，风、光等新能源电量应达到通道总输送电量的一定比例，如 80% 以上；第四，弃风、弃光水平应控制在一定比例，如 10%；第五，直流输电通道的运行方式如何与新能源出力特性配合，应选择合适的阶梯、段长（持续时间）。

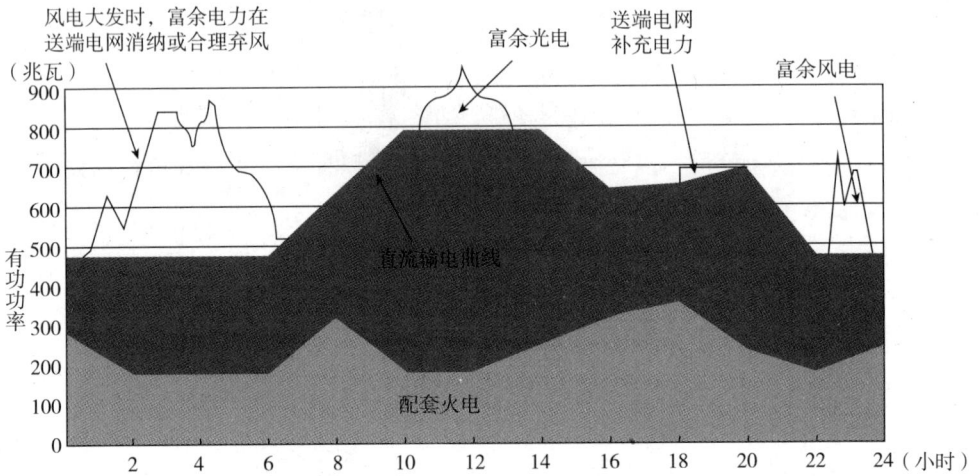

图 4 直流输电分段平稳运行示意图

在考虑区域间直流功率优化的新能源消纳能力分析模型计算过程中，首先要考虑直流送端电网的新能源出力、负荷、联络线输电功率等约束条件；其次考虑受端电网的直流受电安稳限值以及跨区直流运行约束；最后考虑跨区直流外送的新能源消纳计算，得到新能源消纳结果。因联络线输电功率在模型中为决策变量，模型求解过程中出现新能源弃电时，将优化跨区联络线功率实现联络线送受端新能源消纳空间的充分利用，从而实现新能源消纳最大的目标。

有文献通过对西北地区新能源发电情况以及特高压通道输送情况进行建模分析，对风、光、火电源配比进行了一系列组合研究。考虑特高压通道输电 10% 最低功率要求，选取火电配套容量下限；比选方案中，火电容量增加则占用更多通道容量空间，输送同等规模的新能源电力，弃风、弃光比例上升；火电配套容量降低通道利用小时数会有所下降。总的来看，在保证特高压通道稳定运行约束下，火电配套容量取低值较优。

三、结论

（1）增加本地消纳是解决弃风弃光问题的一种途径，这需要鼓励地方产业的发展。具体来说，可以大力引进和发展地方产业，带动电能消纳，比如引进高科技公司数据中心等企业。另外推行电采暖等电能替代措施，发展余电制氢等新兴产业。在西北新能源富集区，建设以新能源利用为主、多能集成互补联合运行的综合能源消纳示范区。探索新能源富余电力供暖、制氢、参与电力辅助服务实现途径，利用综合能源管理监控平台实现多能集成互补、源—网—荷互动，梯次高效利用。

（2）加强需求侧管理，改善负荷特性。随着西北地区人民生活水平和城镇化率的提高，预计未来电网呈现负荷率下降、峰谷差率提高的趋势。应该用市场手段充分发挥终端销售电价的杠杆作用，引导用户自愿改变用电方式、用电时间等行为，使用户负荷也参与到"削峰填谷"中去，从而引导电力的供求平衡，扩大新能源的消纳。实施促进电能替代项目，应重点采取完善价格补贴支持机制、优化输配电价执行方式等措施，降低电能替代项目推广和运营成本；提高负荷响应能力，应重点通过完善用户与新能源定向市场交易机制，改进可中断电价、峰谷分时电价等电价机制，以此适应新能源消纳需求。

（3）弃风弃光问题在很大程度上是能量传输受限，提升新能源富集区域电网汇集和跨区域外送能力。加快推进西北高比例可再生能源外送通道建设，重点解决甘肃、新疆等地区内部输电断面能力不足问题。大力发展特高压直流输电工程，进一步促进西部地区发展，缓解西部地区新能源消纳。

（4）各电网公司和电力调度、交易机构要注重长效机制建设，着力破解清洁能源消纳的制约因素，构建适应高比例清洁能源消纳的综合保障体系；要统筹推进网源荷储协调发展，同步规划、同步建设、同步运行清洁能源配套电网工程；要积极配合电力辅助服务市场机制建设，进一步优化实时调度原则和联合调度运行方式；要持续规范市场化交易组织方式，加强市场化交易合规管理和电量分解执行工作，提升交易规则、交易方案的执行刚性，提高清洁能源消纳公平性；要认真落实清洁能源电力消纳责任权重，合理确定各省（区、市）清洁能源利用率目标并适时动态调整，稳步提升清洁能源电量在能源消费中的占比；最后要培育负荷聚合商等新型市场主体。

参考文献

[1] 雷栋，王晓宇，高鑫．我国西北地区风电发展现状与展望［J］．风能，2020（01）：78-80.

[2] 周扬，吴文祥，胡莹，刘光旭．西北地区太阳能资源空间分布特征及资源潜力评估［J］．自然资源学报，2010，25（10）：1738-1749.

[3] 国家能源局.2019年度全国可再生能源电力发展监测评价报告［EB/OL］.（2020-05-06）［2022-06-22］.http：//zfxxgk.nea.gov.cn/2020-05/06/c139059627.htm.

[4] 周强，马彦宏，沈琛云，张珍珍，张彦琪，杨仕友．新时期中国西北地区新能源可持续发展反思与建议［J］．电网与清洁能源，2020（06）：78-84.

[5] 孙浩，齐军，高超，等．关于进一步促进新能源发展与消纳的关键问题研究及建议［EB/OL］.（2020-03-06）［2022-06-22］.https：//www.news.solarbe.com.

[6] 薛松，屠俊明，杨素，张晓萱．我国需求侧资源促进大规模间歇可再生能源并网消纳模式［J］．技术经济与管理研究，2015（07）：82-86.

[7] 徐筝，孙宏斌，郭庆来．综合需求响应研究综述及展望［J］．中国电机工程学报，2018，38（24）：7194-7205，7446.

[8] 周强，杨仕友．中国西北地区新能源发展总结与展望［J］．中国能源，2018，40（10）：25-32.

[9] 张晋芳，郑宽，黄瀚，等．特高压直流主送新能源技术经济研究［J］．中国电力，2017，50（06）：152-157.

[10] 国家能源局西北监管局2018年西北区域新能源并网运行情况通报［EB/OL］.（2019-02-01）［2020-06-20］.http：//xbj.nea.gov.cn/website/Aa-static/news-197610.html.

12

天然气发电在中国构建现代
能源体系中的作用及有关建议

朱兴珊 陈 蕊 樊 慧 朱博骐*

一、引言

2015 年，党的十八届五中全会首次提出建设清洁低碳、安全高效的现代能源体系。2016 年，"十三五"规划纲要指出，要深入推进能源革命，建设清洁低碳、安全高效的现代能源体系。2017 年，党的十九大报告提出，要推进能源生产和消费革命，构建清洁低碳、安全高效的现代能源体系。2021 年，"十四五"规划纲要重申要推进能源革命，建设清洁低碳、安全高效的现代能源体系。2021 年 9 月，中共中央、国务院印发的《中共中央 国务院关于完整准确全面贯彻新发展理念做好碳达峰碳中和工作的意见》明确提出，到 2060 年，绿色低碳循环发展的经济体系和清洁低碳安全高效的能源体系全面建立。2022 年 1 月，国家发展和改革委员会、国家能源局印发了《"十四五"现代能源体系规划》，对加快构建现代能源体系进行了系统部署。

当今世界，新一轮科技革命和产业变革深入发展，应对全球气候变化深入人心，新能源和信息技术紧密融合，生产生活方式加快转向低碳化、智能化，能源体系和发展模式正在进入非化石能源主导的崭新阶段。加快构建现代能源体系是保障国家能源安全，力争如期实现碳达峰、碳中和的内在要求，也是推动实现经

---

* 朱兴珊，北京大学能源研究院特聘研究员；陈蕊，中国石油集团经济技术研究院；樊慧，中国石油集团经济技术研究院；朱博骐，中国石油集团经济技术研究院。本章源自于《国际石油经济》2021 年第 29 期发表的《天然气在清洁能源体系中的关键支撑作用及发展建议》。

济社会高质量发展的重要支撑。世界天然气资源极为丰富，并具有经济、稳定、灵活、清洁、低碳的特征，不仅本身是可负担的清洁低碳能源，还可以弥补可再生能源在稳定性方面的不足，支撑可再生能源大规模发展。《加快推进天然气利用的意见》提出逐步将天然气培育成为中国现代清洁能源体系的主体能源之一，明确了天然气的定位，并提出了到 2030 年天然气在我国一次能源消费结构中的占比达 15% 的发展目标。中国未来天然气发展在很大程度上要依靠气电的发展，如果气电得不到发展，天然气目标也很难实现。

经过十多年的发展，2021 年中国天然气发电装机容量突破 1 亿千瓦，但气电在中国电源结构中占比仅有 4.5%，远低于全球平均水平。气电能否实现其发展目标主要取决于气电的低碳、环保、灵活性价值能否通过产业和低碳环保政策体现在气电与其他电源的竞争力上。

在此背景下，有必要客观分析天然气发电在中国构建现代能源体系中的作用，分析制约中国气电发展的主要因素，为推动中国气电产业健康发展建言献策。

二、中国气电发展现状与困境

（一）装机容量和发电量不断增加，但占比和发电小时较少

21 世纪以来，我国天然气发电装机容量稳步提升。截至 2021 年底，我国天然气发电装机容量为 10800 万千瓦，占全国电力总装机的 4.5%。2011—2021 年，天然气发电装机容量年均增速 12%，高于同期总电力装机增速 4 个百分点（见图 1）。气电发展的驱动由受气源驱动影响转变为受宏观电力供需、环保政策、价格政策、替代能源发展等多因素共同影响。

2021 年，全国全口径发电量 8.38 万亿千瓦时，其中燃煤发电 5.03 万亿千瓦时，占比 60%；燃气发电 3039 亿千瓦时，占比 3.6%；水力发电 1.34 万亿千瓦时，占比 16%；核能发电 4075 亿千瓦时，占比 4.9%；并网风电 6556 亿千瓦时，占比 7.8%；并网太阳能发电 3270 亿千瓦时，占比 3.9%。2011—2021 年总发电量增长 78%，年均增长率为 5.9%。2021 年，全口径非化石能源发电量同比增长 12.0%，煤电仍然是当前我国电力供应的主要电源，也是保障我国电力安全稳定供应的基础电源（见图 2）。

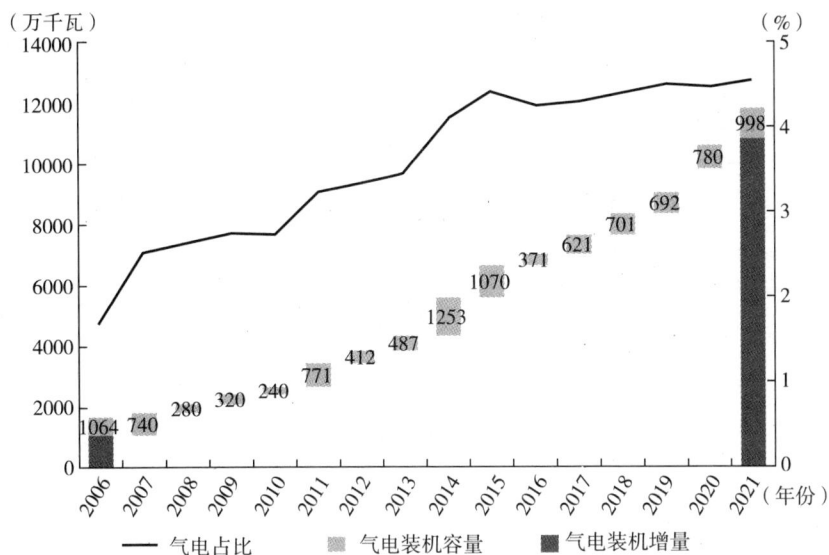

图1 我国历年气电装机增量及气电占比

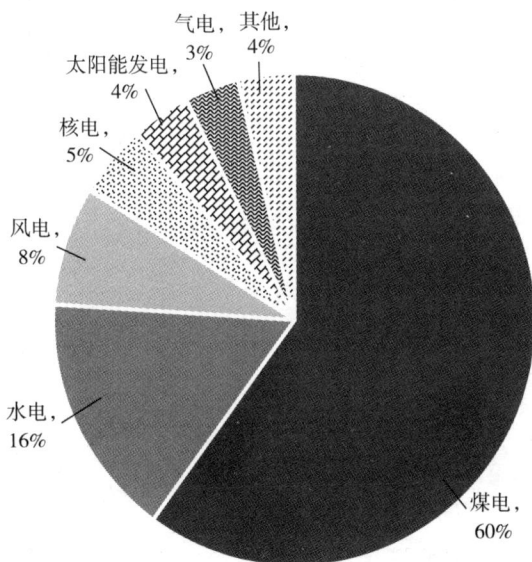

图2 2021年各类型电源发电量占比

随着气电装机增加，燃气电厂发电量逐年提升。2011—2021年由1088亿千瓦时增至3039亿千瓦时，年均增速11%。气电发电量占我国总发电量的比例较低，2011—2021年，气电在电力供应结构中占比由2.3%小幅升至3.6%（见图3）。

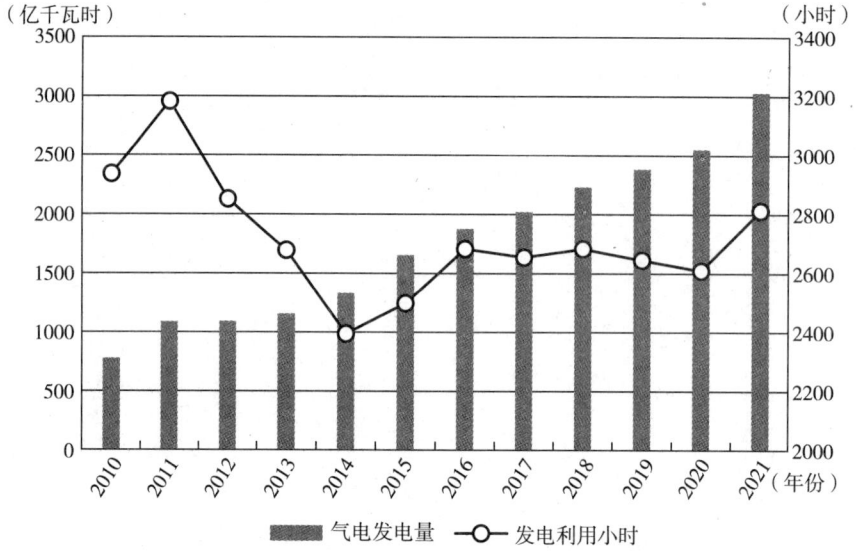

图3 我国燃气电厂发电量及发电利用小时

近几年，天然气发电利用小时维持较低水平。"十三五"期间，在全国电力供需整体宽松的形势下，火电发电利用小时较"十二五"期间显著下降，整体在4100~4400小时。同时，随着气电规模的不断扩大，地方政府对气电的补贴压力越来越大，倾向于控制气电的发电利用小时。另外，由于气电成本相对较高，难以在电力市场交易中取得竞争优势。上述综合因素导致近几年气电装机利用小时大致维持在2600~2800小时（见图4）。

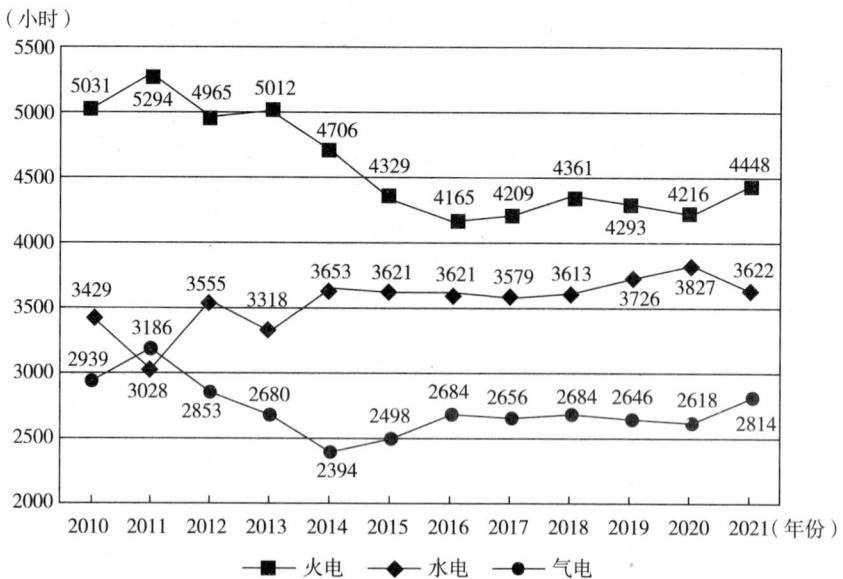

图4 我国典型电源发电利用小时

（二）气电机组主要集中分布在环渤海及东南沿海地区

气电分布与经济发展水平高度相关（见图 5），气电主要依靠地方政府的政策支持得以发展。由于用气成本相对较高，经济发达的省份会给予气电政策上的支持，上网电价比较高。目前，气电主要集中分布在经济发达的长江三角洲、珠江三角洲和京津冀地区。广东、江苏、浙江、上海是中国燃气电厂分布最为密集的省市，装机容量约占全国的 60%，装机类型包括燃气调峰发电机组和供工业热负荷的燃气热电联产机组。随着北方地区清洁取暖、煤改气的推进，京津冀地区燃气发电装机呈快速上升势头，形成了北京四大热电中心等一批冬季供暖的燃气热电联产机组。该地区燃气发电装机容量占全国的 15%。

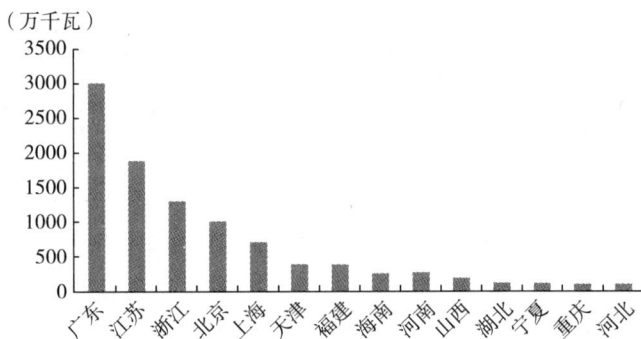

图 5　中国部分省份气电装机容量

（三）气电投资主体多，但多为国企

中国燃气电厂投资主体主要包括国有大型发电企业、地方国有能源企业、国有油气企业等。为便于借助各自的优势，实现优势互补，燃气电厂大多为合资建设。民营企业在中国气电产业中参与相对较少。国有大型发电企业有华电、华能、国家电投和大唐等，华电集团的气电装机容量为全国之首，2021 年装机容量为 2085 万千瓦，年用气量超过 100 亿立方米，主要集中在长三角地区，近期也加大了在广东的发展力度。华能集团也是气电布局较多的电力企业之一，现有装机容量 1224 万千瓦，主要布局在长三角和北方省份。天然气供应商主要是中海油等，其他企业仅有自备燃气电厂和参股项目。中海油是最早介入气电业务的天然气供应商，主要利用海上天然气资源和进口液化天然气（Liquefied Natural Gas，LNG）在沿海地区发展气电。目前，已在广东、福建、海南建成运营 6 座电厂，发电总装机规模达 846 万千瓦。地方国有能源企业有广东能源、北京能源、浙江能源、深圳能源、申能和江苏国信等，都是拥有部分项目所有权的燃气发电企业，它们参股的项目大多位于本地。过去几年，每个省份的产能增加浪潮在一定程度上是由这些地方国有能源企业推动的。该行业最大的非国有企业是保利协鑫能源控股有限公司（GCL），其在江苏、广东、广西和湖南拥有250万千瓦的运营能力。公司的项目以分布式为主，针对当地工业园区的电力、热力或制冷需求。

（四）国家层面对气电缺乏明确的定位与政策指引

天然气发电涉及天然气、电力、环保等多个领域，各领域政策不协调统一，总基调是"有序发展、适度发展"。其中，天然气政策对气电发展较为积极，认为气电是扩大天然气利用的方向之一；电力政策聚焦有序发展天然气发电；环保政策主要支持散煤替代，对气电发展则缺乏明确的支持态度。政府和发电企业对供气安全的担心也动摇了其发展气电的信心，中国乃至全球出现能源供应紧张，特别是俄乌冲突以来天然气市场出现极端变化的情况下，如何兼顾近期和长远、低碳与安全，对气电发展影响巨大。

2016年12月发布的《天然气发展"十三五"规划》和2017年6月发布的《加快推进天然气利用的意见》对天然气发电的支持最为积极。《天然气发展"十三五"规划》明确提出，提高天然气发电比重，扩大天然气利用规模，有序发展天然气调峰电站，因地制宜发展热电联产。在可再生能源分布比较集中和电网灵活性较低区域积极发展天然气调峰机组，推动天然气发电与风力、太阳能发电、生物质发电等新能源发电融合发展。2020年，天然气发电装机规模达到1.1亿千瓦以上，占发电总装机比例超过5%。《加快推进天然气利用的意见》提出，要实施天然气发电工程，包括：①大力发展天然气分布式能源。在大中城市具有冷热电需求的能源负荷中心、产业和物流园区、旅游服务区、商业中心、交通枢纽、医院、学校等推广天然气分布式能源示范项目，探索互联网+、能源智能微网等新模式，实现多能协同供应和能源综合梯级利用。在管网未覆盖区域开展以LNG为气源的分布式能源应用试点。②鼓励发展天然气调峰电站。鼓励在用电负荷中心新建以及利用现有燃煤电厂已有土地等设施建设天然气调峰电站。鼓励风电、光伏等发电端配套建设燃气调峰电站，开展可再生能源与天然气相结合的多能互补项目示范。③有序发展天然气热电联产。在京津冀及周边省市、长江三角洲、珠江三角洲、东北三省等大气污染防治重点地区具有稳定热、电负荷的大型开发区、工业聚集区、产业园区等适度发展热电联产燃气电站。但2017年冬季的气荒使得天然气利用政策收紧，天然气利用政策由鼓励天然气发电又重新转为适度和限制发展。目前，国家基本采取不限制、不鼓励的态度。

（五）目前的政策环境下燃气发电成本相对较高，竞争力较弱

当前，中国各地区的发电用气价格是在各省份天然气基准门站价格之上再加上区域管网输配费形成的。东部沿海及京津冀地区发电用气价格大致在 2.1~2.5元/立方米，部分地区实行采暖季价格上浮政策，在天然气销售淡季，部分供气商也会实施降价促销。总体来看，在当前的气价水平下，中国典型地区燃气电厂发电成本约为 0.55~0.60 元/千瓦时，其中，燃料成本占比约 70%~75%。与其他类型的电源特别是与煤电相比，气电的上网电价相对较高，仅比海上风电和生物质发电稍低。以上海地区为例，上海气电上网电价（电量电价）较煤电基准价高出约 10~18 分/千瓦时（见图6）。

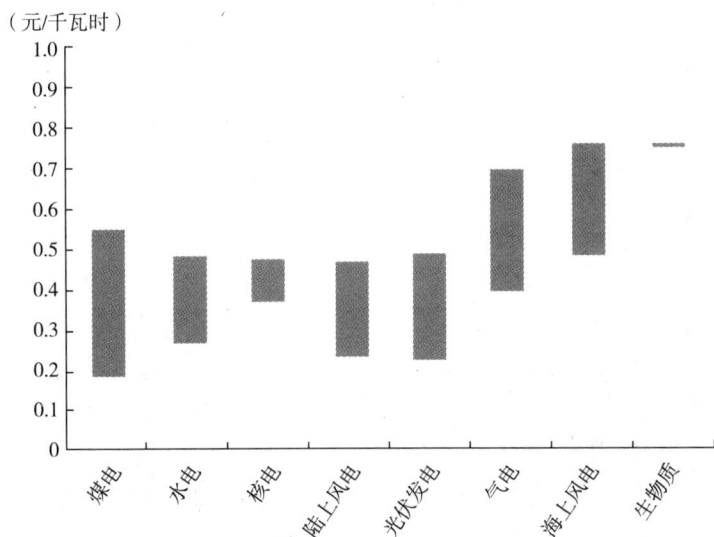

（元/千瓦时）

图6 中国气电与其他类型发电上网电价比较

注：对于采用两部制上网电价的燃气发电机组，图中对应数据为其电量电价。

值得注意的是，实施电厂用气直供的江苏地区，其气电上网电价相对其他非直供地区更低。特别是苏、浙、沪、粤四地的天然气基准门站价格相差不过 1~2分钱，但江苏气电厂由上游供气企业直供天然气，其发电气价只需在门站价格基础上加较短距离的管输费，有效降低了发电成本。

（六）投资方对气源稳定性的担忧成为重要制约因素

在冬季，燃气电厂长期忍受着由于为气网调峰而发生的天然气供应减少和中断，并对气源供应稳定性始终存有顾虑。加之近几年中国天然气对外依存度快速升高，2017 年"气荒"事件等进一步加重了电力企业对天然气稳定供应风险的担忧，投资气电热情减退。最近的天然气价格暴涨又给前一轮由天然气价格下降所激起的新一轮气电投资热潮泼了一盆冷水。

（七）天然气发电受可再生能源发电和煤电双重挤压

中国政府对可再生能源发电的支持力度较大，给予了较多的补贴政策。同时，政府还大力推进"超低排放"煤电，最近又重提新上煤电，天然气发电受可再生能源发电和煤电的双重挤压（见图 7）。"十三五"以来，中国气电年均装机增量约 690 万千瓦，仅为新增煤电水平的 1/5，为风电、光伏装机增量的 1/11。气电发电量增长缓慢，占比始终未突破 4%。气电机组年利用小时数持续低于 3000 小时。

（万千瓦）

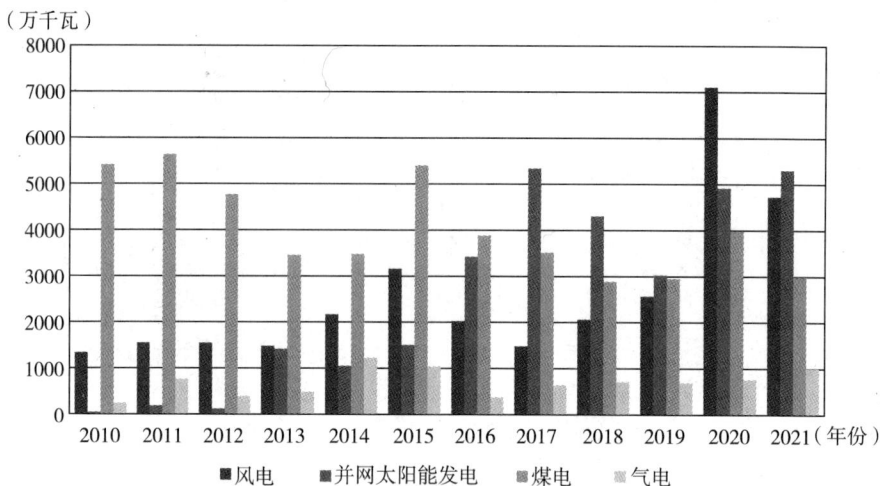

图 7　中国历年不同类型机组新增装机容量

（八）燃机不具备核心技术，购置及维护费用较高

当前，国内哈电、上海电气和东方电气三大动力集团与国外燃机供应商组成联合体共同生产燃机，燃气轮机生产的国产化率已经达到 70% 以上，但仍不具备关键部件、配件制造技术和检修、维护能力。国内燃机的调试、检修、维护等工作几乎全部由国外燃机制造企业完成，国内燃气电厂大部分依托制造厂家服务协

议模式管理燃机设备。尽管东方电气 F 级 50MW 重型燃气轮机整机点火试验成功，目前已进入示范应用；中国航发燃气轮机有限公司 AGT-110 重型燃气轮机已进入商业化阶段；由国家电投牵头的重大专项也取得了积极进展，但我国重型燃机国产化道路仍然漫长。

（九）气电的环保价值、调峰价值尚未得到有效补偿

国家发展和改革委员会于 2014 年 12 月出台的《关于规范天然气发电上网电价管理有关问题的通知》，是目前唯一一份从国家层面对气电上网电价给予规范的文件。总体意见是：除分布式能源外，气电上网电价基本参考当地燃煤发电上网标杆电价，具体电价水平由省级价格管理部门制定。当天然气价格出现较大变化时，天然气发电上网电价应及时调整，但最高电价不得超过当地燃煤发电上网标杆电价或当地电网企业平均购电价格（0.35 元/千瓦时），气电的环保价值和调峰价值尚难体现。天然气发电价格矛盾主要靠地方财政支持等进行疏导。总体来看，中国燃气发电能够达到目前的装机水平，地方政府起到了重要的推动作用。但随着气电规模扩大，地方政府财政支持能力不足，气、电价格虽然保持联动，但气电的利润空间、利用时长都呈逐渐收窄的趋势。近几年，燃机分布最为密集的长江三角洲地区，都先后开始执行气电两部制上网电价，而电量价格又没有放开，进一步限制了气电特别是燃气热电联产的装机利用率，部分地区气电厂商会向燃煤机组转让发电指标，这不符合中国以气代煤的发展路线。

发达国家通常通过容量市场建设、电力现货交易、辅助服务市场等方式激励灵活性电源投资，再通过环境税、碳市场解决污染物和碳排放等外部性问题，以政策"组合拳"提升灵活清洁低碳电源的市场竞争力。以欧洲为例（见图 8），2018 年以来，碳价由 10 欧元/吨大幅增至约 60 欧元/吨，但由于气电碳排放水平仅为煤电的 50% 甚至更低，较高的碳价显著提升了气电相对于煤电的竞争力。2018—2020 年，德国风力、光伏发电和气电发电量占全国发电量的比例由 52% 提升至 65.8%，同期煤电发电量占比减半，由 21.8% 降至 10.8%，电力行业碳排放显著降低。德国电力交易系统中的短期电力交易价格可以反映短期电力供需关系，在早、晚高峰时段价格较高，高于灵活燃气电厂的边际成本，燃气电厂运营商可以在短期市场上获取收益，从而提升了对灵活性电源投资的积极性。日本每月的气电价格随液化天然气（Liquefied Natural Gas，LNG）原料价格波动调整，日本经济产业省参照调价机制对电力公司调价申报实施审核，使得气电成本可通过电价疏导。2000 年之后，得益于一系列环保政策的驱动，气电在美国新增发

电装机中逐步占据主导地位。中国多数研究认为，美国天然气发电快速增长的原因是天然气的价格优势，实际上 2000—2010 年是美国天然气价格最高的时期，这段时间美国也是全球天然气价格最高的国家之一。

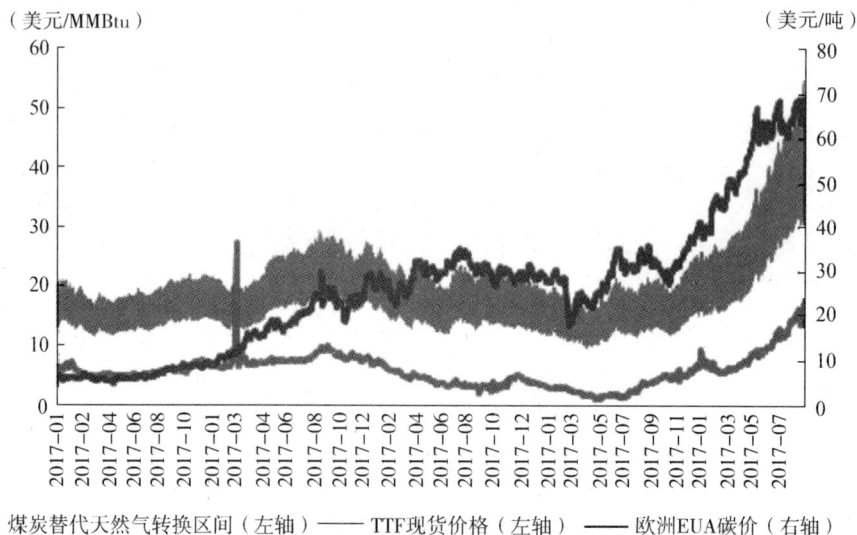

（美元/MMBtu）   （美元/吨）

煤炭替代天然气转换区间（左轴）　——　TTF现货价格（左轴）　　——　欧洲EUA碳价（右轴）

图 8　欧洲碳价、气价及煤炭可替代天然气的气价区间

注：MMBtu 代表百万英热单位，1 吨 = 52MMBtu。

当前，中国正处于电力市场化改革进程中，全国碳市场建设也刚刚起步，仍存在容量市场缺失、辅助服务补偿水平整体偏低、市场机制不健全、电力市场与碳市场未能有效协同等问题。灵活低碳电源难以获得长期有效的价格信号，缺乏可持续发展的商业模式。

三、天然气发电在中国构建现代能源体系中的作用

天然气发电比煤电更加清洁、低碳，灵活性更好，比可再生能源更加稳定，天然气发电在中国构建现代能源体系中将发挥重要支撑作用。

（一）天然气发电环保优势突出，发展气电是改善中国大气环境质量的重要途径

近几年，中国大气污染治理工作取得显著成效，但仍有超过 64% 的城市空气质量超标。特别是 2020 年中国新冠疫情最为严重的时期，在工业、交通等社会

活动处于较低水平的情况下，京津冀及周边地区仍持续出现大范围重污染雾霾天气，说明中国大气污染物排放量显著高于环境容量，仅靠燃煤超低排放措施还不能达到雾霾治理的要求。只有进一步严格制定排放标准，降低污染物排放总量，才能从根本上杜绝雾霾天气、满足人民对美好生活的需要。

众多学者研究了超低排放燃煤电厂与燃气电厂污染物排放的差异。结果显示，目前中国超低排放燃煤发电的烟尘、SO_2 的实际排放浓度仍显著高于燃气发电；通过实施脱硝改造，燃气电厂 NO_x 排放水平可稳定控制在15毫克/立方米以下，较超低排放燃煤电厂平均排放浓度低50%左右。除常规污染物以外，超低排放燃煤发电还存在 SO_3 等可凝结颗粒物的排放，其与雾霾形成是否有关已经引起众多专家的关注和讨论。燃煤发电是全球最大的汞污染物形成渠道之一，同时还排放镉、铬等重金属。虽然脱硫和除尘装置可以吸附部分废气中的重金属，但产生的废渣通常被直接掩埋或露天堆放，通过烟气、灰渣等进入空气、土壤和水环境中，造成二次污染，严重威胁人类健康。北京大学一项研究表明，北京 PM2.5 中砷的浓度过高，而燃煤排放是大气中砷的主要来源。另外，燃煤发电放射性污染严重。这些非常规污染物对人体的总危害甚至大于常规污染物。因此，气电仍是最为清洁的火电电源（见表1）。

表1 基于实际运行下燃气发电与超低排放燃煤发电单位发电量（1千瓦时）排放的污染当量对比

	标准干烟气排放量(立方米/千瓦时)	常规污染物排放量（毫克/立方米）			非常规污染物排放量（毫克/立方米）		单位发电量排放的污染物污染当量（毫克/千瓦时）
		烟尘	SO_2	NOx	Hg	SO_3	
污染物当量值（千克）		2.18	0.95	0.95	0.0001	0.6	
超低排放燃煤电厂	2.97	2	16	33	0.0015	5.44	$227×10^{-6}$
燃气电厂 E级	5.2	0.85	2.2	15	0	0	$96×10^{-6}$
燃气电厂 F级	5.2	1.11	0.84	15	0	0	$89×10^{-6}$

注：各类污染物污染当量取值依据为《排污费征收标准管理方法》。

资料来源：樊慧，段天宇，朱博骐，陈双营. 燃气电厂与超低排放燃煤电厂环境及生态效应对比 [J]. 天然气工业，2020，40（07）：146-153.

（二）气电是碳排放水平最低的火电电源，发展气电有助于中国实现碳排放目标

《BP 世界能源统计年鉴 2022》数据显示，2021 年，中国大陆化石能源燃烧产生的 CO_2 排放量约为 105.23 亿吨，占全球总排放量的 31.1%，人均排放量也已超过世界人均水平。气候变化是人类面临的共同挑战，中国引导应对气候变化国际合作，成为全球生态文明建设的重要参与者、贡献者、引领者，是坚持和平发展道路、推动构建人类命运共同体的重要组成部分。中国已经加入《巴黎协定》，以"自主贡献"的方式参与全球应对气候变化行动，明确提出到 2030 年 CO_2 排放达峰值，并争取提早达到峰值；相比 2005 年，单位国内生产总值 CO_2 排放下降 60%，这是必须完成的硬约束指标。2020 年，习近平主席在第七十五届联合国大会一般性辩论上发表讲话指出，中国将提高国家自主贡献力度，采取更加有力的政策和措施，二氧化碳排放力争于 2030 年前达到峰值，努力争取于 2060 年前实现碳中和，碳减排任务更加艰巨。电力行业碳排放量约占中国碳排放总量的 40%。典型燃煤电厂、燃气电厂度电 CO_2 排放量分别为 798 克/千瓦时、411 克/千瓦时，燃气电厂较燃煤电厂减排约 50%。因此，提升气电在中国火电中的占比可以有效降低火电碳排放总量，有助于中国实现碳排放控制目标。

（三）发展气电对于促进中国天然气工业发展，优化能源结构意义重大

2021 年，天然气在中国一次能源消费结构中占比约 9.3%，远低于全球平均水平（24%），与美国（31%）、英国（35%）等差距更大。从发达国家天然气产业发展规律来看，随着城镇化进程基本结束以及天然气市场进入成熟期，天然气利用主要靠发电推动。目前，美国、英国、日本的发电用气量在其天然气消费结构中占比分别为 36%、31%、69%，全球平均约为 39%，而中国 2021 年占比约为 19%。国家发展和改革委员会等 23 个部委联合发布的《加快推进天然气利用的意见》明确提出，要将天然气培育成为中国现代清洁能源体系的主体能源之一。从中长期看，要实现《能源生产和消费革命战略（2016—2030）》提出的到 2030 年天然气占一次能源消费比重 15% 的目标，气电规模化发展至关重要。

（四）天然气发电灵活性突出，发展气电是促进可再生能源发展的重要手段

随着中国风电、太阳能发电的快速发展，其在中国电力供应结构中的占比显著增加，而这些电源具有间歇性、随机性、反调峰的特性，其大规模并网将给中国电网的安全稳定运行带来巨大的挑战。提高电力系统中灵活性电源的比例，提升电源侧跟随可再生能源电源出力变化快速调节负荷的能力，是有效承接未来高比例可再生能源的前提。当前，中国抽水蓄能、燃气发电等灵活调节电源比重仅为 6%，电力系统调节能力严重不足。风电、光伏发电富集的"三北"地区电源调度灵活性更低，煤电装机比重超过 70%，灵活调节电源占比不足 4%。而全球主要可再生能源比例较高的国家灵活电源比重相对较高，西班牙、德国、美国的灵活调节电源占总装机比例分别达到 31%、19% 和 47%。

燃气轮机调峰能力强、调峰速度快、受限制条件少，是理想的灵活性电源。单循环燃气轮机机组调峰能力可以达到 100%，联合循环机组调峰能力可以达到 70%~100%。此外，燃机是靠直接调节燃料来调节负荷，响应非常快，具有快速的升降负荷能力。抽水蓄能运行灵活、反应快速，是最为优质的调峰电源，但受到站址资源的约束，发展潜力有限，预计 2035 年装机容量仅 1 亿~1.2 亿千瓦。电化学储能正处于从项目示范向商业化初期过渡的阶段，但成本仍然很高，尚不能长时间调峰，发展前景不明朗。煤电通过灵活性改造可以在一定程度上提升调节能力，但调峰能力、性能远不及燃机，而且深度调峰可能对机组运行的安全性、环保性、经济性产生影响。因此，气电是调峰调频性能突出、可靠性高、可规模发展的调峰电源，是未来电力系统调峰的主要选择。

四、中国天然气中长期供应安全风险整体可控

2015 年以来，在"煤改气"政策的推动下，中国天然气消费快速增长，而国内天然气产量增速相对较低，造成中国天然气对外依存度快速升高，尤其是 2017 年冬季发生了"气荒"，引发了各界对天然气供应安全的担忧，天然气利用政策也出现了摇摆，这在一定程度上妨碍了天然气发展目标的实现。实际上，造成"气荒"的原因并非真正的资源短缺，主要是因为"煤改气"推进过快、调峰能力不足和基础设施欠缺等。

从全球来看，天然气资源充足，供需长期宽松，价格将长期保持低位，中国利用国际资源的形势极为有利。全球天然气探明储量 199 万亿立方米，按目前的开采速度可再开采 50 年，其中"一带一路"沿线国家探明储量占全球天然气探明储量的 76%。全球天然气可采资源量 783 万亿~900 万亿立方米，按目前的消费量可再用 200 多年。发达国家天然气消费已进入平台期或下降期，天然气消费增长主要来自中国、印度等发展中国家，而印度天然气消费量和价格承受能力较低，中国具有较大的竞争优势。随着天然气液化和储运技术的进步，近些年全球

LNG 贸易量迅速增长，天然气越来越成为全球性的贸易商品。同时，LNG 贸易灵活性也日益增加，天然气进口来源地非常多，集中度不高，使得进口天然气的风险大大降低。经过十几年的验证，出口商对中国客户的信誉非常认可，与中国企业签署 LNG 贸易协议的意愿较强。加之中国是天然气需求大国，很多项目都在瞄准中国市场。可以说，全球大部分出口天然气资源都是为中国准备的。

从国内来看，中国天然气勘探处于早期阶段，陆上常规资源仍具有较大潜力，非常规和深海资源潜力巨大，通过深化改革和科技进步完全可以保障安全供应。根据中国石油勘探开发研究院油气发展战略规划首席技术专家陆家亮研究团队预测，在不考虑煤炭地下气化、深海天然气和天然气水合物开发的情况下，2025 年、2030 年、2035 年和 2050 年中国天然气产量可以分别达到 2100 亿~2450 亿立方米、2550 亿~3000 亿立方米、2800 亿~3300 亿立方米和 3300 亿~4100 亿立方米，国产天然气可长期满足包括民生、公共服务及关系国防民生的关键工业用气的"底线需求"。根据中国石油经济技术研究院的研究，中国天然气对外依存度在 2040 年将达到 53%左右的峰值，以后开始下降。如果煤炭地下气化、深海天然气和天然气水合物开发取得突破，中国天然气对外依存度还将大大降低。只要措施得当，供应安全风险是可以得到控制的。

五、中国中长期天然气发电发展展望

（一）先天优势带动气电多元化、多能互补发展

天然气发电具有清洁、低碳、灵活、高效等多维综合优势，在替代散煤、替代环保治理重点地区煤电、满足增量电力及热力需求、作为灵活调节电源、与可再生能源融合发展等方面均具有良好的应用前景，主要体现在以下方面：

气电在满足增量电力、热力需求，替代煤电、散煤等方面有较大潜力。据国网能源研究院预计，2030 年、2050 年中国电力需求将在当前基础上分别增长约50%、85%，需求增量空间仍很大。随着环保治理范围扩大、力度提升，控煤限煤政策使得新上煤电的可能性进一步降低，特别是中国粤港澳、长三角等地区的清洁低碳发展已进入新阶段，价格承受能力也相对较高，气电具有较大的发展空间。

气电在配合可再生能源调峰、与新能源多能互补发展方面具有较大潜力。据

预测，2035 年，风电及太阳能发电装机在中国电源结构中占比将达到 44% ~ 46%，2050 年达到 58% ~ 60%。高比例可再生能源客观上增加了对灵活性电源的需求，在电化学储能实现大规模商业应用前，气电是增量调峰电源的重要方式之一。天然气与新能源融合发展的另一个重要场景是多能互补集成供能系统，面向终端用户冷、热、电、气等多种用能需求，通过天然气热电冷三联供、分布式可再生能源和能源智能微网等方式，实现多能协同供应和能源综合梯级利用。天然气发电的灵活性优势将有助于提升可再生能源发电装置的利用率，从而降低整个供能系统的成本。2017 年，国家批准了 23 个国家级多能互补集成优化示范工程，其中 13 个项目涉及天然气。

对于气源成本相对较低的地区，具有一定发展气电的内生动力。中国西南、西北地区国产气资源相对丰富，价格相对较低，东北作为中俄东线入境地区，价格相对其他省份具有优势。川渝地区中长期存在电力供需缺口，西北、东北地区有大量可再生能源需要消纳，这些地区既有需求，又有成本优势，气电发展潜力较大。

（二）中国中长期气电发展空间较大

在基准情景下，截至 2035 年，中国气电装机容量将达到 2.4 亿千瓦，在电源结构中占比 6%，发电用气量将达到 1300 亿立方米。若政府进一步明确加快推动气电发展，出台更加严格的控制煤炭消费政策，在电价、热价等方面给予气电更积极的支持政策，2035 年天然气发电的空间将进一步扩大至 3 亿千瓦，在电源结构中占比将达到 7.3%，发电用气量将达到 1700 亿立方米。在积极的政策情景下，天然气发电将成为中长期天然气需求增量最大的行业，支撑天然气在中国一次能源消费结构占比升至约 15%，实现国家规划目标。

六、大力推动中国气电产业发展的相关建议

（一）坚持天然气主体能源定位不动摇，并在相关规划中明确和部署

政府应充分认识并大力宣传天然气在环境污染治理和控制碳排放方面的优势以及对于可再生能源发展的支撑作用，在能源规划中进一步明确、在电力和天然气等相关规划中进一步体现天然气的主体能源定位，按照既定目标细化部署。继续实施气代煤工程，从严控制煤炭增量。进一步明确气电在电力系统中的定位，

加大对天然气发电的支持力度。以中国碳减排承诺和大气质量控制目标倒推能源发展路径，在"十四五"能源发展规划中不增或尽量少增煤电机组，明确气电在灵活性电源中的优先地位，一定要避免在同一地区出现一方面进行煤机组灵活性改造，另一方面又新上煤机组的现象，通过"气电+储能+可再生能源"组合满足用电需求增长。落实能源生产和消费革命战略中"新增能源需求主要依靠清洁能源满足"的要求。

（二）坚定资源自信，多途径加强能源供应安全保障，消除对对外依存度升高的担忧

1. 坚定资源自信

在不考虑深海天然气资源开发和天然气水合物、煤炭地下气化等领域技术突破等潜在增长因素的情况下，中国天然气自主供应能力可长期满足包括民生、公共服务及关键工业用气的"底线需求"，未来对外依存度最高不会超过53%。如果考虑上述领域的技术突破，自主供应能力还有较大的提升空间，对外依存度将明显降低。同时，全球天然气资源丰富，需求增量主要来自中国，利用国外天然气资源的条件总体有利，天然气中长期供应安全风险整体可控。

2. 进一步提高国内资源保障程度

继续加大对国内天然气勘探开发的支持力度，夯实保障中国天然气供应安全的基础。一是加大上游改革开放力度。二是加强自然保护区划定、环境保护评估、用地用海政策与油气资源开发的统一协调。三是提高资源开发收益在地方的分配比例，充分调动地方支持资源勘探开发的积极性。四是从国家层面加快推动中深层煤炭地下气化、深海油气和天然气水合物开发商业化，"十四五"期间积极开展先导试验项目建设。

3. 强化基础设施和应急调峰能力建设，完善产供储销体系

基础设施是天然气发展的必备条件，也可以为未来的氢能发展提供保障。国家管网公司成立，虽然给油气体制改革画上了标志性的一笔，但也给基础设施建设带来了一定的不确定性，近期有可能导致基础设施建设滞后，不能充分满足实际需要。建议明确国家管网公司的首要任务是满足天然气发展对基础设施的需要，加快基础设施能力建设，加强互联互通，尽快使能力超前并有富余，这样才有可能满足第三方公平准入需求。如果不能满足用户需要，要允许有运输需求的企业和其他企业独资或合资建设并拥有基础设施，建立并完善国家管网公司、省管网公司和油气企业分级分类多元化建设模式。妥善解决管道建设中土地使用和

搬迁问题，研究出台按照管道长度进行利益分配的税收制度，调动地方政府支持管道建设的积极性。

积极落实已出台的鼓励储气设施建设的有关措施，尽快解决储气设施的商业性问题（最终要靠放开价格管制解决），调动多方参与储气设施建设的积极性。油气企业要把储气库资源作为稀缺资源，进行全面勘查和建设，政府要允许企业有偿转让。加强应急法规体系建设，制定出台《油气储备法》《天然气调度条例》等法规，规定天然气储备的责任和义务以及在紧急情况下的断供次序。鼓励油气企业的气田和进口通道留有富余能力以备应急之用，鼓励企业将适合做地下储气库的气田适时转为储气库，并给予财政支持。国家应考虑建立用于应对进口气中断的天然气应急储备体系，包括气田、地下储气库和 LPG 储备等。

4. 继续完善进口多元化部署，通过建立资源池和做大天然气国际贸易减少进口风险

按照海陆平衡、长短结合、留有余量、分散多元的原则，有序推动进口管道和 LNG 采购，尽量降低采购成本，通过建立资源池、做大贸易来保障供应安全。LNG 合同条款要灵活，合同期要中短结合，价格公式要多样（例如与油价挂钩、与 HH 价格挂钩、与国内天然气交易价格挂钩、与国内煤炭和电力价格挂钩等）。

5. 加强多层次国际合作，提升区域能源安全水平

一是鼓励国内天然气进口商与国外进口商合作，通过联合采购等方式争取有利的进口合同条款，并在国际贸易中共享接收站、储气设施和港口等基础设施，通过资源串换等方式提高效率，拓展保供渠道。

二是加强政府间协同合作，推动东北亚地区 LNG 接收站等基础设施共享，加强东北亚地区国家间的天然气信息共享，合作建设亚洲天然气交易中心，增强市场流动性和信息透明度，有效提升区域市场话语权和能源安全水平。

（三）进一步深化全产业链改革，营造公平竞争的发展环境

一是持续深化上游市场化改革，尽快形成多主体有效竞争的勘探开发局面。加快矿法及配套法规修改，尽快出台开放上游的具体政策。落实外资企业、民营企业的准入政策，同时积极探索各油田作为独立矿权人参与矿权竞争的相关政策；建立健全油气矿业权竞争性出让制度，规范油气探矿权、采矿权的招投标行为，定期或不定期地向市场投放油气区块；基于确权登记和经济价值评估，加快建立油气矿业权流转制度，盘活存量资源，加快难动用储量的动用。

二是取消门站价格管制，让市场决定价格。油气体制改革方案明确提出要"管住中间、放开两头"。国家管网公司的成立实现了管住中间，但两头还没有放开。鉴于目前中国尚缺少多元化的市场主体，很难形成"多对多"的交易，可以选择广东、江苏、浙江这些经济发达、承受力强、供应多源的省份作为完全市场化试点先行先试。可以根据各省份的实际情况分别借鉴美国模式或欧洲模式进行试验，根据实际效果再形成一套成熟的改革方案进行推广。过渡期可以放开所有进口气和新增国产非居民用气门站价格，同时扩大居民用气基准门站价格上浮范围，并对特殊群体居民用气实施精准补贴。

三是强制地方管网进行运销分离改革。目前的油气体制改革还没有涉及地方管网。下一步要从国家层面强制要求地方管网实行运销分离（生产和消费重叠的川渝地区除外），并对其管输费和公平准入实施监管，收益率应低于长输管道。

（四）多措并举降低成本，提高天然气竞争力

一是按照产业链各环节风险和收益关系理顺天然气产业链各环节的价格。上游高风险企业应获得高回报，但在目前的价格体系下收益率却最低，反而输配和销售环节收益率较高，这很不合理。天然气输配与电力输配属于网络型自然垄断行业，具有类似的投资和经营风险，输配管网的准许收益率应该参照电网的准许收益率确定，还有较大的下降空间。为确保成本数据的真实性，还要加强输配环节的成本监审及信息公开。

二是以法规形式明确向大用户直供的合法性。建议国家从法规层面明确上游供气企业对大用户进行直供（含 LNG 点供）的不可剥夺性，地方政府也应出台相应文件给予支持和保护。

（五）加大对天然气发电的政策支持力度

与煤电相比，气电在多数国家都不具有成本优势，持续的、愈加严格的低碳环保政策是推动天然气发电大规模发展的关键因素。应通过完善的政策或机制，改善气电的经济性。美国气电装机增长最快的时期（2005—2010 年）并非低气价时期，而是气价最高的时期，气电发展也主要靠低碳环保政策的支持，特别是 2015 年推出的全国性二氧化碳排放限制体系，极大地抑制了美国煤电的发展，推动了气电快速发展。欧洲主要通过提高碳价格，提升气电相对于煤电的经济性。为进一步促进气电发展，充分发挥气电在中国构建清洁低碳、安全高效的现代能源体系中的重要作用，提出如下建议：

1. 加大产业政策支持力度

（1）取消对发展气电的政策限制。

（2）大力支持气电与可再生能源融合发展，捆绑享受有关补贴和优惠政策。

（3）加大对重型燃机研发的支持力度，尽快突破发电用重型燃气轮机关键技术，形成完整的重型燃气轮机产业体系。

（4）允许油气企业自主或合作开展气电业务，推动油气企业与发电企业之间的重组并购等，促进油气电一体化发展。

2. 进一步加大低碳环保政策约束力度

（1）制定统一的（不区分燃料类型）、更加严格的火电污染物排放国家标准。并将 SO_3、重金属、砷、放射性污染、固废、污水等纳入排放控制范围内，提高排污收费标准。

（2）根据环境质量要求制定全国和分区域的污染物总量控制目标。

（3）根据碳排放控制目标设定全国和分区域碳排放额度和分配指标，加快构建并完善全国碳市场，并设定"地板价"。

七、结论

天然气发电对于中国改善大气环境质量、积极履行 2060 年前实现碳中和的承诺、促进天然气工业发展、提高中国制造业水平、提升电力系统灵活性、促进可再生能源发展都具有积极意义，气电的规模发展有助于提升中国清洁能源消费占比，对党的十九大提出的满足人民美好生活需要、建设美丽中国、构建人类命运共同体都至关重要。

世界天然气资源丰富，虽然目前俄乌冲突导致国际气价飙升，但未来市场会趋于平衡。中国天然气供应保障能力已显著改善，未来会进一步加强，安全风险总体可控。天然气发电成本也进入下降通道，具备大规模发展气电的条件。我国政府不能靠限制天然气消费、减少对外依存度来保障供应安全，而要以实现环境和碳排放控制承诺为目的，充分发挥天然气的作用，通过加大国内自主供应能力、进口多元化、做大天然气资源池、建立应急储备体系来保障供应安全。为进一步促进中国气电产业发展，建议政府在中长期电力规划中明确"积极发展"气电定位，持续加大环保政策力度，限制煤炭利用，制定反映气电低碳环保价值和调峰价值的价格与调度机制，鼓励优质电源建设，推动大型燃气电厂天然气直供。最为重要的是，气电产业链上下游等相关企业应秉持共同做大气电市场的目标，建立长期合作机制，增进彼此信任，共同促进产业可持续健康发展。

参考文献

[1] 王怡. 全国天然气发电装机容量突破 1 亿千瓦［EB/OL］.（2021-02-03）［2021-06-13］. https：//baijiahao. baidu. com/s？id=1690658869510768787&wfr=spider&for=pc.

[2] 朱兴珊，樊慧，朱博骐，陈蕊."双碳"目标下中国天然气发展的关键问题［J］. 油气与新能源，2022，34（01）：13-19.

[3] 陈蕊，朱博骐，段天宇. 天然气发电在我国能源转型中的作用及发展建议［J］. 天然气工业，2020，40（07）：120-128.

[4] BPplc. BP statistical review of world energy 2022［R］. London：BP，2022.

[5] 王志轩，潘荔，刘志强，杨帆，李云凝. 中国煤电清洁发展现状及展望［J］. 电力科技与环保，2018，34（01）：6.

[6] 刘朝全，姜学峰，吴谋远. 2021 年国内外油气行业发展报告［M］. 北京：石油工业出版社，2022.

[7] 谢国辉. 降低煤电比重，迈向低碳灵活电力系统［N］. 国家电网报，2017-05-09（08）.

[8] 余旭翔，武文杰. 天然气联合循环电厂热电联产优越性［EB/OL］.（2019-05-21）［2020-05-12］. http：//news. bjx. com. cn/html/20190521/981704. shtml.

[9] 国网能源研究院有限公司. 中国能源电力发展展望 2021［M］. 北京：中国电力出版社，2021.

[10] 陆家亮，赵素平，孙玉平，唐红君. 中国天然气产量峰值研究及建议［J］. 天然气工业，2018，38（01）：1-9.

[11] 国家能源研究院有限公司. 中国能源电力发展展望 2019［M］. 北京：中国电力出版社，2019.

[12] 中国石油经济技术研究院. 2060 年世界与中国能源展望［M］. 北京：石油工业出版社，2021.

13
天然气发电和煤电环保对比

陶文娣[*]

全球碳排放主要来源于电力、工业、交通等行业，其中电力行业碳排放占比达 40%，碳减排更是首当其冲。加速可再生能源的部署，是电力行业碳减排的重要路径；同时，天然气发电以其低碳、环保和灵活的特点对煤电的替代是发达国家能源转型的重要经验之一。在中国 2030 年碳达峰和 2060 年碳中和的目标下，电力行业需要深度转型。2020 年，我国新增装机中清洁电力比重超过 70%，煤电装机历史性降至 50% 以下。截至 2020 年底，我国天然气发电装机容量达到 9802 万千瓦，占全国电力总装机容量的比重为 4.5%；发电量为 2470 亿千瓦时，占发电量的比重为 3.3%。《BP 世界能源统计年鉴》数据显示，2020 年，全球天然气发电量占全球总发电量的比重约为 23%，天然气是除可再生能源外上升最快的电源形式。目前，中国天然气发电装机容量和占比都远低于全球平均水平（见图 1）。

从电力行业的发展趋势来看，低碳化、灵活性和多能互补将成为电力行业的三大趋势。如今，全球的能源利用朝着清洁低碳不断演进，电网由集中式发电发展为集中式、分布式发电优势互补，天然气发电正以其可持续、灵活、部署方便、可负担和绿色环保的优势成为从传统能源过渡到现代能源的桥梁。中国电力系统正通过加快构建新型电力系统实现深度转型。一方面，在"双碳"目标下，煤电装机和发电量将逐渐降低，电网系统需要稳定低碳的基荷电源；另一方面，由于可再生能源发电的间歇性、波动性和不稳定性的特点，要求电网系统配备更高比例的灵活电源作为支撑。因此，天然气发电将成为中国新型电力系统的重要支撑。

---

[*] 陶文娣，通用电气中国政府事务与政策总监。本章内容根据作者在中国社会科学院生态文明研究智库主办、中国能源网协办的《中国煤电发展之路辨析》系列沙龙上的发言材料整理而成。

（太瓦时）

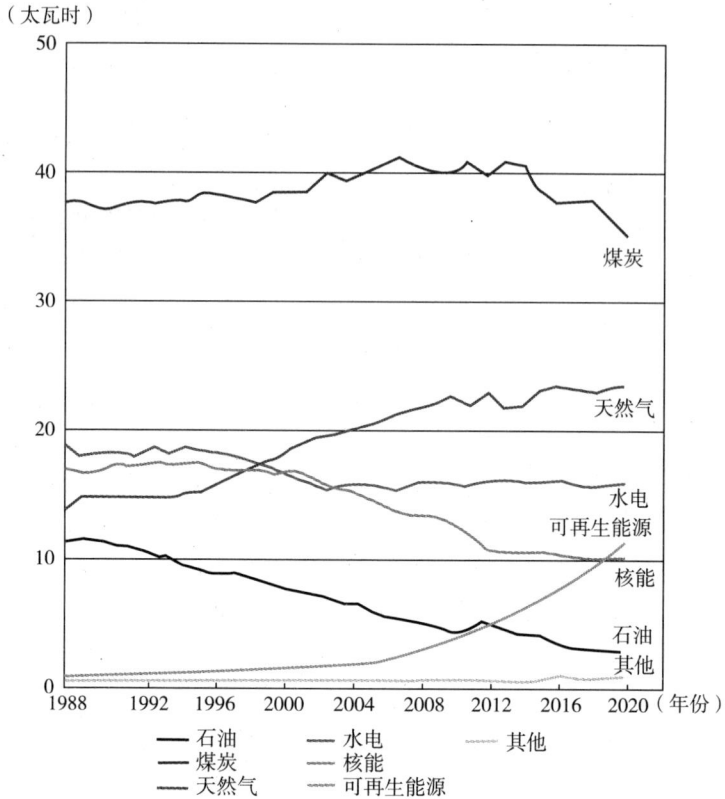

图1　全球不同燃料发电量

资料来源：BP. Statistical Review of World Energy（2021，70th edition）［R/OL］.（2021-07-08）［2021-07-08］. https：//www.doc88.com/p-58999854113091. html.

本章主要对天然气发电和煤电在环保、低碳、灵活性等方面进行了比较。中国对绿色低碳发展越来越重视。在实施经济转型发展、追求高质量发展的当下，燃气发电综合污染水平低、环境影响小、碳排放低、调峰灵活、占地少，环境价值和社会价值将体现得更为明显。

一、环保和污染排放情况

与煤电发电相比，燃气发电更为清洁环保，主要表现在综合污染物排放水平、重金属排放和其他环境影响方面。

（一）大气污染

在大气污染物总体排放方面，燃煤电厂排放的大气污染物主要有氮氧化物、二氧化硫、烟尘等。天然气中基本不含硫，所以燃气电厂排放的大气污染物主要为氮氧化物，同时，天然气都有脱硫和除尘等工艺，所以一般燃机排烟中的硫化物和烟尘接近零。煤电即使使用除尘和脱硫工艺，也有一定的残余，如二氧化硫依然有40毫克/千瓦时以上。燃煤电厂经过超低排放改造，污染物排放水平得到显著降低，但天然气发电的综合污染物排放水平仍然明显优于实施超低排放改造后的燃煤机组。以下以天然气发电H级机组与660兆瓦超超临界燃煤电厂为例进行比较（见表1）。

表1　9HA燃气联合循环和660兆瓦超超临界煤电厂排放比较

单位：克/千瓦时

排放物	9HA燃机电厂	660MW燃煤电厂
氮氧化物排放（脱硝前）	0.24	0.35
氮氧化物排放（加脱硝）	0.07	0.18
硫氧化物排放	0.02（实际近于零）	0.12
烟尘排放	0.02（实际近于零）	0.04
二氧化碳排放	312.79	745.53

资料来源：GE发电集团.9HA电厂价值手册——9HA燃气电厂和660兆瓦超超临界煤电厂比较分析［R/OL］.（2017-07-15）［2021-06-15］. https：//www.docin.com/mobile/detail.do？id=1908628812；余旭翔，武文杰.天然气联合循环电厂热电联产优越性［EB/OL］.（2019-05-21）［2021-06-15］. https：//new.bjx.com.cn/html/20190521/981704.shtml.

燃气联合循环有三个原因决定了减排方面占有更大的优势，首先，燃机联合循环效率比煤电高35%左右；其次，1/3的发电来自蒸汽循环，这个环节是没有污染的；最后，燃机用的燃料为甲烷（CH_4），燃烧耗氧量比煤少。所以，燃机在排放方面的先天优势是显而易见的。

氮氧化物的排放是臭氧层空洞、酸雨和雾霾的重要成因。在氮氧化物排放方面，燃气电厂相比于燃煤电厂排放标准更高。从排放标准上来看，2016年，中华人民共和国环境保护部下发的《火电行业排污许可证申请与核发技术规范》中，要求火电机组排污量按照机组装机容量和年利用小时数，采用排放绩效法测算。据测算，在装机容量和年利用小时数一致的情况下，燃煤电厂的氮氧化物允许排放量是燃气电厂氮氧化物排放量的1.6倍（见表2）。

表2　火电机组氮氧化物排放绩效值

燃料	地区	适用条件	锅炉/机组类型	绩效值（克/千瓦时）	
				≥750兆瓦	<750兆瓦
煤	重点地区	全部	全部	0.35	0.4
	其他地区	全部	W型火焰锅炉、现有循环流化床锅炉	0.7	0.8
			其他锅炉	0.35	0.4
天然气			全部	0.25	

资料来源：王世宏．"十四五"能源规划应提高天然气发电比重［EB/OL］．（2020-06-29）［2021-06-29］．https：//www.china5e.com/energy/news-1093086-1.html.

从实际排放来看，燃煤电厂的超低排放改造大大降低了燃煤电厂包括氮氧化物在内的污染物排放水平。但是，超低排放燃煤电厂脱硝后的氮氧化物排放量仍是天然气电厂的3倍左右。如上所述，由于煤炭的成分，煤电超低排放改造后的综合污染物排放水平仍然明显高于燃气发电。此外，煤电在实现超低排放改造中还会产生污水、重金属等二次污染，同时氨逃逸、三氧化硫产生量增加、脱氮废弃催化剂处理等也将给环境带来影响。因此，为实现更严格的氮氧化物排放，也可以进行燃机改造或加装脱硝装置，同样采用脱硝，燃气发电的氮氧化物排放可比煤电减少60%（见表3）。

表3　燃煤电厂与燃气电厂氮氧化物实际排放量对比

电厂类型		标准干烟气排放量（立方米/千瓦时）	氮氧化物排放浓度（毫克/立方米）		单位电量污染物当量（克/千瓦时）	
			脱硝前	脱硝后	脱硝前	脱硝后
超低排放燃煤电厂		3.18	300	33	0.954	0.105
燃气电厂	E级	5.94	21	12	0.125	0.071
	F级	5.72	40	13	0.229	0.074
	H级	5.31	50	13	0.266	0.074

注：燃煤机组煤耗按282克/千瓦时计算；E级燃气机组气耗按0.190立方纳米/千瓦时计算；F级燃气机组气耗按0.183立方纳米/千瓦时计算；H级燃气机组气耗按0.170立方纳米/千瓦时计算。

资料来源：王世宏．"十四五"能源规划应提高天然气发电比重［EB/OL］．（2020-06-29）［2021-06-29］．https：//www.china5e.com/energy/news-1093086-1.html.

（二）重金属排放

重金属污染主要来自煤的燃烧。煤燃烧的过程中，一些容易挥发的重金属如汞、铅、砷、锌、镍、镉、铜等汽化后以气态的形式停留在烟气中。随着烟气流经炉膛，经过换热面，烟气温度逐渐下降。在此过程中，经过物理吸附、化学吸附和化学反应等作用，一部分重金属逐渐被飞灰颗粒吸附而留于飞灰中，未被吸附的部分随着烟气一起流动。另外，一些在高温燃烧时难以汽化的重金属元素，在燃烧过程中被飞灰和底渣所吸附，存留于飞灰和底渣中。因此，煤中重金属在燃烧过程中以炉渣、飞灰、石膏、烟气等形式排放。在这一过程中灰渣中部分可溶的重金属微量元素可以转入水中，如果冲灰渣水外排至江河，则可能对环境水体造成污染，从而对生态系统和人类健康造成严重威胁。

此外，煤炭存储和运输中可能产生粉尘污染，洗煤产生废水污染，煤炭破碎，从而带来粉尘污染和噪声污染，煤炭燃烧后的炉渣处置不当会带来固废污染。

二、能源利用效率比较

在纯供电的运行状况下，天然气联合循环发电效率比同等级煤电发电效率多35%左右。根据中国电力企业联合会发布的《中国电力行业年度发展报告2019》中的数据，2018年，全国6兆瓦及以上电厂供电标准煤耗为307.6克/千瓦时，比2017年降低了1.8克/千瓦时。根据国家发展和改革委员会、原环境保护部及国家能源局联合发布的《煤电节能减排升级与改造行动计划（2014—2020年）》，现役先进水平的1000兆瓦级超超临界燃煤机组供电标准煤耗为285克/千瓦时，新建1000兆瓦级超超临界湿冷机组设计供电煤耗为282克/千瓦时。按照供电煤耗282克/千瓦时计算，每千瓦时供电所耗能量为8264.57千焦，能源利用率为43.56%。根据燃气—蒸汽联合循环机组实际运行情况，E级联合循环的气耗为0.190立方纳米/千瓦时，F级联合循环在纯凝工况下的气耗为0.183立方纳米/千瓦时，而新型的H级联合循环机组气耗能达到0.170立方纳米/千瓦时。即使以气耗相对较高的E级联合循环机组计算，天然气高位热值按36兆焦/立方米计算，每千瓦时供电所耗能量为6840千焦，能源利用率为52.63%。按照H级联合循环机组的气耗计算，供电的能源利用率为62.4%。从能源利用的效率来看，燃气—蒸汽联合循环比常规燃煤机组有明显的优势。

如果对比天然气联合循环热电联产和煤电热电联产，天然气联合循环热电联产也一样可以把未利用的热能转化为供暖和工业蒸汽。在最大化供热的情况下，比较效率其实是在比较谁的损失小。所谓损失，在最大供热时主要指的是锅炉损失及各自所耗费的厂用电，其他的输出为电能和热能。从综合效率来看，煤电锅炉效率较高，但厂用电消耗较多，而天然气联合循环在保证燃料利用率的同时，可以最大化地把燃料能量转化为电能。评估效率有个重要原则是在实现能源梯级利用的基础上实现能量利用的高效性。天然气产生的高品质热能推动燃气轮机做功发电，然后再利用余热锅炉的高品质蒸汽继续发电，同时抽取大部分中低品质蒸汽来供工业蒸汽或供热和制冷。电为高品质能量，便于转化和传输，必要时用户借助热泵产生 3 倍以上低品热。如以 9HA.01 与 660 兆瓦超超临界煤电比较，考虑供暖抽汽使综合效率达到最大化时来评估两种技术所发的电、热如图 2 所示（按等容量折算）。

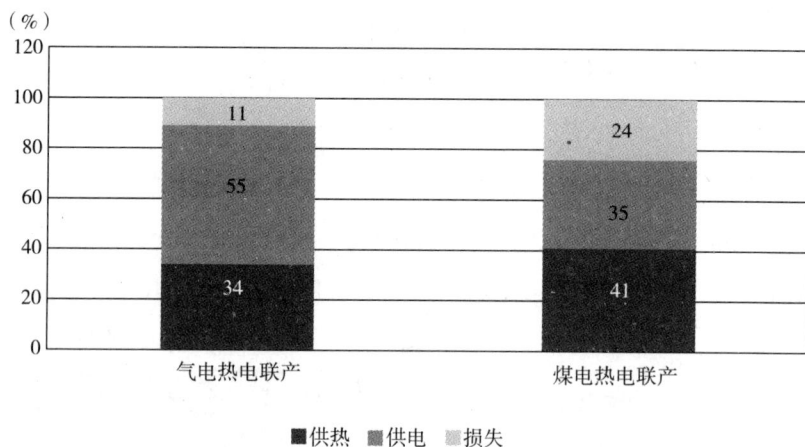

图 2　气电热电联产和煤电热电联产的损失对比

资料来源：余旭翔，武文杰 . 天然气联合循环电厂热电联产优越性［EB/OL］. （2019 - 05 - 21）［2021 - 06 - 15］. https：//new. bjx. com. cn/html/20190521/981704. shtml.

从图 2 可以看出，燃机联合循环热电联产的效率比煤电要优越很多，在燃烧同等热值燃料的情况下，损失不到煤电的一半，高品质的能源电的产出率是煤电的 157%，供热量是煤电的 83%（以上数据以 9HA.01 与 660 兆瓦超超临界煤电的最大抽汽供暖能力时的热平衡计算）。从热电比来看，虽然气电处于劣势，但是技术发展的趋势是最大化地把燃料转为高品质的电，而不是低品质的热。电不但方便传输，而且可以用热泵乘倍数地来供热，单一地追求高热电比是不符合技术发展方向的。

三、碳排放水平减排建议

燃煤机组用的燃料是煤炭，其产热的成分是碳，其燃烧后排放的大量二氧化碳是不可忽视的。燃气机组的燃料主要是甲烷，很大一部分热量是氢和氧反应产生的，所以生成物为水。同等级气电排放的二氧化碳比煤电少58%。

世界核能协会（World Nuclear Association）对1997年以来23份相关的研究报告进行了综述，结果与上述分析相符合。按照中数来算，天然气发电在化石燃料发电的碳排放方面只有不到煤电的50%，只有燃油发电的68%（见表4）。最高效的H级别天然气发电，碳排放只有313克/千瓦时。

表4 不同燃料发电全生命周期碳排放水平　　　　单位：克/千瓦时

发电燃料	碳排放强度中	碳排放强度最低	碳排放强度最高
褐煤	1054	790	1372
硬煤	888	756	1310
燃油	733	547	935
天然气	499	362	891

资料来源：国际能源小数据.不同机构对于煤电、燃气发电等全生命周期碳排放的估值综述［EB/OL］.（2017-12-25）［2021-06-25］. http：//news.bjx.com.cn/html/20171225/869765.shtml.

虽然天然气运输可能产生泄漏，甲烷的温室效应对气候产生影响，但根据国际能源署（IEA）评估，2015年天然气的泄漏强度为1.7%，大约为4200万吨。在这个泄漏水平下，天然气的温室气体效应依然大大低于煤炭。只有在天然气泄漏强度超过4%并考虑20年内的温室效应情况下，煤炭的碳排放才会低于天然气。如果考虑100年内的温室效应，那么天然气泄漏强度要达到7%以上才会超过煤炭的碳排放。因此，在以天然气当前的甲烷泄漏水平及更严格的防泄漏的措施下，甲烷的温室效应远远低于煤炭。

IEA的分析指出，如果可再生能源与具有良好调峰性能的天然气发电组合，在保证电网电力稳定供应的同时，将更大幅度地减少二氧化碳的排放。图3展示了不同组合情景下，碳减排的潜力。如果用可再生能源完全替代煤电，碳减排在25%~45%；如果全部用天然气发电替代煤电，碳减排可以在50%~60%。但如果能将可再生能源和天然气发电结合起来替代煤电，将实现62%~78%更大程度的碳减排。

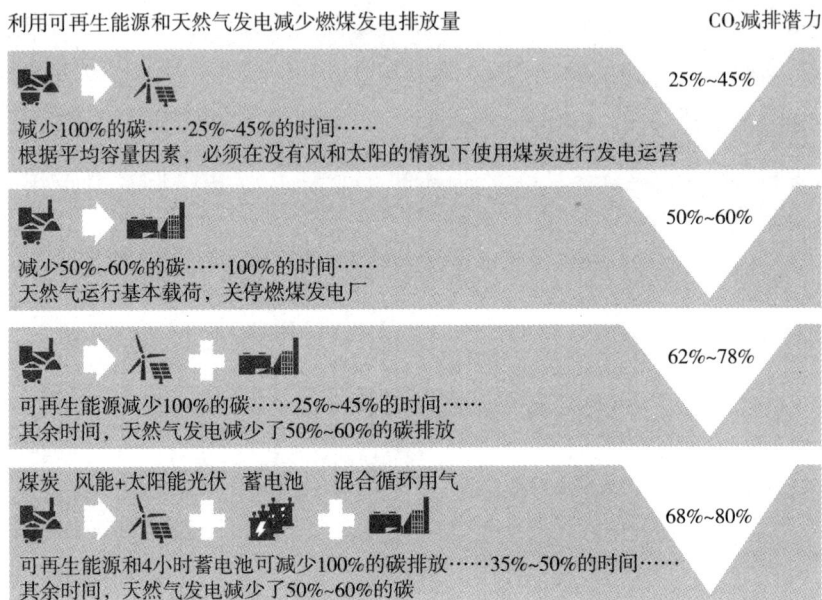

图3　天然气发电+可再生能源更好实现碳减排

资料来源：GE. 加速可再生能源和气电增长，及时有效应对气候变化［R/OL］. （2022-04-22）［2022-04-22］. http：//newsroom. ge. com. cn/news/ge%E5%8F%91%E5%B8%83%E9%A6%96%E9%83%A8%E9%92%88%E5%AF%B9%E4%B8%AD%E5%9B%BD%E7%9A%84%E8%83%BD%E6%BA%90%E8%BD%AC%E5%9E%8B%E7%99%BD%E7%9A%AE%E4%B9%A6%E2%80%94%E2%80%94%E2%80%94%E6%8A%80%E6%9C%AF%E5%88%9B%E6%96%B0%E6%98%AF%E7%A0%B4%E8%A7%A3%E8%83%BD%E6%BA%90%E8%BD%AC%E5%9E%8B%E5%9B%B0%E5%A2%83%E7%9A%84%E9%92%A5%E5%8C%99.

展望未来，需要进一步减少二氧化碳的排放，目前正在运行的或将要部署的燃气轮机可采用氢气为燃料或者可以通过碳捕获技术实现脱碳。图4展示了燃气轮机实现低碳或零碳的路径。目前最先进、最高效的 H 级燃机燃氢能力可以达到50%，预计10年内可以提升到100%，以此实现零碳排放。

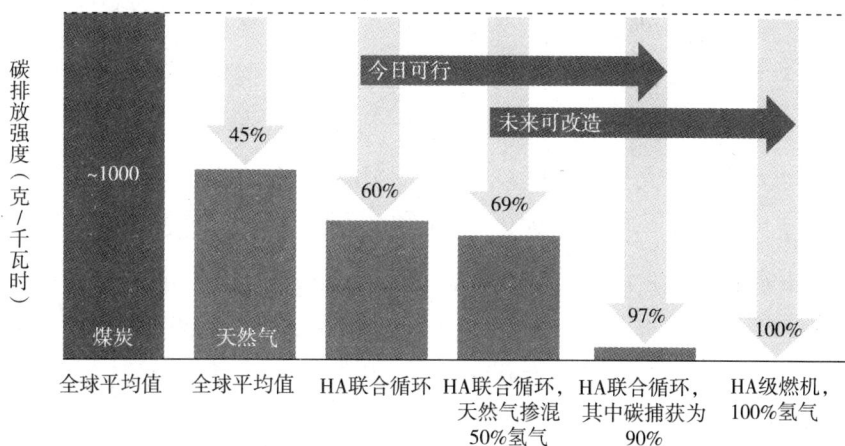

碳排放强度（克／千瓦时）

~1000 煤炭 全球平均值

45% 天然气 全球平均值

60% HA联合循环

69% HA联合循环，天然气掺混50%氢气

97% HA联合循环，其中碳捕获为90%

100% HA级燃机，100%氢气

今日可行

未来可改造

图4 燃气轮机减碳路径

资料来源：GE. 加速天然气发电增长，迈向零碳未来［R/OL］．（2022－04－12）［2022－04－12］.
https：//wenku. baidu. com/view/8c98251932126edb6f1aff00bed5b9f3f90f72ea. html.

四、外部成本

作为化石燃料，煤炭、石油和天然气埋藏在地下封闭的地质构造中，开采过程可能会对地质、地下水、生态等产生多方面的影响。有关研究对煤炭和石油的外部成本进行了估算。

自然资源保护协会（NRDC）中国煤控项目的研究人员以2012年的可得数据为基础，采用全生命周期法就煤炭的开采、运输和使用对水、生态、大气环境、人体健康和气候变化的影响进行了量化分析和货币化，计算了煤炭使用所产生的环境和健康外部成本。与世界上其他拥有优质煤炭资源禀赋的国家比起来，中国煤炭开采带来的水资源问题尤为突出。目前，中国煤炭开采过程中矿井水（主要来源于大气降水、地表水、地下水和生产废水）的利用率不足65%，一方面导致了水资源的流失，另一方面矿井水中的各种污染物（悬浮物、重金属、矿物质及特殊污染物）导致了严重的水环境污染。煤炭开采中不间断、大规模挖煤形成的漏斗、水位下降及水污染等对水资源造成了极大的破坏。煤炭开采破坏了地壳内部原有的力学平衡状态，引起了地表塌陷，原有生态系统遭到了破坏。这种破坏使原有土地收益减少或丧失，同时也造成了地表水利设施的破坏和生态环境的恶化，进一步加剧了局部生态脆弱地区的植被退化和土地沙漠化等生态问题。煤炭对人体健康的影响体现在两个方面：一是煤炭生产导致人员死亡和职业性损伤；二是煤炭消费导致的大气污染，特别是PM2.5对人体健康的影响。除了以上对水、生态、大气环境和人体健康的影响以外，煤炭在生产和消费过程中还产生了大量的温室气体。按2012年中国煤炭生产、运输和消费的技术及末端治理情况估计，煤产生的环境和健康影响为303元/吨，加上煤生产、运输和消费产生温室气体的社会成本161元/吨，煤的环境外部成本超过463元/吨。表5列举了计算中涵盖的各种外部成本。

表5　2012年煤炭生产及消费产生的环境及健康损害成本

环节	类别	分项	元/吨
煤炭生产	煤矿资源	资源浪费	11.00
	水资源	水资源耗减	27.65
		水资源污染	5.81
	生态系统	农业生态系统	2.00
		水土流失及生态退化	19.30
	人体健康	矿工人员死亡	0.23
		职业病直接损失	0.14
		职业病间接损失	0.21
	小计		66.34
煤炭运输	公路运输	事故、噪声、环境等	23.6
	铁路运输		2.75
	水路运输		1.48
	小计		27.8
煤炭消费	人体健康	缺血性心脏病、脑卒中、慢阻肺及肺癌等超额死亡	166.2
	酸雨	农林等生态系统	30.32
	固体废物	土地、生态、地下水	4.40
	废水排放	生态、水资源污染	7.56
	小计		208.48
合计			302.62
气候	气候变化	社会、环境生态、经济	160.8
总计			463.42

资料来源：中国煤控项目.2012煤炭真实成本［EB/OL］.（2014-11-04）［2019-11-04］.http：//coalcap. nrdc. cn/work/info？id=29&type=1.

天然气利用的外部成本也应考虑天然气开采、运输、存储和消费的各个环节。在运输储存方面，天然气主要采取管道运输，煤炭主要采用铁路、公路运输，天然气相比于煤炭运输带来的污染物和碳排放要低很多。就天然气发电消费环节而言，前面做过分析，天然气发电污染物排放种类少、数量低、对健康的影响非常小，碳排放水平也都低于煤电，如果进行量化计算，其外部成本显著低于煤电。综上所述，由于天然气在运输和消费，以及气候影响等方面的外部成本都远远低于煤炭，天然气发电全生命周期的外部成本远远低于煤电。

五、灵活调峰和支持可再生能源发展

截至 2020 年底，我国可再生能源发电装机容量达到 9.34 亿千瓦，同比增长约为 17.5%；我国可再生能源发电量达到 2.2 万亿千瓦时，占全社会用电量的比重达到 29.5%。到 2025 年，我国可再生能源年发电量将达到 3.3 万亿千瓦时左右，可再生能源发电量增量在全社会用电量增量中的占比将超过 50%，风电和太阳能发电量实现翻倍。可再生能源发电具有波动性、间接性特点，这就要求提升电力系统的调峰能力。《"十四五"现代能源体系规划》首次提出，2025 年灵活性电源将达到 24%。

常规燃煤发电机组因容量大，能够为电网提供基本的负荷，调节负荷的速率为 10 兆瓦/分钟。同时，燃煤机组深度调峰超低负荷运行可能会对机组的安全性、经济性、环保性等方面产生影响。天然气发电机组具有启动快、调节负荷快的特点，是国际上广泛采用的调峰方式。目前，最先进的燃气轮机负荷调节速率能够达到 65 兆瓦/分钟（9HA.01），甚至 88 兆瓦/分钟（9HA.02），显然燃气机组更适合用于调节电网的峰谷差。同时，与储能电池相比，天然气发电具有长时间持续调节的能力（见表6）。

表 6 燃机电厂负荷调节能力

	9HA.02 燃机电厂	9HA.01 燃机电厂	9F 燃机电厂	储能电池
负荷变化率（兆瓦/分钟）	88	65	24	NA
满足排放的燃机最小负荷（%）	35	35	50	NA

	9HA.02 燃机电厂	9HA.01 燃机电厂	9F 燃机电厂	储能电池
出力调整范围（兆瓦）	273~826@ ISO	217~660@ ISO	212~315@ ISO	（目前容量最大为 Vistra Energy 美国）300 兆瓦/1200 兆瓦时
100%负荷效率（%）	64	63.4	60.7	—
调峰时长	持续	持续	持续	满容量 4 小时，通常 10 小时以内
LCOE（元/千瓦时）	0.58	0.59	0.61	0.90

资料来源：GE. 加速天然气发电增长，迈向零碳未来［R/OL］. (2022-04-12)［2022-04-12］. https：//wenku. baidu. com/view/8c98251932126edb6f1aff00bed5b9f3f90f72ea. html.

因此，燃煤电厂与燃气电厂在电网中的作用各有侧重，燃煤电厂适合作为电网的基础负荷，承担保障电网安全及电力供应的主力作用；而燃气电厂适合布局在电负荷及热负荷中心，以其清洁、高效、快速的特性为电网充分发挥调峰作用，并更好地支持未来高比例可再生能源情景下电网的平稳运行。另外，燃气机组启动快速，既可以作为电网的黑启动电源，也可以对天然气管网进行调峰，发挥储气库的部分调峰作用。

六、公用设施的消耗

天然气电厂和燃煤电厂在公用设施消耗方面也有很大不同。对于燃煤电厂来说，由于燃煤电厂对燃煤的需求量十分巨大，其最主要的区域为燃煤的储存区域。按照两台 600 兆瓦的燃煤发电机组在满负荷运行的状态下，每天需消耗煤炭约为 10500 吨。如果电厂储存 15 天的燃煤量，则存煤量达到 15.75 万吨，储煤厂占地约为 20000 平方米，同时还需建设灰场，总占地面积能达到 400000 平方米。此外，由于煤炭运输量大，燃煤电厂需建立在铁路或者码头旁边。对同样规模的燃气电厂，天然气采用管道进行输送，总占地面积约为 140000 平方米，其占地只有燃煤电厂的不到一半。同时，燃气电厂相比于燃煤电厂耗水量不到其 1/3，厂用电消耗不到其 1/3，其他公用设施的消耗也更少。如以 H 级燃机与 660 兆瓦超超临界湿冷燃煤机组为例进行分析对比，情况如表 7 所示。

表7 H 级燃气联合循环机组和 660 兆瓦超超临界湿冷燃煤机组公用设施的消耗数据

项目	2×9HA.01 联合循环机组	2×9HA.02 联合循环机组	2×660 兆瓦超超临界 湿冷燃煤机组
全厂出力（兆瓦）	1390	1600	1320
厂区占地面积（公顷）	14	14	44 另外，灰渣场占地 4 公顷
单位容量用地 （立方米/千瓦）	0.1083	0.0875	0.3333
主厂房体积（立方米）	161421①	169138.5②	431483③
容积率（立方米/千瓦）	0.1250	0.1057	0.3269
单台机组燃料消耗量 （吨/小时）	76 甲烷气体燃料	88 甲烷气体燃料	185 标准煤，设计供电煤 耗 285 克/千瓦时
单台机组冷却水量 （吨/小时）	24400④	29500⑤	59100⑥
单台机组脱硫剂 （石灰石）耗量（吨/小时）	0	0	8 660 兆瓦燃煤 含硫量按 2%
单台机组脱硝剂 （液氨）耗量（千克/小时）	0	0	170
单台机组灰渣量 （吨/小时）	0	0	10 另外，石膏量排放量 约为 7.4 吨/小时
单台机组厂用电消耗 （千瓦）	12603 综合厂用 电率为 1.95%	14800 综合厂用 电率为 1.85%	40260⑦ 厂用电率为 6.1%

资料来源：GE 发电集团.9HA 电厂价值手册——9HA 燃气电厂和 660 兆瓦超超临界煤电厂比较分析 [R/OL]. （2017-07-15）［2021-06-15］. http：//www.docin.com/mobile/detail.do? id = 1908628812.

---

① 9HA.01：燃机房体积 17290 立方米，燃机发电机厂房体积 36540 立方米，汽轮发电机厂房体积 85750 立方米，集控楼体积 21841 立方米。

② 9HA.02：燃机房体积 18200 立方米，燃机发电机厂房体积 39060 立方米，汽轮发电机厂房体积 90037.5 立方米，集控楼体积 21841 立方米。

③ 2×660 兆瓦燃机：汽机房厂房体积 179872 立方米，煤仓间体积 126614 立方米，炉前封闭体积 12788 立方米，集控楼体积 21841 立方米，锅炉运转层下封闭体积 90368 立方米。

④ 9HA.01：汽机纯凝工况凝汽量约 488 吨/小时，冷却水系统的冷却倍率按全年 50 倍考虑。

⑤ 2×660 兆瓦煤机：汽机纯凝工况凝汽量约 590 吨/小时，冷却水系统的冷却倍率按全年 50 倍考虑。

⑥ 2×660 兆瓦煤机：汽机纯凝工况凝汽量约 1182 吨/小时（含给水泵小汽机排气量），冷却水系统的冷却倍率按全年 50 倍考虑。

⑦ 660 兆瓦煤机单台机组厂用电消耗（千瓦）：《火电工程设计技术经济指标手册》中建议选择 5.9% 的纯凝厂用电率。其中，已包含 10% 的脱硫厂用电，另加 0.2% 的脱硝厂用电。

由燃煤电厂和燃气电厂的特性可以看出，燃煤电厂适合建设在远离城市中心，靠近煤矿或者铁路、码头的地方。燃气电厂可以根据电负荷、热负荷的集中程度进行选址，适合建设在采暖集中或工厂较集中的区域，如城市附近和工业园区。

综上所述，天然气发电相比于煤电，在污染物排放、能源利用效率、碳排放、灵活性和公用设施消耗等方面都具有显著的优势。为实现中国双碳目标和建设新型电力系统，天然气发电将可以作为煤电替代、灵活性电源支持更大规模的可再生能源发展，以及为工业园区提供高效的分布式能源等助力"双碳"目标。并可以预期，随着碳捕获技术的发展，以及燃气轮机掺烧氢气技术的进步，未来燃气轮机发电将可以实现零碳发展。

参考文献

［1］王世宏."十四五"能源规划应提高天然气发电比重［EB/OL］.（2020-06-29）［2020-06-29］. https：//www.china5e.com/energy/news-1093086-1.html.

［2］余旭祥.专家面对面：天然气联合循环热电联产的优越性知多少（排放篇［EB/OL］.（2019-02-14）［2020-06-15］. https：//news.bjx.com.cn/html/20190215/962708.shtml.

［3］国际能源小数据.如果算上开采、运输、贮存过程中甲烷泄漏，天然气还算低碳能源吗？［EB/OL］.（2017-11-29）［2020-06-29］. http：//www.tanjiaoyi.com/article-23253-1.html.

14

"十四五"时期电力发展展望

袁家海　张浩楠[*]

　　"十四五"时期是我国由中等收入阶段迈向高收入阶段的关键时期,也是我国产业发展从规模增长转向质量提升的重要窗口期。电力作为支撑国民社会经济发展的基础行业,也进入了关键转型期。我国电力发展不但要应对新冠疫情冲击、电力负荷尖峰化、国际形势变化等带来的挑战,还要契合"双碳"目标下新型电力系统转型的内在要求,提供"安全、可靠、清洁、高效"的电力服务。本章旨在对我国2022年及"十四五"时期电力供需情景进行预测分析,为"十四五"时期电力高质量发展建言献策。

一、2022年电力发展形势研判

　　2022年初新冠疫情得到了有效控制、复产复工有序推进,我国经济总体保持复苏改善势头。中国电力企业联合会发布的《2022年一季度全国电力供需形势分析预测报告》显示,第一季度全社会用电量为2.04万亿千瓦时,同比增长5%(中国电力企业联合会,2022);但进入4月后新一轮疫情的暴发使第二产业和第三产业用电需求较上年同期有所下降。据中国电力企业联合会统计,4月和5月全社会用电量均同比下降了1.3%,这使2022年1~5月全国全社会用电量较2011年同期仅增长了2.5%。如图1所示,分行业来看,第一产业和城乡居民用电受疫情影响较小,保持增长态势;第二产业用电量受国内外形势影响较为严

---

　　* 袁家海,华北电力大学(北京);张浩楠,华北电力大学(保定)。本章内容根据作者在中国社会科学院生态文明研究智库主办、中国能源网协办的《中国煤电发展之路辨析》系列沙龙上的发言材料整理而成。

重，用电量增速处于较低水平（袁家海、张凯，2020）；第三产业是受新冠疫情冲击最大的产业，2022年4月和5月用电量分别同比下降了6.8%和4.4%。虽然预计下半年疫情形势好转后第三产业用电量会逐渐回暖，但难以挽回全年用电量的增长颓势。

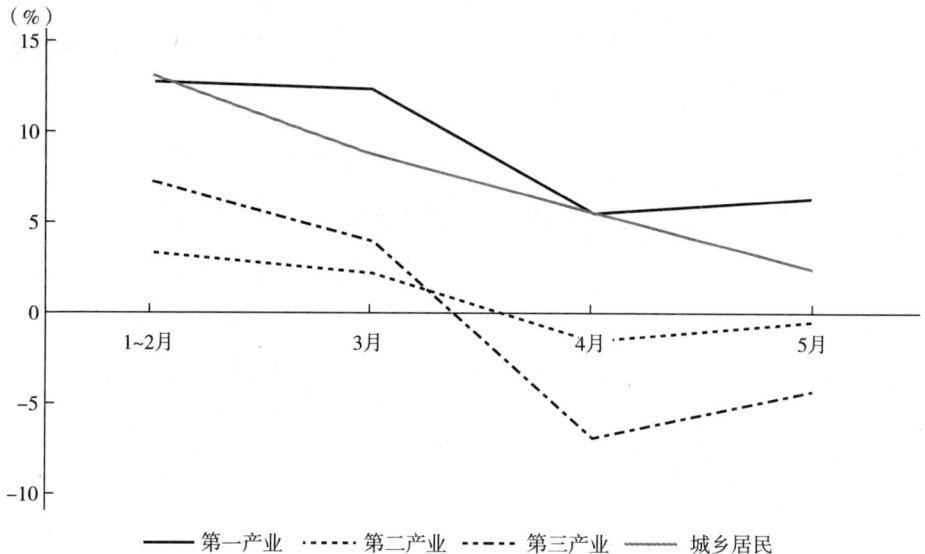

图1　2022年1~5月全国用电量增速

资料来源：国家能源局公开数据。

从2022年上半年经济生产和全社会用电量的趋势以及下半年疫情管控得当的乐观预期来看，预计全年用电量将实现3%~3.5%的增长，达到8.56万亿~8.6万亿千瓦时。其中，第一产业用电量增速将稳定在10.5%；第二产业用电量增速随着贸易恢复、基建投资拉动，将保持在1.6%~2.2%；剔除极端天气影响，第三产业用电量增速将为2.5%~4%，城乡居民用电量增速将为9%左右。

在温控负荷快速增加、新能源加速发展、跨省跨区输电能力尚未充分利用、需求响应资源开发不足的形势下，2022年电力行业面临保供挑战，短期内仍将惯性地把新建可靠电源作为平衡电力供需的主要手段。中国电力企业联合会预计全年全国基建新增发电装机容量为2.3亿千瓦左右，其中：非化石能源发电装机投产1.8亿千瓦左右；2022年底，预计煤电装机容量为11.4亿千瓦左右，非化石能源发电装机合计达到13亿千瓦左右，占总装机容量比重首次上升至50%。2022年，由于国内大范围疫情和国际形势变化造成电力需求波动，但光伏、风电装机规模和利用率进一步提高，水电来水充沛，各地提前制订用电高峰期行动方案，将不会出现大范围电力短缺事件；由于规模扩张、保障新能源消纳等原因，煤电利用小时数预计将降至 4200 小时，2022 年煤电发电量约为 4.8 万亿千瓦时，低于 2021 年水平（见图 2）。

（亿千瓦）

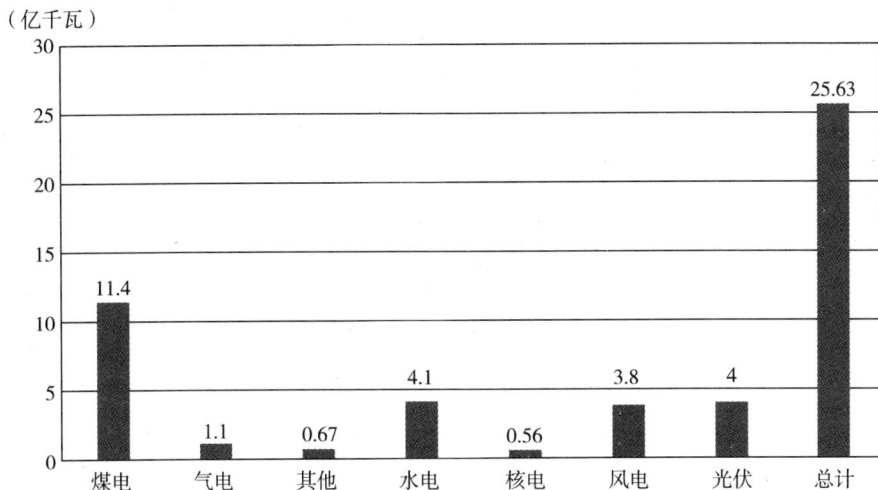

图 2 2022 年各电源装机容量预测

资料来源：笔者自绘。

二、"十四五"电力供需展望

1. 宏观因素分析

全球经济格局发生了重大变化，在外需缩减的趋势下，我国提出以刺激内需为主的发展策略有助于稳固经济形势，随着贸易顺差收窄和经济的继续增长，内需作为中国经济主要引擎的作用会持续提升。2022 年，我国 GDP 预期增速下调至 5.5%左右，但经济增量仍保持着较大规模。在新冠疫情影响下，居民可支配收入的下降限制了消费需求，使餐饮、旅游和酒店等第三产业发展受损，但互联网和相关服务、软件和信息技术服务业等新兴第三产业得到发展良机，游戏、线上教育及线上医疗等"线上经济"得到发展，中长期对居民生活和消费方式的转变带来了不确定影响（胡杨，2022）。"新基建"、数字经济（韩云峰，2022）、绿色经济等成为推动新经济发展（龚新蜀等，2022）、引领经济增长的主要力量（马春辉，2022）。在多重因素叠加下，我国经济增长面临很大的不确定性。

2. 电力需求影响因素分析

电能替代加速，电气化率攀升，拉高用电需求。2016—2020年，我国电能替代电量共计8197亿千瓦时，超额完成《电力发展"十三五"规划》提出的"到2020年电能替代新增用电量达到4500亿千瓦时"的目标。推进电能替代行动加速了我国终端电气化发展（谭显东等，2021），2020年电气化水平达到27%，与2016年日本电气化水平（28.7%）相近。根据国家有关政策和电网公司的行动计划，"十四五"时期电能替代会持续抬高电力消费。预计"十四五"时期年均电能替代量将保持在1200亿~2000亿千瓦时的水平。

"新旧动能"共同构成新常态背景下支撑经济增长的力量。在经济新常态背景下，消费和服务业取代投资、出口成为拉动经济增长的主要动力，新经济对于经济增长贡献和重要性日益提高，但是传统产业仍然是经济发展的重要支撑。"十四五"时期，旧动能（四大高耗能行业）即将进入峰值期，但受"新基建"建设期拉动的影响，加上供给侧结构性改革出清带来的效益改善和电改释放的降本红利，在一定时期内部分行业还有产量上升的势头，叠加环保治理、重点区域控煤因素，行业用电仍有增长空间。"新基建"在"十四五"时期将拉动新动能用电量。此外，我国出口商品主要集中于高科技及装备制造业，国际形势变化对我国出口贸易冲击巨大，可能会拉低新动能用电量。所以在新旧动能转化期，旧动能用电量仍有上升空间，新动能用电量增速不稳定，电力需求易出现"大起大落"。

3. "十四五"时期电力需求预测

"十四五"是我国新旧动能转换的关键时期，旧动能（四大高耗能行业）逐步退出，新动能（高科技及装备制造业）发轫。"新基建"作为新国策，重在引领新兴行业（信息传输/软件和信息服务业）带动经济增长，加上电能替代的大力推进，对我国用电量具有较大提升作用。"十四五"时期我国会大力推动"新基建"、电能替代、数字经济等重点工程，从而提升全社会用电需求和终端电气化水平（刘青等，2022）。因此，本章将用电需求高增速的情景设定为高电气化情景（含1万亿千瓦时电能替代电量），将低增速情景设定为常规电气化情景（含6000亿千瓦时电能替代电量）。在2021年全社会用电量基数为8.31万亿千瓦时的情况下，在高电气化情景下，预计2025年全社会用电量为9.6万亿千瓦时，"十四五"时期用电量年均增速5%；在常规电气化情景下，预计2025年全社会用电量9.4万亿千瓦时，"十四五"时期用电量年均增速在4.6%。其中，第三产业及居民用电量占比达35%，第二产业用电量占比下降至64%（见图3）。

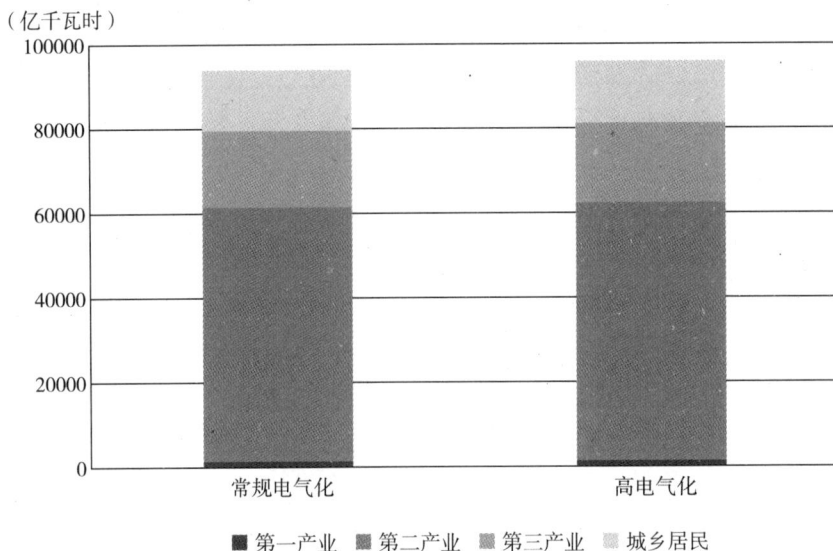

图3　2025年全社会用电量预测

资料来源：笔者自绘。

4."十四五"时期电力规划情景

根据中国电力企业联合会统计数据和公开煤电新增/退役项目数据整理，截至2022年3月底，中国在役煤电机组为11.1亿千瓦；据全球燃煤电厂追踪系统和公开数据显示，我国计划煤电项目规模为1.81亿~1.95亿千瓦，若"十四五"时期计划机组全部建成，假设退役机组为3000万千瓦（其余寿命到期机组可转为应急备用，关而不拆），预计2025年中国煤电规模将超过12.6亿千瓦，这是不考虑政策压力和需求响应的基准结果。

"新基建"是我国为加快国家基础设施建设、稳定经济增长和谋求转型升级，明确推出的重大工程和基础设施建设项目。"煤电+特高压"传统基建和以新能源为代表的电力新基建是"十四五"时期电力发展的两种思路，相对应地，形成了煤电驱动的电气化和新能源驱动的电气化两种路径。在满足战略发展目标、电力需求、跨区输电能力，以及基本物理约束等条件下，本章利用规划模型模拟出四条发展路径：煤电驱动的常规电气化路径（CBS）、煤电驱动的高电气化路径（CHS）、新能源驱动的常规电气化路径（NBS）和新能源驱动的高电气化路径（NHS）。2025年，煤电规模具体路径设定如下（见表1）：

煤电驱动的常规电气化路径（CBS）：12亿千瓦煤电常规机组+0.4亿千瓦调峰备用机组（不列入常规调度统计行列）；

煤电驱动的高电气化路径（CHS）：12.6亿千瓦煤电常规机组+0.4亿千瓦调峰备用机组（不列入常规调度统计行列）；

新能源驱动的常规电气化路径（NBS）：10.8亿千瓦煤电常规机组+0.5亿千瓦调峰备用机组（不列入常规调度统计行列）；

新能源驱动的高电气化路径（NHS）：11.3亿千瓦煤电常规机组+0.5亿千瓦调峰备用机组（不列入常规调度统计行列）。

表1　2025年全国电源装机规模及发电量

电源	装机规模（亿千瓦）				发电量（万亿千瓦时）			
	CBS	CHS	NBS	NHS	CBS	CHS	NBS	NHS
常规水电	3.80	3.80	3.96	3.96	1.44	1.44	1.50	1.50
抽水蓄能	0.62	0.62	0.68	0.68	—	—	—	—
常规煤电	12.00	12.60	10.80	11.30	5.11	5.30	4.45	4.65
调峰备用	0.40	0.40	0.50	0.50	—	—	—	—
气电	1.40	1.40	1.60	1.60	0.38	0.38	0.44	0.44
核电	0.65	0.65	0.70	0.70	0.50	0.50	0.54	0.54
风电	4.50	4.50	5.30	5.30	1.09	1.09	1.35	1.35
光伏	5.00	5.00	6.00	6.00	0.69	0.69	0.85	0.85
生物质及其他	0.78	0.78	0.88	0.88	0.20	0.20	0.28	0.28
合计	29.15	29.75	30.42	30.92	9.41	9.60	9.41	9.61

资料来源：笔者自绘。

在煤电驱动路径下，预计2025年非化石发电装机比重在常规电气化情景和高电气化情景下分别达到52.5%和51.6%，非化石电量比重分别为41.7%和40.8%；煤电装机容量保持12亿~12.6亿千瓦（另备用封存0.4亿千瓦），发电量为5.11万亿~5.3万亿千瓦时，在利用小时数4200小时的情况下即可满足高电气化情景的用电需求，封存5000万千瓦左右的煤电机组作为调峰备用资源保障供电可靠性。

若 2025 年火电平均发电煤耗降至 283 克标准煤/千瓦时、火电发电碳排放强度降至 820 克/千瓦时，则 2025 年我国电力行业发电耗煤为 14.46 亿~15 亿吨标准煤、碳排放总量为 46.66 亿~48.22 亿吨（含气电、生物质发电等）。

在新能源驱动路径下，预计 2025 年非化石发电装机比重在常规电气化情景和高电气化情景下达到 57.6% 和 56.7%，非化石电量比重分别为 48% 和 47%，距离完成 2030 年非化石电量比重 50% 的目标已非常接近；煤电装机容量保持 10.8 亿~11.3 亿千瓦（另备用封存 0.5 亿千瓦），发电量为 4.45 万亿~4.65 万亿千瓦时，常规煤电机组的平均利用小时数降至 4100 小时，为配合大规模新能源消纳，发挥了更多的电力支撑和调节服务功能。若 2025 年火电平均发电煤耗降至 283 克标准煤/千瓦时、火电发电碳排放强度降至 820 克/千瓦时，则 2025 年我国电力行业发电耗煤为 12.59 亿~13.16 亿吨标准煤、碳排放总量为 42.39 亿~44 亿吨。

"十四五"时期电力发展的主题是安全与清洁。核电和水电作为清洁低碳的基础电源要继续稳步发展，从区域分布来看，新增核电分布在沿海地区，新增常规水电分布在西南地区，而抽水蓄能主要布局在中东部地区，作为调峰备用用于消纳新能源和保障尖峰用电需求。光伏发电和风能发电是"十四五"时期新增电源装机的主力，在新能源驱动路径下更是新增电量的主要贡献者，光伏发电采取集中式、分布式协同策略，风能发电采取陆上风电、海上风电并举的策略，实现全国范围内风光大规模发展。在越来越严格的环境标准和越来越高的外部环境成本下，新能源驱动路径中电力系统成本的优势正在逐步凸显。不容忽视的是，新能源驱动路径中可再生能源装机占比高达 37%，远高于煤电驱动路径中的 32%，这对系统稳定性来说颇具挑战。在这种情景下，华东电网、华北电网、西北电网均需配置相当规模的灵活性电源或者储能，无形中也会带来额外的系统成本，但结合丹麦、德国、瑞典等可再生能源发电占比较高国家的电力系统运行情况来看，风险是可控的。总体而言，倘若可以充分利用灵活的火电机组（延寿做灵活性改造或战略备用）、调峰气电、储能、省间输电通道和需求响应等资源，新能源驱动路径情景将是一个理想的发展情景。

5. 各区域煤电装机的合理规模

在日益严格的排放标准和环境压力下，煤电发展问题逐步成为我国电力系统转型过程中的焦点问题。从应对气候变化和行业良性发展的角度来看，关于未来煤电发展问题存在较大分歧。单纯压煤电规模虽然会带来明显的环境效益、健康效益提升，但对于煤电行业而言存在潜在的员工安置、投资浪费、系统稳定性问题。过多地考虑行业利益也会减缓推进低碳化进程的速度，产生相当规模的搁浅资产（张为荣、袁家海，2021），与国家能源发展战略背道而驰。为进一步剖析煤电发展问题，提出了煤电行业良性发展路径及策略，以减少无效投资或化解过剩投资，本章从合理备用率出发，在考虑了系统运行约束、跨区输电容量约束、资源约束、战略布局约束、需求响应规模及系统灵活性需求等参数后，测算了2025年区域电网及全国煤电装机合理规模（见表2）（孟之绪等，2021）。

表2　区域电网及全国煤电装机合理规模

电网区域	煤电装机规模（万千瓦）
华北电网	20016~21310
蒙西电网	10584~11037
东北电网	10636~11071
华东电网	23500~25437
华中电网	9996~10948
南方电网	6987~10721
西南电网	4501~5852
西北电网	24974~26408
全国	111193~122913

资料来源：笔者自绘。

在各项约束下，考虑需求响应削峰（华东电网需求响应规模占最高用电负荷的比重为5%，南方电网、华北电网占比为4%，其他电网占比为3%）及系统可靠性（华北、西北、华东三区域为18%的备用规模，其他区域电网为15%的备用规模），全国2025年煤电装机规模为11.1亿~12.3亿千瓦；若需求响应削峰规模（主要包括电动汽车、储能等）达不到预期目标（只形成最高用电负荷3%的需求响应规模），则煤电装机规模为11.3亿~12.6亿千瓦。

具体来看，西北电网内"十四五"时期煤电装机合理规模最高，主要原因在于外送规模大、煤炭资源丰富、运力与输电成本低；其次是华东电网和华北电网。华东电网需求较高的原因在于自身为负荷中心，电力需求基数大。此外，近些年在该区域内投产的光伏和风电规模较大，需要相当规模的煤电灵活性改造机组作为支撑。华北电网需求较高是由于内部发展快,近些年电力需求增速快,外送华东规模大。然后是东北电网、蒙西电网、华中电网。东北电网除了满足自身需求外主要是蒙东送华北规模较大。蒙西电网除了自身发展较快、资源成本低外,主要原因还在于外送华北、华东电网规模大。华中电网内部各类资源较为均衡,同时也作为电力流主要受端之一,煤电装机需求较低,近些年区域内负荷增速较快,因此需要一定规模的煤电作为支撑。最后是南方电网和西南电网。南方电网和西南电网区域内拥有极其丰富的水电资源,因此可通过水电来替代大量煤电需求。此外,南方电网区域内还有相当规模的核电机组,也可替代一定规模的煤电需求。

综上所述,电气化进程加速会提高电力需求水平,在煤电驱动的高电气化情景下,预计2025年全国常规煤电规模保持在12.6亿千瓦以内能够以合理利用小时数(4200小时左右)保障电力供应,并且发电能力还有很大的上调空间;但是这会使电力行业碳排放量继续上升,面临低碳减排的巨大压力。为平衡电力需求增长与气候变化的约束,新能源驱动路径是更为合理的选择,预计2025年全国煤电(含应急备用煤电)规模将保持在12亿千瓦左右能够以更低利用小时数(4000小时以下)实现电力电量供应,借助"新基建"和电气化发展的契机,在保障电力供应安全的前提下,提前实现非化石能源目标、加速电力碳减排,从而使2030年我国碳排放达峰并尽早达峰成为可能。

三、政策建议

1. "十四五"是电力低碳转型的战略窗口期,应将碳排放目标作为煤电发展的强约束

"十四五"是面向2030年碳减排目标的关键窗口期,在此期间,作为减碳主力的电力部门实现碳排放峰值可以极大地提高2030年之前全社会碳达峰目标的可行性。我国煤电效率已居全球领先水平,技术减排潜力有限,为避免电力高碳路径锁定、错过减排机会,有必要树立煤电峰值意识,应将碳排放目标作为煤电发展的强约束,及早确定煤电碳排放达峰路径。相比目前尚未实现商业化推广的CCS技术,推动可再生能源规模化发展来实现对煤电的存量替代,是目前最为经济可行的减碳方案。由于能源基础设施投资的长周期性和路径依赖性,必须要用

2030 年、2050 年的能源转型目标倒逼近期、中期的电力规划和电源结构调整，设定煤电装机总量上限，严防因为满足短期的电力需求而继续大上煤电给中长期能源转型人为设置障碍。

2. 煤电发展要考虑宏观环境的不确定性，慎重把握供给侧改革政策力度

新冠疫情冲击全球经济，我国虽然取得了抗疫阶段性胜利，但国内和国际形势都已发生重大变化，宏观经济和社会环境存在很大的不确定性。国内消费和对外贸易的不景气直接导致电力需求下降，短期内难以恢复正常增长状态，中长期也有消费降级的可能，此时放开煤电规模限制存在很大风险，容易重现"十三五"时期煤电产能过剩的情况。现有煤电机组还有很多的闲置产能，可以应对未来电量和基础电力的增长；采取等量或减量替代落后煤电策略而新建的大型高效机组也只适合作为基荷电源，对于提高电力系统可调节能力的作用有限；尖峰电力短缺导致的电力供应安全问题应由需求响应等更为经济合理的资源来解决。因此，从电量、基础电力、灵活容量和尖峰资源的角度来看，继续扩大煤电规模都是不合理的。在电力需求增长不确定的情况下，更要慎重把握煤电供给侧改革政策力度，防止规模化扩张造成电力系统结构性矛盾加剧。

3. 将市场化作为新时期推进煤电功能定位调整的主要手段

经过五年的试点性推进，电力市场化改革迈入实质性阶段，在"十四五"时期作为推进电力系统结构性优化的主要手段。现货市场竞价规则要更加公平合理，对煤电机组形成价格分级，确定高效的基荷机组；辅助服务市场的定价机制要按照机组所提供的服务类型、贡献程度来确定各区间定价标准，准确反映辅助服务的稀缺价值，激励煤电机组参与灵活性服务，保障高比例可再生能源消纳；容量机制要释放中长期价格信号，引导容量投资，尤其是尖峰资源的配置，如将折旧和还本付息已完成的 30 万千瓦级以下合规煤电作为延寿机组来供应短时尖峰电力需求，以较低的社会成本来保障电力供应可靠性；电力市场竞争可以减少落后不合规煤电产能退出的阻力。总的来讲，电力市场化改革可以通过竞争方式确定各类机组的系统定位，从而提高电力系统的运行效率。

4. 把握好新基建的精髓，杜绝借"新"上"旧"

新基建是我国依靠加大投资来提振经济的重要举措，更多的是面向未来需求。以电力新基建为例，可再生能源、智能电网、微电网与分布式能源、新型储能、新能源汽车充电设施等基础设施网络建设，是发展智能化、清洁化、多元化电力工业的基础，其定位是着眼于长远性、先导性、全局性工程，将带动资金流

动、技术研发、结构转型、民生就业等经济要素活跃起来。受新冠疫情的影响,短期内电力需求下滑扩大了电力低碳转型窗口期,有了更充足的转型缓冲期和容错机会,应抓住这段"时间差"调整电力结构,而不是打着"新基建"的旗号却重启"旧基建"煤电建设浪潮。煤电投资虽然在短期内可以拉动经济增长和民生就业,但长远发展潜力有限,会加重能源供应成本负担、拉低行业的经济效益、不利于长期能源安全保障。"十四五"时期煤电清洁高效发展要在做好基础电力供应的同时,也要发挥存量机组价值,助力电力系统补足新能源消纳所需系统灵活性和短时尖峰负荷供应这两块主要"短板"。

5. 加强区域能源流的清洁化、高效化

特高压是新基建的重要范畴,强化我国未来能源区域流动和清洁电力化。但我国部分特高压线路存在利用率不高和清洁电力输送比重偏低的问题。在现有特高压线路大量产能闲置、核准/在建线路容量庞大的情况下,受端地区仍开展煤电建设工作,加重了省间壁垒;输电线与输煤线功能重叠、相互拉低利用率,导致基建投资效益低下;中东部省份的可再生能源电量占全社会用电量比重要落后于西部省份。"十四五"时期应加强对特高压跨区电力输送功能的开发利用,让电力基建的作用不只停留在拉动投资层面,更要为国家能源安全和清洁电力消纳做出贡献。

参考文献

[1] 袁家海,张凯. 新冠疫情对电力行业影响评估 [J]. 煤炭经济研究,2020,40 (04):9-16.

[2] 张爱萍. 扛起电力保供责任 守住民生用电底线 [N]. 国家电网报,2022-09-14 (001).

[3] 国资委财管运行局. 国资委召开中央企业迎峰度夏能源电力保供专题会 [J]. 铁路采购与物流,2022,17 (08):17-18.

[4] 胡杨. 疫情对经济影响进一步显现 [N]. 中国银行保险报,2022-05-16 (004).

[5] 韩云峰. 数字新基建 引领新未来 [N]. 大同日报,2022-08-19 (01).

[6] 龚新蜀,李丹怡,赵贤. 新基建投资、产业融合能力与经济高质量发展 [J]. 价格理论与实践,2022 (04):9-13.

［7］马春辉．新基建是发展经济的新引擎［J］．小康，2022（22）：6.

［8］谭显东，刘俊，徐志成，姚力，汲国强，单葆国．"双碳"目标下"十四五"电力供需形势［J］．中国电力，2021，54（05）：1-6.

［9］刘青，张莉莉，李江涛，张成龙，谭显东，张凯，郭威．"十四五"期间中国电力需求增长趋势研判［J］．中国电力，2022，55（01）：214-219.

［10］张为荣，袁家海．全球2℃温升碳约束下中国煤电搁浅资产研究［J］．气候变化研究进展，2021，17（01）：36-44.

［11］孟之绪，张凯，袁家海．气候和安全约束下中国煤电退出路径及成本［J］．煤炭经济研究，2021，41（07）：13-20.

IV 产业发展与转型

15

工业“十四五”发展与碳达峰、碳中和前景

柴麒敏[*]

工业是我国应对气候变化的最主要领域之一，构建绿色低碳的工业体系，不仅是实现应对气候变化目标的必要手段，也是我国工业实现持续发展的必然选择。国家“十四五”应对气候变化专项规划有许多可以聚焦和探讨的问题，特别是跟工业相关的领域。“十三五”期间，我国的工业领域应对气候变化取得了哪些成绩？“十四五”期间，工业要转向绿色低碳发展应该设立什么样的目标？有什么样的路径可以实现这一目标？接下来本章就围绕工业应对气候变化的现状、成效和展望来谈谈这几个问题。

一、“十三五”期间工业领域绿色低碳的发展成效和经验总结

1. “十三五”期间工业领域绿色低碳的发展成效

“十三五”期间工业领域绿色低碳发展取得了非常显著的成效。一是推动传统高耗能、高排放产业提质增效，提高了我国重化工业绿色化发展水平。二是通过加大力度淘汰/压减行业落后产能，实现落后产能的有序退出，有效避免行业恶性竞争和维持产品的合理价格，帮助行业在有序扩张产量的同时有效改善行业运行质量和效益。根据国家发展和改革委员会公布的数据，2016—2018 年，我国累计压减粗钢产能 1.5 亿吨以上，实现 1.4 亿吨“地条钢”产能全面出清，提

---

  * 柴麒敏，国家应对气候变化战略研究和国际合作中心。本章内容根据作者在中国社会科学院生态文明研究智库主办、中国能源网协办的《中国煤电发展之路辨析》系列沙龙上的发言材料整理而成。

前两年完成"十三五"去产能目标任务。通过上述行动，2018 年钢铁、水泥、平板玻璃、烧碱等受潜在影响最大的工业行业产品产量分别较 2015 年上升 16%、下降 5%、上升 19% 和上升 15%，带动黑色金属冶炼和压延加工业、非金属矿物制品业、化学原料和化学制品制造业利润较 2015 年上升 583%、13% 和 210%，行业长期可持续发展能力持续提升。2019 年，规模以上企业单位工业增加值能耗累计下降超过 15%，相当于节能 4.8 亿吨标准煤，节约能源成本约 4000 亿元。

同时，推动绿色新经济创新，我国绿色制造领域加快培育形成新增长点和增长极。通过扎实推进厂房集约化、原料无害化、生产洁净化、废物资源化、能源低碳化、产业绿色化等政策和行动，我国绿色制造体系初步构建完成。工信部数据显示，"十三五"期间，各地共创建 1402 家绿色工厂、118 家绿色园区、90 家绿色供应链企业，1097 种绿色产品被纳入国家绿色制造清单。新能源汽车发展引领全球，2010 年以来国内新能源汽车以年均翻一番的速度快速增长。在可再生能源装备制造、新能源汽车、资源能源循环利用、智能家居等领域涌现了一批国际头部企业品牌。

2. "十三五"期间工业领域绿色低碳的经验总结

我国在"十三五"期间总体的努力卓有成效。对"十三五"期间进行经验总结可以为"十四五"提供不少有力的支撑。

第一个方面是我国在工业领域不断推进可持续能源管理，通过能效提升、结构变革，实现工业部门节能。第二个方面是工业部门的电气化水平的提升，包括促进钢铁、化工和玻璃等行业以电产热，以及加速供暖和供热的电气化进程。第三个方面是实现工业领域能源供给的脱碳，通过逐步淘汰常规燃煤发电，不断增加非化石能源的比重。第四个方面是非电力燃料低碳转换，探索冶金、建材等行业使用氢气、生物燃料或其他低碳合成燃料来替代化石燃料或原料。

二、"十三五"行动措施的全球意义

我国始终高度重视气候变化问题，积极承担符合自身发展阶段和国情的国际责任，实施了一系列政策行动，取得了显著的成效。2009 年，我国提出了到 2020 年的"国家适当减缓行动"（Nationally Appropriate Mitigation Actions, NAMAs），2015 年提出了到 2030 年的"国家自主贡献"（Nationally Determined Contributions，NDCs）。我国已经提前完成了 2020 年的气候行动目标，为全球应对气候变化做出了重大贡献。国家发展和改革委员会发布的《关于 2019 年国民经济和社会发展计划执行情况与 2020 年国民经济和社会发展计划草案的报告》显示，2019 年，我国单位国内生产总值二氧化碳排放相较 2005 年下降了约 48.1%，已超过对外承诺的 2020 年下降 40%~45% 的目标；2019 年，非化石能源占一次能源消费比重达到 15.3%，比 2005 年提升 7.9 个百分点，也已超过对外承诺的 2020 年提高到 15% 左右的目标；2018 年，我国森林面积达到 33.1 亿亩，森林蓄积量达到 175.6 亿立方米，森林面积和森林蓄积量分别比 2005 年增加 4110 万公顷和 45 亿立方米，成为同期全球森林资源增长最多的国家。与此同时，我国在可再生能源、新能源汽车、资源能源循环利用、可持续基础设施、智能家居等领域都为全球做出了重大贡献，大幅降低了全球能源和产业低碳转型的经济社会成本，共同分享了低排放发展的绿色效益。

我国已成为全球气候治理重要的参与者、贡献者和引领者，为《巴黎协定》的达成、签署、生效和实施提供重要推动力。长期以来，我国政府积极参加《联合国气候变化框架公约》（以下简称《公约》）下的多边进程，一直以来坚定维护《公约》的原则和框架，遵循公开透明、广泛参与、缔约方驱动、协商一致的多边精神，从国际气候谈判启动的 1988 年以来的很多历史节点和关键场合都有中国负责任的身影，多次得到联合国秘书长、各国政要及国际舆论的高度赞誉，为全球气候治理做出了"历史性"和"基础性"的重要贡献。多年来，我国认真落实气候变化领域南南合作政策承诺，支持发展中国家特别是最不发达国家、内陆发展中国家、小岛屿发展中国家应对气候变化挑战，在清洁能源、防灾减灾、生态保护、气候适应型农业、低碳智慧型城市建设等领域开展了广泛而富有成效的国际合作，取得了有目共睹的成绩。

三、我国在引领全球的气候变化中发挥的作用

2020 年 9 月 22 日，国家主席习近平在第七十五届联合国大会一般性辩论上发表重要讲话，郑重向国际社会宣示中国将提高国家自主贡献力度，采取更加有力的政策和措施，二氧化碳排放力争于 2030 年前达到峰值，努力争取 2060 年前实现碳中和。习近平主席的讲话受到了国际社会广泛认同和高度赞誉，迅速成为

国际各大媒体的头条。

这一重大宣示向世界释放出了中国将坚定走绿色低碳发展道路、引领全球生态文明和美丽世界建设的积极信号，为各方共同努力全面落实《巴黎协定》和推动新冠疫情（以下简称疫情）后世界经济"绿色复苏"奠定了主基调，不仅极大地推动了《巴黎协定》提出的"到本世纪下半叶实现温室气体源的人为排放与汇的清除之间的平衡"的实施进程，弥补了全球排放差距，为国际社会全面有效落实《巴黎协定》注入了强大动力，而且也彰显了我国引导应对气候变化的国际合作，成为全球生态文明建设的重要参与者、贡献者、引领者的决心和信心。

我国提出的从碳排放达峰到碳中和愿景实现的时间显著短于发达国家，其实施需要付出比发达国家更大的努力。即使德国、法国、英国等欧洲国家，从20世纪70年代温室气体排放达峰到承诺2050年前实现气候中性，其经济社会低碳转型也将长达70年左右的时间，而美国的温室气体排放2005年左右才达峰，即使承诺在21世纪中叶实现碳中和，也将有45年左右的时间。我国目前承诺的从力争二氧化碳排放达峰到碳中和愿景实现仅需30年左右，这要求我国必须推动在能源、工业、城市及基础设施、土地管理等领域形成前所未有的低碳转型速度，才能够保障我国在第二个百年目标实现之后10年左右的时间实现这么一个伟大的目标。这充分展现了我国实施积极应对气候变化国家战略的雄心和决心，体现了真正的大国格局、大国战略、大国担当。

四、工业领域应对气候变化和实现碳达峰的主要行动

工业部门长期以来是我国二氧化碳的主要领域。从重点行业来看，根据国家2014年温室气体的清单数据，公用电力与热力、钢铁工业及铁合金铸造、建材制造、化学工业、石油精炼、有色金属这六大高耗能行业在我国能源活动二氧化碳排放占比约为74%，是我国二氧化碳排放的主要来源，也是下一阶段需重点控制并能推动尽早达峰的行业领域。随着我国逐步完成工业化进程，工业部门经过多年的快速扩张，主要耗能行业的产能规模巨大，进一步大幅增长的空间有限。在技术改进、管理水平提高和能耗限额标准不断提升等措施作用下，工业发展由要素投入驱动逐步转向全要素生产率驱动，推动单位工业增加值能耗以及粗钢、水

泥、原油加工等行业单位产品能耗不断降低。此外，通过加大力度推进工业行业的全面智能化、循环化、电气化，逐步建立现代、集约、高效、低碳的工业生产体系，推动工业用能结构的电气化和低碳化，配合以电力部门的低碳转型，工业部门整体有望在 2025 年前达峰。

若我国能在"十四五"期间以更加积极主动的姿态加快推进绿色低碳发展，加快建立以创新驱动和绿色低碳为导向的经济体系，推动新一代信息技术和先进低碳技术的深度融合，加快生物医药、新材料、新能源汽车、先进轨道交通装备、非化石电力装备、电子及信息产业等绿色制造业发展，在发展潜力大、带动性强的数字经济、清洁能源、智慧城市等高科技、高效益和低排放领域培育新增长极、形成新动能，培育若干先进绿色制造业集群，我国完全有可能在这一轮的全球科技、产业和能源变革中赢得先机。

五、绿色基础设施建设投资展望

1. 新基建与绿色复苏

新冠疫情对经济发展整体的影响重大。对此，我国提出了新型基础设施建设、新型城镇化等一系列应对的手段和措施。习近平主席在第七十五届联合国大会的讲话当中也专门提到了"绿色复苏"这个概念。通常在一轮经济危机之后，政府往往会对经济采取一定刺激的措施来加快社会经济的复苏和运行，但从以往的经验来看，一部分地方或者企业会倾向于对高耗能高排放的行业进行巨额的投资来刺激经济的短期回报，这往往会对经济产生一些高碳的锁定。

习近平总书记在经济社会领域专家座谈会上强调，要推动形成以国内大循环为主体、国内国际双循环相互促进的新发展格局，实现依靠创新驱动的内涵型增长，重塑我国国际合作和竞争新优势。当前，在内外部复杂环境背景及疫情冲击下，有关经济刺激计划的讨论广泛展开，特别是新型基础设施的投资引起了各方的重点关注，其中包括新型基础设施建设是否会如传统基础设施一样产生"锁定效应"，并带来长期的碳排放影响。这一次，习近平总书记传达出非常清晰的信号，即中国要的复苏是绿色的，不是褐色的，也不是灰色的。

2. 新基建的两重效应

我们对新型基础设施对重点行业排放的影响进行了评估，存在在技术创新视角下的减排、在需求驱动视角下增耗两种效应。综合来看,新型基础设施建设对部门和行业碳排放达峰将产生短期和中长期不同的影响。新型基础设施建设对特定部门和行业可能存在减排或增耗的影响,特别在建设强度比较集中的能源(电力)和交通(公路、铁路)等部门。短期而言,因为"十四五"规模建设投产加速,但能源结构调整幅度并不能快速提升,增耗效应可能占据主导地位,根据我们的初步分析,综合考虑增耗和减排的直接及间接效应,"十四五"期间每年平均将增加二氧化碳排放约7300万吨;长期来看,信息技术和能源技术的"双重革命"的叠加效应会进一步显现,新型基础设施对行业智能化升级改造、绿色化要素协同的减排效应将充分发挥。

在工业领域,新型基础设施建设的大量投入可能延缓钢铁、水泥等高耗能行业的碳排放峰值到2025年左右,但"5G+工业互联网"等技术的应用或将较大幅度提高工业领域的减排潜力;在交通领域,城际高铁和轨道交通、新能源汽车充电桩的建设将极大地改善交通运输结构和电气化水平,5G、车联网和自动驾驶技术将深远地改变交通消费模式,随着电力结构的绿色化和低碳化,有研究表明将使道路交通的碳排放峰值提前至2030年前;在建筑领域,智能终端的普及将在一定程度上拉动能耗需求的增长,但"BIM+AI"等技术的应用将极大推动建筑领域的智能化管理和运行;在能源领域,网络化、信息化、智能化水平的提高将加快高比例、分布式可再生能源的消纳,能源结构的调整幅度可能快于规划目标,这将有可能使我国的碳排放峰值提前实现,峰值水平进一步降低。

六、碳中和愿景展望

我国2060年前碳中和愿景的实现要极大地依托低排放技术的跃迁式创新及新型基础设施的规模化建设。能源生产和消费将发生深刻的革命,以先进核能和可再生能源为代表的非化石能源利用技术将成为主流。工业、建筑、交通等领域的终端能源利用的电气化技术、电力生产中的深度脱碳技术、生物质制氢造气发电技术等将得到规模应用。碳捕集、利用与封存(CCUS)技术,直接空气碳捕集(DAC)技术,矿物碳化技术等碳移除方式也将作为有效的补充手段。以新能源汽车充电桩、电气化高速铁路、特高压直流输电、智能电网、分布式可再生能源发电、先进储能、氢能炼钢、绿氢化工、零碳建筑为主的新型低排放基础设施建设将成为未来重要的投资方向，并将有可能规模化替代传统的基础设施形成智慧互联的网络，支撑未来全经济领域以低碳、近零碳、净零碳为目标深度转型。根据国家气候战略中心的初步测算，到 2060 年将有望累计带来 139 万亿美元的新增投资。

我国 2060 年前碳中和愿景不仅是应对气候变化的一项指标，实际上关系到我国的发展战略和全局规划。按照联合国秘书长的说法，到 2021 年初，覆盖全球二氧化碳排放量 65% 以上、占世界经济规模 70% 以上的经济体做出了碳中和承诺。2020 年后，全球范围的绿色低碳转型将大大加速，经济社会发展和国际贸易投资都将在未来发生极大的变化，这种变化不仅是改良性的，更是变革性的。"碳中和"将成为不远的将来技术和产业发展的全球性标准，甚至是贸易和投资进入的"门槛"，并有可能形成"基于新规则的国际秩序"。2060 年前实现碳中和是党中央、国务院统筹国际国内两个大局作出的重大战略决策，这与我国高质量发展和现代化强国建设方向是完全一致的。绿色低碳发展并不是站在经济增长的对立面，而是促进好的经济增长、倒逼不可持续的发展模式转型。

参考文献

［1］顾阳."两型社会"建设取得突破性进展［EB/OL］.［2020-11-06］. http：//www.gov.cn/xinwen/2020-11/06/content_ 5557735.htm.

［2］张金梦.能耗持续攀升 西部地区工业减碳形势严峻［EB/OL］.［2021-04-01］.https：//huanbao.bjx.com.cn/news/20210401/1145249.shtml.

［3］工业和信息化部.工业通信业节能与绿色发展取得积极成效［EB/OL］.［2020-06-27］.https：//www.ndrc.gov.cn/xwdt/ztzl/qgjnxcz/bmjncx/202006/t20200626_ 1232119.html？code＝&state＝123.

［4］柴麒敏，徐华清.加快科技创新 推动我国碳中和国家建设［N/OL］.科技日报，［2020-10-26］.http：//digitalpaper.stdaily.com/http_ www.kjrb.com/kjrb/html/2020-10/26/content_ 455846.htm？div＝-1.

［5］国务院新闻办公室.新时代的中国能源发展白皮书［R/OL］.［2020-12-21］.http：//www.gov.cn/zhengce/2020-12/21/content_ 5571916.htm.

［6］国家林业和草原局.我国森林面积和蓄积实现 30 年持续增长［EB/OL］.［2019-12-09］.https：//www.forestry.gov.cn/main/195/20191209/171246300671332.html.

［7］柴麒敏，李丽艳，章亮．新时代中国参与和引领全球气候治理若干问题的思考［J］．环境保护，2020，48（07）：31-35.

［8］柴麒敏．复杂新形势下全球碳中和与新能源革命刍议［J］．阅江学刊，2022，14（04）：89-93+173.

［9］柴麒敏．美丽中国愿景下我国碳达峰、碳中和战略的实施路径研究［J］．环境保护，2022，50（06）：21-25.

［10］Chai Qimin. The New Growth Story to Carbon Neutrality in China and Its Implication for Near-term Policy［J］. European Association of Environmental and Resource Economists（EAERE Magazine），2021：18-23.

16

"十三五"工业应对气候变化的
行动及成效

禹　湘　莫君媛　刘夏青*

一、引言

当今世界，应对气候变化，实现绿色、低碳发展，已经成为国际社会的广泛共识。我国是目前世界上温室气体排放总量最多的国家，在应对气候变化领域所做的努力和成效直接关系全球应对气候变化目标的实现。这其中，工业是我国应对气候变化的最主要领域之一。构建绿色低碳的工业体系，不仅是实现应对气候变化目标的必要手段，也是我国工业可持续发展的不二选择。改革开放40多年来，我国已取得了举世瞩目的经济发展成就，目前已成为全球第二大经济体，且仍保持着较高的经济增长速度。我国应对气候变化的成效将关系到全球应对气候变化减排目标的实现，在全球气候治理体系中发挥着日益重要的作用，同时也将面临更为严峻的国际碳减排压力。

进入21世纪，世界各国虽然经历了国际金融危机、经济衰退和新冠疫情的冲击，但是发展绿色低碳现代工业，提高国际竞争力始终是欧美发达国家的重要发展目标。美国虽然退出了《巴黎协定》，但仍在实施以先进制造业为核心的"再工业化"，将信息科技与绿色产业高度融合作为发展重点；欧盟于2019年12月发布了《欧洲绿色协议》，明确提出了制定新的工业发展战略，以应对绿色化、数字化挑战，并于2020年7月公布了高达7500亿欧元的刺激计划，明确将

* 禹湘，中国社会科学院生态文明研究所；莫君媛，中国电子信息产业发展研究院；刘夏青，中国社会科学院大学。本章源自于《应对气候变化报告（2020）：提升气候行动力》一书中发表的《"十三五"工业应对气候变化的行动及成效》。

加大对可再生能源、循环经济，清洁运输物流、数字经济（5G 互联互通、人工智能、超级计算机）等领域的投资；2020 年 6 月，德国政府同意一项为期两年的 1300 亿欧元的经济复苏计划，其中包括提升能源效率、发展绿色交通、开发氢燃料等，以此来促进该国能源转型；法国也加大了对绿色航空、新能源汽车、新建自行车道等领域的投资；英国 2019 年将 2050 年前减排 80% 的目标修改为减排 100%，并为此制定和实施了一系列工业减排政策及项目。可见，欧美主要发达国家均加大了对新能源、数字经济、清洁生产的投资，这无疑对我国工业的绿色低碳发展提出了更高要求。

从国内看，工业是我国能源消耗和二氧化碳排放最主要的领域之一，也是实现我国应对气候变化目标最重要的领域之一。"十三五"期间，工业碳排放占全国碳排放总量超过 70%，以钢铁、有色、建材、石化、化工和电力为代表的高耗能行业的二氧化碳排放量占工业二氧化碳排放总量的 80% 左右。工业生产过程中排放的二氧化碳、含氟气体、氧化亚氮等占非化石能源燃烧温室气体排放总量 60% 以上。未来随着工业化、城镇化进程的继续推进，六大高耗能行业碳排放量仍将呈现出一定的增长趋势，在能源结构保持以煤炭和石油等化石能源为主的情况下，未来我国工业领域对碳排放总量仍有一定的需求。

二、工业应对气候变化取得显著成效

"十三五"期间，我国单位国内生产总值的碳排放强度和单位工业增加值的碳排放强度均在持续下降。2018 年，我国单位国内生产总值的碳排放强度比 2005 年下降了 45.9%，已提前实现到 2020 年单位国内生产总值碳排放强度下降 40%~45% 的目标，工业减排对该目标的顺利实现做出了巨大的贡献。

与此同时，我国工业保持着快速发展的势头，2005—2018 年工业增加值持续增长，从 2005 年的 9.42 万亿元（2010 年可比值）增长到 2018 年的 28.64 万亿元（2010 年可比价），同比增长 204.029%。"十一五"与"十二五"期间，工业增加值分别累计增长 75.30% 和 45.62%，年均增长率分别为 11.88% 和 7.81%。"十三五"前三年，工业增加值累计增长 19.10%，年均增长率为 6.08%[①]。

根据发达国家碳排放变化规律，在基本实现工业化时，碳排放强度将达到峰

---

① 根据历年《中国统计年鉴》计算。

值，此后碳排放强度将随着其产业结构的优化升级、能源利用技术的进步而逐渐下降。2005—2018 年，根据国际能源署（International Energy Agency，IEA）的数据，我国工业碳排放强度下降超过 50%，相比世界其他主要经济体，在后工业化时期，我国碳排放强度的下降速度较快。美国的碳排放强度从 1970 年的最高峰经过 32 年后才下降至约 50% 的水平，而经历同样的进程，英国、法国、德国分别耗时 27 年、25 年、22 年。日本的碳排放强度于 1967 年达到峰值后耗时 49 年下降至约 50% 的水平。印度作为发展中大国，其碳排放强度在 1991 年达到峰值后的 26 年间，仅下降了约 32%（见图 1）。

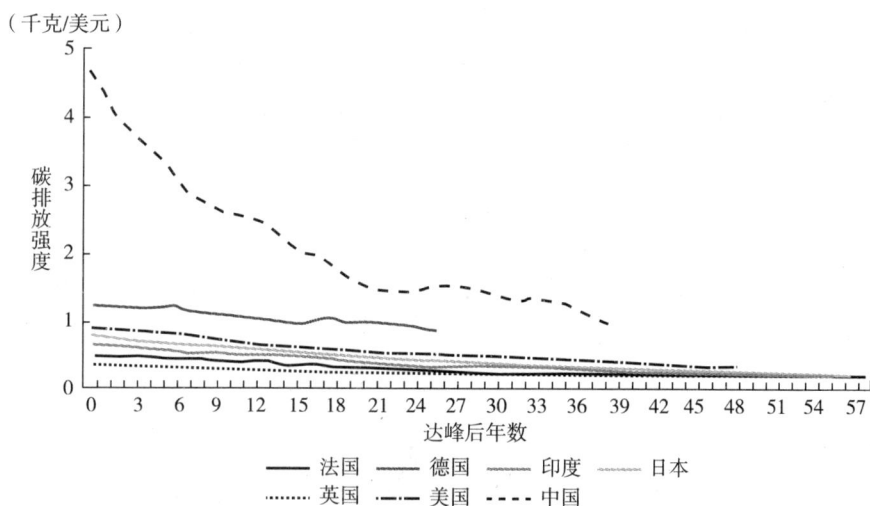

图 1 主要经济体工业碳排放强度下降情况

资料来源：International Energy Agency，https：//www.iea.org.

中国工业领域之所以取得显著减排成效，主要原因在于我国通过不断完善应对气候变化政策顶层设计，形成了不同重点行业，针对不同重点领域，多维度、全覆盖的工业低碳发展体系。

三、工业应对气候变化的主要行动

（一）工业低碳发展的政策机制不断完善

中国政府在"十三五"规划中提出"创新、协调、绿色、开放、共享"的发展理念。工业领域将实现绿色、低碳、循环发展作为目标，形成了工业应对气候变化的有效举措。为此，工业和信息化部等多部委发布了一系列的重要行动方案和发展规划，对工业应对气候变化提出了指向性要求。

工业和信息化部、国家发展和改革委员会等部门于 2012 年发布了《工业领域应对气候变化行动方案（2012—2020 年）》，不仅提出了 2020 年工业应对气候变化的整体目标，还提出了降低钢铁、有色、石化、化工、建材、机械、轻工、纺织、电子信息等重点行业单位工业增加值二氧化碳排放量的具体目标，明确了应对气候变化的思路与任务。2016 年，工业和信息化部发布了《工业绿色发展规划（2016—2020 年）》，提出了到 2020 年，部分重化工业能源消耗出现拐点，主要行业单位产品能耗达到或接近世界先进水平，部分行业碳排放量接近峰值的目标。2016 年，国务院发布的《"十三五"控制温室气体排放工作方案》也明确提出了力争部分重化工业 2020 年左右实现率先达峰的目标。

"十三五"期间，通过这一系列政策的出台，我国进一步加强了对工业应对气候变化的组织和领导，将应对气候变化的低碳发展战略融入了各类规划中，统筹制订了分行业、分地区的工业低碳发展方案，并以此建立了有效的工作管理机制，健全了政策落实的保障措施（见表 1）。

表 1   "十三五"工业应对气候变化相关政策

名称	发布时间	发布单位	目标	举措
《工业领域应对气候变化行动方案（2012—2020 年）》	2012 年 12 月 3 日	工业和信息化部、国家发展和改革委员会、科技部、财政部	1. 2015 年与 2010 年相比，单位工业增加值二氧化碳排放量下降 21% 以上；到 2020 年，单位工业增加值二氧化碳较 2005 年下降 50% 左右 2. 2015 年与 2010 年相比，单位工业增加值二氧化碳排放量在钢铁、有色金属、石化、化工、建材、机械、轻工、纺织、电子信息等行业分别下降 18%、18%、18%、17%、18%、22%、20%、20%、18% 以上 3. 工业生产过程温室气体二氧化碳、氧化亚氮、氢氧碳化物、全氟化物、六氟化硫等排放得到有效控制	积极构建以低碳排放为特征的工业体系；提升工业能效水平；控制工业生产过程温室气体排放；加快低碳技术开发和推广应用；促进低碳工业产品生产和消费
《国家低碳工业园区试点工作方案》	2013 年 9 月 29 日	工业和信息化部、国家发展和改革委员会	试点园区单位工业增加值碳排放大幅下降	大力推进低碳生产；积极开展低碳技术创新与应用；创新低碳管理；加强低碳基础设施建设等

名称	发布时间	发布单位	目标	举措
《工业绿色发展规划（2016—2020年）》	2016年7月18日	工业和信息化部	1. 部分重化工业能源消耗出现拐点，部分工业行业碳排放量接近峰值 2. 主要行业单位产品能耗达到或接近世界先进水平 3. 工业能源消费中绿色低碳能源使用比例明显提高	削减温室气体排放，积极促进低碳转型；提升科技支撑能力，促进绿色创新发展
《"十三五"控制温室气体排放工作方案》	2016年10月27日	国务院	1. 2020年与2015年相比，单位国内生产总值二氧化碳排放下降18% 2. 加大对非二氧化碳温室气体如氢氟碳化物、甲烷、氧化亚氮、全氟化碳、六氟化硫的控排力度 3. 到2020年，部分重化工业实现率先达峰	构建低碳工业体系；加快建设全国碳排放权交易市场；加强低碳科技创新；等等
《绿色制造工程实施指南（2016—2020年）》	2016年9月14日	工业和信息化部	1. 2020年与2015年相比，单位工业增加值二氧化碳排放量下降22% 2. 2020年与2015年相比，规模以上单位工业增加值能耗下降18% 3. 部分重工业化工业资源消耗和排放达到峰值	传统制造业绿色低碳转型；提升资源循环利用、绿色制造技术创新效率；加快低碳技术创新及产业化示范应用；加快绿色制造体系建设

（二）持续推动工业低碳技术创新

低碳技术是推动工业降低碳排放总量和强度的重要推动力。工业生产过程复杂，通过提高能源效率、减少对碳密集型产品和服务的需求以及部署脱碳技术，是工业领域实现深度减碳的国际共识。近年来，中国加大了工业领域的科技创新，工业节能减碳技术发展迅速，制造业主要产品中约有40%的产品能效接近或达到国际先进水平。重点能耗行业也在节能减碳先进技术的开发和应用上有所突破，推进产品单位能耗和碳排放强度下降，部分大型企业的工艺达到国际先进水平。

1. 新能源技术和储能技术不断发展

优化工业的能源结构、加大可再生能源的使用力度是降低工业碳排放的有效手段。当前，我国已成为全球最大的可再生能源生产国和应用国，水电、风电、光伏装机规模多年保持全球领先，核电在建规模也居世界首位。据国家能源局统计，2019年我国可再生能源发电量为2.04万亿千瓦时。

可再生能源在工业领域的大范围应用受到储能技术的限制。储能技术是智能电网、可再生能源高占比能源系统、能源互联网的重要组成部分和关键支撑技术。储能技术能够有效提高风、光等可再生能源的消纳水平，分布式发电及微电网是推动主体能源由化石能源向可再生能源更替的关键技术，能够减少火电调峰从而促进二氧化碳减排。"十三五"期间，我国储能技术得到了迅速发展，抽水蓄能、压缩空气储能、飞轮储能、超导储能和超级电容、铅蓄电池、锂离子电池、钠硫电池、液流电池等储能技术研发应用加速，储热、储冷、储氢技术也取得了一定进展。

此外，通过创建智能微电网示范工程，探索建立容纳高比例波动性可再生能源电力的发输（配）储用一体化的局域电力系统，以及新型商业运营模式和新业态的电力能源服务，推动了更加具有活力的电力市场的创新发展，逐渐完善了新能源微电网技术体系和管理体制，有利于大力提升工业能源使用效率，从而减少二氧化碳排放。

2. 工业领域电气化水平进一步提升

"十三五"期间，在中国工业部门能源消费中，煤炭比例持续缩减，电气化水平显著提升。《巴黎协定》指出，要将全球平均气温较工业化前水平升高幅度控制在2℃以内，终端部门电气化率需要从2017年的24%提升至2050年的53%。工业流程电气化是中国工业领域能源变革中的重要环节。在工业领域中，将工业锅炉、工业煤窑炉用煤改为用电，大力普及电锅炉，减少直燃煤，可实现部门工业生产过程的零排放。

3. 工业节能减碳技术不断发展

工业节能减碳技术水平在"十三五"期间也得到显著提升。以水泥、钢铁、石灰、电石、乙二酸、硝酸、化肥、制冷剂生产等为重点，控制工业生产过程中产生的二氧化碳、氧化亚氮、氢氟碳化物等温室气体排放。开展生产原料替代工作，以低温室气体排放的原料替代高温室气体排放的原料，以低碳排放的新型水泥、新型钢铁等材料替代高碳排放的传统水泥、传统钢材等。如钢铁工业通过推广高炉炉顶煤气循环技术、焦炉煤气氧化重整技术等有效减少二氧化碳排放25%左右。水泥行业余热回收发电技术、焚烧垃圾替代煤炭发电等技术，实现了有效减碳目标。目前，我国电解铝综合交流电耗、钢铁单位产品能耗等均处于国际先进水平。

4. 二氧化碳捕集、利用与封存技术

二氧化碳捕集、利用与封存（CCUS）技术对于工业减少二氧化碳排放也起到了十分重要的作用。在碳捕集技术研发方面，2019年依托国家重点研发计划等支持了10余项CCUS研发项目和示范工程。在技术应用推广方面，截至2019

年 8 月我国已建成了数十个 CCUS 示范项目,在验证技术可行性的同时加强了工程实践能力。在能力建设方面,通过中国 CCUS 产业技术创新战略联盟积极开展多边合作,努力搭建 CCUS 产学研一体化国际合作平台。由于碳捕集、利用与封存技术的成本高昂,大规模推广难度仍然较大。

(三) 实施节能行动、实现工业深度减碳

通过开展实施工业节能服务,提升能源利用效率,可大量减少生产过程中温室气体的排放。工业和信息化部通过开展节能诊断与节能监察"双轮驱动"的节能管理机制,不断提升了工业节能水平。

"十三五"以来,工业和信息化部每年对 5000 家重点高耗能行业企业实施节能监察,累计监察高耗能企业 2 万余家,完成 19 个行业节能监察全覆盖,倒逼企业加快技术改造,有效减少了电力、钢铁、建材、化工等重点行业的碳排放。

2019 年,为深入推进工业节能,培育工业节能市场化新机制,加快企业绿色转型和高质量发展,工业和信息化部组织开展节能诊断服务行动,为全国 4400 余家企业提供公益性节能诊断服务,被诊断企业能源消费总量达到 4.65 亿吨标准煤。通过诊断,累计提出节能改造措施建议 7930 项,预期节能约 1400 万吨标准煤,平均节能率约为 3.0%,预计减碳量约为 3878 万吨二氧化碳。

在钢铁、电解铝、铜冶炼、乙烯、原油加工、合成氨、甲醇、电石、烧碱、焦化、水泥、平板玻璃等重点用能行业开展能效领跑者工作,有计划发布领跑者名单和指标,积极组织企业开展能效对标达标行动,鼓励企业实施节能技术改造工程。据统计,"领跑者"企业的钢铁烧结工序能耗水平比行业平均水平低22%,减少了大量二氧化碳的排放。

四、实现了工业绿色低碳的协同发展

绿色制造体系建设是实现中国工业绿色、低碳、循环发展的重要举措,《工业绿色发展规划(2016—2020 年)》提出了到 2020 年能源利用效率显著提升,资源利用水平明显提高,清洁生产水平大幅提升,绿色制造产业快速发展,绿色制造体系初步建立的发展目标。为此,我国开展了创建千家绿色示范工厂和百家绿色示范园区,开发万种绿色产品,创建绿色供应链的绿色制造体系建设。其中,减少碳排放是开发绿色产品,创建绿色工厂、园区和供应链的重要内容。工

业绿色发展的核心理念不再只关注工业生产末端的碳排放，而是将绿色低碳理念贯穿于产品、园区和供应链的全过程。例如，绿色产品是从产品的设计阶段就系统考虑原材料选用、生产、销售、使用、回收、处理等各个环节对资源环境的影响，从而减少工业产品的设计、制造、使用、回收、制造的全生命周期的碳足迹。绿色制造体系的建设对绿色产品、工厂、园区、供应链都提出了明确的碳排放评估评价的指标，如表2所示。

表2 绿色制造体系中低碳相关指标

绿色制造体系维度	低碳相关指标
绿色工厂	工厂生产中替代或减少全球增温潜势较高温室气体的使用
	工厂采用适合的标准或规范对产品进行碳足迹核算或核查
	单位产品碳排放量
	工厂获得温室气体排放量第三方核查声明
	工厂利用温室气体核算或核查结果对其排放进行改善
绿色园区	园区万元工业增加值碳排放量削减率的引领值为3%
绿色供应链	披露企业节能减排减碳信息情况
绿色设计产品	衡量产品全生命周期温室气体排放水平

资料来源：工业和信息化部办公厅. 工业和信息化部办公厅关于开展绿色制造体系建设的通知［EB/OL］.（2016-09-20）［2019-09-20］. https：//www. miit. gov. cn/zwgk/zcwj/wjfb/zh/art/2020/art_ 5aaad16b40144ed0a58bedac344f79fa. html.

（一）绿色工厂

绿色工厂是制造业的基础核心生产单元，属于绿色制造体系的核心组成部分，是绿色制造工程实施的主体。绿色工厂的核心原则是：用地集约化、生产洁净化、废物资源化、能源低碳化。绿色工厂关注生产过程的绿色低碳水平。在厂房设计方面，优先选择绿色建筑技术；在能源使用方面，优先选取可再生能源代替传统化石能源，不断提升能源使用效率；在生产方面，合理优化产品绿色设计等环节，积极采用国家鼓励的先进技术目录，不使用国家淘汰的技术和装备；在管理方面，实施绿色采购和绿色供应链管理；在资源管理方面，提升物质流动效率，建立资源循环利用机制。

绿色工厂的评价要求还明确工厂生产中要尽量替代或减少全球增温潜势较高温室气体的使用，并对工厂生产的产品进行碳足迹核算，同时利用温室气体核算或核查结果对其排放进行改善等。截至2019年9月，包括钢铁、有色、化工、建材、机械、汽车、轻工、食品、纺织、医药、电子信息重点行业的 1402 家工厂被选为工业和信息化部绿色工厂。

据不完全统计,绿色工厂万元产值碳排放量先进水平为 0.1156 吨二氧化碳当量。机械行业绿色工厂先进水平为万元产值能耗 0.0368 吨标准煤、万元产值碳排放量 0.1516 吨二氧化碳当量。绿色工厂的创建,提升了全行业应对气候变化意识,使节能降碳领域取得显著成效。

(二) 绿色园区

绿色园区是将绿色发展的理念贯穿于园区的规划、建设、运营和管理的全过程的一种可持续园区发展模式。在绿色园区的评价体系中,园区万元工业增加值碳排放量削减率是绿色园区低碳发展的重要指标。绿色园区中的不少园区推动了园区中的重点工业企业开展温室气体排放核查,对碳排放情况进行数据采集和核查工作,编制园区的年度碳排放清单。采取系列措施推进重点行业低碳转型,采用先进适用的低碳技术,控制工业生产过程温室气体排放。例如,通过焦炉煤气制 LNG 项目,充分利用焦炉煤气中的富氢和一氧化碳,通过甲烷化技术生产天然气,将高碳能源转化为低碳能源。截至 2019 年 9 月,已创建 118 家绿色园区。实践表明,部分示范园区在创建过程中实现了经济增长与碳排放的脱钩。通过优化能源结构,将全生命周期的碳减排积极延伸到园区的生产、消费、贸易和投资的全过程,实现了碳排放强度不同程度的下降。

(三) 绿色供应链

绿色供应链是将环境保护和资源节约的理念贯穿于企业从产品设计到原材料采购、生产、运输、储存、销售、使用和报废处理的全过程,使企业建立经济活动与环境保护相协调的上下游供应关系。绿色供应链管理是一种创新型管理工具,它充分发挥市场的作用,引导各行业企业采购污染排放少、环保绩效高的原材料和产品,从而促使上游更多的企业主动遵守环境法规,采取环保措施,实现整体产业的绿色升级和可持续发展。绿色供应链的实施对构建高效、清洁、低碳、循环的绿色制造体系,强化绿色生产,建设绿色回收体系,搭建供应链绿色信息管理平台,带动上下游企业实现绿色发展,促进传统产业转型升级、经济提质增效和绿色协调发展以及环境质量总体改善起到至关重要的作用,同时也从全生命周期减少了工业生产的碳足迹。

(四) 绿色设计产品

绿色设计是以绿色制造实现供给侧结构性改革的有效举措,侧重于产品全生命周期的绿色化，产品具有较低的碳足迹是其重要内容之一。绿色设计产品除了从末端减少碳排放，还从源头和全生命周期减少碳排放。工业和信息化部积极推动开展绿色设计示范试点，即按照全生命周期的理念，在产品设计开发阶段系统考虑原材料选用、生产、销售、使用、回收、处理等各个环节对资源环境的影响，实现产品对能源资源消耗最低化、生态环境影响最小化、可再生率最大化。通过选择量大面广、与消费者紧密相关、条件成熟的产品，应用产品轻量化、模块化、集成化、智能化等绿色设计共性技术，采用高性能、轻量化、绿色环保的新材料，开发具有无害化、节能、环保、高可靠性、长寿命和易回收等特性的绿色产品，对于整个工业体系低碳转型具有重要意义。截至 2019 年 9 月，共遴选1097 项绿色设计产品。

五、"十四五"期间工业应对气候变化的前景展望

未来，工业仍将是中国经济增长的主要动力，也仍将是中国能源消耗和温室气体排放的主要领域，更是中国提升国际竞争力的重要领域。工业深度的绿色低碳转型，具有战略性和全局性的意义。"十四五"期间不仅需要严格控制高耗能、高碳的重化工业过快增长，继续推进工业部门朝着绿色化、精细化、高端化、信息化和服务化转型，同时也要依托绿色制造体系建设，以工业园区、重点工业企业、重点工业产品为抓手，促进工业形成绿色、低碳、环保的发展方式，建设具有绿色低碳发展特征的工业体系，从而为中国应对气候变化战略目标的实现做出贡献，推动国民经济继续实现长期、平稳、较快的发展。

（一）建立健全工业应对气候变化政策体系

形成各部门在应对气候变化领域的合力，完善工业和信息化部、生态环境部等主管部门对工业应对气候变化的组织领导。制订"十四五"期间工业应对气候变化工作方案，把应对气候变化、推动工业低碳发展作为编制相关规划的重要内容，将控制工业温室气体排放、碳排放达峰，以及促进工业低碳发展等指标纳入产业发展规划等各类规划及重点工业行业的工作计划中。同时加强财税、金融等配套政策支持，提升财政资金的使用效率，积极依托金融市场探索绿色金融等融资创新机制。

（二）积极构建以低碳为特征的绿色制造体系

工业和信息化主管部门要加强应对气候变化工作与绿色制造体系建设等工作

的配合，发挥协同效应。为进一步推进绿色制造体系示范工作的开展，还应强化对绿色制造体系的监管，对于已经获得通过国家绿色制造体系的园区、企业、产品、供应链等，应建立动态监督机制，将碳排放水平作为核心要素纳入绿色制造标准体系中，从而依托绿色制造打造绿色、低碳的工业体系。同时进一步推广典型绿色低碳发展的模式案例，强化体系对工业绿色发展的引领和带动作用等。

（三）加快先进低碳技术的研发推广和应用

低碳技术创新是实现工业应对气候变化的关键所在。加强专项资金和金融支持力度，加快低碳技术的研究开发、示范与推广。大力推进"低碳+互联网"，充分利用新一代信息技术，提升应对气候变化新动能。在传统高耗能行业，继续推广焦炉煤气制甲醇、转炉煤气制甲酸、新型干法水泥技术、水泥窑协同处置废弃物等高效绿色低碳技术。加强对二氧化碳的捕集、封存技术探索，研发二氧化碳制备高附加值化学品技术、二氧化碳化学利用过程的低氢耗技术，实现二氧化碳资源化利用。

（四）逐步完善重点工业行业碳核算和标准体系

建立温室气体排放数据信息系统，加强工业企业温室气体排放管理。加快建立符合我国工业发展水平的碳排放测算体系，建立重点用能企业温室气体排放定期报告制度，构建工业产品碳排放评价数据库。研究制定钢铁、水泥、石化等高耗能行业产品的碳排放标准，加紧制定重点用能企业碳排放评价通则，指导和规范企业降低碳排放。

（五）建立健全促进工业低碳发展的市场机制

完善工业应对气候变化的市场机制，发挥碳价格的市场信号和激励作用，降低控制温室气体排放成本。探索建立碳排放自愿协议制度，在钢铁、建材等行业开展减碳自愿协议试点工作，制定减碳自愿协议管理办法和奖励措施，推动企业开展自愿减排行动。鼓励工业企业参与自愿减排交易，支持铜铁、水泥、石化、化工等行业重点企业开展碳排放交易试点。

（六）加强工业应对气候变化宣传培训和国际合作

继续加强工业应对气候变化的国际合作。在现有工作的基础上，创新形式和手段，进行应对气候变化科学知识的普及和宣传。积极开展工业领域应对气候变化专题培训，加强人才培养。积极拓展应对气候变化国际合作渠道，建立资金、技术转让和人才引进等机制，构建国际合作平台，推动国际合作项目落地，有效消化、吸收国外先进的低碳技术，增强工业应对气候变化能力。

参考文献

［1］龙迪，王毅．全球绿色转型：中欧携手共进［EB/OL］．（2020-08-19）［2021-10-26］．https：//www. huanbao-world. com/a/zixun/2020/0819/170034. html.

［2］Benjamin Wehrmann, Julian Wettengel . Germany Gives Energy Transition Mild Boost with Economic Stimulus Programm［EB/OL］．（2020-06-04）［2020-06-04］．https：//www. cleanenergywire. org/news/germany-gives-energy-transition-some-extra-boost-economic-stimulus-programme.

［3］工业和信息化部，国家发展和改革委员会，科学技术部，财政部．工业领域应对气候变化行动方案（2012-2020年）［EB/OL］．（2012-12-31）［2021-10-26］．https：//www. miit. gov. cn/xwdt/gxdt/ldhd/art/2020/art_ f8a89a74a15b4700 b1b32255972778d4. html.

［4］工业和信息化部．工业绿色发展规划（2016-2020年）［EB/OL］．（2016-06-30）［2016-06-30］．http：//www. miit. gov. cn/nl146285/nl146352/n3054355/n3057267/n3057272/c5118197/coml. html.

［5］国务院．"十三五"控制温室气体排放工作方案［EB/OL］．（2016-11-04）［2021-10-26］．http：//www. gov. cn/zhengce/content/ 2016-11/04/content_ 512619. htm.

［6］国家可再生能源中心．中国可再生能源展望2018［R/OL］．（2018-11-25）［2021-10-26］．https：//mp. weixin. qq. com/s/6EKAria4Nm83Tzj6fyz-Tg.

［7］工业和信息化部．工业和信息化部办公厅关于开展绿色制造体系建设的通知［EB/OL］．（2021-09-26）［2021-10-26］．http//www. miil. gov. cn/nl146285/nl146352/nl146352/n3054355/nl146352/n3057544/c5258400/content. html.

17

我国数字"新基建"绿色发展的前景与思考

刘文强 *

2018 年 12 月,中央经济工作会议首次提出,加快 5G 商用步伐,加强人工智能、工业互联网、物联网等新型基础设施建设(以下简称"新基建")。党中央、国务院高度重视新型基础设施建设,多次部署加强新基建工作。特别是在经济下行压力持续加大的情况下,新基建更是具有拉动经济增长、推动社会数字化转型、助力高质量发展等重要作用。大力推进新基建,数字领域是重中之重;实现高质量发展,必须践行绿色发展新理念。所以,推动数字新基建实现绿色发展,成为新时代的重大历史课题。

一、数字新基建的背景和内涵

(一)基础设施、"新基建"和数字新基建的内涵

基础设施是经济社会活动的基础,具有基础性、先导性和公共性的基本特征,对国民经济发展至关重要。传统基础设施建设主要指"铁公基",包括铁路、公路、机场、港口、水利设施等建设项目,在我国经济发展过程中具有举足轻重的作用。

"新基建"是相对于传统基础设施而言的,现阶段具有开放性特征,5G、数据中心、人工智能、工业互联网、特高压、城际高速铁路和城市轨道交通、新能源汽车充电桩,以及可以发挥基础支撑、赋能底座作用的基础设施均属于"新基

---

* 刘文强,中国电子信息产业发展研究院。本章内容根据作者在中国社会科学院生态文明研究智库主办、中国能源网协办的《中国煤电发展之路辨析》系列沙龙上的发言材料整理而成。

建"范畴。2020年4月，国家发展和改革委员会对"新基建"作出了解读和界定，即"新基建"是以新发展理念为引领，以技术创新为驱动，以信息网络为基础，面向高质量发展需要，提供数字转型、智能升级、融合创新等服务的基础设施体系。具体包含三个方面内容：一是信息基础设施，主要指基于新一代信息技术演化生成的基础设施，包括以5G、物联网、工业互联网、卫星互联网为代表的通信网络基础设施，以人工智能、云计算、区块链等为代表的新技术基础设施，以数据中心、智能计算中心为代表的算力基础设施等。二是融合基础设施，主要指深度应用互联网、大数据、人工智能等技术，支撑传统基础设施转型升级，进而形成的融合基础设施，包括智能交通基础设施、智慧能源基础设施等。三是创新基础设施，主要指支撑科学研究、技术开发、产品研制的具有公益属性的基础设施，包括重大科技基础设施、科教基础设施、产业技术创新基础设施等。"新基建"在"十四五"期间乃至更远的未来，均将对推动我国经济社会高质量发展产生历史性影响。

数字新基建是"新基建"中与信息技术、数字化密切相关的基础设施部分，涵盖5G、云计算、人工智能、区块链、大数据中心等领域。数字基础设施是"新基建"的主要部分，其立足于高新科技的基础设施建设，依托先进的信息技术，通过挖掘数字信息的内在价值，推动数字信息向要素化、商品化、产业化发展。数字新基建将加速5G、云计算、大数据、人工智能和量子计算等信息新技术的广泛应用，加快建立万物智能、互联的信息社会时代，智能制造、智能社会、智慧城市、智能电网、智能交通等领域建设都将得到极大提速。表1给出了"新基建"概念的发展时间脉络。

表1　"新基建"概念发展时间脉络

时间	载体	内容
2018年12月	中央经济工作会议	加快5G商用步伐，加强人工智能、工业互联网、物联网等新型基础设施建设，加大城际交通、物流、市政基础设施等投资力度，补齐农村基础设施和公共服务设施建设短板
2019年3月	全国"两会"政府工作报告	加大城际交通、物流、市政、灾害防治、民用和通用航空等基础设施投资力度，加强新一代信息基础设施建设
2019年12月	中央经济工作会议	要着眼国家长远发展，加强战略性、网络型基础设施建设，推进川藏铁路等重大项目建设，稳步推进通信网络建设，加快自然灾害防治重大工程实施，加强市政管网、城市停车场、冷链物流等建设，加快农村公路、信息、水利等设施建设

续表

时间	载体	内容
2020 年 1 月	国务院常务会议	大力发展先进制造业，出台信息网络等新型基础设施投资支持政策，推进智能、绿色制造
2020 年 2 月	中央全面深化改革委员会第十二次会议	统筹存量和增量、传统和新型基础设施发展，打造集约高效、经济适用、智能绿色、安全可靠的现代化基础设施体系
2020 年 2 月	中央政治局会议	加大试剂、药品、疫苗研发支持力度，推动生物医药、医疗设备、5G 网络、工业互联网等加快发展
2020 年 3 月	中央政治局常务委员会会议	加快 5G 网络、数据中心等新型基础设施建设进度
2020 年 5 月	全国人大政府工作报告	加强新型基础设施建设，发展新一代信息网络，拓展 5G 应用，建设充电桩，推广新能源汽车，激发新消费需求、助力产业升级
2021 年 3 月	全国人大政府工作报告	发展工业互联网，促进产业链和创新链融合，搭建更多共性技术研发平台，提升中小微企业创新能力和专业化水平。加大 5G 网络和千兆光网建设力度，丰富应用场景
2021 年 3 月	国家"十四五"规划	围绕强化数字转型、智能升级、融合创新支撑，布局建设信息基础设施、融合基础设施、创新基础设施等新型基础设施。加快 5G 网络规模化部署。加快构建全国一体化大数据中心体系，建设若干国家枢纽节点和大数据中心集群。积极稳妥发展工业互联网和车联网
2022 年 3 月	全国人大政府工作报告	建设数字信息基础设施，逐步构建全国一体化大数据中心体系，推进 5G 规模化应用，促进产业数字化转型，发展智慧城市、数字乡村。加快发展工业互联网，培育壮大集成电路、人工智能等数字产业，提升关键软硬件技术创新和供给能力

资料来源：笔者根据赛迪智库的报告整理。

（二）数字新基建的重大战略意义

当前，人类社会正处于新一轮科技革命和产业变革过程中，数字革命依托先进的信息化技术，通过挖掘数字信息的内在价值，推动数字信息向要素化、商品化、产业化发展，是新一轮工业革命的重要组成部分。面对信息化时代的加速来临，国家亟须打造数字化的信息社会基础层设施，构建新一代信息基础设施体系。因此，数字基础设施建设是当前"新基建"的重中之重。

从更广阔的视野来看，铁路、高速公路、机场、电力基础设施等是传统工业时代的基础设施，或者说是第二次工业革命时代的产物；而信息时代或者说第三次工业革命时代，更多体现出以数据为关键要素的算力、算法等基础设施能力。传统基建解决了物和人的连接，公路、机场的修建给区域带来繁荣的商业，数字新基建则解决数据的连接、交互和处理，会极大地推动信息社会建设，为产业升级带来更大的空间，推动形成新的产品服务、新的生产体系和新的商业模式。5G、云计算、大数据、人工智能和量子计算等新技术，将作为数字产业化和产业数字化的基础设施，给产业升级带来更大的空间，推动形成新的产品服务、生产体系和商业模式。

二、数字新基建的前景展望

（一）数字新基建的核心内容

当前，大家关注的新基建重点主要是以 5G、数据中心、人工智能、工业互联网、物联网为代表的信息数字化基础设施。重点领域又包括以下几个方面：

一是算力基础设施，包括与生产、生活、社会运行相关的算力中心、算法平台和算据库，如数据中心、超算中心、云计算中心、AI 算法云平台、互联网云中心等。

二是信息网络基础设施，包括基于新一代信息技术演化生成的信息通信网络，如 5G、物联网、卫星互联网等。

三是行业应用基础设施，主要指面向行业应用场景构建的融合型基础设施，如面向智慧交通的车路协同基础设施、面向生产制造的工业互联网基础设施、面向广播电视领域的超高清采编播基础设施等。

四是平台公益型基础设施，主要指支撑科学研究、技术研发、产品测试、系统验证的具有公益属性的重大科技基础设施、科教基础设施、产业技术创新中心、协同中心、测试平台和测试场等。

需要特别说明的，一是新冠疫情（以下简称疫情）暴发以来，全球经济低迷，新基建承载着激励经济复苏的重要任务，在一定程度上新基建投资将托底经济。其中，以数字新基建为主的基础设施建设是数字经济发展的底层基石，将进一步发挥新一代信息技术赋能作用，为经济增长注入新动能。根据赛迪预测，中国未来新基建将带动间接投资逾十万亿级，成为经济复苏的新动力。二是被视为新基建核心领域的 5G、大数据产业及数据中心，是数字新基建的重要内容，表 2

将对其展开讨论。

表 2　数字新基建及其投资展望

领域	直接投资	带动投资
5G	预计 2025 年 5G 基站建设数量约为 500 万座，直接投资将达 2.5 万亿元	带动终端、高清视频等行业快速发展，到 2025 年 5G 全产业链相关投资累计超 5 万亿元
大数据	中国数据中心机架年增速超过 30%。预计 2022 年将新增 220 万机架，新增投资 1.5 亿元	带动云计算、物联网产业发展，2022 年带动相关投资超 3.5 万亿元
人工智能	中国 AI 芯片市场 45% 的平均增速，预计 2025 年，人工智能基础设施建设新增投资约 2200 亿元	带动计算机视觉、语言处理等技术进步，促进智慧医疗、智慧交通、智慧金融等产业快速发展。预计 2025 年人工智能核心产业规模超过 4000 亿元
工业互联网	2019 年工业互联网投资 6110 亿元；13.3% 年均复合增速，预计至 2025 年新增投资超 6500 亿元	赋能传统工业向智能制造转型，预计 2025 年带动相关投资超万亿元
新能源充电桩	2020 年 1 月，公共类充电桩累计 53.1 万台。年增长 15 万台；私人按照充电桩年增长 30 万台；2025 年投资规模将达到 1000 亿元	预计 2025 年带动相关投资累计超 2700 亿元

资料来源：赛迪智库《新基建发展白皮书》。

（二）被视为新基建核心领域的 5G

伴随着疫情的常态化防控，5G、人工智能、大数据等新一代信息技术迅猛发展，5G 新基建更是成为新一轮科技革命和产业革命最具代表性和引领性的技术，成为支持未来经济社会发展的重要战略资源和公共基础设施。世界各国也将发展 5G 作为推动本国数字经济发展、促进传统产业升级的重要抓手。我国作为全球 5G 技术发展的重要推动者，2013 年启动相关研究，在 5G 需求研究、关键技术验证、标准制定、产业化推动及商业推广等领域，为全球 5G 产业的发展做出了积极贡献。

目前，我国 5G 基础设施快速建设，已建成全球最大的 5G 商用网络，根据工业和信息化部《2021 年通信业统计公报》相关数据，截至 2021 年底，5G 基站数达到 142.5 万个，每万人拥有 5G 基站数达到 10.1 个，5G 建设成效显著。随着 5G 终端产品的逐渐丰富，5G 用户将保持高速增长态势。5G 产业催生应用场景不断扩延，工业、医疗、交通、能源等垂直行业 5G 融合应用加快，带动传统产业升级，技术优势催生全新产业生态。在 5G 重构信息基础设施格局的大背景下，5G 大幅度提升了社会治理效率和能力。尤其在疫情防控中，远程医疗、智慧教育、高清直播、智能制造等场景的创新应用，让人民群众真切地感受到 5G 在生活和工作中的巨大作用，由此也将进一步激发出更多需求。

（三）大数据产业及数据中心

在全球信息化快速发展的大背景下，大数据已成为国家重要的基础性战略资源，正在引领新一轮科技创新，推动经济转型发展。加快数字中国建设已经成为国家战略，诸如福建、广东、浙江、江苏等地均积极开展数字经济布局。作为数字经济和新型智慧城市建设的核心要素，大数据将为其提供数据分析平台和工具，助力各个细分应用环节的"智慧化"落地。大数据产业从事以数据采集、交易、存储、加工、分析、服务为主的各类经济活动，包括数据资源建设、大数据软硬件产品的开发、销售和租赁活动，以及相关信息技术服务，以数据服务、基础设施和融合应用相互交融的方式，协力构建完整的大数据产业链。

紧密围绕数据资源开展的基础设施建设、数据集聚整合、数据分析处理、数据开放共享和数据安全等领域，铸就起大数据产业发展的核心构成。其中，基础设施层是大数据产业的引擎和基础，涵盖了网络、存储和计算等硬件基础设施、资源管理平台以及与数据采集、预处理、分析和展示相关的方法和工具。基于上述要素所构筑的"内层齿轮"转动直接带动了"外层齿轮"——大数据融合应用的蓬勃发展，衍生出政府大数据、互联网大数据、健康医疗大数据、金融大数据、电信大数据和工业大数据等热点应用场景，持续驱动经济增长和转型升级。

数据中心是大数据产业发展的基石，也是数字经济发展的关键支撑。云计算、人工智能、区块链等新兴技术融合应用也推动了数据中心向智能化、自动化、集约运营的方向演进。数据中心的建设可以带动服务器、网络、数据采集设备、数据管理平台等软硬件产品的发展，还可以拉动大数据向服务层、应用层延伸。同时，数据中心作为数字经济的关键枢纽，对疫情期间各种数字化、智慧化应用起到关键支撑作用。疫情期间，大数据在政府、互联网、电信、工业、金融、健康医疗等行业提供了强有力的支撑，其中应急指挥平台、疫情防控大数据平台等成为疫情下政府大数据建设的重点；互联网大数据在态势研判、舆论引导等方面支撑着疫情防控；电信大数据支撑疫情态势研判、疫情防控部署以及对流动人员的疫情监测，助力相关部门精准施策；工业大数据解决疫情下物资流通、企业复产复工难等问题；金融大数据助力政府高效发放消费券；无接触医疗、影像识别成为疫情下医疗大数据应用的热点。

作为新基建的重要组成部分，大数据中心作为数据收集、处理和交互的中心，成为信息化发展的基础设施和数字经济的底座。当前，我国数据中心正进入新一轮快速发展期，传统数据中心转型升级，新一代数据中心加速布局，旨在通过建设新型数字化、智能化基础设施支撑产业转型与发展。未来，随着国家相关政策进一步落地，数据中心发展势能有望加快释放。从长期来看，数据中心将更多受应用市场驱动，未来将迎来黄金发展十年（见图1），随着数字经济、数字政府和数字社会建设的加速推进，企业纷纷加速数字化转型脚步。

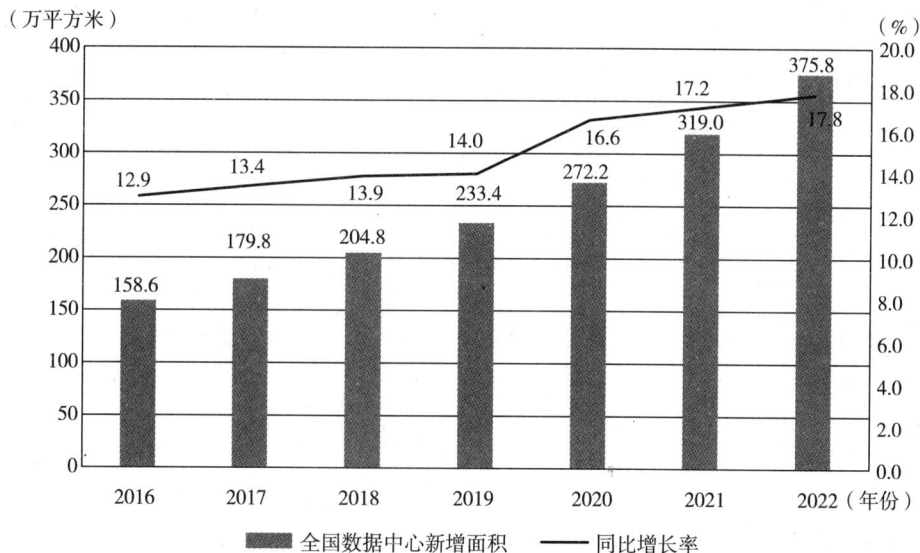

图1 全国数据中心新增面积规模及增速

资料来源：笔者根据赛迪智库的报告整理。

数据中心承担着数据存储、数据流通的关键作用，随着5G网络基础设施逐渐部署完善，数据流量将再次迎来爆发，进而也会对数据中心带来巨大应用需求。工业和信息化部相关数据显示，截至2021年底，我国在用数据中心机架总规模超过520万标准机架。随着5G、物联网等技术的快速发展，产业界对更为高效、绿色的数据中心和云计算基础设施的需求将越发紧迫，大数据基础层将持续保持高速增长，预计到2022年底将突破万亿元，持续促进传统产业数字化转型升级，激发经济增长新活力。

三、高度重视数字新基建能耗快速增长问题

（一）问题的提出

数字技术总体上具有低能耗特征，可以极大地促进经济社会低碳绿色转型。但也应当看到，所有数字技术设备都由电力驱动，数字基础设施中最大的耗电量将来自5G基站、数据中心、边缘计算服务器和端设备等。大量布置在城区的5G基站、数据中心、电动汽车的新能源充电桩等均给当前城市配电网带来了巨大冲击。数字新基建的深度广泛部署将引发中国电力需求的剧增，必须高度重视数字新基建能耗快速增长问题。

数字经济的发展必将进一步推动数据的爆发性增长，带动数据传输、存储、计算、应用环节和互联设备的能耗大幅上升。5G基站的高能耗可能成为其推广的制约因素之一。数字基础设施的能耗强度如能得到有效控制，数字经济的低碳效果将更加令人鼓舞。根据IEA《能源效率2019》报告，全球数字设备、网络和服务器年耗电已达到800亿千瓦时，亟须提升能效，进而降低对全球能源消耗的影响。下面本章将以5G和数据中心为例测算数字新基建能耗增长情况，进而为数字基础设施健康发展提供参考。

（二）5G基站能耗测算

2019年，我国已经建成约13万个5G基站，按照5G基站为4G基站数量的1.2倍来计算，预计到2025年将建成623万个基站（见图2）。届时，全国5G基站的平均总能耗（含空调）约为3684亿千瓦时；不考虑空调系统用电，只计算5G基站主设备用电，则全国2025年5G基站主设备的平均能耗为1637亿千瓦时。考虑到基站设备负荷的波动（并非全部时刻满载运行）及5G基站设备大规模商用后能耗的进一步下降，假设单基站平均用电能耗降幅在10%~20%，以国内平均电价0.7元/千瓦时计算，2025年全国5G基站主设备的电费约为900亿元。

（三）数据中心能耗测算

随着数据中心行业在全球的蓬勃发展，数据中心建设进入高速增长时期。数据中心的耗能部分主要包括IT设备、制冷系统、供配电设备、照明系统等环节，其中IT设备与制冷系统耗能量占总耗能量的80%以上。2015—2019年全球互联网流量已增加了2倍。根据美国环境保护署相关报告，全球数据中心的能源消耗

（万个）

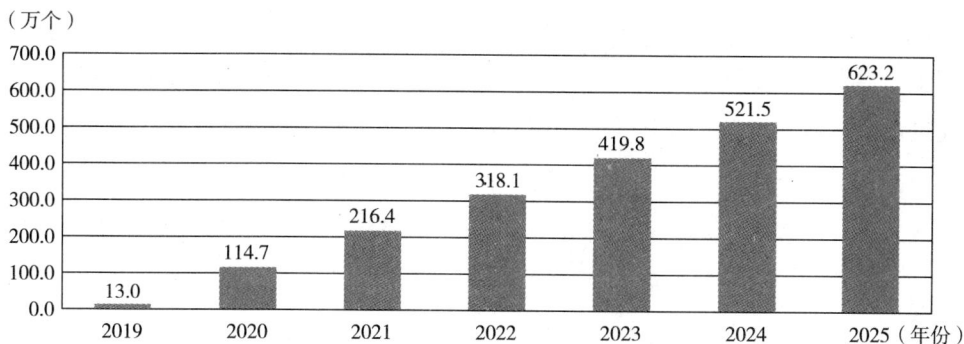

图 2　2019—2025 年我国新增 5G 基站数量

资料来源：笔者根据赛迪智库的报告整理。

每五年翻一番。结合"十四五"规划全国用电量、新增数据中心单机架功率及电源使用效率（PUE）等数据对 2025 年中国数据中心机架数量及总能耗进行预测（见图 3）。

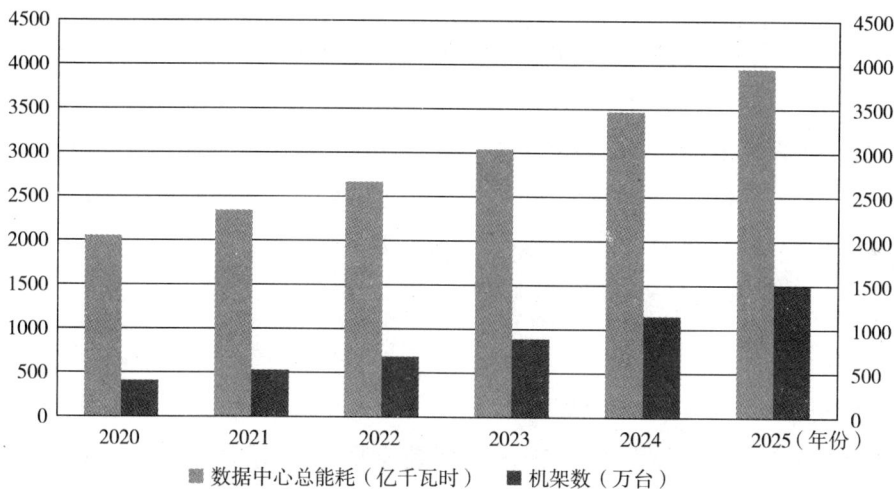

■ 数据中心总能耗（亿千瓦时）　■ 机架数（万台）

图 3　2020—2025 年全国数据中心机架数量及能耗

资料来源：笔者根据赛迪智库的报告整理。

由图 3 可知，2020—2025 年，我国数据中心及机架数量呈持续增长态势。从总量看，全国数据中心总机架数将在 2022 年突破 670 万台，2025 年超过 1400 万台，总能耗将在 2022 年突破 2700 亿千瓦时，2025 年将接近 4000 亿千瓦时。从增量看，2020—2025 年，数据中心新增机架数量为 1085 万台，新增数据中心平均 PUE 在 1.3 以下，到 2025 年新增数据中心的耗电量在 1900 亿千瓦时左右。

随着大数据、云计算、物联网、人工智能、5G 等战略性新兴产业的快速发展，作为承载与传输海量数据的终端载体，我国每年新增数据中心机房面积快速增加，与此同时，也带来数据中心总能耗持续上升的问题。近年来，随着绿色数据中心建设工作的推进，各地数据中心积极推广数字化运维管理等绿色数据中心先进适用技术，全国数据中心总用电量增速逐步放缓。通过选择高密度、高性能、低功耗的主设备，在数据中心能源管理系统中应用虚拟化、云计算等数字技术，采取精确送风、热源快速冷却等节能措施，能够显著提高数据中心能源利用效率，实现节能和绿色发展。

四、推动新基建与能源系统变革的几点展望

一是数字新基建有利于推动数字技术创新发展，对智能电网、智慧能源系统建设发挥巨大的推动作用。云计算、移动互联网、大数据、人工智能等先进信息技术与能源管理相结合，将助推智慧能源管理系统构建，通过对采集能耗监测点的能耗与运行信息以及智能决策优化能源使用等方式，可以实现节能管理和绿色增效。同样，数字技术与生产制造系统的结合，正是中国"十三五"制造业转型升级的重要抓手、发展高端制造业的主线和核心内容，也是"十四五"智能制造开拓转型升级的新路径。生产系统智能化改造同样将显著降低能源消耗，根据国际能源机构（IEA）《能源效率2019》，智能制造在2014—2030年将节省150万亿焦耳能源，远超德国一次能源消费总量。

二是数字新基建有利于推动能源电力产业数字化转型，进一步引导能源电力行业向网络化、敏捷化、智能化转型。数字技术与能源技术融合发展正在全面改进能源行业管理模式，数字新基建将为传统能源电力行业产业升级、业态创新、服务拓展及生态构建提供全新可能性。人工智能和云计算将改变系统运行和控制方式；5G技术将改变能源生产和传输模式，5G和新型储能的融合应用，有助于解决分散式可再生发电发展，进而促进分布式电网、微网、虚拟电厂等在更大范围的发展；区块链技术将改变能源生产、交易、消费模式，未来将进一步延伸至微电网、能源交易与结算、能源金融、碳排放及V2G（电动汽车入网）等互联场景。

三是数字新基建有利于推动能源变革加速发生，数字革命可在生产、消费、科技等领域全方位推进能源革命。大数据和能源互联网、物联网成为核心基础设施，作为能源行业新型基础设施，将为新一代能源系统控制及运行等技术突破，为横向多能互补与纵向"源网荷储用"优化组合的实现等提供重要支撑。面向

未来，在"新基建"引领支撑下，传统电力基础设施也可能加速"三个"转型：基础能源由碳基转向可再生，电力系统由集中转向分布式，能源系统由传统转向智慧能源，从而构建起经济社会数字化转型的底座。正如美国著名趋势学家杰里米·里夫金在《第三次工业革命》所期望的，数字技术加速信息互联网、能源互联网、物联网"三网"融合，实现五大支柱（可再生能源、分布式能源结构、储能设备、能源互联网、智能交通运输）转型的协同发展，从而构建起了新工业发展的基础平台，它会突破全社会能源效率提升的极限，最终将使我们的商业模式和社会模式发生翻天覆地的变化。

参考文献

［1］国家发改委．新型基础设施主要包括哪些方面？下一步在支持新型基础设施建设上有哪些考虑和计划？［EB/OL］．（2020-04-22）［2020-10-09］．https：//www. ndrc. gov. cn/fggz/fgzy/shgqhy/202004/t20200427 _ 1226808. html? code=&state=123.

［2］温晓君．新基建助推经济转型升级和社会治理创新［J］．新经济导刊，2020（02）：15-21.

［3］曾鸣．利用数字技术构建现代能源体系［EB/OL］．（2020-09-20）［2020-10-09］．https：//www. scimall. org. cn/article/detail? id=4340441.

［4］张璇，席敏．新基建：新在哪？怎么建？［EB/OL］．（2020-04-16）［2020-10-09］．http：//www. cac. gov. cn/2020-04/16/c_ 1588583484478253. htm? from=groupmessage.

［5］刘文强．新基建为5G按下"快进键"［EB/OL］．（2020-09-17）［2020-10-09］．https：//new. qq. com/rain/a/20200917A0MTYR00.

［6］曾媛．新基建"领头羊"，5G建设按下"快进键"［J］．当代党员，2020（14）：18-20.

［7］王伟玲，王宇霞，高婴劢．基于"新基建"情境的大数据中心：意义、困境和进路［J］．行政管理改革，2020（10）：68-74.

［8］张力铮．新基建视角下的数据中心［J］．现代商业银行导刊，2020（07）：32-36.

［9］元一能源．数字革命与能源革命的融合是大势所趋［EB/OL］．（2020-06-30）［2020-10-09］．https：//mp. ofweek. com/solar/a345693523946.

18
天然气热电联产发展之分析与思考

王世宏 王 维 王 凯 汤 敏 曹炼博*

一、引言

天然气热电联产是天然气发电应用的重要形式，它采用清洁能源天然气作为唯一原料输入，除生产电能外，还利用汽轮发电机做功后的蒸汽进行区域性供热，天然气热电联产工程项目能梯级利用多品质能量，此外满足了区域热（冷）、电需求，项目能源综合利用效率高于70%。

随着国民经济的快速发展，诸多工业企业除了电力需求以外，也需要大量热能满足生产需要，而天然气热电联产正好将能源以一种高效、低碳、环保的方式进行了利用，在替代燃煤热电方面拥有突出优势。但近年来，由于气价、行业政策、国产化设备技术及产业链配套不完善等诸多因素影响，天然气热电联产行业发展受限，这也引起了人们对其未来发展的疑虑。但无论是从经济转型和能源结构调整的宏观层面，还是从清洁低碳用能要求的微观层面来看，天然气热电联产都应成为天然气的一种重要利用形式。

二、天然气热电联产发展需求

（一）工业发展及居民生活质量提高对热电联产需求

"十三五"期间，我国对大量燃煤火电装机进行供热改造，截至2020年，我

---

* 王世宏，协鑫能源科技股份有限公司；王维，协鑫能源科技股份有限公司；王凯，国家能源集团科学技术研究院有限公司电研公司；汤敏，协鑫能源科技股份有限公司；曹炼博，国家能源集团科学技术研究院有限公司电研公司。本章内容根据作者在中国社会科学院生态文明研究智库主办、中国能源网协办的《中国煤电发展之路辨析》系列沙龙上的发言材料整理而成。

国热电联产装机容量约为 4.98 亿千瓦，热电联产占火电装机比重不断增加，占比约 40%。

从中期发展来看，我国未来工业和居民采暖热力需求、电力需求仍将保持稳定增长态势，将持续促进热电联产产业发展。根据前瞻产业研究院预测，2021—2026 年，我国热电联产装机容量年均复合增长率将达 10% 左右，到 2025 年，我国热电联产装机容量规模将达到 8 亿千瓦（见图 1）。

（亿千瓦）

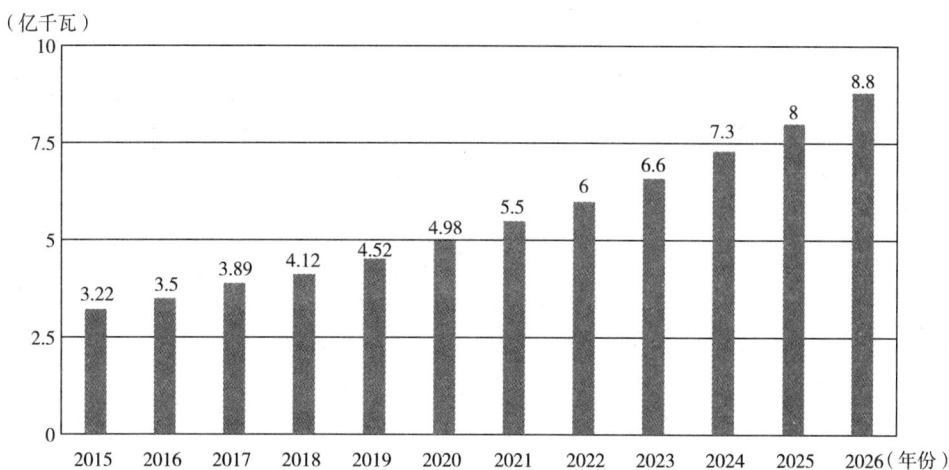

图 1　2015—2026 年中国热电联产装机容量统计情况及预测

资料来源：《2010 年热电联产发展规划及 2020 年远景发展目标》。

"十三五"期间，我国城市地区和工业园区已逐渐形成"燃煤热电联产和大型锅炉集中供热为主、分散燃煤锅炉和其他清洁（或可再生）能源供热为辅"的供热格局。随着我国为实现"双碳"目标的要求及 2016 年《关于印发热电联产管理办法的通知》的颁布，燃煤热电发展受到限制，天然气热电联产项目凭借其清洁环保优势得到快速发展，特别是京津唐、长江三角洲和珠江三角洲等经济发达地区，工业用热和居民采暖用热需求增长较快，天然气热电联产项目在天然气发电中占比高达 60% 以上。江苏省和广东省气电发展趋势如图 2 和图 3 所示。

（二）能源结构调整对天然气热电联产需求

1. 国家能源结构调整政策导向

天然气作为清洁低碳能源，是能源结构从高碳向无碳发展进程中重要的过渡能源。2015 年 12 月 12 日《巴黎协定》在巴黎气候变化大会上通过，我国承诺计划 2030 年左右二氧化碳排放达到峰值且将努力早日达峰，减煤、低碳成为我国能源结构调整的主要任务。我国《加快推进天然气利用的意见》中明确了天然气在我国能源中的定位，即"逐步把天然气培育成主体能源之一"。

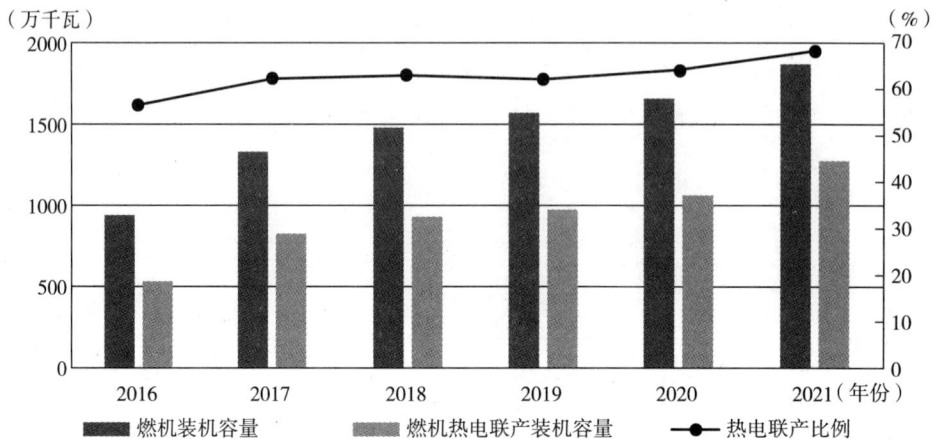

图2 2016—2021年江苏省气电发展趋势

资料来源：江苏省电力公司历年统计报表。

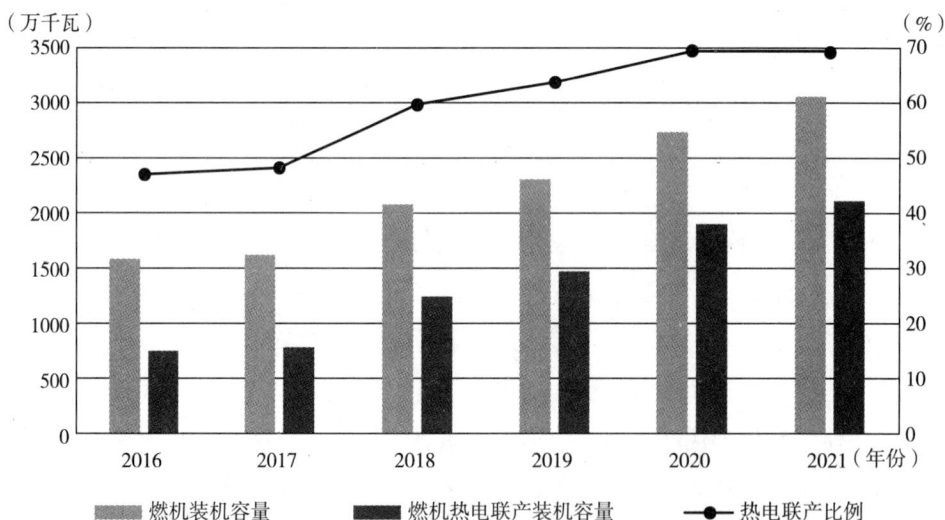

图3 2016—2021年广东省气电发展趋势（不含分布式能源）

资料来源：广东省历年发电机组基数发用电计划。

国务院发布的《能源发展战略行动计划（2014—2020年）》中提出，能源利用需遵循"节约、清洁、安全"原则。绿色低碳战略中，要求大力进行能源结构优化，将低碳清洁能源作为能源结构调整的主攻方向，坚持发展非化石能源与化石能源高效清洁利用并举，逐步减少煤炭消费比重，提高天然气消费比重，到2020年，天然气消费比重达到10%以上，煤炭消费比重控制在62%以内。同时，《天然气发展"十三五"规划》明确指出，鼓励天然气分布式等能源高效利用项目，有序发展天然气调峰项目建设，因地制宜发展热电联产。

2. 电能侧能源结构调整

对于减煤、低碳发展，完成能源结构转型来讲，这几年我国清洁能源得到大力开发和利用，截至2021年底，煤炭消费占能源消费总量的56%，比上一年降低了0.9%；而天然气、风电、水电、核电等清洁能源消费占能源消费总量的25.5%，增加了1.2%①（见图4）。所以从电能侧看，清洁能源发电正快速替代传统燃煤火力发电，电源侧能源结构发生变化。

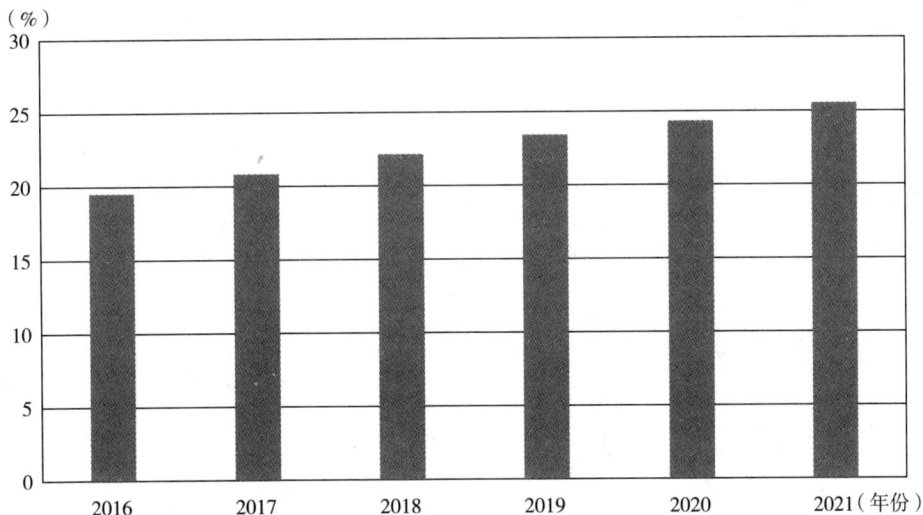

图4 2016—2021年清洁能源消费量占能源消费总量的比重

3. 热能侧能源结构调整

对于热能侧而言，采暖用热由于对热的品质要求较低，来源广泛，可以由现有燃煤机组余热利用，地热、地源、水源、空气源热泵和电采暖（电储热、电空调、电锅炉）等多种技术方式去替代。在工业用热方面，一般需求的是较高品质的蒸汽热能，从现阶段产生蒸汽的技术来讲，燃料种类主要有天然气、0#柴油、生产用电、生物质燃料、煤等，其优缺点比较如表1所示。

---

① 《2021年国民经济和社会发展统计公报》。

表 1 蒸汽热能燃料种类对比

燃料种类	天然气	0#柴油	生产用电	生物质燃料	煤
生产 1 吨蒸汽所需热量	$60×10^4$ 千卡（700 千瓦）				
燃料发热量	8500 千卡/标立方米	8400 千卡/升	1 千瓦/千伏安	4000 千卡/千克	5000 千卡/千克
锅炉效率	95%	95%	95%	85%	70%
生产 1 吨蒸汽所需燃料量	74 标立方米	75 升	737 千伏安	176 千克	172 千克
燃料价格	2.8 元/标立方米	6.1 元/升	1 元/千瓦时	1000 元/吨	700 元/吨
生产 1 吨蒸汽消耗燃料费用	207.2 元	457.5 元	310.24 元	176 元	120.4 元
是否污染环境	清洁能源，无粉尘污染，排烟量很少，对环境几乎没有影响			烟气、粉尘对环境造成一定污染	烟气、粉尘对环境造成较大污染

从经济性、安全性、规模性、高能低用等方面综合考虑，能最有效替代燃煤热电供热的还是天然气热电联产。在东部经济发达、能源价格承受能力强、能源需求大、环保要求高的地区，燃煤热电联产项目发展受限，将被天然气热电联产替代，这是调整能源结构的重要方向，也是现阶段最现实的选择。

（三）节能减排对天然气热电联产需求

1. 天然气热电联产显著减少了污染物排放

我国煤炭燃烧导致了日益严重的环境污染，据统计，我国二氧化硫排放量的90%、烟尘排放量的70%、氮氧化物排放量的67%、人为源大气汞排放量的40%均源于燃煤[1]，因此，利用清洁高效的天然气替换部分煤炭产能来降低环保压力是大势所趋。

天然气热电联产机组排放要求比燃煤发电机组更为严格，相比而言能降低约60%的二氧化碳和50%的氮氧化合物排放，降低近100%的粉尘和二氧化硫排放，并且能减少酸雨生成，缓解温室效应，从根本上改善环境。

近年来，京津冀、长江三角洲、珠江三角洲等地区通过对燃煤电厂、燃煤锅炉和工业窑炉的污染治理与改造，已经有效降低了有害污染物排放。北京相比中国其他城市在雾霾解决问题上先行一步，选择天然气热电联产全部替代燃煤热电

---

[1] 数据来源：CHIC，《中国清洁供热产业发展报告（2019）》。

作为实现控制雾霾的重要途径之一，事实证明，近几年北京通过利用天然气热电联产替代等途径，高效地控制了空气污染。

2. 天然气热电联产极大地提高了能源利用率

"十三五"规划纲要要求到2020年全国单位GDP能耗比2015年降低15%，在兼顾经济发展的同时又需降低能耗，提高能源利用效率是重要途径之一。

超超临界煤电机组联合循环效率约为45%，超超临界二次再热煤电机组联合循环效率仅为48%，而GE 9HA燃机由于其DLN 2.6e燃烧系统能实现微孔预混和全预混燃烧，ISO工况下的联合循环效率可达63%，并能大量减少氮氧化物排放。燃气机组若采取"联合循环+供热"方式运行，综合利用效率将更高，如浙江省某能源站有2台"12.9兆瓦+7.95兆瓦"燃气机组，供热量为61.22吨/小时，厂用电率为4%，燃机简单循环效率为34.5%，热（冷）电比为146.91%，整体能源利用热效率高达82%。

将GE公司9HA.01燃气机组与660兆瓦超超临界燃煤机组进行比较，考虑供热抽汽情况下的最大化综合效率，两种技术按等容量折算后的发电、供热和损失情况如图5所示。从图中可知，天然气热电联产比燃煤热电联产效率更高，其同等热值燃料燃烧损失不到煤电的一半，高品质的能源"电"的产出率是煤电的157%，供热量约是煤电的83%。

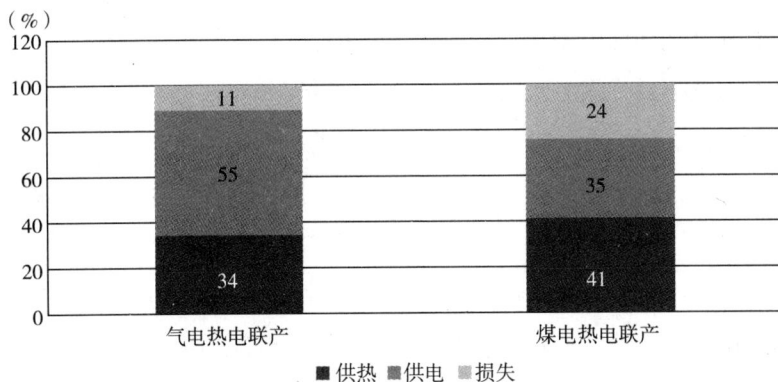

图5　9HA.01燃气联合循环机组与660MW超超临界煤电机组能量转化率对比

与天然气纯凝发电、天然气锅炉供热相比，天然气热电联产同时也解决了能源的梯级利用率低、把优质能源转化为低质能源的"高能低用"问题，使能源梯级利用率更高。

三、影响天然气热电联产发展因素分析

（一）天然气热电联产电价政策影响

1. 产业政策支撑体系不健全，发展定位不清晰

天然气热电联产是天然气发电的一种应用，我国天然气发电政策在天然气利用、环保政策、电力及能源发展规划等政策文件中有所涉及，但专门针对天然气发电产业的政策文件较少，再加上各规划政策不统一，政策有摇摆现象，2018年国务院颁布的《打赢蓝天保卫战三年行动计划》中就提出"有序发展天然气调峰电站等可中断用户，原则上不再新建天然气热电联产和天然气化工项目"，使天然气发电主要两种应用形式受到一定的限制。

2. 上网电价省级管理，产业发展地域限制严重

天然气发电由于燃料成本问题，上网电价偏高，中石油管道天然气价格为1.8~2.8元/立方米，按照0.2立方米/千瓦时的发电气耗水平，仅燃料成本就约为0.36~0.56元/千瓦时。

与风、光等可再生能源国家出台补贴政策不同，天然气发电在国家层面没有电价疏导政策。国家发展和改革委员会在2014年颁布的《关于规范天然气发电上网电价管理有关问题的通知》中提出，"建立气、电价格联动机制。当天然气价格出现较大变化时，天然气发电上网电价应及时调整，但最高电价不得超过当地燃煤发电上网标杆电价或当地电网企业平均购电价格每千瓦时0.35元"，此通知明确"对天然气发电价格管理实行省级负责制"，即天然气发电的电价补贴不由国家统一考虑，而是由地方财政负责。

因此，造成天然气发电项目主要集中于京津唐、长江三角洲和珠江三角洲等经济发达地区，这些地区天然气发电政策明朗、投资能力强、产业集中、节能减排压力大、政府补贴承受能力强，天然气发电产业发展的积极性相对较高。

（二）天然气供应及价格

1. 天然气供应稳中趋松

我国天然气热电联产采用国产气和进口气，且进口气来源更广，还可以细分为西北地区入境的中亚天然气、云南入境的缅甸天然气、东北地区入境的俄罗斯天然气、海运的进口液化天然气（Liquefied Natural Gas，LNG）。气源的多元化

促进了相关产业及配套的完善，更好地确保了燃气供应的连续性。

（1）我国天然气资源储量丰富。近期，我国发现大规模气田新闻不断，常规天然气探明储量大幅增加，据《中国天然气发展报告（2021）》显示，2020年我国天然气新增探明地质储量达到了10357亿立方米，保持在较高水平。

此外，我国非常规天然气储量也十分丰富，页岩气资源储量居全球第一。随着开采科技进步和天然气体制改革的不断深入，开发低渗透、深水、深层、火山岩等领域品位低、难采集资源的成本将大幅降低，非常规天然气资源潜力将得以释放。目前，中国石油化工集团公司在页岩气开采方面已积累了较成熟的技术和经验，相信天然气产量在未来将会得到井喷式增长。

2017年，我国遭遇最严重"气荒"后，国家加大对LNG接收站设施规划建设，我国天然气储备接受能力大幅增加，截至2019年底，我国累计建成并投运22座LNG接收站，年接收能力为7082万吨，这对稳定天然气价格、保障天然气供应起到关键作用。

（2）国际市场气源充足。国际LNG市场，美国依靠"页岩气革命"成为全球最大的天然气生产国，并于2017年由天然气进口国转为了出口国。据《中国天然气发展报告（2021）》显示，2020年全球LNG出口增量主要来自美国、澳大利亚和卡塔尔，其中，美国出口量为614亿立方米，同比增长29.2%。除美国外，当前的产气大国如卡塔尔、俄罗斯、加拿大、澳大利亚、印度尼西亚等都在建设定位于出口的LNG液化厂，天然气供应在全球环境下已呈现供大于求的态势。

（3）天然气对外依存度不会影响电能供给安全。2020年，国内天然气产量为1925亿立方米，同比增长9.8%，增量连续3年超过100亿立方米；天然气进口量1404亿立方米，同比增长3.6%，对外依存度约42%。

截至2020年底，我国气电机组总装机容量9972万千瓦，占我国电源总装机容量的4.53%，气电发电量2525亿千瓦时，占全国发电量的3.31%，发电用天然气占天然气总消费量的16%左右。

假设天然气对外依存度保持在45%，气电发电量占全国发电量的3.5%，按此比例计算，进口气电发电量也仅占全国发电量的1.5%，相较煤电发电量所占的60%微乎其微，因此对于天然气发电产业来说，极端情况下的进口天然气的断供基本不会影响我国电能供给安全。

2. 天然气价格将稳中有降

目前，国内天然气价格偏高是制约天然气热电联产发展的重要因素。近年来，我国天然气价格维持在较高价位，而在燃气电厂的燃料成本约占总成本的70%~80%，这也限制了天然气热电联产项目的利润。

天然气价格贵是多方面原因造成的，早期由于国内天然气市场尚未放开（基本控制在"三桶油"①手里），国能天然气产量有限，储气设施不完善，在天然气消耗量增长，特别是各地实施"煤改气"政策的情况下，"三桶油"供气能力明显不足。为了保障国内供气安全稳定，"三桶油"早先签署的进口管道气、LNG"照付不议"合同的气价普遍较高，造成用户端价格远高于天然气的国际现货市场价格。近两年，天然气价格飙涨，但短期突发性事件过后，天然气价格仍然会根据供需关系，回归到正常合理的价值。

随着亚洲地区部分天然气消费国市场需求出现阶段性放缓，国内天然气开采力度加大，国家天然气管网公司成立，相关配套设施趋于完善，今后国内外一批LNG液化站、接收站的建设投运，以及一段时间内全球天然气市场较为宽松的供应局势，国内天然气价格有望进一步降低。

（三）热负荷及供热价格

1. 合理规划集中供热，最大化发挥热电联产优势

热电联产本质是通过热电联供实现能源的梯级利用，其优势在于综合能效高，因此天然气热电联产的热负荷是其核心。但在很多地区，热电联产项目并未与当地的城市总体规划、能源发展规划、热力规划有效衔接，用热产业规划分散影响了热电联产作用的发挥和行业的发展。以江苏省为例，全省仅有少数在运天然气热电联产机组实际热电比达到40%，其他企业受限于热用户规模和数量，以及管网覆盖范围，其热电比一般处于25%~35%。由于目前江苏省天然气热电联产机组实行"以热定电"政策，如热电比不达标将很难获得较高的机组利用小时数，因此，省内燃气企业，尤其是"以电补热"的企业，盈利能力严重降低。

在进行城市总体规划时，应根据地区产业定位及城市发展情况综合设计热电联产规划，热电联产规划必须按照"统一规划，分步实施，以热定电和适度规模"的原则进行，以供热为主要任务，并符合改善环境、节约能源、提高供热质量的要求。只有燃气联合循环电厂的余热都被充分利用，把天然气的价值压干榨尽，才是实现高效清洁能源发展的基本途径。

2. 天然气价格决定天然气热电联产供热价格

国内天然气价格决定了天然气热电联产机组供热成本。传统计算供热价格的

---

① "三桶油"是中国石油天然气集团有限公司、中国石油化工集团公司、中国海洋石油总公司的统称。

方法一般是按供热热值对应消耗多少天然气量来计算的，如按天然气低位热值 33.8 兆焦/标立方米，蒸汽焓值 2.8 吉焦/吨来计算，生产 1 吨蒸汽需消耗天然气约 82.8 标立方米，以江苏省天然气门站价 2.02 元/标立方米测算，供热燃料成本达 167 元/吨，按燃料成本占总成本的 70% 估算，供热总成本达 239 元/吨（未计效率、损耗和合理收益）。在没有"节能减排"强制政策要求下，此价格无法有效与传统燃煤热电供热竞争。

四、天然气热电联产发展思路

（一）理顺天然气热电价格体系

理顺天然气"热、电"价格体系是天然气热电联产发展的关键，应充分体现其节能高效、环保低碳所带来的价值。我国也在逐步推动出台环境税或碳税，体现煤炭利用的外部成本。天然气热电联产项目需要仔细对碳排放交易政策进行研究，跟踪碳排放相关政策走向，利用碳减排交易形成新的利润增长极，充分发挥气电节能、低碳的优势。

同时，政府应出台相应的激励政策，致力于降低天然气价格、减免天然气热电联产企业税负、合理疏导电价和热价，保障天然气热电联产产业发展和企业合理收益。随着天然气热电价格体系进一步理顺，天然气"热、电"成本价格将更接近燃煤热电，"贵"将不再是阻碍气电发展的主要因素。

（二）多途径降低用气成本

考虑到燃料成本在天然气热电联产项目中占据较高比例，有条件的燃机电厂，特别是分布沿海地区以及管道气可以直供的沿线地区，宜根据实际情况增加天然气供应的来源，如引入多种管道气竞争、引入进口 LNG 作为气源补充，避免气源渠道单一导致的被动局面。甚至，随着我国油气体制机制改革的深入推进以及开放力度的加大，未来会有更多的企业获得天然气进口资质，气电企业自身应积极参与其中。在天然气基础设施向第三方公平开放、天然气点供以及罐箱一体化联运业务快速发展以及市场形势宽松的情况之下，天然气热电联产企业多途径获得低成本气源的可能性进一步增加，将有效提高天然气"热、电"的价格竞争力。

（三）发挥多重调峰价值

热负荷和电网负荷一样存在峰谷差，且天然气热电联产设计时留有一定的备用容量，天然气热电联产的建设，在解决地区供热需求外，还具备一定的电网调峰能力，可以参与电网调峰。大部分省份天然气热电联产机组参与电网调峰，在夏季电网"迎峰度夏"，热网相对负荷较低、天然气富余的情况下，热电联产机组可以实现三向调峰，有效提高机组综合利用率。因此，天然气热电联产机组应享有同样的调峰补贴，减少并免除电网相关考核。国内部分地区已研究建立电网调峰辅助服务市场机制，同时气网也出现了调峰需求，相信气电调峰的价值将逐步显现。

五、结论

随着我国科技创新、环境治理与政策改革的不断推进，我国经济从高速发展向高质量发展转变，能源行业也逐步向着多元化、清洁化、数字化和市场化的方向转型。天然气在中国的推广与发展具备丰富的应用场景和显著的系统性优势，天然气热电联产也势必成为天然气的主要利用形式。

天然气热电联产机组在"以热定电"的原则下，决定其发展的关键因素是如何充分发挥节能减排优势。企业应积极参与电力市场改革，创新商业模式，挖掘新的利润增长点。政府部门在发展现有天然气热电联产项目及规划新的天然气热电联产项目时，应充分考虑相关因素对天然气"热、电"成本的影响，从而确立长效的天然气热电联产盈利模式，促进天然气热电联产产业健康发展。

参考文献

[1] 国家发改委能源局. 2010 年热电联产发展规划及 2020 年远景发展目标 [R]. 北京：国家发改委能源局，2002.

[2] 江苏省电力公司. 江苏省电力公司历年统计报表 [Z]. 江苏：江苏省电力公司，2021.

[3] 广东省电力公司. 广东省历年发电机组基数发用电计划 [R]. 广东：广东省电力公司，2021.

[4] 国家统计局. 2021 年国民经济和社会发展统计公报 [R]. 北京：国家统计局，2022.

[5] 国务院. 打赢蓝天保卫战三年行动计划 [EB/OL]. （2018 - 07 - 03）[2021 - 01 - 10]. http：//www. gov. cn/zhengce/content/2018 - 07/03/content_5303158. htm.

［6］国务院．大气污染防治行动计划［EB/OL］．（2013-09-12）［2021-01-10］．http：//www.gov.cn/zwgk/2013-09/12/content_ 2486773.htm.

［7］谢大幸，郝建刚，朱亚迪，等．江苏省天然气热电联产供热成本分析及发展对策研究［J］．发电技术，2019，40（S1）：95-101.

［8］孙文娟，孙海萍，荆延妮．中国天然气发电产业发展现状及展望［J］．国际石油经济，2020，28（04）：90-96.

［9］殷建平，王泽鹏．我国发展天然气发电产业的战略选择——天然气热电联产与气电调峰比较研究［J］．价格理论与实践，2019（11）：11-14.

［10］王世宏．"十四五"能源规划应提高天然气发电比重［J］．中国能源报，2020（04）：1-4.

［11］王世宏．我国发展天然气热电联产是大势所趋［J］．电力设备管理，2020（02）：23-24.

［12］王冰．我国天然气产业发展战略储备体系构建与LNG中继站建设［D］．北京：中国地质大学（北京），2012.

［13］刘志坦，叶春，王文飞．产业链视角下天然气发电产业发展路径［J］．天然气工业，2020，40（07）：129-137.

［14］刘志坦，王凯，李玉刚．基于环保标准趋严的燃气电厂脱硝方案研究［J］．电力科技与环保，2017，33（06）：18-21.

［15］罗佐县．夏热冬冷地区：天然气热电联产的新方向［J］．能源，2019（10）：77-78.

［16］罗佐县．气电发展大有可为［J］．中国石油石化，2019（18）：34.

［17］张琨．燃气热电联产系统的热电协同方案研究［D］．黑龙江：哈尔滨工业大学，2019.

［18］吴金，崔亚蕾，孙仁金．天然气热电联产项目经济效益评价［J］．资源与产业，2019，21（02）：95-103.

［19］宋晓玮．燃气轮机联合循环热电联产年供热供电量优化分配研究［D］．北京：华北电力大学（北京），2019.

［20］赖建波，马俊峰．天然气分布式能源与天然气热电联产项目的区别［J］．科技创新与应用，2018（31）：50-52.

［21］包晓琳．燃气热电联产节能环保研究［C］//中国燃气运营与安全研讨会（第九届）暨中国土木工程学会燃气分会2018年学术年会论文集（下）.

天津：煤气与热力杂志社，2018：683-685.

　　［22］国网能源研究院有限公司．中国能源电力发展展望 2019 ［M］．北京：中国电力出版社，2019.

　　［23］江苏省发展和改革委员会，江苏省能源局．关于印发《江苏省"十三五"天然气专项发展规划》的通知（苏发改能源发〔2016〕1556 号）［Z］．南京：江苏省发展和改革委员会，2016.

　　［24］赵广明．中国 LNG 接收站建设与未来发展 ［J］．石油化工安全环保技术，2020，36（05）：1-6.

19

"十四五"实现能源高质量发展的关键是更好地开发利用需求侧资源

董 军[*]

一、"十四五"能源高质量发展对需求侧资源利用提出了更高要求

经济高质量发展的核心是坚持创新、协调、绿色、开放、共享的新理念，以高效率的供应体系满足人民日益增长的美好生活需要，能源高质量发展是经济高质量发展的基础，其目标是实现安全、清洁、经济和公平的能源供应，能源转型是实现该目标的必由之路。

近年来，以清洁低碳、去中心化、数字化、多能融合和市场化为主要特征的能源转型正在改变传统的能源电力系统，清洁低碳主要是大力发展可再生能源和再电气（即提高电能在终端能源消费中的比例）；去中心化表现在发展分布式能源和其他需求侧资源，增加配网侧的平衡能力和清洁能源的消纳能力；数字化是指综合运用互联网、大数据、云计算等技术，提高能源电力系统的智能化水平；多能融合是指对电、热、冷、水、气等终端能源的优化耦合，以提高能源系统的效率和灵活性；能源转型要建立在市场化的基础上，需充分发挥市场在资源配置中的决定性作用，以及更好地发挥政府的作用。以能源转型实现高质量发展是"十四五"能源电力系统面临的艰巨任务，其中需求侧资源要发挥关键作用。

1. 需求侧资源在安全、可靠、经济保障能源电力供应方面的作用

保障电力供应安全是高质量发展的首要任务。2020年的新冠疫情给经济发

---

* 董军，华北电力大学（北京）。本章内容根据作者在中国社会科学院生态文明研究智库主办、中国能源网协办的《中国煤电发展之路辨析》系列沙龙上的发言材料整理而成。

展和能源安全带来了巨大的不确定性，国家采取的各种保障经济的措施，都需要能源供应保驾护航。长期来说，影响电力需求的因素较多，主要有经济活动水平、经济结构、能源价格、节能技术和理念、电能替代和环境约束等，在这些因素中，有的会增加电力需求，有的则会降低电力需求。

能源消耗和经济增长在部分国家已呈现解耦态势，电力需求预测主要采用"自下而上"的方法，依靠更精细的数据，考虑各行业技术进步水平和进程进行情景分析。目前，我国电力需求和经济发展关系仍然紧密，从经济活动水平、人均电能消费的增长空间等方面分析预测电力需求仍是常用的方法。

目前，我国正在大力推进"两新一重"建设，即新型基础设施建设、新型城镇化建设和交通水利等重大工程建设，新型基础设施主要包括5G、物联网、工业互联网、数据中心、智能计算中心等信息基础设施，深度应用互联网、大数据、人工智能等技术，支撑传统基础设施转型的融合基础设施和创新基础设施等。未来若干年，我国新型城镇化建设将在交通、市政、能源等基础设施和住房及公共服务等方面产生大量需求，电力需求随之增加。电能替代作为国家战略，也将影响"十四五"电力供需格局。国家八部委于2016年联合印发了《关于推进电能替代的指导意见》，要求使用电能替代散烧煤、燃油，扩大电能在终端能源消费中的比例。2022年3月国家发展和改革委员会、国家能源局、工业和信息化部等十部门联合印发了《关于进一步推进电能替代的指导意见》，要求拓宽电能替代领域，发展综合能源服务，提高电能占终端能源消费比重。全面推进终端用能绿色低碳转型，积极消纳可再生能源，系统提升能源利用效率，推进清洁低碳、安全高效的现代能源体系建设，提出了到2025年电能占终端能源消费比重达到30%左右的目标，这些因素会促进电力需求的稳定增长。另外，节约能源的理念深入人心，国家政策的大力支持，能源服务公司不断创新商业模式，企业采取各种措施进行技术节能和管理节能，这些因素会使电力需求增速减缓。

根据中国电力企业联合会、电力规划设计总院和国家电网能源研究院等机构的预测，"十四五"时期全社会用电量年均增速在4.5%左右。电力安全除了保障电量平衡以外，更重要的是电力平衡，我国各区域电力供需状况差异较大，受夏季高温天气等的影响，中东部地区电力高峰负荷呈现较快增长趋势，产业结构调整使第三产业和居民用电负荷增加，加上通过特高压通道接收的外送新能源占比持续增加，系统调峰能力不足，电力系统的安全运行面临巨大挑战。

在此情景下，需求侧资源的充分开发利用变得尤为重要。《"十四五"现代能源体系规划》提出的发展目标有：能源系统效率大幅提高，节能降耗成效显著，单位 GDP 能耗五年累计下降 13.5%，到 2025 年电力需求侧响应能力达到最大用电负荷的 3%~5%。加强电力需求侧响应能力建设，整合分散需求响应资源，引导用户优化储用电模式，高比例释放居民、一般工商业用电负荷的弹性。引导大工业负荷参与辅助服务市场，鼓励电解铝、铁合金、多晶硅等电价敏感型高载能负荷产业改善生产工艺和流程，发挥可中断负荷、可控负荷等功能。开展工业可调节负荷、楼宇空调负荷、大数据中心负荷、用户侧储能、新能源汽车与电网（V2G）能量互动等各类资源聚合的虚拟电厂示范。通过需求响应降低尖峰负荷既能保证系统安全，又能大大降低发电和输配电设施的投资和运行成本，这些措施都是为了促进需求侧资源在电力安全经济供应中发挥关键作用。

2. 需求侧资源在清洁低碳发展方面的作用

清洁低碳是高质量发展的基本要求，我国新能源发展迅速，到 2021 年底，风电装机容量 3.28 亿千瓦、太阳能发电装机容量 3.07 亿千瓦，风电太阳能装机容量占比达到 27%，发电量占比达到 12%。新能源的高速发展和大规模接入给电力系统的消纳能力带来挑战，"十三五"以来，政府出台了多项政策促进清洁能源消纳，包括《解决弃水弃风弃光问题实施方案》《完善电力辅助服务补偿（市场）机制工作方案》《关于促进储能技术与产业发展的指导意见》等，都把需求侧资源作为新能源消纳的重要手段。2020 年 5 月，国家能源局出台了《关于建立健全清洁能源消纳长效机制的指导意见（征求意见稿）》，要求统筹电源侧、电网侧、负荷侧资源，加速形成源、网、荷协同促进清洁能源消纳的格局。承担清洁能源消纳责任的是用电侧，包括省级电网企业、其他各类配售电企业、拥有自备电厂的工业企业、参与电力市场交易的直购电用户等。

我国能源资源和负荷中心逆向分布，需要将西部大量新能源远距离输送到中东部负荷中心，新能源比例增大影响电力系统安全稳定运行，受端需求侧资源应该发挥重要作用。一方面，发展分布式清洁能源，满足部分本地需求，减少远距离输送；另一方面，通过需求响应，提高系统调节能力，与跨区输电通道建设、输电网和配电网的灵活运行、风光水火打捆外送和火电机组灵活性改造等共同作用，助力新能源的消纳。

3. 需求侧资源在电力系统灵活运行方面的作用

电力系统灵活性是指系统对负荷和发电出力变化的快速响应能力，随着新能源的大规模接入，灵活性意味着系统能够适应发电和用电双侧的随机性，并能以最低的成本实现供需平衡。灵活性不足可能导致弃风弃光和系统成本升高，因此提高电力系统灵活性成为能源转型中的一项重要任务。

电力系统灵活性资源包括：供应侧常规电厂和新能源场站的灵活性，跨区跨省电网互补运行的灵活性，配电侧整合分布式能源、储能和电动汽车等提供的灵活性；终端用户通过需求响应和多能耦合提供的灵活性；发电、电网和用电各环节储能提供的灵活性。在我国的电力系统中，抽水蓄能、燃气发电等灵活调节电源装机比重较低，且受资源条件和经济性等因素限制，发展规模有限，目前主要的调节资源来源于燃煤火电机组，无论是从"双碳"目标的实现来看还是从经济性的视角来看，需求侧资源都必须成为系统灵活调节能力的重要来源。

二、需求侧资源的含义和开发利用主体

1. 需求侧资源的含义

能源的需求侧是与供应侧对应的，是指终端用户及其能源消费，终端用户可分为工业、商业、交通、居民等，终端能源品种有电能、热能、冷能等，各类用户的用能特点可以用一系列特性参数来描述，如时间、位置、能源使用效率、可调节能力等，根据用能特点用户可以直接或通过聚合商参与需求响应，帮助电网安全经济运行并获得相应收益。

在能源转型中，需求侧也在演变，分布式可再生能源迅速发展，储能技术不断进步，增强了需求侧的自我调节和平衡能力，用户成为产消者，即自己生产、储存、使用、交易和管理能源。将用户侧的分布式光伏、分散风电、燃气热电冷联供等清洁能源发电资源、储能设施、电动汽车和需求响应等各类资源进行整合，通过智慧能源管理系统进行管理，作为虚拟电厂，参与电力系统运行，参与电力市场交易，参与调频、备用、调压等辅助服务，成为可调度的需求侧灵活性资源。这些资源有各自的技术经济特征和响应时间，需求响应和储能可以作为秒级的系统调频资源和10分钟内的备用资源，如电动汽车、清洁电能供热、清洁电能制氢等可以是日调节资源，也可以是更长时间尺度的调节资源（如季节性调节资源）。

相对于集中式供能，需求侧资源的特点是就近布置、规模较小、接入中低压配电系统，这些资源不仅能与传统电力设施一样生产和供应电能，而且具有分散

化特征，能提供新的服务。电力系统的物理特性决定了系统中不同位置的电能价值是不同的，需求侧资源的价值体现在降低线损、减少电网阻塞、调节电压、提高供电可靠性和电能质量等方面。在合适的时间和位置使用需求侧资源可以更好地发挥其作用和实现其价值。

我国从 20 世纪 90 年代开始开展需求侧管理工作，目前已经从能效管理和负荷管理演进到需求侧资源的开发和利用。2017 年，我国出台的《电力需求侧管理办法》（修订版）将需求侧管理概括为节约用电、环保用电、绿色用电和智能用电。因此，需求侧管理的内涵和外延都发生了很大变化：一是用户侧从被动变为主动。过去需求侧管理是一种管理手段，以能效管理实现节能，以负荷管理实现系统平衡，更多是从供应侧出发，用户侧是被动的，采用的激励机制和价格机制不能充分激发用户侧的积极性。新型电力系统中，用户变得越来越主动，驱动因素包括体制机制改革的激励；在电力改革中出现了售电公司和综合能源服务公司等新型主体，需求侧资源开发利用是这些新兴主体的主要业务；数字化智能化技术和能源互联网的发展也为新的需求侧管理赋能。二是从管理变为服务，过去主要是政府行为，现在出现了新的服务主体、服务模式和新的业态。三是需求侧资源的作用从节能和负荷管理手段，变为助力清洁能源消纳、提高系统灵活性的调节资源。四是从单一电能变为综合能源，终端能源需求包括电能、热能、冷能，其中热能占比较大，热能在需求侧资源的开发和利用中非常重要，蓄热和蓄冷技术在系统灵活性调节资源方面具有较强的竞争力和应用前景。总之，需求侧资源已成为比供应侧资源更为优先和更为经济的资源。

2. 需求侧资源种类及开发利用主体

需求侧资源种类有需求响应、分布式能源、储能、部门融合等。

需求响应是指为了实现安全清洁经济的电力供应，在技术、市场、政策、法律体系框架下，用户侧以负荷聚合商整合资源或直接参与的方式，根据激励措施和电力价格信号，主动改变用电方式，减少或增加用电，参与电力系统运行调节，从而保障电力供需平衡和促进清洁能源消纳的行为。

分布式发电是指在用户所在场地或附近建设安装、运行方式以用户端自发自用为主，多余电量上网，且在以配电网系统平衡调节为特征的发电设施或有电力输出的能量综合梯级利用多联供设施，主要包括以各个电压等级接入配电网的风能、太阳能、生物质能等新能源发电，电力就地消纳的天然气、热、电、冷联供，小水电、多种能源互补发电，余热、余压、余气发电及资源综合利用发电等。

储能是贯穿能源产业链的存储环节，是新型电力系统的重要组成部分和关键支撑技术，包括储电、储热、储冷和储氢等技术和设施，近年来储能技术研发应用加速，成本下降，应用场景广泛，商业模式逐渐形成，能够为电网运行提供调峰、调频、备用、黑启动等多种服务，促进可再生能源消纳，支撑需求响应和分布式能源系统运行。

部门融合是指供热、供冷、交通等部门的电气化或电能替代，包括清洁电能制氢、清洁电能供热（如热泵、电锅炉）以及电动汽车等，既可以扩大清洁能源利用，也可以作为储能和其他灵活调节手段。

需求侧资源开发利用主体有负荷聚合商、工业、商业、交通、居民用户、电网企业、系统运行者、交易机构、储能服务商等。电网企业、系统运行者、交易机构是需求响应的发起者和执行者，负荷聚合商整合分散的需求侧资源，使其达到电力市场准入标准，电力用户可以直接参与或通过负荷聚合商参与需求响应。智能配电网成为整合各种需求侧资源的平台，具备自平衡能力，如与主网双向互动、与各类主体实现资源共享、组织用户参与配网侧分布式交易市场等。

三、需求侧资源开发利用的实践和潜力

近年来，我国在需求侧资源开发利用方面进行了大量实践，在能效、需求响应、分布式能源、储能、电动汽车和虚拟电厂等方面都有大量的开发和应用。各省份普遍开展了电力需求响应，参与主体有工业、商业、居民用户、负荷聚合商、分布式能源运营商、储能服务商、电动汽车充电设施等，引入虚拟电厂参与需求响应。尝试不同类型和时间周期的削峰和填谷响应，探索通过竞价交易方式形成需求响应补偿标准。

国家电网调度中心建设了"源网荷储"互动支撑平台，基于市场机制引导分布式发电、储能、电动汽车、智能家居等主动参与电网调控，增强电网备用、调峰、调频能力。2020年，华北区域引入9家负荷侧资源聚合商参与调峰市场，接入京津唐电网电动汽车充（换）电站、分布式储能电站、电采暖等负荷侧资源约50000个终端，规模100万千瓦，在全国率先实现车网互动。江苏电网大规模"源网荷储"友好互动系统将海量分布的可调节负荷通过集中汇集、策略引导和集中控制，形成规模化虚拟电厂，2018年已具备260万千瓦毫秒级、376万

千瓦秒级精准负荷控制能力。2020 年持续推动填谷需求响应，全省累计完成填谷需求响应 2716.8 万千瓦。上海建成国内首个负荷型虚拟电厂运营平台，部分楼宇可实现 1 分钟以内的自动需求响应。

江苏、山东、天津采用市场竞价方式组织用户参与需求响应。山东作为电力现货市场试点省份之一，尝试将需求响应纳入电力现货市场，设计了紧急型需求响应和经济型需求响应，以及相应的市场规则。山西持续推动用户可控负荷参与电网协同互动运行，建立独立储能和用户侧可控资源参与电网协同互动机制，利用市场化手段激活用户侧资源，拓展新能源消纳空间。

广东实施了市场化需求响应，市场主体包括负荷聚合商、售电公司、电力用户等，涵盖用户侧储能装置、充电桩、工业生产、制冷、制热等可调节负荷资源。

在需求侧资源潜力方面，2015 年 7 月，自然资源保护协会和牛津大学联合在京发布《上海需求响应市场潜力及效益评估》报告，预测了"最佳表现""中等表现"和"基本表现"三种情景下 2020 年、2025 年和 2030 年的需求响应潜力。在"最佳表现"情景中，2030 年上海市需求响应潜力为 250 万千瓦，为该年最高负荷的 4%，从上海 2019 年需求响应实践来看，需求响应潜力将超过该预测值。2020 年 6 月，自然资源保护协会发布的《需求侧资源潜力挖掘方法与实践——以长三角中心城市湖州为例》报告中，对湖州进行了需求响应潜力测算，认为湖州需求响应潜力为最大用电负荷的 16%。

上述需求响应能力主要是工业领域的需求响应，其他需求侧资源的潜力还有待挖掘，据此估计，我国各地区需求侧资源潜力巨大，"十四五"时期如果各地能够实现占最高负荷 5% 左右的需求响应能力，对于发电、输配电投资和整个系统供电成本的节约，以及可再生能源的消纳，都将起到巨大的作用。

四、需求侧资源开发利用的机遇和挑战

在保障能源安全和推动能源高质量发展的新形势下，需求侧资源开发利用的机遇和挑战并存。在政策机遇方面，电能替代和可再生能源发展都是保障能源安全的重要手段，清洁能源消纳长效机制要求需求侧承担清洁能源消纳责任，要求节能提效，需求侧资源的开发利用受到国家和地方政府高度重视。在技术机遇方面，需求侧资源高效利用与新基建高度契合，数字化、信息基础设施建设、先进

计量、智能控制等从技术层面保证最大限度挖掘需求侧资源的潜力，使需求侧资源得以更好地利用。在市场机遇方面，电力体制改革和电力市场建设已初步形成了新的能源服务生态，出现了多元化主体，各类主体的积极性得到激发，给行业注入了新的活力。在社会基础方面，清洁发展、节能提效理念更加深入人心，企业更加重视使用清洁能源，提高能效和参与需求响应。

需求侧资源开发利用面临的挑战主要有以下几方面：

一是国家战略的落实，在各地如何具体落实国家政策，更好地发挥需求侧资源的作用。

二是市场机制方面，需求侧资源的价值要通过市场机制来实现，目前需求响应的实施仍以管理手段和补偿机制为主，市场竞价方式有所尝试，但是还没有与电力市场建设有机结合。

三是需求侧资源的投资和成本的回收方式以及资金来源问题，需求侧资源开发利用需要大量投入，如分布式能源、储能设施和电动汽车接入电网的智能转换设备、通信设备、控制设备的投资和运行成本；实施需求响应需要的智能电表、通信系统、控制设备、能量管理系统以及聚合平台的投资和运行成本，工业用户改变生产方式带来的成本，分布式发电减少出力的机会成本，储热等损失的效率，储能的寿命周期成本，充放电带来的设备性能下降等成本，这些投资和运行成本有些是电网侧的，有些是用户侧或负荷聚合商的，需要得到回收。分布式能源和需求响应还存在规模经济性不足、效益不高的情况，作为新兴市场，市场主体也需要得到培育。目前，用户参与需求响应的补偿资金主要来源于电力市场交易盈余、尖峰电价增收资金和财政专项资金等，需要建立起保障需求侧资源可持续利用的长效机制。

四是在创新服务生态和商业模式方面，如何更好地实现需求侧资源各方主体的合作共赢，需要结合电力市场的发展不断探索。

五是如何更好地促进数据流通和共享，以数据价值挖掘助力需求侧资源价值的实现。

五、"十四五"大力开发和利用需求侧资源的主要途径

1. 在"十四五"电力规划中充分考虑需求侧资源

在制定电力发展规划时，应该充分考虑需求侧资源，体现需求侧资源在整个

能源系统中的价值，明确需求侧资源开发利用的任务。

传统电力规划通常采用系统最小成本法，步骤如下：第一，进行电力需求预测，预测规划期每年的电量需求和小时负荷曲线；第二，根据原有系统机组的退役计划、各类备选电源的技术经济参数，构建满足需求的可能电源方案组合；第三，考虑电力需求、燃料价格和机组故障等的随机性，对规划期各年按小时进行生产模拟，计算各备选方案的燃料费用、排放量和系统总费用；第四，考虑电力系统可靠性、投资限额等约束条件，应用优化规划模型，找到总成本最低的电源规划方案；第五，进行输电网规划和配电网规划。

考虑需求侧资源的电力规划可以将需求侧资源聚合后成为虚拟电厂，与供应侧电厂统一优化，需要预测需求侧资源潜力，考虑技术可行性和经济可行性，设计情景参数，对本区域的需求响应、分布式电源和储能等进行不同情景下的潜力测算，整合成为虚拟电厂，并给出虚拟电厂的技术经济参数，作为规划的输入条件。潜力测算应给出需求侧资源所在位置，对区域内不同节点的需求侧资源潜力进行测算，为配电网规划打下基础。在电力需求预测中应细分经济部门如工业、商业、交通、居民等，分析电能替代对电能量消费和电力负荷的影响，设计不同情景，如不同的再电气化水平情景，预测区域内不同节点的电力需求和负荷曲线，这一工作有赖于比传统规划中更大量和更为精细的用户数据和智能预测方法。

2. 加强智能电网建设，夯实需求侧资源利用的技术基础

我国正在大力开展新型基础设施建设，与需求侧资源相关的智能电网、储能和物联网等都属于新基建的内容。"十四五"要实现技术创新和进行技术开发，需求侧资源利用领域应重点发展的包括：分布式能源、储能、物联网、电动汽车及充电设施、清洁能源供热、清洁能源制氢和氢能利用等技术和基础设施；大数据、人工智能、区块链、用户侧智慧能量管理系统等；实时用电数据的采集和分析，实时远程控制和自动需求响应等。

3. 补偿型需求响应向市场机制过渡，充分激励需求侧资源发挥作用

推动需求响应补偿政策向市场机制过渡，随着全国统一电力市场体系的建立，使需求侧资源和供应侧资源有同样的市场主体地位，可以参与各类市场。同时，我国近年来的实践表明，邀约型的需求响应也能发挥重大作用，在各地市场化进展各异的过渡期，可以同时实施邀约型需求响应和市场化需求响应，根据地区特点尝试不同的方式，逐步向市场机制过渡，以便更好地发挥需求侧资源的

作用。

需求侧资源提供的服务的价值体现在以下几方面：一是削峰，体现安全价值和经济价值，国内已有大量很有成效的实践；二是平衡服务，体现了促进清洁能源消纳的价值；三是调频、备用、调压等辅助服务，体现安全价值；四是减少电网阻塞，体现电网中不同位置的资源的容量价值。这些功能对应不同的服务时间，如一年中使用十几到几十小时的削峰服务，到日内的平衡服务，再到实时调频服务，这些服务的自动响应程度不同，对技术支持系统的要求也不同。

在电力市场体系中，需求侧资源可以参与不同的交易品种，对于削峰服务，部分地区已尝试以竞价的方式确定补偿价格，签订中长期合约；平衡服务通常是指日内到小时内的上调或下调功率，需要一定的自动控制功能，需求侧资源提供平衡服务可以纳入日前现货市场和日内市场，在没有开展现货市场的地区可以纳入调峰辅助服务市场；需求侧资源提供调频、备用等辅助服务，可以纳入调频、备用辅助服务市场，这类服务对自动响应要求高，需要技术系统的支持。在这些市场中，需求侧资源主体作为市场主体，和发电侧有同等的地位，同样按市场价格获得收益。后期可以在目前分布式交易试点的基础上，在配电侧平台开展需求侧资源之间的交易，配电公司可以采购需求侧资源提供的服务，利用本地资源缓解电网阻塞，提高运行的安全性和经济性。

4. 围绕聚合商形成需求侧资源利用和价值发现的商业模式

需求侧资源的开发利用要充分发挥负荷聚合商的作用，负荷聚合商聚合分布式能源、工业、商业、居民用户需求响应资源、储能、电动汽车资源，参与各类需求响应项目，参与电能量市场、辅助服务市场和容量市场。需求侧资源通过负荷聚合商形成合理规模，从而有能力提供电力系统所需要的服务，负荷聚合商通过精确预测发电功率和用电负荷、分析各类资源的成本效益、优化合同组合和套利等多种方式获取收益，实现多方共赢。负荷聚合商要有技术手段、IT系统、能量管理系统，要采集大量数据，和用户、供电公司、储能服务商、数据服务商等形成多方共赢的新业态。

未来供电公司的角色也会发生变化，随着分布式能源的接入和需求侧资源的开发，配网变得更为重要，一边需要协调和主网的运行，另一边连接着需求侧资源，和负荷聚合商进行交互。配网是需求侧数据的主要汇集区，除了原有的供电业务外，供网公司要探索新的服务模式，成为平台服务商，提供配电侧市场交易平台，提供数据服务等增值服务。为了有利于分布式能源的接入和需求侧资源的利用，供电公司的盈利模式和监管方式也会发生变化，将供电公司盈利与鼓励分布式发电、降低电力需求、避免建设新的配电设施等目标挂钩，在一定的监管规则下也可以从需求侧资源利用中获利。在新的监管模式下，供电公司可以选择按传统的成本加成监管获取收益，或从需求侧资源利用所避免的配网设施投资中获益，以及从基于市场的平台服务中获利。

5. 以数据价值挖掘助力需求侧资源价值实现

电力需求侧的海量数据蕴藏着巨大价值，这一点已经成为共识。大数据分析是需求侧资源有效开发利用的基础。电力需求侧的大数据应用和数据价值挖掘还处于起步阶段，有很多问题需要解决，如数据价值挖掘的方法论和工具、数据确权和数据估值、数据共享和交易方式、数据安全和隐私保护等。为了实现需求侧资源的更好利用，应在不同主体间分享数据，使负荷聚合商、分布式能源开发商和储能服务商等主体能够科学地安排投资和运营。在这方面，丹麦的电力市场数据平台能够提供借鉴。

为了激励创新，促进需求侧资源在绿色转型中发挥更大的作用，解决数据质量、数据传输和数据共享等问题，充分挖掘数据价值，丹麦建设了电力零售市场统一数据平台 DataHub。数据平台的所有者和运营者是丹麦输电系统运营商 Energinet，从 2002 年提出，到 2009 年开始建设，2013 年投入使用，数据平台建设费用为 1900 万欧元，年运行成本 350 万欧元。按照规则，售电公司、配电公司和系统运行者必须向 DataHub 上传实时数据，包括批发市场数据、用户集成数据和计量点数据等，分为公开数据、用户数据和研究数据，有不同的使用权限和不同的数据精细度，被授权并得到用户同意的第三方可以从 DataHub 收集一定范围的用户数据，用于数据分析和服务等目的。电力市场数据平台实现了电力系统和电力市场的数据标准统一、数据共享，数据使用便捷、便宜，产生了新的数据产品和服务，成为数字化转型的有力支撑。

参考文献

［1］国家发展和改革委员会，国家能源局．"十四五"现代能源体系规划［EB/OL］．［2022－03－22］．https：//www.ndrc.gov.cn/xwdt/tzgg/202203/P020220322583239614565.pdf.

［2］国家电网公司．服务新能源发展报告 2021［R/OL］．［2021-05-21］．https：//sgnec.sgcc.com.cn/oss/sgnec－image/group/2021/5/21/2457fb09c466d7bc

5480c0bd81e1e7c5. pdf.

　　［3］自然资源保护协会. 上海需求响应市场潜力及效益评估［R/OL］. ［2016 - 12 - 03］. http：//www. nrdc. cn/Public/uploads/2016 - 12 - 03/5842cbe9e 6dc4. pdf.

　　［4］自然资源保护协会. 需求侧资源潜力挖掘方法与实践——以长三角中心城市湖州为例［R/OL］. ［2020-06-05］. http：//www. nrdc. cn/Public/uploads/2020-06-05/5ed9a98f8f0ad. pdf.

　　［5］ENERGINET. The Danish Electricity Retail Market–Introduction to DataHub and the Danish Supplier–centric Model［EB/OL］. ［2018-02-12］. https：//en. energinet. dk/-/media/230C57ABF72741C2A45072D8BD992E14. pdf.

20

国际经验对中国电力行业清洁化转型的政策启示

涂建军[*]

一、全球能源转型背景下的电力转型

能源转型是指能源系统发生的重大结构性调整。从历史发展的维度来看，以上重大变化一般是由对不同能源品种的需求、技术创新及可获得性驱动的，并会对相关国家及地区的经济发展乃至全球地缘政治格局产生深远的影响。

自 18 世纪中叶工业革命以来，人类历史上曾经发生过两次能源转型：第一次是 20 世纪初煤炭取代传统生物质成为全球第一大能源品种。自从原始人发明摩擦取火之后，木材、秸秆等传统生物质就成为人类社会生产和生活的主要能源。以地表植物为主的传统生物质能推进了农业文明的进步。这段时期生产过程中的动力主要是人力和畜力，生产效率的改进非常缓慢。到了 18 世纪中叶，第一次工业革命首先在英国发源，以蒸汽机为代表的机器开始大规模取代人力和畜力，并带动了埋藏于地表之下的煤炭资源的现代化开采。以英国为例，该国煤炭年产量在 1750—1800 年增长了近 1 倍，在接下来的 50 年内又增长了 5 倍。之后年产量从 19 世纪中叶的 7000 万吨快速上升到 20 世纪初的 2 亿吨。由于现代煤炭产业在诸多工业化国家的长足发展，到了 20 世纪初，煤炭首次取代传统生物质成为全球主导能源（见图 1）。

　　* 涂建军，北京师范大学环境学院客座教授，Agora 能源转型论坛中国事务高级顾问。本章内容根据作者在中国社会科学院生态文明研究智库主办、中国能源网协办的《中国煤电发展之路辨析》系列沙龙上的发言材料整理而成。

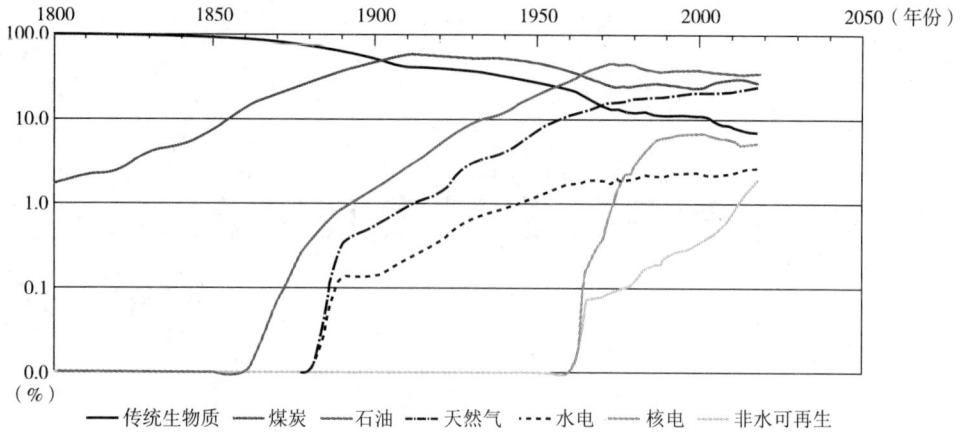

图1 全球能源消费结构历史变迁：1800—2021 年

资料来源：Smil Vaclav. Energy Transitions：Global and National Perspectives ［M］. Santa Barbara：Praeger, 2017. BP. Statistical Review of World Energy 2022.

第二次能源转型是 20 世纪 60 年代液体石油取代固体的煤炭成为全球主要能源，世界从此进入石油时代。1846 年，巴库地区钻探的世界第一口商业化油井标志着现代石油工业的诞生，之后廉价常规石油资源在苏联、美国及中东等地区开始了大规模的工业化开发。内燃机的发明及其在汽车和航空工业的广泛应用、化工原料的大规模普及，推动了石油工业在第二次世界大战于 1945 年结束后的井喷式发展，并在 20 世纪 60 年代一举取代煤炭成为全球第一大能源。

人类社会当前正处于新一轮能源转型的进程之中：自 1973 年第一次石油危机爆发以来，国际社会一度对核电技术替代化石能源寄予厚望，但是随着 1979 年三里岛堆芯熔融、1986 年切尔诺贝利及 2011 年福岛核危机的爆发，核电安全技术标准的大幅攀升以及公众对核电安全的忧虑使得核电在全球主导能源的竞赛中率先出局。由于天然气是最清洁的化石能源，国际能源署及全球油气公司一度看好天然气"黄金时代"的到来，不过随着国际社会对气候变化焦虑的加深，作为低碳发展"过渡能源"的天然气成为全球主导能源依旧遥遥无期。以德国、国际可再生能源署为首的部分国家和机构认为，全球新一轮能源转型的目标是实现全球净零排放目标，所以能源结构调整的主导方向应该是可再生能源、节能及其他形式的可持续能源。

在以上背景下，由于电力行业占 2019 年全球碳排放的 41%，世界各国的电力系统在低碳发展的压力下正在进行影响深远的清洁化转型。这种转型的背后有四大驱动因素：第一，低碳乃至零碳排放强度的可再生能源尤其是风电和太阳能发电，在世界范围内已经逐渐成为最具成本竞争力的发电来源。2019 年，在全球所有新近投产的并网大规模可再生能源发电容量中，有 56% 的成本都低于最便宜的化石燃料发电。第二，电力行业数字化势不可当。数字化正在从输电网层面扩大到配电网，以及个人设备层面。电力系统也日益呈现出"互联网""物联网"等数字化、智能化属性。第三，包括屋顶式光伏在内的分布式能源的技术突破及商业模式创新正在世界越来越多的国家给集中发电、远距离传输、集中用电的传统电力行业组织形式带来挑战。第四，电动车、自动驾驶、人工智能、氢能经济等技术及产业链创新正在倒逼电力行业进行深刻的调整。

截至 2021 年底，中国煤电装机容量已经突破了 11 亿千瓦，超过全球煤电总装机容量的一半；同年中国发电量超过全球总发电量的 1/4 以上，而煤电厂发电量也超过全球的一半。有鉴于此，中国电力行业能源转型的进程不但对本国能源行业发展而且对全球气候议程都有着深远的影响。

二、全球电力行业结构调整对中国的借鉴

能源转型是一个渐进和长期的过程，全球从传统生物质到煤炭的能源转型如果从人类有文字记载开始计算，是经历了数千年的漫长历史进程才实现的。从煤炭到石油的能源转型，如果从现代石油工业起源的 1846 年开始计算，也经过了一个多世纪才得以完成。自从爱迪生 1882 年 9 月在纽约建立了世界上第一座发电厂后，通过煤炭燃烧产生蒸汽并驱动汽轮机发电的燃煤电厂长期在电力行业占据主导地位。自 1971 年以来，燃煤发电在全球发电量中的占比长期徘徊在 36%~41%。近些年来在全球清洁转型的压力下，2020 年煤电在全球发电中的占比降到了35% 的相对低位水平。但令人遗憾的是，由于 2021 年全球范围内的能源市场冲击波，该年度煤电占比反弹了约一个百分点。在 2022 年 2 月 24 日俄乌冲突全面爆发的影响下，煤电近年来在全球发电中占比持续下降的趋势有可能被进一步中断。

20 世纪 60 年代人类进入石油时代之后，到 1973 年第一次石油危机爆发之前的这段时间，廉价石油在发电行业的市场份额快速攀升，与燃煤发电形成了全面竞争的关系。1973 年 10 月第四次中东战争爆发后，石油输出国组织（OPEC）

为了打击支持以色列的国家，宣布对美国等西方国家石油禁运，导致当时原油价格从 1973 年的每桶不到 3 美元快速上涨到超过 13 美元。高油价不但带来了全球范围的经济衰退，而且迅速导致石油在电力行业失去了竞争力，燃油发电在全球发电量中的占比从 1973 年 25% 的历史高位持续降低到 2021 年的不足 3%。现在除了在部分产油国和小岛国，燃油发电的市场空间都非常有限。

第一次石油危机爆发后，为了应对能源安全挑战，国际社会一度对民用核电寄予厚望，核电行业也迎来了其发展的黄金期，并在接下来的 20 年内对燃油发电实现了大幅替代。遗憾的是，1979 年 3 月 28 日，美国宾夕法尼亚州的三里岛核电站第 2 组反应堆发生了堆芯熔融事故，从此之后美国的核电行业就长期陷入了停滞不前、人才流失的境地。雪上加霜的是，1986 年 4 月 26 日，苏联普里皮亚季邻近的切尔诺贝利核电站的第四号反应堆发生了爆炸。这场人类历史上最严重的核电灾难导致了反核运动在全球范围内的兴起，而核电在全球发电量中的占比在 20 世纪 90 年代中期达到 18% 的历史高点后就开始走下坡路。2011 年 3 月 11 日，日本发生里氏 9 级地震并导致福岛核电站发生了与切尔诺贝利同级别（7 级）的人类历史上的第三起重大核电事故，并直接打断了核电行业在低碳发展背景下一度曾被寄予厚望的所谓"核电复兴"进程。之后以德国为首的多个国家纷纷宣布弃核，2021 年核电在全球发电的占比也降到了 9.8% 的历史低点，甚至略低于该行业在 1981 年的占比。

燃气轮机从 20 世纪 30 年代登上电力工业舞台以来，其发电效率和热效率都有持续的提高，特别是燃气—蒸汽联合循环机组技术日渐成熟，燃气轮机的单机功率已超过 375 兆瓦，热效率已达 46%；而联合循环机组的单机功率已达 826 兆瓦，热效率已超过 64%，为燃气发电在电力系统中地位的提高提供了技术支撑。有鉴于此，燃气发电在全球发电量中的占比过去数十年来持续攀升，2019 年达到了 23.7% 的历史最高水平。不过，由于燃气发电在低碳发展进程中的地位依旧存疑，加上之后天然气价格的震荡走高，2021 年燃气发电在全球发电量中的占比回调到 22.9%。

1878 年法国建成世界第一座水电站。20 世纪 30 年代后，全球水电站的数量和装机容量均有很大发展。但是到了 20 世纪下半叶，世界上部分工业化国家的水能资源已几近开发殆尽。另外，由于水电开发在移民、国际关系及环保等领域的诸多争议，20 世纪的前 20 年，水电在全球发电量中的占比一直比较稳定，2021 年为 15%。由于资源约束及环保领域的争议，预计水电除了削峰填谷之外，在全球电力行业清洁转型进程中发挥的作用将相对有限。从全球范围来看，尤其是在积极推动能源转型的国家，未来电力消费的增长主要还是会由非水可再生能源来满足（见图2）。

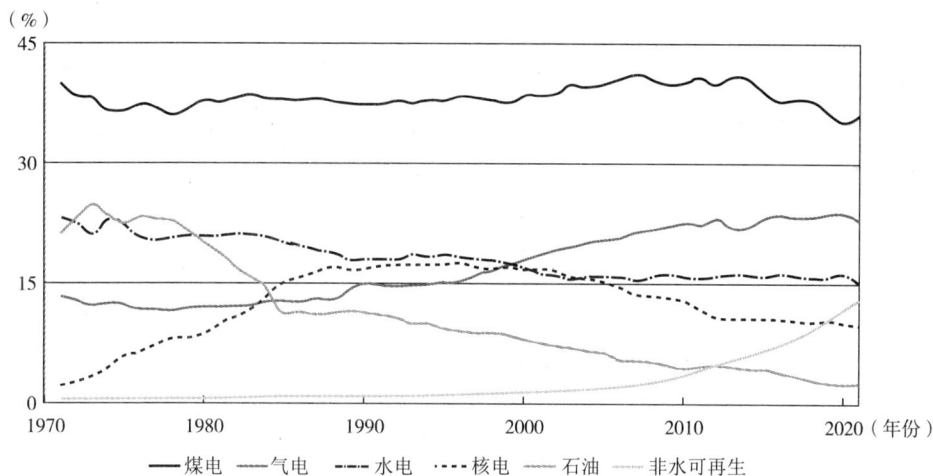

（%）

图2　全球电力生产结构历史变迁：1971—2021年

资料来源：IEA电力行业数据库，BP Statistical Review of World Energy 2022。

在全球进入煤炭时代之前，人类的能源利用载体都是以可再生的生物质能源为主。有鉴于化石能源等不可再生能源对环境尤其是全球气候的负面影响，自20世纪90年代以来，以风电、光伏等为代表的非水可再生能源在电力行业取得了长足发展。2019年，风、光等非水可再生能源在全球发电量中的占比达到了10.4%，首次超过核电。在可再生能源领域，中国现在已经拥有全球最大的风电及光伏发电市场，但随着并网可再生能源比例的增加，电力系统对灵活性的要求也随之提高。在高比例间歇性可再生能源大规模并网的需求驱动下，如何保障电力系统安全已成为重大的能源政策挑战。展望未来，如何在深化电力体制改革的基础上增强电力系统的灵活性，是决定可再生能源在中国电力行业前景的关键之所在。

由于中国能源行业长期以来对本国资源赋存"富煤、少油、贫常规气"的片面认识，中国电力行业一直都呈现燃煤发电"一煤独大"的局面。2021年，中国燃煤电厂装机容量11.1亿千瓦，占全国总装机容量的47%和全国总发电量的60%。

关于中国煤电行业的未来，迄今不但没有达成全社会或者行业层面的共识，而且在政策研究领域存在巨大的分歧。从 2019 年开始，关于继续扩大煤电装机规模以保障电力供应安全的声音不断涌出。国网能源研究院认为，2030 年前后中国电力系统中需要 12 亿千瓦以上的煤电装机；中国电力企业联合会建议煤电装机在 2030 年达到 13 亿千瓦的峰值；电力规划设计总院则认为煤电装机到 2035 年要达到 14 亿千瓦才能满足电力需求。与以上电力行业机构观点形成鲜明对比的是，国家发展和改革委员会能源研究所研究员姜克隽则提出，"十四五"期间中国无须新增煤电装机。而且根据他关于全球温升控制在 1.5℃ 的情景的研究成果，中国煤电装机容量在 2050 年前需要快速下降直至完全清零（见图 3）。

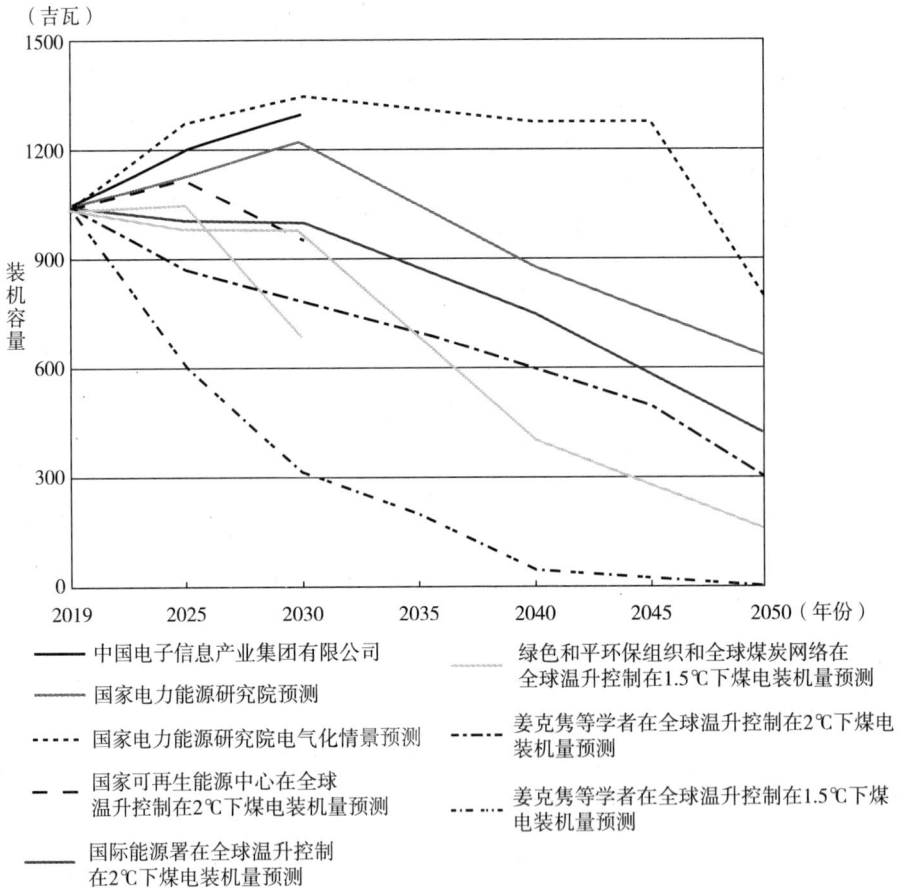

图 3　对中国煤电装机容量的不同预测

资料来源：涂建军. 新冠疫情对中国能源行业影响的初步分析［R/OL］.（2020-06-04）［2022-10-16］. https：//www. energypolicy. columbia. edu/research/commentary/covicl-19-pandemic-s-impacts-china-s-energy-sector_preliminary-analysis.

2021年9月，江苏、广东、云南、浙江、山东、湖南、辽宁、吉林、黑龙江等20多个省份相继发生拉闸限电，多地工业企业被要求"开三停四""开二停五"甚至"开一停六"错峰用电。在东北地区，受限电影响的范围甚至超出了工商业电力用户，有城市主干道红绿灯停电引发拥堵、电梯停运、停电导致停水，波及城市正常运行和居民用电的罕见缺电触及社会敏感神经。2022年2月俄乌冲突全面爆发后，由于国际能源价格持续高位震荡，如何保障能源供应尤其是电力安全成了中国能源政策的重大关切。2022年5月11日召开的国务院常务会议要求确保能源供应，不但要支持煤电企业纾困和多发电，而且要优化政策，安全有序释放先进煤炭产能。

有鉴于国内外有关各方对中国煤电未来的巨大争议，有必要就煤电在发电行业占比的历史变化趋势进行国际比较。世界银行按人均国民总收入（GNI）对世界各国经济发展水平进行分组，并把世界各国分成四组，即低收入国家、中等偏下收入国家、中等偏上收入国家和高收入国家。上述分类标准随着经济的发展不断进行调整。根据世界银行最新公布的数据，2021年人均GNI低于1085美元属于低收入国家，1086~4255美元属于中等偏下收入国家，4256~13205美元属于中等偏上收入国家，13205美元以上属于高收入国家。中国2021年人均GNI为11890美元，属于世界银行定义的中等偏上收入国家。

图4显示了自1990年以来不同收入水平国家煤电占比的历史变化。首先，对于低收入国家尤其是最不发达的发展中国家，由于普遍存在国家财力有限以及工程技术水平偏低的国情，煤电在这类国家发电结构的占比水平极低甚至还出现了不断下降的趋势。对于中等偏下收入国家，近年来煤电占比不断上升。但是中等偏上收入国家以及经济合作与发展组织（OECD）国家，近年来煤电发电占比都出现了持续下降的态势。中国自2010年左右迈入中等偏上收入国家行列后，煤电发电占比持续下跌的态势非常明显。随着中国人均国民总收入的不断提高，预计中国2030年前会迈入高收入国家行列。有鉴于此，未来中国煤电在全国发电量的占比应该会持续下降，并与OECD国家平均水平的差距不断缩小。

有鉴于此，在2030年前，如果中国政府持续批准新建煤电厂，会导致煤电行业平均利用小时数在2019年4416小时的低水平附近持续徘徊甚至进一步下降。由于2019年全国有一半以上的煤电厂已经出现亏损，新建煤电机组虽然短期内会促进地方经济增长并带来就业机会，但从中长期的角度来看会导致全国电

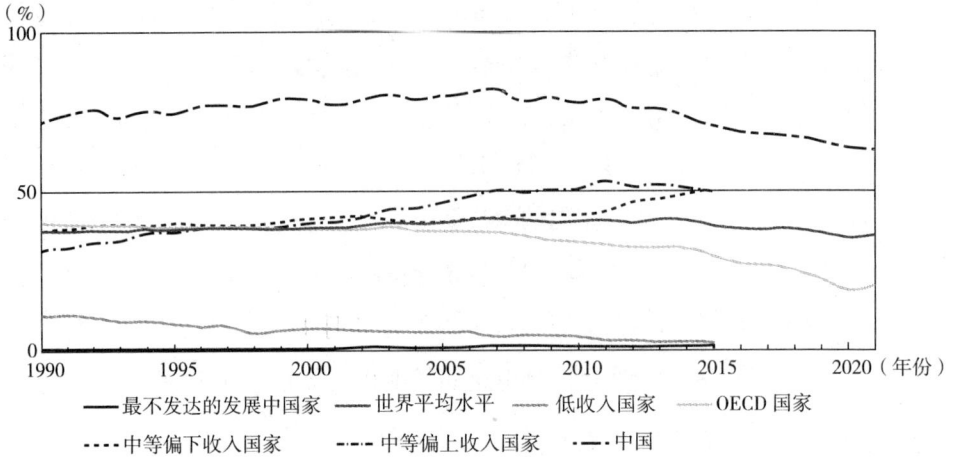

图 4 不同收入水平国家煤电的发电占比

资料来源：World Bank Data，BP Statistical Review of World Energy 2022.

力行业出现大面积国有投资难以收回成本的尴尬局面，并对全行业的清洁化转型带来负面冲击，大幅增加未来实现 2060 年碳中和目标的难度。

（一）全球前十大电力生产国

由于中国人口数量全球排名第一位、经济体量全球第二位、能源生产和消费全球第一位，中国能源行业在国际经验借鉴上最好是基于能源市场规模较大的国家，以避免国情差异过大。根据以上准则，表 1 列出了 2021 年全球排名前十的电力生产大国，本章在接下来的章节中会逐一列举排名第二到第十的电力生产大国的电力发展进程，并分析讨论对中国的政策启示。

表 1 2021 年全球前十大电力生产国情况 单位:%

排名	国家	发电量	煤电	气电	水电	核电	可再生	GDP	人口
1	中国	30	52	4.2	30	15	32	18	18
2	美国	15	10	26.0	6.0	29	17	24	4.2
3	印度	6.0	12	1.0	3.8	1.6	4.7	3.3	18
4	俄罗斯	4.1	2	7.6	5.0	7.9	0.1	1.8	1.8
5	日本	3.6	3	5.0	1.8	2.2	3.6	5.1	1.6
6	巴西	2.3	0	1.3	8.5	0.5	3.9	1.7	2.7
7	加拿大	2.3	0	1.2	8.9	3.3	1.4	2.1	0.5
8	韩国	2.1	2	2.7	0.1	5.6	1.1	1.9	0.7

排名	国家	发电量	煤电	气电	水电	核电	可再生	GDP	人口
9	德国	2.1	2	1.4	0.4	2.5	5.9	4.4	1.1
10	法国	1.9	0	0.5	1.4	14	1.7	3.1	0.9
	加总	70	83	51	66	81	71	66	49

资料来源：BP Statistical Review of Energy 2020；World Bank data.

2021 年，十大电力生产国占全球人口数的 49%、经济总量的 66% 以及发电量的 70%。在煤电行业，全球排名前三的国家是中国、印度与美国，占全球总量的 74%。在气电行业，全球排名前三的国家是美国、俄罗斯与日本，占全球总量的 38.6%。在水电行业，全球排名前三的国家是中国、加拿大与巴西，占全球总量的 47.4%。在核电行业，全球排名前三的国家是美国、中国与法国，占全球总量的 58%。但需要注意的是，中国核电装机容量还暂时落后于法国，现排名全球第三。在非水可再生能源领域，全球排名前三的国家是中国、美国与德国，占全球总量的 54.9%。由于全球电力行业尤其是煤电行业的市场集中度较高，未来全球电力行业清洁化转型成功与否的关键就在于表 1 所列的十大电力生产大国。

1. 美国电力行业的市场化创新

美国是全球第一大经济体，2021 年经济规模是中国的 1.3 倍；美国属于 OECD 国家，2021 年人均 GNI 约 7 万美元，是中国的 5.9 倍；人口数 3.3 亿人，接近中国总人口数的 1/4；而国土面积与中国接近。

作为全球第二大能源消费国，2021 年美国能源消费量不到中国的 60%；作为全球第二大温室气体排放大国，美国碳排放量只有中国的 45%；美国是全球第二大电力生产国，发电量刚超过中国的一半。美国在世界主要发达国家中与中国在能源市场的体量最为接近。自中国 1978 年改革开放以来，美国长期是中国能源国际合作领域优先参照的国家之一。

直到 19 世纪中叶，以木材为代表的传统生物质一直是美国的主导能源，之后水电作为新的商业化可再生能源开始出现。在 19 世纪初期，煤炭首先在美国被用于汽轮驱动的航运、火车运输及钢铁行业，并从 19 世纪 80 年代开始用于发电，且于该时期超越传统生物质成为美国的主要能源。1859 年，美国人埃德温·德雷克在宾夕法尼亚州打出一口深 21.69 米的油井，这标志着美国现代石油工业的诞生。美国在 20 世纪两次世界大战期间大力发展石油工业，并在 20 世纪 50 年代率先进入石油时代，而石油对美国能源行业的统治地位一直维持至今。

　　即便美国步入石油时代后，煤电依旧在该国电力行业长期占据主导地位。如图5所示，1973年第一次石油危机爆发前后，燃油发电与核电虽然开始冲击煤电在美国电力行业的主导地位，但由于国际油价高涨以及全球数次重大核电事故都先后败下阵来。直到2016年，美国电力行业才完成了从燃煤时代到燃气发电时代的转型。这一年美国燃气发电占比为34%，首次超越燃煤发电30%的占比。不过值得注意的是，美国燃气发电占比2020年达到41%的历史高点后，随着美国液化天然气出口力度的增加以及国内天然气价格的上涨，2021年燃气发电占比同比下滑了2个百分点，而燃煤发电占比也相应出现了反弹。

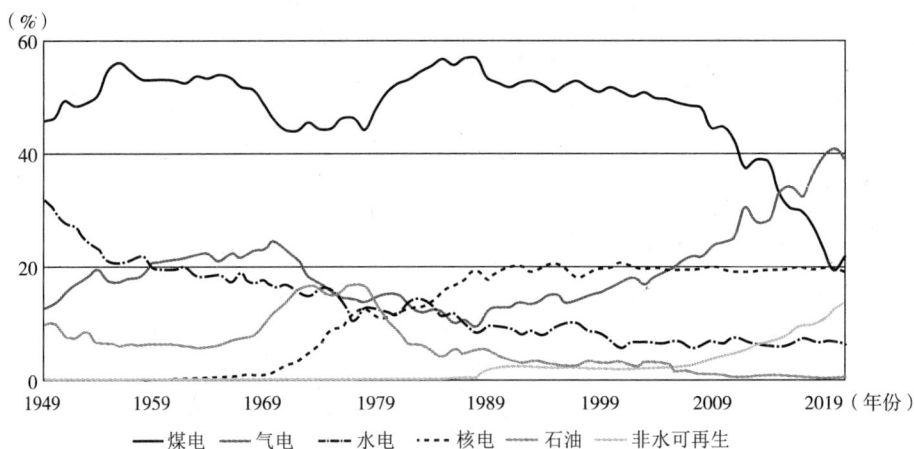

图5　美国发电结构的历史变迁：1949—2021年

资料来源：US EIA.

　　美国电力行业2016年发生的结构转型是美国页岩革命的成果之一。页岩气是主要以吸附和游离方式赋存于富有机质泥页岩及其夹层中的生物成因或热成因天然气。虽然早在19世纪初就发现了页岩资源，但长期难以商业化开采。直到20世纪80~90年代，美国Mitchell能源公司坚持在Fort Worth盆地探索试验，并最终实现了页岩资源商业化开发的突破。页岩革命的成功使得美国从2006年对外石油依存度高达60%的全球最大石油进口国华丽转身为全球最大油气生产大国。美国2017年成为天然气净出口国；在2019年，美国已经基本实现该国长期追求的"能源独立"地位；而美国2020年已成为石油净出口国（见图6）。

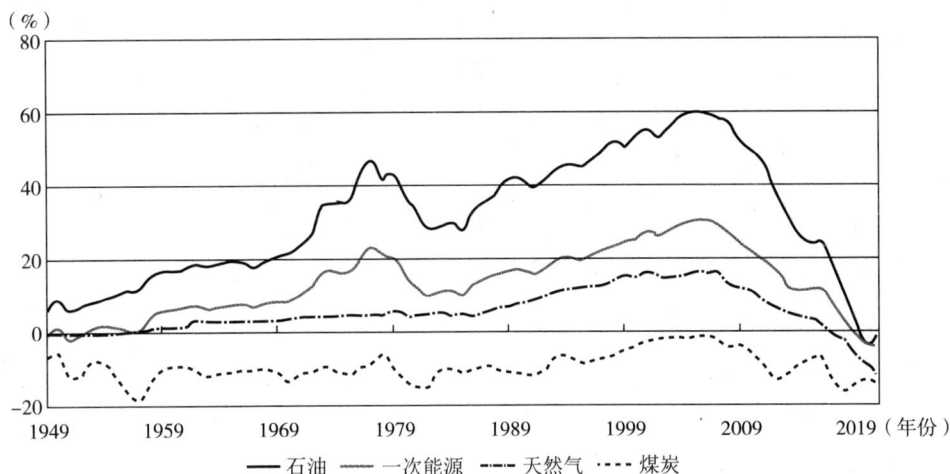

图6　美国不同能源品种进口依存度：1949—2021 年

资料来源：US EIA.

综上所述，美国通过页岩革命推动本国电力行业转型的案例对中国电力行业有如下政策启示：

（1）电力行业是能源系统的一部分，电力行业清洁化转型的推动力未必一定来自本行业，美国本轮电力转型的主要驱动力是基于油气领域的技术与商业模式的创新。

（2）美国页岩革命的前提是 Mitchell 能源公司开创性地集成了水平钻井、水力压裂及微地震检测三项已经成熟的商业化技术。有鉴于此，电力行业清洁化转型急需的技术创新不但要寄希望于新技术的研发和商业化，而且应该考虑在技术系统集成方向进行突破。

（3）美国页岩革命的成功以及 2016 年电力行业转型的实现都是在充分竞争的市场化环境下实现的。不过遗憾的是，美国历届政府在气候政策上曾经出现多次反复。在页岩革命让美国油气工业再次做大做强之后，传统化石能源利益集团的阻挠可能会使得美国可再生能源发展的潜力难以充分发挥。这说明电力行业清洁化转型离不开政府部门对低碳发展稳定及可预期的持续支持。

2. 印度电力行业—煤独大的转型困境

在 2021 年印度是全球第六大经济体，经济规模是中国的 18%；印度属于中等偏下收入国家，人均 GNI 略高于 2170 美元，不到中国的 1/5；人口数 13.9 亿人，接近中国的人口水平，预计在 2027 年左右超过中国成为全球第一人口大国；

该国国土面积约为中国的 1/3。

作为全球第三大能源消费国，印度能源消费量是中国的 22%；作为全球第三大温室气体排放大国，该国碳排放量大约是中国的 1/4；印度是全球第三大电力生产国，发电量是中国的 22%。由于中国和印度都是全球人口大国，而且同属中等收入国家，印度电力行业转型的经验和教训对于中国有一定的借鉴价值。

印度电力工业在促进印度经济发展及脱贫领域做出了巨大的贡献，印度经济增长速度近年来一度超过中国，预计 2022 年将超过英国成为全球第五大经济体。2000—2018 年，印度无电人口数下降了 7 亿人。[①] 但是，印度电力行业的快速发展依旧无法掩盖以下短板：①印度电力行业燃煤发电独大，2021 年占比高达 74%（见图 7）。②水电开发不力，2021 年的发电占比只有 1990 年约 1/3 的水平。③非水可再生能源近年来发展速度很快，2021 年的发电占比达到了 10%；但该国制造业发展水平相对滞后，可再生能源发电设备严重依赖进口，拖累了本国清洁能源转型的步伐。④全国偷电现象普遍，严重影响了电力行业的可持续性发展。

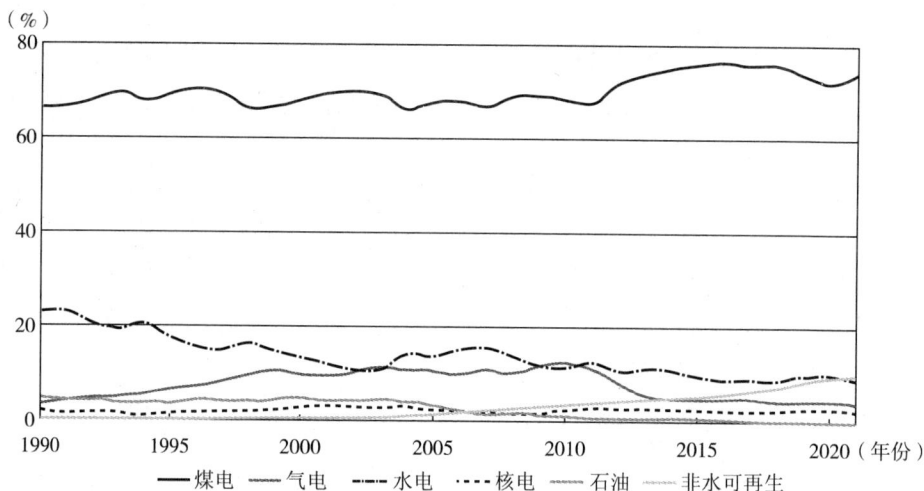

图 7　印度电力行业结构

资料来源：BP Statistical Review of Energy 2020.

由于印度和中国同为"金砖国家"和世界人口大国，印度电力行业的以下经验和教训对中国有一定的政策启示意义：

_____

[①]　IEA（2020）India 2020：Energy Policy Review，https：//www.iea.org/reports/india-2020.

（1）电力行业燃煤发电独大并不可取。作为印度政府《巴黎协议》自主贡献承诺的一部分，印度政府承诺将持续降低本国经济的碳排放强度，并增加非化石能源发电装机的容量。因此，中国更需要坚定能源行业尤其是发电领域控煤的决心。

（2）印度电力行业的发展水平以及行业管制方式（印度还有单独的电力工业部）基本还停留在中国20世纪90年代的水平，印度和中国在电力行业的合作空间理论上极其广阔。未来如何克服双边关系对两国间能源国际合作的桎梏，值得有关各方进行积极的探索。

3. 俄罗斯电力行业的"资源诅咒"值得警惕

俄罗斯是全球第十一大经济体，经济规模是中国的1/10；该国与中国同属中等偏上收入国家，人均GNI达到了1.11万美元，与中国基本相当；人口数为1.43亿人，相当于中国人口的1/10；国土面积远超中国，是全球疆域最大的国家（见表1）。

作为全球第四大能源消费国，俄罗斯能源消费量相当于中国1/5的水平；作为全球第四大温室气体排放大国，该国碳排放量相当于中国的15%；俄罗斯是全球第四大电力生产国，发电量是中国的1/5（见表1）。俄罗斯不但是中国的近邻，而且是全球主要油气出口国，中俄近年来在包括电力跨境贸易等领域的能源合作不断深化，该国电力行业的经验教训对中国有一定的借鉴价值。

俄罗斯地大物博，能源资源赋存条件优越。煤炭已探明储量占全球的15%，排名全球第二。作为全球第一大原油生产国，俄罗斯原油产量占全球的12.7%；作为全球第二大天然气生产国，该国天然气产量占全球的17%。从苏联时期开始，俄罗斯就是全球油气主要出口大国。2013年，俄罗斯油气出口在该国出口额的占比一度高达68%。

不过，俄罗斯经济对油气出口的高度依赖也使得政府财政预算的不确定性大增。随着国际油价的震荡，油气收入在俄罗斯政府预算的占比会大幅变动。作为油气出口大国，俄罗斯财政高度依赖油气行业，经济存在结构性缺陷，而国际社会对于俄罗斯经济陷入"资源诅咒"的讨论并未给俄罗斯战略层面带来足够的警醒和调整，这一点在该国的电力行业表现非常明显。在俄罗斯加入《巴黎协议》的背景下，该国电力行业长期依赖燃气与燃煤发电的现状没有明显改变，水电的发电占比多年停滞不前，而风电及光伏等可再生能源发电占比迄今还微不足道（见图8）。

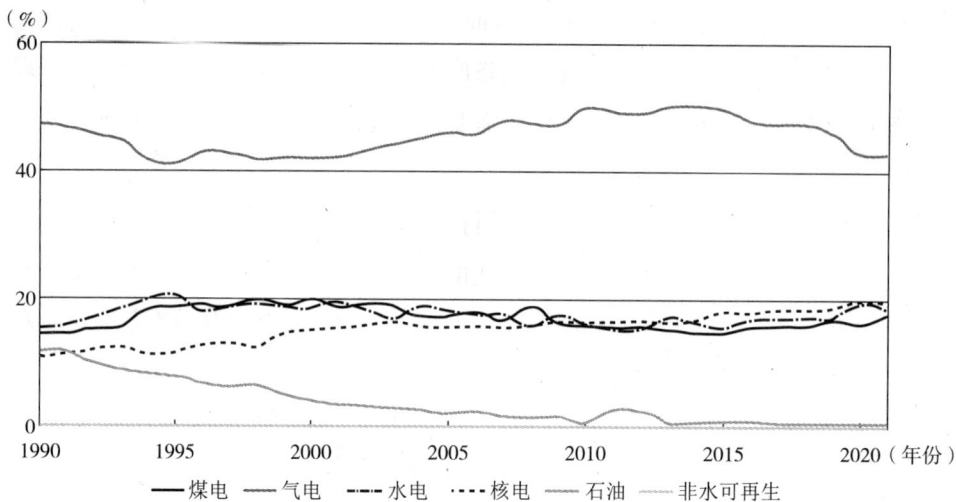

图 8　俄罗斯电力行业结构

资料来源：BP Statistical Review of World Energy 2022.

俄罗斯近年来的地缘政治抱负相当程度上是以该国的油气出口为基础的，但对化石能源的高度依赖又让俄罗斯经济有进一步陷入"资源诅咒"的危险。俄乌冲突全面爆发后，俄罗斯已成为全球受制裁最多的国家。主要西方国家，尤其是美国和欧盟，已经开始对俄罗斯化石能源出口设限，俄罗斯能源行业的发展因此面临巨大的不确定性。

作为一个资源型国家，俄罗斯电力行业的经验教训对于中国煤炭生产省份的电力行业转型尤其具有借鉴价值：

（1）俄罗斯经济对油气出口的高度依赖严重阻碍了本国的电力清洁化转型。俄罗斯电力工业结构长期固化，几十年来看不到任何主动进行结构优化和调整的迹象。中国主要煤炭生产大省需要引以为戒，并积极在能源革命的框架下推动本省电力行业的清洁化转型。

（2）在俄乌冲突导致俄罗斯被欧美等西方国家全面制裁的背景下，包括电力行业在内的中国企业在与俄罗斯开展国际贸易等领域的合作时需要高度谨慎，尤其需要注意规避包括次级制裁在内的各类风险。

4. 日本电力行业核电安全警钟

日本是全球第三大经济体，经济规模是中国的28%；日本属于OECD国家，人均GNI达43000美元，是中国的3.6倍；人口数为1.26亿人，是中国总人口数的9%；国土面积不到中国的4%。

作为全球第五大能源消费国，日本能源消费量相当于中国的11%；作为全球第五大温室气体排放大国，该国碳排放量相当于中国的 1/10；日本是全球第五大电力生产国，发电量是中国的 11%。日本是与中国一衣带水的发达国家，虽然两国能源领域的合作长期受到历史问题的困扰，但该国电力行业的经验和教训对中国依旧有极高的借鉴价值。

日本本岛基本没有具备商业化开采价值的化石能源资源，所以能源消费几乎完全依靠进口。为了保障本国能源安全，作为一个"二战"期间受到过两次原子弹轰炸的国家，日本政府大力克服了公众对核武器的恐惧心理，自 1963 年 10 月 26 日首次在茨城县东海村建成试验核电站以来，积极布局建造核电站，到 20 世纪末核电在日本发电量的占比一度达到了 31%。

如图 9 所示，在福岛核危机爆发前的 2010 年，核电在日本的发电占比为 25%，与气电（28%）和煤电（27%）的差距并不大，这说明日本政府高度重视通过能源供给的多元化来保障本国的能源安全。但是 2011 年福岛核危机爆发后，由于日本公众反核情绪高涨，该国核电行业很快全面停摆，日本核电的发电量在 2014 年一度归零。为弥补核电行业停摆对电力供应带来的巨大冲击，日本短期内大幅增加了煤、油、液化天然气的进口，从而导致了国际天然气市场的"亚洲溢价"不断攀升，由此引发的能源安全焦虑至今对全球天然气市场的发展影响深远。日本政府近年来投入大量精力试图重启核电行业，但由于公众的反核情绪高涨，加之历届政府核电政策的差异，到了 2021 年，核电在日本的发电占比只有 6%。由于核电在日本能源行业的未来不确定性极大，这也使得日本能源的中长期规划困难重重。

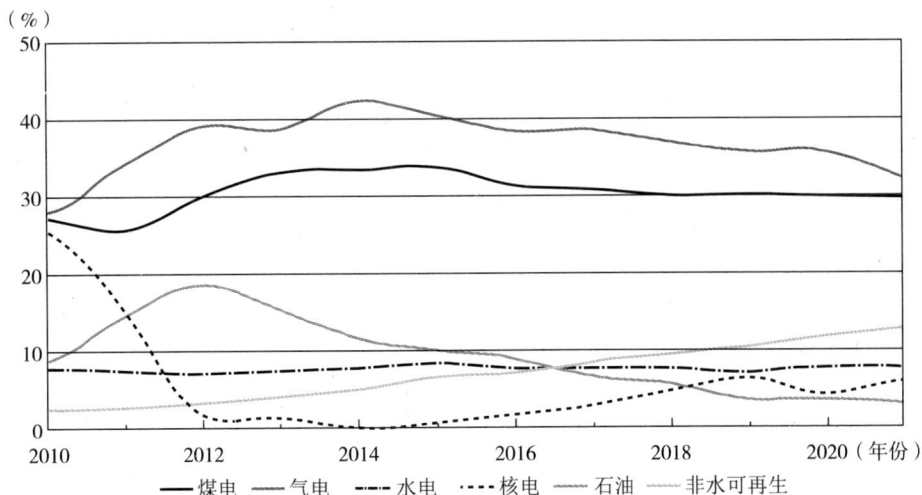

图9　2011 年福岛核危机前后日本分燃料品种发电占比

资料来源：BP Statistical Review of World Energy 2022.

日本作为具有危机意识的工业化强国，长期重视能源效率，图10表明，以单位国民生产总值的电力消费强度来看，日本和德国都属于节能领域的全球领先国家，所以中国有必要加强与日本和德国等国在节能领域的国际合作。另外，以燃煤发电的效率来看，日本也是该领域的全球领先国家。国际能源署清洁煤炭中心通过比较中国、欧盟、日本和美国的燃煤电厂，发现日本燃煤电厂的平均能效高达41.6%，居全球最高水平。不过，由于燃煤发电不符合全球低碳发展、清洁能源转型的潮流，日本在燃煤电厂国内建设及海外出口等领域遭到了国际社会越来越多的批评和指责，尤其在2021年9月中国宣布不再新建境外煤电项目之后。2022年6月，迫于国际社会的压力，日本政府宣布停止对孟加拉国及印度尼西亚的煤电项目提供低息融资支持。

（千瓦时/万美元）

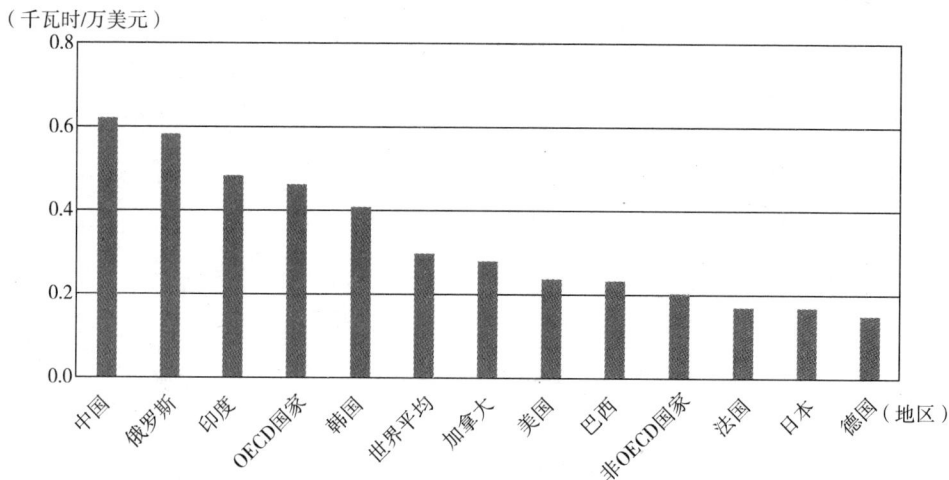

图10　2017年电力消费强度的国际对比

资料来源：IEA World Energy Balance 2019.

日本福岛核危机后，中国国务院暂停了国内新的核电项目的审批，而中国"十三五"期间58吉瓦的核电装机目标也远低于业界原先的预期。即便如此，2020年中国的实际核电装机容量只有51吉瓦。有鉴于日本福岛核危机的重大影响，日本电力行业的相关经验和教训对中国的借鉴价值极大：

（1）世界各国对核电发展需要有敬畏之心。中国核电行业不但要高度重视本行业及相关产业的安全文化建设，而且需要对核电发展一直保持高度的敬畏之心。

（2）日本核危机直接导致了德国等国的弃核以及上一轮全球核电复兴进程被打断。中国核电行业未来不但需要高度重视本国的核电安全，更要持续关注全球范围的核安全，尤其需要比照国内标准真正意义上对核电技术出口做到"高标准、严要求"。另外，中国政府需要坚决遏制国有核电公司对于工业基础薄弱、安全文化松弛、地缘政治风险较高的国家出口核电技术。

5. 加拿大电力行业政治互信与各国电力系统互联互通

加拿大是全球第九大经济体，经济规模是中国的 1/10；加拿大属于 OECD 国家，人均 GNI 高达 48000 美元，是中国的 4.1 倍；人口却只有 3800 万人，不到中国总人口数的 3%；国土面积却与中国接近。

作为全球第六大能源消费国，加拿大能源消费量不到中国的 9%；作为全球第十一大温室气体排放大国，该国碳排放量为中国的 5%；加拿大是全球第六大电力生产国，发电量略低于中国的 9%。加拿大早在 1970 年就与中华人民共和国正式建交，而且自 1992 年起就以中国环境与发展国际合作委员会国际秘书处所在国的身份深度参与中国可持续发展领域的国际合作。有鉴于中加能源与气候领域的国际合作源远流长，近年来双边关系虽然出现了一定的波折，但加拿大电力行业的经验教训对中国依旧具有较高的参考价值。

如图 11 所示，由于水电资源丰富，水电在加拿大发电的占比长期维持在 60% 左右的高位。加拿大也是为数不多拥有本土化核反应堆（CANDU）的核电大国，近年来核电发电占比稳定在 15% 左右的水平。加拿大作为煤炭生产与出口国，目前还有 4 个省仍然使用煤炭发电，占全国发电量的 7.8%。为实现在第 21 届联合国气候变化大会上的承诺，进一步降低碳排放水平，加拿大政府早在 2016 年 11 月就宣布将在 2030 年弃煤。如果加拿大能够按时实现弃煤目标，届时将拥有全球最清洁化的电力系统。

在全球电气化的大潮下，近年来国际社会关于电网互联互通的探讨此起彼伏。其中尤其以中国提出的以"智能电网+特高压电网+清洁能源"为基础的"全球能源互联网"概念最令人瞩目。遗憾的是，虽然相关探讨非常活跃，国际层面的电网互联互通，包括东北亚地区、中国与东南亚地区国家电网的互联互通都进展有限。反观加拿大与美国，在两国漫长的边境线上已经建设了 37 个高压双向输电线。2021 年，加拿大对美国出口了 60.3 亿千瓦时的电力，并进口了 13.01 亿千瓦时的美国电力，双边电力贸易额超过 41 亿加元（约 33 亿美元）的水平。

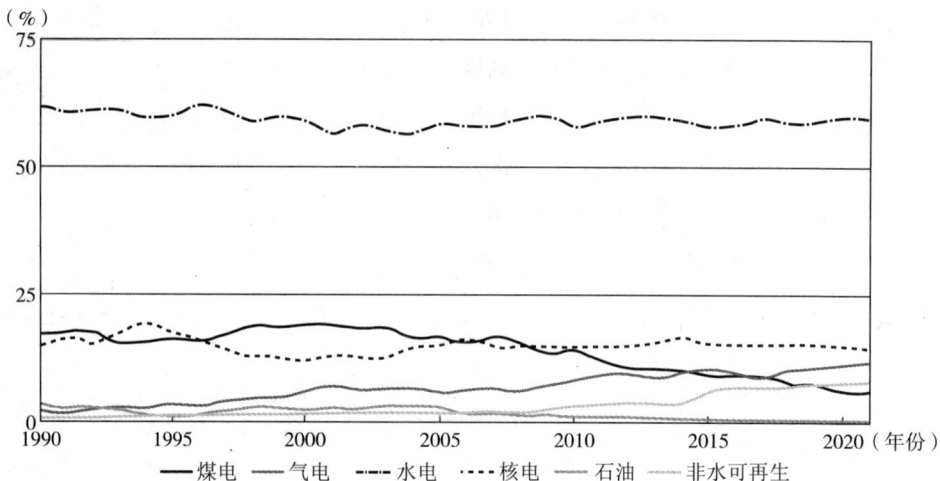

图 11　加拿大发电结构的历史变迁：1990—2021 年

资料来源：BP Statistical Review of World Energy 2022.

加拿大电力行业的国际经验教训对中国有以下政策启示意义：

（1）加拿大与美国电力行业的紧密联系表明政治互信是各国电力系统互联互通的基础。中国未来是否能够与周边国家进一步增进政治互信，是推进区域电网互联互通议程的关键之所在。

（2）前保守党党魁斯蒂芬·哈珀 2006—2015 年任加拿大总理期间，对其前任政府所积极坚持的气候政策颇有微词，并削减了联邦政府对气候行动的投入。这种态度一定程度上阻挠了加拿大电力行业清洁化转型的进程。在自由党党魁贾斯汀·杜鲁多于 2015 年底出任加拿大总理之后，虽然加拿大的气候政策变得更加积极主动，但非水可再生能源在发电结构的占比也只由 2015 年的 6% 小幅增长到 2021 年的 7.8%。加拿大由于没能长期维持本国气候变化政策的稳定性，导致本国非水可再生能源的发电占比低于世界平均水平，其中的教训尤其值得中国政府警醒。

（3）加拿大是美国的近邻，但除了煤炭出口贸易之外，加拿大其他能源品种的出口只有美国一个出口市场。2020 年，新冠疫情导致美国需求降低，美国从加拿大的年度能源进口额只有 580 亿美元，同比下降了 31%。2021 年，随着美国需求的复苏，加拿大对美能源出口同比增长了 76%。由此可见，过度依赖单一出口市场导致加拿大能源行业活动水平大起大落，不利于包括电力行业在内的能源工业的可持续发展。在中国地方能源规划层面，尤其是电力输出省份的能源规划中，应以此为鉴，需要更多地注重电力外输通道的多元化建设。

6. 巴西电力行业清洁化并非电力转型

巴西是全球第十二大经济体，经济规模是中国的9%；巴西与中国同属中等偏上收入国家，人均GNI为7720美元，相当于中国的65%；人口数为2.1亿人，是中国总人口数的15%；国土面积接近中国的90%。

作为全球第九大能源消费国，巴西能源消费量是中国的8%；作为全球第十三大温室气体排放大国，该国碳排放量是中国的4%；巴西是全球第六大电力生产国，发电量是中国的7.7%。由于巴西与中国都是"金砖国家"，近年来中巴能源贸易及投资等领域的合作不断深化，巴西电力行业的经验和教训对中国也有一定的借鉴价值。

如图12所示，巴西水力发电长期占据主导地位。水电在巴西电力行业的地位近年来虽然有所下降，2020年占比依旧高达64%；不过由于2021年出现了全球范围的干旱现象，导致水电在巴西的发电占比大幅下降到55%。2016—2020年，火电的发电占比从未超过15%（2021年由于水电欠发才反弹到19%）。巴西电力系统在新兴经济体国家中属于清洁化水平较高的。但遗憾的是，相对清洁的巴西电力行业并未带来该经济的可持续增长，巴西近年来不但经济发展陷入停滞甚至倒退的境地，而且2018年3月21日，该国电力系统还发生了席卷北部与东北部至少14个州、造成全国约1/4用户断电的大停电事故。有鉴于此，巴西电力行业发展的不足对中国有以下政策启示：

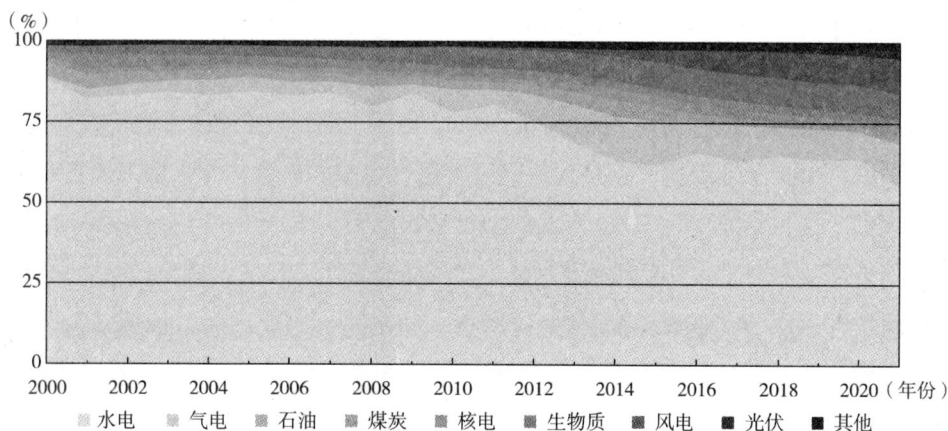

图12　巴西发电结构的历史变迁：2000—2021年

资料来源：Anuário Estatísticode Energia Elétrica.

（1）清洁化并非电力行业转型的唯一终极目标，中国的电力行业转型一定要在经济发展、能源安全与环境保护之间达到适合本国国情的平衡。

（2）发电结构多元化对于保障电网稳定至关重要。对于过度依赖水电的巴西电网，气候变化导致的极端气候频率增加对电网稳定带来了中长期的风险。对于水电装机和发电规模都是全球第一的中国电力系统，如何增强全行业的气候韧性未来值得大力关注，这点对于国内水电发电占比较高的省份尤其重要。

7. 德国电力行业公开、透明、公正的能源转型

德国是全球第四大经济体，经济规模接近中国的1/4；德国属于OECD国家，人均GNI高达51000美元，是中国的4.3倍；人口数为8300万人，不到中国总人口数的6%。

作为全球第七大能源消费国，德国能源消费量相当于中国的8%；作为全球第七大温室气体排放大国，该国碳排放量为中国的6%；德国是全球第八大电力生产国，发电量是中国的8%。由于德国工业尤其是制造业全球领先，自中德1972年建交之后，双方在制造业及双边贸易领域的合作日益深化，而正在引领全球能源转型风向的德国自然是中国能源领域国际合作交流的首选国家之一。

第二次世界大战结束时，德国还是一个严重依赖化石燃料尤其是煤炭的国家；20世纪80年代，德国开启了关于能源转型的政策讨论。为减少对化石能源的依赖，德国很早就决定发展包括核电在内的替代能源。1986年切尔诺贝利核电事故发生后，德国公众反核意识高涨，核电发展从此在德国开始走下坡路。但直到20世纪初，燃煤发电和核电依旧是德国电力行业的重要支柱，2000年分别占全国发电量的50%和30%（见图13）。2011年3月爆发的福岛核危机成为压倒核电在德国能源未来的最后一根稻草，同年6月，德国联邦议院就全面退出核电、推进再生能源发展通过一系列法案。由此，德国成为第一个立法退出核电的工业大国。

在俄乌冲突严重威胁德国能源安全的背景下，德国政府经过认真评估，依然决定将按计划在2022年底前关闭境内所有的核电站。与此同时，德国在简化审批程序的基础上大力推动再生能源基础设施投资，并大幅提高能效领域的投资。由于德国政府对可再生能源的大力支持，德国电力行业在2019年完成了从煤电到非水可再生能源的转型，虽然2021年煤电的发电占比出现了一定的反弹，但非水可再生能源的发电占比高达41%，远超煤电的28%。

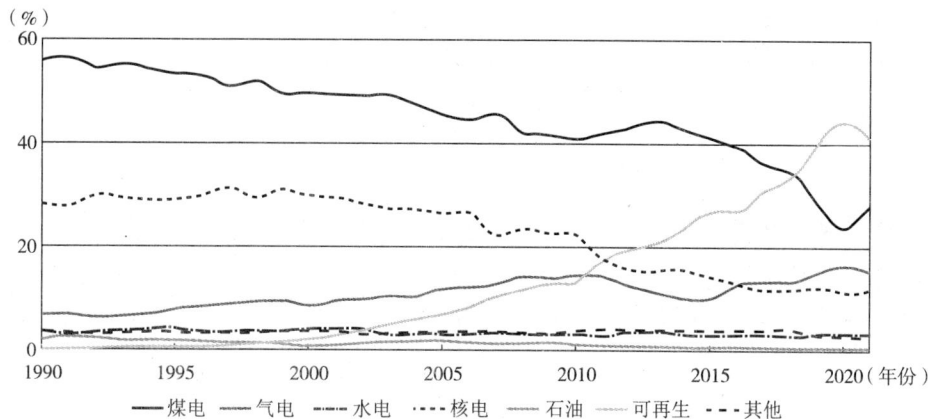

图 13 德国发电结构的历史变迁：1990—2021 年

资料来源：Deutsches Institut für Wirtschaftsforschung（DIW）；Statistisches Bundesamt.

　　为推进德国能源行业的低碳化转型，2018 年 6 月，德国联邦政府成立了"增长、结构变化和就业委员会"，也称为"煤炭委员会"。委员会的任务是制定一项逐步淘汰燃煤发电的战略，使德国能够实现其气候减排目标。除此之外，委员会还需要设计政策措施，以为受影响的煤矿区创造经济机会。2019 年 1 月，委员会的最终报告获得了几乎一致通过（28 名拥有投票权委员 27 票赞成），并于 2019 年 2 月提交联邦政府，建议德国最迟应在 2038 年前关闭所有燃煤电厂，彻底淘汰煤炭能源。[①]

　　2019 年初，德国宣布了 2038 年前全面淘汰煤炭的目标。2019 年 12 月，德国《气候保护法》正式生效，该法案规定德国将于 2050 年实现气候中性目标。然而，这一在世界其他地区广受关注的气候立法范本，2021 年 4 月 27 日却遭遇了德国联邦宪法法院对其"部分违宪"的裁定。被广泛认为"具有划时代意义"的该判决源于德国各青（少）年团体的集体控诉——《气候保护法》将沉重的减排负担推到了 2030 年之后，届时严苛的排放限制将侵犯青（少）年一代的人身自由。除了驳回法案中对于 2030 年减排目标的制定，联邦宪法法院还要求法案为 2050 年气候中性情境设置 2035 年、2040 年的阶段性减排目标。裁决公开后，德国政府及各党派迅速回应。同年 6 月 25 日，德国联邦议会修改了《气候变化法》，将德国实现碳中和实现气候中性目标的时间比原定计划提前五年至 2045 年；另外将 2030 年相对 1990 年的减排幅度从欧盟统一规定的 55% 进一步提

[①]　Agora 能源转型论坛（2019）德国煤炭委员会：从煤炭到可再生能源的公平转型路线图分析报告.

高到 65%。

2021 年 9 月德国大选后，由于绿党成为执政党之一，德国气候政策目标进一步提速。2021 年 11 月，组成德国新政府的三个政党达成一致意见，将力争在 2030 年前实现弃煤目标。俄乌冲突全面爆发后，俄罗斯与包括德国在内的欧盟各国关系全面恶化。2022 年 6 月，俄罗斯一度将通过北溪一号输往德国的管道天然气流量削减了 60%，这导致当月美国出口到欧盟的液化天然气首度超过了欧盟从俄罗斯的管道天然气进口量。为应对俄罗斯管道天然气突然完全断供的风险，德国政府决定重启已关停的 10 吉瓦燃煤机组，这可在未来 12 个月使发电用气量减少 62%。以上动议已经通过紧急立法的形式在 2022 年 7 月 8 日获得联邦议会的批准。

德国以全面弃核、弃煤、大力发展可再生及节能为主要特点的清洁能源转型是德国社会各界经过多年博弈的产物，背后不但有德国强大的制造业作为支撑，而且通过信息的高度公开透明来凝聚社会共识，增强社会各界对决策过程的信心。这方面一个非常好的例子就是由德国知名能源智库 Agora 能源转型论坛（Agora Energiewende）开发维护的 Agora 电力晴雨表（Agorameter）。通过 Agora 维护的网站，全球各国人士都可以随时随地地获取指定时间段内德国电力行业的以下关键指标：分能源品种的电力生产与消费量；1 小时到 31 天时间精度的德国常规电厂发电情况；分国别的电力进口与出口情况；德国电力生产与消费的实时变化情况，以及欧洲电力交易所的电力现货交易价格；欧洲电力交易所的电力现货交易价格与德国电力行业的碳排放水平。

德国基于本国国民环保意识高涨、寻找新的经济增长点、鼓励创新以及提振德国制造等诸多因素考虑，正在大力推进清洁能源转型（Energiewende）。有鉴于德国强大的工业实力以及在欧盟的"领头羊"地位，该国的经验对中国电力行业转型具有极高的借鉴价值：

（1）德国以弃核及弃煤为标志的能源转型虽然技术及经济挑战重重，但一旦成功，德国必然会在相当程度上引领 21 世纪的全球清洁能源技术创新及制造业升级。中国有必要对德国以可再生能源、能效、分布式能源以及科技创新为基础的清洁能源转型高度关注并积极借鉴相关经验与教训。

（2）德国经验表明，中国电力行业转型不宜同时追求"价格低廉、稳定供给、清洁环保"的能源不可能三角。为了保障电力系统的安全及发电技术的清洁化，中国社会各界有必要接受深化电力体制改革往往伴随着电力价格有涨有跌的现实。

（3）2011 年 3 月福岛核危机发生后，德国政府迅速决定在 2022 年之前"弃核"。值得注意的是，核电政策由于涉及能源、气候、放射性废物后处理、军控、社会接受度、所在国资源禀赋等一系列复杂的因素，世界各国的核电政策需要基于本国国情制定而非生搬硬套其他国家的经验，所以中国不应全盘照搬德国的核电政策。与此同时，百万千瓦级别核电机组在西方国家要么完全失去经济性，要么被彻底放弃的现状也值得国内决策层高度警醒，中国核电行业的发展必须要在严格保证安全的基础上适度推进。

（4）德国电网建设一直困难重重，但这也倒逼推动了该国的分布式能源的创新与发展。德国经验表明，集中发电、大规模输电、集中用电并非电力行业发展的唯一路径。

（5）德国通过公平转型助力电力行业清洁化转型的经验值得中国资源型地区转型发展借鉴。德国的退煤方案将致力于实现煤炭地区和从业者的公平转型。这一方案力图避免工人失业，同时煤矿开采区保有足够的时间和资源来适应转变。

8. 韩国电力行业缺乏能源挑战

韩国是全球第十大经济体，经济规模是中国的 1/10；韩国属于 OECD 国家，人均 GNI 达到了 35000 美元，是中国的 2.9 倍；人口数为 5200 万人，不到中国的 4%；国土面积约为中国的 1%。

作为全球第八大能源消费国，韩国能源消费量是中国的 8%；作为全球第八大温室气体排放大国，该国碳排放量相当于中国的 5.7%；韩国是全球第八大电力生产国，发电量是中国的 8%。中韩两国自 1992 年建交以来，双边合作不断深化，韩国能源行业的经验教训对中国有一定的借鉴价值。

韩国自 1978 年建造了第一座商用核电站之后，历届政府都将核电作为重点发展的支柱产业，在 2005 年韩国核电的发电占比达到 38% 的历史较高水平后（见图 14），核电在韩国电力行业的重要性开始下降。即便如此，在 2008—2013 年李明博政府施政期间，韩国核电成功走进国际市场。2013—2017 年朴槿惠政府执政期间，也继续将核电作为国家名片，这一时期核电在韩国发电量的占比出现了反弹。

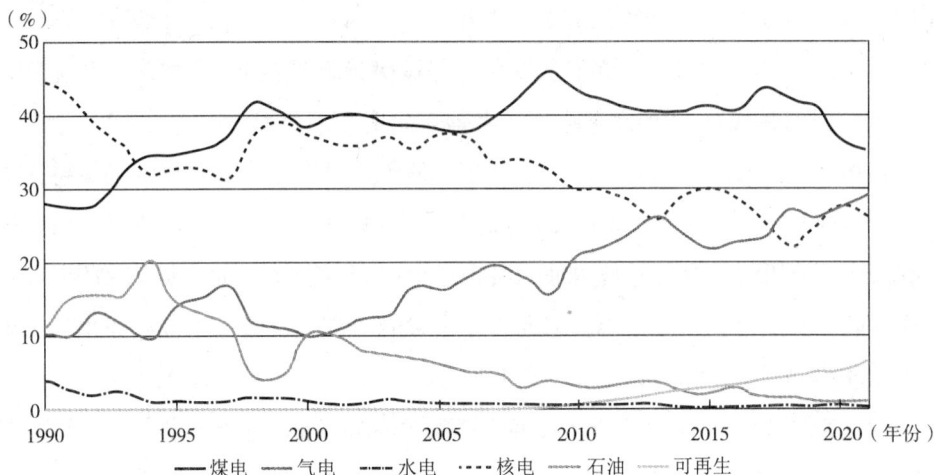

（%）

图 14　韩国发电结构的历史变迁：1990—2021 年

资料来源：BP Statistical Review of World Energy 2022.

2017 年 5 月，文在寅当选总统后，发布了《国政运营 5 年计划和国政监察业务报告》，提出新的能源政策，其核心是逐渐减少核电比重，大力发展可再生能源电力，称之为"去核电"政策。同年 6 月，文在寅总统出席韩国最早建造的古里核电站 1 号机组永久关闭仪式，正式宣布实施"去核电"政策，韩国核电政策由此发生了重大转变。不过，2022 年韩国大选落下帷幕后，尹锡悦成为新任韩国总统，韩国能源气候政策都面临巨大的不确定性。在极具争议性的核电政策领域，尹锡悦批评上届政府推行的"去核电政策"，表示新一届韩国政府决定将废除去核电政策，重启国内核电机组建设，并积极向海外推销韩国核电。

与德国去核的深思熟虑以及该国核电行业大而不强相比较，韩国近年来在第三代核电出口及先进核反应堆的研发上都取得了突破，韩国核电政策多次出现重大调整后，首先对该国核电行业的国际竞争力造成了相当大的打击。另外，对于本国电力行业转型的具体路线图，韩国有关各界迄今没有形成全社会层面的共识。核电政策的多次反复给该国的可再生能源发展也带来了相当大的负面影响，2021 年韩国非水可再生能源在全国发电的占比只有 6.7%，在中日韩三国中处于最后的位置。有鉴于此，韩国电力行业的经验和教训对中国有以下政策启示：

（1）重大能源政策的出台尤其是方向性的调整，有必要经过全社会层面的深入探讨。在没有通过社会各界达成共识的前提下以政治性决策方式出台有争议的重大能源政策，带来的问题远比解决的矛盾要多，这也是中国能源规划需要尽量予以避免的地方。

（2）在韩国电力结构中，水电占比在 2021 年只有 0.5%，该国电力系统的调峰高度依赖燃气发电，2021 年气电在全国发电量的占比高达 29%。未来韩国如果需要实现 2050 年的净零排放目标，与周边国家电网的互联互通是改善本国电力系统灵活性的最经济有效的手段。有鉴于此，中韩两国未来能否增进双边政治互信，推进两国间实现区域电网互联，对于东北亚地区的能源可持续发展将至关重要。

9. 法国电力行业核电独大的风险

法国是全球第七大经济体，经济规模是中国的 17%；法国属于 OECD 国家，人均 GNI 达 44000 美元，是中国的 3.7 倍；人口数为 6750 万人，不到中国的 5%；国土面积不到中国的 6%。

作为全球第十二大能源消费国，法国能源消费量是中国的 6%；作为全球排名 21 的温室气体排放国，该国碳排放量不到中国 3% 的水平；法国是全球第十二大电力生产国，发电量是中国的 6%。作为最早与中国建交的西方国家之一，法国早在 1964 年就与中华人民共和国正式建交。中法在能源领域的合作源远流长，早在 40 年前，中法就开启了核电合作。1982 年，法国原子能委员会（CEA，现法国原子能和替代能源委员会）与中国核工业部签署了第一个核能合作议定书。此后，中国引进法国技术建设大亚湾和岭澳核电站，四台机组分别于 1994—2003 年投入商业运行。中法两国在核电领域的紧密合作关系使得法国电力行业的经验和教训对中国具有极高的借鉴价值。

如图 15 所示，历史上法国能源行业曾经长期由煤炭主导，但自 20 世纪 20 年代石油取代煤炭成为法国第一大能源后，在 20 世纪 70 年代初，石油一度占法国能源消费近 2/3 的水平。1973 年第一次石油危机爆发后，时任法国总理皮埃尔·梅斯梅尔于 1974 年提出了一个庞大的核能发展计划——"梅斯梅尔计划"，以降低法国的能源对外依存度。该计划开启了法国核电快速发展的大幕，在计划宣布当年，法国即开建了 3 座核反应堆，并在随后的 15 年内建造了另外的 56 座。在 20 世纪 80 年代 40 座核反应堆建成后，法国核电在总发电量中的占比迅速提升至 70% 以上，而且迄今未低于该水平。

当前法国一共有 56 座正在运营的核电站，装机容量为 61.37GWe。2021 年，核电占法国一次能源消费总量的 36%，发电量的 68%。虽然法国核电行业的成功极大地保障了该国的能源安全，但 2011 年福岛核危机发生后，为了优化能源结构，同时呼应全球气候变化及能源转型的诉求，2015 年时任法国总统奥朗德颁布了《绿色增长能源转型法案》，提出到 2025 年将核电占法国能源结构的比重从目前的超 70% 降至 50%，同时，扩大可再生能源占比，到 2020 年提升至 23%，到 2030 年至 32%。

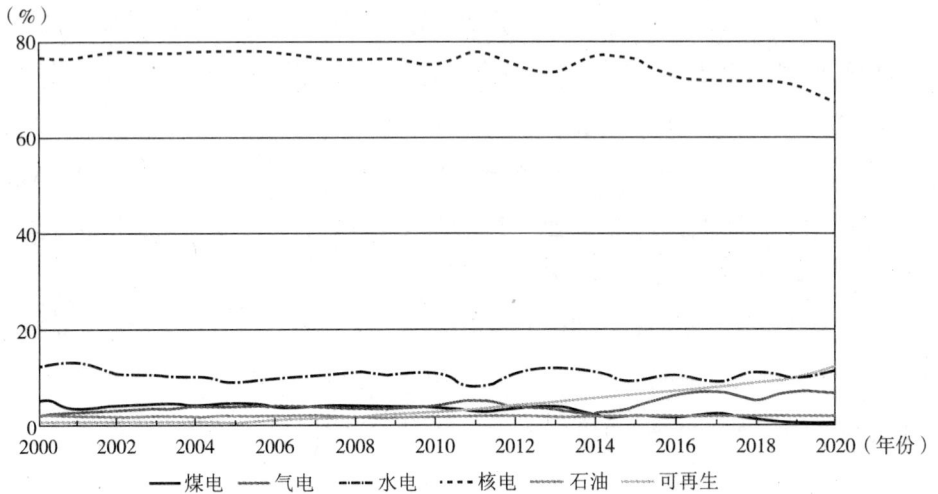

图 15 法国发电结构的历史变迁：1990—2020 年

资料来源：BP Statistical Review of World Energy 2022.

2017 年 5 月上任的法国现总统马克龙一直是积极应对气候变化的支持者。2020 年 12 月，马克龙推动欧盟 27 个成员国提高减排目标，即在 2030 年欧盟温室气体排放量要比 1990 年降低至少 55%，高于此前的 40%。马克龙上任后调整了法国的核电政策，在 2019 年，法国核电发电占比降低到 50% 的时间节点被推迟到 2035 年。

2022 年 2 月 10 日，法国总统马克龙宣布了一项重大计划：将由法国电力公司（EDF）建造至少 6 座新的核反应堆，并将继续发展可再生能源，希望到 2050 年将太阳能发电装机容量提升 10 倍，还将发展风电等。

虽然法国电力行业迄今依旧是"一核独大"，但法国核电行业发展的经验和教训可以为中国电力行业转型提供以下政策启示：

（1）大规模批量化建设运行统一的反应堆技术所带来的规模效益对法国核电行业的发展功不可没。20 世纪 70 年代，法国政府毅然放弃自身原有的国产气冷堆，全力引进消化吸收美国西屋公司的压水堆技术，并在随后的 80 年代实现了相同技术路线核反应堆的大规模批量建设和标准化运行，合理地控制了本国核电单位投资和运行成本。法国核电行业的以上经验对于中国核电行业是一个极大的警示。

（2）第三代核反应堆的设计必须在安全性和经济性之间取得适度的平衡。法国三代核反应堆 EPR（European Pressurized Reactor）的首堆是芬兰奥基陆托（Olkiluoto）3 号机组，该反应堆于 2005 年投入建设，原计划在 2009 年投产，目前拖期已经超过 10 年，建设成本严重超支。EPR 首堆建设不力的一个主要原因是安全设计冗余过度，导致施工难度远超预期及成本全面失控。中国本土化的三代核反应堆型的开发与改进需要吸取相关的经验与教训。

（3）法国的核电站主要建在内陆地区，这说明中国内陆核电迄今还未开闸并非一个单纯的技术性问题。为避免浪费社会资源，无论内陆核电建设在中国是否需要开闸，这个政治性的决定应该尽快出台。

（二）主要政策启示

对于全球低碳发展与清洁能源转型，占全球碳排放量 41% 的电力行业是重中之重。由于中国一个国家的发电量就超过全球总量的 1/4，中国煤电装机与发电量都超过了全球一半的水平，中国电力行业的碳排放已超过全球的 14%。有鉴于此，中国电力行业的转型路径无论对中国能源的可持续发展还是全球气候议程都有深远的影响。本章通过分析全球能源转型的历史以及中国之外全球其他十大电力生产国的电力行业结构调整，总结了以下国际经验与教训供中国电力行业利益攸关方参考：

（1）美国经验表明，电力行业转型需要从能源行业全系统转型的角度去推动；另外，美国页岩革命的成功表明市场化竞争有助于推进能源行业的技术集成与创新，所以中国电力行业改革需要坚持以市场化为导向；与此同时，美国可再生能源发展的潜力受到历届政府气候政策多次反复的负面影响，这表明各国政府对低碳发展的大力及可预期支持是电力行业清洁化转型的重要前提条件之一。

（2）印度实践表明，电力行业燃煤发电独大并不可取，因此中国更应坚定在电力等重点行业继续控煤的决心。与此形成鲜明对比，同为"金砖国家"的巴西实践表明，清洁化并非电力行业转型的唯一目标，中国电力行业转型需要把握好经济发展、能源安全和环境保护之间的合理平衡。

（3）俄罗斯实践表明，丰富的自然资源也可能阻碍经济的转型与升级。中国资源赋存优越的地区尤其是主要煤炭生产大省需要引"资源诅咒"的国际教训为戒，并积极地在能源革命的框架下推动当地电力行业的清洁化转型与升级。

（4）日本经验表明，世界各国对核电发展需要保持高度的敬畏之心。法国有全球最为成功的核电行业，但核电独大已经成为法国能源转型的"双刃剑"。韩国核电政策的多次反复给本国能源行业带来的问题远比解决的矛盾要多。有鉴于此，中国未来如何在保证安全的前提下适度发展核电，还有待进一步深入探讨。

（5）加拿大与部分欧洲国家的经验表明，离开了政治互信这一前提，国际层面的电网互联互通就是无源之水、无本之木。未来中国如何在进一步增进政治互信的前提下推进与周边国家的区域电网互联互通，值得有关各方继续努力。

（6）作为全球制造业强国的德国，在全社会形成共识的前提下决定在2022年弃核、争取2030年前弃煤，德国以可再生能源、节能、分布式能源发展、能源技术创新为基础的能源转型理念值得中国能源行业高度关注。该国能源转型过程践行的公开、透明、公平准则尤其值得国内有关各方认真学习与借鉴。

（7）最后一点，中国虽然与世界其他电力生产大国国情迥异，但他山之石可以攻玉，只有在虚心借鉴国际经验的前提下，中国电力行业改革才有可能摆脱各类桎梏，走出一条适合本国国情并与国际接轨的清洁化转型之路。

参考文献

［1］ BP. Statistical Review of World Energy ［EB/OL］. ［2022-10-16］. https：//www. bp. com/en/global/corporate/energy-economics/statistical-review-of-world-energy. html.

［2］ Canada Energy Regulator. Electricity Annual Trade Summary ［EB/OL］. (2022-02-07)［2022-10-16］. https：//www. cer-rec. gc. ca/nrg/sttstc/lctrct/stt/lctrctysmmr/lctrctysmmr-eng. html.

［3］ IEA. India 2020：Energy Policy Review ［R/OL］. (2020-01)［2022-10-16］. https：//www. iea. org/reports/india-2020.

［4］ IEA. Global Energy Review 2021 ［R/OL］. (2022-03-09)［2022-10-16］. https：//www. iea. org/reports/global-energy-review-co2-emissions-in-2021-2.

［5］ IPIECA. Open Cycle Gas Turbines ［EB/OL］. (2014-02-01)［2022-10-16］. https：//www. ipieca. org/resources/energy-efficiency-solutions/power-and-heat-generation/open-cycle-gas-turbines/.

［6］ IRENA. Renewable Power Generation Costs in 2021 ［R/OL］. ［2022-10-16］. https：//irena. org/publications/2022/Jul/Renewable-Power-Generation-

Costs-in-2021.

［7］ ODA Shoko，NAKAMARU Ryotaro. Japan to End Financing of Key Coal Projects Under Climate Pledge ［EB/OL］. （2022-06-23）［2022-10-16］. https：// www. bloomberg. com/news/articles/2022-06-23/japan-to-end-financing-to-key-coal-projects-under-climate-pledge.

［8］ PATEL Sonal. A Brief History of GE Gas Turbines ［EB/OL］. （2019-07-08）［2022-10-16］. https：//www. powermag. com/a-brief-history-of-ge-gas-turbines-2/；Power Grid. GE Power releases more efficient natural gas turbine ［EB/OL］. （2017-12-04）［2022-10-16］. https：//www. power-grid. com/2017/12/04/ge-power-releases-more-efficient-natural-gas-turbine/#gref.

［9］ Power. Who Has the World's Most Efficient Coal Power Plant Fleet? ［EB/OL］. （2017-04-01）［2022-10-16］. https：//www. powermag. com/who-has-the-worlds-most-efficient-coal-power-plant-fleet/.

［10］ The Guardian. Germany to Reactivate Coal Power Plants as Russia Curbs Gas Flow ［N/OL］. （2022-07-08）［2022-10-16］. https：//www. theguardian. com/world/2022/jul/08/germany-reactivate-coal-power-plants-russia-curbs-gas-flow.

［11］ UK Department for Business. Historical Coal Data：Coal Production，Availability and Consumption ［EB/OL］. （2022-07-28）［2022-10-16］. https：// www. gov. uk/government/statistical-data-sets/historical-coal-data-coal-production-availability-and-consumption.

［12］ United Nations. World Population Prospects 2022 ［R/OL］. ［2022-10-18］. https：//population. un. org/wpp/.

［13］ US EIA. History of Energy Consumption in the United States，1775—2009 ［EB/OL］. （2011-02-09）［2022-10-16］. https：//www. eia. gov/todayinenergy/detail. php? id=10.

［14］ US EIA. Oil and Natural Gas Sales Accounted for 68% of Russia's Total Export Revenues in 2013 ［EB/OL］. （2014-07-23）［2022-10-16］. https：// www. eia. gov/todayinenergy/detail. php? id=17231.

［15］ US EIA. U. S. Renewable Energy Consumption Surpasses Coal for the First Time in Over 130 Years ［EB/OL］. （2020-05-28）［2022-10-16］. https：//www.

eia. gov/todayinenergy/detail. php？id＝43895.

［16］WILDE Robert. Coal Demand and the Industrial Revolution ［EB/OL］. （2019-06-30）［2022-10-16］. https：//www. thoughtco. com/coal-in-the-industrial-revolution-1221634.

［17］World Bank. World Bank Country and Lending Groups ［EB/OL］. ［2022-10-16］. https：//datahelpdesk. worldbank. org/knowledgebase/articles/906519-world-bank-country-and-lending-groups.

［18］World Economic Forum. This Chart Shows the Growth of India's Economy ［EB/OL］. （2022-09-26）［2022-10-18］. https：//www. weforum. org/agenda/2022/09/india-uk-fifth-largest-economy-world/.

［19］World Nuclear Association. Nuclear Power in France ［EB/OL］. （2022-09）［2022-10-16］. https：//www. world-nuclear. org/information-library/country-profiles/countries-a-f/france. aspx.

［20］Agora能源转型论坛. 德国煤炭委员会：从煤炭到可再生能源的公平转型路线图分析报告［R/OL］. （2019-08）［2022-10-16］. https：//www. agora-energiewende. de/en/publications/the-german-coal-commission/.

［21］电力规划设计总院. 中国电力系统转型报告［R/OL］. （2019-12-17）［2022-10-16］. https：//www. efchina. org/Reports-zh/report-20191217-zh.

［22］法国中国工商会. 法国能源转型之困［EB/OL］. （2018-08-14）［2022-10-16］. http：//www. aecf-france. org/guide_biz_337. htm.

［23］富贵, 陈炳硕, 张艳枫. 韩国"去核电"政策研究［J］. 全球科技经济瞭望, 2018, 33（03）：5.

［24］搜狐网. 巴西3·21大停电事故快报［EB/OL］. （2018-03-26）［2022-10-16］. https：//www. sohu. com/a/226390340_793972.

［25］搜狐网. 四位能源专家思辩："十四五"是煤电发展与转型的关键窗口［EB/OL］. （2020-06-16）［2022-10-16］. https：//www. sohu. com/a/402230103_314909.

［26］新浪网. 马克龙宣布法国核能发展规划将新建6座核反应堆［EB/OL］. （2022-02-11）［2022-10-16］. https：//mil. news. sina. com. cn/2022-02-11/doc-ikyakumy5299612. shtml.

［27］杨漾, 王晶晶. "限电"卷土重来：多省电力缺口何来, 东北罕见拉

闸何故［N/OL］.（2021-09-28）［2022-10-16］. https：//www. thepaper. cn/
newsDetail_ forward_ 14689233.

［28］张富强，闫晓卿. 法国能源战略分析及对我国的启示［EB/OL］.
（2019-03-20）［2022-10-16］. http：//news. bjx. com. cn/html/20190320/969953.
shtml.

［29］中国核能行业协会. 2020 年 1—12 月全国核电运行情况［R/OL］.
（2021-01-29）［2022-10-16］. http：//npo. china-nea. cn/site/content/481. html.

［30］中国政府网. 国常会发力稳经济大盘：支持煤电企业纾困　进一步盘
活存量资产［EB/OL］.（2022-05-12）［2022-10-16］. http：//www. gov. cn/
guowuyuan/2022-05/12/content_ 5690047. htm.

V

煤电转型及经济社会影响与应对

21

煤炭与煤电发展与转型问题的讨论

李俊峰　刘玲娜[*]

　　讨论中国能源问题，煤炭和煤电是绕不过去的故事。由于"富煤、贫油、少气"的资源禀赋，中国能源消费长期以煤为主。2014 年习近平总书记倡导能源革命，将我国逐步减少对煤炭的依赖提上议事议程。党中央、国务院提出了"调整能源结构、减少煤炭消费、增加清洁能源使用"的工作部署，开展了打赢蓝天保卫战的大气污染联防联控行动。我国煤炭在一次能源消费量的占比从 2010 年的 70%左右下降到 2019 年的 57.7%，煤电在全社会发电量的占比也由 2010 年的 78%下降到 2019 年的 62%。令人兴奋的是"十三五"前四年，煤炭消费实现了零增长。"十四五"是按照习近平新发展理念，进入全面高质量发展转型的新阶段。党的十九大提出了 2035 年左右现代化国家初步建成、生态环境质量有根本性的好转，21 世纪中叶现代化国家全面建成的国家现代化的日程表，同时也提出了构建清洁低碳安全高效能源体系的战略要求。在此背景下，煤炭和煤电何去何从莫衷一是，本章就煤炭和煤电的是是非非展开一些讨论。

一、煤炭在人类发展进程中的历史地位值得尊重

　　自从瓦特发明蒸汽机以来，人类开启了工业文明的新时代。蒸汽机车的出现，使得煤炭成为重要的商品能源，走出荒漠、深山来到城市，成为人类创造物质财富的重要动力来源。不论是英国的工业革命，还是荷兰的工业文明都是建立在煤炭基础之上的，直到 20 世纪 50 年代，煤炭在全球能源消费中的比重高达 60%以上，在

---

　　* 李俊峰，中国能源研究会；刘玲娜，北京化工大学。本章内容根据作者在中国社会科学院生态文明研究智库主办、中国能源网协办的《中国煤电发展之路辨析》系列沙龙上的发言材料整理而成。

313

"伦敦雾"等煤烟型污染之后，全球开始了去煤化的进程，但煤炭仍是继石油、天然气之后的第三大能源，在全球能源消费占比中三分天下有其一。

1840年鸦片战争之后，我国的一批先贤发起了励精图治的"洋务运动"，开启了中国工业化的征程，1870年，几十座近代工厂建成投产，其中就包括第一座现代意义上的煤矿——开平煤矿建成投产，为那个时代的中国现代化建设提供了能源支撑。从1870年中国第一座近代煤矿建成算起，到1949年，历经近80年的努力，中国煤炭产量已经达到了3000多万吨，在全部能源消费中的比重超过90%。1949年中华人民共和国成立之后，我国坚持加快工业化发展的方针，156项国家工程就包括25个煤矿建设项目和25个煤电建设项目，为新中国的工业发展提供了有力的能源支撑。到1980年，我国的煤炭产量已经超过6亿吨，是中华人民共和国成立初期的20多倍，在全部能源消费中的占比高达73%以上。1978年改革开放，极大地激发了中国人民一心一意谋发展的积极性，经济发展出现了每20年翻两番的持续发展局面，煤炭在支持经济发展的过程中功不可没。2019年底，我国煤炭消费量已经接近40亿吨，是中华人民共和国成立初期的130多倍、改革开放初期的6.7倍，有力地支持了国家的工业化进程。虽然通过控煤，煤炭占比有一定的下降，但其占比仍高达57.7%，煤炭作为"能源一哥"的地位没有发生根本性的变化。

二、减少煤炭消费是人类文明进步的重要标志

在漫长的250年工业化进程中，人类在不断大量创造财富的同时，也大量消耗了煤炭、石油、天然气等化石能源。化石能源的燃烧排放包括可吸入颗粒物（PM10、PM2.5）、二氧化硫、二氧化氮、一氧化碳、挥发性有机污染物、铅、苯并（a）芘、汞和二噁英等多种污染物，严重影响着人类的身体健康；同时还排放了二氧化碳、甲烷等温室气体，深刻地影响着气候变化。自20世纪50年代开始，全球开始能源清洁化进程，1992年《联合国气候变化框架公约》的达成，开启了人类能源低碳化的进程。习近平总书记指出，能源低碳发展关乎人类未来。能源的清洁化和低碳化是实现可持续发展、构建生态文明新时代的客观要求，也是人类追求高质量发展的现实需求。

长期以来，在能源领域有一个错误的认识，认为第一次石油危机之后，煤炭

消费比重一直在增加。其实这是一个假象，包括中国在内的全球煤炭消费占比从1973年的26%到2019年的26%，基本没有变化，只是在2010—2013年连续三年突破过30%，此后一路下降至26%。如果不含中国，全球的煤炭占比由1973年的23%，下降到2019年的12%，减少了11%（见图1）。

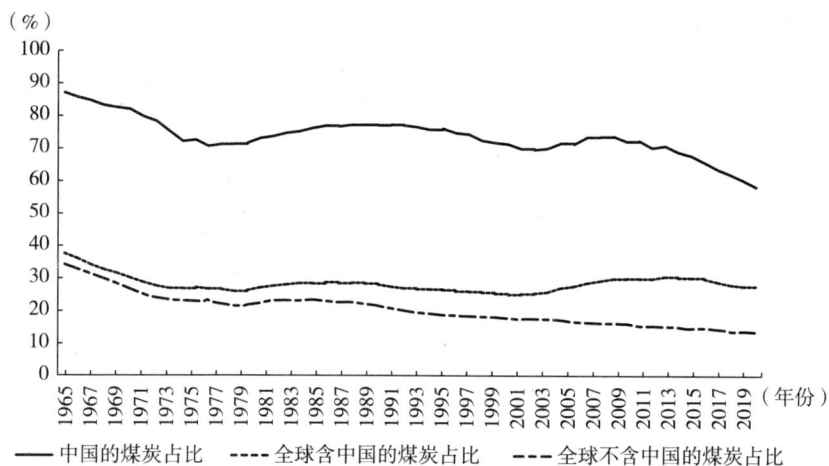

图1　中国煤炭占比的国家比较

资料来源：李俊峰 . 中国必须继续减少煤炭煤电消费［EB/OL］.（2020-06-15）［2020-06-15］.http://www.chinapower.com.cn/zk/zjgd/20200615/22481.html.

全球煤炭占比超过50%国家只有五个，分别是南非、爱沙尼亚、中国、印度和吉尔吉斯斯坦。美国、欧盟和英国等主要经济体煤炭占比分别只有13%、13.2%和3%。但是，2019年美国的煤炭消费量比2015年减少了1.2亿吨，煤炭在一次能源消费中的占比，由2015年的17%下降到2019年的13%，减少了4个百分点。深受核电灾难打击的日本，在核电占比35%降至0的情况下，其煤炭占比也只是从2010年（福岛核事故前一年）的23%提高到25%，增加了2个百分点，其煤炭消费增量不到350万吨，几乎是零增长（见图2）。

就煤电而言，全球2018年煤电总发电量约为10万亿千瓦时，占全部发电量比重的38%。我国煤炭发电量约为4.7万亿千瓦时，占全球煤炭发电量比重的48%。若不含中国，全球煤炭发电量5.3万亿千瓦时，煤电比重只有27%。号称"挺煤"的美国，煤电的比重也从2005年的50%以上，降低到2019年的25%，减少了25个百分点。欧盟煤电占比也从2005年的30%，降低到2019年的20%。英国从2009年宣布发展低碳经济，逐步淘汰煤电，煤电占比已经从2011年的30%左右，降低到2018年的5%，2019年几乎清零（见图3）。

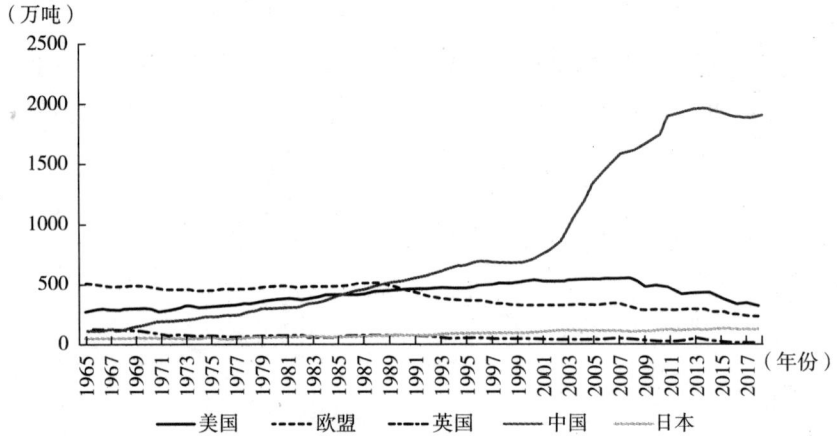

图2 煤炭消费变化的国际比较

资料来源：李俊峰．中国必须继续减少煤炭煤电消费［EB/OL］．（2020-06-15）［2020-06-15］．ht-tp：//www.chinapower.com.cn/zk/zjgd/20200615/22481.html.

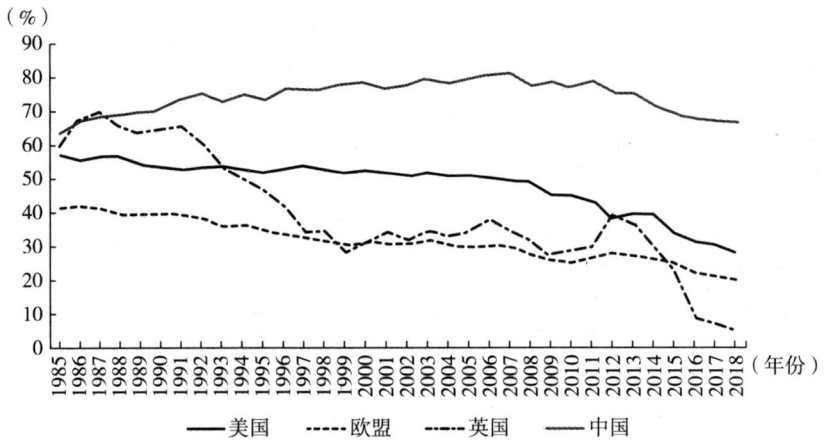

图3 不同国家煤炭占比比较

资料来源：李俊峰．中国必须继续减少煤炭煤电消费［EB/OL］．（2020-06-15）［2020-06-15］．ht-tp：//www.chinapower.com.cn/zk/zjgd/20200615/22481.html.

三、国际上减煤和减煤电的原因和目标

造成全球逐步减少煤炭消费战略不断演变的原因主要包括以下三个方面：

一是治理大气污染。煤炭是造成大气污染的元凶，治理大气污染必须减少煤炭消费。著名的"伦敦雾"事件是导致英国下决心减煤的导火索。之后几乎所有的国家，包括中国，只要治理大气污染，都要先从煤炭下手。

二是减碳。1992 年通过的《联合国气候变化框架公约》要求到 21 世纪末，全球的温度升高与工业化初期相比不超过 2℃，2015 年签署、2016 年生效的《巴黎协定》强化了这一要求，进一步提出并为控制在 1.5℃ 以内而努力。这一目标的能源含义就是在 21 世纪中叶或下半叶实现近零碳排放。煤炭是碳强度最高的能源，减碳首当其冲要减煤。

三是煤炭的经济性。人类大量使用煤炭是因为它是最便宜的能源。但是在治理大气污染和减碳的外部成本叠加到煤炭身上之后，煤炭成了"最昂贵"的能源，即使是在美国，不考虑减碳的压力，仅仅是减少大气污染，煤电也要比天然气发电、风电、太阳能发电更昂贵。因此，美国、欧盟、英国及日本都要减少煤炭消费。

为了落实《巴黎协定》，联合国要求全球所有国家都要提交面向 21 世纪下半叶的国家低排放发展战略，到 2020 年底，已经有 70 多个国家提交了其国家战略，近 40 个国家要在 2050 年实现所谓的碳中和（即到 2050 年国家化石能源燃烧排放的二氧化碳要全部被自然系统所吸收），也就是化石能源排放的二氧化碳要比 1990 年减少 85%。其中，英国到 2025 年全部淘汰煤炭，北欧国家大都将在 2030 年左右淘汰所有煤电，德国虽然有些困难，也将在 2035 年淘汰所有煤电，韩国也将在 2050 年停用煤电。

四、主要国家减煤方式的比较——英国和美国

（一）英国

英国是最早工业化的国家，瓦特发明的蒸汽机使得英国走向了工业化发展之路，也给后来的"伦敦雾"事件埋下了伏笔。英国的减煤大体上经历了三个阶段：第一阶段是 1952 年的"伦敦雾"重污染事件的发生，迫使英国人有了摆脱煤炭的想法。1956 年英国颁布了《清洁空气法》，开始用石油和天然气取代煤炭，英国人用了十年的时间，大气污染初战告捷。第二阶段是 1965 年英国的煤炭已由 20 世纪 50 年代的 70% 下降到 1970 年的 40% 左右，此后英国消费进入平

台期。第三阶段是1979年撒切尔夫人担任英国首相，她对煤炭深恶痛绝，下令关闭英国所有煤矿，英国煤炭进入快速下降通道，英国的煤炭占比到她任期结束已经下降到30%，此后煤炭占比一路下降。英国减煤的另一个功臣是首相布莱尔，在他的任期内，英国就应对气候变化做了深入的研究，2007年，时任布莱尔顾问的斯特恩博士发布了著名的《斯特恩报告》，提出了著名的论断，气候变化是人类现实的威胁，应对气候变化的紧迫性毋庸置疑，早采取措施比晚采取措施，人类付出的代价会更小。《斯特恩报告》反映的是布莱尔政府的思想，制定了发展低碳经济，应对气候变化的国家战略，此后它的继任者一直坚持去煤化的道路不变，2018年，英国的煤炭占比已经下降到4%（见图4）。与布莱尔的减煤取得了全民的拥护不同，1979年撒切尔开始的铁腕减煤，遭到了煤矿工人的坚决抵抗，他们上街游行，甚至打出了"绞死撒切尔"的口号，《斯特恩报告》对于统一英国人民的减煤思想，功不可没。

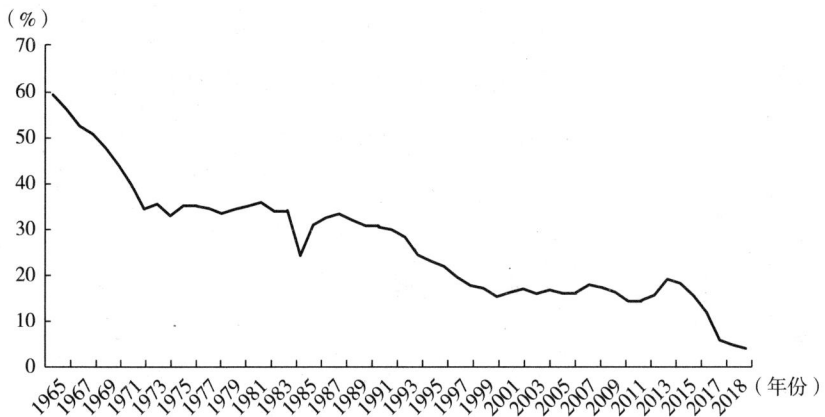

图4 英国煤炭占比下降趋势

资料来源：李俊峰. 中国必须继续减少煤炭煤电消费［EB/OL］. （2020-06-15）［2020-06-15］. http：//www. chinapower. com. cn/zk/zjgd/20200615/22481. html.

与减煤经历不同，英国的煤电减少也是走过先升后降的过程。20世纪50年代，英国为了治理散煤污染，煤炭涌向了燃煤发电，煤电在全部发电量的比重在20世纪80年代末还是高达70%左右。1992年《联合国气候变化框架公约》签署之后，要求发达国家率先减排二氧化碳等温室气体，煤电开启了快速下降通道。到1999年，煤电占比从1989年的70%左右下降到30%。此后英国的煤电占比一直在30%上下。第二次大幅度推动减少煤电是在2009年，时任首相的卡梅伦追随美国总统奥巴马倡导的能源革命，继承布莱尔发展低碳经济国家战略，以非化石能源发电取代煤电。到 2018 年，煤电占比已经从 2011 年的 30% 下降到了 5%（见图 5）。

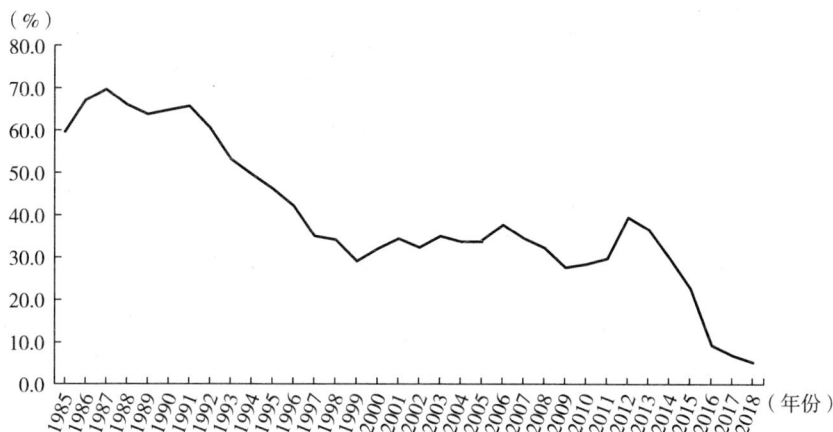

（%）

图 5　英国煤电占比下降趋势

资料来源：李俊峰. 中国必须继续减少煤炭煤电消费［EB/OL］.（2020-06-15）［2020-06-15］. http：//www. chinapower. com. cn/zk/zjgd/20200615/22481. html.

（二）美国

与英国全力推动减煤、减煤电靠政策不同，美国的煤炭和煤电的减少主要是以市场技术进步因素为主导。美国人崇尚自由经济，不论是奥巴马通过清洁电力计划来大力推动减煤，还是特朗普力挺煤炭，市场均不为所动，并按照自己的轨迹发展。2005 年之前，美国的煤炭和煤电占比分别维持在 25% 和 50% 以上，2005 年以后，美国页岩气的出现和风电、太阳能发电的经济性的不断提高，煤炭和煤电的占比进入快速下降通道（见图 6）。

与美国煤炭和煤电占比不断下降形成为鲜明对照，2005 年以后，美国的天然气和可再生能源消费占比不断提高。2019 年，美国煤炭地位发生了历史性的变化，煤炭占比降至 11.3%，可再生能源占比提高到 11.4%（见图 7）。

美国通过市场竞争和技术进步减煤成功的背后，政策因素功不可没。早在 20 世纪 40 年代末 50 年代初，美国众多城市也深受光化学和煤烟型污染之害，1952 年就颁布了《清洁空气法》，出台严格的大气质量标准，治理煤烟型污染，推动了美国能源的清洁化进程。进入 20 世纪 70 年代，美国的空气质量已经得到

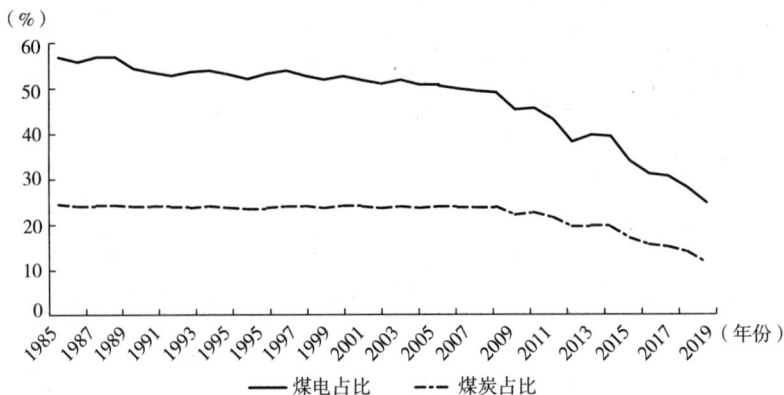

图 6　美国煤炭和煤电占比下降趋势

资料来源：李俊峰．中国必须继续减少煤炭煤电消费［EB/OL］．（2020-06-15）［2020-06-15］．http：//www. chinapower. com. cn/zk/zjgd/20200615/22481. html.

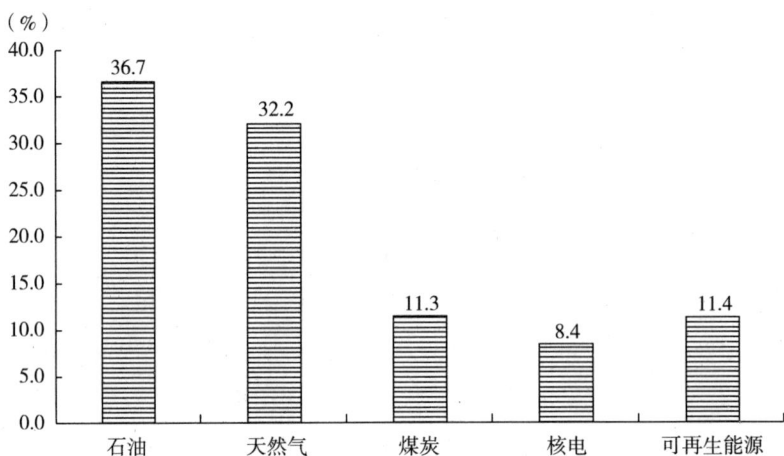

图 7　美国 2019 年能源消费结构

资料来源：李俊峰．中国必须继续减少煤炭煤电消费［EB/OL］．（2020-06-15）［2020-06-15］．http：//www. chinapower. com. cn/zk/zjgd/20200615/22481. html.

基本改善。1972 年美国联邦政府加大了对大气各类污染物排放的控制，把大气污染物的控制扩大到氮氧化物（NO_x）、细颗粒物质 2.5（PM2.5）、颗粒物质 10（包括铅）（PM10）、二氧化硫（SO_2）、一氧化碳（CO）、挥发性有机化合物（VOC）等，严格的空气质量标准给煤炭贴上了高污染能源的标签，也使得煤炭成为成本较高的能源。因此，环境标准是美国用市场化手段减煤的最大推手。

1973 年的石油危机重创了美国经济，引发了美国人对能源独立问题的思考。1973 年时任美国总统的尼克松提出了"美国能源独立"的口号，督促国会紧急拨款 110 亿美元，研究可再生能源等替代技术，拉开了全球能源革命的序幕，此后美国几任总统都没有实现"美国能源独立"的梦想，企业界和科技界也一直为之不断努力。到 2019 年美国改变了历史，自 1957 年以来首次能源生产量超过能源消费量。这一年，美国能源生产量达到 36.4 亿吨标准煤超过了能源消费量 36.1 亿吨标准煤，"美国能源独立"的梦想成真。在外人看来，美国能源转型的推手是技术进步和市场竞争，但其背后的故事也说明了，正确的政治选项和管理标准也是市场和技术发挥作用的保障。

五、煤炭消费和污染物排放

总结全球减煤、减煤电的历史经验，首先需要肯定中国煤炭的地位。过去它是中国能源安全的支柱，未来仍会是能源安全的压舱石和稳定器。但是，煤炭消费总量一定要减下来。中国人民对美好生活的向往从温饱问题解决到小康社会建成，未来将更加渴望"蓝天白云"。做到蓝天白云，欧盟的标准是年均 PM2.5 浓度为 15 微克/立方米，美国的标准为 10 微克/立方米。我国 2013 年开始大气污染治理，经过 7 年艰苦卓绝的努力，蓝天保卫战初战告捷，全国 PM2.5 由当时的 70 微克/立方米以上，下降到 2019 年底的 36 微克/立方米，控制煤炭消费是大气污染治理重点地区的主要措施之一。这里需比较一下中美两国能源总量和质量。中美都是人口和国土面积大国，能源消费量不相上下，但 2013 年美国只消费 6 亿吨煤，中国消费接近 40 亿吨煤，是美国的接近 7 倍，美国柴油的含硫量标准是 10 微克/升，中国是 2000 微克/升，大气十条的核心内容就是把重点污染地区的煤炭消费降下来，把油品质量提上去。

图 8 是 2019 年美国、欧盟、英国和中国煤炭占比与 PM2.5 浓度的关系比较，中国与其他国家和地区仍然存在着较大差距。

2035 年和 2050 年现代化国家初步建成和全面建成之后，中国的年均 PM2.5 浓度要求应该至少为 25 微克/立方米和 10 微克/立方米，才能与国家的发展水平和人民的愿望相称，届时煤炭的占比必须降低到 35% 和 10% 以下。

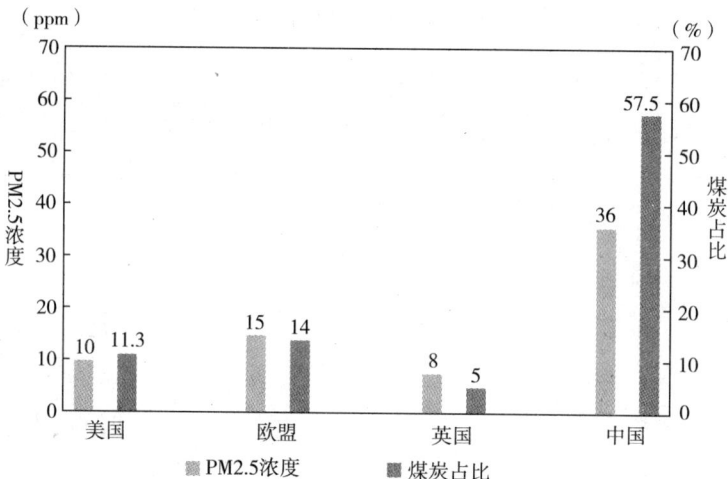

图8　煤炭占比与 PM2.5 浓度（2019 年）

资料来源：李俊峰. 中国必须继续减少煤炭煤电消费［EB/OL］.（2020-06-15）［2020-06-15］. http://www.chinapower.com.cn/zk/zjgd/20200615/22481.html.

六、中国减煤已经在路上

《中国能源革命行动方案 2014—2030》中明确提出，到 2050 年非化石能源占比将提高到 50% 以上，非化石能源发电占比将达到 80% 以上。由此看来，煤炭和煤电的占比必定在 20% 以下。

2013 年笔者曾经写过一篇很有争议的文章，提出了中国能源革命的核心任务是革煤炭的命。这个认识最初起源于 1998 年关于国家大气污染控制规划的研究，那个研究曾预测，如果不控制煤炭消费总量、不加强煤炭燃烧的末端治理，中国污染物排放量可能在 21 世纪的第一个十年超过环境容量。只要天公不作美，大气污染就会成为常态化。后来末端治理措施加强，将雾霾的出现推迟了几年，但污染现象仍然发生了，减煤工作的重要性随之凸显。当时提出的目标是煤炭占比每年减 1 个百分点，效果好可以减 2 个百分点，业界几乎普遍认为不可能。但实际情况是，2013—2019 年，煤炭占比减少了 10 个百分点，煤电占比减少了 13个百分点，每年平均分别减少 1.7 个和 2 个多百分点。

煤炭总量和占比的降低与否，总体由以下几个逻辑体现：

第一个逻辑是中国的经济逐渐走向高质量发展，所需要的能源增量呈现大幅度减少。"十五""十一五""十二五"时期以及"十三五"的前四年，我国能源消费的增量分别是 11.4 亿吨标准煤、9.7 亿吨标准煤、7.4 亿吨标准煤、5.6 亿吨标准煤，平均每五年下降 1.7 亿吨标准煤，年均能源消费增量则分别为 2.3 亿吨、2 亿吨、1.5 亿吨和 1 亿吨煤，即从"十五"时期每年增加 2.3 亿吨标准煤，下降到每年增加 1 亿吨标准煤。能源增量的压力减少，提高质量的机会也就增大了。

第二个逻辑是我国能源高质量转型速度加快。"十五""十一五""十二五"时期以及"十三五"的前四年，我国能源消费的增量中电量的占比分别是 35%、45%、63% 和 85%。估计"十四五"时期这一比例会超过 100%，即实现了电力对其他用能方式的替代。新增电量中大部分是非化石能源，再加上天然气利用的增加，2019 年我国非水电的可再生能源发电量占比已经从 2006 年的不到 0.1%，提高到 2019 年的 10%，平均每年增加 0.8 个百分点，以后非化石能源发展迎来从高速度向高比例高质量发展的转变，留给煤炭和煤电发展空间已经很小了。

第三个逻辑是经济成本。2019 年我国的风电和光伏发电都已接近"平价上网"。就光伏发电而言，全国范围内，光伏发电的价格大体上在每千瓦时 0.25~0.35 元，是价格较低的发电电源。IEA 也预测，到 2025 年，光伏发电的价格将低于燃煤发电的燃料成本。

第四个逻辑是保供应保安全。百年未遇之大变局出现之后，国家强化了国内石油开发的力度，但"十三五"时期，我国的石油产量只增加了 200 万吨，仅仅相当于 90 亿千瓦时的电量，而同期非化石能源的发电量增加了 1 万亿千瓦时，平均每年增加 2500 亿千瓦时，（折合 7500 万吨标准煤或者 5000 万吨油当量）。如果"十四五"效果更好，每年增加 3000 亿千瓦时非化石能源发电量，就相当于每年新增加 1000 亿立方米的天然气、9000 万吨的石油，而这个"石油"的价格仅相当于每桶 30~40 美元。

第五个逻辑是中国发展对煤炭的依赖逐年降低。自 2014 年习近平总书记推动能源革命以来，煤炭的占比已经从 2013 年的接近 70%，下降到 2019 年的 57.7%。从存量来看，煤炭的占比不断下降；从增量来看，煤炭消费增量在全部能源消费增量中的占比从第六个五年规划期间的 91%，下降到"十二五"时期的 22%，"十三五"时期降低到 10% 以下（见图 9）。

总之，煤炭、煤电对于我国十分重要，但是减量也是客观要求。在"十四五"时期经济和能源的高质量发展背景下，留给煤炭和煤电的发展空间已不大。

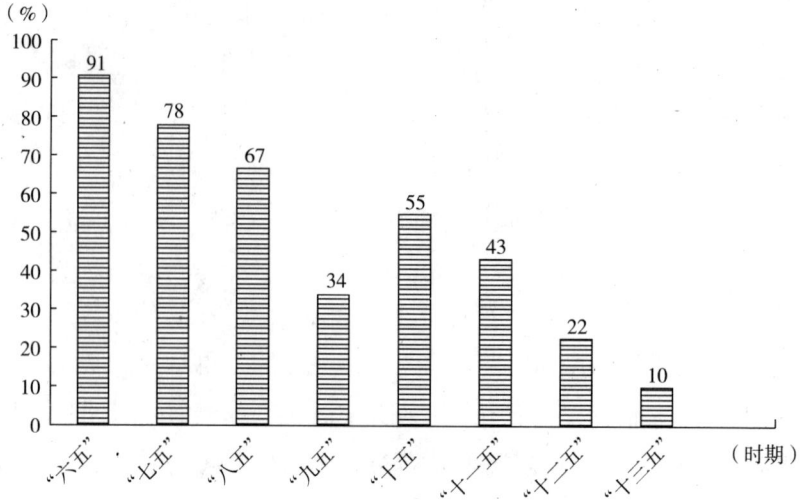

图 9 煤炭对我国能源增量的贡献率

资料来源：李俊峰. 中国必须继续减少煤炭煤电消费［EB/OL］.（2020-06-15）［2020-06-15］.
http：//www. chinapower. com. cn/zk/zjgd/20200615/22481. html.

不论是增加煤炭消费还是增加煤电装机容量，都不是高质量发展的正确选项，也不是能源转型的正确选项。但是，煤炭和煤电仍然是我国能源和电力的压舱石、稳定器，各方面都要对煤炭和煤电行业有足够的重视。煤炭和煤电行业要有博大胸怀，在做好压舱石、稳定器的同时，对替代能源发展提供必要的支持，"扶上马，再送一程"。

参考文献

［1］李俊峰. 中国必须继续减少煤炭煤电消费［EB/OL］.（2020-06-15）［2020-06-15］. http：//www. chinapower. com. cn/zk/zjgd/20200615/22481. html.

［2］International Energy Agency. World Energy Outlook 2020［R/OL］. Paris：IEA，2020.

22

新发展格局下我国煤电发展现状与展望

吴 迪 张 莹 康俊杰 *

我国已明确提出二氧化碳排放力争于 2030 年前达到峰值，到 2035 年实现生态环境质量根本好转，努力争取 2060 年前实现碳中和。双碳目标和"美丽中国"目标给我国未来的经济社会发展指明了方向，但以煤电为主的电力生产消费结构不仅造成了严重的空气污染，还给我国应对气候变化行动带来了严峻挑战。煤电行业排放出大量的二氧化硫、氮氧化物和烟尘，以及粉尘、炉渣、粉煤灰等污染物。近些年来，持续开展的煤电超低排放改造虽对降低常规污染物的排放产生了显著效果，但对应对气候变化却收效甚微。当前电力行业是我国碳排放量最大的单一行业，在全国碳排放总量中的占比超过 40%，占世界碳排放总量的 15% 以上。

在碳目标和空气质量目标的强烈约束下，我国势必要加速构建以新能源为主体的新型电力系统，实现电力系统的安全、高效、绿色、低碳发展。在此大背景下，煤电行业的低碳转型，乃至逐步加速退出已成历史必然趋势。

一、我国煤电行业的发展现状

第一，我国能源转型进程不断加速，但仍未摆脱以煤电为主的电力消费结构。"十三五"时期，我国电力建设持续推进，清洁能源转型加速。我国发电装

---

* 吴迪，北京大学能源研究院；张莹，中国社会科学院生态文明研究所；康俊杰，北京大学能源研究院气候变化与能源转型项目副主任。本章内容根据作者在中国社会科学院生态文明研究智库主办、中国能源网协办的《中国煤电发展之路辨析》系列沙龙上的发言材料整理而成。

机容量年均增长 7.6%，其中非化石能源装机容量年均增长 13.1%，占总装机容量比重从 2015 年的 34.8% 上升至 2020 年的 44.8%，提升了 10 个百分点；我国发电量年均增长 5.8%，其中非化石能源发电量年均增长 10.6%，占总发电量比重从 2015 年的 27.2% 上升至 2020 年的 33.9%，提升了 6.7 个百分点。

虽然我国非化石能源装机容量和发电量在"十三五"时期有较大提升，但目前我国的电源结构仍未摆脱"一煤独大"的局面。截至 2021 年底，我国煤电装机容量达 11.1 亿千瓦，占总装机容量的 46.7%，煤电发电量为 5.03 万亿千瓦时，占总发电量的 60.0%。我国煤电装机容量和发电量均占据世界的一半以上，且在近中期仍呈继续扩张态势。2021 年，中国新增煤电产能为 2500 万千瓦，占全球新增产能的 56%，新燃煤电厂开工建设达 3300 千瓦，是 2016 年以来的最高水平，几乎是世界其他地区总和的 3 倍（见图 1）。

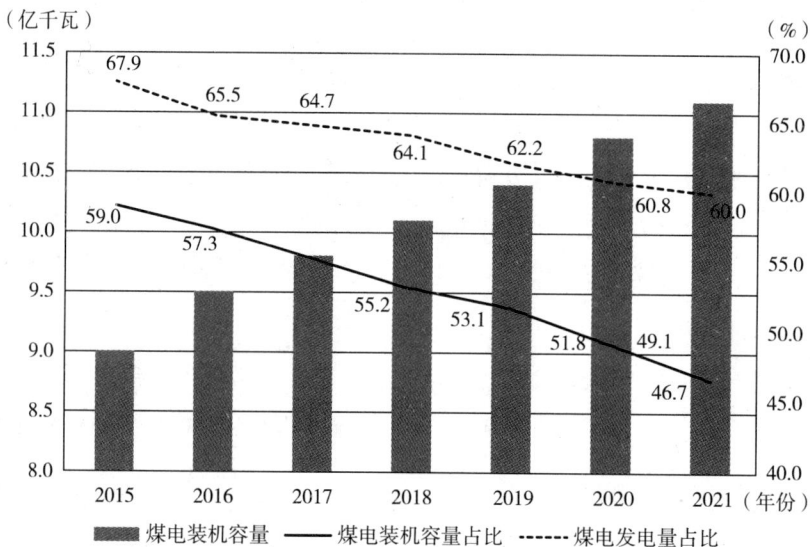

图1　我国煤电发展情况（2016—2021 年）

资料来源：中国电力企业联合会、国家能源局。

第二，我国经济社会发展进入新阶段，煤电利用小时数不断走低，产业亏损面大。我国经济增长模式已由之前的高速增长阶段逐渐转入高质量增长阶段，全社会用电量平均增速已从"十五"和"十一五"时期两位数的增长下降至"十三五"时期的 5.7%。2020 年，由于全球经济增长放缓、中美贸易摩擦、新冠疫情等因素，用电量增速持续回落，全社会用电量同比增长仅为 3.8%。与此同时，由于政策推动和可再生能源成本的不断降低，我国可再生能源自"十二五"以来经历了飞速发展。风电装机容量由 2010 年的 2958 万千瓦增加到 2021 年的 3.2 亿千瓦；光伏装机容量由 2010 年的 26 万千瓦增加到 2021 年的 3.1 亿千瓦。我国风电、光伏新增装机容量和累计装机容量规模均位居世界第一，风电、光伏等新能源发电量占比也从 2010 年的 1.2% 上升到 2021 年的 11.7%。

由于我国电力需求增速放缓和清洁能源替代加速等因素，煤电机组利用小时数持续下降。全国火电机组的平均利用小时数已从 2013 年的 5000 多小时下降至 2020 年的 4216 小时，远低于机组设定的标准利用小时数 5300~5500 小时。煤电利用小时数的持续走低直接导致煤电产能过剩风险积聚，产业盈利能力不足，出现大面积亏损。2021 年，电力需求增速虽一度超过 10%，煤电利用小时数也回升至 4586 小时，但由于煤价飞涨、电价无法有效疏导成本等原因，煤电行业进入至暗时刻，全年因煤电价格上涨导致电煤采购成本额外增加了 6000 亿元左右，大型发电集团煤电板块累计亏损面达 80% 左右（见图 2）。

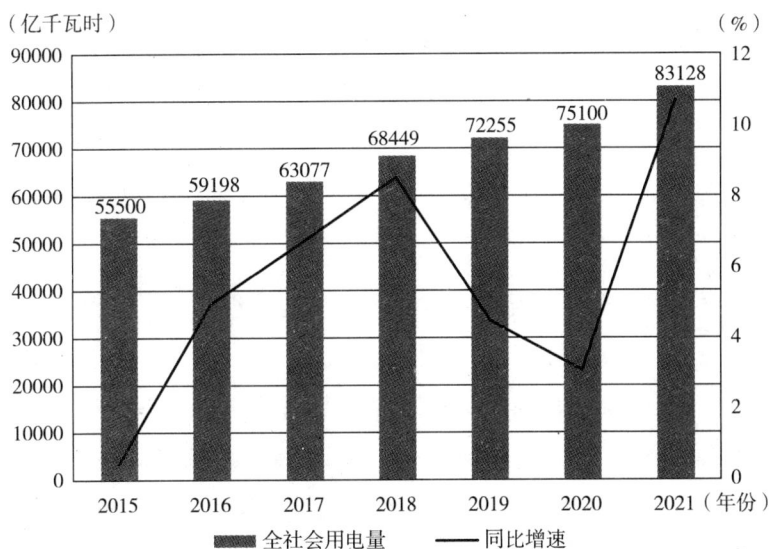

图 2 我国全社会用电量（2015—2021 年）

资料来源：中国电力企业联合会、国家能源局。

第三，我国煤电机组技术水平不断提升，但服役年龄短，面临高昂的资产搁浅风险。"十三五"以来，我国煤电机组节能减排技术水平不断提高。截至 2021 年底，我国实现超低排放的煤电机组超过 10 亿千瓦，约占全国煤电装机总量的

90%。全国累计完成节能改造煤电机组约9亿千瓦，其中"十三五"时期累计完成改造5.2亿千瓦，超额完成"节能改造约3.4亿千瓦"的规划目标。在超低排放和节能改造的推动下，我国火电机组平均供电标准煤耗率由2011年的329克标准煤/千瓦时下降至2020年的304.9克标准煤/千瓦时，大幅完成国家310克标准煤/千瓦时的规划目标。"十三五"以来，我国煤电机组排放的烟尘、氮氧化物、二氧化硫等大气污染物不到全社会总量的10%，我国已建成全球最大的清洁煤电供应体系（见图3）。

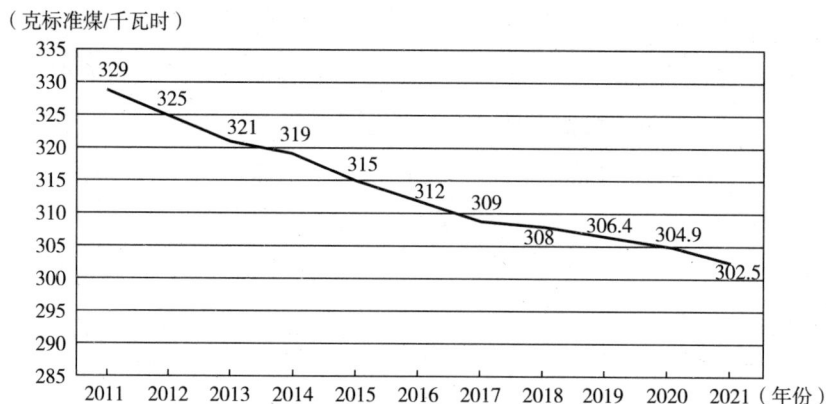

图3 我国火电厂平均供电煤耗（2011—2021年）

资料来源：中电传媒研究院。

此外，我国火电行业供给侧结构性改革加速推进，机组结构持续优化。超临界、超超临界高效机组比例明显提高。2020年，单机30万千瓦及以上、60万千瓦及以上、100万千瓦及以上机组比重分别提高到77%、44%和12%。热电联产机组占比也从2015年的34%提高到2020年的47%（见图4）。"十三五"时期，我国累计关停落后煤电机组超过3000万千瓦，提前完成"十三五"规划提出的2000万千瓦的目标。与此同时，虽然我国煤电机组的清洁利用水平不断提高、结构不断优化，但机组平均服役时间短。煤电机组平均服役年限仅12年，运行超过30年的机组不足1.1%，而国际上煤电机组服役时间普遍达到30~50年。在碳目标和空气质量目标的约束下，我国煤电机组存在高昂的资产搁浅风险。

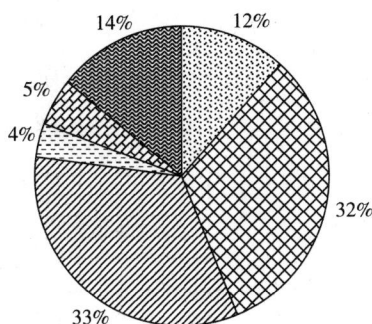

図中图例：
☒ 100万千瓦及以上　　☒ 60万千瓦至不足100万千瓦　　☒ 30万千瓦至不足60万千瓦
☒ 20万千瓦至不足30万千瓦　☒ 10万千瓦至不足20万千瓦　☒ 不足10万千瓦

图 4　2020 年我国火电机组占比情况

资料来源：中国电力企业联合会。

二、我国电力行业展望和煤电优化退出路径

本章根据发达国家人均用电量的达峰时间与达峰规模，结合新冠疫情对我国近中期电力需求的冲击和我国中长期经济社会发展展望（见表 1），预测我国中长期的全社会用电量和最大负荷得出：我国 2025 年、2035 年、2050 年和 2060 年的全社会用电量分别为 9.5 万亿千瓦时、12.4 万亿千瓦时、15.6 万亿千瓦时和 15.2 万亿千瓦时；最大负荷分别为 14.2 亿千瓦、20.6 亿千瓦、30.0 亿千瓦和 32.2 亿千瓦。[①]

表 1　我国经济社会发展主要指标

年份	2020	2025	2035	2050	2060
人口（亿人）	14.12	14.57	14.61	14.02	13.33
GDP（万亿元）	102	132	202	329	423
三产占比（%）	54.53	55.81	58.60	63.20	65.90
城市化率（%）	61.43	66.48	73.92	80.03	83.00
电气化率（%）	27	32	43	61	70

资料来源：笔者根据估测得出。

---

① 数据为笔者根据估测得出。

本章针对各资源发展潜力、不同发电机组的组合、技术进步和市场机制的发展等方面，提出了电力行业促进煤电优化和退出、构建新型电力系统的推荐路径，即到2025年、2035年、2050年和2060年我国煤电装机容量分别达11.7亿千瓦、10.6亿千瓦、6.4亿千瓦和2.0亿千瓦；供电与供热总煤耗分别为17.20亿吨标准煤、14.59亿吨标准煤、6.12亿吨标准煤和0亿吨标准煤（见表2）。

表2　我国煤电行业煤耗量（2020—2060年）

年份	煤电发电量（万千瓦时）	发电煤耗（亿吨标准煤）	煤电供热量（万亿焦耳）	供热煤耗（亿吨标准煤）	总煤耗（亿吨标准煤）
2020	46296	13.29	5070173	1.73	15.02
2025	51750	14.80	7029877	2.4	17.20
2035	42570	12.09	7322789	2.5	14.59
2050	17500	4.92	3514938	1.2	6.12
2060	0	0	0	0	0

资料来源：笔者根据估测得出。

在煤电优化和退出路径下，我国电力行业二氧化碳排放于2025年左右达峰，峰值约为45亿吨，2025—2028年碳排放处于峰值平台期，到2030年仍约为42亿吨。2030年之后，我国电力行业二氧化碳排放呈加速下降趋势，若不考虑CCUS技术在电力行业的利用，到2035年我国电力行业碳排放约为39亿吨，到2050年约为20亿吨，到2060年约为3亿吨。若考虑CCUS（包括BECCS和直接空气捕捉）技术在电力行业中的利用，到2035年我国电力行业碳排放约为35亿吨，到2050年约为7亿吨，到2060年实现负排放（见图5）。

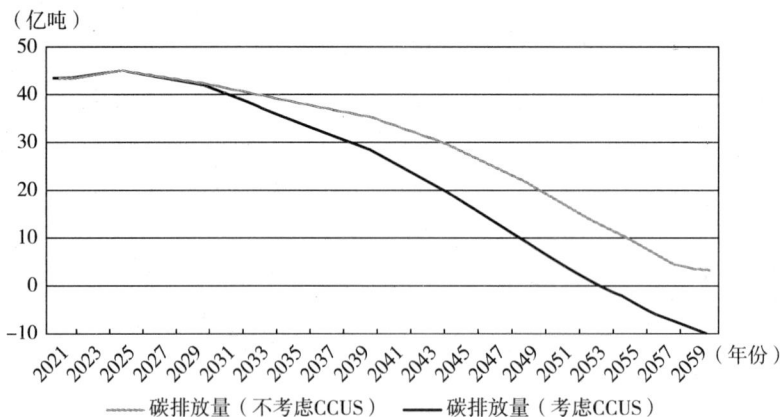

图5　我国电力行业碳排放展望

资料来源：笔者根据估测得出。

　　我国煤电优化和退出需要分三步走。在"十四五"时期,重点是"控增量、调结构"。一方面,我国要严控煤电装机规模。中央有关主管部门收回地方省市对煤电项目的核准权,除技术储备和示范工程项目外,不再核准新的商用煤电机组,并加速淘汰落后煤电机组,推动"十四五"时期的增量用电绝大部分由非化石能源来满足。在"两湖一江"等东中部电力电量紧平衡的地区,可以少量上马"十三五"时期核准的煤电机组,全力保障电力系统供应稳定。

　　另一方面,我国要加快推进煤电的节能改造,持续优化煤电装机结构。对平均供电煤耗在300克标准煤/千瓦时以上的煤电机组加快实施节能改造,包括汽轮机通流改造、余热深度利用改造、能量梯级利用改造、高温亚临界综合升级改造等。发挥煤电是我国近中期最重要的灵活性资源供应主体的作用,对30万~60万千瓦级的煤电机组实施大规模灵活性改造,承担为电力系统提供灵活性的重任,逐步将其最小发电出力降至35%的额定负荷,同时逐步加大具备条件的纯凝机组的供热改造,加速对不符合环保、能耗、安全、技术等法律法规标准和产业政策要求的燃煤小热电机组的替代。

　　另外,加强煤电机组的优化运行调度,提高能耗低、污染小的机组的发电量,让其更多地承担基荷作用。经过两方面的努力,在"十四五"时期将我国煤电装机容量的峰值控制在11.7亿千瓦以内,其中包括8.5亿千瓦的煤电基本负荷机组和3亿千瓦的煤电调峰机组,平均利用小时数约为4500小时。

　　中期到2035年,我国工作重点是"缓慢减存量、加速变定位"。一方面,加大落后煤电机组的淘汰力度,尤其是西部、北部等落后煤电机组集中的区域。对能效、环保、安全达标的煤电机组实施"关而不拆",纳入应急备用机组。此外,有序推进在可再生能源资源禀赋高的地区对大型电源基地进行集约高效开发,逐步淘汰传统的"风火光打捆"的特高压输送模式,大力发展"风光水火储氢车一体化"和"源网荷储一体化"的跨区消纳模式,支持东中部负荷中心。

　　另一方面,进一步加大煤电机组灵活性改造力度,逐步将具备条件的60万千瓦及以下的煤电机组最小发电出力降到30%以下,60万千瓦及以上的大容量高参数机组承担基本负荷。到2035年,我国将煤电机组装机容量降至10.6亿千瓦,其中包括5亿千瓦的煤电基本负荷机组和4.9亿千瓦的煤电调峰机组,另外还保留着7000万千瓦的煤电应急备用机组。

　　远期到2060年,我国工作重点是"加速减存量、合理增备用"。通过大规模发展新能源，实现对存量煤电机组的大幅替代，相关高参数、服役年龄段的煤电机组继续实行"关而不拆"，逐步小幅度提升煤电应急备用机组。到2060年，我国在全部淘汰煤电基本负荷机组和调峰机组外，保留2亿千瓦的应急备用机组，发挥紧急情况的安全保供作用（见图6）。

（亿千瓦）

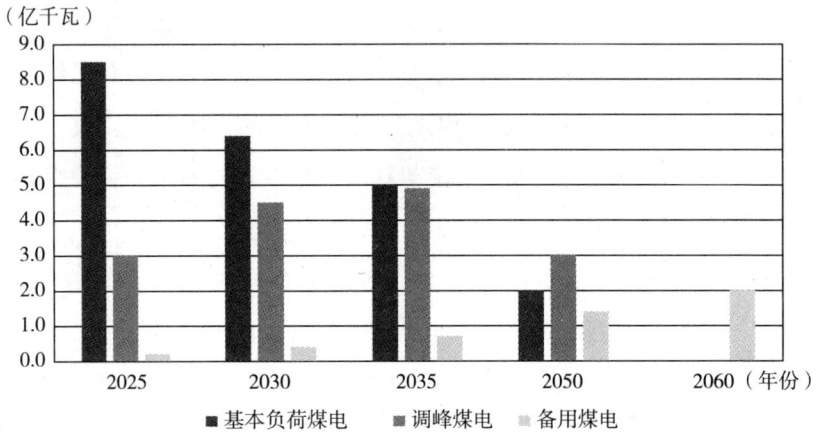

图6 我国煤电行业发展的推荐情景（2025—2060年）

资料来源：笔者根据估测得出。

本章还针对我国高低两种情景的电力需求增速，非化石能源对我国增量电力消费的替代情况做了分析。在低情景下，我国电力需求在2025年、2035年、2050年和2060年分别为9.2亿千瓦时、11.2亿千瓦时、14.5亿千瓦时和14.3亿千瓦时；在高情景下，我国电力需求在2025年、2035年、2050年和2060年分别为9.7亿千瓦时、13.7亿千瓦时、16.8亿千瓦时和16.0亿千瓦时。在低情景下，根据报告提出的发展路径，我国增量电力消费在2025年后便可实现全部由非化石能源替代；在高情景下，我国增量电力消费到2040年后才能实现全部由非化石能源替代。由此可见，我国未来电力需求增速变动情况将对我国的能源清洁转型进程产生重大影响。我国在促进煤电优化与退出、构建新型电力系统的过程中要时刻跟踪电力需求变化的影响因素，动态调整和不断完善相应的顶层设计（见图7）。

（亿千瓦时）

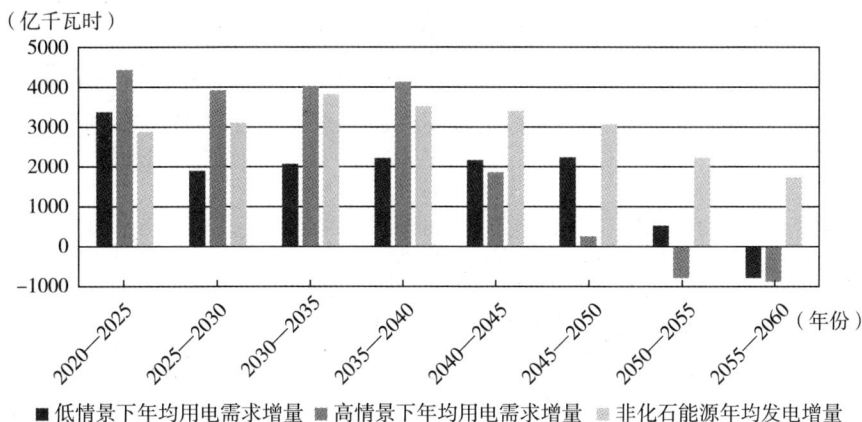

■ 低情景下年均用电需求增量　■ 高情景下年均用电需求增量　■ 非化石能源年均发电增量

图7　两种电力需求增长情景下非化石能源发电量替代情况

资料来源：笔者根据估测得出。

三、加速煤电优化和退出的保障措施

第一，增强电力系统的可预测性和灵活性，实现煤电逐步加速退出情况下电力系统的安全稳定运行。在电源侧，一方面，我国要加大资金投入力度，增加风光发电出力的预测精度。通过聘请气象学家、开发基于神经网络预测分析算法和软件、打造小地域空间、多时间尺度的精细化预报系统、定期评估和调整预测机制等措施，实现对风光出力的精准预测，从源头上增加电力系统的可预测性，减少灵活性的需求。另一方面，我国要加快布局抽水蓄能、气电、光热等作为灵活电源，从电源侧提高电力系统灵活性，最大限度避免落后煤电借灵活性改造之机得以继续保留和发展。

在电网侧，一方面，我国需构建特大型互联电网，推进特高压骨干网架建设，充分发挥大电网的优化和互济作用，满足新能源在全国范围内大规模开发、配置和使用的要求。另一方面，我国要大力建设和改造微电网和配电网，有效满足新能源就地消纳、多元负荷差异化用能需求、网荷深度灵活互动的要求。

在需求侧，我国各省份要将需求侧资源纳入地方电力系统规划，通过设计有效的电价机制和反映资源稀缺性的电力市场，促进分布式光伏与风电、新型储能、电动汽车，以及可中断、可调节负荷等各类需求侧灵活性资源的有效整合和系统管理，平抑电网峰谷差，满足东中部等省份的尖峰负荷缺口，提升电力系统安全保障水平的同时，最大限度地避免新建煤电机组和输配电设施满足尖峰负荷所导致的资金损失。此外，我国需实现不同时间尺度的储能技术的创新与突破，这包括响应时间在秒级的电化学储能、飞轮储能、超导储能、超级电容储能等，响应时间在分钟级的压缩空气储能，以及满足长周期储能需求的热储能和化学品储能等。

第二，转变电力体制改革的整体思路，以应对气候变化和推动能源转型为主要推动力。一是不断提高新能源参与市场化交易的比重，利用现货市场充分发挥新能源边际成本低的优势，实现优先上网，并利用统一的市场出清价格保障"平价时代"的新能源能够获得稳定收益。二是利用辅助服务市场有效保障源网荷各个环节的灵活性资源在提供调峰、调频、备用等服务时获得合理的投资回报和激励，促使其承担保障高比例新能源接入下电网系统安全稳定运行的主力作用。三是逐步打破电网公司统购统销的局面，并大力培育售电公司，推动工商业用户、居民用户全部经售电公司直接参与市场化交易。售电公司向终端用户提供多样化的电价套餐，并明确相应的权利和义务，约定交易、服务、收费、结算等事项。我国要不断完善终端价格机制，发挥电价机制作为促进源网荷储协同互动的润滑剂和催化剂作用。逐步提高电价水平，建立起包括峰谷电价、尖峰电价、深谷电价、季节性电价、实时电价等一揽子电价政策，配合高比例新能源为主体的新型电力系统的电价传导，并引导用户科学用电、节约用电，改善电力供需状况、提高能源利用效率，为电力系统的安全稳定运行提供支撑。

第三，充分发挥电力多元转换（Power-to-X）的互补效应。通过大规模发展电力多元转换技术，一方面，我国可以实现在新能源外送和消纳面临困局情况下的中长周期储能，促进富余电力跨地域和跨季节的优化配置。另一方面，还可以通过电力多元转换技术替代化石能源在工业和交通部门及电气化领域的燃料和原料功能，促进形成多元互补融合的现代能源供应体系。

氢能将在电力多元转换的互补效应中发挥核心作用，我国可将富余新能源电力用于电解水制氢，发挥氢能作为规模化储能的载体，实现大规模、高效率的新能源消纳。然后再以绿氢为载体合成各类燃料与原材料，如与二氧化碳合成甲烷、甲醇，并进一步合成乙烯、丙烯、苯等，与氮气反应制取氨等，推动高耗能行业的绿色低碳发展。在新能源发电出力不足的时候，我国还可通过氢能发电反哺电网，保障电网安全稳定。未来我国需逐渐形成电、氢、氢制衍生品的多能互补的低碳发展格局，并推动氢能、电能和热能系统的深度融合。

第四，大力发展分布式能源、微电网与配电网。在国土资源规划日趋加严（土地征用成本高、生态环境约束力强）、输电通道走廊资源愈加稀缺（河西走廊最窄处仅数公里）的情况下，我国"大电网+大基地"的粗放发展模式虽能促进新能源在全国范围内开发利用，但这仍无法充分满足东中部地区高速增长的电力需求，而且区域大电网在极端天气或人为事故下一旦发生瘫痪将给地区的经济发展和人民的日常生活造成严重冲击。

在东中部地区，我国要加强海上风电、核能（供热与供电）、分布式能源的发展，降低对外部资源的依赖，大幅度提高地区用电的可靠性和可及性，同时减少长距离输电带来的损耗和资本浪费。在有条件的地区，加快建设以消纳新能源为目标的"源网荷储一体化"的配电网和微电网，因地制宜地为楼宇、小区等民用用户，以及工业用户进行电、热、气三联供和开展综合能源服务。

参考文献

［1］International Energy Agency. An Energy Sector Roadmap To Carbon Neutrality in China［R］. Paris：IEA，2021.

［2］中国电力企业联合会. 中电联发布中国电力行业年度发展报告［EB/OL］. （2021-07-18）［2022-07-07］. https：//www. cec. org. cn/detail/index. html？3298413.

［3］中国电力企业联合会. 中电联发布《2021-2022 年度全国电力供需形势分析预测报告》［EB/OL］. （2022-01-27）［2022-07-07］. https：//mp. weixin. qq. com/s/PDCCwxVXkbAzT0jid3K78w.

［4］繁荣与衰落 2022 追踪全球燃煤电厂发展［R］. 旧金山：全球能源监测，2022.

［5］中国电力企业联合会. 2021 年中国电力行业经济运行报告［R］. 北京：中电联，2022.

［6］中国电力报. 我国实现超低排放的煤电机组超十亿千瓦［EB/OL］. （2022-04-26）［2022-07-07］. https：//mp. weixin. qq. com/s/PrpTHBsx02UNT3uuw93Mlw.

［7］电力规划设计总院. 中国电力发展报告 2020［R］. 北京：电规院，2021.

［8］中电传媒研究院. 我国电力发展与改革形式分析［R］. 北京：中电传

媒，2022.

［9］中国电力企业联合会．中国电力统计年鉴 2021［M］．北京：中国统计出版社，2021．

［10］中国电力报．转型升级勇于革新　环保能效大幅提升［EB/OL］．(2021-01-17)［2022-07-07］.https：//mp. weixin. qq. com/s/AZXG7Tkjc7N_ncaDKQk67g.

［11］中国能源报．我国煤电机组平均服役 12 年　运行超过 30 年不足 1. 1%［EB/OL］.(2021-02-09)［2022-07-07］.https：//mp. weixin. qq. com/s/rz-TRCWosPaZ656i_ yBNlOA.

23
煤电及其就业观察与思考

张安华*

在实现"双碳"目标的大背景下，以及能源清洁化转型的国际大趋势中，我国电力产业结构不断得到优化，清洁能源发电快速得到发展，风电和太阳能发电逐步进入"平价上网"时代，期待已久的电力供给侧全面竞价景况即将到来。当我们来到"十四五"规划的第二个年头时，"煤为基础，煤电为主"的电力生产结构，仍然赫然在目，已经步入行业转型深水期的燃煤发电，仍然是我国毫无疑义的主体电力能源。由此，关于加快煤电减量化进程的问题日益受到重视，与之相关的煤电行业的就业问题也相应地受到关注。

我国煤电的减量化进程及其已经走过的就业转型与重组之路，有其鲜明的演进规律与内在逻辑，有其显著的历史特点与中国特色，进程中保持了基本稳定，取得了不少经验和佳绩。前瞻未来之路，仍然有许多重要问题亟须形成共识，亟待合力解决。

一、我国煤电发展及其就业安排的基本特点

我国的发电业几乎与世界强国同时起步。标志着电力时代到来的全球第一座火电厂于 1875 年在法国巴黎北火车站建成仅 4 年之后，1879 年上海就有了以 10 马力蒸汽机为动力驱动直流发电机发电的发电设施。1882 年 6 月，全球第一座商业发电厂在美国纽约珍珠街建成，仅 1 个月后的 7 月，我国第一家发电公司上海电光公司也宣告成立，其规模和技术水平均属世界前列。但是，由于各种原因，

---

* 张安华，中国社会科学院可持续发展研究中心。本章内容根据作者在中国社会科学院生态文明研究智库主办、中国能源网协办的《中国煤电发展之路辨析》系列沙龙上的发言材料整理而成。

到 20 世纪中期的 1949 年，我国的电力产业呈严重落后状况，全国发电装机容量仅有 185 万千瓦，居全球第 21 位，其中火电装机容量为 169 万千瓦，占总装机容量的 91.2%；水电装机容量为 16 万千瓦，占比为 8.8%。全国年发电量为 43 亿千瓦时，仅居全球第 25 位。《联合国世界经济发展统计年鉴》显示，1950 年中国人均发电量为 2.76 千瓦时，印度人均发电量为 10.9 千瓦时，美国人均发电量为 2949 千瓦时。[①]

为了改变我国严重落后的电力状况，加上我国的一次能源结构等原因，1950 年后我国陆续建起了一批燃煤发电机组。尤其是在 1978 年改革开放后，随着经济发展的不断提速、电力管理体制和电力市场化改革的不断推进，煤电机组的建设一直主导着电源发展进程直到现在。截至 2021 年底，煤电装机容量为 11.1 亿千瓦，占总发电装机容量的 46.7%，全口径煤电发电量为 5.03 万亿千瓦时，占全口径总发电量的 60.0%。2021 年全国 6000 千瓦及以上煤电机组平均设备利用小时为 4586 小时，较 2020 年增长 246 小时。无论从装机规模看还是从发电量看，燃煤发电仍然是我国当前电力供应的最主要电源。

我国燃煤发电历史久、总量大，经历了多个不同发展时期，有着多情景的就业特点。

（一）煤电就业情景的阶段性特征

我国的煤电发展进程有几个重要的时间节点。1997 年以前，为了解决缺电紧迫问题，通过各种方式"饥不择食"地建起了一批煤电机组。尤其在 1978 年之前，由于缺资金、缺技术、缺产业基础等原因，所建机组多为中温中压的小型机组，从单机容量 0.6 万千瓦到 5 万千瓦不等，少数地方有 10 万千瓦级、20 万千瓦级的高温高压或超高压机组。1975 年，我国投产了首台 30 万千瓦亚临界机组。1978 年以后，随着改革开放的不断推进，我国的缺电问题更为突出。1975 年全国缺电 500 万千瓦，1985 年缺电 1200 万千瓦。通过社会"集资办电"、中外"合资办电"、中央、地方以及民营企业"联合办电"等方式，电力建设步伐逐步加快，到 1997 年我国基本解决了困扰约半个世纪的缺电问题。1996 年我国发电装机容量达到 23654 万千瓦，其中火电装机容量达 17886 万千瓦。全国年发电量由 1978 年的 2565 亿千瓦时上升至 1996 年的 1.08 万亿千瓦时。这一阶段投产的煤电机组多为单机容量 20 万千瓦级以下机组，有少量的 30 万千瓦级机组。

---

① 数据来源：电力头条第一盏灯点亮之后，中国电力建设跑赢世界 [EB/OL]. (2020-10-13) [2021-06-12]. http://www.chinapower.org.cn/detail/255305.html.

1989 年，我国投产了首台 60 万千瓦亚临界发电机组，1992 年投产了首台 60 万千瓦超临界发电机组。

1997 年以后，我国电源建设进入了一个新的阶段，火力发电设备利用小时连续 6 年低于 5000 小时，直到 2003 年重新回到 5245 小时。在此期间，电力体制改革加快了进程，2002 年底国家电力公司被拆分为两大电网公司、五大电力集团、四大电力辅业集团。五大电力集团成立后，逐步形成了电源建设的竞争态势，"十一五"时期我国电源建设达到高峰期，年均新增电力装机容量约 9000 万千瓦，至 2010 年底全国装机容量达到 96641 万千瓦，其中火电装机容量为 70987 万千瓦。在此期间投建的煤电机组，以单机容量 30 万千瓦级及以上亚临界、超临界机组为主，同时投产了部分超超临界大型机组。2000 年，我国投产了首台 80 万千瓦超临界机组，2004 年投产了首台 90 万千瓦超临界机组，2006 年投产了首台 100 万千瓦超超临界机组。与此同时，"十一五"时期关停淘汰了装机容量为 7682.5 万千瓦的小火电机组。

"十二五"时期，我国电源建设从高规模发展逐步进入高质量发展阶段，高效率、高参数、大容量、低排放机组成为新建煤电机组的主要选择，单机容量 30 万千瓦级及以下机组限制批建，新建 100 多台百万级超超临界机组。首台单机容量为 124 万千瓦的超超临界燃煤发电机组于 2020 年 7 月在广东阳西电厂投产，首台单机容量为 135 万千瓦的超超临界燃煤发电机组于 2020 年 12 月在安徽平山电厂并网发电。

煤电发展进程的阶段性及其技术进步的代际性，与之相应的就业情景也呈现出阶段性特征。江西有一个始建于 1958 年的燃煤电厂，到 1978 年时陆续建成投运了 1 台 1.2 万千瓦、1 台 1.1 万千瓦、1 台 0.9 万千瓦共计 3.2 万千瓦中温中压煤电机组，当时全厂员工为 340 人左右，单位千瓦装机容量就业人数为 106 人/万千瓦左右。到 1993 年该厂新建了两台 12.5 万千瓦高温高压煤电机组，关停了原有 3.2 万千瓦的小机组，员工逐步增至约 1500 人，每万千瓦装机容量就业人数 60 人左右。到 2011 年，该厂在"上大压小"进程中将两台 12.5 万千瓦机组关停，先后建起了两台 66 万千瓦超超临界燃煤机组，到 2015 年该厂员工约 540 人，每万千瓦装机容量就业人数 4 人左右。

目前，内蒙古大唐托克托电厂总装机容量为 672 万千瓦（在役总装机容量为 612 万千瓦，委托管理 60 万千瓦），员工有 1100 人左右，每万千瓦装机容量就业人数 1.6 人左右。

有一研究团队从 2007 年开始关注煤电机组的就业问题，通过有关统计信息和有关研究方法，综合考虑直接就业、间接就业以及脱硫、脱氮、"上大压小"、超低排放等因素，得出的就业数据大体为：2002 年底以前投产的煤电机组平均每万千瓦装机容量就业人数为 6.03 人，2003—2010 年为 3.7 人，2010 年以后为 2.3 人。其研究结果还显示，因为煤电的减量化进程而使就业受到影响的人数大体在 45 万~50 万人。这个影响不是集中出现的，是随着煤电的减量化进程而循序渐进显现的。

（二）电力就业结构转型重组安排的中国特色

2007 年初，"上大压小"淘汰落后煤电机组作为一项国家措施开始在全国各地陆续贯彻执行，"十一五"时期和"十二五"时期分别关闭煤电机组 7682.5 万千瓦和 2800 万千瓦，"十三五"时期的前四年，关闭煤电机组 4697 万千瓦。总计关闭煤电机组 15179.5 万千瓦。

刚性关停数量不小的煤电机组，在就业安排方面没有出现任何引人注目的问题，保持了电力生产稳定有序的常态局面。之所以能如此，根本原因是我国的煤电产业绝大部分资产是国有资产，主要分为两大板块：一块是中央管理的国有资产，人们常称为"央企"，其主要代表是五大电力集团等；另一块是各省级政府管理的国有资产，包括各种形式的区域电力集团等。一些股份制电力企业，其资产多由国有资产以多种方式出资组成。近年来出现了一些混合制电力企业，多由国有资产与民营资产等组成，但是数量还极小，并且主要不在发电企业。基于此，当因关停煤电机组且有人需要重新安排就业时，如果是"央企"电力集团所属企业人员，一是可以就近安排到集团所属新建企业就业，二是可以在集团所属全国各地企业安排就业；如果不能继续从事煤电岗位就业，还可以安排到集团所属可再生能源发电等企业就业。回旋余地大、可用办法多，因此能较好地对相关人员作出新的就业安排。尽管省级国有企业回旋余地要小一些，但是同样可以在其系统内或省级区域内将相关资源进行优化配置，将问题予以妥善解决。

所以，我国推进煤电刚性减量化，只要进程安排合理，大局把握得当，不搞集中式或跃进式减量化，就业方面就不会出现大的问题。

（三）管理体制机制对煤电发展及就业安排的重要影响

曾经在相当长的一段时间里，我国电力行业实行高度集中、高度统一的计划经济体制。在组织形式上，体现为政企合一，政府型一体化垂直管理；在办电形式上，体现为国家独家办电；在资金筹集上，体现为国家财政拨款、不还本、不付息的单一筹资渠道。并且实行统收统支的财务管理制度、指令性建设管理体制、低电价的价格政策等。这一时期，电力建设进程差强人意。从1949—1978年，平均每年增加的装机容量只有190.6万千瓦，经过近30年的建设发展，到1978年底全国的装机容量仅有5712万千瓦，电力短缺问题极其突出。电力供应须按照严格的用电分配计划执行，许多地方如供应粮食一样实行电力限量供应，山东、安徽、甘肃、江苏等地还印制了电票，严格"凭票供应"。这一时期，煤电行业提供的就业岗位非常有限，而且电厂的锅炉运行等岗位劳动强度大、条件差，许多电厂的锅炉运行人员多来自农村，文化程度较低。

1978年以后，随着国家改革开放的不断推进，电力行业进行了一系列的改革，并逐步探索开放办电之路。在电源市场准入上，逐步采取多方面合作、多渠道筹资、多主体联合办电的方针；在电源建设体制上，逐步推行业主责任制、资本金制，在《公司法》颁布后广泛推行现代企业制度；在建设资金上，实行谁借谁还、有偿使用，谁投资谁得利；在工程建设组织上，实行招标投标制、工程监理制和合同管理制等。一系列改革开放办电措施的实行，使电力行业经历了一段较快的发展时期。从1978—1997年，平均每年新增装机容量为1037.5万千瓦，截至1997年底全国装机容量达到25424万千瓦，基本解决了长期缺电问题。这一时期，也是煤电就业岗位增加较快的时期。全国火电装机容量由1978年的3984万千瓦增长为1997年的19241万千瓦，火电生产占到整个电力生产的75.7%。这一时期，煤电机组几乎全部淘汰了链条炉，改为煤粉炉，逐步建起了一大批具有一定自动化水平的高温高压甚至是超高压、亚临界机组，这不仅提高了机组效率，而且改善了煤电岗位的工作条件，相应地对就业人员的文化素质和知识水平等也有了更高的要求。自20世纪80年代中期开始，陆续有大中专院校毕业生进入煤电企业锅炉运行岗位工作，到90年代中期，煤电企业的主要生产岗位及管理岗位，多由大中专毕业生就任。重要岗位由本科毕业生就任。煤电企业在就业上逐步呈现出一番新的面貌。

随着电力体制改革的进一步深入，政企分开、厂网分开、主辅分离、输配优化、电价形成机制改革等工作不断引向深入。2002年底，五大发电集团成立，在逐步形成电源建设的竞争格局后，带动全国电源建设逐步进入了一个新的发展期。"十一五"时期成为我国电力装机容量增长最快的时期，平均每年增长近9000万千瓦，从2006年初的51718万千瓦增长至2010年底的96641万千瓦，创造了世界电建史上的罕见一景。体制改革的潜力充分释放，煤电就业岗位显著增加，新增机组效率和就业人员素质大幅提升。此一时期后，煤电企业几乎所有的重要岗位都由具备大中专学历以上的人员就任，许多煤电企业最基础的岗位都由大学毕业生就任。许多具备研究生学历和毕业于一流名牌大学的高才生在基层煤电企业频繁现身、积极就业。

我国煤电行业的多年实践有力证明，体制机制的选择不仅对行业的发展具有重要作用，也对就业安排具有重要影响。

二、电力低碳化转型与就业绿色化转变的国际比较

在基本解决了电力等能源短缺的问题后，尤其是由于煤炭等化石能源的大量使用对生态环境造成了重要影响后，为保护生态环境、减少空气污染、应对气候变化，我国对煤炭的生产和消费采取了一系列控制措施。2013年我国颁布了《大气污染防治行动计划》，该计划明确提出要控制煤炭消费总量，加快清洁能源替代利用。2016年初，国务院又出台了《关于煤炭行业化解过剩产能实现脱困发展的意见》，该意见作出了煤炭行业去产能、减产量等决定。在2016年12月颁布的《煤炭工业发展"十三五"规划》中，明确提出了"十三五"时期化解淘汰落后产能8亿吨左右和到2020年将煤炭产量控制在39亿吨、煤炭消费比重控制在58%以内的目标。截至2019年底，煤炭行业完成去产能9.2亿吨，年产煤炭总量38.5亿吨，煤炭消费比重由2017年之前的60%降低为57.7%。2021年，我国原煤生产总量为41.3亿吨，煤炭消费占能源消费总量的比重为56.0%。

与此同时，电力行业积极开展了煤电机组除尘、控水、脱硫、脱氮、超低排放等一系列工作，还连续多年开展了关停相对落后煤电机组的工作，并大力发展清洁可再生能源发电机组，不断促进电力产业结构低碳绿色化转型。截至2021年底，我国有10亿千瓦以上煤电机组实现了超低排放，有近9亿千瓦煤电机组进行了节能改造，超过1亿千瓦煤电机组进行了灵活性改造。自2006年以来，我国先后关停低效煤电机组约2亿千瓦，限制新建煤电机组约1.7亿千瓦。2021年，我国可再生能源发电总装机容量达到10.63亿千瓦，占到全部电力装机容量的44.8%。

我国在煤炭和煤电减量化方面做了不少工作，取得了许多成效，但是与建设美丽中国的要求和人民群众对大力改善生态环境的期待还有较大差距。在能

源转型的道路上，如何对待和处理好煤炭及煤电发展问题，仍然是一项重大挑战。

（一）我国煤炭与煤电的减量化进程相对滞后

2019 年，全球煤炭总产量为 81.29 亿吨，我国煤炭年产量为 38.46 亿吨，占全球总产量的 47.3%。我国煤炭产量接近全球总产量的一半，几乎是其他国家煤炭产量的总和。煤炭年产量排名第二和第三的国家分别为印度和美国，其年产量分别为 6.59 亿吨和 6 亿多吨，占全球总产量的比重分别为 8.1% 和 7.4%。

2019 年，全球煤炭消费总量比上年下降 0.6%，煤炭在全球一次能源消费中的比重下降至 27.0%。我国煤炭消费总量在全球煤炭消费总量中的比重比 2018 年提高 1.4 个百分点，全国煤炭消费总量在一次能源消费中的比重为 57.7%。美国、德国以及经合组织国家的煤炭消费量普遍下降，降至 1965 年有跟踪数据以来的最低水平。2019 年，我国煤炭消费量占全球煤炭总消费量的 51.7%，超过世界其他国家煤炭消费量的总和。

2019 年，世界煤炭进出口贸易量下降了 1.3%，欧洲、日本、韩国等煤炭进口下降，美国、澳大利亚、哥伦比亚等国煤炭出口下降。我国 2019 年进口煤炭为 29967 万吨，同比增长 6.3%。[①]

2019 年，全球燃煤发电量总体下降 3%，其中欧盟下降了 24%，美国下降了 16%。我国燃煤发电量增加了 2%，占全球燃煤发电量的比重首次突破一半，达到 50.2%。燃煤发电量占比排名第二和第三的印度和美国，分别为 11.0% 和 10.6%。

根据 Endcoal.org 汇总统计数据，2020 年 1 月全球在运煤电装机容量为 2033.6 吉瓦，中国占比为 37.9%；全球在建煤电装机容量为 197.2 吉瓦，中国占比为 50.6%。

通过以上观察可以看出，我国的煤炭和煤电不仅生产量和消费量庞大，均约占全球总量的一半，对全球经济发展和应对气候变化等方面有着重大影响，而且目前仍在继续向上增长，几乎与世界能源低碳化转型大趋势相逆行，这说明我们虽然在煤炭和煤电减量化方面做了大量工作，但是还远远不够，我们的减量化进程相当滞后。

（二）我国电力行业就业绿色化进程相对较快

通过《BP 世界能源统计年鉴 2020》、英国独立气候智库 Ember《全球电力

---

① 数据来源：国家统计局。

行业回顾 2020》，以及中国水电水利规划设计总院《中国可再生能源发展报告2019》《中国可再生能源国际合作报告（2019）》等公布的有关信息，可以观察到我国电力行业绿色化发展及其就业绿色化进程的基本面貌。

2019 年，全球可再生能源发电装机容量达到 25.37 亿千瓦，我国可再生能源发电装机容量为 7.94 亿千瓦，位居全球首位，紧随其后的是美国和巴西，装机容量分别为 2.65 亿千瓦和 1.42 亿千瓦。

2019 年，全球水电装机容量为 13.10 亿千瓦，我国水电装机容量为 3.56 亿千瓦，位居全球首位，紧随其后的是美国和巴西，装机容量分别为 1.03 亿千瓦和 1.01 亿千瓦。

2019 年，全球风力发电装机容量为 6.23 亿千瓦，我国风电装机容量为 2.1 亿千瓦，位居全球首位，紧随其后的是美国和德国，装机容量分别为 1.04 亿千瓦和 0.61 亿千瓦。

2019 年，全球太阳能发电装机容量为 5.86 亿千瓦，我国太阳能发电装机容量为 2.05 亿千瓦，位居全球首位，紧随其后的是美国和日本，装机容量分别为 0.623 亿千瓦和 0.62 亿千瓦。

2019 年，全球光伏发电装机容量为 5.80 亿千瓦，我国光伏装机容量为 2.05 亿千瓦，位居全球首位，紧随其后的是日本和美国，装机容量分别为 0.62 亿千瓦和 0.61 亿千瓦。

2019 年，全球生物质发电装机容量为 1.24 亿千瓦，我国生物质发电装机容量为 0.17 亿千瓦，位居全球首位，紧随其后的是巴西和美国，装机容量分别为 0.15 亿千瓦和 0.12 亿千瓦。

截至 2019 年底，全球共有 23 个在建海上风电项目，其中 13 个项目在中国。2019 年，全球可再生能源投资超过 3280 亿美元，我国风电和光伏投资分别达到 301 亿美元和 191 亿美元，居于全球主导地位。

根据国际可再生能源署（IRENA）《2019 年度可再生能源和工作报告》发布的数据，全球可再生能源行业直接和间接就业人数达到 1098 万人，其中包括太阳能 361 万人、生物质能 318 万人、水电 205 万人、风电 116 万人、太阳能热水/制冷 80 万人以及其他可再生能源 18 万人。

其中我国可再生能源领域就业人数达到 407.8 万人（包括光伏 220 万人、风电 51 万人）、欧盟 123.5 万人、巴西 112.5 万人、美国 85.5 万人、印度 71.9 万人、日本 16.7 万人。我国可再生能源领域就业人数占全球就业人数总量的 39%，风电就业人数占世界总数的 44%，光伏就业人数占世界总数的 60.9%。

从 IRENA 的报告特别指出"中国无疑是全球可再生能源就业市场的领导者"可以看出，我国在可再生能源领域作出的努力成效日显，在全球能源结构转变中的作用日趋突出，影响日益增强。由此，在促进能源结构转型升级、加快电力绿色化发展、创造更多的绿色就业岗位方面，我们完全可以有技术自信、管理自信、创造力自信、竞争力自信，可以将未来的工作做得更好。

三、煤电问题辨析与思考

我国是全球能源生产和消费量最大的国家，相应的也是有关污染物排放最大的国家，在保护中华民族家园和应对全球气候变化等方面，面临的挑战非常巨大。我国在加快能源清洁绿色化转型，构建促进经济高质发展的清洁能源体系方面，务必迎难而上，更须使命必达。

（一）煤电装机和电煤消耗达峰应该早日实现

由于种种原因，关于煤电装机容量和电煤消耗达峰的问题，争议多时。有的主张采取有力措施在近一两年内实现达峰；有的认为达峰时间应在十年以后为宜（有能源研究院提出：煤电装机容量预计在 2030 年前后达峰，峰值约为 12.5 亿千瓦。受端区域在 2030 年之前达峰；送端区域在 2035 年前后达峰）；有的坚持以保障能源供应安全为由，强调不能轻易甩掉煤电机组；有的认为现在能源安全问题已经不再是借口，必须以生态文明为重加大对煤电机组的减量化力度，尽力实现早日达峰。

能源是国之大事，是经济发展的重要基础，理应慎重对待。但慎重不等于守成，更不能形成依赖。必须与时俱进，推陈出新，创新发展。

多年来，受电力产能过剩、上网价格竞争、新能源不断发展等因素影响，我国煤电企业的处境一直较为困难。我国的用电量增速已经连下多个台阶，从"十五"增长 13%、"十一五"增长 11.1%，到"十二五"增长 8.8%、"十三五"增长 5.7%，煤电的生存空间不断受到挤压，设备利用小时严重低于设计规划小时，在许多情况下煤电机组处于经常性停备状态。由于未来几年用电需求增长将可能在 5%~8%徘徊，而清洁可再生能源随着技术进步、成本下降等会进一步放量发展，新增电量可能被清洁可再生能源全部填补，上网价格还可能形成进一步竞争态势，煤电的生存处境会变得更加困难。在此情况下，如果综合考虑全生命周期的投资回报，继续大力投资于煤电机组实际上并不是最优选择，而是杂糅了一些其他非市场因素的结果。

根据 BP 发布的统计信息，2019 年全球煤电占比为 36.4%，清洁低碳能源发电的占比也刚好是 36.4%，这是历史上首次出现清洁低碳能源发电与燃煤发电旗鼓相当的情景。这说明，燃煤发电已经走到了一个逐步衰退的交叉点，清洁低碳能源发电会继续蓬勃向上发展，燃煤发电则会不断收缩、日渐式微。

2019 年，全球在建以及处于建设前期准备阶段的煤电机组同比下降了 16%，比 2015 年大减了 66%。联合国呼吁，将 2020 年定为新燃煤电厂计划核准的最后一年，在 2030 年之前将全球煤炭发电量减少 60%。

能源低碳化绿色化是国际大势、时代潮流、人类所盼、全球所需。我们应该顺势而为、借力前行，放下旧理念，拥抱新契机，紧紧抓住能源结构转型、清洁能源发展的"黄金期"，勇于担当、敢于立命、"忍痛割爱"、吐故纳新，为迎来一个新的洁净世界而努力。

（二）必须改变不正确的能源观与认识观

一提起煤电太多，有不少人会强调这是我国"缺油、少气、富煤"的能源禀赋所决定的，是一个不以人的意志而改变的客观现实性难题。由此，甚至会理直气壮地说，发展煤电无可厚非。其实，这种"能源禀赋"的定义，在过去人们认识自然的水平和科技发展的程度与今天存有差距时，是可以理解和认同的；但是，在科技发展日新月异的今天，再如此定义我国的能源禀赋，不仅已经过时，而且是非常错误的。从全球清洁可再生能源日益应用发展的事实来看，从我国水电、风电、太阳能发电日益成熟壮大且未来向好的实践来看，我国的能源禀赋无论如何都不能仅限于油、气、煤，至少还应该包括水能、风能、太阳能。改变能源禀赋的"潜意识"非常重要，这不仅有益于人们重新理解、思考、发掘我国各地区的能源潜力、优化能源规划和能源布局，也有益于更加合理安排全国范围内的能源调度、运输、送售和科学配置，特别是有益于更为科学地进行产业布局、城建安排、交通规划、生态保护。

一提起煤电的减量化，有人会不时强调煤电的经济性，认为煤电与清洁可再生能源发电相比具有不可舍去的经济性优势。其实，这种观念也是过时的、不正确的。暂且不论煤电的负外部性问题，仅是硬碰硬地算投入与产出的经济账，煤电的经济性优势已非绝对。这不但可以从我国已经出台风电、太阳能发电平价上

346

网的政策中领悟其义，更可以从全球发展的大场景中得到相关启示和结论。2020年3月12日英国金融智库"碳追踪"（Carbon Tracker）发布题为《如何浪费5000亿美元：通货紧缩的可再生能源对煤电投资的经济影响》的报告指出，全球超过60%的燃煤电厂发电成本高于建造新的可再生能源发电所产生的成本。全球煤电开发商有约6000多亿美元正面临被浪费的风险。该报告还作出了如下风险提示：欧盟现有的149吉瓦煤电装机容量，有96%的发电成本高于新的可再生能源发电成本。有7.6吉瓦的新煤电面临160亿美元的风险。美国现有254吉瓦的煤电装机容量，47%的成本高于新建可再生能源。印度现有222吉瓦的煤电产能，51%的成本高于新可再生能源。约有800亿美元的煤电投资面临市场风险。

还有一个不时被拿来为煤电辩说作理由的是，煤电机组已经实现了"超净排放"，应该被列为清洁电力，可以继续发展。其实，"超净排放"虽然比过去更大程度上或者说极大程度上减少了污染物的排放，但是并非绝对清洁，甚至可以说仍然不清洁。因为"超净排放"减少的主要是烟尘、二氧化硫、氮氧化物，而有一个重要的温室气体二氧化碳并没有减少，目前燃煤发电设施也没有减排二氧化碳的非常可行的措施，基本上是直接向外排放（目前极少数煤电机组安装的碳捕集装置的控碳量可以忽略不计）。所以，曾经有人揶揄地说，"超净排放"是一个不诚信的说法，它不真实、不正确、不善良。

（三）能源转型既要绿色化，也要高效化和道德化

在能源转型升级的进程中，我国非常重视绿色清洁能源的发展，也取得了不俗成效。许多企业从零开始，不断开拓进取，努力攻坚创新，清洁绿色能源发电蓬勃发展、节节攀升，创造出了我国居全球之首的绿色清洁能源发电产业。甚至出现了清洁能源型特大型企业，如国家电力投资集团2021年清洁能源发电装机占比达到了61.5%，中国华电集团2021年清洁能源发电装机占比也达到了44.4%。

能源转型升级，不仅要重视低碳绿色化，还要重视高效化和道德化。能源的高效化问题，已经有许多国家给予了高度重视，并不断取得成效。2020年4月13日的《自然能源》杂志刊出美国国家可再生能源实验室的一项最新成果：一种迄今为止世界上最高效的太阳能电池，最高能量转换效率达到了47.1%。此外，如氢能，美国、日本、德国等发达国家均已将氢能规划上升到国家能源战略，举国家力量聚焦研发、抢占先机。欧洲燃料电池和氢能联合组织发布的《欧洲氢能路线图：欧洲能源转型的可持续发展路径》报告中表示，到2050年，氢

能有望占欧洲最终能源需求的 24%。美国有关能源机构表示，预计到 2022 年底，美国氢气市场总量将达到 1200 万吨，到 2050 年可满足美国 15% 的能源需求。我国政府在《2019 年政府工作报告》中首次将发展氢能技术及其产业化明确为国家能源战略布局的主要方向，但是相关部门、相关研究机构及有关企业等，着力还非常不够。

关于能源的道德性问题，现在给予重视的人不是很多，如果从长计议，这个问题应该被引起重视。所谓能源的道德性问题，涉及的方面很多，不能一一赘述，举一两个小例子简要说明。例如氢能，将其定义为清洁能源几乎是全球共识。但是，如果追溯一下它的来路出身，就有可能发现道德问题：如果这些氢是由煤炭制取的，煤化工产生 1 千克氢气会同时产生 11 千克二氧化碳；如果是油制氢，制取 1 千克氢气会同时产生 7 千克二氧化碳；如果是天然气制氢，会产生 5.5 千克二氧化碳。还有如纯电动汽车，一般情况下将其定义为绿色能源汽车，几乎无人反对。但是，如果一辆纯电动汽车长期使用的是由燃煤发电而来的电力，有人仍然说这是一辆绿色能源车，于是就产生了道德问题。

能源的道德性问题不解决好，会使能源的转型升级留下无形隐患，会对能源的绿色清洁化效果产生负面冲损，会引起能源"转型正义""转型公正"等许多次生性问题。

参考文献

［1］Royal Dutch Shell. BP Statistical Review of World Energy ［R/OL］. （2021-07-08）［2021-11-12］. https：//www. bp. com. cn/content/dam/bp/country-sites/zh_ cn/china/home/reports/statistical-review-of-world-energy/2021/BP _ Stats _ 2021. pdf.

［2］BP. BP 世界能源统计年鉴（2020）［R/OL］. （2020-07-17）［2021-06-18］. https：//wenku. baidu. com/view/1141cf8b6094dd88d0d233d4b14e852458 fb39a3. html.

［3］Ember. Global Electricity Review 2020［R/OL］. （2020-03-08）［2021-09-12］. https：//ember-climate. org/app/uploads/2022/02/Ember-2020Global ElectricityReview-Web. pdf.

［4］水电水利规划设计总院. 中国可再生能源发展报告（2019）［M］. 北京：水利水电出版社，2020.

［5］水电水利规划设计总院．中国可再生能源国际合作报告（2019 年）［R/OL］．（2020-07-06）［2021-06-11］．https：//max. book118. com/html/2020/0814/6024000100002231. shtm.

［6］IRENA. Renewable Energy and Jobs Annual Review 2019［R/OL］．（2019-10-17）［2021-06-12］．http：//www. huanjing100. com/p-9186. html.

［7］Carbon Tracker. How to Waste over Half a Trillion Dollars：The Economic Implications of Deflationary Renewable Energy for Coal Power Investments［R/OL］．（2020-03-12）［2021-06-12］．https：//carbontracker. org/reports/how-to-waste-over-half-a-trillion-dollars/.

［8］雪球网．屡破纪录：光伏电池最高转换率突破 47%［EB/OL］．（2020-04-15）［2021-06-12］．https：//xueqiu. com/7939987924/146920153.

［9］FCH-JU. 欧洲氢能路线图：欧洲能源转型的可持续发展路径［R/OL］．（2019-02-11）［2021-06-12］．https：//max. book118. com/html/2021/0414/8122124021003075. shtm.

24

煤炭转型的就业影响及应对策略

张 莹 贾明杰[*]

中国自改革开放以来，经历了 40 多年的快速发展，国内生产总值（GDP）年均增速接近两位数，人均 GDP 1981—2021 年增加了近 145 倍[①]。伴随着经济的高速增长以及城镇化和工业化进程的不断深入，我国能源消费总量也始终保持不断增加的态势。1978—2021 年，能源消费总量从 5.71 亿吨标准煤增长到 52.4 亿吨标准煤，年均增长率约为 5.29%。煤炭是我国重要的能源资源，煤炭开采在我国有着悠久的历史，在我国的能源结构中，煤炭占比也一直占据绝对性优势，对我国社会建设和经济发展发挥了巨大的作用。正因如此，中国的二氧化碳排放总量一直呈持续上升的趋势，也是世界上温室气体排放规模最大的国家。

为了实现全球碳减排目标，煤炭转型的要求是减少煤炭消费占比乃至逐步让煤炭退出全球能源体系。当前，很多国家已经意识到逐步实现煤炭转型的重要性、可行性以及政治必要性。在环境、经济和其他因素的推动下，一些发达国家，如英国、德国已经基本成功完成了煤炭工业的转型。许多其他国家，如美国、澳大利亚等国的一些地区也正在经历艰难的煤炭转型过程。全球"弃煤"的力量在不断成长。2017 年在波恩召开的联合国气候变化会议期间，由英国、加拿大等国共同发起成立的"弃用煤炭发电联盟"（Powering Past Coal Alliance，PPCA）利用各种机会积极宣传，发展会员。截至 2018 年 12 月，在短短一年时间内，该联盟成员数量从成立时的 20 多个发展到 80 个，包括 30 个国家政府、22 个地方性政府和 28 个企业或组织。为落实《巴黎协定》，全球逐步"弃煤"是必然趋势，同时也面临诸多挑战，其中各方关注的焦点就是

* 张莹，中国社会科学院生态文明研究所；贾明杰，山东师范大学经济学院。本章内容根据作者在中国社会科学院生态文明研究智库主办、中国能源网协办的《中国煤电发展之路辨析》系列沙龙上的发言材料整理而成。
① 数据来源于国家统计局。

给受影响产业带来的就业影响。国际社会所形成的普遍共识是煤炭转型代表着全球环境安全以及全社会的共同利益，因而也应当由全社会来共同承担责任，而不应将压力全部集中在相关产业工人身上。应关心和帮助失业工人和受影响的群体，以可持续和包容的方式淘汰低效的、高污染的煤炭生产和煤电，帮助受影响群体重新就业。

公正转型（Just Transition）从字面上分析只是对转型过程的公正性予以强调。然而，该概念最早在 20 世纪末被提出并受到广泛关注伊始，就一直被专用于指转型过程中需要关注就业和劳动力领域的公正性问题。公正转型最初由工会活动提出，随后逐渐被其他非政府组织、联合国机构和政府机构广泛接受。公正转型在国际层面受到关注的原因在于，在经济向清洁化生产、可持续发展方向转型的过程中，必然导致经济结构的调整。虽然这种转型能够给很多产业带来机会，新增大量就业机会，但同时也会导致很多部门走向衰退，并影响到相关行业的从业人员。历史经验不断证实，转型过程中会使一些普通工人的利益受损，这些群体的家庭和所在地区也需要和他们一起努力适应转型带来的生产方式的改变以及生活条件和环境的变化。

随着全球经济的低迷以及我国经济进入新常态，经济增长下行压力与很多行业产能过剩的现象并存，很多劳动密集型的产业都遭受了程度不一的冲击。煤炭以及与之相关的一些传统的能源密集型行业，在需求下滑、能源结构清洁化、淘汰行业过剩和落后产能、劳动生产率提升等多因素叠加的背景下，面临着前所未有的转型和就业减少的压力。习近平总书记指出：民生连着民心，民心关系国运。煤炭行业转型过程中受影响职工的安置工作事关社会稳定大局，亟须妥善处理好他们的就业安置、社会保障、劳动关系等重要问题。由于这些与煤高度相关的行业所需劳动技能的特殊性，其职工也普遍缺乏寻找到收入相当、工作体面的新职业的信心。这一特殊群体非常关注在煤炭转型过程中，自身利益能否得到有力保障。如果对职业前途过于悲观，这些工人往往会不愿接受产业转型计划。

从产业发展和劳动生产率升级的普遍规律和国际经验来看，煤炭开采和一些传统的高耗煤行业将会在未来一段时期内面临自然的就业挤出效应。伴随技术水平和企业专业化生产经营程度的提高，一些传统的煤炭生产和使用部门的总就业规模都会逐步缩减。去产能是当前供给侧结构性改革的首要任务。煤炭和钢铁是当前受"去产能"政策影响最为显著和直接的重点部门，未来煤电等其他高度依赖煤炭利用的部门也将逐步面临类似的挑战。因此，基于我国实际情况，积极探索煤炭转型过程中如何妥善处理好就业影响，将具有非常重要的现实意义和社会意义，其间积累的经验和教训也可以供国内其他行业未来转型挑战中面临同样的问题时借鉴；一些成功的转型经验，也可以供其他国家在全球不可逆转的"脱煤大潮"中参考。

面对巨大的煤炭转型和淘汰落后与过剩产能的压力，对煤炭资源过度依赖的地区和产业需要妥善做好受影响职工再培训、再就业的引导和帮扶，做好职工社保、医保的接续，积极为他们创造就业机会，提供新岗位。不同煤炭基地由于发展实践和特点上的差异，所面临的压力和问题也各不相同，因此要解决就业问题，必须针对不同地区的实际情况，一地一个解决方案，抓好生产力布局，开拓新的经济发展和就业模式。对于因为政策冲击受到影响的职工群体，要做好妥善安置。

2016年以来，我国通过扎实推进去产能工作，有效缓解了产能过剩矛盾，改善了供求关系。与此同时，国家实施了一系列重大政策措施，安排1000亿元奖补资金；劳动就业和社会保障政策，从就业扶持、稳岗补贴、技能提升、公共就业服务、公益性岗位开发等方面发挥了重要支撑作用；在"去产能"方面，各省份特别是重点地区结合本地实际，制定了具体政策措施，企业发挥了主体作用，创造了一些好的做法和经验，使我国的就业形势始终保持总体稳定。

要最终实现煤炭公正转型，解决好受影响群体的就业和生计问题，需要建立一个保障公正转型的制度框架，明确该如何去促进创造更多合适的工作机会，包括根据实际情况预测转型对就业的影响、对就业损失和受影响员工的保障，技能发展、社会对话，有效保护劳动者权益。伴随能源和产业结构调整的就业公正转型是一个系统性工程，其核心是就业问题，但与很多其他领域的政策密切相关。而且由于不同地区、不同产业情况的差异性，也缺乏一个能够普遍适用于不同领域的通用型解决方案。中国应该积极探索建立促进煤炭公正转型的制度框架，建立具有针对性的政策工具组合。

重点地区要解决产能过剩带来的就业压力，实质上是要寻找新的发展机会和可吸纳就业的新产业，改造原有的依赖产能过剩行业的社会环境，实现能源结构的公正转型。针对各地实际情况，应灵活选择政策工具，最大限度保护受影响人群的基本权益，维护社会稳定，寻求制度创新来实现经济脱困、就业公平的可持续发展目标。

一、煤炭行业的就业基本情况

煤炭产业不仅是经济增长的推动力之一，也是促进社会稳定和能源安全的重要因素之一。煤炭产业本身就是劳动密集型和资本密集型产业，因此煤炭工业的发展不仅能够提高发展中国家的就业水平，而且可以提供可靠的能源安全保障。实证研究已经验证，煤炭产业的发展对于就业人数的贡献呈现正相关性，从全球数据来看，煤炭生产量每增加1Mtoe，会拉动就业人数增长0.7万人（宁成浩、雷强，2016）。中国的煤炭工业对就业的拉动作用又是全球所有煤炭生产国中最大的，因此一旦行业发展趋势发生逆转，社会承受的就业压力也相应更大。

改革开放以来，我国煤炭行业的发展总体上可以划分为三个阶段：2002年以前是平稳发展阶段，煤炭产量由1990年的10.8亿吨增长到了2001年的14.72亿吨，年均增长2.85%，其中1997年的亚洲金融危机还使行业经历了一个短暂的低迷时期。2002—2011年为快速发展的"黄金十年"阶段，全国煤炭产量由2002年的15.5亿吨提高到了2011年的37.64亿吨，年均增长9.28%。2012年以来是煤炭行业的剧烈转型阶段，产量在2013年达到峰值39.74亿吨之后，进入了加速下降通道，2016年降低到34.11亿吨，比2015年下降了9.84%。另外，长期以来，煤炭产量占我国能源生产总量的比重一直保持在75%左右，但在2011年达到峰值77.8%以后，也呈现出持续下降态势，2016年首次突破72%的底线，下降到69.6%。[①]

2004年和2014年是我国煤炭行业就业总量变化的两个重要时间拐点。2004年我国煤炭行业从业人数[②]由下降转为上升，这也是煤炭行业"黄金十年"的就业表征。2003—2013年，煤炭就业人数由377万人提高到530万人，增加了153万人。2014年，我国煤炭行业从业人数由增到减，此后煤炭行业的从业人数由峰值水平530万人迅速下降，到2017年降至351.5万人。最新的统计数据显示，到2022年5月，煤炭行业就业规模已经降至258万人。从"去产能"政策实施

① 数据来源于CEIC数据库，经手工整理计算得到。
② 在中国目前的统计口径下，煤炭就业统计量均为城镇非私营单位就业人数。

到目前，煤炭企业的就业规模约减少了 180 万人左右。[①]

我国煤炭行业的劳动生产效率在逐渐改善。根据 1990 年以来我国煤炭行业的就业和产出情况，单位产量的煤炭生产所需的就业人员数量在不断下降，从 1990 年的 55 人/万吨下降到了 2010 年的 29 人/万吨，在 2016 年进一步下降到 11.6 人/万吨，目前每吨煤炭生产所需就业人数已经不足 10 人。[②]

但与世界主要煤炭国家相比，我国煤炭行业的生产效率总体仍然偏低（见表1）。美国生产每万吨煤炭所需劳动力在 1933 年为 13.8 人，到 1953 年下降到 7.07 人，随着机械化水平的提高，在 2015 年人均年产量达到 1 万多吨，单位产量的煤炭就业需求不足 1 人/万吨。另外，2015 年澳大利亚、印度尼西亚、南非和德国的煤炭行业生产效率也非常高，万吨煤炭产量所需劳动力为 2 人及以下，其采煤机械化水平均达到了 100%。印度、俄罗斯等国家的煤炭生产效率也远高于我国，生产万吨煤炭印度所需的就业人数是 3.3 人，俄罗斯是 4.9 人，均高于我国 50%以上。

表 1　2015 年世界主要国家煤炭产量及生产效率情况

国家	煤炭产量（亿吨）	煤炭生产效率（人/万吨）	采煤机械化程度（%）
中国	37.47	11.8	76
美国	8.13	1.0	100
印度	6.78	3.3	100
澳大利亚	4.85	1.0	100
印度尼西亚	3.92	2.0	100
俄罗斯	3.73	4.9	97
南非	2.53	1.9	100
德国	1.84	1.2	100

资料来源：根据李瑞峰、任仰辉、聂立功、滕霄云、邢相《关于煤炭生产效率与去产能的思考》（《煤炭工程》2017 年第 3 期）一文整理得到。

因此，预计未来煤炭行业就业规模仍将进一步减少，除了产量趋缓这一因素外，另一个重要的驱动因素是劳动生产率的自然提高将不可避免地降低单位煤炭产量所需就业人数。如果未来中国煤炭生产的劳动生产率提高到俄罗斯和印度当前水平，在产量没有变化的情况下，就将减少一半的就业，如果提高到美国的水

[①②]　数据来源于 CEIC 数据库，经手工整理计算得到。

平，则将减少到目前规模的 1/10 左右。因此，煤炭转型过程中的就业压力将在一个较长的时期内持续存在，需要针对该问题建立长效机制，妥善应对。

二、供给侧结构性改革对煤炭行业就业的影响及应对

（一）煤炭行业供给侧结构性改革的实施措施和效果

供给侧结构性改革的目的是希望通过调整经济结构，使要素实现最优配置，提升经济增长的质量。经历黄金十年的快速扩张发展之后，煤炭行业发展面临产能过剩、供需失衡、企业经营困难、安全生产问题和环保压力等问题。所以，针对煤炭的去产能成为 2015 年底确定的供给侧结构性改革最重要的任务之一。

煤炭市场由黄金十年的暴利到 2012 年后的惨跌，价格由高位跌至 300 元每吨以下，市场价格远低于开采成本，煤炭市场供需严重失衡。2015 年我国煤炭产能 57 亿吨，实际需求 39 亿吨，过剩产能 18 亿吨。[①] 2016 年，国务院提出明确要求，用 3~5 年时间，实现煤炭产能再退出 5 亿吨左右、减量重组约 5 亿吨。为了指导煤炭行业科学、有序完成化解过剩产能任务，国务院在 2016 年 2 月 1 日通过并印发《关于煤炭行业化解过剩产能实现脱困发展的意见》，通过限产 276 天、控煤炭新增产能等措施，有效控制煤炭总产量，减少煤矿数量，增加煤矿集中度，实现了集约化开采。通过推进企业改革重组，推进了行业调整转型；严格控制安全生产、超产、劣质煤开采使用等问题。加快推进企业混合所有制改革、探索职工持股、完善现代企业制度、释放先进产能。实行年产 300 万吨的单产矿井生产，不达产的逐步关停；加快培育大型煤炭企业集团转型跨越，相互参股，使其具有世界竞争力。通过这些举措，煤炭清洁利用加快，煤炭产能真正得以化解，实现煤炭清洁绿色开采和使用。

为了解决"去产能"过程中产生的就业问题，财政部公布，中央财政积极支持钢铁、煤炭行业"去产能"相关工作，并出台《工业企业结构调整专项奖补资金管理办法》，安排 1000 亿元专项奖补资金支持化解过剩产能，实行梯级奖补。其中，基础奖补资金占资金总规模的 80%，梯级奖补资金占资金总规模的 20%。专项奖补资金由地方政府和中央企业统筹用于符合要求的职工分流安置工作。

---

① 数据来源于国家数据网。

通过这些针对性举措，全国煤矿数量大幅减少，大型现代化煤矿已经成为全国煤炭生产的主体。2016—2017 年，煤炭行业就已整体退出产能约 4.4 亿吨，2016 年以来全行业累计完成煤炭去产能 8 亿吨以上，全国煤矿总数已经减少到 5700 处左右，煤炭行业效益回升、企业经营好转，煤炭行业企业亏损及银行贷款不良率均有所缓解。煤炭行业的利润从 2015 年的 441 亿元增长到 2016 年的 1091 亿元和 2017 年的 2959 亿元，到 2021 年，规上企业利润规模约为 7023.1 亿元，较供给侧结构性改革之前显著提高。煤矿安全生产形势也实现了明显好转，煤矿百万吨死亡率 2011 年为 0.564，2014 年降至 0.255，到 2018 年，统计数据显示，煤矿百万吨死亡率为 0.093，首次降至 0.1 以下，达到世界产煤国中等发达国家水平，截至 2021 年已经降至 0.044 的低点。各煤矿事故总量、较大事故、重特大事故数据也同时下降，创历史最好水平。

（二）煤炭行业供给侧结构性改革的就业应对措施

从全国层面来看，"去产能"政策的就业安置措施主要分为以下几种：一是鼓励企业内部分流。鼓励企业依托现有的场地、设施、技术，开辟新的就业岗位，内部分流安置一批富余人员，而不是简单地把职工推向社会。同时通过加大援企稳岗补贴、鼓励企业吸纳补贴等政策落实，支持有能力的企业更多选择内部安置。

二是促进转岗就业创业。启动实施再就业帮扶行动。普遍开展转岗培训或技能提升培训，落实职业培训补贴，增强失业人员就业能力和职业转换能力。免费提供就业指导、职业介绍、政策咨询等服务，纳入就业政策扶持体系。加大创业培训、创业指导、政策扶持和跟踪服务力度。

三是对再就业困难的大龄职工实行内部退养。对距法定退休年龄五年以内、再就业有困难的职工，职工本人自愿，企业同意，可实行内部退养，由企业发放生活费，并缴纳基本养老和医疗保险费，达到退休年龄时正式办理退休手续。

此外，各地政府针对实际情况，也相继制定和出台了一些具体措施，通过加大政策支持力度，给予税收优惠和补贴，确保落实各项就业创业扶持政策，充分发挥政府作用扩大就业安置空间。采取企业内部消化为主和社会安置相结合的方式，开展跨地域、跨行业、跨企业转移就业安置。

主要煤炭地区还明确了对就业安置专项资金和创业资金的投入，通过管好用好安置专项资金，提高安置帮扶作用。建设新型创新创业平台，提升创新创业服务孵化能力。开拓新的适应煤炭企业职工特点的创业载体，发挥有管理能力和掌握专业技术的职工作用，给予创业补助和担保贴息贷款等政策支持，鼓励创办实体，带动"去产能"职工就业。在包括煤炭在内的"去产能"重点行业普及多种技能和特别职业培训，提升安置职工技能，发挥失业保险基金职业培训的作用。对于需要进行转岗分流安置到其他岗位的职工，先利用企业内部的培训机构和有专长的技术人员对其进行理论培训和实际技能培训。

对于一些传统的煤炭资源型城市，煤炭企业还承担着许多"办社会"职能，在"去产能"过程中，同时将煤炭企业负责管理的市政设施、职工家属区的社区管理等移交社会管理，减轻了煤炭企业的历史包袱。

完善煤炭企业"去产能"时期失业保险政策，在"去产能"安置职工方面，最大限度发挥失业保险保生活、防失业、促就业三位一体的功能。符合条件的可以发放失业保险金或纳入社会救助，保障其基本生活。

中国电子商务、共享经济和物流行业的快速发展在一定程度上缓解了部分"去产能"政策带来的就业压力，许多"去产能"重点行业工人，通过投身于共享经济创造的一些新兴就业岗位，解决了基本生活保障，这也是市场经济自发调节的成果之一。

三、煤炭公正转型的国际经验

2015 年，在《联合国气候变化框架公约》（UNFCCC，以下简称《公约》）第 21 次缔约方大会上所缔结的《巴黎协定》明确将"公正转型"（Just Transition）写入文案，指出"务必根据国家制定的优先事项，实现劳动力公正转型以及创造体面和高质量就业岗位"，将公正转型与应对气候变化产生的就业问题联系起来，也促使国际气候谈判和治理进程更加关注该议题。

公正转型之所以引起越来越多的关注，是因为它与就业问题密切相关，同时涉及社会保障、社会正义等关乎民生的内容。要实现《巴黎协定》中确定的未来全球温升控制目标，意味着世界经济必须步入向低碳、可持续发展方向转型的道路，这将给经济社会的各个方面带来深远影响。在这难以避免的时代大潮中，煤炭行业的从业群体将因为工作岗位、就业机会的变化和调整而经历转型。必须考虑煤炭转型中受影响的工人、社区、消费者和公民群体的需要，并提供支持经济多样化战略、劳动力市场计划的政策，技能培训和社会保障。实现所有人都能从事体面工作、实现社会融合以及消除贫困的目标。

英国、美国、德国、波兰、荷兰、捷克、西班牙、印度、澳大利亚等十几个煤炭产国都曾经历或正在经历主动或被动的煤炭转型。其中，英国等国家完全依靠市场力量去自发调整，而波兰等国则制订了明确的公正转型计划，美国的奥巴马政府也曾为煤炭生产州的转型提供专项基金。在实施中，很多政策与中国"去产能"时采用的就业安置政策大同小异，如提前退休、专项资金扶助、针对工人群体的技能培训等。德国鲁尔区是公认比较成功的煤炭转型案例，主要的经验是以科教投入带动替代产业的发展，迅速为过去的产煤地区找到新的支柱型行业。此外，国外煤炭转型中对于工人的健康问题也受到很多关注，很多国家专门制订了煤矿工人健康保障计划，避免这些群体因为健康问题无法重新在就业市场寻找到新的工作机会。这些制度和机制亦可供中国在未来借鉴参考。

总体而言，煤炭转型是一个全球共同面临的问题，各国都在基于实际情况摸索和积累经验，国际社会也呼吁各国应该加强案例和经验分享，去规避失败的教训、总结成功的经验。中国在"去产能"政策的推动下，加速了煤炭转型中就业结构调整的进程，基本维持了社会稳定，积累了一些安置分流经验，可以与国际经验去进行互鉴比较。

四、解决中国煤炭转型的就业问题应坚持"一把钥匙开一把锁"

煤炭行业面临很多现实的压力和挑战，从行业发展规律来看，这个传统的劳动密集型行业的劳动生产率在不断提高，机械化生产不断普及的条件下，面临产量峰值的不断逼近，就业规模缩减将成为难以避免的必然趋势。而"去产能"目标的步步紧逼，环境规制压力的不断增强，经济结构的调整和增速的趋缓以及对煤炭消费总量的控制都使得煤炭行业面临的安置就业压力变得更为急迫。由于煤炭生产具有鲜明的地区特征，因此行业发展带来的经济和就业影响也具有明显的地区差异性。我国不同的煤炭生产地，由于开发条件、开发时间和煤炭类型的区别，在开发成本和就业规模上也存在明显的差异。这里根据 2020 年的分地区煤炭产量和城镇单位煤炭就业数据计算了不同地区煤炭生产的劳动生产率，如图 1 所示。从中不难发现，不同地区的煤炭生产所需劳动规模差异很大。因此，要解决煤炭转型和相应的就业公正转型问题，必须坚持"一把钥匙开一把锁"，针对各地情况精准施策。

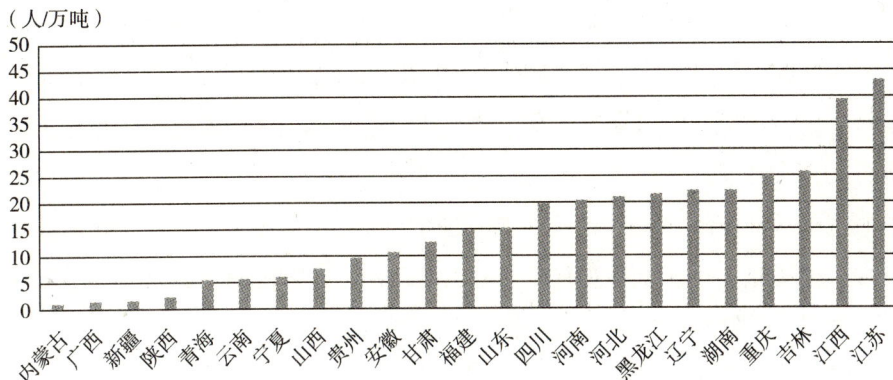

图1　2020年各省份平均单位产煤量所需就业水平比较

注：图中剔除了没有煤炭生产的省份和煤炭产量很少的湖北。

资料来源：《中国劳动统计年鉴2021》和《中国能源统计年鉴2021》。

数据显示，除了北京、天津、上海、浙江、广东、海南、西藏等没有煤炭生产的省份以及煤炭产量非常少的湖北（仅40万吨）外，单位煤炭产量所需劳动力最少的省份为内蒙古，仅为0.89人/万吨左右，这已经非常接近目前德国的水平。尽管由于统计口径的问题，城镇单位的煤炭行业从业人数并不能完全表征行业整体就业，特别是低估了一些流动性较强的低端从业数量，但是总体而言，煤炭生产劳动效率最高的结论应该并无问题。紧随其后的是广西和新疆，约为1.3人/万吨和1.4人/万吨左右。此外，陕西、青海、云南、宁夏、山西和贵州的万吨产量所需的就业人数也相对较少，都低于10人。这表明，重要的煤产区，实际上就业效率相对较高。但像黑龙江、山东和河南等地，煤炭生产具有一定规模，而劳动效率却相对较低，万吨产量所需要的人数高达21.4人、15.1人和20.2人，因此这些地区在煤炭转型过程中，仍将面临严峻的就业减少压力。

目前，山西的煤炭就业规模仍是一家独大，约占全国煤炭就业总量的25%~30%左右。① 而新疆和内蒙古等地，尽管煤炭产量较高，但由于劳动生产效率较高，因此所需的就业人口相对较少。陕西地区的煤炭生产效率尽管较高，但是在未来的规划目标中，产量仍将占据比较显著的比重，因此就业规模将保持相对

① 数据来源于CEIC数据库，经手工整理计算得到。

稳定。

在煤炭"去产能"过程中，山西重视就业稳定工作，全面考虑了就业安置需要的具体政策，认识到产业替代和地区发展是解决就业和公正转型的核心，出台制定了相关指导性文件，但山西煤炭就业在全国占比反而提高。由于煤炭行业在相当长一段时间内作为全省支柱产业的核心地位无法改变，在全国性的控煤和转型过程中，对山西的目标制定和考核需要考虑，亟须国家层面对山西分阶段脱煤进行规划设计。

其他地区则应继续"去产能"确定的产业转型思路，抓好主导性产业的培育，加大生态修复投入，落实有益于职工的培训和保障机制，鼓励新兴业态的就业创造效果，继续巩固煤炭"去产能"的成效。

参考文献

［1］国家统计局 . 2021 年国民经济和社会发展统计公报［EB/OL］. （2022-02-28）［2022-09-16］. http：//www. stats. gov. cn/tjsj/zxfb/202202/t20220227_1827960. html.

［2］Government of Canada. Powering Past Coal Alliance Declaration［EB/OL］. （2021-06-21）［2022-09-19］. https：//assets. publishing. service. gov. uk/government/uploads/system/uploads/attachment_ data/file/660041/powerin g-past-coal-alliance. pdf.

［3］宁成浩，雷强 . 煤炭的前世、今生与未来——煤炭在世界能源格局中的地位［M］. 北京：煤炭工业出版社，2016.

［4］从中美煤炭工业对比分析煤炭行业是否会一蹶不振［EB/OL］. （2016-08-24）［2022-09-16］. http：//www. sohu. com/a/111797508_ 257552.

［5］中国经济导报 . 煤炭去产能：保就业还需体现"公正转型"［EB/OL］. （2018-02-22）［2022-09-16］. https：//coal. inen. com/html/coal-2550588. shtml.

［6］中国煤炭工业协会 . 2021 煤炭行业发展年度报告［EB/OL］. （2022-03-30）［2022-09-16］. http：//www. ccoalnews. com/news/202203/30/c154803. html.

［7］人民网 . 煤矿百万吨死亡率大幅下降［EB/OL］. （2012-08-24）［2022-09-16］. http：//finance. people. com. cn/n/2012/0824/c70846-18827928. html.

［8］人民日报.2014年安全生产四项统计指标全面下降［EB/OL］.（2015-02-28）［2022-09-16］.http：//www.fjsen.com/zhuanti/2015-02/28/content_15737381.htm.

［9］中国煤炭网.2018年我国煤矿百万吨死亡率首次降至0.1以下［EB/OL］.（2019-01-22）［2022-09-16］.http：//finance.sina.com.cn/money/future/nyzx/2019-01-22/doc-ihrfqziz9879072.shtml.

［10］中国煤炭工业协会.2021煤炭行业发展年度报告［EB/OL］.（2022-03-30）［2022-09-16］.http：//www.ccoalnews.com/news/202203/30/c154803.html.

［11］国家统计局.中国劳动统计年鉴（2021）中文版［DB/CD］.北京：中国统计出版社，2021.

VI 区域协同与省域实践

25

实现碳排放达峰的区域协同战略

潘家华 娄 伟 李 萌 张丽峰*

一、碳达峰与区域协同问题

中国地域辽阔，自然、经济和社会的区域差异性及分化较为明显，存在以省域汇集而成的区域集合，通常以东部、中部、西部区别之。进入 21 世纪，又出现了南北分化态势，因此，重新划分区域，并探讨区域协调路径，意义十分重大。

党的十八大和随后的"十二五"规划明确提出京津冀、长江经济带和"一带一路"三大区域战略，涉及东部、中部、西部和东北四大发展极的地区发展格局，四大板块的地域分化和特征随着经济社会发展而进一步明确。不仅如此，辽阔的西部的自然、经济和社会的差异性也不断凸显，在自然降水和人口密度等方面，西北部和西南部迥异。从城市化和应对气候变化的视角来看，需要对西南部和西北部进行区分。因此，本章把地域界定为东部、中部、东北部、西南部及西北部五大区域。

力争 2030 年前实现碳达峰，2060 年前实现碳中和，这是中国向世界作出的庄严承诺。碳达峰是指全球、国家、城市、企业等某个主体的碳排放在由升转降的过程中，碳排放的最高点。碳中和即净零排放，狭义指二氧化碳排放，广义也可指所有温室气体的净零排放。从区域合作的角度研究中国的碳达峰、碳中和问

* 潘家华，中国社会科学院可持续发展研究中心、北京工业大学生态文明研究院；娄伟，中国社会科学院生态文明研究所；李萌，中国社会科学院生态文明研究所；张丽峰，北京联合大学。本章内容根据作者在中国社会科学院生态文明研究智库主办、中国能源网协办的《中国煤电发展之路辨析》系列沙龙上的发言材料整理而成。

题，既是资源禀赋分布差异及资源优化配置的需要，也有中国区域发展不平衡的因素。二氧化碳属于大气污染的主要来源之一，大气具有较强的流动性，不同区域同属一个命运共同体，这也要求各地区需要在碳减排方面加强合作。

同一个区域的碳排放强度及规模与社会经济发展水平密切相关。环境库兹涅茨倒 U 型曲线理论认为，经济发展水平较低的国家其环境污染程度也较轻，随着人均收入的增加，环境污染会随经济的增长而加剧，但到达"拐点"后，环境质量会随着人均收入的增加逐渐得到改善。中国地域辽阔，自然、经济和社会的区域差异性及分化较为明显，不同区域实现碳达峰、碳中和的时间也应有所差异，不能"一刀切"。从区域合作的角度来研究碳达峰问题，有利于科学规划不同区域的碳达峰、碳中和目标，以及区域合作的重点领域及模式。

要实现碳达峰碳中和目标，需要从减源增汇等多条路径同时着手，开发利用可再生能源是其中的重中之重。中国西部可再生能源资源丰富，但该区域远离中国经济中心，可再生能源就地消纳的能力不足。中国东部及中部属于社会经济中心，但这些区域的可再生能源资源禀赋一般，且人口密度大，不适合大规模集中式开发利用可再生能源。中国可再生能源资源禀赋与社会经济发展水平的逆向分布特征，决定了加强区域间合作、推动资源优势互补及高效配置的必要性。

从区域合作视角研究中国的碳达峰、碳中和问题，需要确立研究的空间尺度。在区域政策的制定及研究方面，通常以省为空间单元，或者以省域汇集而成的区域集合为单元，并以东部、中部进行划分。进入 21 世纪，又出现了南北分化态势。党的十八大以后又陆续提出了京津冀、长江经济带、"一带一路"、黄河流域、粤港澳大湾区等区域发展战略，涉及东部、中部、西部和东北部四大发展极，四大板块的地域分化和特征随着经济社会发展而进一步明确。由于中国西北部和西南部在自然环境、经济和社会等方面差异较大，因此对于西部需要进一步细分。

本章把中国地域界定为东部、中部、东北部、西南部及西北部五大区域。东部地区包括北京、天津、河北、上海、江苏、浙江、福建、山东、广东、海南，以及港澳台地区；中部地区包括湖北、河南、湖南、安徽、江西、山西；东北部地区包括辽宁、黑龙江、吉林；西南部地区包括广西、重庆、四川、贵州、云南、西藏；西北部地区包括内蒙古、山西、甘肃、宁夏、青海、新疆。

五大区域不仅在社会经济发展水平上有较大差异，在实现碳达峰、碳中和的关键要素，即可再生能源的可开发潜力方面，各区域的优劣势也非常明显。中国西北部的风电及太阳能资源丰富，西南部水电丰富，中部生物质能丰富，东部沿海海上风电和生物质能资源丰富，东部和中部的太阳能资源也有一定的开发潜力。可再生能源资源禀赋的区域差异，是推动区域合作的基础和条件。东部及中部区域人口密集，只能重点发展分布式能源，开发潜力、开发能力及开发成本都存在很大局限。西南部地区适合大规模发展水电，西北部地区适合大力发展集中式风电及光电，但存在电力就地消纳能力不足的问题，西电东送又面临着省际壁垒难题。深化区域合作工作，不仅是在我国新发展格局背景下推动国际国内双循环工作的需要，也是实现碳达峰、碳中和目标的需要。

在研究方面，国内外对区域合作理论与方法的研究较为深入，以产业经济学、区域经济学及空间经济学为代表的多个学科中，都包含产业转移、区域协调、区域协同、区域融合、区域一体化及对口帮扶、对口支援等区域合作理论。近些年，有关低碳经济、碳中和、碳达峰的研究文献大量增加，在一些文献中也包含区域合作的内容。大部分相关文献是从宏观角度探讨区域合作的重要性。例如有观点认为，应对低碳经济的新挑战需要加强区域合作，加强区域合作是实现减排目标的有效路径，实现碳达峰、碳中和需要加强区域发展协同，实现"双碳"目标，需要推进区域协同、能源互补和空间均衡，要加强碳达峰、碳中和的国际合作。也有一些文献探讨碳减排方面的区域合作路径及合作重点。例如有观点认为，科学合理的区域合作减排收益分配方案，能够持续地促进集聚空间内区域主体合作减排，要突破区域壁垒，让要素、资源在更大范围内自由流动，发挥市场主体作用，全国性的碳市场有利于通过碳市场供求关系和价格机制，实现碳排放权在不同主体之间的市场化分配，达到优化配置资源的目的。个别文献基于区域合作视角研究低碳经济发展路径，或基于中国碳达峰、碳中和目标对全国、分省、分部门的二氧化碳排放路径进行分析与情景模拟。整体来说，专门从区域合作角度研究碳达峰、碳中和的文献很少，从东部、中部、东北部、西南部及西北部五大区域视角研究中国区域碳达峰、碳中和的文献尚未发现，因此加强相关研究具有较强的理论价值。

二、我国区域碳排放达峰的基本情况

（一）区域碳排放预测模型

IPAT 模型的随机形式即 STIRPAT 模型，标准形式如下：

$$I_i = aP_i^b A_i^c T_i^d U_i \tag{1}$$

等号两边取对数得到:

$$\ln I_i = a + b \times \ln P_i + c \times \ln A_i + d \times \ln T_i + U_i \tag{2}$$

式(1)、式(2)中 I、P、A 和 T 分别表示区域的碳排放量、人口、经济发展水平和技术因素;a 为模型系数;b、c、d 分别为变量 P、A、T 的指数;U 为模型误差项。

该模型克服了传统的 Kaya 等式和 IPAT 模型中"各因素等比例影响环境状况"假设的不足,同时允许对各因素进行适当分解,是对 IPAT 模型的修正和扩展。

借鉴已有文献,把模型中的人口分解为人口规模和城市化率,经济发展水平分解为人均产出和三产比重,技术因素分解为万元 GDP 碳排放和非化石能源比重等指标进行预测分析。

综合以上分析,对数处理后的开放 STIRPAT 模型如式(3)所示:

$$\ln I = \ln a + b_i \ln P_i + c_i \ln A_i + d_i \ln T_i + f_i \ln R_i + g_i \ln IN_i + h_i \ln RE_i + U \tag{3}$$

式(3)中 P_i、A_i、T_i、R_i、IN_i 和 RE_i 分别为各区域碳排放量 I 的驱动因子;b_i、c_i、d_i、f_i、g_i 和 h_i 分别为变量 $\ln P_i$、$\ln A_i$、$\ln T_i$、$\ln R_i$、$\ln IN_i$ 和 $\ln RE_i$ 的回归系数,这些回归系数反映了各驱动因子与各区域碳排放量间的弹性关系,即弹性系数;下标 i = 1、2、3、4、5,表示东部、中部、东北部、西北部、西南部五大区域。

根据式(3),采用 1995—2017 年相关数据进行模型拟合。计算涉及的五大区域人口、人均 GDP、城市化率、三产比重、非化石能源比重数据是根据《中国能源统计年鉴 1996—2016》和各地区历年统计年鉴(1996—2016 年)中的数据计算汇总得到的。

由于采用的是时间序列数据,为了防止出现伪回归问题,对数据进行了单位根检验和协整检验,检验结果表明各区域变量间具有协整关系。另外,由于变量较多,容易出现多重共线性问题,主要采用岭回归方法进行回归,各区域回归结果表明判定系数较高,变量显著性检验通过,而且模型的预测精度较高,东部回归模型的预测相对平均误差为 2.8%、中部为 0.14%、东北部为 0.08%、西南部为 0.05%、西北部为 0.07%,预测误差远小于 5%,能够运用模型进行预测。

(二)情景设置

利用情景分析对区域碳排放峰值进行预测,要在综合考虑碳排放各个影响因素或指标的基础上，对区域的未来发展给出情景设定。设定三种情景对五大区域碳排放峰值进行预测，时间跨度为 2018—2050 年。

第一，政策情景，延续 2030 年 NDC 目标的政策情景。以各区域"十三五"节能减排和碳减排目标实现的社会发展情况为基础，设定人口增长、产业结构、能源利用和节能技术等因素的未来发展速率。

第二，"自下而上"强化减排情景，延续 2030 年前强化减排情景，不断加大减排力度。"十三五"时期，节能减碳成效超过"十三五"规划的预期，作为进一步强化减排情景的基础。在政策情景的基础上，进一步提高政策措施的约束力度，人口增长、产业结构、能源利用和节能技术等目标的设定更加严格，从而寻求经济与资源环境的协调可持续发展。

第三，2℃目标下近零排放情景，2050 年实现与 2℃目标相一致减排情景。与"自下而上"强化减排情景相比，加大节能和能源替代的力度，2030 年后单位 GDP 的二氧化碳强度下降速度将加快，2040 年前后将达到 6% ~ 7% 并持续增大。考虑未来更先进技术突破（如氢能、大规模储能等），测算投资需求和减排成本的增加。

在进行预测时，把人口、人均 GDP、三产比重和城市化率等指标作为控制变量，主要考虑单位 GDP 碳排放强度和非化石能源比重对碳排放的影响，因此只对单位 GDP 碳排放强度和非化石能源比重进行了三种情景的设置，其余四个指标没有进行细分。

（三）区域碳排放达峰预测结果

在政策情景下，东部、中部和西南部可以在 2025 年左右实现碳排放达峰，东北部是在 2030 年左右实现碳排放达峰，而西北部会更晚些，在 2035 年左右达峰。

在强化减排情景下，东部、中部和西南部由于减排力度加大，可以在 2020 年左右实现碳排放达峰，东北部在 2025 年左右实现碳排放达峰，而西北部能够在 2030 年左右实现碳排放达峰，五大区域的碳排放总量为 104 亿吨，与总课题的全国达峰时碳排放量为百亿吨左右的目标基本相符；各区域 2050 年的碳排放量为 46.8 亿吨，为达峰时碳排放量的 45%。

在 2℃情景下，随着减排力度的进一步加大。各区域虽然达峰时间没有变化，但达峰时的碳排放又进一步下降了，而且达峰后各区域 2050 年的碳排放量为 27.3 亿吨，为达峰量 97.5 亿吨的 28%。

三、基于可再生能源开发利用的中国五大区域协调低碳发展问题

（一）中国五大区域的可再生能源资源及开发潜力

我国可再生能源分布的主要特点是：西北部的风电及太阳能资源丰富，西南部的水电资源丰富，中部的生物质能资源丰富，东部沿海的海上风电和生物质能资源丰富，东部、中部和西北部的太阳能资源相对都比较丰富。

西北部地区在风电和太阳能资源方面有着巨大的开发潜力，分别占总开发潜力的 81% 和 68%。而其他区域的风电资源开发潜力相差不大，东北部占总开发潜力的 7.6%，东部和西南部各占 5%，中部占 1.4%。东部和东北部的太阳能技术开发潜力接近，分别为 11.4% 和 10.6%，西南部和中部的占比较小，分别是 7% 和 3%。

（二）中国可再生能源的开发利用情况

截至 2019 年底，全国可再生能源发电装机容量为 7.94 亿千瓦，占全部电力装机容量的 39.5%，其中水电装机容量（含抽水蓄能）为 3.56 亿千瓦，风电装机容量为 2.1 亿千瓦，光伏发电装机容量为 2.04 亿千瓦，生物质发电装机容量为 2254 万千瓦。2019 年全国可再生能源发电量为 2.04 万亿千瓦时，占全部发电量的 27.9%，其中水电发电为 1.3 万亿千瓦时，占全部发电量的 17.8%，风电发电量为 4057 亿千瓦时，占全部发电量的 5.5%，光伏发电量为 2243 亿千瓦时，占全部发电量的 3.1%，生物质发电量为 1111 亿千瓦时，占全部发电量的 1.5%。

从各省可再生能源消纳占比来看，西藏以 88.7% 的高占比独占鳌头，云南、青海、四川的占比也超过 80%。累计共有 8 省（区）占比超过 40%，其中，排在第五位的重庆市可再生能源电力消纳占比为 45.5%。从占比增长情况来看，21 省（区、市）的可再生能源电力消纳占比实现了同比增长，其中，甘肃、福建均同比增长 5 个百分点以上，能源结构优化成效显著。

（三）可再生能源区域协调的路径及五大区域的角色定位

1. 区域合作减碳路径

减增量与去存量是实现碳达峰、碳中和目标的两条核心路径。减增量属于源头控制，减少化石能源的消费是从前端控制碳排放量的核心措施；去存量属于末

端治理，增加碳汇及实施碳封存是主要应对方法，在这些领域都存在区域协调的潜力及空间。也有观点认为，碳替代、碳减排、碳封存、碳循环是实现碳中和的四种主要途径，该观点与本章所提路径的区别主要在于归纳的方式不同。

对于一个区域来说，减少碳排放增量的路径主要包括提高能源利用效率、转变能源结构及减少能源消费规模等，概括起来就是节能减排、能替减排及去能减排。节能减排属于"效率减排"路径，按照世界能源委员会 1979 年提出的定义，节能是指采取技术上可行、经济上合理、环境和社会可接受的一切措施，来提高能源资源的利用效率。随着可再生能源从补充能源向替代能源转变，能替减排也开始成为能源领域减排的另一条重要路径。能替减排是指利用清洁能源，特别是可再生能源替代化石能源以减少能源污染物排放，属于"结构减排"，即调整能源结构既是碳达峰和碳中和的主要内容，更是能否实现目标的关键，"西电东送"是中国区域协调推动能替减排的重要模式。去能减排是指通过"关停并转"等去产能手段实现减能减排，去产能的主要目的是化解产能过剩，但客观上也起到了减少能源消费及污染物排放的作用，不同于节能减排的效率减排路径及能替减排的结构减排路径，去能减排是通过"减产减能"推动减排，其中，产业转移是区域合作的重点。尽管有观点认为，区域间的合作使中国一个地区的部分减排责任被转嫁给其他区域。甚至有观点认为，中国区域间碳排放转移正日益加剧。但考虑到中国西北部地区风电及光电潜力大，西南部地区水电资源丰富，把东部及中部一些能耗大的产业转移到西部，并采取一些能源消费类型方面的约束性措施，推动西部可再生能源的就地消纳能力，有利于国家整体实现碳达峰、碳中和目标。

减少碳存量的路径主要有两条：一是增加碳汇。通过植树造林、森林管理、植被恢复等措施，利用植物光合作用吸收大气中的二氧化碳，并将其固定在植被和土壤中。中国五大区域在森林碳汇方面有着很大的差异，可以通过碳汇市场加强区域合作。二是碳捕集与封存（CCS）。CCS 是通过将火电等产业生产中产生的二氧化碳收集起来，并用各种方法将其储存起来的一种技术。CCS 技术包括捕集、运输及封存三个步骤，在这些环节中存在较大的区域合作潜力。例如，把土地资源紧缺的中国东部地区捕集到的碳，封存到土地资源丰富的中国西北部区域等。通过区域合作、优势互补来减碳的路径参见图 1。

```
                        ┌──────────────────┐
                        │   区域合作减碳路径   │
                        └──────────────────┘
              ┌───────────────────┴────────────────────┐
   ┌───────────────────┐                    ┌───────────────────┐
   │  减增量：前端减排   │                    │  去存量：末端减量   │
   └───────────────────┘                    └───────────────────┘
     ┌────────┼──────────┐                    ┌───────┴────────┐
┌────────┐┌────────┐┌────────┐          ┌────────┐┌──────────────┐
│ 节能减排 ││ 能替减排 ││ 去能减排 │          │ 增加碳汇 ││碳捕集与封存（CCS）│
└────────┘└────────┘└────────┘          └────────┘└──────────────┘
┌────────┐┌────────┐┌────────┐          ┌────────┐┌──────────────┐
│节能减排技││可再生能源││关停并转 ││          │碳交易；  ││碳捕集、运输及 │
│术等方面的││电力的区域││产业；产 ││          │碳汇技术  ││封存三个环节中的│
│区域合作  ││合作      ││业转移合作│          │等领域合作││商业及技术的合作│
└────────┘└────────┘└────────┘          └────────┘└──────────────┘
```

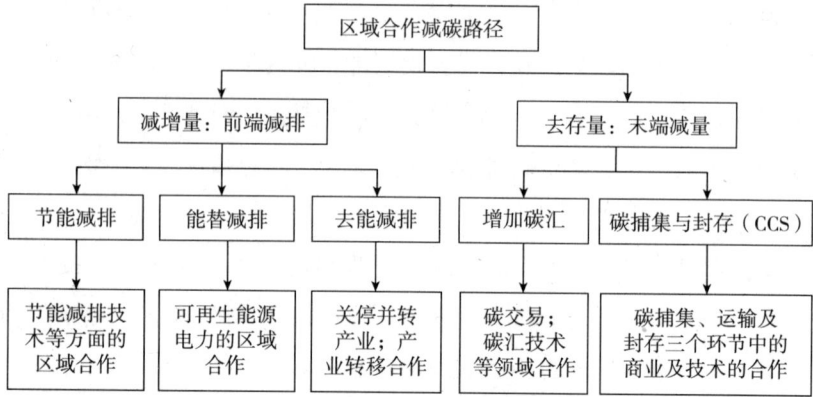

图 1　区域合作减碳路径

资料来源：笔者自绘。

2. 旨在推动可再生能源开发利用的区域协调路径

推动可再生能源开发利用的区域协调路径主要有两条：一是可再生能源电力的协调问题，主要是指西电东送；二是推动产业转移，主要是指把一些能耗大的产业转移到西部，扩大西部可再生能源电力的就地消纳能力。

同东部及中部区域相比，我国西北部地区属于产业发展的低梯度地区，根据传统产业转移理论，西北部地区走承接产业转移的产业发展路径是必然选择。在产业发展方面，西北部地区最大的优势是土地资源丰富及其带来的较大环境容量，矿产、太阳能及风能也是西北部地区的优势资源。适合发展占地面积大、高能耗及高危行业，同时又要求这些产业具有低水耗、低用工及对交通成本低敏感性的属性，也就是"一大两高三低"（占地面积大；高能耗、高危；交通成本的低敏感性、低水耗、低用工）类资金密集型产业。特别是发展高能耗产业，有利于充分开发和利用西北部地区丰富的可再生能源资源，并缓解"西电东送"面临的困难。

传统高能耗行业主要包括石油加工业、炼焦及核燃料加工业、化学原料及化学制品制造业、非金属矿物制品业、金属冶炼及压延加工业、电力热力的生产和供应业等。近年来，以大数据为代表的信息产业不仅能耗增长快，也逐步成为高耗能产业（见图2）。高危行业主要包括危险化学品行业、煤矿、非煤矿山等行业。西部区域拥有丰富的石油等矿产资源，适宜发展基于石油原料的化工产业、金属冶炼及加工业、电力热力产业及矿山产业等，这些产业不仅能耗高，而且占地面积一般也较大。在西部地广人稀的区域布局危险化学品等高危行业，一旦发生事故，有利于把危害降到最低。在低水耗方面，西北部大部分区域属于干旱、半干旱区域，水资源较为缺乏，总体要求发展低水耗类产业，但西北部地区人均水资源拥有量并不低，部分区域的水资源拥有量甚至能满足绝大部分产业类型的用水需求，关键是进行科学的产业布局，并加强西北部各区域间的协调。在低用工方面，西北部地区人口稀少，总体需要发展低用工类产业，但在一些人口较集中的区域，比如，南疆的克州、喀什、和田等地州，也需要重视发展劳动密集型产业以增加就业机会。在交通成本的低敏感性方面，附加值高的产品及相同体积重量下价格高的产品对交通成本的敏感性相对低一些，深加工各类资源有利于西北部区域产业降低运输成本。

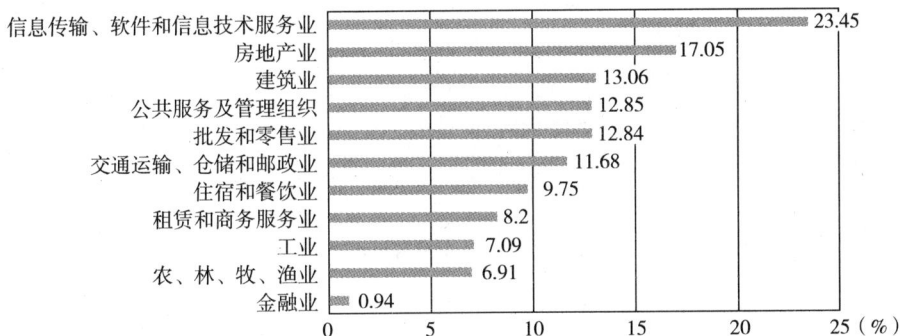

图 2　2018 年全国各行业用电量增速排行

资料来源：中国电力知库．全国各行业用电量增速排行［EB/OL］（2019-02-02）［2020-02-02］．https：//news. bjx. com. cn/html/20190202/961278. shtml.

3. 五大区域在区域协调低碳发展中的定位

西北部区域是我国太阳能、风能及水能资源的主要集中地，也是我国重要的可再生能源电力基地。西部可再生能源电力消费主要有两条路径：一是电力外销，主要是西电东送。我国各省均重视发展能源产业，根据近几年的数据，除广东、浙江、江苏、山东、上海、北京、重庆、河南、河北等少数省份及直辖市外，大部分省份都能达到用电量与发电量的平衡，甚至是电力富余，西电东送面临较严重的省际壁垒问题。二是就地消纳，通过承接产业转移等途径发展大西北区域的本地产业，推动可再生能源电力的就地消费。推动大西北区域的产业特别是工业产业的发展，扩大能源就地消费规模，不仅是应对大西北区域"弃风""弃光"问题的重要途径，也是通过区域协调实现我国 2030 年碳排放达峰的重要路径。西北部地区地广人稀，土地资源丰富，有承接产业转移的条件。

西南部地区有着丰富的水电资源，但该区域以山区为主，发展第二产业所需要的土地资源严重不足，需要发展或承接占地面积小的产业。

东部及中部地区经济相对发达，能耗总量大，但可再生能源资源不足，土地资源日趋紧张，在区域协调发展中，主要是承接西电，同时需要把一些能耗大的产业转移到西部。

东北部区域产业发展缓慢、可再生能源资源不足，但风能等本地可再生能源可以满足本地产业需要，主要是推动能源替代，减少"弃风"问题（见表1）。

表1　五大区域在区域协调低碳发展中的角色定位

五大区域	优势	劣势	角色定位
东部	产业发展高梯度地区	可再生能源资源不足	外购可再生能源电力 产业转移
中部	产业相对发达	可再生能源资源不足	外购可再生能源电力 产业转移
西南部	水电资源丰富	产业发展低梯度地区，能源就地消纳能力不足	外送可再生能源电力 承接产业转移
西北部	风能、太阳能资源丰富	产业发展低梯度地区，能源就地消纳能力不足	外送可再生能源电力 承接产业转移
东北部	风电资源有满足本地电力需求的潜力	产业发展慢 能源替代压力大	自给自足

资料来源：沙涛，李群，于法稳. 低碳发展蓝皮书：中国碳中和发展报告（2022）［R］. 北京：社会科学文献出版社，2022.

（四）五大区域协调低碳发展面临的挑战

1. 可再生能源资源分布不均，需要加强区域协调，但区域协调面临省际壁垒问题

未来几年，可再生能源电力将具有市场竞争力，理论上，西部光伏发电、风电应东输，但在实际操作层面，将面临较严重的省际壁垒问题。

2018年，我国全口径发电量为69940亿千瓦时，同比增长8.4%。2018年，全社会用电量为68449亿千瓦时，同比增长8.5%。2018年大部分省份的电力基本自足，对西部可再生能源电力需求不足。可再生能源丰富的西部区域工业发展大都相对落后，本地用电需求较少，这导致西部区域"弃风""弃光""弃水"问题突出。

对外省电力需求较大的广东、山东、江苏及浙江等省份同时也是火电大省，能源替代面临的阻力较大。

2. 国家电网垄断可再生能源电力上网导致发电端与消费端都难以议价，可再生能源电力的市场竞争不足

可再生能源适合分布式开发及微电网，但我国电网被国家电网、南方电网、蒙西电网等少数电网垄断，不仅发电企业在议价权方面处于弱势位置，消费端用户也缺少议价权，大多数微电网除自给自足外，无法生存。这就导致不同区域、不同企业的可再生能源电力缺乏竞争，难以通过议价机制进入市场。例如，西南部地区水电的上网价格竞争优势明显，但上网后其价格优势在市场中难有体现。

为应对这一问题，国家发展和改革委员会、国家能源局在2018年印发的《关于积极推进电力市场化交易进一步完善交易机制的通知》提出，进一步加快推进电力体制改革，加快放开发用电计划，加快放开无议价能力用户以外的电力用户参与交易，扩大市场主体范围，构建多方参与的电力市场，积极推进售电企业参与交易，售电企业履行相关程序后，可视同大用户与发电企业开展电力直接交易等。但要在国家电网处于绝对垄断地位下真正解决这一问题，面临的挑战很大，需要对微电网加大扶持力度。

3. 产业转移带来的碳排放转移问题

理论上，西部地区在发展或承接高耗能产业过程中，应充分利用本地丰富的太阳能、风能资源优势，但西部一些区域在发展高耗能产业的同时，又持续发展火电，这实际上是对碳排放的转移。例如，新疆的电解铝产量在2018年跃居全国第二，均为典型的煤电铝一体化或向煤电铝一体化方向发展，尽管能源就地消纳问题得到一定程度的解决，但又带来环境污染问题。

四、政策建议

（一）实施绿色电力配额制与防范盲目上马项目相结合，推动可再生能源的区域协调

绿色电力配额制有利于推动各省积极开发利用可再生能源电力。当前，我国实施绿色电力配额的各项条件都趋于成熟，应尽快实施。理论上，由于中部及东部可再生能源资源不足，绿色电力配额制有利于打破西电东送的省际壁垒，倒逼

中部及东部各省从西部外购可再生能源电力。但在实际工作中，东部、中部开始大量出现不顾实际情况盲目上马太阳能及风能项目的情况。

例如，近年来，东部、中部很多地方安装了大量的风力发电机组，但一些区域的风力资源严重不足，大量风力发电机在一年的大多数时间中实际上处于闲置状态。导致这一问题的原因主要有两点：一是政绩工程，为完成绿色能源开发利用任务或增加当地 GDP 而开展工程建设，有意忽视投入产出比；二是套取国家补贴资金，不仅有企业参与，一些地方政府也有这方面的行为。

针对这一问题，应从资源可开发潜力、盈利潜力等角度加大对相关工程的审核力度，严禁一些投入产出比低的项目上马。这不仅有利于减少政绩工程项目，也有利于推进西电东送工作，通过区域协调推进我国的低碳发展。

（二）在西部区域积极推动 100% 可再生能源电力城市建设

我国西部区域具有建设一些 100% 可再生能源电力城市的基础与条件，应在完善 100% 可再生能源电力城市标准的基础上，首先在西部地区积极推动 100% 可再生能源电力城市建设。

在建设 100% 可再生能源电力城市过程中，关注的重点主要包括以下方面：

一是政策与制度引导。可再生能源发电制度主要有固定电价制度、招投标制度、绿色电价制度、配额制度等。

二是完善市场结构。需要关注的因素主要包括：安全供应、高效的管治能力、完善电价机制、电力标签、法律和监管框架、发展绿色产业、投资与财政支持等。主要措施包括：投资信息共享、个性化和标准化的工具和模板、金融产品、项目的细节、融资保证、风险缓解机制、协调投资、能源效率，以及其他支持等。

三是降低价格。价格因素是制约可再生能源电力推广的重要因素，建设 100% 可再生能源电力城市的关键是把供电价格降下来。主要措施包括：充分利用当地优势可再生能源，降低成本、集体议价、政府补贴、高效能源利用、公众参与决策、电力供应权回购等。

四是创新技术。可再生能源电力特别是风电、光电存在的电力供应不稳定问题是制约其推广的另一个重要障碍，需要相应的技术创新，如采用智能电网等。

五是资金支持。建设 100% 可再生能源电力城市，需要大量的资金投入，能否有效地进行投融资也是决定项目成功与否的重要因素。主要措施包括：积极争取政府补贴、重视投融资问题、征收碳税等。

六是规划引领。可行的发展规划、路线图是实现建设100%可再生能源电力城市的重要保障，国外城市在推动实现100%可再生能源电力时，大都制定了系统的发展规划。

七是多渠道保障。对于国家或大中城市来说，单一的可再生能源电力难以满足需求，需要采取多种可再生能源发电模式以保障供给。同时，风电与太阳能发电的不稳定性特征，也需要可再生能源电力来源的多元化。

八是争取公众支持。推广可再生能源电力，需要当地居民的大力支持及积极配合。为调动居民参与的积极性，要通过多种措施使居民成为项目的一部分，或成为项目的受益者，主要措施包括：吸引公众参与项目投资、关注就业、关注公众的健康等。

（三）在东部、中部区域推动100%新能源城市建设

"100%新能源城市"是指电力、交通、供热与制冷三大领域全部或某一领域能源消耗100%来自新能源的城镇。"100%新能源城市"不仅包括所有能源消耗100%是来自新能源的城镇，也包括某一主要能耗领域的能耗100%是来自新能源的城镇。例如，100%新能源城市、100%可再生能源电力城镇、100%可再生能源建筑城市、100%新能源汽车城市、100%太阳能（风能、水能及生物质能）城市等。

面向2050年，由于可再生能源的市场竞争力、存储问题等当前存在的一些问题将被克服，大规模开发利用可再生能源，建设一批100%可再生能源城市具备理论上的可行性。但由于我国东部、中部区域的太阳能、风能资源相对不足，更适合建设范围更广的100%新能源城市。

一般来说，要推动100%新能源城市的实现，需要重点关注以下措施：能源效率优先；扩大可再生能源在热力和运输部门的应用；最大限度地提高公民参与，推动新商业模式的发展；教育培训市民和企业；等等。由于可再生能源适合分布式开发，建设100%可再生能源城市，需要特别重视利益相关者参与的必要性。

对于绝大多数城市来说，实现100%新能源城市建设新目标是一个长期的过程，在实现时间的设定方面，要注意可操作性。需要政府针对当地实际情况，制定一个长期规划，然后分步骤完成。

（四）把西北区域定位为"无人化重型产业基地"及"可再生能源电力基地"

在产业发展方面，西北部区域的最大优势是土地资源丰富及其带来的较大的

环境容量，矿产、太阳能及风能也是西北部区域的优势资源。主要劣势是自然环境恶劣、人口稀少、产品远离市场、交通成本高，以及技术创新及技术服务能力弱、缺少产业链及产业集群等。在可再生能源开发利用成本即将具有市场竞争力、国内其他区域土地资源日益紧缺及生态环保压力加大的背景下，应利用西北部区域丰富的可再生能源、土地资源及矿产资源优势，把西北部区域打造成为"无人化重型产业基地"及"可再生能源电力基地"。

"无人化"是指充分利用智慧技术最大限度地减少劳动力数量和人力成本。无人化并不是完全不需要人，而是相对无人化之前的同类产业来说，大量人力岗位被机器人所取代，产业自动化程度高。适合西北部区域的"重型产业"主要是指"一大两高三低"产业。"一大"是指占地面积大，如光伏发电；"两高"是指高能耗及高危行业，如冶金、化工等；"三低"是指低水耗、低产业链配套要求及对交通成本的低敏感性。"一大两高"属于三种产业类型，"三低"属于限制性条件。传统重工业包括钢铁工业、冶金工业、机械、能源、化学、材料等工业，符合"一大两高三低"要求的产业基本都属于重型产业。

把西北部区域定位为"无人化重型产业基地"及"可再生能源电力基地"的主要依据：一是西北部区域太阳能及风能资源丰富，有成为"可再生能源电力基地"的基础条件，在可再生能源电力具有市场竞争力后，适合发展"高能耗"类产业；二是西北部区域矿产资源丰富，本身就适宜发展多种重型产业；三是"无人化"有利于应对西北部区域人力资源不足及自然环境不适合人居的问题；四是西北部区域土地资源丰富，东部及中部区域土地资源紧缺，这种基本态势决定了西北部区域适合发展"占地面积大"及"高危"类产业；五是西北部区域地广人稀、水资源缺乏及产业配套不足，决定了西北部发展的产业要具有低水耗、低产业链配套要求及对交通成本低敏感性等特性。

要把西北部区域打造成为"无人化重型产业基地"及"可再生能源电力基地"，需要国家在产业布局、工业用地、清洁能源的开发利用、生态环境保护等方面给予宏观政策支持。特别是在工业用地指标及生态环境保护指标方面，应给予充分松绑，西北部区域很多所谓的林地没有几棵树，农用地也只是戈壁滩，不能用东部及中部的标准来要求大西北区域。

（五）把西南部水电丰富区域定位为高耗能信息产业基地及可再生能源电力调峰基地

四川、云南、贵州等水电丰富区域多为山地，不适合发展占地大的产业。信息产业近年来的能耗增长迅速，随着智慧时代的来临，智慧产业中的大数据处理等一些能耗大的行业对能耗的需求将快速增加。在西南部地区增加一些类似贵州大数据处理的基地，既能充分发挥这些区域水电资源丰富的优势，减少"弃水"问题，又能分散风险，保障以大数据为代表的信息产业的安全。

西北部区域风电及光电资源丰富，但大规模开发，也需要建设大量的火电以进行调峰。从理论上来看，要避免这一问题，最好的解决方案是与西南部区域进行合作，利用水电进行调峰。通过建立"西部可再生能源电力联盟"等机构或组织，推动整个西部区域的风光水互补。由于面临省际壁垒问题，要推动并加强西部各省在可再生能源电力开发利用方面的合作，就需要从国家层面进行协调及制度安排。

参考文献

[1] 巢清尘. "碳达峰和碳中和"的科学内涵及我国的政策措施 [J]. 环境与可持续发展，2021，46（02）：14.

[2] Kuznets, S. Economic Growth and Income Inequality [M]. American Economic Review，1955，45（01）.

[3] 顾小存. 低碳经济视角下的东北亚区域合作 [J]. 国际论坛，2011，13（05）：57.

[4] 李炫榆，宋海清. 区域减排合作路径探寻——基于结构效应与二氧化碳排放的空间面板数据实证分析 [J]. 福建师范大学学报（哲学社会科学版），2015（01）：29.

[5] 刘振亚. 实现碳达峰、碳中和的根本途径 [J]. 电力设备管理，2021（03）：23.

[6] 周亚敏. 以碳达峰与碳中和目标促我国产业链转型升级 [J]. 中国发展观察，2021（Z1）：58.

[7] 李俊峰. 关于统筹实现碳达峰目标与碳中和愿景的几点建议 [J]. 环境与可持续发展，2021，46（02）：13.

[8] 汪明月，刘宇，李梦明，等. 碳交易政策下区域合作减排收益分配研究 [J]. 管理评论，2019，31（02）：264.

[9] 刘满平. 我国实现"碳中和"目标的挑战与政策建议 [J]. 当代石油石化，2021，29（04）：5.

［10］翁智雄. 中国实现碳中和远景目标的市场化减排机制研究［J］. 环境保护, 2021, 49（Z1）: 68.

［11］尚妤. 区域合作视域下的低碳经济发展路径浅析——以乌大张经济合作区为例［J］. 中国乡镇企业会计, 2016（12）: 23-24.

［12］蔡博峰, 曹丽斌, 雷宇, 等. 中国碳中和目标下的二氧化碳排放路径［J］. 中国人口·资源与环境, 2021, 31（01）: 12.

［13］邹才能, 熊波, 薛华庆, 等. 新能源在碳中和中的地位与作用［J］. 石油勘探与开发, 2021, 48（02）: 411.

［14］刘晓龙, 崔磊磊, 李彬, 等. 碳中和目标下中国能源高质量发展路径研究［J］. 北京理工大学学报（社会科学版）, 2021, 23（03）: 6.

［15］钟章奇, 张旭, 何凌云, 等. 区域间碳排放转移、贸易隐含碳结构与合作减排——来自中国 30 个省区的实证分析［J］. 国际贸易问题, 2018（06）: 94.

［16］SU B, Thomson E. China's Carbon Emissions Embodied in（Normal and Processing）Exports and Their Driving Forces, 2006-2012［J］. Energy Economics, 2016（59）: 414-422.

26

山西煤电发展之路辨析与展望

杜尔顺　袁家海*

一、山西电力供需现状

（一）山西电力需求结构分析

截至 2019 年底，山西全年全社会用电量达 2261.9 亿千瓦时，同比增长 4.69%，在全国排名第 13 位，稍高于全国的用电量增速（4.5%）。从省用电负荷来看，截至 2019 年底，山西最大用电负荷已经达到 3200 万千瓦。从人均用电量角度来看，截至 2019 年底，山西常住人口为 3729.22 万人，人均用电量为 6065 千瓦时，比全国平均人均用电量的 5160 千瓦时高 17.5%。

具体到电力需求结构，山西是典型的工业大省，重工业在产业结构中所占比重较大，电解铝、钢铁、煤炭等高耗能产业是山西的支柱性产业。山西的电力需求结构以第二产业为主导，且第二产业占较大部分。2019 年，全省第一产业用电量为 17.3 亿千瓦时，同比增长 3.8%，占全社会用电量的比重为 0.8%；第二产业用电量为 1746.5 亿千瓦时，同比增长 3.3%，占全社会用电量的比重为 77.2%（其中，工业用电量为 1722.8 亿千瓦时，同比增长 3.3%）；第三产业用电量为 284.5 亿千瓦时，同比增长 11.5%，占全社会用电量的比重为 12.6%，用电量增势良好；城乡居民生活用电量为 213.6 亿千瓦时，同比增长 7.6%，占全社会用电量的比重为 9.4%。山西作为第二产业主导的大省，占比 70% 左右的工业电量是影响全社会用电量增长的决定因素。受煤炭、钢铁等主要产品价格上涨

---

* 杜尔顺，清华大学低碳能源实验室；袁家海，华北电力大学（北京）。本章源自于 2020 年山西专题调研形成的报告。

影响，四大重点行业用电量保持快速增长，煤炭、钢铁、有色、化工四大重点行业用电量占工业用电量的56.66%，仍在工业用电量中占主导地位。第三产业在信息传输（增速22.99%）、批发零售（增速24.76%）等行业用电量快速增长的拉动下，增速也较为明显。

（二）山西电力供给结构分析

截至2019年底，山西发电装机容量为9638.6万千瓦，比上年末增长10%。山西火电装机容量为7076.5万千瓦，增长4.9%；并网风电装机容量为1251.5万千瓦，增长20.0%；并网太阳能发电装机容量为1087.8万千瓦，增长25.9%；水电装机容量为222.8万千瓦，与上年末持平。各类电源发展情况与特点如下：

山西火电机组装机占比很高。截至2019年底，山西火电机组装机容量为7076.5万千瓦，占比为73.4%，其中全口径煤电机组装机容量为6726.5万千瓦，占火电装机容量的95.05%。山西电源结构得到了一定程度的优化，但仍较不合理。近几年来，山西火电利用小时数低于全国平均水平，过剩现象严重。山西省火电利用小时数由2011年的5284小时逐年下降到2017年的3992小时，2019年又提升到4265小时，但仍低于全国火电平均利用小时数4293小时。

山西气电发展潜力较大。截至2019年底，全省天然气总装机容量为350万千瓦，占全省总装机容量的4.5%，山西煤层气资源丰富，全省煤层气资源开采量全国第一，2018年煤层气产量突破50亿立方米，居全国首位。

山西水电资源匮乏。截至2019年底，山西水电总装机容量为222.8万千瓦，占全省总装机容量的2.4%，水力发电量为49.1亿千瓦时，增长14.4%，水电设备利用小时数为2203小时，比上年同期增长364小时。

山西无核电装机。《山西省"十三五"综合能源发展规划》提出，稳步推进核电项目前期工作，做好核电厂址保护工作，争取继续列入国家核电中长期发展规划。

山西风电装机容量大且发展迅速。山西风电装机总量位居全国第六。截至2019年底，并网风电装机容量为1251.5万千瓦，增长20.0%；2019年风电年发电量为224亿千瓦时，增长5.8%。风电设备利用小时数为1918小时，比上年同期减少277小时，低于全国平均利用小时数（2082小时）。

山西太阳能发电装机总量位居全国第六，增速较快。截至2019年底，山西太阳能发电总装机容量1088万千瓦，占全省总装机容量的11.8%，同比增长25.9%。2019年山西太阳能年发电量为127.5亿千瓦时，增长35.6%。光伏设备利用小时数为 1171 小时，比上年同期减少 58 小时，仍高于全国平均利用小时数（1169 小时）。

综上分析，山西火电利用效率低，利用小时数远低于全国平均水平，过剩情况严重，但是可再生能源电力发展潜力大，增速快。2013—2018 年，山西电力装机容量的增长主要体现在煤电、风电和太阳能发电三类电源的装机容量增长上，各类电源占比的变化也体现了山西电力结构的优化成果，但煤电的占比仍过高，可再生能源的发展空间较大。在不考虑外送负荷的情况下，山西 2019 年电力装机总容量为 9249 万千瓦，远大于山西该年最大负荷（3200 万千瓦），存在严重电力过剩现象。因此，为进一步推进电力结构清洁低碳化，山西需要加强煤电供给侧改革，严控煤电发展。

（三）山西电网输电结构分析

山西电网布局均衡，已形成了以 500 千伏"三纵四横"为骨干网架，220 千伏分别为大同、忻朔、中部、南部四大供电区域，110 千伏和 35 千伏及以下电压等级辐射供电的网络格局。同时，山西电网作为我国"西电东送"的北通道之一，2015 年山西便形成了以 1000 千伏特高压为核心，6 个通道、13 回线路的外送格局，输电能力约 2000 万千瓦。这几年为扩大晋电外送规模，山西不断加强电力外送通道建设。截至 2019 年 7 月，山西电网拥有 1 条 ±800 千伏特高压直流送华东通道（晋北—江苏特高压直流）、1 条 1000 千伏特高压交流送华中通道（长治—南阳—荆门特高压交流）、2 条 1000 千伏特高压交流（蒙西—晋北—天津南特高压交流和榆横—晋中—潍坊特高压交流）和 9 条 500 千伏交流送华北通道，承担着向京津冀、华东和华中等区域输送电能的任务。"十三五"时期，2017 年山西外送电量累计完成达 774.91 亿千瓦时，同比增长 8.63%。2018 年，山西全省外送电量达 927.1 亿千瓦时，同比增长 19.6%，晋电外送再创新高。未来推动山西成为京津唐、湖北、江苏的新能源电力供应基地将成为电力控煤的重要方式之一。到 2019 年山西全年向省外输送电力 991.3 亿千瓦时，增长 6.9%。

根据国家特高压规模的目标，山西"三交一直"4 条特高压输电线路都承担着清洁能源输送的功能。其中，晋北—江苏特高压直流线路输送晋中的富余煤电、风电和光伏电力到华东地区，主要是江苏的任务；榆横—潍坊特高压交流线路承担着将陕北地区风电与山西富余煤电运输到华东，主要是山西的任务；晋东南—南阳—荆门交流线路也承担着将富余煤电运输到华中地区的外送责任；蒙西—天津南特高压交流保障京津冀的用电需求。除此之外，还有九回 500 伏交流电也承担着保障京津冀用电需求的责任。未来随着三北地区"弃风"、"弃光"问题的解决，对风电开发的限制会逐步放开，风电、光伏等可再生发电装机会进一步增加，通过特高压线路输送出山西的清洁电量比重会进一步提高。但电量结构受送端电源布局的限制，并且需要国家层面来统一协调，山西对此并没有决定的权力。

二、山西煤电发展情况

（一）山西煤电发展情况分析

1. 装机大小结构

截至 2019 年底，山西省共有 306 台煤电在运，总装机容量为 6726.5 万千瓦。其中，66 万千瓦机组 8 台，总装机容量为 528 万千瓦；60 万千瓦机组 34 台，总装机容量为 2040 万千瓦，30 万千瓦机组 100 台，总装机容量为 3324 万千瓦；30 万千瓦以下机组 164 台，总装机容量为 834.5 万千瓦。在占比上，30 万千瓦以下机组在数量上占比超过 54%，在装机量上占比超过了 12%。

30 万千瓦以下机组是山西煤电淘汰落后产能的重点。山西 30 万千瓦以下机组中，容量分布最大的是 10 万~20 万千瓦机组，总容量为 332.1 万千瓦，占到全省煤电装机的 5%，其中机型主要为 13.5 万千瓦。从数量来看，3~25 兆瓦之间机组所占比重最大，总数量为 102 台，占 30 万千瓦以下机组比重超过 62%，总容量为 135 万千瓦。综合来看，2 万~20 万千瓦之间机组是 30 万千瓦以下机组的重点，总数量为 84 台，占比为 51%；总容量为 641 万千瓦，占比为 76.8%。

2. 煤电类型结构

山西煤电机组中热电联产机组为 187 台，在数量上占比为 61.1%；热电联产机组总装机容量为 3436.6 万千瓦，在容量上占比为 51.1%。按照大小结构来看，8 台 66 万千瓦机组中没有热电联产机组；34 台 60 万千瓦机组中，热电联产机组为 7 台，装机容量占比为 20.6%。在 30 万千瓦机组中，热电联产装机占比达到了 74.48%；在 30 万千瓦以下机组中，占比为 64.8%。30 万千瓦以下机组中热电联产机组数量占比和装机占比分别比全部煤电机组的热电联产占比高 3% 和 13%。

3. 供电煤耗及厂用电率

山西煤电机组的供电煤耗和厂用电率均随机组容量由大到小呈现逐步升高的趋势。8 台 66 万千瓦机组平均供电煤耗为 315.4 克，平均厂用电率为 6.76%；34

台 60 万千瓦机组的供电煤耗为 323.9 克，平均厂用电率为 7.71%；30 万千瓦以下机组的供电煤耗达到了 358.3 克，平均厂用电率达到了 10.6%，是全国平均水平的 2 倍多。

截至 2018 年底，山西煤电机组累计完成超低排放改造 5899 万千瓦，占全部煤电机组的 94.38%。山西供电煤耗虽已达到"十三五"规划目标，但仍远高于全国用电煤耗，需要在清洁高效改造和落后煤电机组退出政策的作用下进一步提高效率。

4. 运行年份结构

从运行年份上来看，机组的平均服役年限是随着机组容量的减少而逐步增加的。8 台 66 万千瓦机组中，运行年份在 5 年之内的为 2 台，5~10 年的为 2 台，10~15 年的为 4 台，没有机组运行超过 15 年。34 台 60 万千瓦级的机组中，运行年份在 15 年以下的为 33 台，占比达 97%，仅有山西鲁能河曲 1 台机组运行年限超过 15 年（16 年）。30 万千瓦以下机组运行年限超过 15 年的机组数量达到 83 台，占比超过 50%。30 万千瓦以下机组中平均服役年限分布最多的是 15~19 年，数量上占比为 37.5%，装机上占比为 42.67%；其次是 10~14 年，数量上占比为 20%，装机上占比为 21.42%。

（二）山西煤电发展特点分析

山西 30 万~60 万千瓦煤电机组装机占比为 49.34%，比全国平均水平高 14 个百分点；30 万千瓦以下机组装机占比为 12.39%，比全国平均水平高近 0.5 个百分点；60 万千瓦级机组占比仅为 38.12%，高于全国平均水平约 3.5 个百分点；但 100 万千瓦超超临界高效机组截至 2019 年底仍然是空白。

截至 2018 年底，山西累计完成超低排放改造 5899 万千瓦，改造率为 94.38%。供电煤耗虽已达到"十三五"规划目标，但仍远高于全国平均水平，需在高效改造和落后煤电机组退出政策的作用下进一步提高效率。2017 年山西煤电机组烟尘、SO_2、氮氧化物排放量分别占全省排放总量的 18.68%、14.79%、21.71%（全国水平分别为 3.3%、13.7%、9.1%），远高于全国污染物排放水平。山西省 60 万千瓦机组供电煤耗也远高于全国平均水平。

综合以上分析，煤电小机组比重较高，环保不达标情况较为严重。受历史因素及资源等因素的影响，山西高煤耗小机组较多，山西省煤电未来发展应严格控制新建、扩建大型常规煤电，以"上大压小"方式科学发展大型热电联产机组，以供热需求为基础合理推进背压机组建设。为改善煤电过剩的现状，应积极推动煤电退出工作。为改善可再生能源消纳问题，积极推进灵活性改造热电联产机组和纯凝机组。2018 年，在煤电行业整体形势严峻的大背景下，山西煤电企业度过了又一个"寒冬"。尽管山西煤电依然面临着严重的过剩，电力需求有所回升，但未来的电力需求依然面临着较大的不确定性，煤电行业退出刻不容缓。在明确煤电功能定位的基础上，有序进行煤电供给侧改革，确定煤电中长期合理规模。

三、山西煤电的发展定位与转型途径

山西煤电的问题主要有：过剩情况严重、煤电机组落后、小机组较多、燃煤效率低下、煤电装机结构失衡等。煤电的战略定位也应由过去的"主体能源、基础地位、支撑作用"转向近中期的"基荷电源与调节电源并重"，再到长远的"调节电源"。要以退为进、主动减量，推进战略转型、结构调整、优化布局，以提供有效供给，适应电力需求的变化，促进行业的健康发展。要积极稳妥地进入电力新业态，包括清洁热源供热，燃煤耦合生物质发电，氢能、充电桩、抽水蓄能、电能替代、天然气水合物、大容量储能、智慧能源、综合能源供应与服务，分布式能源、配售电业务，碳捕集、碳资产与碳交易等能源金融服务。从山西省级层面来看山西的煤电发展方向需要明确以下几点：首先山西煤电的重点应当放在煤电转型方面，其次应当创新煤炭利用方式以提升煤炭工业清洁高效利用水平，最后应当加速落后机组的退出与淘汰。

（一）推动煤电机组转型

由于山西的煤电装机容量存在严重的过剩情况，特别是在 2025 年过剩情况将达到 1000 万千瓦左右，并且火电的平均利用小时预计将低于 4000 小时，因此要想对山西煤电进行优化首先应当推动煤电机组转型，由电力型向电力电量型转变，向提供辅助服务保障灵活性、可靠性转变，探索煤电深度调峰、增强负荷爬坡速率、缩短煤电启停时间、增加 AGC 调频系统性能等相关技术研究。

煤电机组转型一方面包括对煤电机组进行灵活性改造。深度调峰改造和热电解耦是当前火电机组灵活性改造的重点。纯凝机组的深度调峰改造因为经济性差、低负荷运行和安全稳定性低等问题，考虑对纯凝式机组进行背压式改造。山西 30 万千瓦级煤电机组总容量占比、热电结构占比都比较大，因此应该从 30 万千瓦级热电机组中选择典型机组进行改造。另一方面进行"上大压小"，即用一个或两个容量大、水平高的机组来代替多个中小机组,采用该种方式的关键是煤电机组在当地具有不可取消性。煤电厂提供的产品主要是电能和热能。如果是电能不可取消,则等量或减量的替代方式往往是采用大容量高效机组来替代小容量低效机组;如果是热能不可替代,则通常用大容量背压机组来替代中小容量的抽凝或背压机组。

总体而言,首先,对于30万千瓦以下的排放达标的机组,可以根据区域电网灵活性需求,改造成多次启停的机组,并且参与电网启停调峰。其次,对于30万～60万千瓦的亚临界机组进行灵活性改造,从而满足山西能源改革"排头兵"背景下未来高比例可再生能源大规模并网下的电力系统灵活性需求。最后,对于超临界和超超临界机组尽量保证在经济区间运行并为保证基荷出力。

除此之外,山西火电装机中煤电装机占比超过90%。由于山西省煤层气资源特别丰富,且煤层气属于清洁能源,相较于煤炭更为适合,未来可以优先发展电气,扩大清洁火电装机占比。另外,大力推进"煤电一体化"进程,大力建设坑口电站,做到煤不落地、减少运输环节,从而达到减少污染与降低成本的目的。

(二) 创新煤炭清洁高效利用方式

绿色智能是世界煤炭工业的发展趋势,也是中国煤炭工业必须解决的重大命题。煤炭清洁高效利用是中国能源革命绕不开的一道坎。山西应当积极推动煤炭分级分质利用,推动燃煤清洁高效发电和绿色低碳改造,推动现代煤化工高端示范和传统煤化工优化升级,加大环保治理和资源综合利用,努力走出一条具有山西特色的煤炭清洁高效利用、绿色发展的新路,大力发展碳纤维等煤基新材料产业,加快推动煤炭由燃料向原料转化。

第一个阶段:煤炭占一次能源消费比例下降到80%。现役燃煤发电机组改造后,平均供电煤耗低于310克标准煤/千瓦时,电煤占煤炭消费比重提高到60%以上。适应山西煤种的大型气化技术取得重大突破,煤制油、煤制烯烃、煤制乙二醇等重点示范项目稳定运行,一批大型现代煤化工项目进入建设实施阶段,山西特色煤化工产业体系基本建成,行业创新能力达到国内平均水平。

第二个阶段:煤炭占一次能源消费比例下降幅度继续走在全国前列。全省燃煤发电机组平均供电煤耗和大型发电集团单位供电二氧化碳排放达到国内先进水平。山西特色煤化工产业体系全面建成,行业创新能力达到国内领先水平,成为全国主要的煤基新材料和精细化学品生产基地,高碳产业低碳绿色发展的示范区和能源消费革命的"排头兵"。

（三）加速落后煤电机组退出

山西作为能源革命综合改革的"排头兵"试点省份，对于煤电的控制应当更加严格。在能源革命情景下，煤电规模应当控制在 6800 万千瓦左右。在新冠疫情影响下，山西的外送情况和第二产业发展受到了一定限制，煤电规模更应当严格控制。煤电机组的落后仍是较为严峻的问题。

一方面，直接关停小容量高能耗机组。煤电行业正处于结构性衰退之中，燃煤电厂的关停退役，对资产所有者、政策制定者和企业员工等都有着巨大的影响。因此，山西在相关政策制定时，对于提前退役的机组，应设定合理的关停补偿标准。直接关停对电厂造成的影响最大，因此应该选择关停后社会效益好，但对电厂影响较低的机组。

另一方面，可采用新能源指标置换方式加速煤电退出。新能源指标置换方式就是给予煤电厂相应数量的新能源开发指标置换原有煤电厂的容量指标，在关停煤电机组、实现煤电产能减少的同时，充分利用原有煤电厂的人员、设备优势存量优势，提高人员、资源利用效率。该种方式的选择标准和直接关停方式的标准选择类似，关键的不同点是电厂员工能够顺利转岗到新能源行业，或者电厂附近区域能够比较容易地获得新能源资源。

此外，还可以采用短期储备封存方式。储备封存是对部分过剩的煤电资源进行封存，待需要时再启封备用的方式。采用该种方式的原因是部分机组达不到经济运营负荷要求，正常运营造成低效浪费；但机组仍在经济寿命期限内，直接淘汰造成经济浪费的机组。采用该种方式处理的机组容量不能太小，因为小机组起不到储备备用功能；机组寿命不能太长，年限太长的机组长期封存很容易达到自然寿期或经济寿期；但机组的寿命也不能太短，因为折旧期限内的机组面临较大的偿债压力，长期封存造成较大财务风险。30 万千瓦级机组容量适中，而且山西 30 万千瓦级机组数量达 100 台，总容量占比超过 45%，是煤电的最主力机型。因此储备封存方式可成为山西主要的煤电退出方式，最佳选择是运营期限在 15 年前后的 30 万千瓦级机组。

四、山西能源清洁化发展方向与建议

（一）变革能源发展模式，提升用煤清洁水平

山西作为能源革命综合改革的"排头兵"，按照规划引领、市场竞争、技术

进步、成本下降、补贴退坡的原则，引导新能源企业加快技术创新、商业模式创新，降低土地等非技术成本，实现风电、光伏发电"平价上网"。打造晋北千万千瓦级风电基地，合理开发晋中南丘陵和山区低风速资源，加快光伏发电应用、领跑基地建设。在重点产业园区、循环经济园区，大力发展分布式能源系统。充分利用焦炉煤气等氢能资源丰富和低成本的优势，培育氢能优势产业集群，探索煤制氢+CCS（二氧化碳捕集与封存）、可再生能源制氢等低碳高效技术。加快推进加氢站、氢燃料电池及配件、氢燃料汽车发展，开展重载汽车"柴转氢"试点。

（二）调整能源消费结构，逐渐摆脱煤炭依赖

山西作为典型的资源型大省，其能源消费结构的优化和调整问题，一直以来都是政府关注的重点。2019 年山西省第二产业用电量为 77%，远高于全国68.3%的水平，山西人均用电量为 6065 千瓦时，比全国平均的 5160 千瓦时高17.5%。同时 2019 年山西人均 GDP4.58 万元也低于全国水平，这说明山西省产业结构存在较大问题。然而山西目前第一产业基础不实、第二产业效益不好、第三产业发展不足的产业结构现状为高度依赖煤炭产业的山西带来了很大的电力负荷压力及经济压力。因此，降低甚至消除产业结构矛盾，推动山西产业结构朝着优化方向发展，不仅有助于提高山西经济发展的质量和效益，还能够转变经济增长方式，对最终实现可持续发展具有现实意义。山西产业结构优化的主要任务是现代产业发展新体系的构建。一方面，对传统优势产业要进行不断的改造与提升，切实推进煤炭产业实现高效、清洁、智能转变；另一方面，要大力培育对产业带动性强的非煤产业，加快转变能源产业发展方式，优化调整能源产业结构，提高能源效率并实现其绿色发展，进而切实提高能源产业核心竞争力。

（三）大力推动新能源发展，加速能源结构清洁化转型

从山西的能源资源来看，新能源不仅包括太阳能、风能，还包括生物质能、垃圾发电和地热发电等。从新能源的开发利用种类来看，目前主要集中在太阳能和风能两方面。山西新能源年产值在山西国民经济生产总值中所占比例很小，是一个新兴的弱小产业，但增长迅速。如何开发和利用新能源，建立包括新能源在内的多元化新型能源结构，逐步取代以煤炭为主的常规能源格局，对确保山西经济可持续发展战略的实施非常重要。

新能源行业的发展需要先进技术、专业人才和雄厚资金，仅靠山西自身的力量和现有基础，新能源产业很难取得突破性进展，应该创造良好的市场氛围与优

惠的政策环境，学习和借鉴国内外的成功经验，借助外力，采取多种形式、多种途径、多种方式引进技术、人才和资金。在保证外送能力的基础上，适量增加可再生能源占比。建议在工商业、居民用电领域进一步推动峰谷分时电价政策，通过价格杠杆引导用户主动调整用电负荷、削峰填谷，供给侧增加调峰能力电价因子，鼓励煤电灵活性改造，促进新能源消纳；积极发展风电、光伏和生物质发电，鼓励可再生能源积极参与调峰，按照"谁调峰、谁受益"原则，通过电力辅助服务市场给予适当补偿；充分发挥山西电网接入和市场消纳能力，放开用户侧分布式电源建设，支持企业、机构、社区和家庭按照"自发自用、余量上网、电网调解"的原则，因地制宜投资建设太阳能、风能、生物质能利用等各类分布式能源；实施能源需求侧管理，推动可再生能源就地清洁生产和就近消纳，提高能源综合利用效率；健全储能发展激励政策，推进抽水蓄能电站、储能电站建设，加快储能在电力系统的推广应用，增强电力系统运行的灵活性、稳定性和调峰能力，提高电力系统调节和新能源消纳能力。

（四）建立综合能源系统，提高电气化水平

在山西开展煤电机组灵活性改造试点，充分利用现役煤电产能，建设"华北地区调峰基地"。构建以可再生能源利用为中心、智能电网为载体的能源互联网，大力推进坚强智能电网和泛在电力物联网融合发展，建设虚拟电厂，不断增强电网资源优化配置能力、安全保障能力和智能互动能力。建设覆盖全省的数字平台，加快数字化、网络化、智能化技术在能源领域的融合应用。打造集冷热气电能源管理、用户侧、车联网、数字通信等功能为一体的山西"能源云"，推动能源系统优化协同及数字化。

（五）深化市场机制改革，推动煤电供给革命

山西"煤电退出"的核心不只是去除"过剩产能"，更主要的是去除"落后产能"。因此山西省政府应减少对微观经济运行的干预，"退出"不能过分依赖于行政手段，而是要将市场行政手段相结合，政府设计有效的市场制度，让企业根据市场需求和发展方向来合理调整生产决策，并通过兼并重组、改造、关停等手段有序淘汰落后煤电产能来实现市场出清、优化产业结构。

随着电力市场改革的不断推进与深化，发电侧电力市场将逐步全面放开，电力体制将由"计划体制"逐步转变为"市场体制"。煤电不再采用传统的成本加成定价方法和机组年利用小时数相当的"三公"调度模式，所有发电厂竞争上网，边际成本定价的经济调度模式在电力市场供给宽松的背景下，煤电企业必须

自我约束、自负盈亏。对比发电边际成本，并考虑环保改造带来的发电收益，小型机组报价能力及收益能力远低于大型新建清洁机组，重塑发电企业短期运行与长期投资决策的经济框架后，市场化改革将会加速淘汰小型机组。在健全的电力市场机制下，山西的电力资源配置将由市场决定，优化电力产业布局，加速煤电行业退出。

（六）扩大能源开放合作，发挥山西外送优势

主动融入全国特高压交直流混联大电网，推进跨省区电力直接交易。积极拓展与全国其他地区的煤炭及电力外送合作，形成能源合作长效机制，扩大清洁能源外送。吸引受电省份的资本与山西发电企业合作，共同投资建设特高压外送电配套电源。推进新能源跨省跨区交易新机制，以晋北—江苏特高压交易为试点，探索燃煤机组和新能源机组按一定比例打捆外送的方式。研究规划建设新的晋电外送通道的可行性。打通煤层气外输通道，建设连接京津冀、环渤海、雄安新区和中原经济区的输气管网，将山西打造成为全国性管网的重要枢纽。

（七）加快碳市场建设，推动煤电行业退出

碳市场的启动对于电力体制改革的意义在于让火电企业的环境外部性（温室气体排放）得以计入，促进实现火电行业的优胜劣汰，淘汰落后老旧的高排放机组，发展高效率、低排放的新型机组，为火电供给侧改革提供动力。纳入全国碳市场对于电力行业来说产生了碳成本，这种成本约束会倒逼电力结构优化，改善发电结构、提高发电效率，促进电力行业朝着更低碳的方向发展；通过碳市场的有效运作，也会释放明确的低碳投资，提高可再生能源的经济性和竞争力。

参考文献

[1] 袁家海，张浩楠．碳中和、电力系统脱碳与煤电退出［J］．中国电力企业管理，2020（31）：17-20.

[2] 张华明．产业纵向结构视角下的山西煤电一体化发展对策［J］．宏观经济管理，2017（06）：81-85.

[3] 林伯强．中国煤电转型：困境与破局［J］．煤炭经济研究，2021，41（12）：1.

[4] 袁家海，张军帅．我国煤电发展的宏观政策和资源环境约束［J］．中国能源，2019（09）：20-24.

[5] 袁家海，张凯．"十三五"中后期我国煤电发展转型研究及未来预测

[J]．中国煤炭，2019（08）：13-19.

［6］任世华，曲洋．煤炭与新能源深度耦合利用发展路径研究［J］．中国能源，2020（05）：20-23.

［7］樊园杰，张磊，王浩盛，许琳．山西省煤电产业可持续发展路径探析［J］．山西煤炭，2021（04）：117-121.

［8］袁家海，张凯．"碳中和"目标下，新型电力系统中常规煤电退出路径研究［J］．中国能源，2021，43（06）：19-26.

［9］郑军平，李波．基于构建清洁综合能源战略的延长特色煤电产业研究［J］．陕西煤炭，2021，40（S02）：164-168.

27

吉林电力现状与风电发展

周景宏[*]

　　吉林省位于中国东北地区中部，与辽宁、内蒙古、黑龙江相连，与俄罗斯、朝鲜接壤，地处东北亚地理中心位置。截至 2019 年末，吉林总人口 2690.73 万人，面积 18.7 万平方公里。

一、吉林电力发展现状

（一）吉林省电力需求情况

　　吉林电力需求疲软，用电量增速低于全国平均水平。根据吉林 2010—2019 年全社会用电量分析，吉林全社会用电量整体持续缓慢上升。2010—2014 年，吉林电力需求增速逐年放缓，处于中低速增长期；2015 年，在全国全社会用电量增速达新低（0.96%）的情况下，吉林全社会用电量增速出现负增长，为 -2.4%，但之后逐步提升。"十三五"以来，吉林大力推动工业和三产发展，全面振兴老工业基地的政策出台，使近两年用电需求增速有所提升，2018 年由于电能替代、炎热天气等对用电的拉动作用，在全国用电增速 8.5% 的背景下，吉林全社会用电增速达 6.77%，创 2012 年以来的新高。2019 年，吉林全社会用电量为 780.37 亿千瓦时，总量在全国排名倒数第四位，同比增长 3.97%，增速略低于全国水平。从目前发展形势来看，未来一段时期，吉林用电需求增速仍然保持略低于或近似于全国平均水平的趋势。

　　吉林最大用电负荷保持较低水平，且增速波动较大。根据中国电力企业联合

　　* 周景宏，国网吉林省经济技术研究院。本章内容根据作者在中国社会科学院生态文明研究智库主办、中国能源网协办的《中国煤电发展之路辨析》系列沙龙上的发言材料整理而成。

会编写的《中国电力统计年鉴》的数据，受经济发展速度放缓、产业结构调整等因素的影响，吉林最大用电负荷保持较低水平，从其变化趋势看，2005—2013年最大负荷处于稳步增长态势，2014—2016年略有回落，但跌落幅度不大，2017年全社会最大负荷开始回升（见图1）。

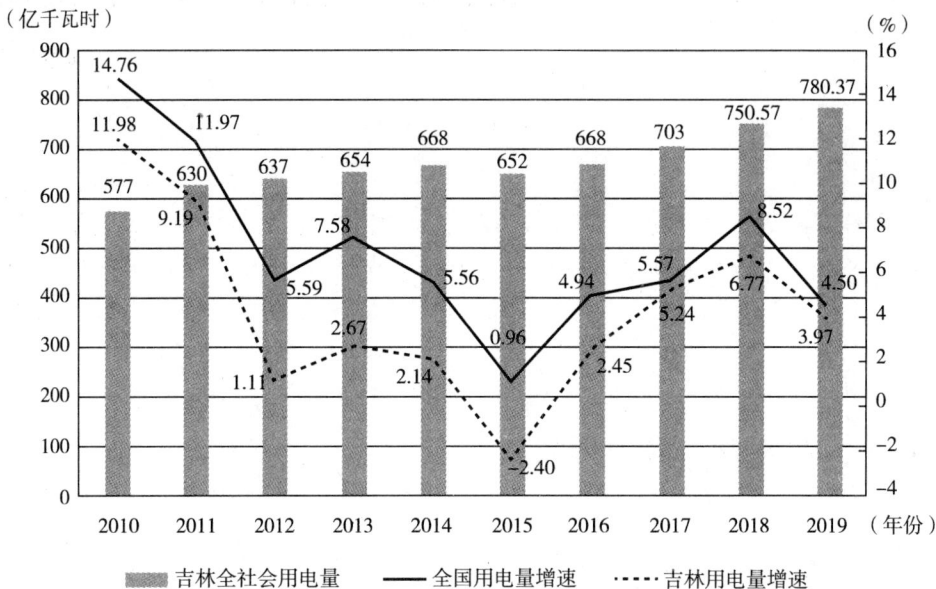

图1 吉林全社会用电量及增速情况

资料来源：笔者根据国网吉林省电力有限公司数据整理。

2020年和2021年吉林全社会用电量分别为805.4亿千瓦时和843.18亿千瓦时，同比分别增长3.2%和4.7%。

（二）吉林电力供应情况

（1）煤电发展情况。吉林煤电机组以供热为主，利用效率低，过剩情况严重。截至2019年底，吉林煤电机组容量为1923.9万千瓦，受地理位置及气候等因素的影响，吉林供热周期长，供热机组占比较高，占火电机组装机容量超过70%。吉林火电利用小时数远低于全国平均水平，过剩现象严重。吉林火电利用小时数由2010年的4514小时逐年下降到2014年的3680小时。2015年以后吉林火电利用小时数持续上升，2019年，吉林火电利用小时数为3767小时，但仍远低于国家发展和改革委员会核定火电标杆上网电价的利用小时数5000小时。

（2）气电发展情况。《吉林省电力发展"十三五"规划》中关于气电项目提到，华能吉林公司在松原地区建成"燃气—蒸汽联合循环热电联产"项目，一期规模 2×45 万千瓦，截至 2020 年尚未建成。

（3）水电发展情况。吉林省水电资源较丰富，开发程度很高，已达到国内先进水平，继续开发潜力不大。全省可开发水电装机容量为 574.4 万千瓦，截至 2018 年底，吉林水电装机容量为 385 万千瓦。全省河流分布不均，东南部长白山区河流众多、水量丰富、常年有水，95% 以上的水能资源分布在该地区。

（4）核电发展情况。截至 2019 年底，吉林暂无核电装机，但吉林赤松核电已列入国家核电规划，项目建设规模为 4×125 万千瓦机组。考虑未来我国经济发展趋势，结合核电发展态势，"十三五"时期，吉林启动内陆核电建设。因此，吉林核电的建设可在成熟的三代核电技术及核安全确认的基础上，根据全省能源的供需情况研究和论证结果，科学合理推进。

（5）风电发展情况。吉林风电装机总量大，增长速度快，"弃风"现象得到有效控制。吉林风能资源较为丰富，其潜在风电开发量约为 20000 万千瓦，可装机容量约为 5400 万千瓦。截至 2019 年底，吉林风电总装机容量为 557 万千瓦，2019 年全年风电年发电量为 115 亿千瓦时，同比增长 9.7%。值得注意的是，2018 年吉林风电平均利用小时数为 2057 小时，低于全国平均利用小时数水平（2095 小时），而 2019 年风电利用小时数达到 2216 小时，高于全国平均水平（2082 小时）。受电力规划不协调、系统调峰困难等因素影响，"十三五"前中期，全省风电消纳能力不足，"弃风"情况较为普遍，风力发电能力被大量闲置。2017 年，吉林弃风率高达 21%，随着蒙东扎鲁特直流特高压外输通道的开通，2018 年后吉林弃风率持续下降，2019 年风电弃风率降至 2.5%，"弃风"现象得到了极大的改善。

（6）太阳能发电发展情况。吉林太阳能资源丰富，未来太阳能发电或将迎来突破式发展。全省多年平均日照时数为 2200~3000 小时，年太阳总辐射量为 5051.7 兆焦耳/平方米。截至 2018 年底，吉林太阳能装机容量为 265 万千瓦，同比增长 66.38%，年发电量为 104.82 亿千瓦时。

（7）生物质发电发展情况。截至 2018 年底，吉林生物质发电装机容量为 65 万千瓦。吉林具有丰富的生物质资源，主要来源于农业、林业和畜牧业产生的大量剩余物。全省森林覆盖率较高，每年的清林、抚育、加工剩余物和地栽木耳废弃菌袋等产生大量林业废弃物。随着城镇化进程的加快，每年还将产生大量生活垃圾及有机废弃物。

（三）吉林电网现状

吉林电网位于东北电网的中部，南连辽宁、北接黑龙江、西通蒙东电网。北部经四回 500 千伏线路与黑龙江电网相连，南部经四回 500 千伏线路与辽宁电网相连，西部经两回 500 千伏线路与蒙东电网相连，经四回 500 千伏线路与扎鲁特特高压换流站相连。从电力流向来看，吉林由黑龙江受电，向辽宁、蒙东送电。

截至 2018 年末，吉林全口径装机容量为 3055.47 万千瓦，其中：水电装机容量为 385 万千瓦，比重为 12.60%；火电装机容量为 1891.79 万千瓦（热电装机容量为 1395.44 万千瓦），比重为 61.92%；风电装机容量为 513.63 万千瓦，比重为 16.81%；太阳能发电装机容量为 264.94 万千瓦，比重为 8.67%（见图 2）。太阳能发电装机容量增长最快，同比增长 66.38%；火电装机容量增速次之，同比增长 3.95%，其中垃圾发电同比增长 20.22%，农林生物质发电同比增长 22.33%。

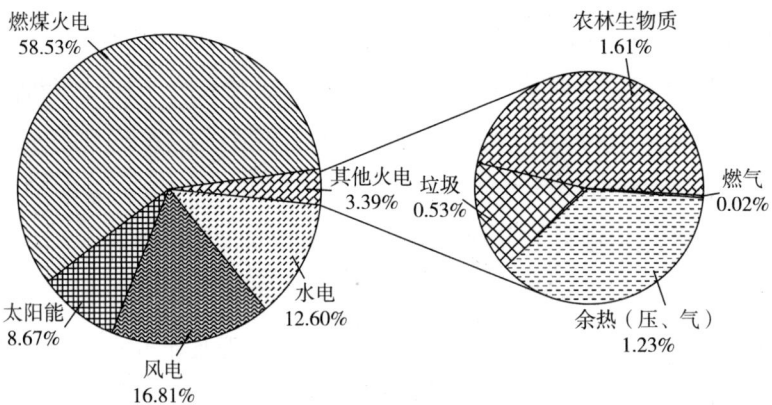

图 2　吉林各类型装机构成情况

资料来源：笔者根据国网吉林省电力有限公司数据整理。

二、吉林电力需求预测

从国内经济形势来看，我国经济处于增长速度换挡期、结构调整阵痛期、前期刺激政策消化期的"三期叠加"阶段，东北老工业基地振兴面临的形势错综复杂、困难挑战不断加大。"十三五"末及"十四五"时期，我国将坚持稳中求进工作总基调，坚持新发展理念，坚持推动高质量发展，坚持以供给侧结构性改革为主线，坚持深化市场化改革、扩大高水平开发，加快建设现代化经济体系，创新和完善宏观调控，统筹推进稳增长、促改革、调结构、惠民生、防风险工作，保持经济运行在合理区间。

吉林经济正处于新旧动能转换期，用电增长放缓、市场竞争加剧、各项改革不断深入推进。吉林将着力保持经济稳定增长，紧扣重要战略机遇新内涵，加快经济结构优化升级、提升科技创新能力、深化改革开放、加快绿色发展，进一步稳就业、稳金融、稳外贸、稳投资。吉林供给侧结构性改革方向明确，更加注重消费对经济增长的基础性作用，加快培育消费新热点；加大基础设施领域补短板力度；推动制造业高质量发展，加快新旧动能转换；以"数字吉林"建设为引领，加快数字经济与汽车、石化等六大传统产业的融合发展，加快发展新产业、新业态、新模式；深化国资国企改革，持续推进省属国企改革发展三年行动，加快推进企业优胜劣汰；进一步发展壮大民营经济，落实减税降费各项政策措施；推进"丝路吉林"大通道建设，提升吉浙合作集中度，提高招商引资实效。"十四五"时期，预计吉林经济将保持平稳增长态势。

从环保政策方面来看，预计国家及吉林省政府将持续深化环保政策实施，吉林出台加强生态环境（空气、水体）保护、治理的多项举措，再加上 2020 年国家提出的"双碳"目标，吉林环保力度持续加大。预计省内煤炭、化工、钢铁、建材等行业企业将继续受到一定影响，存量用电市场面临萎缩风险。但从实际情况来看，相关企业根据环保政策的技术改造也在同步进行，环保政策实施总体不会对公司售电市场产生很大程度的不良影响。相反，部分企业受到碳减排政策的影响加快了电能替代实施。

从电能替代方面来看，清洁供暖仍是吉林电能替代的重点方向。在政府相关部门的支持下，相关试点项目不断推进和利好政策的逐步落地实施，将有力推动电能替代工作。2019 年，吉林完成电能替代电量 27 亿千瓦时，同比增长 3 亿千瓦时，同比提高 12.5%。

吉林电网全社会电量需求预测方案如表 1 所示。根据经济发展的三种情景，得到低、中、高水平三种不同方案。低方案至 2030 年全社会用电量达到 1040.95 亿千瓦时，中方案至 2030 年达到 1149.75 亿千瓦时，高方案至 2030 年达到 1388.26 亿千瓦时。考虑到吉林经济发展增速及受疫情的影响，推荐的电量预测方案位于低方案与中方案之间，且偏向于低方案，高方案为吉林未来处于高速发展情况下的电量预测方案，但实现概率较低。

表 1　吉林三种情境下全社会用电量预测　　　　单位：亿千瓦时

年份	低方案	中方案	高方案
2020	805.40	805.40	805.40
2025	904.81	938.06	1030.77
2030	1040.95	1149.75	1388.26
2035	1214.04	1359.27	1686.12
2050	1702.31	1986.38	2567.51

资料来源：2020 年数据来自吉林省统计局. 2020 年 1-12 月地区全社会用电量〔EB/OL〕.（2021-02-05）〔2021-05-06〕. http://tjj.jl.gov.cn/tjsj/ydqk/202102/t20210205_7936607.html. 其余数据来自笔者预测。

三、吉林电力供应预测

（一）影响吉林电力供应的主要因素分析

吉林一次能源种类齐全，但储量不足，自给率逐年下降，是缺乏一次能源的省份。随着吉林煤炭需求量的不断增加，吉林煤炭自给率呈逐年下降趋势，由省外购入煤炭、石油等能源数量不断增加，比重明显上升，能源对外依存度逐年上升。

吉林风能资源丰富，被国家列为全国九大千万千瓦风电基地之一。根据中国气象局风能资源调查结果，吉林潜在开发量约为 2 亿千瓦，可装机容量约为 5400 万千瓦，其中西部地区可装机容量约为 4400 万千瓦，东部地区可装机容量约为 1000 万千瓦。

吉林太阳能资源丰富，年平均日照时数为 2200~3000 小时，年太阳总辐射量为 5051.7 兆焦耳/平方米，全省太阳能资源总体属于二类。太阳能潜在开发量约 9900 万千瓦，可装机容量约 3400 万千瓦，发展潜力巨大。

随着鲁固直流工程投运，"弃风"现象大幅缓解，新能源消纳形势逐步好转。根据 2019 年风电投资监测预警结果，吉林预警结果为绿色，同时国家能源局已将吉林省光伏建设评价为"绿色"。吉林风电和光伏发电将会迎来新的发展机遇。

吉林省能源局在《新能源和可再生能源"十三五"发展规划》中明确指出，大力开发生物质能源是一项重点任务。"十三五"时期重点规划新建的农林生物质热电厂共计 70 万千瓦，垃圾电站共计 14.4 万千瓦。到 2020 年，生物质成型燃料开发 500 万吨，其中，在中部发展秸秆成型燃料 300 万吨，在中东部发展林业生物质成型燃料 200 万吨。预计"十四五"时期，生物质发电装机增长速度加快。

吉林已掌握的 2019—2025 年投产的在建或核准电源共计 713.5 万千瓦（计及退役机组）。扎鲁特特高压直流输电工程的输电能力为 500 万千瓦，"十四五"时期，扎鲁特通道的输电能力将放开至 1000 万千瓦，届时，吉林通过扎鲁特通道输送电力预计有一定程度的提高。

（二）电源规划建设方案

（1）电源高方案。考虑在建核准和规划的各类电源，形成电源高方案。2019—2025 年吉林规划投产的电源容量合计 1473.2 万千瓦（计及退役机组）。包括：水电机组为 417.65 万千瓦；火电机组为 440.4 万千瓦；风电机组为 483.15 万千瓦，其中 300 万千瓦为平价风电项目；太阳能机组为 192 万千瓦。2019—2025 年，计划退役机组总容量为 60 万千瓦。

（2）电源基准方案。仅考虑在建核准电源，形成电源基准方案。2019—2025 年，吉林规划投产的电源容量合计 713.5 万千瓦。其中，水电机组为 389.65 万千瓦；火电机组为 50.7 万千瓦；风电机组为 283.15 万千瓦，相比高方案调减了 200 万千瓦平价风电项目规划装机；太阳能机组 50 万千瓦，相比高方案调减了 142 万千瓦规划装机。2019—2025 年，计划退役机组总容量为 60 万千瓦。

四、吉林风电发展中的问题与措施

吉林是风资源大省，是国家千万千瓦级风电基地之一。吉林风能资源潜在开发量约 2 亿千瓦，理论风能蕴藏量为 6920 亿千瓦时/年，可装机容量约为 5400 万千瓦。西部地区潜在开发约 1.25 亿千瓦，可装机容量约为 4400 万千瓦。东部地区潜在开发量约 0.75 亿千瓦，可装机容量约为 1000 万千瓦。截至 2019 年底，吉林风电总装机容量为 557 万千瓦，已成为吉林电网的第二大电源。

（一）风电对吉林电力系统的影响

因为电力系统具备电源可靠性和负荷的可预测性，发电计划的制订和实施才是可靠的。假使风电场也在电力系统中，那整体的出力都会有较大的随机性，也会对发电计划造成影响。

除了对发电计划调度产生影响之外，风电可能对吉林电力系统造成的影响主要有以下几点：

（1）导致调峰困难。火电机组在吉林电源结构中所占比重还是最大的。进入冬季，供热机组调峰的能力较差，存在较大的负荷峰谷差。如果在负荷中考虑风电，那么风电的随机性和反调峰性又会加大负荷峰谷差。对吉林电网供热、调峰造成了困难。

（2）影响系统稳定性。风电场并入电力系统中，会使配电网的功率流向发生改变。近几年，除了吉林以外其他地区也在发展风电，风电装机容量不断增加，其不稳定性对整个电力系统的冲击也会增强，严重时可能会使电力系统无法维持动态稳定性。

（3）影响电能质量。风电机组由于其运行特性输出的功率呈现波动性，而电压波动会对电能质量产生负面影响，从而影响电能质量，比如出现闪变、谐波等情况。在机组正常运行的情况下，风速变化会造成风机出力的波动，风速越大，波动越明显，对电能质量的影响也越严重。2020年可以通过使用有源滤波器、超导储能装置等补偿设备来抑制闪变或是电压波动。

（二）吉林风电发展中的主要困境

（1）负荷增长缓慢，风电消纳形势严峻。2020年，经济发展步入新常态，经济增速持续放缓，负荷和电量增长缓慢甚至负增长。同时，吉林发电机组，尤其是风电机组的快速增长，造成了吉林电力供应严重过剩。风电出力具有一定的随机性和波动性，在电力供应严重过剩的情况下，其消纳空间极其有限，消纳形势十分严峻。

（2）供热压力增大，吉林供暖期"弃风"严重。吉林火电机组所占比重大，同时，供热机组占火电总装机容量的75%。随着电厂供热面积的大幅增加，部分电厂已到达或超过其最大供热能力，即使以最优供热出力运行，也不能完全满足供热需求。吉林冬季供热机组"以热定电"，基本都不具备调峰能力，且吉林省负荷峰谷差大，最大峰谷差占全省最大负荷的37%左右。如果将风电作为负荷来看，其反调峰性和随机性相当于增加了全网负荷的峰谷差。在负荷低谷期间为保证供热，全省机组最小出力已超过用电负荷，基本没有接纳风电的空间。

（3）风电外送困难。吉林风电主要分布在白城、松原、四平地区。白城、松原地区风电装机容量大且增长快速，而松白电网本身的负荷较小，难以消纳大量的风电电力，松白电网到负荷中心长春地区的电网输送容量有限，难以输送松白电网大量的富余电力。四平地区风电场接入电网的节点接近于负荷中心，消纳情况较好，但其占吉林风电装机容量的比重较小。东北地区主要外送地区是辽宁省，2020年，辽宁省两大核电站已相继投入使用，同时辽宁省的负荷增长回落明显，加之吉林与辽宁电网间的电力输送能力限制，吉林省富余电力外送也十分困难。

（4）当前促进风电消纳的政策体系尚不健全。促进风电发展的《中华人民共和国可再生能源法》虽然已经颁布，但与其配套的相关政策仍不完善。整体来看，相关政策更倾向于对风电发电企业的激励，对输电企业、其他发电商及终端用户的激励不足，不能有效调动各相关方消纳风电的积极性，存在的问题主要包括：风电上网定价机制导致风电在本地消纳无优势，促进风电跨省跨区消纳的政策尚未完善，合理的补偿和激励机制未建立。

（三）吉林风电消纳的主要措施

吉林通过建设外送通道、实施精益调度、跨区支援、电能替代、大力支持省内火电灵活性改造等方式，优先保障风电、光伏电力消纳，大幅提高了新能源消纳能力。

一是建成电力外送通道，促进新能源在更大范围内消纳。鲁固直流配套输四回线工程、昌盛以及长岭、向阳500千伏输变电工程陆续投产，有效缓解了风电的"弃风"问题。

二是实施火电灵活性改造，电网调峰能力进一步提高。吉林发挥电力辅助服务市场作用，激励火电机组灵活调峰能力改造，改造完成华能四热等发电厂4座，大幅提高了电网调峰能力。

三是优化调度运行方式，最大限度接纳新能源。发挥大电网优势，通过省间互济支援吉林风电消纳，缓解调峰压力和风电消纳的矛盾。

四是加强新能源跨省跨区交易，扩展新能源消纳范围。积极推进新能源市场化交易，组织风电企业参与送华北、风电送北京集中电采暖、风电参与大用户直供电等跨区交易。

五是全力推广实施电能替代，提高新能源消纳保障。相关部门配合省政府出台的《关于推进电能清洁供暖的实施意见》和《关于调整电能清洁供暖电价政策的通知》，对电能清洁供暖项目按建筑面积给予补贴，从而促成清洁供暖项目落地，增加清洁能源消纳空间。

参考文献

[1] 国家统计局. 中国统计年鉴（2011—2021 年）［M］. 北京：中国统计出版社，2012—2022.

[2] 吉林省统计局. 月度用电数据［DS/OL］.［2022-10-09］. http：// tjj. jl. gov. cn/tjsj/jdsj/ydqk/index_1. html.

[3] 吉林省统计局，国家统计局吉林调查总队. 吉林省统计年鉴（2011—2021 年）［M］. 北京：中国统计出版社，2012-2022.

28

湖北煤电退出路径与政策研究

王 贲*

一、湖北省电力发展现状

（一）电力需求情况

近年来湖北全社会用电量稳步增长，2013—2019 年，全社会用电量从 1629.75 亿千瓦时增长至 2214.30 亿千瓦时，年均增幅为 5.24%，略高于全国同期的平均增速（见图 1）。其中，第一产业用电从 21.24 亿千瓦时增长至 22.68 亿千瓦时；第二产业用电从 1127.60 亿千瓦时增长至 1346.38 亿千瓦时；第三产业用电从 209.46 亿千瓦时增长至 408.78 亿千瓦时；居民生活用电从 271.45 亿千瓦时增长至 436.46 亿千瓦时。

在最大用电负荷方面，2015—2019 年，湖北最大统调负荷从 2746 万千瓦增长至 3670 万千瓦，平均增速为 7%，略高于用电量增速。这是由居民生活用电及三产用电对尖峰负荷的贡献度增大所致，2018 年湖北最大降温负荷（夏季空调用电）达到 1730 万千瓦，占最大负荷的 48%。

（二）电力供应情况

截至 2019 年底，湖北全口径装机容量为 7862.06 万千瓦，同比增长 6.23%；全年发电量为 2972.87 亿千瓦时，同比增长 4.27%。2019 年全省电力装机结构及发电结构如表 1 所示。

---

* 王贲，华中科技大学。本章内容根据作者在中国社会科学院生态文明研究智库主办、中国能源网协办的《中国煤电发展之路辨析》系列沙龙上的发言材料整理而成。

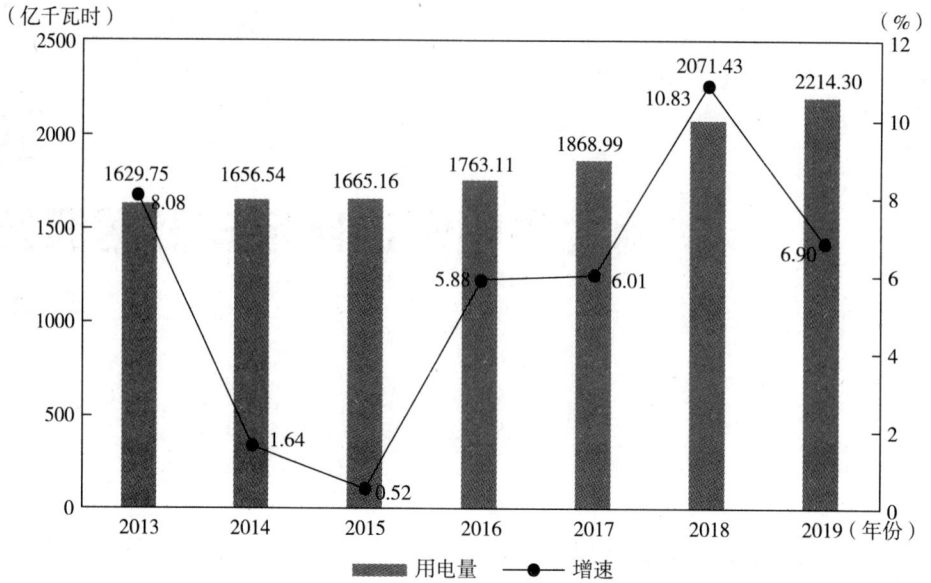

图1　2013—2019年湖北用电量及增速

资料来源：中国电力企业联合会。

表1　2019年湖北电力装机结构及发电结构

2019年		装机容量（万千瓦）	占比（%）	发电量（亿千瓦时）	占比（%）
火电	煤电	3156.83	40.15	1485.31	49.96
	其他				
水电		3678.51	46.79	1357.02	45.65
风电		405.28	5.15	73.83	2.48
光伏		621.43	7.90	56.76	1.91
其他		0.00	0.00	0.00	0.00
总计		7862.06	100	2972.87	100.00

资料来源：中国电力企业联合会。

　　总体而言，湖北电力结构呈现以水电、火电为主，光伏、风电为辅的特点。从装机容量来看，水电、火电机组投产速度放缓，新能源装机持续增长，装机结构不断优化。2019年，新增装机容量461.01万千瓦，主要包括鄂州三期2台100万千瓦和京能1台35万千瓦火电装机及一批风电、太阳能等新能源装机。截至2019年12月底，全省发电总装机容量为7862.06万千瓦（含三峡2240万千瓦）。从发电情况来看，以水电和火电为主，风电和光伏为辅。2019年全口径发

404

电量 2972.87 亿千瓦时, 增长 4.27%, 其中, 三峡电厂发电 963.86 亿千瓦时, 下降 4.69%。

（三）电网发展情况

湖北电网位于华中电网中部, 是华中各省（市）电网, 以及华中与华东、广东电网之间重要的电力电量交换枢纽。湖北 500 千伏及以上电网网架保持着一个中部主框架、两个"西电东送"大通道及一个受端双环网的网架格局, 与河南、湖南、江西、重庆电网分别通过四回、三回、三回以及四回 500 千伏交流线路联网, 与华东、广东电网分别通过四回、一回±500 千伏直流联网。

在跨区域输电线路方面, 2019 年湖北省拥有一条 1000 千伏级交流特高压输电线路——"晋东南—南阳—荆门"特高压交流工程。同时, "陕北—湖北±800千伏"特高压直流输电工程于 2019 年 1 月获国家发展和改革委员会核准, 并于 2020 年 4 月正式动工。此外, 湖北还拥有葛南直流、宜化直流、林枫直流、龙政直流、江城直流五条跨区域±500 千伏级直流输电线路, 将省内大量水电输往江苏、上海、广州等地区（见表 2）。

表 2　湖北跨区域输电线路

序号	工程名称	类型	电压等级（千伏）	输电能力（万千瓦）	投产时间
1	晋东南—南阳—荆门	交流特高压	1000	500	2009 年投产, 2011 年扩建
2	陕西—湖北	直流特高压	±800	800	在建
3	葛洲坝—上海（葛南直流）	直流	±500	300	1989 年投产, 2011 年扩建
4	三峡—上海（宜化直流）	直流	±500	300	2006 年
5	三峡—上海（林枫直流）	直流	±500	300	2003 年
6	三峡—常州（龙政直流）	直流	±500	300	2006 年
7	江陵—鹅城（江城直流）	直流	±500	300	2004 年

资料来源:《湖北统计年鉴》的电力部分。

二、湖北省电力发展展望

（一）中长期电力需求展望

根据总人口和人均用电量的增长趋势, 结合新冠疫情对电力需求的影响, 笔者对湖北中长期电力需求情况进行预测。如表3所示，在2025年、2030年和2050年，湖北全社会用电量将分别达到2850亿千瓦时、3450亿千瓦时和4600亿千瓦时。

表3　湖北全社会用电量预测

年份	人口（万人）	人均用电（千瓦时）	全社会用电（亿千瓦时）	总用电增速（%）
2025	6050	4700	2850	6.0
2030	6100	5600	3450	4.0
2050	6000	7700	4600	1.5

资料来源：笔者预测。

2020年，在用电量大幅下滑的情况下，湖北最大用电负荷逆势上涨，达到4065.4万千瓦（截至2020年8月5日）。由于产业结构优化升级、人民生活水平提高带来的用电负荷特性变化，笔者预计未来湖北最大用电负荷增速仍将高于用电量增速（见表4）。

表4　湖北最大统调负荷预测

年份	最大负荷（万千瓦）	最大负荷增速（%）	全社会用电量增速（%）
2025	5500	6.5	6.0
2030	6800	4.5	4.0
2050	10000	2.0	1.5

资料来源：笔者预测。

（二）供给侧资源评估

（1）水电。湖北虽然是水电大省，但是三峡、葛洲坝等主要水电大量外送，导致本省电力供应中火电比重超过60%，水电比重不到30%。同时，湖北的水电资源几乎已开发殆尽，水电装机容量占全省水电经济可开发量的比重已超过90%，因此未来水电装机容量不会有太大的增长空间。在抽水蓄能方面，湖北投入商业运行的有天堂和白莲河共2座抽水蓄能电站，总装机容量为127万千瓦。此外，《湖北省抽水蓄能电站选点规划报告（2011年版）》初选了12个条件较好的站址进行了初步筛选，认为其中5个站址具备较为优越的开发条件和社会经济效益，装机容量均为120万千瓦，共计600万千瓦。

（2）新能源。从自然资源条件角度而言，全省的太阳能、风能资源并不充裕，且开发成本较高。湖北属于四类风能资源区，风速相对较低，风功率密度不高。省内风能资源可利用区域主要位于中部的襄阳—荆州的南北向风带，鄂北的枣阳—英山的东西向风带，鄂东湖岛及沿湖地带，鄂西南和鄂东南的部分高山地区。湖北太阳能年辐射总量为 3963~4455 北焦/平方米，年日照时间为 1400~2100 小时，属于我国太阳能辐射量一般的三类资源区。从地域分布上看，表现为北多南少、东多西少的格局，其中黄冈、孝感、随州以及十堰等地区属于全省太阳能资源可利率最高的地区，年日照时数达 1900~2100 小时，其他地区光能资源相对匮乏。

（3）燃气发电。湖北燃气资源匮乏，几乎所有天然气都由外地购入。考虑到本地资源的匮乏以及燃气发电的经济性不高，不宜大规模建设燃气发电机组，应将气电作为调峰、调频等辅助服务机组。未来在本地页岩气探勘和开采未取得重大突破的情况下，湖北气电装机容量的增长潜力较为有限。

（4）生物质发电。湖北作为农业大省，生物质能源禀赋潜力巨大。以 2015 年为例，预计全省农村生物质总蕴藏量达 87229.96 万吨，其中农业生物质达 4554.85 万吨，林业达 65219.62 万吨，畜禽粪便达 17637.94 万吨，生物质资源在理想状态下转换成生物质能源的数量将达到 47776.63 万吨标准煤。

（5）外电资源。目前已投产的"晋东南—南阳—荆门"特高压理论上拥有 500 万千瓦的输电能力，可为湖北输送大量北方火电，每年节约电煤运输 700 余万吨；"陕北—湖北"特高压工程于 2020 年 4 月正式启动，该工程起于陕西榆林市陕北换流站，止于湖北武汉市新洲区武汉换流站，输送电能力达 800 万千瓦。此外，2019 年投产的渝鄂直流背靠背联网工程也为湖北小南四川水电提供了条件，通道容量为 500 万千瓦；未来，湖北还可能会接纳西北地区的电源，跨区域输电通道容量将进一步增长。

三、湖北 2020—2050 年煤电合理规模分析

（一）情景设置

湖北电力系统未来的发展受多方面因素的影响，为了更好地对未来煤电的合理规模进行评估，本章设置了三个不同的情景，具体如下：

（1）基准情景。以当前湖北电力发展政策为基本导向，"十三五"时期停

建、缓建的煤电项目在"十四五"时期完工，根据电力供需平衡适当推进新煤电项目的建设；风电、光电等新能源装机规模根据自然资源禀赋和"十三五"时期的发展速度进行合理推演。

（2）低碳情景。以加快湖北电力结构转型为导向，充分挖掘本地可再生能源、需求侧资源发展潜力；优化省间电力调度，充分利用特高压输电线路；抑制本地煤电项目投资，加大对落后煤电机组的淘汰力度。

（3）1.5℃情景。以实现气候目标为导向，利用1.5℃温升目标下的碳排放预算作为未来煤电规模的约束条件；考虑内陆核电建设、碳捕获和存储技术（CCS）的大规模应用。

（二）不同情景下的煤电合理规模

根据笔者个人预测，不同情景下湖北2020—2050年煤电合理规模如图2所示：在基准情景下，湖北煤电规模将在2020—2030年稳步增长至3700万千瓦，到2050年仍需保留3500万千瓦煤电机组；在低碳情景下，2030年湖北煤电规模达到峰值3200万千瓦，到2050年只需保留1600万千瓦的机组；在1.5℃情景下，受碳排放预算的约束，2025年以后要实现煤电规模的快速下降，到2050年退出所有煤电机组。

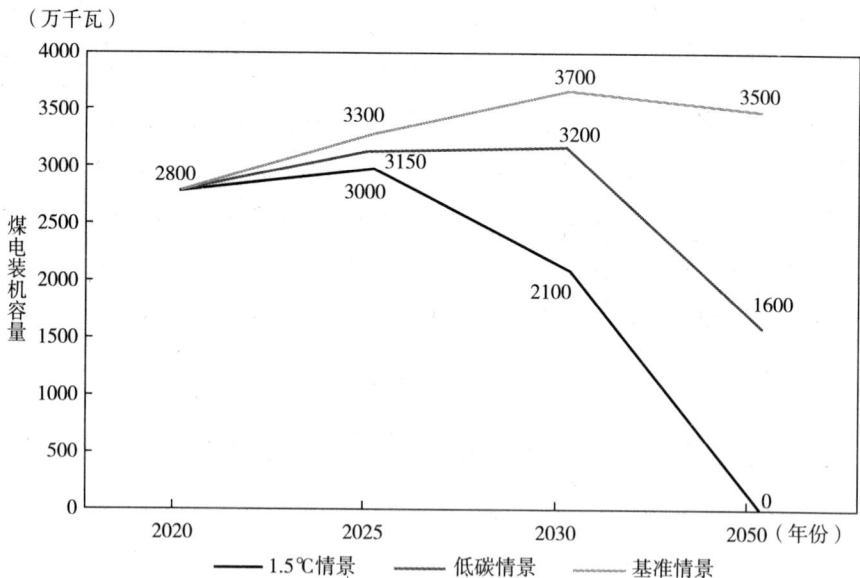

图2　2020—2050年湖北煤电规模

资料来源：笔者预测。

（三）推荐情景选取

相比于基准情景，低碳情景在保证电力供应安全的情况下，通过挖掘省内供给侧、需求侧资源潜力，充分利用特高压输电通道，实现了电力结构的清洁、低碳化。在越来越严格的环境标准和越来越高的外部环境成本下，低碳情景中电力系统发展模式具有明显的优势。

在1.5℃情景中，要求湖北电力结构在2020—2030年内实现快速转型。该情景下过高的新能源装机比例会对电力系统稳定运行提出挑战，而内陆核电的重启、CCS技术的大规模应用也具有极大的不确定性。

综上所述，本报告选取低碳情景作为未来湖北电力规划的推荐情景。下文将围绕低碳情景制定煤电去产能路径。

四、湖北煤电去产能路径

（一）湖北煤电机组现状

截至2019年底，湖北运行中的煤电机组总装机容量约为2900万千瓦，总机组数超过200台。其中，30兆瓦以下煤电机组装机容量约占总装机容量的5.2%；30兆瓦以上煤电机组共计72台，装机容量达2748万千瓦，约占总装机容量的95%。30兆瓦以上煤电机组中，300兆瓦级别煤电机组装机容量占比最大，约占总装机容量的38.2%（见图3）。

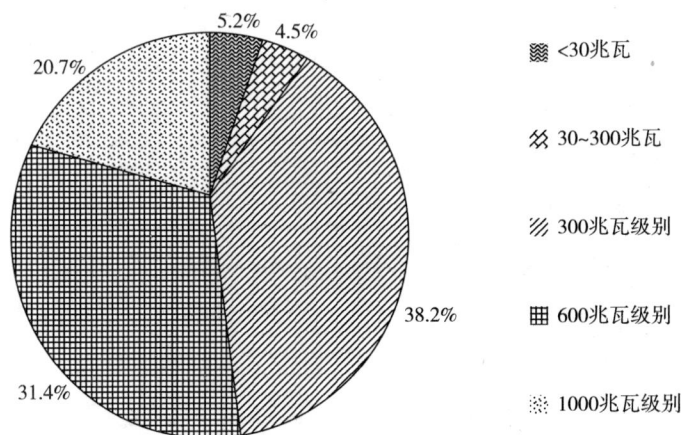

图3　湖北煤电装机结构

资料来源：中国电力企业联合会。

从机组类型来看，湖北 30 兆瓦以上煤电机组中，热电联产机组共计 23 台，总装机容量为 585.5 万千瓦，占比 21.3%；常规煤电机组共计 43 台，总装机容量为 2162.5 万千瓦，占比 78.7%。从运行年份上来看，湖北 30 兆瓦以上煤电机组中运行年份小于 5 年的机组有 10 台，5~10 年的机组有 13 台，10~20 年的机组有 29 台，20~30 年的机组有 18 台，超过 30 年的机组有 2 台。30 兆瓦以上煤电机组中自备电厂数量为 15 台，均为 30~300 兆瓦的小机组，总计装机容量为 108 万千瓦。

除现役煤电机组外，湖北还有 8 台处于推进阶段的新煤电机组和 6 台"十三五"时期缓建的煤电机组，共计装机容量为 936 万千瓦。其中处于建造阶段的煤电机组 4 台，共计装机容量为 264 万千瓦；待批准的机组 4 台，共计装机容量为 270 万千瓦；缓建的机组 6 台，共计装机容量为 402 万千瓦（见表 5）。

表 5　湖北煤电机组存量情况　　　　　　　　　　　　　　　　单位：万千瓦

运行中	在建	待批准	缓建
2900	264	270	402

资料来源：中国电力企业联合会。

（二）湖北煤电过剩产能分析

湖北运行中的煤电机组总装机容量约为 2900 万千瓦。加上正在建设中的 4 台机组，到 2025 年煤电机组总存量将为 3164 千瓦；若所有处于推进阶段的新机组、"十三五"时期缓建的机组都在"十四五"时期投产，到 2025 年煤电总存量将为 3832 万千瓦。

如上文所述，推介情景下 2020 年和 2025 年湖北煤电的合理规模分别为 2800 万千瓦和 3150 万千瓦，故 2020 年湖北煤电机组过剩产能为 100 万千瓦；2025 年过剩产能为 14 万~723 万千瓦。

（三）煤电去产能标准及路径

一般来说，淘汰产能的标准主要有以下几个方面：①装机容量大小；②污染物排放是否达标；③供电煤耗高低；④是否热电联产；⑤是否达到运行年限；⑥机组类型。考虑到数据的可获得性和准确性，本章选择装机容量、运行年限、机组类型、是否热电联产四个指标作为去产能标准（见表 6）。

表 6 湖北煤电机组去产能标准

去产能指标	淘汰优先程度
装机容量	30 兆瓦以下>30~300 兆瓦>300 兆瓦及以上
运行年限	满 40 年>满 35 年>满 30 年>小于 30 年
机组类型	高压>超高压>亚临界>超临界>超超临界
是否热电联产	常规机组>热电联产

资料来源：中国电力企业联合会。

基于过剩产能规模分析，结合湖北煤电机组现状和去产能标准（见表 7），笔者预测湖北 2020—2050 年的煤电机组去产能路径如表 8 所示。

表 7 湖北煤电去产能目标分解

年份	年均去产能目标（万千瓦）	累计去产能目标（万千瓦）	去产能标准
2020—2025	17.2	86	30 兆瓦以下机组：共计淘汰 58 万千瓦； 30~300 兆瓦机组：淘汰运行年限满 30 年的 60 兆瓦机组 3 台（襄阳市东风热电厂）、50 兆瓦机组 2 台（十堰市东风热电厂），共计 28 万千瓦
2025—2030	26.8	134	30 兆瓦以下机组：淘汰剩余 94 万千瓦； 30~300 兆瓦机组：淘汰运行年限满 30 年的 200 兆瓦机组 2 台（武汉钢电厂），共计 40 万千瓦
2030—2050	81.75	1635	30~300 兆瓦机组：淘汰剩余 12 台机组，共计 63 万千瓦（武汉 5 台；荆州、潜江各 3 台；孝感 1 台）。 300 兆瓦级别机组：淘汰运行年限满 50 年的 330 兆瓦机组 15 台（武汉市华能阳逻一期和二期 4 台、武汉市长源一发 1 台、孝感市国电汉川一期 4 台、襄阳市华电一期 4 台、鄂州市湖北能源发电一期 2 台）；淘汰运行年限满 40 年的 330 兆瓦机组 9 台（宜昌市东阳光火力发电 2 台、咸宁市华润电力蒲圻发电一期 2 台、黄石市华电西塞山发电一期 2 台、荆州市国电长源热电 2 台、黄石市华电热电 1 台），350 兆瓦机组 2 台（武汉市国电青山热电）；共计 862 万千瓦。 600 兆瓦级别机组：淘汰运行年限满 50 年的 640 兆瓦机组 2 台（武汉市华能阳逻三期）；淘汰运行年限满 40 年的 640 兆瓦机组 6 台（襄阳市华电二期 2 台、黄冈市中电国际大别山发电一期 2 台、荆门市国电长源热电 2 台），650 兆瓦机组 2 台（鄂州市湖北能源发电二期），680 兆瓦机组 1 台（黄石市华电西塞山二期）。共计 710 万千瓦

资料来源：中国电力企业联合会。

表 8 湖北煤电去产能路径

2020 年存量	2900 万千瓦
2020—2025 年	新增 334 万千瓦，去产能 86 万千瓦
2025 年存量	3148 万千瓦
2025—2030 年	新增 200 万千瓦，去产能 134 万千瓦
2030 年存量	3214 万千瓦
2030—2050 年	去产能 1635 万千瓦
2050 年存量	1579 万千瓦

资料来源：笔者预测。

2020 年湖北煤电存量为 2900 万千瓦，按表 7 逐步退役现有的煤电机组：

2020—2025 年，淘汰落后煤电机组 86 万千瓦，新增机组 334 万千瓦（包括目前在建的 4 台 66 万千瓦机组，待批准、缓建机组中投产 2 台 35 万千瓦热电机组），至 2025 年煤电规模保持在 3148 万千瓦。

2025—2030 年，淘汰落后的煤电机组 134 万千瓦，新增机组 200 万千瓦（待批准、缓建机组中投产 2 台 1000 万千瓦机组），至 2030 年煤电规模将保持在 3214 万千瓦。

2030—2050 年，淘汰落后、满运行年限的煤电机组 1635 万千瓦，至 2050 年，全省保留运行年限不超过 40 年的煤电机组共计 1579 万千瓦。

五、湖北煤电去产能政策建议

（一）合理控制新增产能

如前文所述，截至 2019 年底，湖北运行中的煤电机组为 2900 万千瓦，加上在建中的 4 台 660 兆瓦机组，总存量达到 3222 万千瓦，已超过 2025 年湖北煤电的合理规模（3150 万千瓦）。若当前推进中的新机组（在建、待批准）和"十三五"时期缓建的机组在"十四五"时期全部投产，则 2025 年湖北煤电机组装机容量将达到 3836 万千瓦，会形成严重的产能过剩。结合湖北落后、满运行年限的煤电机组的退出速度，建议"十四五"和"十五五"时期湖北新增煤电规模分别控制在 300 万~350 万千瓦和 200 万千瓦左右。2030 年之后不再新增煤电。

（二）有序化解存量产能

根据对湖北 2020—2050 年煤电去产能目标的分解（见表 7），建议在"十四五"和"十五五"时期分批淘汰 30 兆瓦以下的落后煤电机组，共计 152 万千瓦；并退役达到 30 年运行年限的 30~300 兆瓦机组，共计 68 万千瓦；到 2030 年实现30 兆瓦以下煤电机组的全部淘汰。2030—2050 年，淘汰所有 300 兆瓦以下机组，并退役运行年限满 40 年的 300 兆瓦以上煤电机组，共计 1579 万千瓦。

面对现有的煤电存量，应综合考虑地区能源供需、煤电机组技术水平、投资主体、企业效益等因素，重点针对小规模、高能耗、高污染的煤电企业，有序化解过剩产能。

（三）完善有利于煤电产业健康发展的体制机制

长期来看，需建立健全煤电企业的市场化运营机制，推动电力体制机制改革向纵深推进，推动能源结构转型和产业结构转型升级，才能从根本上解决我国煤电行业产能扩张和过剩的困境。具体措施包括：①加快建立辅助服务市场，促进煤电角色转变。②提高煤电领域市场化水平，发挥市场对煤电投资的主导作用。③推动能源结构转型和产业结构转型，化解不断增加煤电产能的内在"冲动"。④强化省间电力资源配置能力，探索大区调峰调频。

参考文献

［1］袁家海，张文华．中国煤电过剩规模量化及去产能路径研究［J］．中国能源，2017，39（08）：14-20.

［2］韦宁．2030 年碳排放峰值约束对中国能源结构调整的效应研究［D］.杭州：浙江工业大学，2016.

［3］邢璐，徐晓阳，鲁刚，等．我国煤电产能分析及调控对策建议［J］.环境保护，2017，45（21）：44-47.

［4］何朝阳，谢敏，陈金富．电源规划优化模型研究及软件开发的国内外概况［C］．湖北省电工技术学会 2004 年学术年会论文集，2004：154-156.

［5］郑忠智．我国能源资源结构与电力需求预测分析［D］．北京：中国地质大学，2009.

［6］Lin J，Kahrl F，Yuan J，et al. Challenges and Strategies for Electricity Market Transition in China［J］. Energy Policy，2019，133.

［7］Chi J R，Wang B，Zhang H，et al. Regional Coal Power Overcapacity Assessment in China from 2020 to 2025 ［J］. Journal of Cleaner Production，2021,303.

［8］Liu Y，Zheng R，Yuan J. The Economics of Peaking Power Resources in China：Screening Curve Analysis and Policy Implications ［J］. Resources Conservation and Recycling，2020，158.

29

江苏电力控煤政策研究

许相敏　薛　会[*]

一、江苏电力发展现状

（一）电力需求稳步增长

（1）江苏是工业大省，经济发展强劲。2021年，全年实现地区生产总值116364.2亿元，按可比价格计算，比上年增长8.6%。全省人均地区生产总值137039元，比上年增长8.3%。工业生产运行平稳，全年规模以上工业增加值比上年增长12.8%。固定资产投资增速稳步提升，全年固定资产投资比上年增长5.8%。

（2）用电量突破7000亿千瓦时，是全国第三用电大省。江苏是经济大省、制造业大省，用电量仅次于广东、山东。江苏全社会用电量从2015年的5114.7亿千瓦时增加到2021年的7101.2亿千瓦时，同比增长11.4%。其中，工业用电量为4980亿千瓦时，增长10.1%。

（3）用电负荷突破1.2亿千瓦。"十三五"以来，江苏全社会最高负荷从2015年的8573万千瓦增长到2021年的12040万千瓦，同比增长4.6%，成为国家电网系统首个用电负荷连续5年突破1亿千瓦的省级电网。

（二）供应能力不断增强

（1）电厂电网建设持续发力，供应能力不断增强。江苏是电力生产大省，

---

* 许相敏，苏州中咨工程咨询有限公司；薛会，苏州中咨工程咨询有限公司。本章内容根据作者在中国社会科学院生态文明研究智库主办、中国能源网协办的《中国煤电发展之路辨析》系列沙龙上的发言材料整理而成。

在以火电为主，水火电并举，适当发展核电，同步发展电网，提高电力经济效益的能源方针指导下，把电力工业建设成为江苏能源开发的重点。

（2）装机容量不断提升，发电量稳步增长。据江苏省电力行业协会数据显示，截至 2019 年 12 月底，江苏发电装机容量为 15420.45 万千瓦，其中新能源装机容量为 4429.5 万千瓦，占总装机容量的 25.7%，化石能源仍是省内的主力电源。2011—2019 年装机容量年均增速达到 7.4%；2021 年，全省累计发电量为 5867.26 亿千瓦时，同比增长 15.64%。

（3）电网建设稳步推进，区外来电不断扩大。截至 2021 年底，江苏初步形成了以"一交三直"特高压、"六纵六横"的 500 千伏电网混联为骨干网架，各级电网协调发展的坚强智能电网。2018 年，江苏区外来电最大电力为 2063 万千瓦，受电量为 1097 亿千瓦时，占全社会用电量的 17.9%，年运行小时达到 5317 小时，高于江苏 100 万千瓦机组的年利用小时。2020 年，江苏 500 千伏电网网架已形成"六纵七横"格局，区外电力承接能力达到 3700 万千瓦左右。2022 年夏，江苏区外来电最高电力已达 3240 万千瓦，区外来电最大电力占全省全社会最大负荷的比重为 27%。

二、江苏煤电发展特点

（一）30 万千瓦及以上机组装机容量占比较高

截至 2019 年底，纳入统计范围的在运煤电机组总装机容量为 8075.32 万千瓦。其中，百万级超超临界机组装机容量为 2600 万千瓦；60 万千瓦级机组装机容量为 2637 万千瓦；30 万千瓦级机组装机容量为 1982.4 万千瓦；30 万千瓦以下（不含 30 万千瓦）累计装机容量为 855.92 万千瓦；10 万千瓦以下（不含 10 万千瓦）装机容量为 667.92 万千瓦，10 万~20 万千瓦（不含 20 万千瓦）机组装机容量为 188 万千瓦。

（二）供电煤耗低于全国平均水平，处于领先水平

江苏全口径发电机组供电煤耗从 2010 年的 322 克/千瓦时下降至 2015 年的 301 克/千瓦时，并进一步下降至 2018 年的 291 克/千瓦时，远低于当年全国 6000 千瓦及以上电厂供电标准煤耗 308 克/千瓦时。

（三）煤电利用小时数持续下降，但仍高于全国平均水平

煤电利用小时数持续下降。由于清洁能源发电装机增速较快和区外来电规模

稳步扩大，又面临环境保护与碳减排的双重压力，煤电发电受到控制，全口径发电设备和煤电发电设备利用小时均持续下降，江苏煤电发电设备利用小时数由2016 年的 5093 小时，下降到 2017 年的 4909 小时、2018 年的 4576 小时。

（四）机组年龄结构相对平衡，约两成机组寿期超过 20 年

截至 2019 年底，从运行年份来看，运行超过 30 年的有 21 台机组，根据江苏煤电行业淘汰落后产能目标任务，其中 18 台机组已有明确关停计划，在 2020年关停（其中连云港碱业公司 2 台机组已于 2020 年 5 月关停）。运行期在 20～30年的有 60 台机组，其中 7 台已有明确关停计划。运行期在 10～20 年的有 225 台机组，其中 6 台已有明确关停计划，拟关停机组均为 10 万千瓦以下小机组。运行期不足 10 年的有 97 台机组。

三、江苏煤电合理规模及控煤目标

（一）江苏煤电合理规模分析

（1）情景设定。包括三种情景：①基准情景。在江苏计划拟建煤电机组全部投产且寿命满 30 年的机组正常退役的前提下，以完全消纳风电、太阳能等可再生能源为目标确定风电、太阳能装机，其他电源按照《江苏省"十三五"电力发展专项规划》进行建设投产。②低碳情景。在寿命满 30 年的机组正常退役的前提下，江苏在 2030 年之前煤电装机零增长并实施供给侧改革，以消纳风电、太阳能等可再生能源最大化为目标确定风电、太阳能装机，其他电源按照江苏省电力"十三五"规划进行装机。③1.5℃情景。在寿命满 30 年的机组正常退役的前提下，2025 年 200 兆瓦及以下的机组和部分煤耗环保不达标的 300 兆瓦级机组全部淘汰，2030 年只保留部分能耗较低的 300 兆瓦及以上热电联产机组。

（2）江苏电力需求展望。①近期（2025 年）。采用电力弹性系数方法，对"十四五"时期全社会最大用电量需求进行预测。同时考虑受新冠疫情影响严重，结构调整和产业升级、人民生活水平提高将带来明显的负荷特性变化，预计2025 年全社会用电量将达到 7328 亿千瓦时，全社会最高负荷将达到 14011 万千瓦。②远期（2030—2050 年）。远期预测全社会用电量主要考虑人口和人均用电量的增长。按 2030 年人均用电量达到 9000 千瓦时，2050 年达到 10000 千瓦时进行估算，江苏全社会用电量 2030 年将达到 7489 亿千瓦时，2050 年将达到 8801

亿千瓦时。负荷率相对较低的第三产业和居民生活用电增长较快，最大负荷增速仍将快于电量增速，预测江苏最大负荷 2030 年将达到 14392 万千瓦，2050 年将达到 16911 万千瓦。

（3）煤电合理规模测算。对基准、低碳及 1.5℃情境下的电力供给，以及煤电合理规模进行测算，电量平衡和电力平衡两者取其大，可确定在三种情境下，2025 年和 2030 年煤电装机的合理规模如表 1 所示。

表 1　三种情景下煤电装机需求

情景/年	2025 年	2030 年
基准情景（万千瓦）	5301	4282
低碳情景（万千瓦）	5206	4157
1.5℃情景（万千瓦）	5081	4032

资料来源：根据团队研究报告预测。

（二）江苏电力控煤目标设计

（1）煤电过剩产能分析（2020—2030 年）。在基准情景下，2025 年、2030 年煤电分别将过剩 2210.5 万千瓦、2773.9 万千瓦；在低碳情境下，2025 年、2030 年煤电分别将过剩 2105.5 万千瓦、2698.9 万千瓦；1.5℃情景下，2025 年、2030 年煤电分别将过剩 1374.6 万千瓦、976.8 万千瓦。

（2）远期煤电去产能可行性（2050 年）。在基准情景和低碳情境下，2050 年将产生约 2000 万千瓦的煤电装机缺口，不能满足最大负荷需要，需加大区外来电、储能和需求响应，并进一步提高风光装机以补齐缺口。如需进一步实现减煤目标，应加大清洁能源和需求侧资源发展力度。

（3）煤电去产能目标设计。主要分为以下四步：

第一步：落实关停计划。严格按照计划进行落后产能淘汰。

第二步：按期淘汰服役期满机组。"十四五"时期，对服役期届满的机组进行淘汰关停或验收调整、煤炭消费减量替代等方式去产能。

第三步：加快小机组的淘汰和战略备用进程，通过"上大压小"等方式进一步去产能。到 2025 年，完成 2100 万千瓦左右去产能目标，2030 年进一步完成 600 万千瓦去产能目标。2020—2030 年，减少 2700 万千瓦煤电装机。

第四步：大力发展清洁能源，建设储能设施，提升需求响应能力，逐步实现现役煤电机组的退役，到 2050 年，完成大部分现役煤电装机退役，保留部分作为调峰和应急电源。

江苏长期处于电力紧张情形，煤电去产能需根据实际电力供需情况，在保证电力供应和峰值负荷的情况下稳步推进。如果风电、光伏和储能增长不达预期，到2050年后高峰期存在最大用电负荷无法满足的风险，对部分技术先进、低污染和低煤耗的煤电不宜直接关停，建议延寿转为调峰机组或进行减量替代。

四、江苏煤电化解过剩产能的路径选择

（一）严格控制煤电装机总量

（1）加快淘汰煤电落后机组。对于不符合强制性标准的机组，不符合环保、能耗、安全等法律法规、技术标准和产业政策的煤电机组，对于服役期届满的30万千瓦级及以下的煤电机组，不予延寿、实施关停。符合这些标准的落后机组采用直接关停方式，对于公用电厂退出后，其服务范围和区域利用备用电厂或热电厂保证供应；对于自备电厂，则通过采用电能替代保证电力供应。

（2）采用"关而不拆"将期满机组调整为应急调峰电源。通过关停机组但不拆除设备作为应急备用电源，退出一批煤电机组。

（3）大力实施煤炭消费减量替代行动。逐步提高减量标准。电力行业在等量替代的基础上，逐步实行减量替代。对于60万千瓦及以上大容量机组，可以采用610℃~620℃二次再热先进高效超超临界煤电技术，同时对600℃一次再热机组因地制宜地进行系统集成优化，如采用双机回热、低温省煤器、空预器综合优化、烟气余热深度利用等技术，发电效率可进一步提高约2~3个百分点，发电煤耗降低约10~18克/千瓦时。

（4）扩大区外来电，保供"及时雨"。稳定区外来电可靠性对保障江苏电力供应安全、削减煤炭消费总量具有重要意义。既要保证经济发展持续向好向优，全社会用电量和最高用电负荷自然突飞猛进，而在用电消费增长的同时，为打赢蓝天保卫战，要深入实施削减煤炭消费专项行动，在电力需求和供应矛盾的情况下，区外来电就成为解决矛盾的重要抓手。

（二）积极提升煤电运营质量

（1）不断深化技术改造，提高机组运行效率。对煤电机组进行技术改造，深化挖潜增效。改造的主要方向是纯凝向抽凝或背压式的改造、锅炉和汽轮机高效利用改造，以及锅炉燃烧方式或燃料类型的改造。

（2）对煤电进行灵活性改造，提高机组调峰等辅助服务能力。江苏 300 兆瓦级煤电机组总容量占比、热电结构占比仍较大，到 2025 年前大约有 410.6 万千瓦的煤电机组面临退役和延寿问题，对于延寿机组应考虑系统调峰等性能要求，从系统功能需求和能效、环保、安全角度考虑。

（3）积极探索低碳发电技术，推广燃煤耦合发电技术。燃煤耦合生物质发电，是通过现役煤电机组的高效发电系统和环保集中治理平台，尽力消纳田间露天直燃秸秆，规模化协同处理污泥，实现燃料灵活性，降低存量煤电耗煤量，提升可再生能源发电量的一种模式。

（三）依托产业政策促进煤电转型发展

"十四五"时期，研究制定并具体落实必要的产业政策是充分发挥煤电"四个平台"（电热基础平台、灵活调峰平台、节能减排平台、耦合消纳平台）的功能作用，促进煤电转型发展的重要保障。

给予燃煤耦合生物质发电支持政策。现阶段，我国燃煤耦合生物质发电的发展约束在于耦合的生物质能电量没有合理的上网补贴，可以通过合理的电价补贴，充分发挥生物质能在我国能源转型中的积极作用，对于普遍关注的生物质能电量计量真实性问题，可以通过成熟的计量技术手段加以解决。

（四）大力发展可再生能源作为替代能源

（1）挖掘江苏可再生能源禀赋优势。江苏具备丰富的太阳能和风能资源。江苏的太阳能资源的年均总辐射量在 1200～1500 千瓦时/平方米，属于太阳能资源Ⅱ类区"很丰富带"。从地域分布来看，太阳能资源从南向北逐渐增加，平均年利用小时约 1050 小时左右。江苏的海上资源相对比较丰富，近海海域广阔，海底地形平坦，潮间带和近海海域 80 米高度平均风速 7.5 米/秒左右，适宜大力发展海上风电，它是全国千万千瓦风电基地之一，海上风电具有广阔的发展前景。充分挖掘江苏可再生能源禀赋优势，进一步推动可再生能源发展壮大，由注重扩大规模向重视技术创新转变，进一步发展风、光，探索氢能发电体系建设，深度优化能源结构，推动可再生能源由补充型电源逐步向主力型电源转变。

（2）有序推进分布式风电光伏发展。坚持重点发展分布式光伏发电不动摇，优先支持在用电价格较高的工商业企业、工业园区建设规模化分布式光伏，在可利用屋顶面积充裕、电网接入条件较好、电力负荷较大的区域，重点利用城乡各类屋顶资源发展"自用为主、余电上网"分布式光伏，鼓励发展与建筑一体化的分布式光伏发电系统，鼓励居民社区、家庭和个人发展户用光伏系统，实现分布式可再生能源的就地消纳和有效利用，推动分布式光伏发电不断发展。

（3）解决可再生能源发展瓶颈问题，主要包括以下三方面：①发挥规划引领作用，解决源网不协调问题。针对已经核准的光伏、风电项目与电网配套送出工程没有同步规划、同步核准，电源本体核准后才能开始配套电网工程规划的问题。应进一步发挥规划引领条件，加强新能源规划与电网规划、新能源项目与电网配套项目统一规划、协调建设、有序投产，推动源网荷储协调发展。②加强电网建设，解决北电南送瓶颈问题。截至 2021 年底，江苏风电、光伏装机量占全省发电总装机的 26.91% 左右，随着清洁能源高比例的介入，区外来电规模扩大，电网调峰矛盾日益加剧。江苏约 99% 风电、70% 光伏在苏北，而 60% 以上用电负荷在苏南，受地区电网结构和过江输电通道影响，消纳矛盾凸显。电源与负荷逆向分布特性使得苏北大量电力需跨越长江送往苏南负荷中心，"北电南送"过江通道输送能力不足成为制约新能源消纳的关键因素。随着新能源装机的快速增长以及沿海地区新增煤电、核电投产，"北电南送"过江电力需求进一步增加，"北电南送"过江能力的提升是"十四五"时期及中长期江苏电网发展的重点任务。③深入挖掘调峰潜能，解决调节能力不足问题。鉴于江苏省内电源侧调峰资源潜力有限，调峰能力成为影响新能源消纳的重要因素。特别是近年来新增机组大部分为新能源，具有随机性、间歇性、波动性特点，不具备调节能力。江苏煤机灵活性改造增长幅度有限，燃机开停频繁无法完全满足要求。区外来电一般不参与受端电网调峰或调峰深度很小，调节幅度有限。应深入挖掘电力系统调峰潜能。完善煤电机组灵活性改造和深度调峰的政策，进一步研究各类煤电机组技术改造路线及方案，提升煤机深度调峰能力。加快推进抽水蓄能电站建设。规范自备电厂运行管理，推动自备电厂纳入电网统一调度运行，承担调峰义务和社会责任。优化完善市场机制，调动各类资源参与调峰等辅助服务的积极性。

（五）加强需求侧管理

（1）推进需求响应深化应用。聚焦需求响应精准化，进一步汇聚可调负荷集控系统，汇集工业、楼宇、客户侧储能、充电桩等各类可调资源，扩大可精准匹配调控需求的"资源池"。推广工业负荷柔性参与实时需求响应的成功经验。加大技术研发投入，支持建设能源互联网，打破"源—网—荷—储"数据壁垒，整合系统运行、市场交易和用户用电数据，提高需求侧大数据分析能力，实现需求响应资源的智能调控。通过可调负荷集控系统集中监测接入负荷，可实时匹配电网侧调节需求，并根据不同负荷资源调节能力、响应速率自动生成调控策略。

（2）持续发展绿色节能建筑。应积极落实《绿色建筑创建行动方案》与最终发布版的《江苏省居住建筑热环境和节能设计标准》（提升至75%节能）要求，推动新建建筑全面实施绿色设计，提升建筑能效水平，推动超低能耗建筑、近零能耗建筑发展。

五、江苏煤电机组优化实施路径政策建议

伴随着电力市场化改革的加速推进，煤电所面临的外部产业政策环境也亟须作出相应调整，充分发挥煤电在能源电力转型中的功能定位作用；同时要推动落实相关激励机制的建立和完善，促进和保障煤电向高效、清洁、灵活、低碳和智能化转型升级。"十四五"时期，江苏依托风电、太阳能发电、区外来电、储能等，以及需求侧响应等满足不断增长的电力需求，但综合来看，电力平衡吃紧，特别是光伏和风电规模大，大量间隙性电源接入电网后会对系统的灵活性提出新的要求，需要大量的火电机组为其充当备用电源以保障调度安全。

（一）煤电功能定位调整思路

煤电对江苏发展具有重要作用。煤电一直以来都是江苏主力电源，近年来，在江苏省政府的大力推动下，以风电、光伏为主的可再生能源发电发展迅速，占比不断提高，煤电发电量占比进一步得到压缩，利用小时数持续低位，煤电亏损进一步加剧。但从当前来看，煤电仍在能源体系中占据重要地位，特别江苏在"十四五"时期仍然存在电力缺口的情况下，是当下最经济可靠的大型调峰、调频、调压的灵活电源，煤电的功能调整和重新定位是保障江苏可再生能源消纳、推进市场化改革、缓解煤电企业困境的最直接有效的措施。充分发挥煤电在能源和电力转型发展过程中"四个平台"的功能作用，即电热基础平台、灵活调峰平台、节能减排平台、耦合消纳平台，为江苏能源电力转型高质量发展"保驾护航"。江苏煤电定位需要从主力电源向"基荷保供、灵活调峰、辅助备用"的多角色进行转变。

江苏煤电定位调整的大方向是：60万千瓦及以上的超临界和超超临界机组，要充分发挥高能效优势作为基荷电源运行，可以进一步通过提供热、汽、水等综合能源服务来提高能源利用效率；通过完善的辅助服务产品设计，保障30万～

60 万千瓦亚临界机组科学合理地发挥灵活性辅助服务作用，实现存量机组由电量型机组向电力型机组转变；运行年限较长的 30 万千瓦及以下常规纯凝机组，符合能效、环保标准的将逐步向备用和辅助服务机组转型，不符合能效环保标准的则将逐步退出市场。

（二）利用市场机制推动煤电功能定位转变

构建涵盖电力现货、容量、辅助服务等不同交易品种的完整市场体系，充分反映煤电在电力系统中的价值，并通过市场机制的完善推动煤电功能定位重要作用的充分发挥。

（1）继续深入完善电力现货市场化机制。江苏正推行以中长期电量交易为单一品类的电力市场模式，由于用没有时序信号的电量为交易标的，隐去了电能交易中最为关键的"同时、同质"信息，从而存在不同品质电能价格趋同、电力资源的错配问题，并客观上导致从电力供应角度来看，高品质的煤电价值未能有效体现。为了促进电力资源优化配置、建立反映供能价值的电力价格体系，需要在总结前期电力现货市场试点省份建设经验的基础上，进一步完善电力现货市场的建设，真实反映煤电在电力系统中的价值，促进电力市场健康发展。

（2）加快建立发电容量成本回收机制。"十四五"时期江苏新能源装机和发电量占比都将持续提高。同时，以提高电力安全可靠供应保障和消纳新能源为主要功能的煤电，其整体利用小时数将继续维持在较低水平，且呈现下降趋势。在煤电执行单一制电量电价体系的情况下，如果利用小时数持续下降，煤电的投资回收难以达到预期。同时，随着电力市场化改革的快速推进，电源侧的激烈竞争将导致电价进一步下降，必然加剧煤电的经营困境，未来存在加快退出市场的可能性。建立容量电价机制，对进行灵活性改造和战略备用的机组，通过容量支付的方式来弥补一部分的成本或经济损失。容量补偿的数额取决于机组参与电力系统时对最大负荷的贡献程度及提供向下爬坡服务时获得的收益。容量电价机制既可以解决搁浅资产的补偿问题，还能够解决资源充裕度的问题。因此，构建容量成本回收机制，有助于提高煤电企业参与电力平衡的主动性和积极性。

（3）深化完善电力辅助服务市场机制。为了适应占比较高的新能源电力系统的安全稳定运行需求，需要通过设置合理的经济激励机制来引导煤电等传统电源机组开展灵活性改造。江苏出台了服务市场建设方案及交易规则，启动了以深度调峰为主要交易方式的辅助服务市场试运行。截至 2019 年 10 月底，市场已累计形成补偿费用 1.2 亿元，是 2018 年调峰补偿总水平的 3.1 倍，煤电企业提供辅助服务的参与度及实施的积极性显著增强。为了鼓励省内新能源并网消纳专项监管，江苏出台政策鼓励新能源企业配置储能设施，支持储能项目参与电力辅助服务市场，以市场化手段破解新能源消纳矛盾。

参考文献

［1］国网能源研究院有限公司．2019 中国电力供需分析报告［M］．北京：中国电力出版社，2020.

［2］中国电力企业联合会．2019 中国电力行业年度发展报告［M］．北京：中国建材工业出版社，2019.

［3］叶肇基．江苏电力"十三五"以来供需现状和"十四五"供需展望［J］．江苏能源，2019（06）.

［4］高嘉樑．江苏省"十四五"煤电发展空间的粗浅分析［J］．江苏能源，2019（06）.

［5］吴伯春．关于"十四五"电力规划的几点建议［J］．江苏能源，2020（02）.

［6］吴伯春．江苏"十四五"新能源消纳建议［J］．江苏能源，2020（03）.

［7］王圣．江苏省"十四五"能源规划中煤电行业环境保护要点探讨［J］．江苏能源，2020（02）.

［8］康俊杰，李晶晶，王一惠，等．"自下而上"煤电去产能的路径与政策研究［J］．中国煤炭，2019，45（09）.

［9］史静，周琪，谈健，等．经济新常态下江苏省电力需求分析研究［J］．中国电力，2017，50（12）.

［10］张宁．中国到底需要多少煤电［N］．中国能源报，2017-04-13.

［11］袁家海，张浩楠．"十四五"电力规划与煤电定位转型研究［J］．电力决策与舆情参考，2020（01）.

［12］江苏省统计局．江苏省统计年鉴［M］．北京：中国统计出版社，2019—2021.

［13］江苏省统计局．2021 年江苏省国民经济和社会发展统计公报［EB/OL］．（2022-03-03）［2022-03-05］．http：//tj．jiangsu．gov．cn/art/2022/3/3/art_4031_10362925．html.

［14］江苏省行业电力协会.2021年12月份电力生产经营简报［EB/OL］.（2022-01-12）［2022-03-05］.http：//www.jsepa.com/art/2022/1/12/art_105_35701.html.

［15］国家能源局.2019年12月江苏电力运行情况通报［EB/OL］.（2020-01-15）［2022-03-05］.http：//jsb.nea.gov.cn/news/2020-1/202018171034.htm.

［16］江苏省统计局.江苏能源生产发展呈现新局面［EB/OL］.（2019-09-20）［2022-03-05］.http：//www.jiangsu.gov.cn/art/2019/9/20/art_34151_8716548.html.

［17］江苏省发展和改革委员会.江苏省"十三五"电力发展专项规划［EB/OL］.（2016-12-30）［2022-03-05］.http：//fzggw.jiangsu.gov.cn/art2016/12/30/art_292_6652626.html.

［18］江苏省发展和改革委员会.江苏省"十三五"能源发展规划（2017-05-12）［2022-03-05］.http：//new.tzxm.gov.cn/zckd/fzgh/201912/t20191213_1262111.shtml.

30

能源革命的新进展

——以河南省为例

张瑞芹　刘　磊　崔磊磊　王　克[*]

一、能源革命中电力供给改革方向："由远方来强化身边来"

（一）能源革命开展的背景

能源是经济和社会发展的基础。我国进入高质量发展阶段，需要高质量能源体系的支撑，"能源革命"新战略应运而生。"能源革命"意味着我国能源必须有质的变革、革命性的创新和转型。在习近平总书记提出的"四个革命、一个合作"中，能源消费革命意味着由粗放、低效走向节约、高效；能源供给革命意味着由黑色、高碳走向绿色、低碳；能源技术革命是消费革命和供给革命的支撑；能源体制革命则是成功的保障。"能源革命"的思想是在总结国内外发展经验的基础上提出的，是我国高质量发展和可持续发展的内在需求。其目标是建成我国清洁、低碳、安全、高效的能源体系。

200多年来，化石能源的使用，推动了工业革命，大大提高了劳动生产率。虽然化石能源不可再生，但由于全球的化石能源资源比较丰富，在全球的一次能源消费结构中，化石能源至今仍然占主导地位。一个世纪以前，全球的一次能源结构中煤炭的占比也高达70%，经过几十年的演变，油气的占比已超过50%。中国和全球的差别在于，煤炭的占比至今仍高达近60%，而油气的占比较低，且对

---

[*] 张瑞芹，郑州大学环境科学研究院；刘磊，河南工业大学信息科学与工程学院；崔磊磊，中国工程物理研究院战略技术装备发展中心；王克，郑州大学环境科学研究院。本章内容根据作者在中国社会科学院生态文明研究智库主办、中国能源网协办的《中国煤电发展之路辨析》系列沙龙上的发言材料整理而成。

外依存度较高。现在，我国能源进入了多元发展阶段，煤炭、石油、天然气、可再生能源和核能协调互补、此消彼长、逐步转型。

文献给出，我国技术可开发的风能资源约为 35 亿千瓦，技术可开发的太阳能光伏资源约为 22 亿千瓦。截至 2019 年上半年，我国已开发的风能装机容量为 1.98 亿千瓦，光伏装机容量为 1.9 亿千瓦，均不到技术可开发量的 1/10。技术可开发资源量是指已经除去了各种地理的、社会的不便开发的那部分资源量。如果再加上资源可观的生物质能、地热能，还有海洋能、太阳能热利用、固废能源化等，我国可再生能源的资源量是丰富的。可见，我国逐步发展可再生能源，使其达到高比例是完全可能的。因此，我们应对我国的能源资源禀赋重新认识：在化石能源资源"富煤、缺油、少气"的同时，我国拥有丰富的非化石能源资源，特别是可再生能源资源。逐步建成我国以非化石能源为主的低碳能源体系，其资源基础是丰厚的。

在走向以非化石能源为主的低碳能源体系的过程中，提高电力在终端消费的比重，实现电气化、智能化和低碳化，是能源转型中的重要举措。长期以来，我国的能源生产和消费格局是：西电东送、西气东输、北煤南运。尤其是中东部地区，这里经济社会相对发达，人口密度高，人均环境容量有限，同时也是能源负荷很重的地区。然而，中东部地区化石能源禀赋差、能源消耗强度高、可再生能源发展不充分，形成了对"西电东送"和"北煤南运"的较强依赖性，所使用的电大部分从"远方来"。那么是否可以大力发展中东部地区的可再生能源，实现新增电力（能源）高比例自给呢？实际数据显示，做到电从"身边来"是可行的。

（二）"电从身边来"的可行性分析

首先是资源可行性。在风电方面，东部地区陆上风能资源技术可开发量是 14 亿千瓦，近岸海上风能资源达 11.95 亿千瓦，合计近 26 亿千瓦；在光伏方面，集中式光伏电站可开发的潜力是 2.56 亿千瓦，分布式光伏装机潜力是 17.51 亿千瓦，合计近 20 亿千瓦。由于东部各省经济比较发达、技术比较先进，应是节能提效的先行区。核能明确在沿海地区优先发展，东部是核能发展的优先区，也是海上风电、海洋能发展的优势区；东部还是天然气（含非常规）、LNG 进口接收区；东部地区工业发达，有丰富的工业余热可以利用，再加上拥有太阳能、部分水电、生物质（含固废资源化）、地热等资源，把这些都算起来，东部的资源相当丰富，这些为东部能源的高比例自给提供了资源基础。至于这个"高比例"

具体能达到多高，则要根据各地的实际情况做出定量的规划。东部地区可再生能源的已开发利用量仅占可开发资源量的百分之几，即还不到 1/10。国际比较研究也能说明问题：德国计划到 2025 年电力的 45% 来自可再生能源，2035 年要提高到 55%~60%。2018 年底德国每平方公里风电装机容量约为 171 千瓦，每平方公里光伏装机容量约为 138 千瓦，而中国东部 14 个省的平均值分别只有这两个数据的 40% 和 55%。因此，中国相比德国现在的水平还有将近 1 倍的提高空间，而德国的水平还在进一步提高。美国太阳能供电自发电已经达到 1000 万户，美国有 3 亿人口，大概就是美国 1 亿个家庭中有 1000 万个家庭做到了自发电，这样的规模对我们还是很有启发的。

其次是技术可行性。风电和光伏等可再生能源技术可行性已经基本实现，这些年发展相当快，技术也在不断进步。风电和光伏都需要储能的配合，随着材料与技术的不断创新进步，储能技术进步也很快，可能会有颠覆性的突破。化学储能成本下降很快，已经接近抽水蓄能的价格水平；火电在东部继续发挥供电作用的同时，其调峰技术也在不断进步。另外，东部地区的网络与信息技术、智能化、大数据与云计算等技术迅速发展，以及"虚拟电厂"的兴起和发展，节能、提效技术也有很好的基础。这些都为东部地区发展可再生能源提供了技术基础。东部的电力格局是否能考虑将集中式的智能电网和分布式的微网网络结合起来？二者可双向互动，后者也可以独立运行。分布式的微网网络可以使东部既是电力的消费者，也是电力的生产者，促使东部从能源"消费者"变为"产消者"。

最后是经济可行性。高成本曾是制约可再生能源发展的因素之一，但近十年可再生能源发电成本发生了显著变化，特别是光伏和风力发电技术。根据公用事业规模太阳能光伏项目的全球平均能源成本（LCOE），2010—2020 年，太阳能光伏发电成本下降了 85%，从 0.381 美元/千瓦时下降到 0.057 美元/千瓦时。相较于目前最便宜的新型化石燃料发电，太阳能发电具有极强的竞争力。2010—2020 年，全球陆上风力发电项目的加权平均成本下降了 56%，从 0.089 美元/千瓦时下降到 0.039 美元/千瓦时。国际可再生能源署（IRENA）研究表明，与化石燃料发电相比，生物质发电、水力发电、地热发电和陆上风力发电都能提供具有竞争力的电力。有关专家组的研究表明，东部 1 千瓦时的自发电成本，低于特高压西电东送 1 千瓦时的电力成本。

另外，随着可再生能源成为未来全球能源发展的主要方向，虚拟电厂成为一种实现可再生能源发电大规模接入电网的区域性多能源聚合模式。虚拟电厂的提出是为了整合各种分布式能源，包括分布式电源、可控负荷和储能装置等。它是"互联网+源网荷储售服"一体化（即电源、电网、负荷、储能、销售、服务的聚合体）的清洁智慧能源管理系统，是对多种分布式能源进行聚合、优化控制和管理，为电网提供调频、调峰等辅助服务，并能够参与电力市场交易的技术和商业模式。用市场办法引导用户参与调峰调频，重点通过虚拟电厂和多能互补来提高分布式新能源的友好并网水平和电网可调控容量占比，并基于电力市场实现集中式新能源省间交易和分布式新能源省内交易，从而缓解"弃风""弃光"现象，促进清洁能源消纳。

通过以上对资源可行性、技术可行性、经济可行性以及国内外的经验分析可以看出，我国中东部地区完全有可能做到能源较高比例的自给。随着中东部电源的发展，对"西电东送"和"北煤南运"的压力会减少，"西电东送"的增量有可能会出现一个拐点，这一点是非常重要的能源转型的标志。至于拐点出现的具体时间，取决于国家规划和政策引导等因素。所以说，能源转型不仅是调整能源结构，空间的结构和格局也会有重要的变化。

二、河南省能源革命进展

河南位于全国中部，黄河中下游，地处沿海开放地区与中西部地区的结合部，是一个农业和工业大省，人口过亿。2020 年，全省能源消费总量为 2.27 亿吨标准煤，在全国排名第五位，其中煤炭消费占比高达 67.6%。煤炭消费产生的环境污染严重制约着经济的高质量发展。"十四五"是河南能源革命转型的关键时期，通过推动可再生能源替代化石能源措施的实施，包括协同特高压电网的建设，推进智慧能源互联网技术、分布式能源和储能技术应用；集中式和分布式并举、本地消纳和外送相结合的原则发展风电和太阳能发电；因地制宜高效开发利用生物质能；鼓励推广地热能和太阳能热利用，从而建设多能互补的分布式清洁供能体系，促进中原城市群崛起，保障黄河生态环境保护和高质量发展。

（一）河南省能源资源及消费特征

从能源资源禀赋来看，河南煤炭资源较为丰富，基础储量为 85.6 亿吨，居全国第 6 位；石油后续可开发资源不足，基础储量为 4427 万吨，居全国第 11 位；天然气资源匮乏，可开采资源逐步枯竭，基础储量为 74.8 亿立方米，居全国第 16 位；非化石能源开发利用条件尚可，未来将以抽水蓄能发电站开发为主，风能资源属Ⅳ类地区，太阳能资源属Ⅲ类地区，地热资源储量居全国中上等水平，生物质资源相对丰富，发展潜力较大。

从能源供需情况来看，河南能源生产、消费"以煤为主"的特征突出，煤炭占能源生产的比重始终保持在 80% 以上，占能源消费的比重始终保持在 65% 以上；非化石能源在风电、光伏开发利用带动下，占能源生产、消费的比重分别上升了 5.5 个、4.6 个百分点；能源消费低速增长，对外依存度逐年攀升，2010—2017 年河南能源消费总量年均增长 1.4%，能源对外依存度从 6.2% 跃升至 54.3%，2020 年能源消费弹性系数为 1.56。

从能源消费总量与结构来看，河南能源消费总量增速明显减缓，煤炭占比持续下降。2020 年河南能源消费总量为 22572 万吨标准煤，比上年增长 2.0%，占全国能源消费总量的 4.6%，其中煤炭折合标准煤占比为 67.6%，石油占比为 15.3%，天然气占比为 5.9%，其他能源及一次电力占比为 8%。工业是河南用能大户，其次是居民生活、交通运输业、批发零售、住宿餐饮及其他服务业。其中，工业占终端能源消费总量的 62%，其次是居民生活占比为 15%，批发零售、住宿餐饮及其他服务业占比为 9%，交通运输业占比为 8%。河南煤炭主要用于发电及工业生产，石油主要用于交通运输业，天然气主要用于工业，其他能源主要为一次电力，二次能源电热主要用于工业与居民生活。

上述调研数据显示，河南能源的核心问题是：河南能源生产、消费"以煤为主"的特征突出，能源对外依存度高，能源消耗强度高，而传统化石能源资源缺乏，也是能源负荷很重的地区。因此，河南能源革命首先要大力节能提效，做好煤炭的清洁高效利用，逐步优化能源结构。同时，在新形势下，大力推动可再生能源的开发利用。概括起来就是"远方来"和"身边来"相结合，集中式和分布式相结合。特别是充分发展可再生能源资源优势，把"身边来"的能源调动起来，提高河南能源高比例自给。既能解决能源问题，又能带动新型发展（包括新型制造业）。对于确保长远的能源安全、环境安全、引导能源转型具有方向性、战略性的意义。

（二）河南低碳能源革命情景分析

通过采用经济、能源、电力综合模型系统，以宏观经济判断和环境要求作为约束条件，能源革命项目研究了河南中长期能源需求总量及分部门、品种需求情况；然后结合能源资源及产业基础等约束，对能源、电力发展路径进行模拟分析和优化；最后，利用技术、经济评估方法，研究电力转型带来的经济效益、社会效益、环境效益等影响。结果显示：①河南能源消费总量将继续增长，GDP 能耗将持续下降。在能源革命情景中，河南能源消费总量将在 2030 年前后达到峰值，峰值水平约为 2.6 亿吨标准煤；预计 2030 年、2035 年单位 GDP 能耗将分别降至 0.27 吨标准煤/万元、0.21 吨标准煤/万元，5 年年均降幅为 5%左右。②河南煤炭占比将继续下降，天然气、石油、一次电力及其他能源占比呈不同幅度上升。在能源革命情景下，2035 年河南煤炭占比将下降至 37.6%，石油占比将上升至 17.1%，天然气占比将上升至 13.4%，一次电力及其他能源占比将上升至 31.8%。③河南产业电气大幅提升，天然气占比将平稳上升，煤炭占比下降，石油占比趋于稳定。在能源革命情景中，至 2035 年河南电能、天然气占比将分别增长至 40%、13%，热力占比将上升至 7%，煤炭占比将下降至 16%，石油则保持在 22%左右的水平；预计 2050 年，电气化水平将达到 60%。④河南行业智能化不断加强，工业用能占比将持续下降，商业及其他服务业、交通运输及仓储邮政业、居民生活用能占比将呈不同幅度上升。在能源革命情景下，2035 年河南工业用能占比将降至 55%左右，服务业用能占比将显著上升，商业及其他服务业、交通运输及仓储邮政业用能占比将较 2015 年分别上升 10.4%和 5.5%。⑤河南电力绿色化加速发展，风、光发电继续保持较快增长。在能源革命情景下，2020—2025 年河南风电、太阳能发电仍将处于高速发展区间，年均增速将分别达到 24.4%、17.3%，2025—2035 年风、光装机容量将随着可用资源利用度和电力需求增长减缓而有所放缓；预计 2050 年风、光装机容量将分别达到 1.8 亿千瓦、2.3 亿千瓦。

（三）河南可再生能源资源发展潜力分析

在风能发电方面，根据气象局的数值，项目研究模拟了目前河南风资源状况，得到了 100 米和 140 米的数值。经统计，河南 100 米高度可开发利用的风能资源总量为 6977 万千瓦；低风速资源技术可开发量为 6174 万千瓦；其中信阳市和驻马店市的风资源可开发利用量较高，突破 1000 万千瓦。在 140 米高度时，河南可开发利用的风能资源总量为 7982 万千瓦，比 100 米的高度大概增加 1000 万千瓦的资源开发量。对风力发电发展的情况进行测算来看，2020—2025 年：以风资源 100 米高度测算，按单位投资 6500 元/千瓦，平均风速 5.5~5.8 米/秒以上，则利用小时数 2240 小时以上，在资本金收益率达到 8%情况下，测算电价在 0.37 元/千瓦时以下，作为"十四五"时期的主要增量目标，约为 1200 万千瓦,全省累计装机规模可达 2000 万千瓦。2026—2030 年,考虑单位千瓦投资不变,开发平均风速 5.3~5.5 米/秒时,现有技术利用小时数可达 2100 小时,考虑风电技术进步利用小时数提高 10%,达 2300 小时,则测算电价 0.36 元/千瓦时,新增约 1600 万千瓦,累计装机容量达 3600 万千瓦。2030 年以后,考虑技术进步,逐步开发 5.3~5.0 米/秒风资源,技术可开发量 2700 万千瓦,按开发深度 80%测算,可新增装机规模约 2100 万千瓦以上,实现累计装机 5700 万千瓦以上。

在光伏发电方面,河南太阳能资源属于三类地区,年平均太阳总辐射量为 1195~1390 千万时/平方米,年平均光伏的利用小时数在 900~1100 小时,到 2050 年光伏的装机容量可以达到 4000 万千瓦。根据清华能源互联网创新研究院评估,河南可利用的分布式光伏资源总量可达到 4600 万千瓦。对河南光伏发展模式可以重点考虑集中式地面光伏电站,主要以荒山、荒坡和未利用地为建设区域,包括规模化水产养殖区农光互补一体化项目、光伏发展示范区项目、采煤沉陷区能源与循环经济示范项目或者工业园区分布式发电光伏发电自发自用模式,以及用户光伏;基于"互联网+"智慧新能源的多种能源互补型智能电站,开展农村能源革命示范试点,加快全省能源转型发展。

在智慧能源开发应用方面,项目以郑州市为例,分析了典型大城市风光发电潜能,提出市区应重点考虑发展分布式的光伏发电,郊区、郊县可以重点考虑发展风电。对比日本东京 23 区年平均辐射强度为 151 瓦/立方米,郑州市为 136 瓦/立方米,以及屋顶光伏的光伏组件面积等参数,测算出 2050 年郑州市辖六区潜在的装机容量为 1000 万千瓦,对应的年发展量为 112 亿千瓦时,占年用电量比例为 22%~37%。假设郑州市 2050 年全社会用电量增加至 1100 亿千瓦时,光伏发电提供 25%的电能,光伏的设备小时数取 1000 小时,市辖六区用电量占全市用电量的 50%,预测显示郑州市市辖六区需要开发光伏 1400 万千瓦。同样地,假设郑州市 2050 年全社会用电量增加至 1100 亿千瓦时,风电提供 25%的需求,风电年利用小时数取 2000 小时,按照这个数据折算,郑州市需要开发风电 1380 万千瓦。随着风机跟光伏设备电网容量的逐步增加,风光电量渗透率逐渐增加,"弃风""弃光"比例逐渐增加;如果"弃风""弃光"比例不超过 5%,除去河南已经有的火电机组 7091 万千瓦,可以配合开发的风机和光伏是 4500 万千瓦,而当前河南风光机组一共装机容量才 1700 万千瓦,可以充分发展风光发电。另外,采用"光伏+储能+电网"的供电方案,白天光伏设备向负荷供电并向储能充电,夜晚储能向负荷供电,并假设光伏设备和储能设备各向负荷供应 50%的电量。通过对成本的计算，到 2025 年自发自用电能的成本为 0.517 元/千瓦时，跟全国平均销售电价相比，低于居民、大工业和一般工商业用电。

在地热能方面，河南 18 个城市规划区范围内适宜浅层地热能开发利用的总面积为 8147 平方千米，利用热储法进行计算，浅层地热能总的储存量为 35731×10^{12} 千焦/年。从利用前景上看，河南总体上属于东亚季风性气候，冷暖负荷基本相同，不会出现冷堆积、热堆积的情况，总体上比较适合浅层地热能利用。中层地热能资源中，初步估算全省 4000 米以浅沉积盆地型地热资源可采资源量 110.8×10^8 吉焦，折合年可利用标准煤 378.91×10^4 吨/年；断裂对流型地热资源中（西南部山区），河南全省平均值大地热流值 57 兆瓦/平方米，总体呈现东高西低的特点。中生代沉积地温梯度略高，一般在 3.0~5.1 摄氏度/100 米。基岩山区断裂构造类型的地温场受地下水、岩石热导率影响，致使地温梯度只有 0.2~1.7 摄氏度/100 米。

在生物质能方面，河南基于生物质能各类废弃物 2018 年的产生量为 3.72 亿吨，产生量居全国第二，各类废弃物中：畜禽粪便占比 72%、农业废物占比 23%、生活垃圾占比 4%、林业废物占比 1%。河南生物质资源量每年约折合 7538 万吨标准煤，按 2018 年全省能源消费量 2.3 亿吨标准煤计算，生物质能源潜力占到 1/3。河南农业废物与畜禽粪便密度分布较为相同，其中周口、商丘、许昌和开封地区的密度较高，农业废物密度超过 100 吨/平方千米、畜禽粪便密度超过 700 吨/平方千米。南阳和信阳等市虽然总量大，但因面积大而密度较小。河南的生物质能研发水平较高，燃料乙醇、沼气和秸秆成型燃料等技术装备走在全国前列，生物质能产业初具规模。其中，兰考县规模化清洁能源工程年提纯生物天然气为 0.6 亿立方米，南阳天冠生物能源及生物化工年产 20 万吨燃料乙醇，汝州生物质成型燃料基地年产 2 万吨成型燃料。

（四）河南能源革命实施中对空气质量的影响

河南煤炭消费排放大量的大气污染物是造成空气污染的主要原因。根据大气污染物排放源清单的核算，2017 年河南总计排放 SO_2、NO_x、CO、PM10、PM2.5、VOC_s 和 NH_3 七种大气污染物约 11000 千吨，其中与煤炭相关的大气污染物排放占比高达 20%。

与煤炭等化石燃料消费相关的污染来源包括燃煤燃烧、工业过程用煤、交通燃油燃气消耗。SO_2 排放主要来自固定燃烧源（71.6%），其中工业燃烧排放量最高，其次为工艺过程源（23.8%）；NO_x 排放主要来自固定燃烧源（49.0%）、道路移动源（31.2%）和工艺过程源（10.1%）；PM2.5 排放主要来自工艺过程源（34.1%）、固定燃烧源（24.7%）；VOC_s 排放主要来自工艺过程源（34.8%）、道路移动源（22.0%）。

污染物的空间分布与河南煤炭消耗和产业布局分布相关，其主要被京广线分割，呈现"西重东轻、西高东低"的情况，以西及豫北地区煤炭消耗大和工业结构呈明显重型化特征，以装备制造业、有色金属冶炼及压延、冶金建材、石油化工等产业为主，空气污染程度相对较重；以东的豫东、豫东南地区则以农副产品原料加工、食品、制鞋、纺织服装等劳动密集型产业为主，呈现轻型工业结构特征，空气质量相对较好。因此，煤炭的洁净高效利用、煤炭消费压减和可再生能源替代对空气质量的持续改善发挥着最重要的作用。

河南燃煤电厂和民用燃烧（尤其是农村居民存在大量的散煤燃烧）是煤炭消费主要的污染贡献源；90%以上煤电实施了超低排放，散煤的使用基本没有处置措施，产生的污染物直接排放进入大气中。因此，针对农村能源的消费转型及环境效益进行了评估研究。煤炭和固体生物质是农村家庭燃烧排放的主要来源，其对 PM2.5 排放的贡献率分别为 51.7% 和 47.4%。污染物排放主要集中在豫北和豫西南地区，其中周口、南阳、安阳等地市污染物排放量较大。在农村能源消费转型中，项目设定了五种情景：基准情景、电代气代及住宅改造情景、电代及住宅改造情景、气代及住宅改造情景和电代气代情景。结果显示，在电代气代及住宅改造情景下，PM2.5 的排放量比基准情景降低 98.8%，考虑到能源供应和成本的约束，此情景是河南农户减排的最优情景。空气源热泵和围护结构改造更适合在农村推广，降低技术成本或提高农户负担率都有利于减少污染物排放。基于空气质量模型 CMAQ 的模拟结果，与 2016 年相比，2025 年基准情景和电代气代及住宅改造情景的 PM2.5 年均浓度将分别降低 $0.5\mu g/m^3$ 和 $1.5\mu g/m^3$，这说明采用电代气代及住宅改造这些措施后可以很好地改善空气质量。

三、河南能源革命发展机制和政策研究

（一）传统能源与清洁能源互补发展的安全保障机制

一是加快能源基础设施建设，保障能源安全供给。构建结构优化的省内能源生产体系，稳定优势煤炭资源开发。加快煤电优化升级，大力发展清洁能源，着力提升炼化能力。加快建设油气、煤炭等多品种、多途径、多方向外引输送通道，完善能源输储配网络体系。二是深化能源领域体制改革，深化电力体制改革，主要包括电力辅助服务市场，电力交易中心和电力调度机构改制、增量配电试点落地等。加快油气体制改革，完善城镇燃气管网配气价格体系，推进天然气在燃气热电、工业燃料、交通燃料等领域高效利用，鼓励各类资本和主体参与储备调峰设施建设运营。三是完善相关政策法规。出台支持电动汽车充电基础设施发展、调峰电源建设、综合能源服务发展等扶持政策。建议进一步明确压缩空气储能、电化学储能、调频调相等项目管理权限，并完善核准目录。出台新能源技术、效率提升方面的政策，提高能源利用率。出台新能源配套储能相关政策规定，引导储能合理布局，促进消纳。四是加大财政资金支持。对关停淘汰企业的人员给予资金补偿。充电基础设施推广难度大，建议出台补贴政策，支持充电基础设施建设。

（二）传统能源的减退机制

一是完善煤炭减退引发风险的防范措施，深入细致做好职工安置和社会稳定工作。稳妥处置资产债务问题，防范引发金融信贷风险。科学把握减退任务的力度和节奏。二是建立健全促进煤炭行业健康发展相关制度。推动煤炭与需求企业、运输企业等建立中长期合同制度。深入推进煤炭交易市场体系建设，建立健全相关标准，促进交易市场规范运行。建立减量置换和指标交易制度，引导过剩产能加快退出，给先进产能腾出空间，推进结构优化、产业升级，实现先进产能替代落后产能。严控劣质煤生产流通和使用，提高本地区商品煤质量标准。三是创新市场化机制。落实用能权有偿使用和交易试点实施方案，加快推进用能权交易平台建设，健全数据核查、指标分配、交易履约等制度体系。四是加强能源设施建设，增大外引能源力度，大力发展清洁能源替代，保障能源供给。建设现代煤炭物流，增强煤炭储备能力，保障省内煤炭供应。加快外引通道建设，多主体、多渠道引入省外清洁能源。加快输配储网络建设，确保能源供应，大力发展清洁能源替代。五是完善相关财政政策研究，制定省级财政激励政策和税收支持政策，推进燃煤机组改造、燃煤锅炉节能环保综合提升、新能源开发利用。落实差别电价和惩罚性电价政策，对高耗能行业和产能过剩行业实行阶梯电价政策。研究制定煤改电、煤改气的优惠政策。各级政府加大对煤炭减量替代工作的资金支持力度，整合各领域相关资金，加强统筹安排，提高使用效率，促进资金投入与煤炭减量替代成效相匹配。

（三）风电、光伏补贴退坡后的产业发展保障机制

一是完善现有竞价及平价竞争机制，逐步参与电力市场。对于尚无电力现货市场时间表的河南，应充分考虑风电、光伏参与电力市场的渐进性和条件性，从省情出发，根据电网结构和供需情况，分区域、分步骤进行。建议在河南电力市场建设初期，风电、光伏暂不参与市场竞争，延续一段时间的竞价或平价政策，待电力市场成熟稳定后再参与其中。二是加强规划预测，以此引导风电、光伏持续、有序开发。摆脱补贴依赖后，风电、光伏亦不能在开发规模上敞口发展，应以中期滚动的电力消纳能力预测为前提，通过竞争性配置，引导项目开发的时空布局。三是发挥可再生能源电力消纳保障机制的长效和重要作用。"十四五"初期，风电、光伏将普遍具备平价条件，消纳将是影响其发展的最主要因素。建议河南合理细化消纳责任权重指标，营造风电、光伏电力电量增长空间，保障风电、光伏发展目标的实现。四是完善经济机制和政策，降低风电、光伏非技术成本。风电、光伏行业在技术进步促进下，成本快速下降，但非技术成本下降有限。当风、光电力具备成本竞争力后，与非技术成本相关的经济政策和机制就变得尤其重要。建议河南从税收、贷款、减免企业负担等多方面着手，优化投资环境，促进风电、光伏发展。

（四）地热能规模化发展的推动机制和激励政策

一是理顺管理机制。明确管理部门职责，打通部门间审批通道，简化审批手续，加快审批流程。二是制定和实施积极的财税政策，形成完整的金融财税产业扶持政策。加大技术研发、优惠政策的扶持力度。给予企业税收减免、投资补贴、加速折旧、协调金融机构发放低息贷款等方面的优惠政策，加大扶持力度。三是大力推广"濮阳"模式，以点带面，全面推进河南地热产业规模化发展。濮阳市先行先试，出台系列政策，配套资金补贴地热，初步形成"濮阳方案"。四是加快建立河南监测、评价和认证体系，引领河南地热产业高质量发展。依靠优质企业、科研机构及大学的研究力量，加快建立、优化和完善地热能利用各个环节的行业技术标准，构建完善的覆盖全产业链的河南技术标准体系，加强地热标准的宣贯和实施，提高行业标准化水平，加强地热资源动态监测。

四、河南能源革命案例及展望

兰考农村能源革命试点成效显著。在国家能源局、中国工程院，特别是在杜

祥琬院士和陈勇院士的大力支持下，河南在全国率先开展以兰考县为首的农村能源革命建设试点，编制完成《兰考县农村能源革命试点建设总体方案（2017—2021）》并获得国家批复。在兰考农村能源革命试点过程当中，建成了能源数据库和能源监测中心，并将其互联网平台纳入国家电网公司的电力物联网试点示范，为建设网源合储的智慧能源体系奠定了基础。在发展模式中，建立了三种产业模式，清洁能源加能源产业化、清洁能源加旅游或者加特色小镇，第一、第二、第三产业融合发展，风电、光伏发电、垃圾发电新能源加速发展。兰考县试点建设取得了积极成效，县域能源实现了绿色低碳转型发展，带动了经济社会快速发展，巩固了脱贫攻坚成果，改善了农村人居环境，有效支撑了兰考乡村振兴和美丽乡村建设。

一是能源绿色低碳转型明显。在推进农村能源革命之前，兰考县用能以外来的电力和油、气供应为主。2016年，兰考清洁能源消费占比只有约7%，外来电力占比高达63%，油气消费占比为22%，薪柴消费占比为3%。通过就地开发利用农村可再生能源，全面推进清洁能源替代，基本形成了以可再生能源为主的能源生产和消费体系。全县非化石能源消费占比从2016年的22%提高到了2021年的72.4%，可再生能源发电量占全社会用电量比重从2016年的21%提高到了2021年的84.0%。

二是农村人居环境持续改善。以秸秆、畜禽粪污和生活垃圾能源化利用为抓手，构建了农村废弃物能源化利用体系，薪柴和散煤在生活中的使用全部消除，有效改善了县域人居环境，促进了生态宜居美丽乡村建设。与2016年相比，2021年生活垃圾无害化处理率从65%提高到100%，秸秆、畜禽粪污资源化利用率超过90%。

三是带动了经济社会发展。能源产业已成为兰考县的重要基础产业和乡村振兴的重要支撑，并带动了其他产业发展，把更多的就业机会和增值收益留给农民。2016年以来，全县GDP年均增速达到8.1%，财政收入年均增速为21.8%，增加地方税收超过5亿元，农村居民人均可支配收入年均增速为7.1%，新增就业岗位5.82万人。

河南省农村能源革命试点——兰考模式的进一步推广。为进一步推进农村能源革命，推动脱贫攻坚与乡村振兴战略融合，河南省发展改革委拟对全省农村能源相关情况进行梳理，有序开展后续试点建设工作。开展农村能源革命试点建设，要以资源能源化、供给多样化、生产清洁化、消费绿色化为方向，探索建立多能互补、城乡统筹的农村能源生产消费新模式，积极推动农村能源生产、消费、技术、体制革命，推进城乡废弃物能源化利用，促进农村可再生能源充分开发和就地消纳，提升清洁能源供给能力和消费水平，推动农村能源发展与农业现代化、农民增收致富、美丽乡村建设、城乡生态环境保护相结合，实现农业强、农村美、农民富。

河南省可再生能源"十四五"规划展望。积极谋划新建重点项目，一是围绕省委、省政府决策部署，本地区梳理谋划一批重大可再生能源工程项目，以及涉及储能、氢能、分布式能源、农村能源等示范类项目。二是围绕黄河流域生态保护和高质量发展国家战略，拟在沿黄及周边地区（包括黄河干流两岸区域、黄河故道区域等）建设一批高质量风电基地、集中连片地热供暖示范区。相关地区结合前期基础、电网消纳、供暖需求等，研提项目布局及拟开发规模。同时，结合地区可再生能源发展现状和潜力，电网的消纳能力的提升，机制体制的优化，科学预测本地区"十四五"时期发展装机容量。

参考文献

[1] 姜玲玲，丁爽，刘丽丽，滕婧杰，崔磊磊，杜祥琬．"无废城市"建设与碳减排协同推进研究[J]．环境保护，2022，50（11）：39-43.

[2] 杜祥琬．全球迈向"双碳"之路与能源革命[J]．石油科技论坛，2022，41（01）：2.

[3] 杜祥琬．碳达峰与碳中和引领核能发展[J]．中国核工业，2021（09）：3.

[4] 刘晓龙，崔磊磊，李彬，杜祥琬．碳中和目标下中国能源高质量发展路径研究[J]．北京理工大学学报（社会科学版），2021，23（03）：8.

[5] 中国能源中长期发展战略研究项目组．中国能源中长期（2030、2050）发展战略研究：综合卷[M]．北京：科学出版社，2011：116.

[6] 杜祥琬，杨波，刘晓龙．中国经济发展与能源消费及碳排放解耦分析[J]．中国人口·资源与环境，2015，25（12）：1-7.

[7] 刘晓龙，崔磊磊，葛琴．中国中东部能源发展战略的新思路[J]．中国人口·资源与环境，2019，29（06）：1-9.

[8] 刘晓龙，葛琴，姜玲玲，呼和涛力，崔磊磊，李彬，杜祥琬．基于农村能源革命的生态文明建设典型范式和实施路径研究[J]．中国工程科学，2019，

21（05）：106-112.

［9］杜祥琬，等．生态文明建设与能源生产消费革命［M］．北京：科学出版社，2017：58.

［10］严晓辉，李政，谢克昌．京津冀农村能源体制机制问题初探［J］．中国能源，2016，38（01）：32-36.

［11］Yang Wang，Qingchen Chao，Lin Zhao，Rui Chang. Assessment of Wind and Photovoltaic Power Potential in China［J］. Carbon Neutrality，2022（01）：15-23.

［12］ IRENA. World Energy Transitions Outlook：1.5℃ Pathway［R］. Abu Dhabi：International Renewable Energy Agency，2021.

VII | 市场机制与金融服务

31

电力行业碳交易进展及展望

李 鹏[*]

一、国际电力行业碳交易发展现状

(一)欧盟

欧盟碳市场实行"总量管制与交易制度"(Cap-and-Trade),建立了欧洲碳排放权交易机制(European Union Emission Trading Scheme,EUETS)。欧盟碳市场覆盖了欧盟 27 个成员国和英国、挪威、冰岛、列支敦士登,涉及发电、工业、航空等领域的 11000 多个排放设施,占欧盟温室气体排放的 40% 左右。

欧盟碳市场开始于 2005 年,2005—2007 年为第一阶段。这个阶段包括电力在内的行业都采用基于历史总量法的免费分配的方式进行配额发放。由于缺乏可靠的排放数据,第一阶段的配额总量超出了排放量,以电力企业为代表的各行业获得了大量的配额盈余,并在市场上赚取了利润。2008—2012 年为第二阶段,这个阶段的排放配额仍以免费分配为主,包括英国、德国等国家采用基准线法进行配额分配。2013 年开始为第三阶段,除了波兰、捷克、保加利亚等 8 个东欧成员国外,其他国家的发电行业必须全部采用拍卖的方法分配配额。

欧盟除了碳市场以外,电力市场也对于燃烧化石燃料的燃煤和燃气电厂进行约束。2019 年 5 月,欧盟进一步修订了《内部市场规定》(EU2019/943),该规定明确容量机制应考虑二氧化碳排放限值。其中,新建化石燃料电厂,要求其二氧化碳排放强度不得超过 550 克二氧化碳/千瓦时(相当于燃气机组的排放水

---

* 李鹏,德勤企业咨询(上海)有限公司北京分公司。本章内容根据作者在中国社会科学院生态文明研究智库主办、中国能源网协办的《中国煤电发展之路辨析》系列沙龙上的发言材料整理而成。

平）。从 2025 年起，对于所有化石燃料电厂，二氧化碳排放强度不得超过 550 克二氧化碳/千瓦时或者每千瓦装机的二氧化碳排放不得超过 350 克二氧化碳，否则不能运行或者获得容量机制下的任何收入。由此可见，欧盟的电力市场与碳市场起了很好的协同作用，电力市场通过对电厂排放强度与排放总量"双约束"，更好地支持了燃气和可再生能源的发展。

与此同时，欧盟各成员国纷纷表示要限制煤电，支持可再生能源的发展。如英国计划 2025 年前关闭所有煤电厂，荷兰计划 2030 年关闭所有煤电厂，德国宣布在 2038 年前关闭所有煤电厂。在此情况下，企业非常重视相关政策并积极应对。以莱茵集团（RWE）为例，已经对位于荷兰的 2 座煤电厂进行改造，将其变成生物质掺烧电厂，最高允许掺烧比例为 80%；此外，2016—2019 年，RWE 有 150 万千瓦的燃烧褐煤的煤电机组处于调峰状态。

得益于国家、行业、企业等各个层面的努力，电力和供热行业成为碳市场最主要的减排贡献提供方，2020 年整个欧盟碳市场覆盖的固定设施排放比 2019 年降低了 11.4%，其中电力和供热行业整体排放量下降了 15%。

（二）美国 RGGI 和加利福尼亚州

美国区域温室气体减排行动计划（以下简称 RGGI），是美国第一个有约束力的"总量管制与交易制度"。该机制始于 2009 年，包括了美国的马里兰州、马萨诸塞州等 10 个成员州（2020 年新泽西州重新加入），覆盖了成员州范围内 2005 年后装机容量为 25 兆瓦以上的发电企业，排放量占美国二氧化碳排放总量的 7% 左右。与欧盟碳交易体系类似，RGGI 也设置了不同的履约期：第一个履约期是 2009—2011 年；第二个履约期是 2012—2014 年；第三个履约期是 2015—2017 年。2017 年 RGGI 同意将该机制延长至 2030 年。

RGGI 主要通过拍卖的方式进行配额分配。在前两个履约期内（2009—2014 年），由于拍卖的总量远高于企业的排放量，因此拍卖的成交价格很低。2014 年，RGGI 同意将拍卖配额总量降低 45% 以与实际排放相匹配，从而使拍卖价格开始稳步提升。截至 2019 年底，RGGI 共组织了 46 次成功的拍卖，拍卖总量为 10.25 亿吨二氧化碳配额，成交均价为 3.36 美元。从 2020 年开始，拍卖总量为 9620 万吨配额，然后逐年递减，2030 年达到 6730 万吨。RGGI 配额拍卖的收入主要用于投资能效提升、清洁和可再生能源利用、温室气体减排等项目。

报告表明，RGGI 覆盖的发电设施 2015—2017 年的平均排放相比基准年（2006—2008 年）的平均排放降低了 45.3%，折合二氧化碳 6290 万吨，年平均二氧化碳排放强度降低了 468 磅二氧化碳/兆瓦时（折合 212 千克二氧化碳/兆瓦时）。与此同时，2015—2017 年的发电量相比基准年下降了 23.1%，相比之下，RGGI 区域内未覆盖的发电设施 2015—2017 年的排放量相比基准年仅下降了4.6%。当然，RGGI 区域内整体排放量和排放强度的下降，主要得益于能源结构的调整，即天然气替代燃煤的效果，但不可否认，RGGI 体系对于燃煤发电企业增加了更多的成本（每度电是燃气成本的 2 倍左右），对于能源结构调整起了进一步的推动作用，也反映出 RGGI 体系很好地促进了整个电力市场向清洁、低碳化方向发展。

加利福尼亚州碳市场开始于 2012 年，也是采用"总量管制与交易制度"，其覆盖范围很广，涵盖了大型工业设施（包含水泥、玻璃、钢铁、石灰、石化等行业）、电力生产、电力进口、静止燃烧设施、二氧化碳气体供应商、天然气及燃料油供应商等，排放量占加州排放的 85%。其纳入的温室气体种类包括二氧化碳、甲烷、氧化亚氮、氢氟化碳、全氟化碳、六氟化硫、三氟化氮及其他含氟气体，纳入门槛是每年排放量在 25000 吨二氧化碳当量及以上的生产设施。

加利福尼亚州碳市场采用免费分配+拍卖混合方式发放配额，其第一个履约期开始于 2013 年，该年配额总量为 1.628 亿吨；2015 年开始纳入燃料供应商，配额总量升至 3.945 亿吨，以后逐年下降；2020 年的配额总量为 3.342 亿吨。2021—2030 年，配额总量每年下降 1340 万吨，到 2030 年达到 2.005 亿吨。

2017 年加利福尼亚州碳市场覆盖的电力生产部门排放（含自产及外购）约为 6300 万吨，由于加利福尼亚州对于发电行业采用拍卖的方式发放配额，导致燃烧化石燃料的发电企业尤其是燃煤发电企业生产成本增加，因此煤电的装机和发电量都有大幅降低。此外，加利福尼亚州碳市场 2006 年采用了"排放绩效标准"（Emissions Performance Standard），该标准规定电厂的排放强度不得超过1100 磅二氧化碳/兆瓦时（折合 498.96 千克二氧化碳/兆瓦时），进一步限制了煤电的发展。2007—2017 年，加利福尼亚州燃煤机组发电量占比从 17% 降低至4%，预计 2025 年燃煤发电量将降低至 0。

（三）经验和教训

欧盟、美国 RGGI 和加州碳交易机制的稳定运行，给中国碳市场，尤其是给电力行业碳交易的运行提供了宝贵的经验。国外碳市场顶层制度的设计，包括一系列完善的技术标准的实施，如总量设定和配额分配、监测报告核查、交易和履约、监管等，有效保证了整个碳市场的顺利运行。与此同时，从国际碳交易来看，绿色、低碳是未来发展的大势所趋，碳市场在促进能源结构调整、发展新能源和可再生能源方面发挥了重要作用，但同时也离不开其他的电力市场相关政策，如排放效率标准、排放限值等政策的协同支持。

此外，上述碳交易机制在运行初期，也出现了一些问题，值得总结归纳，如企业报送的排放量未经第三方核查机构的核查，导致配额过量发放；基于历史产量的基准法，当经济发生较大波动时引起的大量配额盈余，这些问题都值得我们深入研究，以便我们设计符合中国国情的碳交易体系。

二、国内电力行业碳交易进展及问题

（一）试点地区

2011年10月，国家发展和改革委员会印发《关于开展碳排放权交易试点工作的通知》，批准北京、上海、天津、重庆、湖北、广东和深圳七省市开展碳交易试点工作。2013—2014年，七个碳交易试点陆续启动。2016年，福建碳排放权交易市场全面启动。在试点碳市场启动之初，试点地区的火力发电企业均被纳入了碳交易[①]，北京、深圳、上海和福建还纳入了电网企业，纳入主体为最低一级法人企业，仅覆盖二氧化碳一种温室气体。具体纳入配额管理的电力企业类型与排放量门槛略有不同（见表1）。

表1　碳交易试点地区电力企业纳入情况

试点地区	火力发电企业	电网企业	企业纳入门槛
深圳	纳入	纳入	年二氧化碳排放 3000 吨以上
上海	纳入	纳入	年二氧化碳排放 20000 吨以上
北京	纳入	纳入	年二氧化碳排放 5000 吨以上
广东	纳入	未纳入	年二氧化碳排放 10000 吨以上
天津	纳入	未纳入	年二氧化碳排放 20000 吨以上
湖北	纳入	未纳入	年综合能耗 60000 吨标准煤以上
重庆	纳入	未纳入	年二氧化碳排放 20000 吨以上
福建	纳入	纳入	年二氧化碳排放 5000 吨以上

资料来源：笔者整理所得。

---

① 2020年12月30日，生态环境部印发《纳入2019—2020年全国碳排放权交易配额管理的重点排放单位名单》，试点碳市场纳入的发电企业开始参与全国碳排放权交易市场。

从试点地区初期发电企业的配额分配方法来看，主要以免费分配方法为主，广东碳交易试点同时采用了有偿分配（即拍卖）的方法。典型试点地区分配方法分析如下：

北京碳市场采用基准法进行配额分配，包括机组的供电配额和供热配额两部分。其中，供电配额考虑了供热量修正系数进行调整。北京以燃气热电联产机组为主，为了强化管理，针对 F 级及 F 级以下分别给出对应的基准值。

上海碳市场同样采用基准线法进行配额分配。其中，配额计算方法中综合考虑了不同类型发电机组的年度单位综合发电量碳排放基准、年度综合发电量（对于热电联产机组，将供热量折算成发电量），以及冷却方式修正系数、环保排放修正系数、负荷率修正系数等因素。

广东碳市场从 2016 年起，配额分配实行部分无偿发放和部分有偿发放。其中，电力企业的无偿配额比例为 95%；配额有偿发放以竞价形式发放。电力行业的燃煤燃气发电（含供热、热电联产）机组按照基准线法分配。

相关研究表明，自碳交易试点 2013 年启动后，试点省份的二氧化碳排放总量和人均二氧化碳排放量呈逐年下降趋势，试点省份 2015 年二氧化碳排放量相比 2012 年减少了 5.02%，2015 年人均二氧化碳排放相比 2012 年减少了 8.80%；相比之下，非试点省份的二氧化碳排放量和人均二氧化碳排放量仍保持逐年上升趋势，这也表明碳市场有助于降低地区的二氧化碳排放量和人均二氧化碳排放量。

（二）全国

2014 年，国家发展和改革委员会发布《碳排放权交易管理暂行办法》，成为碳市场建设和运行的主要法律依据。2013—2015 年，国家陆续发布了包括发电、电网、钢铁、化工等 24 个重点行业温室气体核算方法和报告指南，为全国范围内重点行业企业的温室气体排放核算和报告提供了主要依据。

2016 年，国家发展改革委办公厅发布《关于切实做好全国碳排放权交易市场启动重点工作的通知》（发改办气候〔2016〕57 号），该通知明确碳市场第一阶段覆盖石化、化工、建材、钢铁、有色、造纸、电力、航空八大行业，要求2013—2015 年中任意一年综合能源消费总量达到 1 万吨标准煤以上（含）的企业法人单位或独立核算企业单位需要报送历史排放数据，从而正式开启了国家重点排放企业温室气体报送的工作。此后，国家发展改革委和生态环境部又陆续发布了 2016—2019 年数据报告及核查通知，这些数据的积累，为我国碳市场的建设奠定了坚实基础。在国家重点排放企业温室气体报送的通知（以下简称报送通知）中指出，企业应依据重点行业温室气体核算及报告指南报告企业层面的温室气体排放，以及依据报送通知附件的《企业碳排放补充数据核算报告模板》报送配额分配相关数据，并制订相关的监测计划，第三方核查机构则根据报送通知的附件《排放监测计划审核和排放报告核查参考指南》进行核查，确保企业报送的数据质量。

2020年9月22日，习近平主席提出我国碳达峰及碳中和目标之后，全国碳市场建设明显加速。自2020年12月以来，生态环境部陆续公布了《2019—2020年全国碳排放权交易配额总量设定与分配实施方案（发电行业）》《碳排放权交易管理办法（试行）》《企业温室气体排放核算方法与报告指南 发电设施》《企业温室气体排放报告核查指南（试行）》《碳排放权登记管理规则（试行）》《碳排放权交易管理办法（试行）》和《碳排放权结算管理规则（试行）》。至此，碳市场运行所需的重要支撑文件全部出台。2021年7月16日，全国碳市场正式启动线上交易，首批纳入发电行业重点排放单位2162家。截至2021年12月31日，全国碳排放权交易市场第一个履约周期顺利结束，碳排放配额累计成交量为1.79亿吨，累计成交额为76.61亿元，按履约量计，履约完成率为99.5%。

（三）问题及解决方案

国家碳排放权交易市场建设取得了积极进展，但也存在一些问题，主要体现在如下几个方面：

一是碳交易立法层级较低。虽然生态环境部在2021年公布了《碳排放权交易管理办法（试行）》（以下简称《办法》），规定了配额分配、排放交易、核查与配额清缴等事项，为国家碳市场的数据报告及核查工作提供了依据，但由于《办法》的法律效力属于部门规章，层级相对较低，对于碳市场的参与企业约束力度不够，造成企业报送数据质量参差不齐，部分企业存在对监测、报告与核查体系（MRV体系）重视程度不够等问题。2021年3月，生态环境部公布了《碳排放权交易管理暂行条例（草案修改稿）》（以下简称《条例》），其中强化了针对重点排放单位的监督管理和具体罚则等内容，但目前《条例》仍在征求意见阶段，没有最终通过审批和公布，未形成对报送及核查工作的有效支撑。建议国家尽早公布《条例》，以实现对于碳交易体系的坚强支撑。

二是碳排放数据质量有待进一步提升。我国现有的MRV体系有效支撑了碳市场的运行，但过程中也出现了一些问题，如内蒙古、河南等地曝出企业及相关咨询机构伪造检测报告、虚报碳排放数据等情况，给碳市场信用信心和国家政策公信力造成了一定挑战。在深入开展现场监督检查的基础上，2022年3月，生态环境部公开《中碳能投等机构碳排放报告数据弄虚作假等典型问题案例》，其中列举了碳市场的主要数据问题，如篡改伪造检测报告、制作虚假煤样、报告结论失真失实等。为有效解决上述问题，建议主管部门加强对企业的监督管理，加大对违法违规的惩罚力度，同时通过提高对核查机构的专业能力要求、加强碳排放相关信息披露等手段，多措并举共同提升碳市场数据质量。

三是2021年的发电行业的配额分配方案尚未明确。2022年3月，生态环境部公布了《关于做好2022年企业温室气体排放报告管理相关重点工作的通知》（生态环境部环办气候函〔2022〕111号），对于2021年发电行业等重点排放单位的温室气体排放报告和核查工作做出了具体安排。然而，由于主管机构尚未公布2021年发电行业的配额分配方案，不利于企业制定碳资产管理的相关规划，也无助于利益相关方对于碳市场发展形成长期稳定的预期。建议主管机构尽快明确2021年的发电行业的配额分配方案，解决发电企业及利益相关方的重点关切。

三、碳交易对于煤电企业的影响

2019—2020年的配额分配方案，对于煤电企业有较强约束，尤其对于30万千瓦以下小机组和自备电厂的影响较大。从长远来看，按照国际上欧盟、美国加州、RGGI的经验，发电行业的配额分配方法将由免费分配法逐步过渡到拍卖法，届时碳的成本对于企业的生产成本影响会更大。例如，按照欧盟目前90欧元预计，碳的成本将占到生产成本的50%以上。

从短期来看，煤电机组尤其是小机组将面临较大的压力，碳市场会加速效率低、落后小机组的淘汰和关停；从中长期来看，随着配额分配方式的转变，即免费分配的比例逐渐降低，拍卖的比例逐渐提高直到完全采用拍卖的方式。煤电机组整体成本的大幅增加将迫使其角色定位的转变，煤电基础电量提供者逐步转变成调峰电量的提供者，以进一步降低成本；对煤电机组进行供热改造或者灵活性改造，掺烧生物质以降低排放强度，甚至完全改造成生物质发电机组。与此同时，我国的电力市场改革将加速这一进程，随着煤电机组成本的逐步增加，其竞争力将逐渐低于天然气发电机组，更无法与边际成本为零的可再生能源机组进行竞争。

四、"十四五"进展期望

《全国碳排放权交易市场建设方案（发电行业）》（以下简称《方案》）中明确指出，碳市场将分三个阶段稳步推进。"十四五"时期，我国碳市场处于第三个阶段——深化完善期，该阶段将"在发电行业碳市场稳定运行的前提下，逐步扩大市场覆盖范围，丰富交易品种和交易方式"。可以预见的是，一方面，发电行业碳交易将在"十四五"时期稳定运行，在此基础上，其他比较成熟的高耗能工业行业（比如电解铝、水泥、钢铁以及其他工业行业等）也将逐步纳入；另一方面，交易品种也将逐渐增加，在现货交易的基础上，也将对其他交易方式（如期货、期权等）进行有益探索并逐步开展。

对于发电行业的具体政策，一方面，预计国家对于煤电机组的基准值将逐年收紧；另一方面，配额分配虽然仍以免费分配方式为主，但会逐步引入拍卖的方式，碳排放将给燃煤发电企业带来更大的成本压力。此外，《方案》还指出，在深化完善期，要创造条件，尽早将国家核证自愿减排量纳入全国碳市场，因此，预计"十四五"时期，优质的风电、光伏、生物质等可再生能源发电项目可能将以抵消机制的方式参与碳市场（尤其是大水电项目能否作为减排项目参与碳市场仍然存疑），获得一定的资金支持，从而进一步促进可再生能源发电项目的发展。当然上述风电光伏等可再生能源发电项目，也可能以绿电的形式参与电力市场交易，具体机制设计还需要国家主管部门统筹考虑。

五、煤电退出与电力碳市场的兴衰

煤电曾为我国经济高速发展做出了巨大贡献，我们应该充分肯定煤电的"历史功绩"。然而，随着煤电发展带来的环境问题，尤其是气候变化问题导致其受到越来越多的"诟病"，加之可再生能源的高速发展，特别是其突破技术壁垒而具备的"平价上网"能力，煤电从基础电源转变为灵活调节型电源并逐步退出历史舞台，已成为不可逆转的世界潮流。

当然，在煤电退出历史舞台的过程中，我们既要坚定不移地贯彻这一长远发展目标，也要看到中国的具体国情，逐步推进，不可过于激进。首先，煤电现阶段发电量占我国总发电量的 60% 左右，规模庞大，决定其退出要有较长的一段时间；其次，我国很多煤电机组投产时间较短，尤其是一些高效的超超临界发电机组，还是应该给予支持，应该加速淘汰的是投产时间长、低效、落后的小机组，相关的替代电量主要由可再生能源进行补充，不足的部分由高效的煤电机组补充，在低效、落后的小机组被淘汰后，高效的燃煤机组需转变定位，变为灵活性的调节电源，逐步降低发电小时数，为吸纳更多的可再生能源做出贡献；最后，随着可再生能源的全面发展和储能等技术的日趋成熟，煤电将逐步退出历史舞台。

煤电是我国碳市场最主要的参与行业，煤电的发展路径也决定了电力碳市场的兴衰。现阶段，我国电力碳市场覆盖范围广泛，不但包括了高效的超超临界发电机组，也包含了低效的高压、超高压发电机组，以及流化床机组和燃气发电机组，甚至包含了自备电厂机组，年排放量 45 亿吨左右。在碳市场初期，由于配额分配方法以免费分配为主，碳市场均价为 43 元左右，交易规模不大；未来，随着碳市场基准线的收紧和免费配额比例的降低，碳市场价格将逐渐提升，交易规模将逐步扩大；此后，在碳市场、电力市场改革、可再生能源消纳机制等多重政策和市场机制的影响下，众多低效落后机组将被逐步淘汰，煤电机组利用小时数将逐步降低，预计碳市场覆盖范围将日趋缩小，交易规模也将逐步下降，但碳市场价格仍将保持较高水平。总体而言，预计碳市场的交易规模将呈倒 V 形发展趋势，而碳市场价格则保持平稳上升。

参考文献

[1] EC. Regulation (EU) 2019/943 of the European Parliament and of the Council of 5 June 2019 on the Internal Market for Electricity [R/OL]. (2019-05-05) [2020-08-12]. https: //www. legislation. gov. uk/eur/2019/943.

[2] EC. Report from the Commission to the European Parliament and the Council on the Functioning of the European Carbon Market in 2020 pursuant to Articles 10 (5) and 21 (2) of Directive 2003/87/EC (as amended by Directive 2009/29/EC and Directive (EU) 2018/410) [R/OL]. (2021-10-26) [2022-10-01]. https: //

op. europa. eu/en/publication – detail/-/publication/363c0cd0 – 363e – 11ec – bd8e – 01aa75ed71a1/language-en.

[3] RGGI. Annual Report on the Market for RGGI CO_2 Allowances [R/OL] . (2020-5-03) [2020-10-10] . https：//www. rggi. org/sites/default/files/Uploads/ Market-Monitor/Annual-Reports/MM_2020_ Annual_ Report. pdf.

[4] Gabriel Petek. Assessing California's Climate Policies—Electricity Generation [R/OL] . (2018-08-27) [2020-10-10] . https：//lao. ca. gov/Publications/Re- port/3911.

[5] California Energy Commission. Tracking Progress, California's Declining Reli- ance on Coal [R/OL] . (2018 – 10 – 15) [2020 – 10 – 10] . https：//www. ener- gy. ca. gov/sites/default/files/2019-12/declining_ reliance_ coal_ ada. pdf.

[6] 宋德勇，夏天翔. 中国碳交易试点政策绩效评估 [J] . 统计与决策， 2019，35（11）：157-160.

32

发电企业参与全国碳市场

张　昕*

一、全国碳市场是实现碳达峰碳中和的重要政策工具

全国碳排放权交易市场（以下简称全国碳市场）是应对气候变化的机制创新，控制温室气体排放的激励与约束机制，推动能源消费结构和产业机构的绿色低碳化、实现碳达峰碳中和的重要政策工具。

党中央、国务院高度重视全国碳排放权交易市场建设。2015 年以来，习近平主席在多个国际会议上就我国碳排放权交易市场建设作出重要宣示。2021 年 4 月 22 日，习近平主席在领导人气候峰会上宣布，中国将启动全国碳排放权交易市场上线交易。李克强总理在 2021 年《政府工作报告》中强调，要加快建设碳排放权交易市场。

2021 年 3 月，习近平总书记主持召开了中央财经委员会第九次会议，研究实现碳达峰碳中和的基本思路和主要举措；习近平总书记指出，要完善绿色低碳政策和市场体系，加快推进碳排放权交易。2022 年 1 月，习近平总书记在中共中央政治局第三十六次集体学习上强调，推进碳达峰碳中和工作，必须要完善绿色低碳政策体系，包括要充分发挥市场机制作用，完善碳定价机制，加强碳排放权交易、用能权交易、电力交易衔接协调。习近平总书记讲话精神为我们建立完善的全国碳市场提供了根本遵循。

2021 年，中共中央、国务院分别发布了《中共中央 国务院关于完整准确全

---

* 张昕，生态环境部国家应对气候变化战略研究和国际合作中心。本章内容根据作者在中国社会科学院生态文明研究智库主办、中国能源网协办的《中国煤电发展之路辨析》系列沙龙上的发言材料整理而成。

面贯彻新发展理念做好碳达峰碳中和工作的意见》《2030 年前碳达峰行动方案》，对碳达峰碳中和工作做出系统谋划，对全国碳市场建设提出了具体要求，即加快建设完善全国碳排放权交易市场，发挥全国碳排放权交易市场作用，逐步扩大市场覆盖范围，丰富交易品种和交易方式，完善配额分配管理，将碳汇交易纳入全国碳排放权交易市场等。

"十四五"时期是我国建设社会主义现代化征程的第一个五年，是实现碳达峰碳中和的窗口期、关键期，是落实国家自主贡献的关键期，我国将继续加大应对气候变化的工作力度，综合采用法律法规、行政、市场和技术手段，积极开展减缓、适应气候变化。

建立完善全国碳市场是"十四五"时期应对气候变化工作的重要任务，也是推动高排放企业绿色低碳转型发展的抓手，我国将进一步加强全国碳市场法律法规、制度体系和市场功能建设，逐渐建成一个切实可行、行之有效的全国碳市场。

首先，不断夯实全国碳市场的法律法规基础。推动《碳排放权交易管理暂行条例》（以下简称《条例》）尽早出台，明晰碳交易及相关活动参与主体的责任，规范碳交易及相关活动程序，明确相关部委的监管职责，构建部委联合多层级监管与支持机制，加大对违法违规的处罚力度。在《条例》框架下，修订完善碳排放权交易、登记、结算等管理办法，并制定出台碳排放核算和报告、核查技术与管理规则等其他配套管理规章和文件，不断完善法律法规和政策体系。

其次，持续强化数据质量监管力度。建立完善数据质量管理长效机制，强化数据质量日常监管等，压实重点排放单位、技术服务机构对碳排放数据管理的责任，不断建立完善技术规范体系，充分应用数字化、智能化技术提升数据质量和管理效率，加大对数据质量管理违法违规惩处力度，建立健全信息公开和征信惩戒管理机制。

最后，不断强化市场功能建设。逐步扩大全国碳排放权交易市场行业覆盖范围，逐步纳入水泥、有色、钢铁、石化、化工等高排放行业。逐年收紧配额分配，探索碳排放总量控制，适时引入有偿分配配额。逐步丰富交易主体、交易品种和交易方式，适时引入非履约主体和个人参与碳交易，强化碳金融标准和绩效评估体系建设，健康有序发展碳金融，加强全国碳市场与绿电、用能权交易机制协同增效，建立并完善以全国碳市场为核心的碳定价机制。

二、国际碳市场对发电行业绿色低碳转型的影响

（一）欧盟碳市场

2005 年欧盟碳市场启动，纳管 20 兆瓦及以上火电机组，这几乎纳入了欧盟全部火电机组，其排放总量 7 亿~8 亿吨二氧化碳当量/年。迄今，欧盟碳市场已经运行到第四阶段，在这期间，欧盟碳市场碳价传递至煤电的建设和运行成本，导致煤电电价上升，同时又影响到终端消费者的电力选择，从而推动欧盟发电行业实现绿色低碳发展。

欧盟火电装机容量下降，可再生能源装机容量呈上升趋势。虽然 2008—2012 年欧盟火电装机容量呈现逐年缓慢递增的趋势，但在 2012—2019 年，欧盟火电装机从 450000 兆瓦逐年降低至约 400000 兆瓦；同期，可再生能源（水电、光伏发电、风电、核电）装机容量不断增加，其中光伏发电装机容量和风电装机容量分别增长了约 4 倍和 2 倍。例如，与 2018 年相比，2019 年欧盟光伏发电装机容量激增了约 104%，风电装机容量增长了约 30%。[①]

2008—2018 年欧盟火电发电量逐年下降，可再生能源发电量不断增加。欧盟火电发电量从 2008 年约 1900000 吉瓦时逐年降低至 2018 年约 1300000 吉瓦时；2019 年欧盟（含英国）煤电发电量更是同比下降了 24%，降幅为 1990 年以来的最高。2008—2018 年，欧盟可再生能源发电量增加了约 1.8 倍；2019 年，可再生能源发电量（不包括水电）增加了约 6500 吉瓦时，占欧盟总发电量的 35%，风能和太阳能的发电量首次超过了煤电发电量，占总发电量的 18%。[②]

就运行成本而言，煤电月平均运行成本呈现缓慢增加的趋势，据测算，与 2018 年初相比，2019 年煤电月平均运行成本约增加了 10 欧元/兆瓦时。2019 年，欧盟还有 619 座煤电厂，但其中 54% 处于亏损状态。根据预测，欧盟风电、太阳能发电的运行成本可能分别在 2024 年、2027 年低于煤电的运行成本。

运行成本的增加也导致煤电电价增加。例如，波兰 2020 年下半年的电价上涨了 14.1%，是欧洲范围内价格涨幅最高的国家。波兰电价快速上涨的主要原因是波兰发电主要依靠煤电，欧盟碳市场碳价的快速增长并传导至煤电建设和生产

[①②]　数据来源于《2019 年欧洲电力行业报告》，Agora Energiewende（德国能源转型智库）和 Sandbag（英国气候变化智库），2020 年。

成本上，推升了波兰煤电电价上升。

据不完全统计，在欧盟碳市场运行期间，欧盟发电企业实现碳减排约为 3.6 亿吨二氧化碳当量，虽然可能是包括碳交易政策在内的多种政策工具叠加产生的碳减排成效，但可以肯定，欧盟碳市场在一定程度上推动了发电行业绿色低碳化，从而减少了发电行业的碳排放。

（二）区域温室气体减排行动（RGGI）碳市场

区域温室气体减排行动（RGGI）碳市场是美国首个强制性、基于总量控制与交易（Cap and Trade）的区域碳排放权交易体系。目前，RGGI 碳市场覆盖美国的康涅狄格州、特拉华州、缅因州、马里兰州、马萨诸塞州、新罕布什尔州、纽约州、罗得岛州和佛蒙特州 9 个成员州，仅覆盖 25 兆瓦以上的化石燃料发电企业，总共 160 多家。

RGGI 碳市场推动了能源消费结构的调整，使覆盖地区的能源消费更加清洁化、低碳化。RGGI 碳市场带动了对可再生能源的投资。RGGI 碳市场排放配额拍卖所得的收益用于投资提高可再生能源项目效能及改善消费者福利等，有助于推动参与 RGGI 碳市场各州清洁能源的发展，并创造区域内的绿色就业机会。例如，2015—2018 年，RGGI 碳市场覆盖地区光伏发电装机容量增加了近 3 倍，达到了 6100 兆瓦。据统计，2005—2018 年，RGGI 碳市场覆盖的地区可再生能源在能源消费中占比由 10% 提高至 20%，天然气的消费占比增加超过 1 倍，而煤炭消费占比大幅降低，由 20% 降低至 5%。

（三）清洁发展机制与中国温室气体自愿减排交易机制

我国是全球开发清洁发展机制（CDM）项目数量和获得签发减排量最多的国家。截至 2019 年底，全球备案的清洁发展机制（CDM）碳减排项目 8100 余个，签发 CDM 碳减排项目产生的核证减排量（CER）约为 20 亿吨二氧化碳当量。我国获得签发的 CER 也最多，约占全球 CER 总量的 52.6%（约为 11.1 亿吨二氧化碳当量）。作为 CDM 项目东道国，我国通过交易 CER 直接获得收益约为 410 余亿元，撬动在中国的风电、水电等可再生能源投资约为 1248 亿美元，同时还有效地促进了我国可再生能源及装备制造业的发展。

自 2012 年 6 月国务院碳交易主管部门印发了《温室气体自愿减排交易管理暂行办法》，我国着手建立统一、规范的温室气体自愿减排交易机制。2015 年 1 月，温室气体自愿减排项目国家核证减排量（CCER）上线交易。目前，已经备案温室气体自愿减排项目 1315 个，签发 CCER 项目 391 个，共签发 CCER 7700

余万吨；备案项目中 80% 是风电、光伏、水电等可再生能源项目，签发的 CCER 中约 85% 来自可再生能源项目。截至 2021 年 12 月底，全国 CCER 累计成交 4.43 亿吨，成交金额约为 40 亿元。由此可见，CCER 交易也有效激励了可再生能源的发展。此外，约 3300 万吨 CCER 用于全国碳市场第一个履约周期发电行业重点排放单位配额清缴，由于 CCER 价格远低于配额价格，使用 CCER 抵消配额清缴，有效地降低了发电行业重点排放单位配额清缴履约成本。

三、发电企业参与全国碳市场的重要关系

全国碳市场建设立足国情，坚持作为降碳政策工具的基本定位，以发电行业为突破口，先易后难，循序渐进，稳妥推进。全国碳市场选择将发电行业作为首个纳管行业，主要是因为发电行业排放总量大，约占全国碳排放总量的 40%；发电行业从事电力生产、产品单一、配额分配方法相对简单；行业管理水平相对较高，数据质量相对较好；从国际经验来看，发电行业也是各国碳市场优先纳入的行业。

全国碳市场建设是复杂的系统工程，为了建成切实可行、行之有效的全国碳市场，在建设和参与全国碳市场的过程中，必须正确认识和处理好几对关系，包括处理好政府与市场的关系，处理好试点碳市场与全国碳市场的关系，处理好碳交易机制与其他环境、能源交易机制的关系，以及处理好不同行业、不同地区间及其相互间的关系等。防范全国碳市场发生系统性风险，健康有序建设和发展碳市场，充分发挥市场机制控制温室气体排放，从而起到推动行业绿色低碳转型的作用。

（一）市场与政府的关系

碳市场是基于市场机制的以成本效益优化方式来实现碳排放控制目标的政策工具，同时碳市场制度设计和建设政策主导性强，高度体现了政府的碳减排意志。因此，市场与政府是贯穿碳市场建设的两条主线，如何处理好市场与政府的关系是建成卓有成效的碳市场的核心问题。

碳市场建设和运行必须以企业为主体，以市场为导向，发挥市场配置碳排放空间资源的决定性作用，建设有效市场。为了碳市场健康运行，必须减少政府对资源的直接配置，如审批与指定交易机构、频繁干预碳交易与碳价格等，应通过

充分的市场活动、合理的市场供需、有效的市场价格、有序的市场竞争实现碳排放空间资源配置效益最大化和效率最优化。具体来说，就是碳价格不是由政府来决定的，而是由碳市场发现和决定的，是在其价值基础上由竞争机制和供求机制决定的；碳交易参与方有权决定自己的需求选择、自主消费，不由政府指令性计划决定和限定供应，把有限的碳排放空间资源配置到最有效率的市场主体中去。

同时，碳市场建设必须更好地发挥政府作用，做有为政府。应梳理出哪些工作是政府必须做的、哪些工作是政府可做可不做的、哪些工作是政府不应做的，政府必须做的工作一定要做到位、管理好。政府作用的正确定位就是为碳市场的建设与发展做好顶层设计，建章立制；同时，政府为碳市场顺利建设与运行提供有效监管和保障，包括实施基础支撑系统建设和运维管理、提供必要的财政支持、组织开展能力建设等。政府可做可不做的工作最好以购买服务的方式转移给其他专业机构，交给市场。

（二）试点碳市场和全国碳市场的关系

《全国碳排放权交易市场建设方案（发电行业）》明确提出，要深化试点碳市场建设，推动试点碳市场向全国碳排放权交易市场平稳顺利过渡。《碳排放权交易管理办法（试行）》规定，纳入全国碳市场的重点排放单位不再参与试点碳市场。然而，目前尚未就如何确保试点碳市场与全国碳市场顺利对接和平稳过渡提出科学合理可操作的方案。如果不能顺利实现试点碳市场向全国碳市场的平稳过渡，将会削弱碳市场建设政策的公信力，挫伤各方参与碳交易的积极性，造成国家资产、资源的巨大浪费，直接阻碍全国碳市场建设的顺利开展。

为了实现试点碳市场向全国碳市场的平稳过渡，应尽快明确试点碳市场定位，制订试点碳市场平稳过渡的方案。在《中共中央 国务院关于加快建设全国统一大市场的意见》指引下，在坚持充分尊重碳交易试点省市首创精神，坚持全国碳市场统一运行、统一管理、统一平台、统一规范、统一交易产品的基础上，开展探索性研究，集思广益，凝聚共识，尽快制订既因地制宜，又与全国碳市场建设规划一致的试点碳市场平稳过渡方案。方案除了应为试点碳市场的平稳过渡提供政策和技术保障，使试点碳市场在市场要素、基础制度和支撑系统等方面逐渐向全国碳市场靠拢；还应推动继续深化试点碳市场建设，充分发挥试点碳市场是全国碳市场建设"试验田"的作用，从而确保试点碳市场平稳过渡和顺利转型。在过渡时期，相对全国碳市场，试点碳市场应错位发展、补位发展、创新转型发展，平稳过渡到全国碳市场，推动和确保建立全国统一碳市场。

（三）碳交易与用能权、绿电等交易机制的关系

我国正在进行能源电力价格机制改革，实施多种生态环境保护和节能减排政策，同时也在建立和完善电力、绿电、用能、环境权益等交易市场机制，包括碳交易机制、用能权交易机制、绿色能源证书、绿色电力交易机制等。全面做好生态环境保护和节能减排工作虽然需要多种政策和机制，但客观上也形成了政出多门、政策工具重复覆盖、竞争政策资源的局面，而且协调各种交易机制与监督管理政策障碍多、难度大，地方政府和企业在贯彻落实这些政策时面临管理成本增加、重复建设等风险。

应积极探索碳交易与相关政策协调和机制协同的有效途径，有机结合、综合施策，使这些政策和机制的作用都得到最大程度的发挥，共同促进实现碳排放控制、能源消费控制和大气污染物控制目标。一是全国碳市场建设政策目标与节能、大气污染治理等政策目标实现统筹协调；二是碳交易机制建设和用能权交易机制、绿色电力交易价值、排污权交易机制等建设协同推进、相互融合；三是技术支撑体系提质增效，例如，可以依托生态环境系统现有高效的监测技术、标准和设备等加强碳排放数据技术体系，进一步提高碳排放数据质量，利用区块链、云平台等大数据技术提升监督管理效率。

（四）地区之间、行业之间的关系

我国各省份及不同行业的碳排放现状、减排潜力和减排成本存在差异，因此，全国碳市场制度建设应注重地区和行业差异性问题，统筹区域经济可持续协调发展和碳减排要求，以免影响控排企业参与碳交易的积极性，削弱碳市场的减排成效。

处理好地方差异性和行业差异性问题，是一个长期的、艰巨的政策和技术挑战，必须坚持全国碳市场"一个方法、一个标准"的原则，必须不断探索、优化削弱地方差异性和行业差异性的政策和技术，要综合运用政策、技术、经济手段，实现成效与效率兼顾、公平性与差异性兼顾。同时，还要防止出现新的差异化，防止割裂全国碳市场，防止增加管理成本。以碳市场核心要素排放配额分配为例，在严格控制全国碳市场排放配额总量的前提下，对欠发达地区和利润水平较低的行业，设置相对宽松的排放基准线和总量，给予较小的减排压力；对发达地区和利润水平较高的行业，可设置较严格的排放基准线和总量，并提高有偿分配配额比例，给予较大的减排压力；此外，通过合理设置基准线，协调行业内差异，确保排放配额分配在可比条件下代表技术先进水平，促进企业通过技术升级

实现节能减碳；还可将配额有偿分配的收益更多地用于欠发达地区低碳技术改造和经济发展转型。

四、参与全国碳市场的能力建设

全国碳市场正在积极稳妥地推进制度体系和支撑系统建设，需要开展重点排放单位配额分配、交易和履约。发电企业作为全国碳市场首批纳入企业，思想上要高度重视全国碳市场建设，按照新形势下全国碳市场建设的新要求，在行动上抓紧、抓实、做好参与全国碳市场建设的准备工作，提高碳排放和碳资产管理水平。

（一）构建管理组织体系

多数纳入全国碳市场的发电企业，特别是大型发电集团，具有排放量大、所属企业（排放源）多、地域分布广泛、管理层级多等特点；纳入全国碳市场的自备电厂常常与所属企业管理关系复杂，并且排放源流复杂。因此，发电企业应设立专门机构、专门岗位组织参与全国碳市场工作，明晰职责分工，保证机构和人员的稳定性，主动建立与主管部门沟通交流工作机制，形成政企互动的管理体系格局。发电企业还应充分发挥管理和技术水平高、管理集中度高的优势，建立统一的管理体系，做到统一规划、统一实施碳排放管理和碳资产管理，并不断优化管理流程。

（二）配合主管部门开展全国碳市场建设工作

发电企业既是全国碳市场的参与主体，又是全国碳市场的重要建设者。发电企业应充分发挥管理和技术优势，积极配合主管部门开展排放监测、报送和核查工作，积极配合与国家碳排放数据监测报送系统的对接互联，积极配合开展配额分配方法测试和配额分配，积极配合注册登记系统和交易系统开户和配额管理等。同时，发电企业还要将在全国碳市场建设中出现的问题、意见和建议，及时反馈给主管部门，协助主管部门不断完善相关政策和技术规范。

（三）强化碳排放数据质量管理

碳排放数据是企业管理碳资产、完成履约的重要依据，碳排放数据质量是全国碳市场的生命线，发电企业应通过不断强化碳排放数据质量管理提升碳排放数据质量。《碳排放权交易管理办法（试行）》（生态环境部令第19号）和《企业温室气体排放核算方法与报告指南　发电设施》（以下简称《核算报告指南》）

明确规定，重点排放单位按照生态环境部制定的技术规范开展碳排放数据管理和编制排放报告，对其排放报告的真实性、完整性和准确性负责。为了提升数据管理质量，重点排放单位应按照《核算报告指南》的要求，施行专岗专责，建立并完善内部碳排放数据管理制度，强化数据质量管理计划编制和实施，及时保质定期报告碳排放及相关数据，把好排放报告质量关。发电企业应积极研发碳排放数字化、智能化、在线监测技术，探索建立碳排放监测技术和监管标准体系，与国家技术规范对标，与国家碳排放数据平台对接，从源头做好碳排放数据质量管理工作。

（四）积极开展配额清缴履约管理

低成本实现碳排放控制目标是企业参与碳交易市场的核心目标，为此，发电企业必须从碳排放和碳资产两个维度、在管理和技术两个方面做好准备。一方面，做好碳排放预算管理。发电企业必须构建内部碳排放统计制度，加强碳排放情况跟踪监测和形式分析；在有机结合企业发展需求和排放配额初始分配情况的前提下，制定企业低碳发展战略，优化制定碳减排途径和策略，实现碳减排。另一方面，做好碳资产预算管理。发电企业应因地制宜地制定碳交易策略，并在风险可控的前提下，探索开展碳金融活动，从而有效盘活碳资产，既为碳减排提供资金，对冲碳交易风险，又降低履约成本。

（五）积极组织开展和参与能力建设

随着全国碳市场建设的快速推进，发电企业迫切需要加强能力建设。发电企业除积极参与主管部门、行业协会组织的能力建设活动外，还应建立能力建设及考核评估长效机制，持续组织开展碳排放、碳资产管理能力建设，提升能力建设成效，提升碳排放、碳交易和碳市场建设能力储备，并为全国碳市场建设营造良好氛围。

发电企业要深刻认识到，建立全国碳市场是企业低成本实现碳排放总量控制目标的有效途径，是推动企业绿色低碳发展转型的重要举措，既是生态文明制度建设的重要内容，更是企业自身高质量发展的内在要求。发电企业参与碳交易不要过度投机，不能以完全逐利为目的。发电企业应在思想上充分认识建设全国碳市场的重要意义，并以此为指导，主动作为，积极做好参与全国碳市场的准备，助力全国碳市场发展。

五、全国碳市场发电行业配额分配方案分析

配额分配是碳市场控排目标和方式的直接体现，规定了碳市场纳管企业碳排

放控制的责任。2020年12月，中华人民共和国生态环境部出台了《2019—2020年全国碳排放权交易配额总量设定与配额分配实施方案（发电行业）》（以下简称《配额分配方案》），《配额分配方案》立足国情，具有以下特点：

一是实施灵活总量控制，采用基准线法分配配额。《配额分配方案》基于碳排放强度控制制定，对标发电行业先进碳排放强度，采用基准线法分配配额，与国家碳排放控制政策相衔接。《配额分配方案》控制企业生产活动的碳排放强度，鼓励先进发电机组多发电，不限制纳管企业产量。采用这种方式分配配额，充分考虑了发电企业及下游产业发展的需求，同时通过严格控制纳管企业生产活动的碳排放强度，起到了引领先进技术、淘汰落后技术、管理生产、合理释放产能的作用；进而通过淘汰落后产能，推广低碳技术，促进企业实现碳减排，实现绿色低碳发展转型。虽然这种配额分配方式排放配额总量是动态的、灵活的，但是短期内通过严格的排放基准线控制，仍然可以实现碳减排目标，推动供给侧绿色低碳转型。

二是配额总量适度从紧，个别发电机组配额缺口较大，淘汰落后产能。根据《配额分配方案》，整个发电行业配额量与实际排放量相比，配额适度从紧，配额缺口占配额总量比例较小。此外，对于个别企业或发电机组，特别是对于关键参数，如燃煤元素碳含量没有实测值的发电机组来说，配额缺口可能较大，这主要是因为没有元素碳含量实测值的机组在计算其碳排放量时采用了单位热值含碳量的高限缺省值，增加了分配获得配额与实际排放量的缺口。采用这种技术方案和政策要求，有利于积极推动发电行业重点排放单位开展实测燃煤元素碳含量，提高碳排放数据的准确性。

三是免费分配配额，配额先预分配，核定和调整后最终分配。在全国碳市场运行初期，免费分配配额，有利于激发企业参与碳交易的积极性，降低推行碳交易机制的经济壁垒。另外，对纳入全国碳市场的企业先期预分配配额，配额清缴履约前进行调整、核定最终应分配的配额，多退少补。预分配配额一方面有助于鼓励企业积极参与碳交易，提前做好碳预算管理；另一方面提升了配额分配的科学性与合理性，也是调控配额供需的重要手段。

四是采取了削弱碳市场对企业经济发展影响的技术措施，减轻企业履约负担。这些措施主要包括：同时发放2019年和2020年的排放配额，这意味着2020年配额履约可以使用2019年的配额，可削弱由于新冠疫情后经济复苏带来的排放量激增造成的配额履约的压力。此外，《配额分配方案》还制定了"配额清缴履约 20%上限"和"燃气机组按配额分配量清缴履约"等政策，并允许国家核证减排量（CCER）用于配额清缴抵消，减轻配额清缴负担较重的重点排放单位经济压力，鼓励使用更清洁的燃气发电技术。

六、全国碳市场推动发电行业绿色低碳发展的主要措施

2021 年 1 月 1 日，全国碳市场启动第一个履约周期，同年 7 月 16 日启动上线交易，市场运行平稳，价格稳中有升，截至 2022 年 7 月 8 日，全国碳市场配额累计成交约为 1.93 亿吨，累计成交额约为 84.9 亿元。2021 年 12 月 31 日，全国碳市场第一个履约周期以 99.5%的配额清缴率完成履约，顺利收官。全国碳市场在推动企业有效控制温室气体排放、绿色低碳转型发展等方面发挥了积极作用，主要体现在以下几个方面：

首先，全国碳市场树立了"排碳有成本，减排有收益"的社会意识，提升了企业积极开展碳排放管理和碳资产管理的理念。其次，全国碳市场初步形成碳价形成机制，发挥了碳定价功能，形成了碳减排的激励与约束机制。再次，提升了企业碳排放与碳资产管理的能力，首次通过市场机制压实了企业碳排放控制责任，促进发电企业碳排放强度降低。最后，全国碳市场已经成为彰显我国积极应对气候变化负责大国形象的重要窗口，提升了我国在碳定价领域的全球影响力。

（一）实施配额绝对总量控制

全国碳市场采用灵活总量是现阶段为了处理好经济发展与碳减排的矛盾，碳交易本质是总量控制下的交易，特别是在实现碳达峰碳中和目标要求下，必须有效发挥全国碳市场机制推动实现碳排放控制目标的作用。因此，为了强化碳交易机制减排成效，切实推动企业低碳发展转型与碳排放达峰，应尽快研究确定碳市场排放配额总量。

（二）进一步优化配额分配基准线

目前，《配额分配方案》采用的基准线实现了配额适度从紧的目标，但是对于一些类型的机组和地区仍整体存在配额缺口，除了采用参数高限值推动关键参数实测，提升碳排放数据准确性和配额分配的精准性外，更多的是必须优化配额分配基准线，确保配额分配方法的科学性和适用性。此外，值得注意的是，不能频繁地调整基准线，以确保企业对碳排放管理、碳交易管理要求有明确的预期，

有助于企业开展碳排放和碳资产预算管理。

（三）适时开展有偿分配配额

有偿分配配额是强化碳交易机制减排成效的重要手段，必须探索配额有偿分配，有序、逐渐开展配额分配，如对于列入淘汰产能的机组，设定碳排放率先达峰目标的地区等开展碳排放配额有偿分配。值得注意的是，在尝试配额有偿分配的同时，还要积极扩大碳市场覆盖范围，如从发电行业扩大到建材、有色冶金、钢铁等行业，丰富市场主体与交易品种，丰富交易方式，将配额管理与交易结合起来，实施"配额总量控制—交易"机制，综合施策，协调政策，既可提升碳市场减排成效，又可改善碳交易活跃程度，降低企业减排成本，以成本效益优化的方式实现既定的碳减排目标。

（四）严格配额清缴履约管理

严格配额清缴履约管理是实现碳市场减排目标的根本保证，必须实施严格的配额清缴履约管理，加大对未完成配额清缴履约重点排放单位的处罚力度。同时还需建立健全履约抵消机制为企业低成本配额清缴履约提供有效渠道，但是，为了实现碳达峰目标，实施碳排放总量控制，应谨慎使用配额清缴履约抵消机制，严格限制抵消条件，包括项目类型、地区等属性，并与国家鼓励的减碳、节能增效、扩绿、经济增长目标方向一致。

（五）建立配额调控机制

研究探索预留配额方案，用于调控碳市场配额供需，确保碳市场健康有序发展，并为推动社会经济高质量发展提供足够的碳排放空间。相应地，建立基于配额调控的全国碳市场调控机制，更多地使用市场的方式调节市场运行，有效防范和处置市场风险，充分发挥市场机制优化配置碳排放空间资源的决定性作用，减少行政干预，更好地发挥政府的作用。

七、建立完善全国碳市场推动发电行业碳达峰

国内外碳交易机制建设经验告诉我们，切实可行的碳交易机制将有力地推动可再生能源的发展，推动发电行业碳排放尽早达峰。为促进发电行业尽早实现碳排放达峰，就全国碳市场建设提出以下建议：

一是尽早实施碳排放绝对总量控制，严格碳排放总量控制目标。与国家碳排

放管理方式相衔接，服务于国家碳排放目标实现，设定全国碳市场碳排放绝对总量控制目标。可以采用"自上而下"与"自下而上"相结合的方式，设定全国碳市场碳排放绝对总量控制目标，具体来说，"自上而下"就是依据国家设定的碳排放达峰目标，或者电力行业设定的碳排放达峰目标，设定全国碳市场合理的碳排放配额绝对总量目标，对全国碳市场覆盖的行业（发电行业）碳排放进行严格控制，推动覆盖行业（发电行业）实现碳排放达峰。"自下而上"的方式设定全国碳市场碳排放总量控制目标是直接加总全国碳市场覆盖行业企业碳排放配额而获得。"自上而下"和"自下而上"相结合的方式设定全国碳市场排放总量控制目标是在统筹社会经济发展和降碳目标的基础上，平衡"自上而下"设定的碳排放总量控制目标和"自下而上"设定的碳排放总量控制目标，最终设定合理的全国碳市场碳排放总量控制目标。"自上而下"和"自下而上"的方式设定碳排放总量目标较好地处理了降碳与经济发展的关系及中长期与短期目标的关系。

二是不断强化市场功能建设。逐步扩大全国碳市场行业覆盖范围，逐步纳入水泥、有色、钢铁、石化、化工等高排放行业。逐年收紧全国碳市场配额分配，探索实施碳排放总量控制，适时引入有偿分配配额。逐步丰富全国碳市场交易主体、交易品种和交易方式，适时引入非履约主体和个人参与碳交易。强化碳金融标准和绩效评估体系建设，健康有序地发展碳金融。加强全国碳市场与绿电、用能权交易机制协同增效，建立并完善以全国碳市场为核心的碳定价机制。

三是确保碳价足够高，强化煤电企业减排压力与动力。碳价是优化配置碳排放空间资源的关键要素，碳价过低或者过高，都不能以成本效益优化的方式实现减排目标。碳价较低，企业减排压力较小，动力不足；碳价过高，企业减排压力大，影响企业经济发展。因此，必须形成合理的碳价，即以足够高的碳价来强化企业减排的压力，但碳价也不能过高，成为过度增加煤电企业配额清缴履约成本的诱因。为此，全国碳市场必须制定合理的配额总量及分配方法，有效约束企业减排，强化企业减排行动；有效调控配额市场供需，构建有效的抵消机制、不断丰富交易产品和方式等，提升企业减排的动力，为企业减排提供有效激励，推动煤电企业实现碳排放达峰。

四是加强碳市场与能源市场、电力市场的联动协同。加快电力市场和能源市场改革，将碳排放总量控制与能源消费总量控制、电煤使用管理结合起来，建立碳价、化石能源消费价格、电价联通机制，联合发力，共同推动煤电企业碳排放达峰与可再生能源发展。

33

价格机制对于可再生能源发展的推动作用

康俊杰[*]

"十二五"以来，风电、光伏等可再生能源在中国飞速发展，其中风电由 2010 年的 2957 万千瓦增加到 2019 年的 2.1 亿千瓦，实现了 24% 的年均增速；光伏由 2010 年的 20 万千瓦增加到 2019 年的 2 亿千瓦，年均增速更是达到了 67%。风电、光伏自 2010 年以来的增长远高于其他电源的原因是多方面的，其中价格机制在中间起到了重要的作用。进入 2020 年，可再生能源已经进入"平价上网"阶段，电价机制应该在推动可再生能源的进一步发展中起到更重要的作用。

一、"十二五"以来，价格机制对于可再生能源发展的作用

"十二五"以来，电价政策在以下两个方面推动了可再生能源的发展。

第一，标杆电价。"十二五"以来，结合补贴政策的标杆电价制度对于可再生能源的飞速发展居功至伟，对于保障大部分可再生能源的盈利、稳定投资者的预期起到了最重要的作用。从单一项目来看，长期稳定的标杆电价保障了项目的营利性，使投资者保持了良好的预期，从而实现了风电、光伏投资每年的快速增长。从历史作用来看，风电、光伏之所以能从 2011 年、2012 年的低估期、困难期走出来，正是标杆电价起到了稳压器的作用。从行业的整体发展来看，不定期调整的标杆电价也推动了行业竞争，使整个行业的成本不断降低。另外，标杆电价不断调整，使补贴的利用效率不断提升，可再生能源的价格市场也在不断完善。

---

 * 康俊杰，北京大学能源研究院气候变化与能源转型项目副主任。本章内容根据作者在中国社会科学院生态文明研究智库主办、中国能源网协办的《中国煤电发展之路辨析》系列沙龙上的发言材料整理而成。

尽管这种标杆电价制度带来了很大的财政压力，但是与 20 世纪 90 年代全民办电时代，按照成本加成法确定的一厂一价的电价机制相比，这种附加补贴的标杆电价还是有所进步的。

第二，竞价机制。可再生能源领域的竞价机制，最早起源于光伏"领跑者"计划。竞价制度的出现带来两个直接的好处：一是把各个投资商作为核心商业秘密的投资成本公示于天下。例如，2016 年的同期领跑者部分基地的中标电价已经降低至每千瓦时 0.57 元，远低于 0.75 元的标杆电价水平，这种采用倒逼的方式让行业直接了解到光伏发电的真实成本。二是采用竞争的方式引导产业升级。2010—2014 年，光伏电池转换效率进步缓慢。光伏"领跑者"计划推动之后，光伏电池转换效率以每年 0.5%～1% 的速度进步，60 型组件功率每年按 20 瓦至 30 瓦的速度进步。2015—2018 年四年时间，组件主流功率差不多增加了 100 瓦，同时促进了技术进步呈现百花齐放的局面。在技术进步、效率提升的同时，竞价驱动上网也加速了发电成本的下降。2010—2020 年，光伏发电成本降低的速度远远快于其他发电类型；尽管不同发电类型之间在技术上存在很大的差异，但是这种竞争性带来的成本快速降低无疑是非常重要的。

光伏发电行业经过三年的"领跑者"项目实践，通过"领跑者"项目不断降低的中标电价来带动了标杆电价的调整，并推动了光伏发电行业的快速发展。这种竞价机制的成功实践在 2018 年被应用于陆上风电，此后应用于海上风电，并且范围不断扩大，有效地带动了风电标杆电价的不断降低。从过去十年的发展来看，正是全面实行的标杆电价制度和范围不断扩大的局部竞价制度，把可再生发电推到了如今的平价时代。

二、对于可再生能源"平价上网"的认识

所谓的"平价上网"，简单理解就是不再需要国家补贴，发电企业只是通过销售电量从电网或电力用户中获取收益。风力发电企业上网电价的确定方式有两种：一种是参照煤电上网电价，另一种是通过时竞价，或者说按照电力市场规则确定电价。最近几年，中国电力市场发展迅猛，"无现货、不市场"的定位也获得更多的认可，但是可再生能源的这种市场价格应该是一种 PPA 长协价格，而不是通过现货市场确定的波动价格。

因为风电、光伏相对于煤电具有较低的外部性，也就是外部影响或外部成本低于煤电。风电、光伏的发展不是市场自由选择的结果，而是政府考虑到电力发展中"市场失灵"的影响，采用政府"看得见的手"引导的结果。如果在可再生能源发展刚刚达到平价水平的初期，直接把风电、光伏的定价权完全推向市场，与煤电进行直接的市场竞争，显然违背了中国发展可再生能源的初衷。即使从市场公平的角度来考虑，在碳市场没有推行、绿证交易机制还需进一步完善的情况下，直接采用将风电、光伏和煤电纳入同一电力市场，并采用现货交易的方式来确定可再生能源的价格也有悖公平。

"平价上网"不是说价格完全由政府来定价，而是在平价初期，将可再生能源作为一个单独市场来运行，在可再生能源市场上，采用完全竞争的方式来确定单一项目的度电价格。对于单一项目，采用市场方式确定的市场价格是一种长期协议 PPA 价格，20 年保持不变，只有这样才能稳定投资者的预期。如果完全采用现货交易的方式，没有锁定价格，那将给项目投资带来巨大的风险，也没有办法稳定投资者预期。实际上，国际能源投资项目主要都是长期协议价格，如油气管道、中东和美国的大型光伏发电项目等。当然了，不同项目之间价格是不固定的，各个项目最好的方式还是通过市场竞价的方式来获得这种 PPA 价格，不同项目之间的 PPA 价格是不同的。

采用竞价的方式确定平价、未来可能是折价的长期协议价格是科学的可再生能源定价方式。但在执行中，有三点需要注意：第一点，对单一项目价格的长期锁定，不能更改；第二点，对发电量尽量实现全额保障性收购，至少需要确定最低的一个收购标准，也就是数量上的照付不议，只有这样才能稳定市场预期、防止大起大落；第三点尤其重要，就是防止非技术成本的增加，如土地成本和作为大家讨论热点的并网成本等，这些影响很大，而且最近几年苗头很猛。例如，2019 年轰轰烈烈的国电投集团的内蒙古百万千瓦平价风电项目，就是因为土地成本的大幅度增加而进展缓慢。从国际上来看，其他国家对于可再生能源项目非技术成本的控制是很严格的，如迪拜、阿布扎比、美国亚利桑那州的光伏送出线路，土地成本都是政府兜底的，甚至场区道路都是政府负责的。

三、对于绿色电力证书的认识

绿色电力证书简称"绿证"，又叫可再生能源证书，是对新能源企业非水可再生能源上网电量颁发的具有独特标识代码的电子证书，是非水可再生能源发电量的确认和绿色属性证明，也是可再生能源配额制的一项政策工具。绿证一方面能够实现对可再生能源发电量的独立计量，也可作为将可再生能源的环境效益兑换为经济收益的交易工具。通过绿证的颁发，可实现可再生能源电力物理价值与绿色价值的区分。

价格过高是我国绿证自出现以来一直存在的问题。由于我国实行绿证交易的初衷在于替代补贴，因此持证项目在出售绿证时，必然会促使成交价格尽可能地逼近补贴金额，而不是根据市场供需来定价。绿证价格远高于国外市场价格，国外市场还有低税等经济优惠政策。接近补贴额度的绿证价格无法被大量的绿电买家所接受，市场反应冷淡。未来，应该在现有绿色电力证书管理机构、交易平台不变的基础上，对绿证机制从核发范围、与补贴的关系及市场交易方面进行改进：

一是绿证核发纳入更多的可再生能源进入绿证体系。2020年底，仅有以往陆上风电及集中式光伏电站需补贴的项目能够申请绿证。随着风电及光伏行业去补贴时代的来临，各类平价项目和竞价项目（技术类型包括分散式风电、分布式光伏及海上风电）应该同样被纳入其中，获得同样体现绿色价值的机会。在核算方法上，引入相应的证书系数及不同类型的新能源，同样1千瓦时电量可考虑颁发不同数量的证书。

二是存量项目，绿证与补贴解绑。对于平价项目，绿色电力证书应是环境收益的重要来源，不设置绿色电力证书交易价格上限；对于仍领取补贴的项目，可将绿色电力证书的收益作为补贴的一部分，即国家发放补贴为原有补贴减去绿色电力证书收益，同时增加多卖多奖励等灵活机制以活跃绿证市场。

三是活跃绿证自愿市场。允许中间机构持有绿证并购买绿证后二次交易；建立绿证积蓄制度，即未使用的绿证在未来一定时间内仍可继续兑付；出台刺激绿证自愿市场相关政策，并探讨跨部门支持政策，如将绿色证书认购与企业绿色产品认证、税收优惠等逐步关联，形成可再生能源消费氛围，发挥可再生能源绿色消费引领机制的作用。

四、对于当前电力系统安全成本分摊的认识

随着可再生能源"平价上网"时代的到来，现在电力行业更多地要求可再

生能源企业承担系统安全成本，例如要求新建的可再生能源企业按照比例配建储能设施等。应该明确的是，采用任何方式让可再生能源企业承担系统安全成本都是不合理的，不管是强制配建储能设施还是购买配套的辅助性服务。

因为系统安全问题不是可再生能源接入造成的，而是需求侧用电需求的波动与供给侧的供给不匹配造成的，这种不匹配需要煤电、气电等提供系统备用、快速爬坡等安全服务。可再生能源是电力的生产者，自身并不直接需要快速爬坡和容量备用服务，要求其付费是没道理的。煤电提供电量及可调度的电力服务，但排放污染物和二氧化碳；可再生能源提供清洁的电量，但电力不可调度。两者均有优缺点，作为用户既要可调度的电力，又要清洁低碳的电量，那么就要分摊这部分成本。对于可再生能源发电企业来讲，其提供的就是清洁、平价或者低价的发电量，这是可再生能源企业的核心优势，这些企业并不能提供可调度的电力服务，这种服务需要消费者向煤电、气电、储能等用户来购买。

尽管平价时代已经来临，但是目前有很大比例的存量可再生能源仍然需要额外财政补贴，用财政补贴来支付辅助服务费用，违反了补贴制度设计的初衷。实际上，打破"围墙内思维"会发现，可再生能源最终是为电力用户提供电能资源，使用可再生能源发电、最终享受蓝天白云的是全体用户，那么可再生能源及系统产生的一切成本最终必然是电力用户埋单，即享受良好环境的用户不能回避由此付出的额外成本。

另外，从与煤电的比较来看，煤电企业只承担了内部的财务成本，如污染物排放、碳排放造成的环境损害，这些外部成本都是由全社会承担的，可再生能源的并网会产生并网成本，这部分成本对于电力企业也是外部成本。按照"发电企业"这个统一的界限，按照同一标准，并网成本也应该由全社会承担，而不是由发电企业来承担。

在目前情况下，新能源企业还没有承担分摊系统安全成本的能力，存量的新能源项目还要靠补贴来生存，而增量的项目刚刚摆脱了对补贴的依赖，直接压给它一个辅助服务的担子，这些企业肯定难以承担，还是要用户、政府或者全社会来承担这部分费用。当未来风电、光伏价格达到很低的时候，可以把这部分费用加到发电企业身上，其实也是在电价中反映出来，只不过是因为发电的度电成本已经很低了，即使加上这部分费用也显现不出来罢了。

五、"十四五"可再生能源价格政策的展望

"十四五"可再生能源的发展的关键是守住定价的三个边界条件,即采用竞价方式确定单一项目的长期 PPA 协议价格并保持不变、签订照付不议的收购数量、不增加非技术成本,不给予过多的附加条件,可再生能源一定能有一个好的发展。未来,通过竞价的方式能够不断地降低新建项目的发电成本。例如,未来光伏发电项目的度电成本将降低到 0.2 元,甚至 0.1 元,把这样的低廉的电量价格传递给用户,再加上用户购买用电服务的成本,不但不会比现在的用电成本高,甚至会更低。

2020 年 9 月 22 日国家主席习近平在第七十五届联合国大会一般性辩论上提到,中国将提高国家自主贡献力度,采取更加有力的政策和措施,二氧化碳排放力争于 2030 年前达到峰值,努力争取 2060 年前实现碳中和。

要实现 2060 年碳中和的目标,交通、工业等领域用煤、石油供能都会被电力替代,预计 2060 年中国的电力需求会是 2020 年的 3 倍以上,超过 20 万亿度电。这些电力将主要由可再生能源发电供应,以年发电 2000 小时计算;需要 100 亿千瓦左右的装机,折算下来未来 40 年平均每年需要新增 2 亿千瓦以上的新能源装机①。未来,电价机制将在推动可再生能源发展中起到更加重要的作用。

---

① 数据来源:搜狐网.远景 CEO 张雷:中国碳中和目标推动可再生资源进入"倍增"阶段[EB/OL].(2020-09-25)[2020-09-29].https:∥www.sohu.com/a/420759993_405766.

34

价格机制推动电力需求响应工作的探讨

李淑祎[*]

电力低碳清洁化转型对于我国碳排放达峰和碳中和目标的实现至关重要。我国正从供需两端，推动电力供需高度协同，以适应未来的高比例可再生能源接入，建设安全高效、清洁低碳的能源体系。

在需求侧，2017 年修订的《电力需求侧管理办法》指出，支持和鼓励各类电力市场参与方开发和利用需求响应资源，逐步形成占年度最大用电负荷 3% 左右的需求侧机动调峰能力；《国家发展改革委 国家能源局关于开展"风光水火储一体化""源网荷储一体化"的指导意见（征求意见稿）》强调，要充分发挥负荷侧的调节能力。国内部分地区也在需求响应试点工作中要求形成占全省（市）最大用电负荷 3% 左右的调峰能力，以及 5% 左右的机动调峰能力。大量的研究与实践表明，需求侧资源在满足电力系统平衡与稳定运行方面是最为经济可行的手段。随着我国电力供需形势的变化，电能替代推进和可再生能源开发，从而需求侧资源规模开发的迫切性也日益提高。

目前，国内需求响应工作仍以补贴推动为主，对用户和代理商的补贴是激发响应用户参与的主要方式。随着需求响应必要性的提高、响应规模的扩大，亟待扩大补贴资金的来源和规模，同时建立起长效机制，充分发挥价格机制在需求响应工作中的积极作用。

一、价格机制对于推动需求响应的作用

需求响应是电力发展进入新阶段后，从需求侧解决电力供需平衡的新手段。

───────────

* 李淑祎，国瑞沃德（北京）低碳经济技术中心。本章内容根据作者在中国社会科学院生态文明研究智库主办、中国能源网协办的《中国煤电发展之路辨析》系列沙龙上的发言材料整理而成。

需求响应的实施对于减少对燃煤（燃气）机组的调频或调峰依赖、提高电力系统运行的可靠性和经济性、促进可再生能源消纳等意义重大。

需求响应不同于有序用电，它是电力用户对电价或激励信号做出的主动响应，这种响应主要表现为用户临时性改变用电行为，即根据电价高低或激励大小，临时性调节电力负荷，包括削峰和填谷。因此，用户行为的合理引导是需求响应工作开展的关键，而电价政策则是促进用户自愿改变用电行为的最有效手段。

价格机制作用于需求响应，一是通过峰谷分时电价等日内电价的高低，传递给用户明确的价格信号。在引导到位的情况下，用户会自觉改变用电行为，进行节电和负荷管理，例如在夏季高峰时段节电、利用低谷电力为电动汽车充电等，这也是需求响应工作的主要内容。二是培育需求响应市场。例如，在分时电价的基础上，通过降低谷段电价等，提高典型的需求响应项目；再如，提高蓄冷空调改造和风电供暖等项目的成本回收能力，从而达到稳定项目市场预期，提高参与者的积极性和主动性。

因此，用户侧价格机制如果设计得当，能够使需求响应变成一种社会自发行为。同时，能够给市场传递出明确的积极信号，促进需求侧资源的有效聚合，推动电力用户、技术和服务商、储能用户等共同参与需求响应工作。

二、国内现有的有利于需求响应的电价政策

目前，国内有利于需求响应工作的电价政策，主要是峰谷分时电价，此外居民阶梯电价对于全民节电工作也有一定的促进作用。同时，各地还出台了一些激励性电价，如尖峰电价、蓄冷电价等，都是在分时电价的基础上，进一步拉大峰谷差，从而达到提高需求侧项目经济性等目的。创新性电价政策，如可中断电价、高可靠性电价等还在起步或研究阶段。

居民阶梯电价。为促进节约用电，推动全社会形成节能减排的共识，自2012年7月以来，居民阶梯电价在全国范围内实施。居民阶梯电价将城乡居民的每月用电量按照满足基本用电需求、正常合理用电需求和较高生活质量用电需求划分为三档，电价实行分档递增。其中，第一档基本用电，覆盖80%居民的用电量，电价不做调整；第二档正常用电，覆盖95%居民的用电量，提价幅度不低于每度

0.05 元；第三档高质量用电，每度提价 0.3 元。另外，还有针对城乡低保户和五保户用电需求，每月提供其 10~15 度的免费电量。

工商业峰谷分时电价。峰谷分时电价政策是根据负荷曲线特性，把一天划分为不同的时段，并对不同时段的用电执行不同的电价，一般分为三个时段，即峰、谷、平段。实行分时电价，可以发挥电价的调节作用，鼓励用户调整用电负荷、削峰填谷、合理用电，提高社会经济效益。目前，我国各省市已经针对大工业用户和一般工商业用户实施了峰谷分时电价，峰谷价比一般在 2∶1~4∶1。近年来，为鼓励用户节电和降负荷的积极性，国内部分省份尝试创新电价政策，包括拉大峰谷价差、扩大峰谷电价实施范围等。如"十三五"时期广东调整了本省的峰谷电价方案。新的峰谷电价方案一是拉大了大工业峰谷电价比价，将高峰、平段、低谷的比价从目前的 1.65∶1∶0.5 调整为 1.7∶1∶0.38，调整后峰谷电价价差达到 4.5∶1。二是扩大了峰谷电价范围，新方案实施后，广东省广电集团有限公司直供直管范围内除自来水、煤气、公交（含地铁）行业之外的普通工业专变用户实行峰谷电价。

居民峰谷电价。2011 年，《国家发展改革委印发关于印发居民生活用电试行阶梯电价的指导意见的通知》提出，鼓励居民用电试行峰谷分时电价。各地在推行居民阶梯电价的基础上，可同时制定居民用电峰谷分时电价办法。2013 年，国家发展和改革委员会又出台了《关于完善居民阶梯电价制度的通知》，提出在保持居民用电价格总水平基本稳定的前提下，全面推行居民用电峰谷电价，鼓励居民用户参与电力"移峰填谷"。

与居民阶梯电价不同的是，居民峰谷电价目前只在国内部分省份实施，特别是在需求响应试点工作开展地区，如上海、江苏、河北、广州、浙江、河南、陕西等地，且按照居民"自愿选择"的原则执行峰谷分时电价。居民如自愿执行峰谷电价，一般需要去营业网点开通相关服务。从结算方面来看，江苏规定，实施阶梯电价后，在南京等已执行峰谷电价的地区，继续由居民用户自愿选择执行居民峰谷分时电价，居民用户电费按照"先峰谷，后阶梯"的方式计算。从电价来看，如河北发布了《关于居民用电实行峰谷分时电价政策的通知》，该《通知》提出在根据前期居民用电峰谷分时电价试点情况基础上，在全省范围内实行居民用电峰谷分时电价政策。选择执行峰谷电价的居民，峰时电价（8 时至 22 时）每度电贵 0.3 分，谷时电价（22 时至次日 8 时）便宜 0.22 元。

尖峰电价。在峰谷电价的基础上，国内部分省市，如北京、天津、河北、山东等也已经实施了尖峰电价。与峰谷电价相比，尖峰电价具有季节性的特点，实施尖峰电价的省份一般会选择夏季，如 7~9 月（山东省在 6~8 月）。相比高峰电价，尖峰电价比基础电价的上浮幅度更大。如北京市一般工商业用户，220 千伏及以上用户的尖峰、高峰、平段和低谷的比价为 1.8∶1.6∶1∶0.4。"十三五"时期，江苏对本省 315 千伏安以上大工业用户实施季节性尖峰电价政策。江苏还明确了实施尖峰电价的条件，即日最高气温超过 35℃。具体以中央电视台一套每晚 19 点《新闻联播》节目后《天气预报》中发布的南京次日最高温度为准，如果南京日最高温度超过 35℃，则全省工业用电大户的电价将在峰期电价基础上每度加价 0.1 元。此外，江苏还规定了电费增收后的用途，即主要用于需求响应的负荷补贴。

蓄冷电价。蓄冷电价是专门针对蓄冷空调用电的政策。它实际上是一种特殊的峰谷电价政策，是在原有峰谷电价的基础上，针对采用蓄冷技术的空调系统，进行的电价调整，一般是下调平段和低谷时段的电价，一方面拉大峰谷差，另一方面通过平段和低谷时段电价优惠的方式，鼓励蓄冷技术在空调系统的应用，从而达到"削峰填谷"的目的。早在 21 世纪初，国内部分地区就已经出台了针对蓄冷空调的电价政策。例如，规定广西执行商业电价的营业性客户，蓄冷空调的平段电价是在商业电价的基础上降低 10%，低谷时段下浮 60%。福建规定，对冰蓄冷空调用电，高峰、尖峰时段执行用户对应用电类别的目录电价，低谷时段下浮 50%。佛山更进一步，于 2014 年底专门出台了蓄冷电价政策。佛山市的蓄冷电价适用于佛山使用蓄冷技术的中央空调系统；蓄冷电价采用峰平谷电价的方式，以用户对应电价类别的平段电价为基础，峰平谷电价比价为 1.65∶1∶0.25；蓄冷电价峰平谷时段划分按照佛山现行大工业用电峰谷电价政策执行，具体划分为高峰时段（9∶00~12∶00；19∶00~22∶00）、平时段（8∶00~9∶00；12∶00~19∶00；22∶00~24∶00）、低谷时段（0∶00~8∶00）。2017 年，广东公布了《关于蓄冷电价有关问题的通知》，将蓄冷电价政策执行范围扩大到全省。

风电供暖电价。为了支持北方地区清洁供暖工作，近年来，我国北方地区对利用风电等可再生能源进行电采暖的用户实施单独的峰谷分时电价，实质上是一种用户谷段电价优惠政策。如内蒙古规定，对于参与电力市场交易的工商业用户，其谷段输配电价按照峰（平）时段输配电价的 50% 执行；对于未参与电力市场交易的工商业用户，其谷段电价在平时段电价基础上下调 0.13 元/千瓦时。对于居民电采暖用户，平时段电价为居民阶梯电价的第一档，谷段电价也在平时段电价基础上下调 0.13 元/千瓦时。同时，对于风电供热试点项目，可以根据项目对应的用电类别和电价水平，执行峰谷分时电价政策，也可以按照居民电价政策执行。

可中断负荷电价。可中断负荷电价主要是指当电力系统在用电高峰时段电力供应不足的情形下，可中断负荷的电力用户根据与电力部门签订的协议，在用电高峰时段暂时被减少或中断用电负荷，以促成在用电高峰时段的电力供求平衡，因而相应地给予这类用户一定的补偿，体现这部分补偿的电价被称为可中断负荷电价。早在 2004 年，在江苏、河北、北京、浙江等省市均开展了可中断负荷补偿的实践工作。这种可中断负荷补偿多发生在用电紧张时期，是地方对符合一定条件的电力用户开展自愿（也存在被动式）中断电力负荷的行动进行的补偿。补偿的标准一般按照中断的负荷量计算，如河北省 2005 年规定，凡经审定参与可中断负荷的企业，并按要求实施了负荷中断的，可以获得适当补偿。补偿标准为每 1 万千瓦累计停 1 小时补贴 1 万元。总体而言，可中断负荷补偿工作还处于起步阶段，各地可中断负荷补偿标准、补偿范围、补偿资金的来源等还有待统一和完善。

高可靠性电价。高可靠性电价是一种考虑可靠性因素而制定的电价。由于用户的电压不同，电力公司为了维持同一水平的可靠性，为用户所付出的投资成本不同。基于此，对于高可靠性用户会实施更高的电价。在我国电价体系中，大都以"高可靠性供电电费"的形式出现，一般对要求有双电源以上供电需求的客户，执行高可靠性电费。同可中断电价相似，高可靠性电价在国内仍处于研究阶段。

三、完善价格机制推动需求响应工作的改进措施

目前，我国的需求响应工作已经从"十二五"时期的试点阶段，逐渐扩大到全国约十个省市。上海、江苏、广东、天津、山东、河南、浙江、江西等省市相继开展了全省范围内的需求响应工作，响应规模逐渐扩大。例如，江苏需求响应单次最大规模从 2015 年的 165 万千瓦提高到 2019 年的 402 万千瓦，增幅达到两倍以上，2020 年国庆期间，江苏累计填谷规模超过 1300 万千瓦；2019 年，浙江在全省下达了 300 万千瓦的需求响应指标，2020 年需求响应规模目标已经提高

到 400 万千瓦。除了传统的大工业用户外，商业、居民用户以及负荷集成商也开始参与需求响应。2019 年 8 月，江西省电力公司对 10 万户居民发出邀约开展电力需求响应试点。同时，在新一轮电力体制改革驱动下，新的市场主体，如售电公司、储能设施也出现在需求响应工作中。山东等地也已经将需求响应纳入电力市场。例如，山东在 2019 年的需求响应工作中，引入了单边竞价模式，响应价格的形成基于竞价结果，2020 年，山东在需求响应与电力现货市场相结合方面开展了新一轮尝试。

从用户激励方面来看，补贴仍是各地普遍采取的措施。补贴类型分为填谷和削峰，一般单次削峰补贴在 2~4 元/千瓦时（居民户单次削峰补贴一般不足 1 元/千瓦时），填谷补贴一般在 1.2 元/千瓦时。随着需求响应规模的扩大，各地也在多渠道筹资补贴资金。例如，江苏需求响应补贴主要由尖峰电价增收电费支付，浙江尝试以跨区域省间富余可再生能源电力现货交易购电差价的盈余部分来支付补贴费用。

从总体来看，需求响应资金池还无法满足需求响应工作的扩大化需求，蓄能等项目的经济性不强，对用户及相关方，如技术改造商、负荷集成商、储能户等的激励作用有限。同时，在居民领域，随着多元化负荷的接入，以电动汽车为代表的终端用能设备，发展速度快、用电负荷大、充电行为相对不固定，这些对电网的影响越来越大。因此，居民领域开展需求响应的必要性日益增强。由于目前居民领域主要实施阶梯电价，对负荷调整的激励作用有限，因此，在居民领域也亟待进行价格机制的调整和完善。

用户侧价格机制的改进，需要考虑到电力系统安全稳定运行因素，考虑到电力系统清洁低碳化转型，以及保民生、降成本、提高用电服务质量等大局，且在国内电力体制改革的大背景和大前提下进行。

针对目前需求响应工作推进情况和发展趋势，对价格机制的完善以促进需求响应，需要从以下三个方面加以改进：

一是完善峰谷分时电价。电价高低是促进用户自愿改变用电行为的最有效手段之一，分时电价也是目前国内实施较为广泛的、有利于需求响应工作开展的价格政策。针对分时电价政策的改进，是要提高其激励引导作用和对市场培育的促进作用，通过拉大峰谷电价等方式，提高需求响应项目改造和运行的经济性，进一步培育和扩大需求响应市场。同时，研究扩大分时电价政策的实施范围，有利于促进其在居民等领域的实施，以及促进居民用电负荷曲线的调整。与此同时，由于居民用电的特殊性，分时电价的普及推广，还有赖于电力市场改革化的推进，有赖于用户用电意识的提高，对波动性电价、高质量电费等价格新形式接受程度的提高。

二是研究将电网需求响应合理支出纳入供电成本。电网在需求响应工作组织和推进方面起到关键作用。我国目前对电网开展需求响应工作主要以考核手段为主，从"十二五"起，我国制定了电网企业年度电力电量节约目标，定期开展电网考核工作；在新一轮电改的推动下，2017年《电力需求侧管理办法》修改，支持电网企业电力需求侧管理工作成本计入供电成本，这也是参考了美国加州PG&E市场的做法。加州PG&E市场将供电企业需求响应的合理开支计入了电价。同时，建立起与之配套的采购、核算、审计、监督等体系，促进"开支计入成本"工作更加公开透明，并为用户所接受。因此，发达国家对于电网企业的起到激励作用的做法值得我们充分借鉴。

三是鼓励价格机制创新。随着电力的市场化推进，市场在资源配置和价格形成中的作用有所提高，电能产品和服务类型也在多样化，除传统的电量市场外，稀缺性电力、容量市场和辅助服务市场也在培育和发展之中。由于用户类型不同、电压等级不同、供电企业为了维护不同用户电力的可靠性和稳定性，付出的成本有所不同，这些都需要在电力市场上有所体现。针对用户类型和电能质量要求的不同，一些创新性的电价政策，如高可靠性电价、可中断电价的制定也更能体现出电能产品的差异性，有利于体现出不同用户参与需求响应的成本区别。

目前，我国正在实施有利于电力低碳转型的产业、税收、价格、投资等政策。对于用户侧来说，价格政策的直接作用和对用户的激励效果要大于其他政策。因此，需要调整和完善用户侧的价格机制，使电价更能反映电力市场的供需情况，更能体现稀缺电能产品，特别是稀缺性电力的价值，更能提高绿色电力的价值、促进用户对绿色电力的消费。通过对用户侧价格机制的不断完善，促进电力供需高度协同，打造全社会共同分享转型红利、共同分担转型成本的良好氛围，促进全社会共同努力，从而推动我国碳达峰和碳中和目标的实现。

参考文献

[1] 国家发展改革委. 关于居民生活用电试行阶梯电价的指导意见（发改价格〔2011〕2617号）[EB/OL]. （2011-11-29）［2021-11-01］. https：www.ndrc.gov.cn/xxgkzcfb/tz/201111/W020190905514877939393146.pdf.

［2］广东省发改委.关于进一步完善我省峰谷分时电价政策有关问题的通知（粤发改价格〔2021〕331号）［EB/OL］.（2021-08-31）［2021-11-01］.http：//drc.gd.gov.cn/ywtz/content/oost_3500421.html.

［3］内蒙古发改委.2019—2020年及以后年度蒙东地区清洁供暖优惠电价政策（内发改价字〔2019〕675号）［EB/OL］.（2019-08-30）［2021-10-20］.http：//fgw.nmg.gov.cn/zfxxgk/fdzdgknr/bmwj/202012/t20201209_342263.html.

［4］内蒙古发改委.2019—2020年及以后年度蒙西地区清洁供暖优惠电价政策（内发改价字〔2019〕676号）［EB/OL］.（2019-09-3）［2021-10-20］.http：//fgw.nmg.gov.cn/zfxxgk/fdzdgknr/bmwj/202012/t20201209_342300.html.

［5］山东省发改委，山东省能源局能监办.关于印发《2020年全省电力需求响应工作方案》的通知（鲁发改能源〔2020〕836号）［EB/OL］.（2020-07-03）［2020-10-15］.http：//nyj.taian.gov.cn/art/2020/7/3/art_45180_9266530.html.

［6］浙江省发展改革委和能源局.关于开展2020年度电力需求响应工作的通知（浙发改能源221号）［EB/OL］.（2020-07-17）［2020-10-10］.http：//www.zjcs.gov.cn/art/2020/7/17/art_1229094055_901166.html.

［7］陈振宇，崔文琪，惠红勋，杨斌，栾开宁，丁一.市场环境下可中断负荷的研究与实践评述（二）［J］.电力需求侧管理，2017，19（01）：6-10.

［8］赵菁，刘敏，王宏亮，林成，欧阳可凤，康鹏，王玉萍，张勇.电力市场中高可靠性电价与可靠性赔偿研究［J］.自动化与仪器仪表，2016（03）：114-116.

35

煤电转型中的价格机制保障

王　睿[*]

一、背景

世界能源领域正呈现多元化、清洁化、低碳化转型发展趋势。我国以煤为主的能源资源禀赋决定了未来一定时期内煤电仍是我国电力得以安全可靠供应的基石，也是构建党的十九大报告提出的"清洁低碳、安全高效"现代能源体系的重要基础。十余年来，我国新能源取得了举世瞩目的发展成就，未来仍将持续高速增长。在大规模低成本储能技术成熟应用之前，为应对新能源电力可信容量不足的问题，一方面，电力系统需要煤电继续发挥"兜底保障"的重要作用，以提高电力安全可靠供应保障的能力；另一方面，煤电要积极"转换角色"，由传统提供电力、电量的主体性电源，向提供可靠电力、调峰调频能力的基础性电源转变，积极参与调峰、调频、调压、备用等辅助服务，保障清洁能源消纳，提升电力系统调节能力。面对新时代对煤电功能定位转变的新要求，如何通过电价机制的合理设置，保障煤电转型的顺利实施是需要解决的重要议题。

二、国外发电装机容量市场的经验与启示

在国外已开展电力市场化改革的地区，部分区域为解决市场运行中潜在的装

---

* 王睿，电力规划设计总院。本章内容根据作者在中国社会科学院生态文明研究智库主办、中国能源网协办的《中国煤电发展之路辨析》系列沙龙上的发言材料整理而成。

机容量不足风险，在电能量市场之外，单独设计了发电容量市场。其中，英国发电装机容量市场及美国 PJM 容量市场是较为典型的市场案例。

（一）英国发电装机容量市场

（1）英国发电装机容量市场建设的背景。

英国电力市场化改革始于 20 世纪 80 年代，在市场建设之初，采用基于全电量竞价、强制性竞争的 Pool 模式；2001 年后改为双边交易和以期货市场为主、现货市场（平衡市场）辅助的 NETA 模式；2005 年，随着苏格兰和北爱尔兰地区的加入，NETA 模式升级为 BETTA 模式。

作为分散式电力市场的典型代表，在市场运行初期，英国电力市场并未引入容量市场机制。作为近期英国电力市场改革的一个重要组成部分，容量市场是在英国能源气候变化部 2013 年发布的《英国电力市场改革执行方案》中被正式提出的。

在英国政府发布的容量市场设立必要性分析的系列报告中，容量市场设立的主要背景及促成因素包括：

第一，电力负荷预期将大幅增长。由于电气化带来的电能替代作用，预计未来英国电力需求将大幅增长。根据预测，2050 年电量需求将较现有水平增加 30%~60%，高峰时段最大负荷约等于现有发电容量的 2 倍。

第二，大量传统电源将陆续退役。以报告发布期为基准年份，预计未来 10 年，约 20% 的英国发电设施将被陆续关闭，主要包括已达服役年限的核电站及传统的燃煤发电站。

第三，可再生能源发展迅速。在低碳发展目标引导下，英国对可再生能源发电引入差价合约（CFD）机制，相对稳定的收益预期将激励风电、光伏装机的大量增加。由于风电、光伏固有的间歇性问题，需要系统配置更多的灵活性备用容量资源，以满足系统运行约束。

（2）英国发电装机容量市场建设的触发条件。

从英国电力市场的建设历程来看，其在市场建设初期并无容量市场机制，并在原有模式下稳定运行逾 20 年。只是在新能源快速发展的近期，才开始研究并引入容量市场机制。深究其背后原因，与其电能量市场的竞争模式与价格形成机制是密切相关的。

英国电力批发市场是一个以双边实物合同为主的市场。各类交易电量占比中，双边合同的交易电量约占 90%，交易所的交易电量约占 5%，平衡机制

（Bid/Offer）的交易电量约占 3%~5%。其中，占绝对多数的双边合同，由市场成员自行协商签订或通过经纪公司组织的 OTC 交易签订，并以中长期合约形式为主，最长可提前数年。

在以中长期实物交易为主的市场中，与短期竞争性市场中机组基于短期边际成本报价的市场竞争策略不同，由于机组固定资产投资产生的还本付息费用是发电企业在运营期的刚性支出（通常按月度或季度支付），为覆盖生产所需必要成本支出，在以中长期电量为交易标的的市场中，机组的报价策略更倾向于选择基于平均成本报价的竞争策略。因此，在市场供需相对均衡的状态下，其市场的交易价格能够基本覆盖固定成本回收的基本诉求。换言之，从市场与价格机制本身出发，以中长期物理合约为主的电能量市场模式中，容量市场并非市场建设的必备要素。

但随着新能源发电的快速发展，原有的平衡状态被打破。新能源发电对传统电源发电量的挤占效应明显，1990—2017 年典型年份，英国各类电源发电量统计如表 1 所示。除此之外，由于新能源发电价格受差价合约保护，为更多抢占市场份额，其在市场报价中更倾向于低价竞争策略，致使电力批发价格涨幅相对有限。上述双重因素叠加，致使传统电源企业盈利能力出现较大幅度滑坡。

表 1　英国典型年份各类电源发电量　　　　单位：亿千瓦时

发电类型/年份	1990	2000	2010	2017
燃煤发电	229.8	120	107.6	22.5
燃油发电	20.7	13.6	10.5	9.7
燃气发电	0.4	148.1	175.7	136.7
核电	63.2	85.1	62.1	70.3
水电	5.6	5.1	3.6	5.9
风电、光伏	—	0.9	10.3	61.5
其他可再生	—	4.3	12.3	31.9
总发电量	319.7	377.1	382.1	338.5

资料来源：侯孚睿，王秀丽，锁涛，等. 英国电力容量市场设计及对中国电力市场改革的启示 [J]. 电力自动化，2015，39（24）：1-7.

从表 1 可以看出，从改革初期的 1990—2017 年，英国电力负荷需求总体平稳。新能源发电占比出现快速增长，尤其在 2010 年后，传统电源发电量占比从 2010 年的 94.08% 快速下降至 2017 年的 72.41%。在这一形势下，若仍意图维持批发市场价格的相对稳定，传统电源将由于盈利不佳存在进一步加快退役的可能性。但由于新能源发电固有的不确定性，系统仍需要传统的火电、核电等确定性电源在系统中承担电力支撑作用。

因此，考虑到未来负荷可能出现的快速增长以及新能源并网对传统支撑性电源的需求增加因素，为避免出现电力供应不足以及批发市场价格大幅攀升等问题，英国于2013年推出发电装机容量市场。

（3）英国发电装机容量市场设计的关键要素。

在英国发电装机容量市场设计中，市场需求的确定、价格形成机制的设计及基准价格的设定是需要重点关注的设计要素。

第一，市场需求的确定。容量交付年的容量需求由预测系统操作员（System Operator，SO）负责，满足系统长期可靠性标准（电力不足期望值 LOLE ≤ 3 小时/年）所需的容量进行分析，经技术专家组审议通过后由国务大臣决定发电装机容量市场中的需求目标值。

第二，价格形成机制的设计及基准价格的设定。采用拍卖方式，发电装机容量供给曲线由市场主体自主申报，需求曲线则由政府确定，带有较明显的政府定价色彩。需求容量的目标值确定如前所述，目标值对应的价格则基于系统中作为边际机组的联合循环燃气轮机的最低报价设定 Net-CONE（Net Cost of New Entry）值，其值等于新建机组的净成本，即新建机组的容量成本扣除其在能量市场和辅助服务市场的可能收益。

（二）美国 PJM 发电装机容量市场

（1）美国 PJM 发电装机容量市场建设的背景。

美国 PJM 市场负责美国13个州以及哥伦比亚特区电力市场的运行与管理。作为区域性 ISO，PJM 负责集中调度美国最大、最复杂的电力控制区。PJM 区域的市场化改革始于1997年，其市场模式为以中长期金融合约为风险管控手段、全电量现货竞争为主的集中式模式。

PJM 市场是一个高度受管制市场，为了控制现货市场价格的过幅、不合理波动，PJM 监管机构对市场成员的报价行为进行严格监管，要求市场成员上报运行成本、启动成本等变动成本数据以备核验，并通过三寡头垄断测算等技术手段，在机制设计层面限制市场成员策略性报价的操纵空间。

作为集中式电力市场的典型代表，在市场设计初期，PJM 市场即引入了容量市场的相关机制。初期，容量市场采用容量信用模式。容量信用市场允许各负荷服务企业通过日前、月度和多月容量市场来满足其自然容量责任。由于容量信用市场运行效果不佳，2007 年 6 月 1 日 PJM 用可靠性定价模型（Reliability Pricing Model，RPM）模式替代了原有容量信用市场。

（2）美国 PJM 发电装机容量市场建设的触发条件。

从市场改革历程的分析来看，美国 PJM 发电装机容量市场始终伴随着电能量市场的发展而逐步推进。这与 PJM 能量市场的市场竞争模式、价格形成机制，以及监管方式是密切相关的。

PJM 主能量市场采用全电量参与现货市场竞争、节点边际电价结算的市场模式，由于市场高度受管制、机组策略性报价空间相对受控等因素，在市场竞争中市场成员面临的报价环境更近似于经济学概念上的高度竞争市场。

根据微观经济学的基本概念，在高度竞争的市场环境中，以个体利润最大化为目标，生产商组织生产及报价的最优策略是基于短期边际成本。但考虑到发电企业属资金高度密集行业，固定投资相对较高，单纯地依赖短期边际价格，存在固定成本不能全部回收的固有问题。需要说明的是，尽管 PJM 市场允许自调度（Self-Dispatch）机组的存在，即通过与用户签订物理性中长期双边合约、以地板价进入现货市场出清排序的机组。考虑到其市场中双边合约价格谈判的参照物仍为现货市场的出清价格。因此，其中长期合约的价格水平从趋势上来看与现货市场的出清均价应是相趋近的。

因此，为了保障发电企业固定成本的合理回收及电力投资的稳定，从机制设计本身，高度受管制的电能量市场就需要引入额外的容量市场作为必要的补充，并不需要设置单独的触发条件。

（3）美国 PJM 发电装机容量市场设计的关键要素。

第一，市场需求的确定。容量交付年的容量需求由 PJM 区域 ISO 负责确定，主要考虑因素包括：区域最大负荷的预测值以及为满足可靠性要求而确定的装机裕度（基于预测最大负荷的一定百分比确定）。

第二，价格形成机制及基准价格。与英国发电装机容量市场基本相同，美国 PJM 发电装机容量市场同样采用拍卖方式，发电装机容量供给曲线由市场主体自主申报，需求曲线则由政府确定，带有较明显的政府定价色彩。需求容量的目标值确定如前所述，目标值对应的价格则基于新建机组需要在容量市场回收的成本（容量成本扣除其在能量市场和辅助服务市场的可能收益）确定。PJM 将周期性地对这一数值进行调整。

（三）启示

基于英国与美国 PJM 两个典型发电装机容量市场的建设背景、触发条件及关键设计要素的分析，可以得到以下有益的启示：

（1）容量市场建设的必要性与电能量市场的模式选择密切相关。在以中长期交易为主的市场模式中，容量市场通常不作为市场设计的必备要素考虑，是否引入需设置适当的触发条件；在以短期现货交易为主的市场模式中，若市场监管不允许过多的策略性报价行为，则其市场设计本身即需要容量市场作为必要的补充。

（2）容量市场的市场需求规模通常由政府主管部门或其授权的机构基于系统负荷预测确定，普遍带有政府对总体市场控制的色彩。

（3）容量市场的价格与电能量市场价格为互相补充的关系。为了避免过补偿问题，其基准价格确定时通常以新建机组的容量成本扣除其在能量市场和辅助服务市场的可能收益为限。

三、我国发电装机容量市场建设的触发条件

根据《中共中央 国务院关于进一步深化电力体制改革的若干意见》（中发〔2015〕9 号）及其配套文件相关精神，我国电力市场后续建设围绕集中式和分散式两种模式开展具体的市场设计工作。其中，集中式电力市场是以中长期金融（差价）合同管理市场风险，配合现货交易采用全电量集中竞价的电力市场模式，其对应的典型国外市场则为美国 PJM 市场；分散式电力市场是主要以中长期实物合同为基础，发、用电双方在日前协商确定日发用电曲线，偏差电量通过日前、实时平衡交易进行调节的电力市场模式，与其相对应的国外典型市场即为英国电力市场。通过本章的初步梳理得知，两种不同市场模式下发电容量市场的触发条件设定存在较明显的差异。

（一）集中式电力市场

根据前述国外发电装机容量市场的相关经验及启示分析，对于采用集中式模式的电力现货市场，若市场监管借鉴 PJM 市场的强监管模式，由于竞争模式与电能量市场价格形成机制本身即存在发电固定投资回收不足的问题，结合国外发电装机容量市场建设实践经验，建议在市场建设初期即考虑容量市场这一配套机

制的设计及引入。

（二）分散式电力市场

对于采用分散式模式的电力现货市场，由于容量市场通常不作为市场设计的必备要素考虑，是否引入需视其实际情况是否满足设定的触发条件。结合英国电力市场建设实际经验，分散式电力市场引入容量市场的触发条件将包括：

（1）潜在的装机不足风险。

系统潜在的装机不足是触发容量市场建设的必要不充分条件。在现实市场运行中，造成潜在装机不足的原因较复杂，包括但不限于：系统中发电投资激励信号不足、发电商的策略性投机等。因此，不宜将其设定为发电容量市场触发的必要条件，但它却是触发发电容量市场建设必要性分析最为直观及易获取的重要观测数据。

因此，在分散式电力市场中，建议滚动开展中长期装机充裕度评估，以观测未来系统内可能存在的发电装机容量不足的风险。一旦出现潜在的容量不足信号，即可启动发电容量市场建设的必要性分析工作。

（2）容量支撑性电源存在持续性亏损。

容量支撑性电源存在持续性亏损同样是触发容量市场建设的必要不充分条件。作为电力平衡支撑性的电源类型存在持续性的亏损问题，可能的原因包括市场投资信号偏弱或系统供需形势供大于求等。需要甄别造成这一问题的主要原因，对于由于市场机制本身缺陷造成的亏损应当考虑设计容量市场机制予以补充。

当分散式市场同时满足以上两个触发条件时，表明这一市场需要启动容量市场建设的必要性及机制设计工作。最终是否引入容量市场，需要在甄别上述两个触发条件引致因素的基础上加以判定。

四、我国煤电转型的政策框架

伴随着电力市场化改革的加速推进，煤电所面临的外部产业政策环境也亟须作出相应调整，充分发挥煤电在能源电力转型中的功能作用；同时要推动落实相关激励机制的建立和完善，促进和保障煤电向高效、清洁、灵活、低碳和智能化转型升级。

构建涵盖电力现货、容量、辅助服务等不同交易品种的完整市场体系，充分反映煤电在电力系统中的价值，并通过市场机制的完善推动煤电功能定位重要作用的充分发挥。

一是建立价格与品质相统一的电力现货市场化机制。建设电力现货市场的核心价值在于发现价格，减少价格扭曲，通过实时价格反映不同供需形势下的电能成本差异，引导电力资源优化配置，即实现经济学意义上电能产品的"同时、同网、同质、同价"。

现阶段，大部分省区推行的是以中长期电量交易为单一品类的电力市场模式。由于以不带时序信号的电量为交易标的，隐去了电能交易中最为关键的"同时、同质"信息，从而存在不同品质电能价格趋同、电力资源的错配问题，并客观上导致高品质的煤电价值未能有效体现等问题。为了促进电力资源优化配置、建立反映供能价值的电力价格体系，需要在总结前期电力现货市场试点省份建设经验的基础上，积极稳妥推进电力现货市场的建设，真实反映煤电在电力系统中的价值，促进电力市场健康发展。

二是加快建立发电容量成本回收机制。"十四五"时期，我国可再生能源装机与发电量占比都将持续提高。同时，以提高电力安全可靠供应保障和消纳可再生能源为主要功能的煤电，其整体利用小时数将继续维持在较低水平。在煤电执行单一制电量电价体系的情况下，如果利用小时数持续下降，煤电机组的投资回收难以达到预期。同时，随着电力市场化改革的快速推进，电源侧激烈的竞争导致电价进一步下降，加剧了煤电机组的经营困境，未来煤电存在加快退出市场的可能性。近三年，在大规模、高比例可再生能源集中的省份，出现的煤电企业破产清算案例，已不止一次为这一问题的严峻性做下鲜活的注解。

在新形势下，随着煤电功能定位的转变，通过引入适当的发电容量成本回收机制来助力煤电企业回收发电容量成本并适度保障发电企业的积极性是十分必要的。煤电价格机制改革的指导性文件《关于深化燃煤发电上网电价形成机制改革的指导意见》（发改价格规〔2019〕1658号）也提出了"对于燃煤机组利用小时严重偏低的省份，可建立容量补偿机制"。遵循渐进、稳步的改革推进原则，建议容量成本回收机制在云南、四川、广西等清洁能源占比较高、煤电利用小时数长期偏低的省份优先开展试点工作。在试点方案设计中，须重点关注机组置信容量认定、容量价格形成机制（避免过补偿或补偿不足）等方面。后期，在总结试点省份经验与不足的基础上，逐步完善并向全国推广。

三是深化完善电力辅助服务市场机制。为了适应高比例可再生能源电力系统的安全稳定运行需求，需要通过设置合理的经济激励机制来引导煤电等传统电源机组开展灵活性改造。现阶段，传统电源灵活运行的激励机制主要集中于电力辅助服务市场，其在促进新能源消纳方面起到了积极作用。

随着新能源在电力系统占比的不断提高，也逐渐暴露出费用分摊责权不对等、零和博弈状态下分摊规模过于庞大等问题。为了破解这一难题，建议"十四五"时期辅助服务市场建设应着眼于以下两个方面开展和完善工作：一是建立与引致责任相协调的辅助服务费用分摊机制，避免由于责权不对等出现的"搭便车"效应，从而促进辅助服务费用在不同主体间的公平分摊；二是拓宽辅助服务费用来源。原有辅助服务费用在发电侧分摊过渡性质的制度安排不宜作为常态化机制。近期，快速攀升的辅助服务分摊费用，甚至在部分区域出现了入不敷出的情况。为此，需要在借鉴国外辅助服务费用分摊机制的基础上，兼顾我国经济发展的实际需要，拓宽辅助服务费用来源的方式及渠道。

在煤电转型背景下，潜在的装机容量不足被认为是市场化改革带来的主要挑战之一。如何通过合理的价格机制设计以释放电力投资信号、保障发电装机的充裕度，进而维持安全、可靠的电力供应是需要市场设计者关注的重要课题。在已开展电力市场化改革的国家或地区，发电装机容量市场被认为是保障装机充裕度的有效方式。为此，需要在考虑我国实际情况的基础上，研究我国容量保障机制建设的相关建议。

参考文献

［1］侯孚睿，王秀丽，锁涛，等.英国电力容量市场设计及对中国电力市场改革的启示［J］.电力系统自动化，2015，39（24）：1-7.

［2］肖欣，何时有，张宁.英国电力容量市场的成本效益分析与配置优化机制研究［J］.电力科学与技术学报，2015，30（04）：125-130.

［3］张粒子，唐成鹏.英国容量市场模式在中国的适用性分析［J］.电力建设，2016，37（03）：124-128.

［4］曾鸣，向红伟，刘晓立，杨雍琦，李娜.英国电力容量机制改革思路及其启示［J］.华东电力，2013，41（09）：1937-1940.

［5］王冬明，李道强.美国PJM电力容量市场分析［J］.浙江电力，2010，29（10）：50-53.

［6］梁青，许诺，童建中．美国 PJM 容量市场的新模式及其对华东电力市场的启示［J］．华东电力，2009，37（07）：1148-1152.

［7］赵风云，胡荣权，王冬容，等．三部制电力市场的有效模式与可行路径［M］．北京：中国电力出版社，2013：17.

［8］赵建国．容量电价随市场变化的两部制电价模式探讨［J］．华北电业，1998（09）：4-6.

［9］王睿，张粒子，张丽娟，徐利美．含风电场系统风电与抽水蓄能匹配容量研究［J］．太阳能学报，2012，33（06）：1037-1043.

［10］赵连生．电力价格设计——边际成本定价理论的应用［M］．北京：水利电力出版社，1992：33.

36

运用市场化手段破解西北新能源消纳困境

别朝红 李更丰 王 昀 李雨茜[*]

党的十九大提出的"构建清洁低碳、安全高效的现代化能源体系"是我国能源发展的重要目标。电力作为能源利用的重要终端环节,实现电力的清洁化供应对于推进能源清洁转型有着至关重要的意义。

2022年6月,国家发展和改革委员会等九部门印发的《"十四五"可再生能源发展规划》明确指出,我国可再生能源发展面临既要大规模开发,又要高水平消纳,更要保障电力安全可靠供应等多重挑战,新能源消纳形势仍然严峻,更大范围配置资源的需求仍然强烈。2021年,弃风率超过5%的地区包括新疆、青海、内蒙古,三省份弃风电量合计120亿千瓦时;全国弃光电量虽与2020年基本持平,但部分省份仍存在一定消纳困境,西藏与青海弃光率分别达到19.8%与13.8%。预计2022年将陆续并网投产一系列以沙漠、戈壁、荒漠地区为重点的大型风电光伏基地项目,新能源项目集中度增大,西部和北部部分地区消纳压力持续增大。严峻的新能源消纳形势显示非市场化的消纳方式绝非长久之计。非市场化的消纳手段在面对逐渐增加的新能源接入比例,以及2050年实现60%电力来自新能源的目标时,略显能力不足。亟须充分发挥市场的资源优化配置作用,更好地解决新能源的消纳问题。

西北地区作为全国新能源发展的重要基地,为了进一步促进西北新能源的消纳,推进我国电力体制改革,优化西北地区的资源配置,在全国统一电力市场的架构下,必须积极研究建立体现西北电网特色、符合西北电网实际的市场化交易机制。这将更好地促进电力资源大范围优化配置,对促进风电、光伏的消纳具有

* 别朝红,西安交通大学;李更丰,西安交通大学;王昀,西安交通大学;李雨茜,西安交通大学。本章内容根据作者在中国社会科学院生态文明研究智库主办、中国能源网协办的《中国煤电发展之路辨析》系列沙龙上的发言材料整理而成。

十分重要的现实意义。此外，西北新能源消纳形式在全国乃至全球来说非常典型，研究西北电网新能源消纳问题势在必行，也具有极强的前瞻性和推广意义。西北新能源消纳问题解决的市场化途径对于全国乃至世界电力市场发展与能源转型都具有很强的示范和复制作用。

一、西北电网概况

西北电网是一个新能源大规模、高比例装机并网的同步电网。西北电网覆盖陕西、甘肃、青海、宁夏、新疆五省份，是我国供电面积最大（310 万平方公里，约占我国国土面积的 1/3）、主网电压等级最高（750 千伏）的区域电网。近年来，西北风电、光伏等新能源快速发展，既为优化能源结构、促进绿色发展、改善生态环境打下了基础，同时也带来了电量消纳困难、安全运行风险增加等问题。

截至 2021 年底，西北电网总装机约 3.4 亿千瓦，全网新能源装机达 1.43 亿千瓦，其中风电 7634 万千瓦、光伏 6640 万千瓦，风电与光伏发电成为西北电网第二、第三大电源类型，且占比稳步增长。新能源装机超过最大用电负荷约 3000 万千瓦，且新能源装机增速远超负荷增速。

2021 年西北地区新能源发电量 2276.2 亿千瓦时，同比增长 34.5%，占总发电量比例为 21.18%；新能源弃电量 129 亿千瓦时，同比增加 24%；新能源利用率 94.6%，基本与 2020 年持平。预计 2022 年西北地区新能源弃电量将达到 205 亿千瓦时，同比增加 58.4%，对比 2020 年弃电量翻一番；新能源利用率预计为 92.5%，与 2021 年相比下降 2.1%（见图 1）。新能源受阻情况越发显著。

总体来看，西北电力系统具有以下几个特点：

一是省间联系密切，区域统一运行。西北电网长期以来统一调度、统一运行，省际联络线输送能力强，各省份对区域协调运行意识较好。截至 2022 年 5 月，西北地区跨省交易电量达到 300 亿千瓦时，且均为新能源电量，减排二氧化碳 4795.45 万吨。

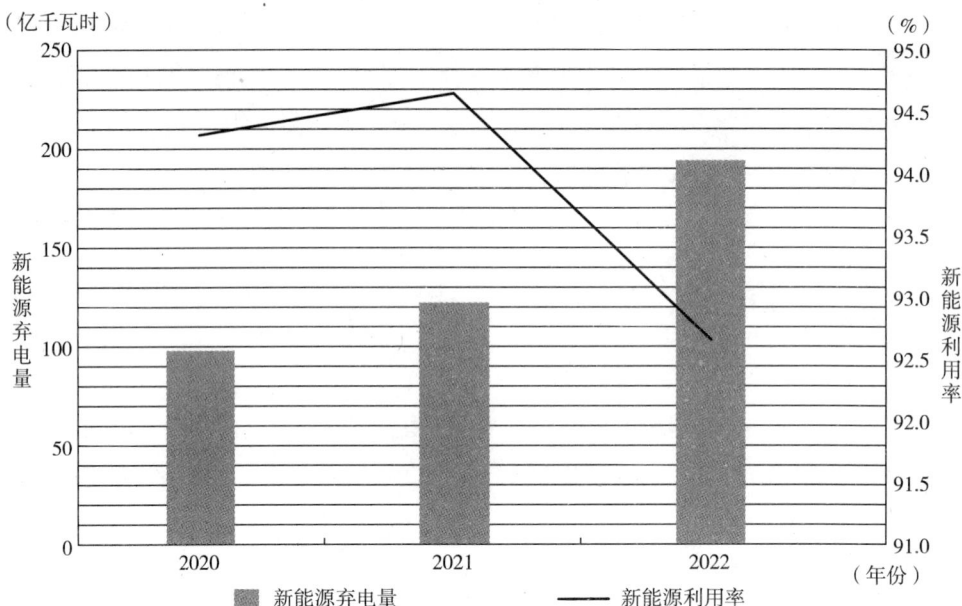

图 1　2020—2022 年西北地区新能源受阻情况

资料来源：全国新能源消纳监测预警中心 . 2021 年四季度全国新能源电力消纳评估分析［EB/OL］．
（2022-03-15）［2022-09-15］. http：//www. chinapower. com. cn/zx/hyfx/20220315/138719. html.

二是电力供大于求，外送特点突出。目前全网装机容量已超过 3.4 亿千瓦，最大用电负荷仅为 1.1 亿千瓦，新能源装机就已经超过了最大用电负荷，在汛期、供热期等时段及春检期间机组运行方式安排困难。西北电网共建成灵宝、德宝、银东、青藏，特高压天中、灵绍、祁韶、昭沂、吉泉、青豫、陕武 11 个直流外送通道。目前，西北电网是承运直流最多、电力外送身份最多的区域级电网，也是我国第一大电力资源输出区域级电网，承担着保障多回跨区直流安全输送、多个新能源基地的安全送出、电力跨省交换和远距离输送的重要任务。

三是用电结构单一，工业占比较高。全区第二产业用电量占比高，社会用电的重工业化特征突出，工业占比较低的陕西、新疆峰谷差大，工业占比高的宁夏、青海等高载能用电占比大，用电负荷平坦。

四是各省份特性不同，全网互补性强。西北各省份资源禀赋、特征具有互补的特点。截至 2021 年底，陕西能源资源丰富，发电总装机容量为 6500 万千瓦，以火电为主，火电占比 59.78%，电价和销售电价水平较高，跨区收入电量大；甘肃能源种类较多，发电总装机容量达 5750 万千瓦，以火电和风电为主，其中火电占比 35.85%，装机容量远高于负荷需求，用电增长缓慢，以外送电量为主，弃风弃光现象比较严重；青海发电总装机容量达 4358 万千瓦，以水电、光伏为主，其中水电占比 29%、光伏占比 40.19%，是西北重要的调频、调峰基地，光伏平均发电小时高，产业结构比较单一；宁夏煤和非金属资源较丰富，发电总装机容量达 5987.3 万千瓦，以火电和新能源为主，其中火电占比 51.88%、新能源占比 47.41%，产业结构较为单一，用电以高耗能用电为主，新能源出力超过用电负荷，电力外送量较多；新疆石油、天然气等资源丰富，发电总装机容量达 10821.3 万千瓦，以火电和风电为主，其中火电占比 56.40%、风电占比 22.28%，风电平均发电小时高，装机容量远高于负荷需求，弃风弃光现象严重。

二、西北新能源发展面临的主要问题

面对新能源的快速增长，西北电网目前仍面临以下问题：

（一）系统同时面临上平衡与下调峰问题

西北电网全网电力电量可以平衡，但在某些运行方式下存在平衡问题。从中长期角度来看，冬夏两季新能源资源小、负荷大，且冬季火电还需要大发以保证供热，故冬夏两季存在向上备用不足问题；从日内角度来看，中午时分光伏出力大，超过低谷时段负荷增长与直流调峰之和，而系统向下备用不足，导致新能源弃电严重；晚高峰光伏小发时段出力不足，向上备用不足问题凸显，需要依靠跨区互济、调整直流出力等手段。同时，各省份在不同季节、不同运行方式下也会存在其他备用配置问题。此外，西北电网水电占比较大，汛期水电基本退出调峰，此时全网存在调峰困难的情况。系统向上调峰与向下调峰无法兼顾，新能源的波动性无论是对于向上调峰还是向下调峰均存在不利影响。

（二）区域调峰能力有待进一步提升

受新能源大规模装机、通道输送能力有限等因素影响，新能源受阻主要集中在新疆、甘肃河西与青海海西海南地区，其中受阻电量最大的三个区域为新疆中东部（含天中直流配套）、甘肃河西及青海海西地区，调峰资源未能大规模配置，新能源送出受限。在弃电的同时，调峰市场化机制的缺失、火电灵活性改造的技术难题和高成本使得电网调峰能力不足，部分灵活性机组的调峰能力也不能通过市场化手段充分调用。

（三）电力市场化变革将增大实时调度运行中的复杂性

随着电力体制改革进程的推进，机组出力及开机组合、潮流方式、备用容量等与电网安全相关的各种要素都将由市场确定，增加了运行方式安排的复杂程度，挤压了运行方式安排的灵活性，客观上造成调度机构对电网运行的掌控能力下降，增加了调度保障电网安全的难度。同时，随着交易规模的不断扩大，交易合同固化了更多的电网调节资源，正常情况下的电网运行约束增加，影响了电网运行控制能力。电力调度机构在安排运行方式时的原则需要逐步转变为保障电网的安全稳定运行、电力的可靠供应和交易计划的有效执行，提高调度决策的精益化水平，实现电网安全和市场效率的协调统一。

（四）电力发展规划与市场引导不平衡

西北地区发展电力市场缺乏有序、统一的规划。长期以来西北地区电力发展规划无序，包括国家和地方规划不统一、新能源和常规能源规划不协调、新能源发电与电网规划不匹配、新能源规划与外送消纳市场脱节。无序的发展规划造成了市场价值不完整、市场公平缺失、市场发展不健全。

电力市场对电力规划的引导不足。优化资源配置无力、机制建设不健全、公平性缺乏、价格信号低效的电力市场无法准确引导电力系统的发展规划，造成供需平衡大起大落。阶段性用电紧缺造成的经济损失、装机过剩造成的投资浪费等都是发展规划与市场引导无法相互作用、相互引导的后果。

（五）火电企业亏损明显，新能源与火电利益协调机制有待完善

近年来，电源结构的清洁化导致火电由电量提供主体向容量提供主体转变，然而碳价的逐步增长增加了火电发电成本，新能源的强制消纳挤占火电市场空间，市场运营无法改善火电亏损，现有市场机制不够健全、不够完善，无法有效协调新能源与火电的利益。

（六）电价机制有待进一步健全

西北地区近年来在电力市场化发展方面积累了大量中长期交易的经验，交易模式基本采用无法精确分割的物理电量交易，调度机构无法对中长期电力交易结果进行准确的安全校核，导致合同执行与安全运行的矛盾凸显，合同的执行偏差损害发电企业利益，无法对全局资源进行最大程度的优化配置，现行的交易机制无法充分发挥电力市场的灵活性、竞争性。对于新能源发电机组，合理的电价机制既要弥补新能源固定成本高的劣势，又要发挥新能源边际成本低、爬坡成本低的优势，同时还要发挥抑制新能源发电商运用市场力影响市场运营安全的作用；对于传统能源发电机组，合理的电价机制既要发挥传统能源调峰能力强、固定成本较低、产业发展健全的优势，又要促进火电机组灵活性改造，调整调峰市场价

格，促进新能源机组的发展。

（七）省间市场壁垒凸显，区域市场建设缓慢

西北地区省间市场壁垒凸显，区域市场推进措施有待进一步加强。虽然西北电网具备开展区域市场的物理架构，但是市场机制的缺乏和"省为实体"的电力交易格局，使受端省份与送端省份利益诉求不同，交易组织困难，资源难以大范围优化配置。目前，随着电力体制改革的不断推进和市场交易体制的不断完善，省间电力交易日益增加，越来越多的新能源电量参加跨省跨区交易。同时，政策方面的鼓励推动，如可再生能源消纳责任权重的落地，进一步激发交易双方的积极性，使得省间壁垒逐步松动。

三、现有促进新能源消纳市场化手段

在电力系统范畴内，市场机制能够帮助构建一套竞争的市场体系、打破垄断、转变能源监管方式，从而通过完善的电价机制让电力资源的配置更加合理，最终降低电力成本、提高能源利用效率、提高安全可靠性，有效促进我国电力的发展。

合理的市场机制能够对新能源消纳起到促进作用：完善的电力现货市场能为市场成员提供修正其中长期发电计划的交易平台，反映更短时间内的电力供需，从而实现充分竞争，充分发挥新能源边际成本低的优势，实现优先调度；完善的辅助服务市场能够激励各类资源为新能源消纳提供灵活调节能力，通过市场化手段激励传统机组综合改造、参与辅助服务，在保障新能源消纳的同时协调传统机组与新能源机组之间的利益分配，给予市场主体合理补偿，保障电网安全；完善的新能源跨省跨区交易机制能够促进新能源在更大范围内消纳；完善的容量市场机制能够协调新能源与传统火电的规划与发展，科学合理地激励发电企业增加容量，充分提高系统灵活性与可靠性；完善的绿色电力交易机制能够激发社会新能源的消纳意愿，推动西北地区新能源机组在市场竞争中主动优化技术，降低成本。

西北电网为了促进新能源消纳，灵活开展了市场化交易方式组合运用，灵活运用集中挂牌、双边协商、多轮竞拍、丰枯互济、发电权交易、合同转让交易等市场化方式，依次做好新能源替代跨区直流配套火电的发电权交易、自备电厂清

洁替代交易、电网企业购电交易、日前实时应急四类交易。创新开展新能源月内多日交易，分时、分段做好交易计划精细化安排。以西北送端电量库形式组织甘肃、宁夏、新疆、陕西清洁能源与青海清洁能源实现风光水打捆优化送出方案，并逐步建立新能源电量库不平衡电量市场化结算机制，开展省间购售电价格浮动机制。目前，西北还建成了电力辅助服务市场体系，实现了省份和区域市场的全面覆盖，持续发掘调峰潜力。

（一）辅助服务市场

针对西北较为突出的新能源弃风弃光问题，西北地区电力辅助服务市场建设以调峰辅助服务市场起步。自 2017 年西北电网开展调峰市场建设起，目前西北地区全面建成区域与省级结合的调峰辅助服务市场体系，调峰辅助服务市场规模居国网范围内之首。

试运营期间，西北地区区域调峰市场显现出以下特点：

（1）市场规模持续扩大。2017 年以来，西北电力辅助服务"1+5"市场体系交易电量超 300 亿千瓦时。市场自运行以来年均提升西北电网新能源利用率 4.06 个百分点，支撑装机规模 8858 万千瓦的火电机组开展"三改"（节能降耗改造、供热改造和灵活性改造制造）联动。

（2）市场品种逐步丰富。除常规统调火电以外，西北电网根据黄河上中游大型水库运行特点，将水电纳入市场主体范围。此外，结合西北自备电厂高占比的特点，建立虚拟储能模式，以市场化手段激励自备电厂和配套电源参与调峰，释放 900 万千瓦调峰能力，相当于建设百万千瓦级抽水蓄能电站 9 座，节省国家投资约 600 亿元。

（3）市场功能逐步体现。随着区域调峰市场的逐步开展，各市场主体积极优化报价策略。随着提供服务方的报价更加符合市场规律，成交价格更加凸显供求关系，市场发现价格的功能进一步体现。

（4）市场效益逐渐凸显。西北电网调峰辅助服务市场自试运行以来，运行情况良好，合计增发新能源电量 1.26 亿千瓦时，为用电企业带来调峰收益 1931 万元，有效促进了新能源消纳和节能减排，极大缓解了新能源弃电压力。

随着西北区域调峰辅助服务市场逐渐起步，市场红利逐步释放，但目前仍存在以下问题亟待解决：

（1）新能源受阻时空分布不均，区域调峰能力有待进一步提升。受新能源大规模装机、通道输送能力有限等因素影响，新能源受阻主要集中在新疆、甘肃河西与青海海西州、海南州，受阻电量最大的三个区域为新疆中东部、甘肃河西及青海海西州，调峰资源未能大规模配置，新能源送出受限。

（2）市场主体利益协调不足，火电机组调峰能力有待进一步深挖。目前，区域调峰市场中的分摊细则基本沿用省内调峰市场规则，现有分摊机制对火电机组考核力度较小，其调峰潜力没有充分挖掘。同时，市场规则有待进一步优化保障火电机组的调峰收益，激励其参与辅助服务市场。

（3）市场主体不丰富，市场份额有待进一步扩大。西北地区现有的市场主体主要集中在发电侧，包括统调火电、水电、风电、光伏、虚拟储能服务提供商等，用户侧市场主体有待引入，进一步提高系统调峰能力。

（4）市场体系建设不完善，市场活力有待进一步激活。目前西北区域电力辅助服务市场与其他市场之间的联动衔接机制尚未完善，不利于降低调峰成本和实现新能源企业利益最大化，区域辅助服务市场与省内辅助服务市场、电能量市场等衔接有待进一步明确。

（二）现货市场

（1）省内市场。甘肃是典型的"规模型、外向型、送出型"电网，省内供大于求，新能源消纳形势严峻，电网阻塞严重，市场集中度较低。甘肃现货市场计划分两阶段建立完备、健全的电力市场体系：第一阶段（2020年底）：2019年运行电力现货市场，同时建立与电力现货市场相适应的电力中长期交易市场，实现市场化电力电量平衡机制平稳起步与安全运行；第二阶段（2021年起）：建立主体多元、交易品种齐全、功能完善的电力市场，形成竞争充分、开放有序、高效运行、健康发展的电力市场体系。先期建设电力调峰辅助服务市场，待市场相对成熟后，建设调峰、调频、备用服务齐全的辅助服务市场，与电能量联合出清、一体优化。2018年12月27日，甘肃作为中国首批8个现货试点省份之一开始电力现货市场试运行，交易包括日前市场交易和实时市场交易，采用边际出清的方式。市场主体包括火电机组、水电机组和新能源场站。目前甘肃已经完成了整月结算的试运行，距离现货市场正式运行已经越来越近。甘肃目前主要面临的挑战包括：①新能源装机容量大，本地电力需求不足，且快速启停调节机组较少。②高占比新能源电网需要更多灵活性资源。③电源与负荷空间分布不匹配。甘肃省河西地区新能源富集，而河东地区是负荷集中地。河西地区送出通道能力有限，极易造成河西断面以西新能源外送受阻。

（2）省间市场。区域内，西北地区构建适用于新能源高占比电网的跨省交易体系，开展高频次、高密度的日前实时交易，有效支撑了外送及新能源消纳。2019 年，开展各类交易日均 70 笔，增发新能源 150 亿千瓦时。

区域间，西北地区通过加大跨区外送，开展多类型外送交易，积极开展跨区可再生能源现货交易，提升直流通道利用率。2021 年，西北电网跨区交易电量达 2951.2 亿千瓦时，其中外送电量达到 2815 亿千瓦时，送出电量达到全国总用电量的近 4%。

（三）发电权交易

2014 年，西北电网在全国率先试点开展了首笔新能源与火电跨省发电权交易，在交易组织、交易结算和调度实施方面积累了经验，为推广新能源替代交易的实施范围奠定了基础。之后，西北地区相继开展了清洁能源（风电、光伏）与火电跨区发电权交易、清洁能源与省内自备电厂替代交易、清洁能源与省内电能替代、清洁供暖等项目的直接交易等。促进清洁能源减弃增发，有利于火电减发不减效，有利于实现环保效益、社会效益最大化。

（四）电量库交易

电量库交易是指新能源装机比例较大的省份，以其他省份富余调节能力为载体（库），通过跨省联络线，在新能源小发时段购入调节电量，在电量库"存储"电量；在新能源大发时段外送新能源，从电量库"支取"电量，利用调节电量平抑新能源波动性的交易。新能源电量库充分利用西北电网调峰资源，将西北电网的各类电能资源在电量库中打捆汇集，实现资源共享、余缺互济，达到灵活存取、峰谷互填，平抑新能源出力的随机性波动，提高输电通道利用水平，扩大西北新能源消纳水平和电力外送规模。

新能源电量库交易按月组织，实时运营。结合新能源发电特性，按月确定新能源不平衡交易的管控限额。月内跨省送出（存入）电量与回购（支取）电量互抵或等价结算，偏差电量（本月跨省送出电量与回购电量的差额）按市场方式结算。

四、展望与建设

（一）适时推进"双轨运行制"容量市场建设

研究推进西北地区容量市场建设，分阶段逐步完善具有西北特色的"可靠性+灵活性"双轨运行制容量市场。利用可靠性容量市场维持电力系统的安全稳定，使得系统平稳转型。在此基础上通过灵活性容量市场，科学合理地激励灵活调节资源的合理投资，用市场机制引导常规火电、水电机组进行灵活性改造，增加深度调峰能力，满足新能源调峰需求。

（二）分阶段建设区域现货市场

分阶段建设西北区域电力现货市场，从"中长期物理合同+部分电量竞价"的分散式市场模式起步，逐步过渡到"中长期金融合同（以差价合约为主）+全电量集中竞价"的集中式区域电力市场模式，实现电力系统整体经济优化调度，满足西北地区高比例新能源消纳的主观需求及市场价格发现和引导对于优化资源配置的客观需要，充分发挥西北地区的资源空间互补优势，最大限度解决弃风弃光问题。

（三）进一步完善辅助服务市场体系

进一步完善辅助服务市场体系，明确与现货市场的衔接方式，完善统一定义、统一要求的辅助服务产品设计，为虚拟储能、可调节负荷等参与辅助服务提供完善的机制设计，同时公平分摊辅助服务费用，将用户侧纳入分摊体系，运用市场化机制引导各类资源为新能源发展提供支撑，并适时开展电能量与调峰辅助服务联合出清，最大化挖掘系统的灵活调节能力。

（四）积极推进新型市场主体参与市场

丰富以新能源为核心的多种市场主体参与电力市场的方式机制，充分推进新兴市场主体参与电力市场，提升电力系统的灵活调节能力。通过电源侧、电网侧、需求侧、储能侧等方面来推动电力系统的灵活调节能力提升，适应大规模新能源并网后的要求。推动源网荷储的互动融合，提升系统运行效率，充分发挥源荷储侧的消纳能力与调节能力，推广多方共赢的需求响应与可再生能源电力消纳协同模式，促进新能源就地消纳、应消尽消。

（五）充分参与全国统一电力市场建设

充分发挥全国统一电力市场在统一规划、统一调度、统一管理方面的优势，完善区域市场与全国、省级市场的衔接机制。利用全国统一电力市场，打破"省为实体"的消纳壁垒，扩大电量平衡范围。利用各大区负荷曲线与能源禀赋的差异性，进一步扩大各大区之间的互济能力，构建以电网安全为基础、以新能源发展为原则、以电能供需为导向、以互补互济为手段，实现配套电源和富余电能相辅相成的西北外送交易体系。

参考文献

[1] 中华人民共和国国家发展和改革委员会.关于印发"十四五"可再生能源发展规划的通知［EB/OL］.（2022-06-01）［2022-09-15］.https：//www.ndrc.gov.cn/xwdt/tzgg/202206/t20220601_1326720.html？code=&state=123.

[2] 全国新能源消纳监测预警中心.2021年四季度全国新能源电力消纳评估分析［EB/OL］.（2022-03-15）［2022-09-15］.https：//mp.weixin.qq.com/s/pNXjOog4mf4m4V5e90rnXQ.

[3] 中国电力报.西北电网用电负荷、外送电力创新高［EB/OL］.（2022-07-10）［2022-09-15］.https：//xw.qq.com/cmsid/20220721A0720P00？pgv_ref=amp.

[4] 中国能源报.西北电网新能源最大出力突破6000万千瓦［EB/OL］.（2022-03-07）［2022-09-15］.http：//paper.people.com.cn/zgnyb/html/2022-03/07/content_25906645.html.

[5] 国家电网报.国家电网有限公司西北分部：积极担当作为 推动构建新型电力系统［EB/OL］.（2021-08-19）［2022-09-15］.http：//www.chinapower.com.cn/zk/zjgd/20210820/96843.html.

[6] 中国能源网.西北电网新能源日发电量首破10亿千瓦时大关［EB/OL］.（2022-03-31）［2022-09-15］.https：//www.china5e.com/news/news-1132096-1.html.

[7] 国家电网报.西北区域调峰辅助服务市场 交易电量超300亿千瓦时［EB/OL］.（2022-05-26）［2022-09-15］.http：//211.160.252.154/202205/26/con-81405.html.

[8] 国家统计局国家数据网.数说——2021年我国六大区域发电量数据［EB/OL］.（2022-02-09）［2022-09-15］.https：//www.sohu.com/a/521633629_249929.

[9] 新浪网.西北电网模拟运行自备电厂虚拟储能服务［EB/OL］.（2018-10-23）［2022-09-15］.http：//gd.sina.com.cn/energy/hg/2018-10-23/nypd-ifxeuwws7152219.shtml.

[10] 马晓伟,薛晨,任景,张小东,孟鑫羽,杨迎,汪洋,夏清.西北省间调峰辅助服务市场机制设计与实践［J］.中国电力,2021,54（06）：2-11.

[11] 薛晨,任景,马晓伟,崔伟,刘友波,王潇笛.面向高比例新能源消

纳的西北调峰辅助服务市场机制及实践［J］．中国电力，2021，54（11）：19-28.

［12］樊宇琦，丁涛，孙瑜歌，贺元康，王彩霞，王永庆，陈天恩，刘健．国内外促进可再生能源消纳的电力现货市场发展综述与思考［J］．中国电机工程学报，2021，41（05）：1729-1752.

［13］周鑫，马晓伟，牛拴保，任景，张小东，王智伟．西北省间实时平衡电力市场探索［J］．电力系统自动化，2021，45（15）：166-171.

［14］刘瑞丰，陈天恩，李焰，贺元康．基于能源转型的电力市场建设分析与思考［J］．中国电力企业管理，2020（07）：39-43.

［15］贺元康，丁涛，刘瑞丰，曲明，陈天恩，别朝红．新能源消纳电量库交易机制的实践与经验［J］．电力系统自动化，2021，45（07）：163-169.

37

零碳金融助力碳中和

潘家华*

全球应对气候变化的努力与合作，如何解决资金问题始终是一个重要议题。要实现碳中和，国际能源署匡算，未来到 2030 年，全球能源投资所需资金每年需求就高达 5 万亿美元[①]；中国 2060 年碳中和所需资金，超过百万亿元人民币。钱从何来？一直是气候变化谈判中发达国家和发展中国家交锋最为激烈的领域。按照一般的理解和思路，"羊毛出在羊身上"，既然气候变化归因在"碳"，因而，碳金融，也就是通过碳交易、碳税、碳关税遏制碳排放来获取气候资金，就成为减排政策的着力点和市场的导向所在。然而，2015 年达成的《巴黎气候协定》明确规定，将全球温升幅度控制在 2℃ ~ 1.5℃ 的范围，到 21 世纪中叶即 2050 年前后实现温室气体的净零排放。这也就意味着，《巴黎协定》的目标是碳排放归零，碳金融自然也就不会长久，真正有未来的，只能是"零碳"金融。实际上，从 1992 年《联合国气候变化框架公约》（以下简称《气候公约》）达成之日起，国际社会尝试并寄予厚望的碳金融，总体上乏善可陈，而"零碳"融资，则成效卓著。迈向碳中和，碳金融可以有所贡献，真正的动力源自"零碳"金融，也就是零碳的、与碳排放无关的投资，驱动碳排放归零。

一、碳市场融资的困境

如果说 1972 年联合国环境会议所展现的南北之争，即发展中国家和发达国家

*　潘家华，中国社会科学院可持续发展研究中心、北京工业大学生态文明研究院。本章源自于《北京大学金融评论》2021 年第 8 期发表的《零碳金融助力碳中和》。

①　IEA, Net Zero by 2050 A Roadmap for the Global Energy Sector, International Energy Agency, May 2021, Paris. 值得注意的是，IEA 的估算，只涵盖电网建设、充电桩等清洁能源基础设施建设所需资金。

关于环境与发展的聚焦是"咎由自取",1992 年达成、1994 年生效的《气候公约》关于应对气候变化的南北之争,则是"溯源追责",明确采纳"共同但有区别的责任原则",量化碳排放是人类共同的责任,碳排放国家(在当时主要是发达国家)都需要担当。《气候公约》缔约方按完成和尚未完成工业化的国家分列为附件 I 和非附件 I 国家。附件 I 国家经济发达、技术水平高、适应能力强,负有排放责任,而非附件 I 国家资金短缺、技术薄弱,排放责任少。因而,发达国家不仅自己要减排,还要拿出资金和技术,帮助发展中国家实现低碳发展、适应气候变化。

1997 年达成的《京都议定书》,就是规定附件 I 国家减少排放、筹集资金帮助非附件 I 国家应对气候变化。除少量的财政资金外,通过市场来筹集资金途径就是碳金融。《京都议定书》附件 I 中的发达国家即附件 B 国家的碳排放贸易、附件 I 名单中的附件 B 和非附件 B 国家(经济转轨国家即苏联东欧国家)之间联合履约,以及发达国家通过清洁发展机制(CDM)在发展中国家以低成本减排获取减排额度,统称为"京都三机制",该机制通过在碳排放市场交易中降低减排成本、获取资金收益。鉴于发展中国家减少气候风险需要资金,《京都议定书》规定,除发达国家财政捐资外,通过市场途径从 CDM 交易中拿出一定比例的资金建立"适应基金"。实际运行情况是,"联合履约"基本没有交易;只有欧盟于 2005 年启动的碳排放"限额—贸易体系",形成了一个高度内卷的市场:概不对外,碳价低迷,效果有限;CDM 项目开展较为活跃,但总体规模并不大,而且该项目集中在可再生能源的开发利用,也就是非碳领域。

由于美国拒绝批准,《京都议定书》在 8 年之后的 2005 年才生效,CDM 交易有限,气候"适应基金"几乎成为无源之水。因而,2010 年联合国气候会议设立了具有制度化色彩的"绿色气候基金"[①]。然而,发达国家纳税人的钱袋子捂得很紧,注资有限。2015 年达成的《巴黎协定》,没有承纳"京都三机制"条款,碳排放交易可以在国家之间自愿开展,并没有规定全球或区域碳市场。发达国家如美国、澳大利亚也有一些民间"自愿性"碳交易,但从属性、规模和效果上来看,并没有形成有意义的碳市场。国家发展和改革委员会于 2011 年选取 7 个省市开启碳市场试点建设,市场属性和绩效不尽如人意。为落实《巴黎协定》

---

① 2010 年在墨西哥坎昆举行的《联合国气候变化框架公约》第十六次缔约方大会(COP16)上决定设立,旨在帮助发展中国家适应气候变化。经过两年的筹备以及秘书处选址,绿色气候基金于 2013 年 12 月 4 日正式在韩国松岛国际城挂牌成立。根据决议,发达国家应在 2010—2012 年出资 300 亿美元作为绿色气候基金的快速启动资金,并在 2013—2020 年每年出资 1000 亿美元帮助发展中国家积极应对气候变化,显然,资金难以足额到位。

目标，我国表示要建立并启动全国统一碳市场。

欧盟 15 年碳市场的实践，没有拓展碳债券期货等碳金融衍生品，国际金融机构介入 CDM 试图将 CER（经核证的减排单位）金融化，也随着《京都议定书》的终结而不了了之。尽管拜登政府承诺到 2035 年实现 100% 可再生能源发电电力、2050 年实现碳中和，但碳排放交易也没有作为其政策选项。碳市场融资手段效果有限，原因在于碳的产品及市场属性。碳中和意味着碳排放在 2050 年前后清零或趋近于归零。即使当前有碳排放权的额度分配、交易，但也只是暂时的、短期的，从市场预期上看，是没有未来的。由于发达国家早于中国实现碳中和，碳交易不会形成全球市场，因而即使中国碳市场能够运行也无从与世界对接[1]。从产品属性看，碳排放并不必然是生产和消费的必需品。社会需要的是能源服务，而不是碳排放。如果有碳排放为零的能源服务，如风、光、水（生物质能为碳中性）等可再生能源，国民经济体系中可以去碳而不会影响社会福祉水平。而且，碳不同于常规市场交易品，它是无形的，其测度、报告和核认的程序繁琐，产权或责任划分，存在较高成本和不确定性。实际上，碳交易是人为造就的市场，碳排放额度的确定、分配、测定和核认中，不仅交易成本高企，而且存在寻租空间，甚至可能成为腐败源头。

二、“零碳”金融的市场潜力与规模

所谓“零碳”金融（zero carbon finance），其内涵可以界定为生产和消费过程中与碳没有直接关系或不含碳的供应链各个环节产品和服务的投融资，例如零碳能源服务设施、非燃油汽车及其关联产品、储能设施等。此处的“零碳”，包括气候中性碳，也就是源于绿色植物的光合作用，从大气中所吸收固定的碳水化合物中的碳（甲烷、氮氧化合物等）及其以此为营养源的食物链中各种生物体生命周期的碳循环。“零碳”金融之所以有着巨大的、可持续运营的市场潜力和机遇，主要缘由包括：

第一，零碳技术、产品和服务，根本上不具有气候灾性碳，即化石能源燃烧所排放的引发全球地表增温而受到道义约束、政治打压和市场清零的二氧化碳，

---

[1] 中国石油化工集团有限公司前董事长、党组书记，十二届全国政协常委傅成玉先生于 2021 年 1 月 19 日在北京接受《环境与生活》记者专访时表示，中国未来一定要成为全球碳交易中心。

因此，"零碳"金融市场可以做大、做强，其资金没有道义和市场风险，而且产业链条环节多，就业带动强，常规污染物排放少，市场潜力巨大。例如，太阳光伏设备的生产，产业链包括上游晶体硅原料（硅矿开采、冶金级工业硅、太阳能级多晶硅材料）、硅棒、硅锭和硅片，中游的光伏电池和光伏组件，以及下游的光伏系统应用产品。当然还有后续的安装、使用、维护等。一方面，也可能有人说，晶体硅生产能耗高、有污染；另一方面，从太阳光伏的生命周期来看，如果生产和污染治理的能源来自光伏电力，自然就是净零碳。可再生能源的间歇性或不稳定似乎是其缺陷，然而，其所带动的储能设备的研发、生产和使用，以及分布式微电网的构建和运营，显然又会带动就业。此外，替代燃油汽车的纯电动汽车，是去油的一场革命，市场规模并不会萎缩。新材料、物联网等新兴产业，完全可以或有助于拥抱零碳、告别气候灾性碳。这些零碳属性产品对于资本的需求，取代的是高碳属性的投融资；太阳光伏、新能源汽车等零碳产品的竞争力不仅比肩，而且更具竞争优势，从而形成市场拉动的"零碳"金融①。

第二，在碳中和目标导向下，企业和投资商的市场理性行为，只能不断收紧化石能源领域投融资，最终彻底关闭渠道。煤炭、石油、天然气的开采、运输、炼化，资本密集度极高。例如，2020年在建的连云港徐圩新区集炼油、芳烃、化工于一体的1600万吨炼化项目，总投资67亿元，是江苏历史上投资金额最大的民营制造业项目。"十三五"时期建设的大连长兴岛2000万吨/年炼化项目，计划投资740亿元，达产后可实现年产值2300亿元，但就业岗位不足6000人。2020年10月开工建设的淮南市2台66万千瓦机组的潘集电厂，预计总投资59亿元。2021年4月国家能源集团11个风电项目，装机容量65.14万千瓦，招标采购中标价格17.37亿元。每千瓦机组成本分别为煤电4469.70元、风电2666.94元。如此大略算来，由于投资经济运行期多在30年以上，为了防治高碳锁定以规避投资风险②，高碳化石能源领域的投资闸口现在就需要关闭。大量投向化石能源领域的资金，往哪

———————————

① 2020年11月，国务院办公厅印发的《新能源汽车产业发展规划（2021—2035）》提出，在2025年，纯电动乘用车新车每百公里平均电耗降至12千瓦时以内，新能源汽车新车销售量达到汽车新车销售总量的20%左右；到2035年，纯电动汽车成为新销售车辆的主流，公共领域的用车全部电动化。

② 2021年3月，中国人民银行行长易纲在中国发展高层论坛圆桌会上发言，认为中国提出2030年碳达峰和2060年碳中和目标，有两个方面的任务格外紧迫：一是实现碳中和需要巨量投资，规模级别在百万亿元人民币，要以市场化的方式，引导金融体系提供所需要的投融资支持。二是气候变化会影响金融稳定和货币政策，需要及时评估、应对。气候变化可能导致极端天气等事件增多、经济损失增加；同时，绿色转型可能使高碳排放的资产价值下跌，影响企业和金融机构的资产质量。这不仅会增加金融机构的信用风险、市场风险和流动性风险，进而影响整个金融体系的稳定，而且还可能影响货币政策空间和传导渠道，扰动经济增速、生产率等变量，导致评估货币政策立场更为复杂。

儿去？要满足"零碳"领域的资金需求，大略不会有大的缺口。

第三，财政和研发投入资金，也会因碳中和目标而导流至"零碳"领域。从研发领域来看，不仅有煤炭、石油领域的国家双一流专门大学，国家级的各种煤炭、石油、化工研究院规模庞大，研发经费可观。一些煤炭、电力、石油、化工领域的国有企业，也都有自己的研发机构。相比较，除了一些散布于高校、研究机构的新能源研究，几乎没有任何国家级建制规模的风能研究院、太阳光伏研究院一类的研发机构。如果化石能源生产和消费闸口逐步关闭，这些研发机构也将必然转型，各种资产、人员和经费，也将一部分、大部分，乃至于整体转向可再生能源领域。如果按照国际上燃油汽车在2035年前后退出汽车新车销售市场，很自然地，曾几何时大量流入燃油、燃气发动机研发的经费，只能转向流入零碳的新能源汽车。国家财政对于化石能源领域的各种补贴，也会断供，其流向也会归入"零碳"技术的研发、试验和推广。

三、碳中和的资金需求与供给

应对气候变化的资金需求来自减缓和适应两个方面。根据《巴黎协定》规定，减缓的终极目标是2050年前后实现碳中和，适应的目标是提升气候韧性，减少气候风险。相对说来，碳中和的资金需求比较单一，适应的资金需求通常与发展相关，是经济社会的整体提升，难以准确剥离资金需求数量。联合国气候谈判的"适应基金"是最难筹集的，投入也是最难立即见效的。因而，此处的资金需求和供给，主要从宏观层面来讨论碳中和问题。

美国作为全球第一大经济体、第二大温室气体排放国，在2021年1月拜登入主白宫后立即重返《巴黎协定》，明确承诺到2035年，通过向可再生能源过渡实现无碳发电；到2050年，美国实现碳中和。为了实现美国的"35/50"碳中和目标，拜登政府计划拿出2万亿美元，用于基础设施、清洁能源等重点领域的投资①。中国2060年前碳中和所需资金需求的匡算，多源自于清华大学气候变化与可持续发展研究院于2020年10月发布的《中国长期低碳发展战略与转型路径研

---

① 2021年4月22日，拜登邀请世界上主要国家元首或政府首脑举办气候峰会。美国承诺，2030年，与化石能源相关的温室气体排放相对于2005年的水平减少52%。2019年，美国的温室气体排放量较2005年的水平减少13%，距离奥巴马政府设定的26%~28%的目标约有一半。拜登之所以如此雄心勃勃，在很大程度上是由于市场力量使得太阳能、风能和天然气变得更便宜。

究》报告。该报告分析认为，中国提出 2060 年前实现碳中和，实际上就是要努力实现 1.5℃目标导向下的减排路径，需要的投资规模在 127.2 万亿~174.4 万亿元，平均每年需要资金 3.1 万亿~3.6 万亿元。在新能源发电、先进储能、绿色零碳建筑等领域新增投资需求 139 万亿元，大约能源 100 万亿元，交通 20 万亿元，其他 10 万亿元。渣打银行的匡算要略高一些，大抵 127 万亿~192 万亿元的投资，相当于平均每年投资人民币 3.2 万亿~4.8 万亿元。一些从事绿色金融的研究指出，估算投资规模超过 200 万亿元，高碳产业还将面临收入下降、成本上升、盈利下降，产生不良资产和搁浅资产的巨大风险。

能源领域尤其是化石能源领域的投资，不仅数额巨大，而且投资周期长，回报时间长，多在 30 年乃至于 50 年或更长时间，也就是说，高碳化石能源领域的投资有着明确的长时间的碳锁定效应。因此，必须把 2030 年碳达峰纳入 2060 年前碳中和的时间框架内考虑。这也就意味着，煤炭和石油开采、煤化工和石油炼化项目，即使产能不过剩，还有一定的增长空间，在这些领域的投资，也应该在 2025 年前后，甚至立即中止。我们看看能源领域的投资规模和结构，在化石能源领域的投资闸口关闭后，有多大的资金规模可以归流"零碳"能源。我国投向能源工业的固定资产，主要包括煤炭开采、石油、天然气开采、石油加工及炼焦、电力热力，以及燃气生产与供应五大领域①。2000 年，全国能源工业固定资产投资总额只有 2840 亿元，占全国固定资产总投资的比例高达 10.83%。进入"十三五"时期，投资额度增加 11 倍，每年平均投资 3.2 万亿元，但占比却降了一半，只有 5% 左右。电力热力在能源工业固定资产投资的比重，大略占 2/3。也就是说，每年大约为 2 万亿元。如果煤炭、石油、天然气新增固定资产不断降减至可以忽略不计的话，能源工业固定资产投资，每年就已经超过 3 万亿元，与前述报告中的能源领域平均年度资金需求规模大体相当。2020 年，我国并网发电新增装机容量为 1.91 亿千瓦。其中，风电光伏装机接近 1.2 亿千瓦。如果包括大量没有并网的光伏装机，数据更为可观。由此看来，"零碳"电力的投融资，似乎并不差钱。

第七次全国人口普查数据表明②，我国城市化率已经达到 63.9%。如果包括已然同步城市公共服务的长三角、珠三角等城乡一体区域的乡村，我国实际城市

---

① 清华大学绿色金融发展研究中心马骏 2021 年 1 月 31 日在第 21 期浦山讲坛上的发言。其负责的《重庆碳中和目标和绿色金融路线图》课题报告估算，未来 30 年，如果重庆要实现近净零排放，需要 13 万亿元绿色投资，其中 8 亿元为低碳投资。由此进一步匡算：重庆人均 GDP 处于全国平均水平，如果将重庆映射到全国，按照重庆 GDP 规模占全国约 1/40 的比例推算，未来全国低碳投资需要几百万亿元。

② 2021 年 5 月 11 日，国务院新闻办举办新闻发布会，公布第七次全国人口普查主要数据结果。2020 年我国出生人口数量为 1200 万人，相比 2019 年的 1465 万人减少了 265 万人，降幅约 18%，已经"四连降"。

化率应该超过 2/3。2020 年，我国育龄妇女总和生育率低至 1.3。即使中央已经放开三孩政策①，我国人口老龄化提速、人口规模总体下降已成定势。根据国家统计局数据，我国 2020 年房地产开发投入资金为 14.14 万亿元，其中住宅为 10.45 万亿元。这意味着，如果住宅投资的 1/10 投向新能源消费革命，每年将超过 1 万亿元。从宏观数据看，如果把储电、生物质能、新能源汽车行业的投资纳入，未来我国可用以零碳产业投资的规模，少则 3 万亿元，多则 5 万亿元以上，将超过国内多家权威机构测算的碳中和资金需求规模。

四、结论与讨论

从上面的分析可见，碳中和只是将投入到高碳化石能源领域、未来必然有碳锁定风险的资金，在闸口逐渐收缩并封禁的情况下，归流到"零碳"领域，钱应该不是问题。从碳市场投融资转向"零碳"投融资，对经济社会的正向促进，效果更好。贵州毕节拟建 200 万吨/年的煤制清洁燃料项目，投资规模达到 359.37 亿元。如此巨量的投资，在碳中和目标指向下，显然存在高碳锁定的风险。相比之下，2020 年，国内上市光伏企业新投资项目总规模达到 4000 亿元，单体项目超过 100 亿元的只有 15 个。如果说在化石能源领域投融资的操盘手必须是千亿级规模的企业的话，"零碳"能源领域投融资的门槛，显然要低很多。正如国家能源局原局长张国宝所说的，"现在在中国光伏行业崭露头角的，几乎都是当时名不见经传的草根企业。"

中国作为《巴黎协定》的缔约方和参与、贡献并引领全球应对气候变化的经济体之一，在能源结构中，发达国家高碳的煤炭占比不足 1/5，而我国高达 3/5 的情况下，只比发达国家滞后数年实现碳中和，对中国是挑战，但更多的是机遇，是高质量发展的动力和源泉。中国需要从碳市场投融资的热潮中强化"零碳"产业的投融资，必将拉峰、压峰、早达峰，加速走向碳中和。

参考文献

［1］ IEA. Net Zero by 2050 A Roadmap for the Global Energy Sector ［R/OL］.

---

① 2021 年 5 月 31 日，中共中央政治局听取"十四五"时期积极应对人口老龄化重大政策举措汇报，审议《关于优化生育政策促进人口长期均衡发展的决定》，提出进一步优化生育政策，实施一对夫妻可以生育三个子女政策及配套支持措施。

（2021-06-08）［2022-06-05］. https：//energy. pku. edu. cn/docs/2021-06/01eb 66a6db3849b58f7996c6add5238e. pdf.

［2］张静. 淮河能源控股集团潘集电厂一期 2×660MW 超超临界机组工程开工［N/OL］. 淮南日报，（2020-12-28）［2022-06-05］. https：//www. huain-an. gov. cn/zwgk/jrhn/1258503113. html.

［3］北极星风力发电网. 一周核准、中标、开工等风电项目汇总［EB/OL］.（2021-05-27）［2022-06-05］. https：//news. bjx. com. cn/html/20210527/1154 937. shtml.

［4］清华大学气候变化与可持续发展研究院. 中国长期低碳发展战略与转型路径研究［R/OL］.（2021-07-11）［2022-06-05］. https：//www. efchina. org/Reports-zh/report-lceg-20210711-zh.

［5］刘满平. 我国实现"碳中和"目标的意义、基础、挑战与政策着力点［J］. 价格理论与实践，2021（02）：8-13.

［6］渣打全球研究团队.《充满挑战的脱碳之路》特别报告［EB/OL］.（2021-05-18）［2022-06-05］. https：//av. sc. com/cn/content/docs/cn-a-chal-lenging-path-to-net-zero. pdf.

［7］王庆一. 2020 能源数据［R/OL］.（2021-04-30）［2022-06-05］. ht-tps：//www. efchina. org/Reports-zh/report-lceg-20210430-3-zh.

［8］国家能源局. 2020 年全社会用电量同比增长 3.1%［EB/OL］.（2021-01-20）［2022-06-05］. http：//www. nea. gov. cn/2021-01/20/c_ 139682386. htm.

［9］国家统计局. 中华人民共和国 2020 年国民经济和社会发展统计公报［R/OL］.（2021-02-28）［2022-06-05］. http：//www. huangshi. gov. cn/xxxgk/fdzdgknr/sjfb/tjnj/202204/P020220411350708502774. pdf.

［10］腾讯网. 总投资 359 亿元　200 万吨煤制油项目推进［EB/OL］.（2022-04-08）　［2022-06-05］. https：//view. inews. qq. com/k/20220408A02 BRV00？web_ channel＝wap&openApp＝false.

［11］张国宝. 筚路蓝缕：世纪工程决策建设记述［M］. 北京：人民出版社，2018.

［12］潘家华. 压缩碳排放峰值，加速迈向净零碳［J］. 环境经济研究，2020，5（04）：1-10.

38

金融业的气候风险分析及其对能源转型的作用

孙天印[*]

一、气候变化会对经济造成严重影响

新冠疫情造成的影响还在持续。疫情对世界造成的重创，应该成为未来潜在生态和气候灾难的巨大警示。联合国政府间气候变化专门委员会（IPCC）最新报告显示，2011—2020 年，全球地表温度比 1850—1900 年高出 1.09℃。这是自 12.5 万年前冰河时代以来从未见过的水平。《巴黎协定》的温控目标是，到 2100 年，相较于工业化时代之前全球平均温度上升不超过 2℃，最好是控制在 1.5℃ 以内。气候变化听起来似乎是一个很遥远的未来才会发生的事情；实际上，当前全球平均温度已经大幅度上升，气候变化导致的负面影响已经显现。更严峻的事实是，对照《巴黎协定》的温控目标，现在留给全人类温度继续上涨的空间以及应对的时间都非常有限。IPCC 第六次评估报告（AR6）显示，按照当前的气候变化速度，极端的干旱、洪水、热浪和极端温度的地球承受极限将在仅 10 年后就会被突破。这再次说明了气候问题的紧迫性。

温度上升和气候变化所引发的气候灾害数量和造成经济损失的上升趋势已经十分显著。根据世界气象组织（WMO）的研究结果，过去 50 年，由于全球升温导致的自然灾害的数量增长了 5 倍，而与之相关联的经济损失增长了近 8 倍，如图 1 所示。

---

* 孙天印，清华大学国家金融研究院绿色金融发展研究中心。本章内容根据作者在中国社会科学院生态文明研究智库主办、中国能源网协办的《中国煤电发展之路辨析》系列沙龙上的发言材料整理而成。

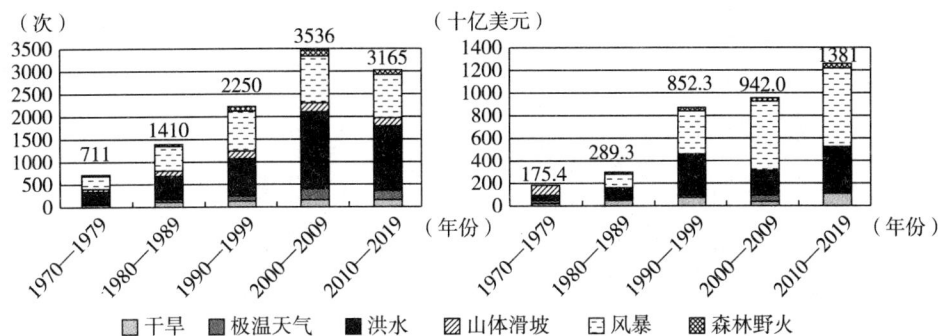

图1 1970—2019年全球气候灾害数量（左）和经济损失（右）变化趋势

资料来源：WMO. Atlas of mortality and economic losses from weather, climate and water extremes（1970-2019）[R]. Geneva: World Meteorological Organization, 2021.

有限的气候变化已经导致了更加严重的自然灾害和经济损失。如果全球温度进一步上升，气候进一步恶化，我们未来要承受的经济损失会变得更大。根据瑞士再保险的研究，在3.2℃温升情景下，到2048年全球经济将面临当前GDP的18%的损失；对于亚洲来讲，同样情景下，该数字甚至达到26.5%。位于赤道附近的国家，特别是东南亚以及北部非洲的国家受到的影响最大。在只考虑直接影响渠道的情况下，我国在2048年受到的经济损失将达到GDP的2.5%；如果把各种难以测算和计量的间接影响渠道考虑在内，气候变化导致的经济损失可能达到GDP的23.5%。经济合作与发展组织（OECD）一项类似的研究显示，在全球温度上升4℃的情景下，只考虑直接影响渠道，到2060年全球面临的GDP损失在1%~3.3%；如果将时间线拉长到2100年，这个数字会上涨至2%~10%。

气候变化对经济的影响渠道主要包含两个：一是通过短期性气候灾害事件对经济活动和经济主体造成破坏，形成整体的经济影响。这种影响比较直观。气候变化会导致更加频繁和破坏性更强的气候灾害事件的发生。气候灾害事件主要包括洪水、台风、干旱、冬季风暴、森林火灾等。二是通过长期（慢性）持续性的气候变化的结果和状态来影响经济。具体而言，长期气候风险包括温度上升（以及由此引发的空气湿度的增大）对劳动生产力、农作物产出以及旅游业的影响。大量科学研究表明，气温上升会造成劳动生产力、农作物产出以及旅游业的减少。根据柯布—道格拉斯生产函数，劳动生产力是经济产出的重要贡献因子。仅考虑劳动生产力一项内容，就可以得知气候变化对劳动生产力的损害（见图2）会对一个国家或地区的经济总产出，造成重要影响。

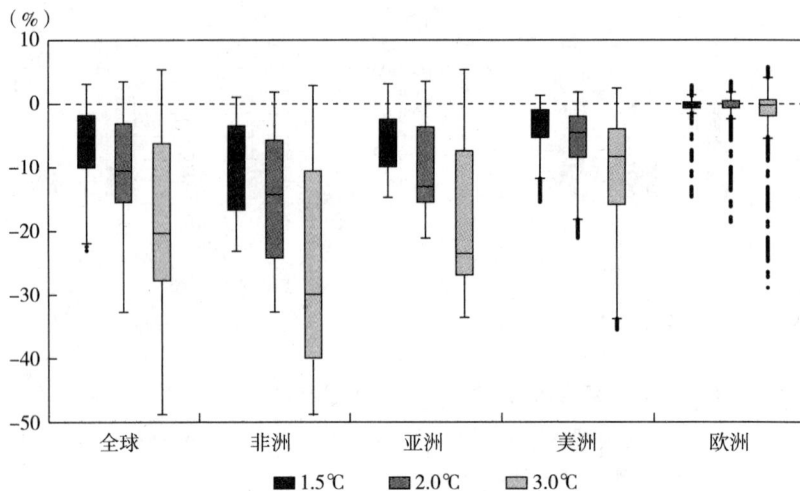

图2 不同温度上升情景下各地区劳动生产力变化情况

资料来源：Dasgupta S, Maanen N V, Gosling S N, et al. Effects of climate change on combined labour productivity and supply: An empirical, multi-model study [J]. The Lancet Planetary Health, 2021, 5 (07): 455-465.

除温度上升对劳动生产力、作物产出以及旅游业的影响外，气候变化引发的海平面上升也是一种长期持续性的影响和风险。它会导致沿海岸物业和资产的价值减损，甚至引发大规模的移民。这些都属于气候变化长期持续性的影响类别。

二、应对气候变化成为全球共识

气候变化是当前人类共同面临的严峻挑战，积极应对气候变化已经成为全球共识。目前，已有约130个国家和地区提出了碳中和目标。亚洲三大经济体都做出了政治承诺。日本和韩国承诺到2050年达成零碳目标，中国则承诺到2060年之前实现碳中和目标。印度作为亚洲经济的重要一员和世界第三大温室气体排放国，宣布了到2070年实现零碳目标的承诺。

三、气候变化和应对气候变化的努力都可能成为金融业气候风险的来源

鉴于留给我们的应对时间有限以及巨大的气候变化影响已经显现，当前我们

需要比过往任何时候更加重视与气候相关的风险。不管是气候变化本身还是应对气候变化的努力，都有可能引发气候相关风险。这些风险不仅会影响经济产出、通胀和就业等宏观经济变量，还有可能对金融稳定构成威胁。

这里的气候相关风险包括转型风险和物理风险两种类型。转型风险是指在向低碳经济转型的过程中，由于政策、法律、技术和市场的变化而对一些经济活动产生的财务和信誉风险。这其中包括了政府引入碳定价机制而导致企业运营的成本上升、投资者和消费者偏好变化导致的特定产品和资产受欢迎程度的变化、应对气候变化方面的活动和替代技术的竞争导致特定技术和产品的市场变化，以及企业因未能有效履行减缓气候变化的义务而被提起的诉讼风险。

转型风险的诱因很大一部分来源于政策变化。例如，为了落实联合国可持续发展目标和碳中和目标，各国出台促进可再生能源发展、抑制传统化石能源消费的政策，包括提高资源税、对内燃机汽车限售以及发展碳排放、排污权等交易市场；同时，各国还出台了各种环保政策法规和措施（如处罚、停产等）以抑制污染性产品的消费，并向节能环保的企业和产品提供财政补贴等。这些因素会对高排放的企业形成压降（造成风险），对清洁低碳的技术和经济活动形成激励（创造机遇）。

转型风险的另一个来源是技术进步，如清洁能源、节能、清洁运输、绿色建筑等领域的技术创新。这类转型风险的一个案例是，清洁电力的技术进步快速降低了光伏、风电的发电成本，从而削弱了煤电的市场竞争力，致使煤电企业效益恶化。再如，随着技术的发展，电动汽车的经济性和性能将超过内燃机汽车，从而挤占内燃机汽车的市场空间，这一趋势已经显现。在全球应对气候变化的大背景下，汽车行业"弃油向电"已经势不可当。在油车时代，燃油发动机、机械式变速箱是汽车行业的核心技术。丰田、大众、奔驰、通用、宝马等传统车企是油车时代的王者，即使在今天它们依旧是汽车行业销售额领先的企业。但是在电动车逐渐成为主流的时代，这些企业在燃油发动机和变速箱上几十年甚至上百年的技术积累，将如同数码相机时代的胶卷之于柯达一样，不再具有价值。反倒是那些在动力电池、汽车电机和电控系统有优势的车企，在未来更具市场竞争力。这一点已经反映在当前的车企市值上。特斯拉已经以超过 7000 亿美元的市值雄踞全球车企市值排行榜榜首，远超一众传统车企①。

转型风险还可能由消费者和投资者的观念转变而引起。比如，绿色消费意识

---

① 根据 companiesmarketcap.com 网站 6 月 8 日发布的汽车制造商市值排名。

逐渐普及的趋势下，消费者可能会更关注生产和消费过程中对环境气候友好的产品、技术和服务，愿意为此支付更高的溢价；投资者由于气候风险意识的提高，变得更青睐于"绿色低碳"资产，并可能主动退出在"棕色"资产领域的投资。

物理风险方面，如前所述，与气候相关的物理风险可能对经济活动（进而影响到金融）产生短期事件性和长期持续性的影响。气候变化造成的更频繁和加剧的灾害事件会造成企业的业务中断和财产损失，损害资产的价值并增加保险承保人的风险。长期持续性影响气候风险，如更高的全球平均温度将常态化影响劳动生产效率、农业产出、旅游业的运营等。海平面上升还会影响沿海地区资产的价值。适应这些变化需要企业、家庭和政府的大量投资，并采取和实施相应的措施，从而增加相关的成本。这两种与气候相关的风险被广泛认为是商业、金融、法律和信誉风险的重要来源。企业、金融机构和监管机构必须为应对和管理此类风险采取行动。

四、气候风险分析对金融业的重要意义以及当前的发展趋势

有效的气候风险应对和管理行动是建立在对气候风险准确和全面的评估和定价的基础上的。近年来，一些国家的金融监管部门和部分有前瞻性的金融机构已意识到金融业开展气候风险分析的重要性，并将推动气候风险分析方法学的开发和应用作为促进金融业自身可持续发展和保证金融稳定的重要内容。对金融业而言，开展气候风险分析具有重要意义。一方面，金融机构通过气候风险分析可以识别和量化气候因素引发的金融风险及创造的潜在投资机会，从而规避经济损失和金融风险，获取潜在收益；另一方面，金融监管机构可通过气候风险分析，识别和防范气候相关因素可能引起的系统性金融风险，防止超预期损失的发生。

对于金融机构来说，开展气候风险分析能帮助其识别环境和气候因素引发的金融风险，包括经营风险、信用风险、市场风险、声誉风险、流动性风险以及其他风险。在转型风险方面，一个典型的例子是煤电行业面临的风险。由于未来清洁发电技术（如风能和太阳能）持续进步，边际发电成本将低于煤电发电成本。清洁发电技术会通过替代效应挤压煤电企业的市场份额，同时削弱相关企业（如煤矿企业、燃煤电厂等）的定价能力。这些企业的利润和企业价值就会受到影

响。因此，如果投资时没有对此类风险进行全面准确的评估，就会形成投资风险。同时，由于上述原因导致煤电企业利润下降乃至亏损，这些企业的贷款违约率和违约损失率（信用风险）都会相应地上升，从而使银行的预期损失增加。

与物理风险有关的一个例子是，气候变化会导致频率更高、破坏力更强的台风，台风高发区域的房屋、设备等固定资产因此受到更严重的破坏。一方面，洪水造成经济活动中断、资产减值（市场风险）；另一方面，由于企业的经济损失和抵押物减值，其贷款的违约率和违约损失率（信用风险）会相应上升，从而使银行的预期损失增加。

在识别与气候因素相关的金融风险的基础上，金融机构可以进一步量化该风险的水平，并采取相应的措施规避或缓释风险，包括减少对环境高风险资产的敞口等。

除了识别和量化气候因素引发的金融风险外，气候风险分析也是金融机构把握潜在市场机会的新途径。在全球碳中和的大背景下，"绿色"资产由于其低碳排放、环境友好、对气候变化不敏感等特点，资产价值更稳定，上行潜力更高。通过气候风险分析，金融机构可以识别并量化这些绿色、可持续的投资机遇，如与新能源、节能技术相关的企业和资产。

对于金融监管机构，气候风险分析能够帮助其识别气候因素引发的系统性金融风险，并在此基础上制定监管措施。气候风险在特定行业（如银行业、保险业等）和金融机构的长期累积，可能会质变成系统性金融风险的来源。例如，气候因素导致的银行预期损失可能会降低银行的资本充足率；但在未准确识别此类风险的情况下，银行可能会过高预计自身的资本充足率，长此以往将削弱金融系统的稳定性。目前，国外一些中央银行（以下简称央行）已经开展了相关课题的研究，分析气候和环境因素如何以及多大程度上构成系统性金融风险。鉴于全球因自然灾害导致的平均保险损失不断上升的趋势，英格兰银行 2015 年 9 月发布的《气候变化对英国保险业的影响》报告指出，未来保险行业在气候变化的影响下将面临持续上涨的理赔支出和保险准备金要求（PRA Bank of England,
2015）。荷兰央行（DNB）2018 年的研究《对荷兰金融系统的能源转型压力测试》指出，若考虑新能源技术突破和碳价上涨因素的双重影响，荷兰银行业的核心资本充足率会下降超过 25%，保险业的偿付能力充足率（Solvency Ratio）下降 6%。央行与监管机构绿色金融网络（The Network of Central Banks and Supervisors for Greening the Financial System, NGFS）也将气候风险引起宏观经济和金融体系的系统性风险作为主要研究课题，从 2019 年 4 月成立至今，发布了一系列有关环境和气候风险的报告（NGFS, 2019, 2020a, 2020b）。

为了更好地预估由于气候因素导致的潜在损失，防范和化解其对金融稳定的影响，近年来，国际社会开始呼吁金融机构在进行投资决策时应该把气候因素导致的相关风险纳入考虑范围[1]。在这个领域，二十国集团（G20）绿色金融研究小组、央行和监管机构绿色金融网络（NGFS）和气候相关财务信息披露工作组（TCFD）是最有影响力的组织。特别是近年来，NGFS 发布了一系列与气候风险相关的报告。2019 年 4 月，NGFS 发布了第一份综合报告 *A Call for Action-Climate Change as a Source of Financial Risk*，明确指出了气候变化已经成为金融风险的重要来源。2020 年 5 月，NGFS 发布了《面向监管者的将气候和环境相关风险纳入审慎监管的指南》（*Guide for Supervisors – Integrating Climate-Related and Environmental Risks Into Prudential Supervision*），号召监管机构将气候和环境相关风险纳入审慎监管的考量，并提供了一些具体的做法和建议。2020 年 6 月，NGFS 发布了《面向央行和监管机构的气候情景分析指南》（*Guide to Climate Scenario Analysis for Central Banks and Supervisors*），为央行和监管机构提供了较详细的气候风险情景分析的方法学参考。2020 年 9 月，NGFS 发布了《金融机构气候风险分析综述》（*Overview of Environmental Risk Analysis by Financial Institutions*）和《金融机构气候风险分析案例集》（*Case Studies of Environmental Risk Analysis Methodologies*）两份重量级的报告，展示全球金融业在气候风险分析领域方法学开发和应用方面的最新进展。笔者有幸组织和深度参与了后两篇报告的撰写和编纂，并在其中首次展现了自行开发的转型风险和物理风险分析框架的应用案例。

此外，联合国负责任投资原则（UN PRI）、联合国环境规划署金融倡议行动（UNEP FI）、气候相关财务披露工作组（TCFD）以及各个国家的央行和监管机构都在大力推动国际和国家层面的气候风险分析。2021 年，中国人民银行组织全国 23 家主要银行开展第一阶段气候风险压力测试，针对火电、钢铁、水泥三个高碳行业，分析在引入碳排放付费机制的情况下，从现在到 2030 年相关企业因成本上升导致贷款违约概率上升，进而影响银行资本充足水平的情况。

当前，一些企业和研究人员已经开发出了初步的气候风险分析模型，在该领域进行了有效的探索。但总体而言，气候风险分析在全球范围内还是一个较新兴

---

[1] 下面段落内容，部分参引自笔者之前发表在《清华金融评论》2020 年 9 月刊的《气候转型风险和物理风险的分析方法和应用》一文。

的研究和实践领域。我们仍需要在这一领域开展更多研究，开发更多专业知识，以帮助理解气候风险与企业和金融部门的相关性及其重要性。相较于一些欧美发达国家，亚洲多数国家对于气候风险的认知还相对不足，定量分析相关风险的能力还较欠缺，需要在这些方面加速跟进世界上最新的发展。

五、气候风险分析对促进能源转型的作用

我国的绿色金融事业经多年发展，取得了辉煌的成就。为了实现双碳目标，中国人民银行初步确立了"三大功能""五大支柱"的绿色金融发展政策思路，以适应国家产业结构、能源结构、投资结构和人民生活方式等全方位的深刻变化。所谓"三大功能"，主要是指充分发挥金融支持绿色发展的资源配置、风险管理和市场定价三大功能。一是通过货币政策、信贷政策、监管政策、强制披露、绿色评价、行业自律、产品创新等，引导和撬动金融资源向低碳项目、绿色转型项目、碳捕集与封存等绿色创新项目倾斜。二是通过气候风险压力测试、环境和气候风险分析、绿色和棕色资产风险权重调整等工具，增强金融体系管理气候变化相关风险的能力。三是推动建设全国碳排放权交易市场，发展碳期货等衍生产品，通过交易为排碳合理定价。五大支柱主要是支撑绿色金融实现"三大功能"的五方面的实现路径，包括"绿色金融标准""环境信息披露""激励约束机制""绿色金融产品和市场体系"和"国际合作"。

按照中国人民银行确立的绿色金融"三大功能"的发展政策思路，风险分析是绿色金融内涵的重要组成部分。在此基础上，风险分析还可以帮助更好地实现其他"两大功能"，即更好地推动金融资源向清洁低碳的资产倾斜；也可以实现更加全面的风险评估并实现更全面精准的定价。这两者都有利于促进能源结构的转型。

气候风险分析的直接作用就是量化高碳资产面临的气候风险和清洁低碳资产隐含的潜在机遇。如果没有气候风险分析，对于传统化石能源产业链上的经济活动、技术和项目而言，它们的风险定价并没有纳入未来潜在的政策变化、技术进步以及消费者和投资者的环保低碳偏好的影响。在这种情况下，相较于一些替代清洁技术和产品，与之相关的信贷风险、投资潜力等并不会处于劣势，很多时候可能还具备优势。这就会导致市场资金更多地流向传统能源行业。相反，通过气

候风险分析，可以将传统能源行业在碳中和背景下隐含的金融风险和风电光伏等清洁资产未来面临的潜在投资机遇更加明确地量化显现出来，基于市场化机制吸引资金流向清洁低碳能源技术，实现能源的低碳转型。具体而言，以下两个例子可以很好地说明这个问题。

欧洲研究机构2℃投资倡议（2DII）研究所的研究表明，与一切照常情景下相比，在低碳转型情景下，包括煤矿和煤电等在内的高碳行业发行的债券违约率，会上升2~3倍；相反，风电和光伏行业企业的债券违约率会大幅下降。从股权投资的角度看，也得到了类似趋势的结果。在转型情景下，高碳行业的估值相较于基准情景会面临高达80%的下降，而清洁能源行业项目的估值则会迎来超过20%的上涨。

笔者和团队开展的针对我国煤电企业的气候压力测试的结果显示，对比一切照常情景（Business-as-Usual），在集中转型因素的影响下，如果不积极开展低碳转型措施，我国典型煤电企业的信贷违约会从现在的2%~3%的概率水平上涨到2030年以后的20%以上。

这些具体的分析结果都可以成为银行和金融机构的投资和业务决策参考，引导资金更多地向具有节能降碳效益的项目和技术倾斜。

六、从支持能源转型和防范金融风险的角度，应尽早明确减碳路线图和时间表

准确的气候风险分析依赖于国家和地区的减碳路线图和时间表。在气候风险建模分析中，减碳路线图和时间表对应转型情景的设置。转型情景可以分为"有序转型"和"无序转型"两大类。有序转型指尽早启动的平滑转型情景，具备较好的可预期性；无序转型指延后且突然的转型情景，更加难以预期。

如果说转型风险是全社会成功应对气候变化和实现碳中和目标所付出的必要成本和代价，我们希望这个转型代价是最小的。不可预期的政策变化，会从供给端引发负面宏观经济冲击，对金融稳定产生显著影响。政策的可预期性越低，对整个经济和金融体系造成的系统性损害就越大。因此，从该角度来讲，我国应该尽早明确和公布既能实现减排目标，又能够循序渐进地实施的减排路线图，给市场明确的预期和调整策略必要的时间窗口。

从防范金融风险的角度讲，金融机构应该尽早采取行动，将气候变化相关因素融入公司战略和公司治理，将气候相关风险纳入风险管理和定价体系，助力高碳行业特别是煤电等行业的低碳转型；同时，加大对绿色资产比如新能源产业的资产配置来对冲存量不可转型高碳资产面临的转型风险。

参考文献

［1］G20 绿色金融研究小组 . 2017 年 G20 绿色金融综合报告［R/OL］.（2017-07-13）［2022-09-19］. http：//www. pbc. gov. cn/goutongjiaoliu/113456/113469/3344238/index. html.

［2］马骏，孙天印 . 气候变化对金融稳定的影响［J］. 现代金融导刊，2020（03）：6.

［3］马骏，孙天印 . 气候转型风险和物理风险的分析方法和应用——以煤电和按揭贷款为例［J］. 清华金融评论，2020（09）：31-35.

［4］马骏，周月秋，殷红 . 金融机构气候风险分析与案例研究［M］. 北京：中国金融出版社，2018：44-52.

［5］孙天印 . 可持续金融和气候风险分析［J］. 金融纵横，2020（05）：8.

［6］王信，杨娉，张薇薇 . 将气候变化相关风险纳入央行政策框架的争论和国际实践［J］. 清华金融评论，2021（09）：21-25.

［7］Central Banks and Supervisors Network for Greening the Financial System. First comprehensive report：A call for action：Climate change as a source of financial risk［R］. Paris：NGFS，2019.

［8］Central Banks and Supervisors Network for Greening the Financial System. Guide to climate scenario analysis for central banks and supervisors［R］. Paris：NGFS，2020.

［9］Central Banks and Supervisors Network for Greening the Financial System. Overview of Environmental Risk Analysis by Financial Institutions［R］. Paris：NGFS，2020.

［10］Dasgupta S，Maanen N V，Gosling S N，et al. Effects of Climate Change on Combined Labour Productivity and Supply：An Empirical，Multi-model Study［J］. The Lancet Planetary Health，2021，5（07）：455-465.

［11］IPCC，2021：Climate Change 2021：The Physical Science Basis. Contribution of Working Group I to the Sixth Assessment Report of the Intergovernmental Panel on Climate Change［EB/OL］.［2021 - 05 - 22］. https：//www. ipcc. ch/report/ar6/wg1/.

［12］Ma Jun. MA Jun on the Importance of Environmental Risk Analysis to Financial Institutions：Environmental Risk Analysis Seminar［EB/OL］.［2017-07-17］. https：//www. climatebonds. net/files/files/Ma_Jun_Speech_17_07_17. pdf.

［13］McGrath M. Climate change：IPCC Report is 'Code Red for Humanity'. BBC News［EB/OL］.［2021 - 08 - 09］. https：//www. bbc. com/news/science - environment-58130705.

［14］OECD. The Economic Consequences of Climate Change［R］. Paris：OECD, 2015.

［15］Prudential Regulations Authority, Bank of England. The Impact of Climate Change on the UK Insurance Sector［R］. London：PRA, Bank of England, 2015.

［16］Swiss Re. The Economics of Climate Change：Impacts for Asia［EB/OL］.［2021 - 05 - 21］. https：//www. swissre. com/risk - knowledge/mitigating - climate - risk/economics-of-climate-change-impacts-for-asia. html.

［17］Vermeulen R, Schets E, Lohuis M, et al. An Energy Transition Risk Stress Test for the Financial System of the Netherlands［J］. DNB Occasional Studies, 2018.

［18］WMO. Atlas of Mortality and Economic Losses from Weather, Climate and Water Extremes（1970-2019）［J］. World Meteorological Organization, 2021.